Juden im Recht

ZEITSCHRIFT FÜR HISTORISCHE FORSCHUNG

Vierteljahresschrift zur Erforschung des Spätmittelalters u. der frühen Neuzeit

Herausgegeben von

Johannes Kunisch, Klaus Luig, Peter Moraw,
Heinz Schilling, Bernd Schneidmüller,
Barbara Stollberg-Rilinger

Beiheft 39

Juden im Recht

Neue Zugänge zur Rechtsgeschichte der Juden im Alten Reich

Herausgegeben von

Andreas Gotzmann
Stephan Wendehorst

Duncker & Humblot · Berlin

Bibliografische Information der Deutschen Nationalbibliothek

Die Deutsche Nationalbibliothek verzeichnet diese Publikation in der Deutschen Nationalbibliografie; detaillierte bibliografische Daten sind im Internet über http://dnb.d-nb.de abrufbar.

Die englischen Beiträge von Maria Boes, Lois C. Dubin, Debra Kaplan, Ronnie Po-chia Hsia und Adam Teller wurden von Stephan Wendehorst übersetzt.

Fremddatenübernahme und Druck:
Berliner Buchdruckerei Union GmbH, Berlin
Printed in Germany

ISSN 0931-5268
ISBN 978-3-428-12521-0

Gedruckt auf alterungsbeständigem (säurefreiem) Papier
entsprechend ISO 9706 ♾

Internet: http://www.duncker-humblot.de

Inhalt

Zwischen Kaiser, Landesherrschaft und Halacha: Zwischenräume als jüdische Rechts- und Handlungsspielräume

Von *Andreas Gotzmann,* Erfurt und
Stephan Wendehorst, Leipzig

Der vorliegende Band versucht sich der immer noch erstaunlich wenig erforschten Geschichte der Juden im Alten Reich aus einer bisher weitgehend vernachlässigten Perspektive zu nähern, indem das Recht als zentraler Aspekt der Geschichte der Juden in der Frühen Neuzeit angesprochen wird. Darüber hinaus eröffnen die hier zusammengetragenen Forschungen zu zentralen historischen Aspekten neue Zugänge zur Rechtsgeschichte der Juden, indem grundlegende Strukturen und Paradigmen hinterfragt beziehungsweise erstmals überhaupt angesprochen werden. Der Band geht auf eine langjährige Forschungskooperation des Max-Planck-Instituts für europäische Rechtsgeschichte in Frankfurt am Main, des Simon-Dubnow-Instituts für jüdische Geschichte und Kultur an der Universität Leipzig und des Lehrstuhls für Judaistik der Universität Erfurt zurück. An dieser Stelle sollen die in diesem Zusammenhang gemachten Erkenntnisse gemeinsam mit Beiträgen anderer Forschender versammelt und zur Diskussion gestellt werden.[1]

Der Band geht von der Erkenntnis aus, dass die jüdischen Lebenswelten im Römisch-Deutschen Reich nur vor dem Hintergrund der strukturell vielschichtigen Herrschafts-, Rechts- und Gesellschaftsordnung dieses Gemeinwesens sowie des Neben-, Gegen- und Miteinanders von jüdischer und nicht-jüdischer beziehungsweise christlicher Welt zu verstehen sind.[2] Die

---

1 Im März 2003 haben die Kooperationspartner mit der finanziellen Unterstützung des Deutschen Akademischen Austauschdienstes und des Sächsischen Staatsministeriums für Wissenschaft und Kunst eine internationale Konferenz unter dem programmatischen Titel „Von den Rechtsnormen zur Rechtspraxis. Ein neuer Zugang zur Rechtsgeschichte der Juden im Heiligen Römischen Reich?" ausgerichtet, auf der die Forschungen bereits in einen weiteren fachlichen Rahmen eingebunden werden konnten. *Thomas Mayer,* Wie erging es den Juden? Eine Leipziger Tagung über die Rechtspraxis im Alten Reich, Süddeutsche Zeitung 24. März 2003; *Stephan Wendehorst,* Rechtspraxis und jüdische Lebenswelten im Alten Reich, oder: Jacob Katz auf der Eisscholle, in: Bulletin des Simon-Dubnow-Instituts für jüdische Geschichte und Kultur an der Universität Leipzig, 5 (2003), S. 89–95.

2 Zur programmatischen Ausrichtung siehe auch: *Stefan Ehrenpreis / Andreas Gotzmann / Stephan Wendehorst,* Probing the Legal History of the Jews in the Holy Roman Empire – Norms and their Application, in: Jahrbuch des Simon-Dubnow-

Parameter jüdischer Handlungsspielräume in ihren Möglichkeiten ebenso wie in ihrer Begrenztheit waren grundlegend durch die zwischen den verschiedenen Ebenen der Herrschaft und des Rechts bestehenden Spannungsverhältnisse bestimmt. Bei dem Versuch, die Juden als Individuen und als Gruppe in der heterogenen, imperial überwölbten Herrschafts- und Gesellschaftsstruktur des Römisch-Deutschen Reichs zu verorten, wurde der Fokus auf zwei ineinander greifende Konstellationen gelegt: Schwerpunktmäßig untersucht werden zum einen die Beziehungen zwischen jüdischem Binnenraum und nicht-jüdischer Umwelt, zum anderen das Spannungsverhältnis zwischen Landesherrschaft und den imperialen, durch Kaiser und Reich bestimmten Rahmenbedingungen jüdischer Existenz.

Als Ansatzpunkt für ein konkretes und detailgenaues Ausloten dieser nicht von vorneherein gegebenen, sondern nur relationell, aus dem Zusammenspiel mehrerer Faktoren zu erklärenden jüdischen Handlungsräume bietet sich die Untersuchung der Rechtsverhältnisse der Juden in ausgezeichnetem Maße an. Insbesondere die Rechtspraxis zeigt beispielhaft, dass die jüdischen Lebenswelten weder ausschließlich noch auch nur maßgeblich durch eine von mehreren Rechts- und Herrschaftsebene bestimmt wurden. Im Gegenteil zeigt sich, dass sie meist zwischen diesen standen, also gleichsam Zwischenräume einnahmen oder sogar schufen. Selbst der gewährte autonome Handlungsrahmen jüdischer Gemeinwesen lebte ganz wesentlich davon, dass jüdische Gemeinden und Einzelpersonen die Interpretationsmöglichkeiten und Handlungsspielräume ausloteten, ausfüllten und erweiterten. Wenn danach gefragt wird, vor welchen Foren – lokalen, territorialen, Reichs- oder jüdischen Gerichten – Juden welche Prozesse führten, auf welcher Rechtsgrundlage – Reichsrecht, Reichsherkommen, Gemeines Recht, jüdisches oder nicht-jüdisches Partikularrecht – diese Foren ihre Entscheidungen fällten und welche Rechtsquellen die für Juden maßgeblichen Normen hervorbrachten, wird deutlich, dass die Lebenswelten der Juden nicht unilateral durch den Kaiser, das Reich, die Landesherrschaften oder die Halacha, das jüdische Religionsrecht, sondern multilateral, auf der Grundlage der zwischen diesen bestehenden Beziehungen konstituiert wurden.

Der Versuch, die Geschichte der jüdischen Bevölkerung des Römisch-Deutschen Reichs in diesem Sinne multilateral zu konzeptionalisieren und auf dieser Grundlage neue geschichtswissenschaftliche Paradigmen zu entwickeln, steht quer zu der bislang vorherrschenden unilateralen, nachgerade normativen Perspektive, genauer gesagt quer zu zwei parallelen, auf normativer Grundlage für ihren jeweils isoliert betrachteten Gegenstand

Instituts / Simon-Dubnow-Institute Yearbook 2 (2003), 409–487; *dies.*, Jüdisches Heiliges Römisches Reich (JHRR). Erträge und Perspektiven eines Projekt-Clusters zur Geschichte der Juden im Heiligen Römischen Reich deutscher Nation, Leipzig 2006.

Eindeutigkeit suggerierenden Interpretationen. Im Nachvollzug überlieferter kultureller Wahrnehmungsmuster grundlegender Differenz sowie erheblicher Distanz, befördert nicht zuletzt durch eine folgenschwere Arbeitsteilung zwischen Judaisten und jüdische Themen behandelnden Historikern, die ihren jeweiligen Zugang und Forschungsbereich zu behaupten suchten, hat sich in Darstellungen zur Geschichte der Juden im frühneuzeitlichen Römisch-Deutschen Reich die Vorstellung verfestigt, dass sich die jüdischen Lebenswelten gleichsam in zwei klar voneinander separierbare Teile aufspalten ließen: Einerseits in die bipolar begriffenen Beziehungen der Juden zu ihrer nicht-jüdischen Umwelt und andererseits in einen von ‚Fremd'-Einflüssen autonom gedachten jüdischen Binnenraum. Diese Zweiteilung hat sich paradoxerweise gegenseitig gestützt, zumal sie zusätzlich durch parallel laufende historische Bewertungen bereits in den Quellen angeregt wurde, Geschichtsschreibung hier also im direkten Sinne ‚Geschichtliches' direkt fortschrieb. Dabei blieben sich beide Sphären und analytischen Perspektiven lediglich in ihrem normativen Zugang verbunden.[3]

Trotz vielfacher Hinweise auf die aus diesem Ansatz resultierenden Probleme dominiert diese normative Perspektive nach wie vor in der Forschungsliteratur zur Lage der Juden in der Frühen Neuzeit. Diese Bevorzugung korrespondierender Interpretationsmuster führte in mehrfacher Hinsicht zu Unausgewogenheiten und Verzerrungen in der Vorstellung von den jüdischen Rechtsverhältnissen im Alten Reich. Im Bezug auf die Wahrnehmung des Verhältnisses der jüdischen Bevölkerung zu ihrer nicht-jüdischen Umwelt hatte diese normative, an vermeintlich feststehenden Entitäten ausgerichtete Perspektive geradezu unvermeidlich zur Folge, dass Juden nahezu ausschließlich als Objekte, kaum als Subjekte in Erscheinung traten, ein Resultat, das durchaus schon früh erkannt und beklagt wurde, ohne dass jedoch die dem zugrunde liegenden Paradigmen verändert worden wären. Die einseitige Konzentration insbesondere in der Rechtsgeschichte auf die von nicht-jüdischer Seite erlassenen, das Leben der Juden regulierenden Normen hat die aktive Teilnahme der Juden an der Gestaltung dieses rechtlichen Rahmens und sogar ihren Anteil am Rechtsverkehr – die Häufigkeit und Regelmäßigkeit, mit der sie Gerichte anriefen beziehungsweise anrufen mussten, um ihre Interessen durchzusetzen – deutlich in den Hintergrund treten lassen. Unmittelbar verknüpft mit diesem normativen Zugang ist auch die Annahme eines Korpus ausschließlich an Juden adressierter und diese diskriminierender Bestimmungen, wodurch die jüdische Bevölkerung in der geschichtswissenschaftlichen Sicht – erneut im Nachvollzug histori-

---

3 *Andreas Gotzmann,* Historiography as Cultural Identity: Towards a Jewish History beyond National History, in: Modern Judaism and Historical Consciousness: Identities – Encounters – Perspectives, hrsg. v. Andreas Gotzmann / Christian Wiese, Leiden / Boston 2007, (40 pp).

scher Sichtweisen – nahezu als ein ‚Fremdkörper' in einer sonst vermeintlich geschlossenen Gesellschaft erscheint.[4] Auch wenn es sicherlich Normen gab, die ausschließlich Juden als Juden betrafen und diese im Vergleich zu anderen Bevölkerungsgruppen zudem schlechter stellten, geht die Vorstellung, dass die Juden im Alten Reich einem ‚Sonderrecht' unterworfen waren, grundlegend fehl.[5] Der überwiegende Teil der judenrechtlichen Bestimmungen muss vor dem Hintergrund der strukturell mehrschichtigen frühneuzeitlichen Rechtsordnung gesehen werden, die nicht uniform ausgestattet war und in der die verschiedensten Gruppen mit unterschiedlichen Rechten und Freiheiten ausgestattet waren.

Zugleich haben unter den aus unterschiedlichen Quellen herrührenden Normen, die Juden betrafen, die von landesherrlicher Seite erlassenen Bestimmungen, insbesondere die Judenordnungen, bisher besondere Aufmerksamkeit hervorgerufen. Diese Konzentration auf die Normsetzung der sich konsolidierenden frühneuzeitlichen Territorialstaaten blendete in der Folge die Bedeutung von Kaiser und Reich als bedeutende Bezugsgrößen jüdischer Lebenswelten weitgehend aus. Wenn Kaiser und Reich Erwähnung fanden, dann nicht im Rahmen einer integrierten Gesamtdeutung der jüdischen Geschichte des Alten Reichs, sondern allenfalls in Form punktuell gehaltener Hinweise etwa auf kaiserliche Interventionen in spektakulären Fällen wie anlässlich des Fettmilchaufstands[6], auf die Bestätigung der kaiserlichen Privilegien für einzelne jüdische Gemeinden, auf die Juden betreffende Normsetzung durch Reichs- und Kreistage oder auf einzelne Prozesse vor den obersten Reichsgerichten.[7]

Hinsichtlich der Geltung der Halacha, des jüdischen Religionsrechts, und ihres Verhältnisses zum nicht-jüdischen Recht hat die vorherrschende Perspektive maßgeblich zur Vorstellung einer schematischen Trennung von jüdischer und nicht-jüdischer Rechtssphäre beigetragen. Obwohl das von jüdischer Seite für das Leben in der Diaspora entwickelte Rechtsprinzip *dina demalchuta dina* – das Gesetz des (nicht-jüdischen) Königreichs / Landes

---

[4] *Guido Kisch,* Forschungen zur Rechts- und Sozialgeschichte der Juden in Deutschland während des Mittelalters, in: ders., Ausgewählte Schriften, Bd. 1, Sigmaringen ^{2}1978.

[5] *Friedrich Battenberg,* Die Privilegierung von Juden und der Judenschaft im Bereich des Heiligen Römischen Reiches deutscher Nation, in: Das Privileg im europäischen Vergleich, Bd. 1, hrsg. v. Barbara Dölemeyer / Heinz Mohnhaupt, Frankfurt a. M. 1997 (Studien zur europ. Rechtsgeschichte, 93), 139 – 190.

[6] *Jonathan Irvine Israel,* European Jewry in the Age of Mercantilism (1550 – 1750), Oxford 1985. Ebenso die ausgezeichnete Studie von *Volker Press,* Kaiser Rudolf II. und der Zusammenschluß der deutschen Judenheit. Die sogenannte Frankfurter Rabbinerverschwörung von 1603 und die Folgen, in: Zur Geschichte der Juden im Deutschland des späten Mittelalters und der frühen Neuzeit, hrsg. v. Alfred Haverkamp, Stuttgart 1981, 243 – 293.

[7] *F. Battenberg,* Privilegierung (Anm. 5).

gilt auch für die Juden – die Grundlage für eine Koexistenz von jüdischem und nicht-jüdischem Recht geschaffen hat, war weniger diese symbolische Öffnung beziehungsweise die Überlagerung beider Rechtssysteme als vielmehr das jüdische Religionsrecht für sich bevorzugter Gegenstand der Forschung.[8] Was die Bestimmungen angeht, die seitens jüdischer Institutionen wie den unterschiedlichen Gemeinden oder den Judenlandtagen erlassen wurden, so hat der normative Zugang in ähnlicher Weise auch hier zur Entstehung des Bildes eines sozusagen parallel und komplementär zu den territorialen judenrechtlichen Normen existierenden autonomen jüdischen Binnenrechtsraums beigetragen. Ebenso wie im Hinblick auf die ‚externe' Perspektive stand hier bezeichnenderweise in der Regel die Normsetzung und eben nicht die Rechtspraxis im Zentrum des Interesses, da jede Bezugnahme auf die Umsetzung interner Normkonstrukte wie Gemeindeordnungen unweigerlich darauf verwiesen hätte, dass die Dinge so einfach nicht sind, die vermeintlich fest gefügten Sphären sich in der Rechtspraxis häufig nur schwer fassen lassen und sich bei genauerem Hinsehen eher bedingten, ineinander griffen und sogar verschmolzen, als dass sie Eigenständigkeit und Distanz bewahrten.

Im Ergebnis hat dieser normative Zugang bei der Erforschung und Deutung der jüdischen Geschichte des Römisch-Deutschen Reichs maßgeblichen Anteil an der Vorstellung, dass die Juden exklusiv nur für sie geltenden Rechtssystemen unterworfen waren, einem von nicht-jüdischer Seite erlassenen ‚Sonderrecht', sowie der Halacha. Als Folge dessen schien es, als seien sie von der allgemeinen Rechtssphäre weitgehend ausgeschlossen gewesen, als wären sie vornehmlich Objekte obrigkeitlichen Handelns und nicht jene aktiv und häufig sehr bewusst handelnde Subjekte, die uns in den Quellen stets entgegentreten. In Kombination mit jener einseitig territorialen Betrachtungsweise der Lebensverhältnisse der Juden im Alten Reich verstellt diese eindimensional normative Perspektive geradezu die Sicht auf die Zusammenhänge, die für die jüdischen Lebenswelten im Römisch-Deutschen Reich von ganz zentraler Bedeutung waren.

Mit der hier programmatisch vorgenommenen Verschiebung der Erkenntnis- und Forschungsinteressen von den Rechtsnormen zur Rechtspraxis soll der für die Epoche der Frühen Neuzeit charakteristischen Rechtsvielfalt,[9]

8 Wobei sich dieses Prinzip zunächst vor allem auf die vermögensrechtliche Seite, also vor allem die Frage legitimer Besteuerung durch die Fürsten bezog, und von dort allmählich ausgeweitet wurde. *Gil Graff,* Separation of Church and State. *Dina de-Malchuta Dina* in Jewish Law (1750–1848), Alabama 1985. Ph. Biberfeld, *Dina de-Malchuta Dina,* in: Schriftenreihe des Bundes jüdischer Akademiker, Bd. 2 (s. a.), 31–37.

9 *Peter Oestmann,* Rechtsvielfalt vor Gericht. Rechtsanwendung und Partikularrecht im Alten Reich, Frankfurt am Main 2002. *Paolo Prodi,* Eine Geschichte der Gerechtigkeit. Vom Recht Gottes zum modernen Rechtsstaat, München 2003.

den komplexen Aushandlungsprozessen normativer Regelungen, dem Wechselspiel von Normsetzung und Normdurchsetzung, dem Mit-, Neben- und Gegeneinander verschiedener Ebenen von Herrschaft und Recht auf jüdischer wie christlicher Seite, der Gleichzeitigkeit multipler, partikularer und allgemeiner Zugehörigkeiten sowie der Doppelrolle der Juden als Objekte und Subjekte als Determinanten jüdischen Lebens im Römisch-Deutschen Reich stärker Rechnung getragen werden. Diese Verlagerung möchte wie gesagt nicht im Sinne einer bloßen Erweiterung des Forschungsfeldes verstanden werden, mit dem Ziel einer additiven Vermehrung bestehender Wissensbestände über die rechtliche Lage der Juden ohne weitere Auswirkungen auf deren Interpretation. Die spezifische Untersuchung der Rechtspraxis soll vielmehr auch als Instrument dienen, um die untrennbar mit der normativen Perspektive verknüpften traditionellen Paradigmen des Faches Jüdische Geschichte wie der sich als allgemein verstehenden, meist aber nur den christlichen Part in den Blick nehmenden Geschichtswissenschaft im Hinblick auf eine jüdische Geschichte zu hinterfragen.

Dies betrifft zum einen die Vorstellung einer prästabilisierten und von der nicht-jüdischen Umwelt klar geschiedenen jüdischen Kultur und damit die Voraussetzung jeder essentialistischen, insbesondere nationalgeschichtlichen Interpretation der jüdischen Geschichte.[10] Zum anderen wird mit der Untersuchung der Rechtspraxis die nahezu durchgängig vorherrschende Territorialisierung der jüdischen Lebenswelten in Frage gestellt, die auf die Überbetonung der Bedeutung des frühmodernen Staates und der komplementären Formen jüdischer Institutionen wie der lokalen Gemeinden, der Landesrabbinate und der Landjudenschaften zurückzuführen ist. Während das Gewicht der Territorien in der allgemeinen Geschichte in den vergangenen Jahren erheblich zugunsten des Reichs relativiert wurde, besitzt der territoriale Zugang als Interpretament jüdischer Geschichte ein nach wie vor ungebrochenes Deutungsvermögen.[11] Aufgrund anhaltender Nachwirkungen der ‚borussischen Historiographie' sowie der österreichischen ‚Reichsgeschichte', die das Heilige Römische Reich verdrängt beziehungsweise überlagert haben, sowie einer besonders an den Formen und letztlich der Bestätigung jüdischer Autonomie interessierten ‚jüdischen' Historiographie werden der frühmoderne Territorialstaat und die dazu komplementären Landjudenschaften nach wie vor als ausschlaggebend für die Gestaltung der Lebenswelten der Juden im Alten Reich angesehen.

---

10 *Andreas Gotzmann,* Ambiguous Visions of the Past. The Perception of History in Nineteenth Century German Jewry, in: Bulletin of the European Association for Jewish Studies (erscheint 2007).

11 Z. B. Germania Judaica, hrsg. von Arye Maimon et al., Tübingen 1987–2003; Abt. Bd. 3 (1350–1519); dieser zuletzt erschienene Gesamtband bleibt dieser Perspektive verhaftet.

Die Untersuchung der Rechtspraxis verspricht dagegen einerseits, die schematische Trennung von jüdischer und nicht-jüdischer Rechtssphäre aufzubrechen und anderseits die Dominanz der territorialen Perspektive durch ein differenzierteres, mehrschichtigeres Geflecht von Faktoren zu ersetzen. Bevor die Auswirkungen des Zusammenspiels und der Konkurrenz verschiedener Ebenen der Herrschaft und des Rechts auf die jüdische Bevölkerung untersucht werden können, bedarf es zunächst der Rekonstruktion der bislang vernachlässigten Komponenten, insbesondere der durch Kaiser und Reich bestimmten Rahmenbedingungen. Grundlegend für die Beziehungen zwischen Kaiser, Reich und jüdischer Bevölkerung war ein Zusammenspiel von Reichsrecht und Reichsherkommen mit den exekutiven, administrativen und jurisdiktionellen Funktionen des kaiserlichen Amts, wie sie konkret insbesondere durch den Reichshofrat ausgeübt wurden. Als ‚Grundgesetz' jüdischer Existenz im Reich können dabei die kaiserlichen Privilegien betrachtet werden. Sie räumten der ‚gemainen Juedischheit' im Reich Handels- und Mobilitätsgarantie, Freiheit der Religionsausübung und Schutz vor Zwangstaufe ein und wurden bis zum Ende des Reiches – seit 1712 im Anschluss an den auf die Kaiserkrönung in Frankfurt folgenden Huldigungsakt der Frankfurter Juden – von jedem Kaiser bestätigt. Die konkrete Entfaltung der Oberherrschaft über die jüdische Bevölkerung und ihr kaiserlicher Schutz waren nicht einheitlich, sondern jeweils konstellationsgebunden. Besonders effektiv wirkten sich diese Faktoren aber in reichsnahen Herrschaftskomplexen aus. Gleichzeitig boten horizontale Herrschaftskonflikte wie in Fürth sowie vertikale etwa zwischen Rat und Bürgerschaft wie in Hamburg und Frankfurt oder zwischen Fürst und Landständen wie beispielsweise in Ostfriesland dem Kaiser temporär besondere Interventionsmöglichkeiten.

Mit diesem Band wird der Versuch unternommen, die durch die mehrpolige Rechtsordnung der Frühen Neuzeit strukturell bedingten Zwischenräume zwischen verschiedenen Ebenen der Herrschaft und des Rechts als jüdische Rechts- und Handlungsspielräume zu denken, den Focus des analytischen Interesses somit von der Struktur hin zur Kommunikation zu verschieben und sich den komplexen Aushandlungsprozessen zuzuwenden, um in diesen die für die Lage der jüdischen Bevölkerung im Alten Reich charakteristischen Bedingungen zu entdecken. In dem so häufig zitierten wie selten gelesenen Aufsatz Salo Wittmayer Barons, eines der führenden Historiker der Jüdischen Geschichte, aus dem Jahr 1928 wandte dieser sich wie etliche seiner Vorgänger gegen eine ‚lachrymose history', eine tränenreiche Sicht der vorrevolutionären jüdischen Geschichte, also gegen ihre einseitige Interpretation als Opfer- und Unterdrückungsgeschichte. Häufig übersehen wird, dass Baron dabei nicht nur polemisch eine Abkehr von den gängigen Vorstellung der Lebensverhältnisse von Juden in der Vormoderne einforderte, sondern auch die Freiräume, die die Juden im Mittelalter und der Frühen

Neuzeit besaßen, mit dem Anpassungsdruck, dem sie sich im 19. und 20. Jahrhundert ausgesetzt sahen, kontrastierte.[12] Mit diesem Band soll ein Beitrag zur konkreten Auslotung der für das frühneuzeitliche Römisch-Deutsche Reich spezifischen jüdischen Handlungsspielräume und deren Grenzen, die sich von denen des 19. und 20. Jahrhunderts schon strukturell ganz erheblich unterschieden, geleistet werden.

Die Beiträge des Bandes sind vier Abschnitten zugeordnet, wobei der erste und letzte ihm als eine übergreifende Klammer dient. Der doppelten Stoßrichtung der Konzeption geschuldet, gliedert sich der Band dabei in zwei Hauptaspekte: Schwerpunkt des Teils ‚Zu Hause in vielen Welten? Jüdische und nicht-jüdische Rechtssphäre zwischen Konkurrenz und Komplementarität' ist die Ausdifferenzierung der jüdischen Sphäre in ihrem Bezug auf die jeweils spezifischen Herrschaftsstrukturen sowie die Verschränkung von jüdischer und nicht-jüdischer Rechtssphäre, während der Teil ‚Jenseits des Territorialstaats. Der Kaiser und das Reich als Rahmenfaktoren jüdischer Lebenswelten im Alten Reich' die Lage der Juden zwischen imperialen und territorialen Ebenen von Recht und Herrschaft thematisiert. Eingerahmt werden diese beiden zentralen Teile von einem einleitenden Abschnitt und einem vergleichend angelegten Schlussteil. Der einleitende Teil beleuchtet die mit der Behandlung der Rechtsgeschichte der Juden in der deutschen Wissenschaftstradition verbunden Belastungen und deren Hintergründe, stellt etwa am Beispiel der ‚Reichsarchive' wie des Haus-Hof- und Staatsarchivs in Wien exemplarisch die Zusammenhänge zwischen Fragestellung, Quellenbasis und Forschungsagenda her und verortet den Band in der aktuellen Forschungsdiskussion. Im abschließenden Teil wird dagegen die Situation der Juden im Römisch-Deutschen Reich mit jener der Juden in den Niederlanden und in Polen-Litauen verglichen, denn erst der Vergleich vermag die spezifische rechtliche Lage der Juden im Alten Reich zu verdeutlichen.

* * *

‚Last but certainly not least' wollen wir unseren besonderen Dank an die Teilnehmer der auch diesem Band zugrunde liegenden Forschungskooperation, allen voran natürlich Prof. Dr. Michael Stolleis sowie Prof. Dr. Dan Diner, aussprechen. Dieser geht auch an Prof. Dr. Barbara Stollberg-Rilinger stellvertretend für das Herausgebergremium der ‚Beihefte der Zeitschrift für Historische Forschung' für die Aufnahme dieses Bandes, sowie an die beiden Mitarbeiterinnen des Lehrstuhls für Judaistik der Universität Erfurt, Stella Cramer und Romy Langeheine, für Ihre redaktionelle Mitarbeit.

---

[12] *Salo W. Baron*, Ghetto and Emancipation. Shall We Revise the Traditional View?, in: Menora Journal, 14 (1928), 515–526.

I. Herausforderungen, Quellen, Perspektiven

Von den Rechtsnormen zur Rechtspraxis. Zur Rechtsgeschichte der Juden im Heiligen Römischen Reich Deutscher Nation

Von *Michael Stolleis*, Frankfurt a. M.

Die folgenden Notizen zur Rechtsgeschichte der Juden in der Frühen Neuzeit bedürfen einer einleitenden Bemerkung zur Selbstbeobachtung. Es fällt einem nichtjüdischen Rechtshistoriker meiner Generation schwer, sich mit der Geschichte der Juden zu befassen, selbst durch jahrzehntelange Befassung mit dem Nationalsozialismus. Warum ist das so? Ich meine, dafür relativ einfache Gründe nennen zu können. In meiner Kinder- und Jugendzeit erfuhr ich bis etwa 1955 nicht, was Judentum oder Holocaust war. Das mag am Schweigen der Älteren gelegen haben, am ländlichen Milieu, an der Verträumtheit eines Kindes. Juden gehörten nicht zu meiner Lebenswelt. Als dann das Begreifen einsetzte, langsam genug, erfasste mich Scham, davon nichts gehört und nichts gewusst zu haben. Aber zugleich entstanden Bedenken. Es schien unangemessen darüber zu schreiben, als Deutscher, als jüngerer Mensch zumal, der nichts miterlebt hatte, sondern nur über die Literatur vom jüdischen Leben vor 1933 erfahren konnte. Wer von dieser reichen Kultur- und Lebenswelt der Vorkriegszeit, zu der Juden überall gehörten, nicht selbst schon wusste, wer sein eigenes Erwachen als denkendes Wesen primär so erlebte, dass er vor allem anderen den Holocaust auszubuchstabieren hatte, in dem wuchsen psychische Widerstände. Sie wurden noch größer im Dauerkontakt mit den Prägungen des Kulturbetriebs der ‚Vergangenheitsbewältigung'. Dort sprachen und sprechen Menschen über Konzentrationslager und über die Tötungsmaschinerie der Nationalsozialisten, wortreiche Protagonisten des ‚nie wieder', die dies ebenso wenig miterlebt haben wie man selbst und sich doch im Urteilen und Verurteilen sicher zu fühlen scheinen. Auch hier beginnt man Scham zu empfinden, und eigentlich wäre Schweigen das Beste, ein Schweigen, das sehr wohl vom Verschweigen zu unterscheiden wäre.

Wichtiger und verallgemeinerungsfähiger für den Blick der Geschichtswissenschaft sind die Wirkungen, die vom Holocaust auf die allgemeine historische Perspektive ausgegangen sind. Mehr oder weniger im Unbewussten hat sich die zivilisatorische Katastrophe des Holocaust vor unsere Augen geschoben, wenn wir uns früheren Zeiten und deren Quellen über jüdisches Leben zuwenden. Wir kennen das Ende, die „Vernichtung der europäischen

Juden" (Raul Hilberg). Von hier wird alles Frühere angeleuchtet, gewinnt seine Tiefenschärfe und sein Relief. Wir wissen, wohin alles, was unseren Großeltern noch harmlos klang, schließlich geführt hat.

Das bedeutet, dass wir rückblickend dazu neigen, jüdisches Leben stärker aus seiner lebensweltlichen Einbindung zu isolieren als es das tatsächlich jemals war. Schon unsere Anfangshypothesen sind durch den Holocaust andere geworden als sie es beispielsweise 1920 oder 1880 gewesen wären. Wir haben unsere Unschuld verloren, mit der wir fragen könnten, wie Christen und Juden in einer mittelalterlichen oder frühneuzeitlichen Stadt zusammenlebten, wie sich Bauern und Viehjuden auf dem Land miteinander verständigten und wohl auch hassten, oder wie jüdische und nichtjüdische Schauspieler im 19. Jahrhundert an einem Provinztheater miteinander spielten (oft ohne je zu erfahren, welcher Konfession sie anhingen). Wir sehen seit 1945 jüdisches Leben viel stärker getrennt von anderen Lebensbereichen, wir fragen nach dem Schicksal der Juden anders als nach dem der bäuerlichen Unterschicht im Elsass, nach den Lebensbedingungen der polnischen Einwanderer in das Ruhrgebiet oder der Weber in Schlesien. Jüdische Schicksale der Vergangenheit sind jetzt besondere Schicksale geworden.[1]

Das hat einerseits zu viel positiver Aufmerksamkeit geführt. Jüdische Vergangenheit ist oft – gerade wegen des Holocausts – geradezu entdeckt worden. Jeder archäologische oder archivalische Fund garantiert die Aufmerksamkeit der Medien. Jeder Verlag ist bereit, hierzu etwas zu veröffentlichen. Jeder beteiligte Geistliche oder Hochschullehrer wird sich Mühe geben, die passenden begleitenden Worte zu sprechen. Man soll dies nicht nur ironisieren, wie es nahe liegt, sondern auch begrüßen. Das Durchschnitts-Deutschland strengt sich an, das ‚Richtige' zu tun. Das mag oft etwas provinziell und bemüht und aufgesetzt wirken, vielleicht manchmal auch heuchlerisch, aber im Ganzen hat es doch etwas Anrührendes, dass sich zahllose biographisch Unbeteiligte bemühen, nun das ‚Richtige' zu tun, Lehren aus der Vergangenheit zu ziehen und anderen diese Lehren pädagogisch zu vermitteln.

Für die Geschichtsschreibung ist der davon ausgehende Effekt andererseits eher störend. Denn die Isolierung des jüdischen Elements ex post verschiebt die Perspektive. Sie lässt insgesamt eher verschwinden, wie eng verflochten Lebensumstände und Rechtsnormen von Juden und Christen waren, wie viele Kontakte, freundliche und unfreundliche, man täglich miteinander hatte. Die zahlreichen historischen und rechtshistorischen Studien zur Lage der Juden seit dem Mittelalter, die nach 1945 entstanden sind, zeigen die Prägung, jüdisches Leben als etwas ganz Außergewöhn-

---

1 Entsprechend aus jüdischer Sicht *Salomon Korn*, Die fragile Grundlage. Auf der Suche nach der deutsch-jüdischen „Normalität", Berlin / Wien 2003, 67 ff., 123 ff.

liches, Abgeschlossenes und Kontaktarmes zu sehen. Viele Arbeiten gehen den mittelalterlichen kaiserlichen Privilegien, Schutzbriefen und damit abverlangten Schutzgeldern nach und studieren das den Juden gewidmete Recht der Städte und der Kirche. Später fragt man nach den Normen der sich formierenden Territorien, seien es Judenordnungen, seien es einzelne Policeynormen, seien es die Vertreibungen der Juden, wie wir sie etwa aus dem Fürstbistum Würzburg oder dem Erzbistum Trier kennen. Stets lautet die Frage: Wie ging man mit den Juden um? Welche speziellen Regeln betrafen sie? Was haben die Juden damals schon erlitten? Und hinter dieser Frage steht unausgesprochen: Könnte uns die Antwort nicht auch helfen, das Rätsel unserer eigenen Lebenszeit zu lösen: Wie konnte es zum Holocaust kommen? Handelt es sich um Langzeiteinstellungen, die seit der frühen Neuzeit gewachsen sind, oder ‚nur' um das ab 1890 auftretende Phänomen eines biologisierten rassistischen Antisemitismus, der dann im Holocaust gipfelte? Wie auch immer, das Licht, mit dem die ältere Zeit ausgeleuchtet wird, kommt aus dem 20. Jahrhundert. Alle Vergangenheit wird unter diesem Licht zur Vorgeschichte. Alle Signale früherer Bedrückungen bereiten gewissermaßen das Ende vor. Das kann zu erhöhter Aufmerksamkeit bei der Interpretation solcher Signale führen, aber auch zur Unterlegung eines Determinismus, der anderen Objekten historischer Betrachtung fehlt.

Der Blick vom Ende her verleiht allen Zeugnissen der älteren jüdischen Kultur einen über das Historische hinausgehenden Akzent des ‚Besonderen'. Nun ist die Beobachtung, dass es spezielle Regelungen für Juden gab, ja keineswegs falsch. In der Tat wurden Juden als das besonders nahe und besonders ferne Volk betrachtet. Sie glaubten wie die Christen an den Gott von Moses und Abraham, sie kannten die Zehn Gebote, sie waren das auserwählte Volk des Alten Testaments. Anders als etwa exotische, barbarische Völker am Rand der Zivilisation erschienen die Juden den Mitteleuropäern als die engsten Verwandten, verstockte Verwandte freilich, weil sie den Messias nicht erkannt hatten. Sie lebten als besondere Glaubensgemeinschaft separat, hielten nichts von Connubium und ‚Integration' (bevor es das Wort gab) und sie überlieferten ihre Traditionen und Rituale in einer nur ihnen und ihren Gelehrten zugänglichen Schrift. Andererseits lebten sie täglich auf den Landstraßen, in den Wirtshäusern, auf den Gassen und Märkten der Städte. Man kannte sie, handelte mit ihnen, neckte sie auch durch Erfindung komischer Namen, hatte eine gewisse Scheu vor ihrem Witz und ihrer von alters her ererbten Klugheit. Die Sammlungen von Schwänken, von Jörg Wickrams Rollwagenbüchlein aus dem 16. Jahrhundert bis hin zu Johann Peter Hebels „Schatzkästlein des Rheinischen Hausfreunds" im frühen 19. Jahrhundert,[2] erzählen immer wieder von Handel und Wandel,

---

2 Siehe *Johann Peter Hebel,* Glimpf geht über Schimpf (1813), in: Der menschenfreundliche Ton. Zwei Dutzend Geschichten von Johann Peter Hebel mit kleinem Kommentar, hrsg. v. Michael Stolleis, Frankfurt a. M. 2003, 60 ff.

Frömmigkeit und Mutterwitz der Juden, von ihrem ehrbaren Leben, der Zurückgezogenheit ihrer Frauen und Töchter, ihrer Würde und ihren Gebräuchen.

Geschichte und Rechtsgeschichte, die den Anspruch erheben methodisch ernsthaft zu arbeiten, die also weder an die Rekonstruktion purer Tatsachen glauben noch sich täuschen lassen von dem rein fiktiven Charakter großer Meistererzählungen, müssen sich also darauf einstellen, jüdisches Leben im Kontext christlichen Lebens zu sehen. Erkennbar anders mochte dieses Leben gewesen sein, aber doch – wie es das Wort Kontext sagt – eingewoben in die sozialen Verhältnisse und die dort maßgebenden Normen der christlichen Umwelt. Was Juden und Christen in Mittelalter und früher Neuzeit miteinander verband, war, so die Prämisse, zunächst einmal viel intensiver und bestimmender als das Trennende. Christen und Juden lebten ganz selbstverständlich in einer ungleichen, nach Ständen gegliederten Welt. Sie konnten sich die Welt nicht anders vorstellen als geschichtet nach Adel, Bauern und Stadtbürgern. Selbstverständlich war jeder im Prinzip irgendwo ‚Untertan', sei es des Kaisers, eines Landesherrn, einer Stadtobrigkeit, eines Bischofs oder eines lokalen Herrn. Es gab, abgesehen von den politischen Ständen in Reich und Territorien, unterschiedene Geburtsstände und Berufsstände, beide mit komplizierten Überschneidungen. Für Christen und Juden war gemeinsam die zunächst noch allbeherrschende agrarische Lebenswelt, dann das rasche Wachstum der Städte, des Markthandels und Fernhandels, die wachsende Alphabetisierung und die Verschriftlichung der Kommunikation, rasant beschleunigt seit der Erfindung des Buchdrucks, weiter die Erfahrungen der Distanzen der Reisen zu Fuß und zu Pferde, die Erfahrungen des Klimas, die Wandlungen der Nahrung, etwa durch die Einführung der Kartoffel im 18. Jahrhundert. Nicht zuletzt sind es die Erfahrungen der Kriege, die leidvoll ‚gemeinsam' gemacht wurden, wenn sie auch für Juden durch zusätzliche Plünderungen und Brandschatzungen meist noch härter ausfielen.

In dieser Gesellschaft war nicht Gleichheit, sondern Ungleichheit das Zeichen der Normalität. Die im Wesentlichen absolutistisch regierten Gesellschaften der frühen Neuzeit waren ständisch gegliedert. Was ein ‚Stand' ist, wird heute kaum mehr verstanden; im geltenden Recht – vor allem im älteren BGB, wie es bis in die 1970er Jahre galt – gab es noch Reste ständischen Denkens, etwa in der „standesgemäßen" Lebensweise der geschiedenen Ehefrau oder im „standesgemäßen Begräbnis". Im 18. Jahrhundert vor der Französischen Revolution war der ‚Stand' das zentrale Strukturmerkmal. Ein ‚Stand' setzte sich zusammen aus denjenigen „Personen, welchen, vermöge ihrer Geburt, Bestimmung, oder Hauptbeschäftigung, gleiche Rechte in der bürgerlichen Gesellschaft beigelegt sind."[3] Man trat in

3 Allg. Landrecht für die preußischen Staaten, 1794, I.1.1.6.

den „Ehestand", der Geistliche sprach vom „heiligen Stand der Ehe", die Stellung der Frau richtete sich nach dem „Stand" des Mannes. Das Gesinde trat in das „Haus", teilte nicht dessen Stand, musste sich aber „allen häuslichen Verrichtungen nach dem Willen der Herrschaft unterziehen."[4] Sodann die Berufsstände: „Unter dem Bauerstande sind alle Bewohner des platten Landes begriffen, welche sich mit dem unmittelbaren Betriebe des Ackerbaues und der Landwirthschaft beschäftigen; in so fern sie nicht durch adliche Geburt, Amt, oder besondere Rechte, von diesem Stande ausgenommen sind."[5] Der Bauer durfte ohne staatliche Erlaubnis kein bürgerliches Gewerbe treiben noch seine Kinder dazu widmen.[6] Der Adelige konnte, wie das Allgemeine Landrecht für die preußischen Staaten sagte, in den „Bauerstand" übertreten, wenn er seinen bisherigen Stand „gänzlich verlässt, und sich bloß als Bauer nähret."[7] „Der Bürgerstand begreift alle Einwohner des Staats unter sich, welche, ihrer Geburt nach, weder zum Adel, noch zum Bauerstande gerechnet werden können."[8] Preußen am Ende des 18. Jahrhunderts rechnete also den Adel als ersten Stand, ihm folgten Bürger und Bauern.[9] Frankreich vor 1789 kannte ebenfalls drei Stände, aber in anderer Zählung: Nach dem Adel kam der geistliche Stand, die Kirche, und nach diesen der sich zur Nation entfaltende Dritte Stand. Im 19. Jahrhundert wurde die nun entstehende Arbeiterschaft der Vierte Stand genannt, sozusagen als Zitat und Fortsetzung der alten Dreiständelehre und als Zwischenstufe zur ständelosen Gesellschaft des 20. Jahrhunderts.

Mit dem Wort ‚Ständelehre' ist schon angedeutet, wie tief die Wurzeln der ständischen Gesellschaft zurückreichen. Seit sich politische Philosophie systematisch entfaltete, also seit Platons ‚Politeia', gab es idealtypische Ordnungsmuster zur hierarchischen Gliederung oder auch zur Funktionsteilung der Gesellschaft: Wehrstand, Lehrstand, Nährstand. Im Mittelalter findet sich eine Fülle von Kriterien, mit denen die Gesellschaft gegliedert wurde: Geburtsstände, Berufsstände, Stellung im Lehenverband, Unterschiede der Lebenssituation (Jungfern- und Junggesellenstand, Ehestand, Witwer- und Witwenstand), Reich und Arm, Jung und Alt – kurzum, soziale und rechtliche Kategorien zur Gliederung der Gesellschaft. Im engeren Sinn galten als Stände dann die politischen Großgruppen der Reichs- oder Landstände. Je nach Verwendung dieser Kategorien waren Stände also ein soziales Ordnungsmodell oder Elemente des Verfassungsmodells Ständestaat. Die frühe Neuzeit führte dieses Denken fort, aber es trat nun neben

4 Landrecht (Anm. 1) I.5.57.

5 Landrecht (Anm. 1) II.7.1.

6 Landrecht (Anm. 1) II.7.2.

7 Landrecht (Anm. 1) II.7.6.

8 Landrecht (Anm. 1) II.8.1.1.

9 Landrecht (Anm. 1) II.9.1.

die soziale ständische Gliederung die getrennt sich entwickelnde kirchliche Ständelehre, speziell im Luthertum. Auf der Ebene der Verfassung gelang es dem aufsteigenden Absolutismus, die Stände partiell auszuschalten (Dänemark) oder zu lähmen (Frankreich, seit 1614), während sie in anderen Territorien eine bedeutende Rolle als Gegengewicht zur Monarchie behalten konnten (Schweden, Heiliges Römisches Reich, aber auch Württemberg). Man kann generalisierend sagen, dass die Monarchien des 18. Jahrhunderts durchweg ständisch gebundene Herrschaft waren,[10] also keine ‚absolutistischen' Regime im Wortsinn. Umgekehrt gelang es nirgends, das ständische System zugunsten einer wirklichen Repräsentation aller Bürger oder gar aller Menschen auf einem Territorium zu überwinden. Ob man darin ständische gemäßigte Monarchien oder monarchisch geleitete Ständestaaten sieht, hängt von den Umständen ab. In jedem Fall schien es selbstverständlich, das Verfassungsmodell, und ihm folgend die Gesetzbücher, nach ständischen Kriterien aufzubauen. In einem Stand geboren zu werden und normalerweise auch in ihm zu sterben, entsprach der allgemeinen Erwartung. Die soziale und politische Welt war nur ‚lesbar' als ständische. Ungleichheit und somit auch ungleiches Recht war der Normalzustand.

Wie die jeweilige Welt gesehen wird, hängt davon ab, wie wir sie interpretieren und welcher Codes wir uns bedienen, um sie zu deuten. Diese Codes sind sprachlicher, darüber hinaus auch gestischer Natur, etwa im Zeremoniell, also in der Welt der Zeichen, die uns Rang und Stand anweisen.[11] Hinter den Codes steht generationenlange Erziehungsarbeit durch die Gesellschaft selbst.[12] Jeder Neuling auf Erden wird eingewiesen in ihre Codes: Wer hat wen zu grüßen, wem Respekt zu erweisen, wer steht höher als der andere? Welche Rolle haben Mädchen, welche haben Jungen zu übernehmen? Kinder lernten früher in Abzählversen die soziale Hierarchie: Kaiser, König, Edelmann, Bürger, Bauer, Bettelmann. Der kirchliche Unterricht vermittelte die Botschaft, dass jeder in seinem von Gott bestimmten Stand zu verharren habe und dass es sündhaft sei, gegen die ständische Ordnung aufzubegehren. Auf den Universitäten wurde das Muster der Ungleichheit noch tiefer eingeprägt, vor allem in Theologie und Jurisprudenz. Eine Gesellschaft, die wesentlich auf der Wahrung von Rängen und Abständen,

---

[10] *Ronald G. Asch* (Hg.), Der Absolutismus – ein Mythos. Strukturwandel monarchischer Herrschaft in West- und Mitteleuropa, Köln u. a. 1996.

[11] *Miloš Vec,* Zeremonialwissenschaft im Fürstenstaat. Studien zur juristischen und politischen Theorie absolutistischer Herrschaftsrepräsentation, Frankfurt 1998 m.w.Nachw.

[12] Zum ständisch gebundenen „Anstand" siehe *Werner Schneiders,* Der Verlust der guten Sitte. Auch ein Beitrag zur Geschichtlichkeit der Moral, in: Studia Philosophica 44 (1985) 61–77; *ders.*, Art. „Decorum / Anstand", in: Lexikon der Aufklärung, hrsg. v. Werner Schneiders, München 1995, 79 f.; demnächst *Miloš Vec,* Juristische Normen des Anstands. Zur Ausdifferenzierung und Konvergenz von Recht und Sitte bei Christian Thomasius (im Druck).

politischer, gesellschaftlicher und ökonomischer Ungleichheit beruhte und so auch funktionierte, bedurfte also vor allem der geistigen Codierung dieser Ungleichheit. War sie tief genug internalisiert, fühlte sich – im Prinzip – auch niemand unglücklich, weil jede und jeder, an seinem Ort, seine Rolle spielte und damit zufrieden schien, sie auszufüllen.

Kein Zweifel natürlich, dass dies niemals wirklich ganz funktionierte. Stets hat es Rebellion gegen die Hierarchien der Ungleichheit gegeben. Einzelne sind ausgebrochen, haben die Codierung nicht in sich aufgenommen, sind quer durch die Ordnung der Ungleichheit aufgestiegen. Da die Ungleichheit wesentlich durch die Männer definiert wurde, gelang die Durchbrechung der Schranken paradoxerweise häufig den Frauen. Sie konnten ihre Herkunft abwerfen; denn „Der Adel wird [...] durch den Vater fortgepflanzt, auch wenn die Mutter nicht von Adel ist."[13] Aber auch für Männer gab es zahlreiche Möglichkeiten aufzusteigen, etwa durch außerordentliche Tüchtigkeit oder Kriegsdienste die Nobilitierung zu erlangen und damit ‚hoffähig' zu werden. Bedeutende Künstler oder Gelehrte gelangten im 18. Jahrhundert jedenfalls an die Schwelle der Gleichheit, litten aber meist darunter, dass man sie die Ungleichheit der Geburt immer noch spüren ließ. Immer stärker wurde die Spannung zwischen ‚wahrem Verdienst', den überlieferten ständischen Strukturen und den als willkürlich empfundenen Rängen. Die Menschen begannen seit der Aufklärung massiv an den bisherigen Codierungen zu zweifeln. Die theologischen Fundamente der Ständelehren wurden unsicher. Die gesellschaftlichen Schranken zeigten sich langsam durchlässiger. Das Verfassungsmodell des Ständestaats erwies sich als unzulänglich gegenüber den finanziellen und wirtschaftlichen Krisenphänomenen des 18. Jahrhunderts.

Diese lange tragfähige, aber dann erodierende ‚Ungleichheit' findet ihren Niederschlag in einer Pluralität der Rechtsquellen. Diese liegen allerdings nicht regellos neben- und übereinander, sondern sind regelhaft ineinander geschichtet. Jeder an seinem Platz, auch die jüdische Minderheit, und gerade sie mit dem geschärften Bewusstsein der Minderheit, war sich im Klaren über das auf sie anwendbare Recht. Man wusste aus der Praxis des Alltags, wonach man sich zu richten hatte. Dabei verschoben sich vom Mittelalter in die frühe Neuzeit die Gewichte. Zunächst sind es im Mittelalter noch überwiegend die personalen Bezugspunkte, die das anwendbare Recht bestimmen. Die Eigenschaft als Vasall oder Lehensherr oder die Zugehörigkeit zu einer Gruppe, also eine personale Beziehung, bestimmten über das anwendbare Recht. So zeigen es die Illustrationen des Sachsenspiegels, die durch leicht verständliche Zeichen oder Attribute mitteilen, um wen es sich handelt. Für den Soldaten signalisierte das Symbol einer Fahne die Zugehörigkeit zu einem Heer, zu einer personalen Befehlsgewalt und einem damit an-

---

13 Landrecht (Anm. 1) II.9.4.

wendbaren personal definierten Recht. Die Arbeit in einem bestimmten Gewerbe, etwa einem unehrlichen wie dem des Abdeckers oder Henkers, legte den Rechtsstatus fest. Der Kleriker wusste schon durch die Zugehörigkeit zu einer bestimmten Gemeinschaft, wer über ihn nach welchem Recht zu bestimmen habe. Der Handwerker schaute auf seine Zunft, wenn es um die für ihn maßgebenden Regeln ging. Oder, um auf die Juden zurückzukommen, die Eigenschaft, durch einen bestimmten Herrscher als ‚Kammerknecht' privilegiert zu sein, haftete der Person an oder einer Gruppe, zum Beispiel der Judenheit einer bestimmten Stadt.

Bekanntlich wurden im Staatsbildungsprozess der frühen Neuzeit diese personalen Definitionsmerkmale, die eine Zuordnung zu personal definierten Rechtskreisen nach sich zogen, langsam auf eine Zugehörigkeit zu einem Territorium umdefiniert. Nicht mehr die Zugehörigkeit zu einem Volksstamm (*gens*), zu familiären Netzwerken, zu einer religiös definierten Gruppe oder Berufsformation ist nun entscheidend. Vielmehr sieht der sich immer stärker entfaltende Absolutismus die Menschen aus der Vogelperspektive als Untertanen. Er versucht ihre Zahl möglichst zu vergrößern, sei es durch Landerwerb kraft Erbrechts, Kaufs oder durch Krieg, sei es durch Maßnahmen der gezielten Bevölkerungsvermehrung, der ‚Peuplierung'. Er umschließt sein Territorium in der Neuzeit durch ‚Grenzen', stellt ‚Grenz-Beamte' (1710) auf und bildet mit den Grenzen eine Art völkerrechtlicher Außenhaut der Souveränität. Nach außen bedeutet diese Souveränität Gleichrangigkeit mit anderen Souveränen, nach innen Herrschaft über eine sich mehr und mehr nivellierende Untertanenschaft. Dadurch wird aus den zahlreichen sich überlagernden Rechtskreisen des Mittelalters allmählich ein einheitliches ‚Landrecht', das am Ende kodifiziert werden kann. Gewiss gibt es in ihm noch die ständischen Unterschiede, aber es findet sich nun auch am Ende des 18. Jahrhunderts das neue Wort ‚Staatsbürger', das sich tendenziell für alle verwenden lässt.[14]

Zu den Gruppen, deren Sonderstatus auf diese Weise verschwindet und in den Normalstand des Staatsbürgers eingeebnet wird, gehören auch die Juden. Das ist der vielfältig untersuchte langgestreckte Prozess der Assimilation und Integration, des langsamen Abschleifens der kulturellen Sondermerkmale, der mindestens bis zum Ende des 19. Jahrhunderts reicht.[15] Von ihm wird in den folgenden Beiträgen nicht die Rede sein, aber der Blick auf die allmähliche Gewinnung des allgemeinen, nur noch formal bestimmbaren Staatsbürgerstatus mit Gewerbefreiheit, Freizügigkeit und Wahlrecht ist notwendig, um das spezifisch Andere früherer Zustände deutlich zu machen.

---

[14] *Michael Stolleis*, Untertan – Bürger – Staatsbürger. Bemerkungen zur juristischen Terminologie im späten 18. Jahrhundert, in: Staat und Staatsräson in der frühen Neuzeit, hrsg. v. Michael Stolleis, Frankfurt a. M. 1990, 299–339.

[15] *Moshe Zimmermann*, Die deutschen Juden 1914–1945, München 1997 mit Nachweis der wichtigsten Literatur zu der Zeit vor 1914, 141–145.

Gehen wir zurück zur Frühen Neuzeit, dann sehen wir die Geschichte der jüdischen Gemeinden nach 1648 eingebettet in die Geschichte der Territorien und des von Wien, Regensburg und Mainz aus regierten Reichs in seinem Spätzustand. Die das Reich konstituierende Rechtsordnung war primär, wie wir heute sagen würden, vom Verfassungsrecht bestimmt. Die ‚Grundgesetze' des Reichs betrafen seine Glieder, also Kaiser und Reichsstände. Individuen als ‚Reichsbürger' gab es nicht. Wenn man von Wirkungen dieser Rechtsebene auf die Menschen sprechen kann, dann waren sie indirekter Art, institutionell vermittelt durch Kaiser, Reichskammergericht und Reichshofrat, durch die Reichskreise und Reichskontingente, durch Reichszensur, Reichspost, und vor allem den Regensburger Reichstag, jene permanent gewordene Versammlung von Vertretern der Reichsstände. Das alles war gewiss *monstro simile* im Sinne des jungen Samuel Pufendorf, aber keine Tyrannei.

Vor allem die kleineren Reichsstände und ihre Untertanen fuhren nicht schlecht damit. Der Kaiser war daran interessiert, die Grafschaften und Reichsritterschaften, Reichsstädte und Reichsabteien in ihrer Existenz zu halten, ja sie notfalls durch Konkursverwalter, so genannte Reichsdebitkommissionen, von ihren Schulden zu befreien und ihnen ihren Rang zu erhalten.[16] Damit betreten wir die nächste Rechtsebene, die der Territorien. Es gab – je nach Zählung – davon an die dreitausend, oder realistischer gezählt etwa tausend von ihnen.[17] Sie waren nach dem Westfälischen Frieden nahezu souverän, verfügten über die volle, nur durch Rücksicht auf Kaiser und Reich begrenzte Landeshoheit. Die größeren unter ihnen regierten wirklich, setzten Recht und versuchten es durchzusetzen. Die kleineren regierten eher symbolisch, waren zu Politik im eigentlichen Sinn nicht fähig, trieben aber dafür Familienpolitik wie anderer Adel auch. Die Häuser Wied-Neuwied, die verschiedenen Linien von Solms, Ysenburg, Leiningen, Lippe, Sayn-Wittgenstein, Sachsen-Coburg-Gotha und die anderen thüringischen Herzogtümer sind typische Beispiele hierfür.

In diesem Geflecht von Kirchturms- und Regionalpolitik war das Reich zwischen 1648 und 1806 eine durchaus wichtige Größe. Der Wiener Hof war daran interessiert, diesen Rückhalt in Reichsstädten, geistlichen Herrschaften, Reichsritterschaften und Grafschaften nicht zu verlieren.[18] Deshalb zeigte er sich insoweit durchaus aktiv, mit Kommissionen und Exekutionen

---

16 *Jürgen Ackermann,* Verschuldung, Reichsdebitverwaltung, Mediatisierung. Eine Studie zu den Finanzproblemen der mindermächtigen Stände im Alten Reich. Das Beispiel der Grafschaft Ysenburg-Büdingen 1687–1806, Marburg 2002.

17 *Gerhard Köbler,* Historisches Lexikon der deutschen Länder, 5. Aufl. München 1996.

18 *Karl Otmar von Aretin,* Das Reich. Friedensordnung und europäisches Gleichgewicht 1648–1806, Stuttgart 1986; *ders.* Das Alte Reich 1648–1806, Bd. I. Föderalistische oder hierarchische Ordnung (1648–1684) Stuttgart 1993.

einzugreifen und die Reichsgerichte einzuschalten, mit Vorzug den Reichshofrat.[19] Insoweit gab es auch eine Palette von Möglichkeiten, so genannte Untertanenprozesse zu führen,[20] Prozesse, die bekanntlich in den letzten Jahren die Forschung sehr beschäftigt haben, weil sich an ihnen zeigen ließ, dass es durchaus Wege gab, mit den Instrumenten des Rechts gegen die eigene Obrigkeit vorzugehen. Ebenso finden sich im reichen Material von Reichskammergericht und Reichshofrat zahlreiche Prozesse zwischen Privaten, die ein Bild davon vermitteln, wie die Reichsinstitutionen funktionierten – meist besser als ihr legendär schlechter Ruf vermuten lässt.

So werden auch in Bernhard Diestelkamps Sammlung denkwürdiger Prozesse vor dem Reichskammergericht (1995) zwei Verfahren aufgeführt, in denen es um die Rechte von Juden ging, im einen Fall um die Höhe der Zinsen („jüdischer Wucher oder christlicher Betrug?"), im anderen um einen Juden, der von einem kurfürstlich-trierischen Vogt ausgeplündert und erpresst worden war. Viele andere Beispiele ließen sich finden,[21] und die derzeit von Leipzig und Frankfurt aus organisierte Suche nach Prozessen mit jüdischen Beteiligten in den Akten des Reichshofrats wird eine Fülle davon zu Tage fördern.[22]

Dabei wird es darum gehen zu klären, wie sich die jüdischen Gemeinden mit ihrer in der Frühen Neuzeit bestehenden Rabbinatsgerichtsbarkeit sowohl institutionell als auch in ihrer Spruchtätigkeit zu den Reichsgerichten einerseits, den Territorialgerichten andererseits verhalten haben. Man wird dabei beachten müssen, dass sich im Staatskirchenrecht der Aufklärung, dem so genannten *ius publicum ecclesiasticum,* eine Theorie durchgesetzt hatte, die auch die Stellung der Rabbinatsgerichte angemessen erklären konnte. Es handelt sich um den so genannten Kollegialismus, benannt nach Just Henning Boehmers *systema collegiale.*[23] Die Kirchen und Religions-

---

19 *Wolfgang Sellert* (Hg.), Reichshofrat und Reichskammergericht. Ein Konkurrenzverhältnis, Köln u. a. 1999.

20 *Bernhard Diestelkamp,* Rechtsfälle aus dem Alten Reich, 111, 126 m.w.Nachw.

21 *Julia Maurer,* Der „Lahrer Prozeß" 1773–1806. Ein Untertanenprozeß vor dem Reichskammergericht, Köln u. a. 1996; *Rita Sailer,* Untertanenprozesse vor dem Reichskammergericht. Rechtsschutz gegen die Obrigkeit in der zweiten Hälfte des 18. Jahrhunderts, Köln u. a. 1999, 372 ff. zur Ettenheimer Judenschaft.

22 Siehe hierzu *Stefan Ehrenpreis / Andreas Gotzmann / Stephan Wendehorst,* Probing the Legal History of the Jews in the Holy Roman Empire – Norms and their Application, in: Jahrbuch des Simon-Dubnow-Instituts, II, hrsg.v. Dan Diner, München 2003, 409–412; *Andreas Gotzmann,* At Home in Many Worlds? Thoughts about Now Concepts in Jewish Legal History, ebd. 413–436; *Stephan Wendehorst,* Imperial Spaces as Jewish Spaces – The Holy Roman Empire, the Emperor and the Jews in the Early Modern Period. Some Preliminary Observations, ebd. 437–474; *Stefan Ehrenpreis,* Legal Spaces for Jews as Subjects of the Holy Roman Empire, ebd. 475–487.

23 *Klaus Schlaich,* Kollegialtheorie. Kirche, Recht und Staat in der Aufklärung, München 1969.

gesellschaften werden dabei, der Staatstheorie folgend, als Zusammenschlüsse freier und gleicher Menschen zur Ausübung der eigenen Religion verstanden. Die Kirchengewalt wird gedeutet als konsensual auf Vertragsbasis entstanden. Der Landesherr herrscht über alle in seinem Land vorkommenden ‚Gesellschaften' gleichermaßen und ist dabei auf die Ordnung der äußeren Angelegenheiten beschränkt. Gehört er der Religionsgesellschaft nicht an, dann hat er keinerlei Zugriff auf die *iura circa sacra*. Dann gehören auch die Rabbinatsgerichte, solange und soweit sie Fragen des Kultus entscheiden, in den Bereich der eigenen Angelegenheiten der jüdischen Gemeinden. Entscheiden sie dagegen auch weltliche Streitigkeiten unter Glaubensgenossen, wie es häufig vorkam, dann entsteht ein Kompetenzkonflikt mit dem weltlichen Staat. Da dieser aber im 18. Jahrhundert keineswegs flächendeckend judizierte – man denke nur an die zahlreichen Exemtionen, etwa bei der gutsherrlichen Gerichtsbarkeit – wird er sich hier nicht ungern zurückgehalten haben. Was die Rabbinatsgerichte sicher nicht konnten und durften, war die Entscheidung von Streitigkeiten zwischen Christen und Juden. Insoweit verlangte der Staat das Erscheinen vor dem weltlichen Forum. Die erwähnten Fälle vor dem Reichskammergericht zeigen es.

Die bisherigen Bemerkungen betrafen die Reichsinstitutionen und die Rechtsprechung. Eine wirklich durchgreifende Reichsgesetzgebung nach 1648 werden auch die wärmsten Befürworter einer Funktionsfähigkeit des späten Reichs kaum behaupten wollen. Die von Schmauß im „Corpus Iuris Publici" gesammelten Reichs-Hofrats-Dekrete, Reichs-Gutachten, Reichs-Conclusa, Rezesse und andere Rechtsakte zeigen eine eifrige Verwaltung und Rechtsprechung, aber keine energische Gesetzgebung.[24] Deshalb muss man, wenn über Gesetzgebung und speziell über Judenordnungen zu sprechen ist, den Blick von den Reichsinstitutionen und der Reichsgerichtsbarkeit noch einmal zu den Territorien und ihrer Normsetzung lenken. Die Territorien und die freien Reichsstädte sind seit dem späten Mittelalter und während der gesamten frühen Neuzeit sehr aktive Normsetzer gewesen. In ihnen formte sich der frühmoderne Staat, der nach Maßgabe seiner wachsenden administrativen Fähigkeiten experimentierend vorging, um die Leerformel der „guten policey" mit den jeweils für angemessen gehaltenen Inhalten zu füllen und gegenüber den Untertanen durchzusetzen. Die im Frankfurter Max-Planck-Institut seit 1992 vorangetriebene Erfassung der Policeyordnungen der frühen Neuzeit zeigt, dass die Territorien und freien Reichsstädte permanent, wenn auch in wechselnder Stärke, Einzelbefehle

---

24 *Johann Jacob Schmauß,* Corpus Iuris Publici S.R.Imperii Academicum, Leipzig 1774. Zur Reichsgesetzgebung des 16. Jahrhunderts siehe insbesondere *Matthias Weber,* Die Reichspolizeiordnungen von 1530, 1548 und 1577. Historische Einführung und Edition, Frankfurt a. M. 2002, vor allem die Ordnung von 1577, Art. 20 „Von Jüden und irem wucher".

erließen, vom Einzelfall aus auf eine generelle Ebene zielten, Ermahnungen, Rundschreiben, Reskripte, Mandate, Policeyordnungen und Landesordnungen hinausgehen ließen. Dazu gehörten auch die zahlreichen die Juden betreffenden Ordnungen, Mandate, Privilegierungen und hoheitlichen Regelungen von Einzelfällen.[25]

An dieser Materie erweist sich das Eingebettetsein jüdischen Lebens in die soziale Welt der sie umgebenden Christen und ihrer Städte und Dörfer. Es ist viel gerätselt worden, warum es eine so massenhafte Regional- und Lokalgesetzgebung habe geben müssen, warum dort auch so viel Rhetorik und so viele Wiederholungen zu finden seien. Die gängige Antwort lautete, der frühmoderne Staat sei wenig durchsetzungsfähig gewesen. Die Obrigkeiten hätten sich nur durch stetiges Einschärfen und Wiederholen, durch Überredung und Drohung mit Strafen allmählich Respekt verschaffen können. Das passt zusammen mit den Thesen von Norbert Elias zur langsam voranschreitenden Sublimierung und Triebzügelung, aber auch mit Gerhard Oestreichs These von der ‚Sozialdisziplinierung'. Letztere, inzwischen in kritischer Absicht durch die Behauptung eines Widerstands von unten ergänzt, oder besser, zu dem komplexeren Modell einer Disziplinierung von oben und unten umgeformt, ist kaum mehr als ein Schlagwort. Sinnvoller scheint es nun, den frühmodernen Staat als offenes, lernendes System zu verstehen, das sich in der Auseinandersetzung mit den Untertanen ständig verändert, die gesetzgeberischen Erfahrungen in künftige Gesetzgebung einschreibt und auf diese Weise experimentierend seine Institutionen ausbildet.[26] Akzeptiert man diesen Grundgedanken, dann müsste auch die Interpretation der frühmodernen Judenmandate und Judenordnungen neue Konturen gewinnen. Dann sind sie nicht mehr die einmal milder, einmal gröber ausfallenden Produkte einer repressiven Obrigkeit, sondern eher Resultanten in einem Polygon der Kräfte, in dem wirtschaftliche Interessen, politische Rücksichten auf städtische Obrigkeiten und bäuerliche Klagen, Glaubenseifer und Fanatismus ihren Platz finden. Dann ist auch die Durchsetzung dieser Normen nicht mehr ein einseitiger Akt ‚von oben nach unten', sondern eine Art Dialog unter Ungleichen, im Wechselspiel von Umgehung und Renitenz. So hat sich bei den Würzburger Judenvertreibungen durch Bischof Julius Echter von Mespelbrunn gezeigt, dass die Juden nicht wirklich zu exilieren waren, weil sie über Rückhalt am Kaiserhof verfügten und sich beim umwohnenden protestantischen fränkischen Adel aufhielten,

---

25 *Karl Härter / Michael Stolleis* (Hg.), Repertorium der Policeyordnungen der frühen Neuzeit, Bde. 1, 2 / I, 2 / II, 3 / I, 3 / II, 4, Frankfurt a. M. 1996 ff.; *Michael Stolleis* (Hg.), Policey im Europa der Frühen Neuzeit, Frankfurt a. M. 1996. Zur Information über den aktuellen Stand des Projekts siehe www.mpier.uni-frankfurt.de.

26 Ausführlicher *Michael Stolleis,* Was bedeutet „Normdurchsetzung" bei Polizeiordnungen der frühen Neuzeit? In: Grundlagen des Rechts, Festschrift Peter Landau, Paderborn 2000, 739 ff.

der seinerseits an ihnen interessiert war, und weil sie auch tagsüber durchaus in Würzburg tätig waren.[27] Normdurchsetzung bei Policeynormen, die sich auf Juden bezogen, ist ein bisher kaum bearbeitetes Feld. Es ist zu hoffen, dass sich die Forschung des Themas annehmen wird, wenn die Repertorien der Policeyordnungen der frühen Neuzeit in absehbarer Zeit vorliegen werden, so dass dann sowohl diachrone als auch Vergleiche zwischen Stadt und Land, evangelischen und katholischen, deutschen und ausländischen Territorien gezogen werden können.

Die Fragen nach der frühmodernen Normenvielfalt, nach den Normquellen, nach der Normdurchsetzung und nach der Rechtspraxis lassen sich, wie abschließend bemerkt sei, nur mit allgemein gehaltenen Richtungspfeilen beantworten. Das liegt einmal daran, dass unsere Perspektive in bestimmter Weise fixiert ist. Das ist ein methodologisches, also nur partiell überwindbares Problem; denn wir können unsere Zeit und unser kollektives Bewusstsein nicht wirklich verlassen, sondern uns allenfalls imaginativ anderen Zeiten und psychischen Lagen annähern. Wir können nicht gleichzeitig forschen und unsere Forschungstätigkeit von einem neutralen Punkt aus beobachten und kommentieren. Doch kann auf die Gefahren eines allzu naiven Vertrauens in die ‚Richtigkeit' der eigenen Prädisposition und des meist unbewusst mitgeführten normativen Maßstabs aufmerksam gemacht werden.

Ein Quellenproblem kommt hinzu. Die überlieferten Akten der Rechtsprechung sind bislang noch wenig erforscht. Viel Material ist verloren, Rabbinatsakten sind nur selten und selten vollständig erhalten. Andererseits erdrückt gerade die Masse des vorhandenen Aktenmaterials auch gutwillige Forscher. Die einschlägigen Prozesse müssen wie die Nadeln im Heuhaufen gesucht werden. Selbst wenn man über die Akten verfügt, lässt sich mit ihnen noch keine wirklich tragfähige Aussage über die Rechtspraxis treffen. Prozesse sind nur leidvolle Teilstücke einer oft eher friedlich-schiedlich gelebten Realität. Prozessakten filtern den Blick auf die Wirklichkeit bekanntlich einseitig. Meist kann man hinreichend in den Fall und seine Mechanik hineinschauen, aber von diesem Fall aus nach draußen auf die umgebende Landschaft gewinnt man kaum ein Bild.

Analysiert man die Fälle, dann muss man sich, wie gesagt, vor Augen halten, dass sich das jüdische Leben in einer Gesellschaft vollzog, deren wesentliche Maxime nicht Gleichheit, sondern Ungleichheit lautete. Es war eine auf ständischen, religiösen, sozialen und ökonomischen Differenzen beruhende Gesellschaft, die sich mehr und mehr auf eine bürgerliche Gesellschaft hin bewegte, ohne dieses ‚Ziel' aber noch im 18. Jahrhundert zu erreichen. Die Gesellschaft des 17. und 18. Jahrhunderts lebte in Deutschland in einem komplexen politischen Gebilde, das hochgradig verrechtlicht

[27] *Imke König*, Judenverordnungen im Hochstift Würzburg (15.-18. Jh.), Frankfurt a. M. 1999.

war. Es hatte die Struktur einer Zwiebel mit einander überlagernden Schichten von Kompetenzen und Rechtsnormen. Reichsjustiz, Landesjustiz, christliche geistliche Gerichtsbarkeit und Rabbinatsjustiz existierten nebeneinander. Einen stringenten Gerichtsaufbau gab es nicht, zumal das Reich auch nicht den Status eines ‚Staates' erreichte. ‚Staaten' waren die größeren Territorien. Nur in dem durch sie definierten Rahmen dürfte es möglich sein, die erwähnte, im 18. Jahrhundert herrschende kollegialistische Theorie des Staatskirchenrechts für die Deutung der Stellung von Judengemeinden und Rabbinatsgerichten fruchtbar zu machen.

Die Akten des Reichshofrats und ihre Bedeutung für die Geschichte der Juden im Alten Reich

Von *Leopold Auer* und *Eva Ortlieb,* Wien

Geschichte bedarf, um Wissenschaft zu sein und zu Erkenntnisfortschritten zu führen, neuer Fragestellungen ebenso wie neuer Quellen. Bereits Leopold von Ranke hat darauf hingewiesen, dass der Historiker entweder eine neue Auffassung des schon Bekannten darbieten oder aber unbekannte Informationen über die Tatsachen mitteilen könne.[1] Neue Fragestellungen können und müssen teilweise auf der Grundlage längst bekannten Quellenmaterials entwickelt werden. Im Geschichtswerk des Thukydides liegt vielleicht – so Jacob Burckhardt – eine Information allen ersten Ranges verborgen, die noch niemand erkannt hat.[2] Ein so wichtiges Werk wie Emmanuel Le Roy Laduries ‚*Montaillou*' beruht auf der Auswertung einer bereits im 19. Jahrhundert edierten, also etwa ein Jahrhundert bekannten Quelle.[3] Erkenntnisfortschritt kann und muss aber auch in der Heranziehung bisher unberücksichtigter Quellen erreicht werden. Diese Selbstverständlichkeit ist angesichts mancher Methodendiskussionen in der Geschichtswissenschaft zu betonen. Weder die Problematik des Wahrheitsbegriffs noch das Recht des narrativen Elements machen Geschichte zur Fiktion.[4] Allerdings ist stets die Frage der Verhältnismäßigkeit von Quellen und Erkenntnisinteresse zu beachten. Welche Quellen besitzen wir zu einer bestimmten Fragestellung und – manchmal noch wichtiger – welche Quellen besitzen wir nicht, welche Quellen sind aussagekräftig wofür, was bedeutet allein die Tatsache ihrer Existenz? Arnold Esch hat sich bei seinen anregenden Über-

---

1 *Michael Hochedlinger,* Das Ende der empirischen Geschichte? Quellenarbeit, Editionen und die „Krise der Frühneuzeitforschung". Eine Polemik, in: Umgang mit Quellen heute. Zur Problematik neuzeitlicher Quelleneditionen vom 16. Jahrhundert bis zur Gegenwart, hrsg. v. Grete Klingenstein / Fritz Fellner / Hans Peter Hye (Fontes rerum Austriacum, II / 92), Wien 2003, 91 – 104, hier 91.

2 *Jacob Burckhardt,* Weltgeschichtliche Betrachtungen. Historisch-kritische Gesamtausgabe, Pfullingen 1949, 44.

3 *Emmanuel Le Roy Ladurie,* Montaillou, village occitan de 1294 à 1324, Paris 1975. Deutsche Übersetzung Frankfurt a. M. u. a. 1980.

4 Eine Zusammenfassung der Diskussion darüber bei *Chris Lorenz,* Konstruktion der Vergangenheit, Köln / Weimar / Wien 1997.

legungen zu Überlieferungs-Chance und Überlieferungs-Zufall mit einigen dieser Fragen beschäftigt.[5]

Zu den Quellen, deren Bedeutung man in den letzten vierzig, fünfzig Jahren in zunehmendem Maß erkannt und deren Bearbeitung eindeutig einen Fortschritt in der historischen Erkenntnis gebracht hat, gehören die Gerichtsakten. Gerichtsakten sind eine besonders reichhaltige Quellengattung und lassen sich unter vielen verschiedenen Gesichtspunkten auswerten. Sie beleuchten das Schicksal der Prozessparteien und ihr persönliches Umfeld ebenso wie die gesellschaftlichen Rahmenbedingungen, unter denen Personen ihr Recht vor Gericht suchten. Gerichtsakten spiegeln den rechtlichen Status einer Person oder Personengruppe, aber auch und vor allem die konkreten Auswirkungen rechtlicher Regelungen auf die Betroffenen wider. Auch Politik wurde und wird gelegentlich über Gerichte gemacht. Die Wirtschafts- und Kulturgeschichte verdankt Prozessakten wichtige Quellen, etwa wenn Rechnungsbücher oder Bauzeichnungen als Beweismittel in einem Verfahren von Bedeutung waren. Die Analyse einer größeren Zahl von Prozessen läßt Rückschlüsse auf die Mentalität einer Gesellschaft und die sie prägenden Strukturen zu. Gerichtsakten sind deshalb besonders geeignet, die Wirklichkeit vergangenen Lebens anschaulich und begreifbar zu machen.

Nicht alle Gerichte und ihre Akten wurden in den letzten Jahrzehnten gleichermaßen in das Blickfeld der Forschung gerückt. Was das Heilige Römische Reich deutscher Nation in der Frühen Neuzeit betrifft, besteht ein besonders großer Nachholbedarf auf dem Gebiet der Erforschung des Reichshofrats[6], der erheblich weniger Aufmerksamkeit erfahren hat als das teilweise mit ihm konkurrierende Reichskammergericht. Dieses Ungleichgewicht der Forschung birgt die Gefahr einer verzerrten Perspektive bei der Beurteilung des Alten Reichs und seiner Institutionen. Im Extremfall geht die Verzerrung der Perspektive so weit, dass überhaupt nur noch das Reichskammergericht wahrgenommen wird – etwa wenn der Rechtshistoriker Peter Stein in seinem Buch über das Römische Recht in Europa einfach erklärt, das Höchstgericht des Heiligen Römischen Reichs deutscher Nation

---

5 *Arnold Esch,* Überlieferungs-Chance und Überlieferungs-Zufall als methodisches Problem des Historikers, in: Historische Zeitschrift 240, 1985, 529–570.

6 Als Einstieg in die Thematik und den Forschungsstand eignen sich die Kurzüberblicke von *Peter Moraw,* Art. ‚Reichshofrat', in: Handwörterbuch zur deutschen Rechtsgeschichte, hrsg. v. Adalbert Erler/Ekkehard Kaufmann, Bd. 4. Berlin 1990, Sp. 630–638; *Wolfgang Sellert,* Der Reichshofrat, in: Oberste Gerichtsbarkeit und zentrale Gewalt im Europa der frühen Neuzeit, hrsg. v. Bernhard Diestelkamp, Köln/Weimar/Wien 1996 (Quellen und Forschungen zur höchsten Gerichtsbarkeit im Alten Reich 29), 15–44, und *Anette Baumann/Eva Ortlieb,* Netzwerk Reichsgerichtsbarkeit, in: Ad Fontes. Europäisches Forum Junger Rechtshistorikerinnen und Rechtshistoriker Wien 2001, hrsg. v. Birgit Feldner u. a., Frankfurt a. M. u. a. 2002, 23–36, hier 28–34.

sei das Reichskammergericht.[7] Dabei prägte der Reichshofrat das Rechts- und Verfassungsleben im Alten Reich nicht weniger als das Reichskammergericht. Als Höchstgericht und kaiserliche Behörde war er annähernd für das gesamte Reichsgebiet zuständig – ein Einzugsgebiet, das nach der heutigen Grenzziehung 16 europäische Staaten berührt.[8] Inhaltliche Bezüge in den Akten stellen darüber hinaus Verbindungen zu fast allen anderen europäischen Staaten – mit Ausnahme Südosteuropas – her. Dänemark und Schweden lagen aufgrund ihrer engen Beziehungen zum Reich ohnehin im Blickfeld des Reichshofrats. Prozesse der Hanse beleuchten die Geschichte Englands und des gesamten Ostseeraums einschließlich Russlands, die lateinischen Judizial- und Gratialakten stellen Verbindungen zur Geschichte Spaniens her; auch an Betreffen zur Geschichte Ungarns fehlt es nicht ganz.[9] Somit stellen die Reichshofratsakten ein imposantes Beispiel für ein Quellenmaterial von gesamteuropäischer Bedeutung dar, das eine Fülle von Informationen zu einzelnen Territorien, Städten und Dörfern, zu Klöstern und Burgen, zu religiösen und ethnischen Gruppen sowie zu einzelnen Familien und Personen zur Verfügung stellt. Darunter befindet sich auch teilweise umfangreiches Material für die Geschichte der Juden.

Der vorliegende Beitrag möchte einen Überblick über das Archiv des Reichshofrats geben und die Bedeutung der dort aufbewahrten Akten für die Geschichte der Juden im Alten Reich in der Frühen Neuzeit beschreiben (I). Im Anschluss daran werden Möglichkeiten vorgestellt, Material zur Geschichte der Juden im Archiv des Reichshofrats ausfindig zu machen. Dabei sollen insbesondere die laufenden Bemühungen um eine Verbesserung der Erschließung des Reichshofratsarchivs berücksichtigt werden (II).

I.

Als Kaiser Franz II. (I.) 1806 die Krone des Heiligen Römischen Reichs deutscher Nation niederlegte, ergab sich neben vielen anderen Problemen die Frage, was mit den Akten der Reichsbehörden – insbesondere des Reichshofrats und des Reichskammergerichts – geschehen sollte. Während das Archiv des Reichskammergerichts 1821 auf die Staaten des Deutschen Bundes aufgeteilt wurde, blieb das Archiv des Reichshofrats[10] in Wien und

---

7 *Peter G. Stein,* Römisches Recht und Europa. Die Geschichte einer Rechtskultur, Frankfurt a. M. 1996, 142.

8 *Leopold Auer,* Such- und Erschließungsstrategien für die Prozeßakten des Reichshofrats, in: Reichshofrat und Reichskammergericht. Ein Konkurrenzverhältnis, hrsg. v. *Wolfgang Sellert* (Quellen und Forschungen zur höchsten Gerichtsbarkeit im Alten Reich, 34), Köln / Weimar / Wien 1999, 211–219, hier 211.

9 *János Buszási,* Haus-, Hof- und Staatsarchiv Bécs. A birodalmi levéltárak Magyar vonatkozású iratai (Levéltári leltárak, 76), Budapest 1979.

gelangte Mitte des 19. Jahrhunderts in das Haus-, Hof- und Staatsarchiv. Sieht man von einigen Auslieferungen von Akten an ehemalige Prozessparteien[11] und Umlegungen bei der Übernahme in das Haus-, Hof- und Staatsarchiv[12] ab, liegt mit dem Reichshofratsarchiv der überlieferungsgeschichtliche Glücksfall eines fast vollständig erhaltenen Archivs einer historischen Behörde vor.

Was seine Struktur betrifft, präsentiert sich das Archiv des Reichshofrats noch heute im Wesentlichen in der Gestalt, in der es in der reichshofrätlichen Registratur entstanden ist. Zu unterscheiden sind zunächst die beiden Großgruppen der so genannten Gratialia und der so genannten Judicialia. Jede dieser beiden Großgruppen besteht ihrerseits aus zwei Abteilungen, der lateinischen und der deutschen Expedition. Vor allem die deutsche Expedition ist in zahlreiche Unterserien aufgeteilt, die zum Teil Vorgänge einer bestimmten Art zusammenfassen – z. B. die Confirmationes privilegiorum, die Bestätigung kaiserlicher Privilegien und die zugehörigen Anträge –, zum Teil aber auch schlicht aus Platzmangel entstanden sind – immer dann, wenn der zu Ende gehende Raum in einem Zimmer die Eröffnung einer neuen Serie in einem anderen Raum notwendig machte. Neben Gratialia und Judicialia enthält das Reichshofratsarchiv noch einige Sonderbestände, die sich nicht auf die beiden Großgruppen aufteilen ließen. Dazu gehört insbesondere die rund 900 Bände umfassende Reihe der reichshofrätlichen Protokollbücher, aber auch das Fiskalarchiv und das Archiv der Plenipotenz in Mailand, Akten zum Münz-, Polizei-, Post- und Zollwesen im Reich oder die Überlieferung der kaiserlichen Bücherkommission.

Die Judicialia des Reichshofratsarchivs sind aus der Tätigkeit des Reichshofrats als Höchstgericht des Alten Reichs hervorgegangen. Sie stellen die-

---

10 *Leopold Auer*, Das Archiv des Reichshofrats und seine Bedeutung für die historische Forschung, in: Friedenssicherung und Rechtsgewährung. Sechs Beiträge zur Geschichte des Reichskammergerichts und der obersten Gerichtsbarkeit im alten Europa, hrsg. v. Bernhard Diestelkamp / Ingrid Scheurmann, Bonn / Wetzlar 1997, 117 – 130; *Lothar Groß*, Die Reichsarchive, in: Gesamtinventar des Wiener Haus-, Hof- und Staatsarchivs, hrsg. v. L[udwig] Bittner (Inventare österreichischer staatlicher Archive V. Inventare des Wiener Haus-, Hof- und Staatsarchivs, 4), Bd. 1, Wien 1936, 273 – 394, hier 275 – 316.

11 Die reichshofrätlichen Akten wurden nach 1806 einer speziellen Kommission übergeben, die Ansuchen ehemaliger Prozessparteien auf Auslieferung der – oft juristisch noch relevanten – Akten zu bearbeiten hatte. Einigen dieser Ansuchen wurde stattgegeben. Deswegen finden sich Reichshofratsakten heute auch in anderen, vor allem deutschen und belgischen Archiven. Vgl. *Friedrich Battenberg*, Reichshofratsakten in den deutschen Staatsarchiven. Eine vorläufige Bestandsaufnahme, in: Reichshofrat und Reichskammergericht. Ein Konkurrenzverhältnis, hrsg. v. Wolfgang Sellert (Quellen und Forschungen zur höchsten Gerichtsbarkeit im Alten Reich 34), Köln / Weimar / Wien 1999, 221 – 240.

12 Eine Reihe von Akten wurde beispielsweise in den Bestand ‚Kleinere Reichsstände' der Reichshofkanzlei eingeteilt.

jenigen Akten dar, die in der Regel bereits in der Registratur des Reichshofrats als Prozessakten abgelegt wurden. Erhalten hat sich Material zu insgesamt rund 70.000 Verfahren. Die beiden Höchstgerichte des Alten Reichs haben also, was die Anzahl der Prozessakten betrifft, einen vergleichbar großen schriftlichen Niederschlag ihrer Tätigkeit hinterlassen.[13] Anders als das Reichskammergericht arbeitete der Reichshofrat aber nicht nur als Gericht. Als kaiserliche Behörde war er darüber hinaus für das Lehenswesen, die Erteilung und Bestätigung kaiserlicher Privilegien und die Bearbeitung von Gnadengesuchen zuständig. Die in diesem Zusammenhang angelegten Akten wurden als Gratialia abgelegt. Die Zuordnung der Vorgänge zu einer deutschen und einer lateinischen Expedition folgte einer Kompetenzverteilung in der Reichshofkanzlei. Während die deutsche Expedition für die Korrespondenz mit dem deutschsprachigen Reichsteil zuständig war, bearbeitete die lateinische Expedition den Schriftwechsel mit dem nicht deutschsprachigen Raum, insbesondere mit Reichsitalien und dem Ausland, aber auch mit – häufig in Latein korrespondierenden – geistlichen Reichsständen oder Universitäten. Die am Reichshofrat zugelassenen Prozesssprachen waren demgemäß Deutsch und Latein.

Für die Geschichte der Juden in Zentraleuropa ist das Archiv des Reichshofrats in mehrfacher Hinsicht von Belang. Aufgrund ihrer besonderen Beziehung zum Kaiser galten Juden grundsätzlich als reichsunmittelbar[14], so dass sie nur vor dem Kaiser bzw. den beiden Reichsgerichten Reichshofrat und Reichskammergericht beklagt werden konnten. Auch als Kläger konnten Juden vor den Reichsgerichten auftreten, sofern sich ihr Anspruch gegen ein anderes unmittelbares Glied des Reichs – eine Reichsstadt, einen Reichsritter oder einen anderen Juden – richtete. Darüber hinaus hatten die Kaiser Juden – Kollektiven oder Einzelpersonen – zahlreiche Privilegien, Geleit- und Schutzbriefe gewährt.[15] Verletzungen dieser Rechtstitel wurden vor dem Kaiser – de facto also vor den Reichsgerichten Reichshofrat und Reichskammergericht – angezeigt und gegebenenfalls bestraft. Juden stan-

13 Für das Reichskammergericht geht man von knapp 80.000 erhaltenen Prozessakten aus: *Baumann / Ortlieb*, Netzwerk (wie Anm. 6), 24.

14 Zum Komplex der sog. kaiserlichen Kammerknechtschaft und des Judenregals als Reservatrecht des Kaisers *Friedrich Battenberg*, Des Kaisers Kammerknechte. Gedanken zur rechtlich-sozialen Situation der Juden in Spätmittelalter und früher Neuzeit, in: Historische Zeitschrift 245 (1987), 545–599. Zur Beziehung der Juden zu Kaiser und Reich zuletzt *Stephan Wendehorst*, Imperial Spaces as Jewish Spaces – The Holy Roman Empire, the Emperor and the Jews in the Early Modern Period. Some Preliminary Observations, in: Jahrbuch des Simon-Dubnow-Instituts 2, 2003, 437–474.

15 *Friedrich Battenberg*, Die Privilegierung von Juden und der Judenschaft im Bereich des Heiligen Römischen Reichs deutscher Nation, in: Das Privileg im europäischen Vergleich, hrsg. v. Barbara Dölemeyer / *Heinz Mohnhaupt* (Ius Commune, Sonderhefte Studien zur Europäischen Rechtsgeschichte, 93), Bd. 1. Frankfurt a. M. 1997, 139–190.

den generell unter dem besonderen Schutz des Reichsoberhaupts. Kaiser Friedrich III. hatte alle Glieder des Reichs angewiesen, sie nicht an der Anrufung des Kaisers zu hindern.[16] Sofern sie kaiserliche Hofjuden waren, waren Juden außerdem der Jurisdiktion des Obersthofmarschallamts unterworfen, von dessen Urteilen an den Reichshofrat appelliert werden konnte[17]. Prozessiert wurde natürlich nicht nur von oder gegen, sondern auch um Juden beziehungsweise um Angelegenheiten, in die Juden verwickelt waren. Das ergibt sich beispielsweise aus ihrer geschäftlichen Tätigkeit, die in weiterer Folge zu Auseinandersetzungen führen konnte.[18] Darüber hinaus stritten sich verschiedene Obrigkeiten vor dem Kaiser – Reichshofrat und Reichskammergericht – um die Wahrnehmung der von ihnen beanspruchten Rechte im Zusammenhang mit Juden, z. B. um das Recht, sie verhaften zu dürfen.[19] Zur Heftigkeit solcher Auseinandersetzungen trug bei, dass das Recht zur Aufnahme und Ausweisung, Besteuerung und Bestrafung von Juden Eingang in den Kanon der die frühneuzeitliche Landeshoheit ausmachenden Kompetenzen gefunden hatte.[20] Aufgrund ihrer Rechtsstellung sind Juden somit als Kläger, als Beklagte und als ‚Gegenstände' von Verfahren in den Prozessakten des Reichshofrats – den Judicialia – präsent. Für das Reichskammergericht konnte nachgewiesen werden,

---

16 Privileg Kaiser Friedrichs III. aus dem Jahr 1470: *Friedrich Battenberg,* Das europäische Zeitalter der Juden. Zur Entwicklung einer Minderheit in der nichtjüdischen Umwelt Europas. Bd. 1: Von den Anfängen bis 1650, 2. Aufl. Darmstadt 2000, 155.

17 *Barbara Staudinger,* Die Reichshofratsakten als Quelle zur Geschichte der österreichischen und böhmischen Länder im 16. und 17. Jahrhundert, in: Quellenkunde der Habsburgermonarchie (16.-18. Jahrhundert). Ein exemplarisches Handbuch, hrsg. v. Josef Pauser / Martin Scheutz / Thomas Winkelbauer (Mitteilungen des Instituts für Österreichische Geschichtsforschung Ergänzungsband, 44), Wien / München 2003, 327–336, hier 333 ff. Zu den Hofjuden – die es natürlich nicht nur am Kaiserhof, sondern auch an Fürstenhöfen gab – *Mordechai Breuer / Michael Graetz,* Deutsch-jüdische Geschichte in der Neuzeit. Bd. 1: Tradition und Aufklärung 1600–1780, München 1996, 106–118.

18 So spielte beispielsweise in dem Streit zwischen dem kaiserlichen Feldproviantkommissar Johann Peter von Böhm und dem Oberproviantkommissar Johann Wolf von Zwenkau 1693 ein Vertrag über die Lieferung von Getreide eine Rolle, den Böhm mit dem Bamberger Juden Märx abgeschlossen hatte: HHStA, RHR, APA 26, fol. 645–653. Zu einem mehrjährigen Verfahren vor dem Reichshofrat kam es wegen der Aufhebung eines Vertrags zwischen den Frankfurter Bürgern Rulant und Kaspar von Cassel mit dem Juden Moses Fröschel: ebd. 43, fol. 488–530.

19 Beispielsweise Burg und Stadt Friedberg 1609 / 10: HHStA, RHR, APA 61, fol. 654–758.

20 *Rotraud Ries,* German Territorial Princes and the Jews, in: In and Out of the Ghetto. Jewish-Gentile Relations in the Late Medieval and Early Modern Germany, hrsg. v. R[onnie] Po-chia Hsia / Hartmut Lehmann, Cambridge 1995, 215–245, hier 216; für Schwaben *Rolf Kiessling,* Under deß Römischen Adlers Flügel. Das Schwäbische Judentum und das Reich, in: Bilder des Reiches, hrsg. v. Rainer A. Müller (Irseer Schriften, 4), Sigmaringen 1997 221–253, hier 232.

dass Juden von den ihnen in diesem Zusammenhang gebotenen Möglichkeiten durchaus Gebrauch machten. Schon die von Sabine Frey vorgelegten Zahlen – die nur einen Teil der jüdischen Beteiligung an Reichskammergerichtsverfahren wiedergeben – zeigen, dass Juden häufiger vor dem Reichskammergericht in Erscheinung traten als es ihrem Anteil an der Bevölkerung entsprochen hätte.[21] Für den Reichshofrat ist von einer mindestens ebenso regen jüdischen Aktivität auszugehen. Barbara Staudinger schätzt – auf der Basis einiger Bände des so genannten Wolfschen Repertoriums, des Hauptbehelfs zu den Judicialia des Reichshofrats – den Anteil der Verfahren mit jüdischer Beteiligung an den Prozessen vor dem Reichshofrat auf etwa 3%.[22] Allein für die Jahre 1559 bis 1670 hat sie aus den reichshofrätlichen Protokollbüchern mehr als 1.200 Verfahren – allerdings nicht nur Prozesse, sondern auch Gratialangelegenheiten – ermitteln können, von denen Juden in irgendeiner Weise betroffen waren.[23]

Verfahren vor dem Reichshofrat mit jüdischer Beteiligung sind bereits für sich genommen von Interesse für die Geschichte der Juden. Wie viel an Information über das Agieren und die Wahrnehmung von Juden vor dem Reichshofrat, über jüdisches Leben oder das Verhältnis von Juden und Christen den Fällen zu entnehmen ist, hängt natürlich von Art und Umfang der jeweiligen Überlieferung ab. In ihren Sachdarstellungen, vor allem aber in den von den Parteien zum Beleg ihrer Position eingereichten Beilagen dokumentieren Prozessakten mitunter – wie in anderen Kontexten gezeigt wurde – Zusammenhänge, die weit über den konkreten Prozess hinaus von Bedeutung sind. Die Akten zu Prozessen von, gegen oder um Juden enthalten beispielsweise Abschriften von obrigkeitlichen Verfügungen, die Juden

---

21 *Sabine Frey,* Rechtsschutz der Juden gegen Ausweisungen im 16. Jahrhundert, (Rechtshistorische Reihe 30), Frankfurt a. M. / Bern / New York 1983, 48 f. Frey erfasste Verfahren, die laut dem Generalrepertorium der Reichskammergerichtsakten von Juden angestrengt wurden. Da vor dem Reichskammergericht auch gegen beziehungsweise um Juden gestritten wurde, ist die jüdische Beteiligung deutlich höher anzusetzen. Zur Relation mit dem jüdischen Bevölkerungsanteil *Friedrich Battenberg,* Das Reichskammergericht und die Juden des Heiligen Römischen Reiches. Geistliche Herrschaft und korporative Verfassung der Judenschaft in Fürth im Widerspruch, (Schriftenreihe der Gesellschaft für Reichskammergerichtsforschung, 13), Wetzlar 1992, 6.

22 *Barbara Staudinger,* Juden am Reichshofrat. Jüdische Rechtsstellung und Judenfeindschaft am Beispiel der österreichischen, böhmischen und mährischen Juden 1559–1670, Phil. Diss. masch. Wien 2001, 188 f. Die Autoren danken Barbara Staudinger für die Möglichkeit zur Einsichtnahme in Teile des Manuskripts und andere noch nicht veröffentlichte Arbeiten. Der Anteil an Verfahren mit jüdischer Beteiligung unter den bisher neu verzeichneten sog. Alten Prager Akten – einer Aktenserie der Judicialia des Reichshofratsarchivs – beläuft sich auf rund 4%.

23 *Barbara Staudinger,* Von den Rechtsnormen zur Rechtspraxis. Eine Stellungnahme zu einem Forschungsvorhaben zur Rechtsgeschichte der Juden im Heiligen Römischen Reich, in: Aschkenas 13 (2003), H. 1, 107–115, hier 114, (Anm. 18).

betreffen, von Schuldurkunden oder Privilegien, Notariatsinstrumente, Gutachten, Leumundszeugnisse oder Zeugenbefragungen, darunter gelegentlich auch Dokumente in hebräischer Sprache.

Anders als das Reichskammergericht, hatte der Reichshofrat nicht nur im Zusammenhang mit Prozessen von, gegen oder um Juden mit jüdischen Belangen zu tun. Die Forschung hat vielfach darauf hingewiesen, dass die Rechtsstellung von Juden im Reich nicht nur von allgemeinen Rechtsprinzipien und Normen wie den Judenordnungen bestimmt wurde, sondern auch von einer Vielzahl von Privilegien, die Juden wie Christen als Einzelpersonen oder Korporationen gewährt wurden.[24] Die Erteilung solcher Privilegien, ihre Bestätigung, Erweiterung oder Aufhebung mussten ursprünglich beim Kaiser als Oberhaupt und Schutzherr der Juden erbeten werden. Zuständig für die Bearbeitung entsprechender Anträge war der Reichshofrat.

Neben den Judicialia enthalten daher auch die Gratialia des reichshofrätlichen Archivs reiches Material zur Geschichte der Juden. Hinzuweisen ist in diesem Zusammenhang zum einen auf die von Juden, einzelnen Judengemeinden oder der Judenschaft beantragten Privilegien, mit denen sie ihre Rechtsstellung zu verbessern versuchten. Dabei ging es nicht nur um Schutz- und Geleitbriefe, sondern auch um den Druck von Büchern, die Eröffnung von Unternehmen oder die Anerkennung als Arzt, um die Festsetzung flüchtiger Schuldner durch kaiserliche Patente, Empfehlungsschreiben an einzelne Obrigkeiten oder Befehle an territoriale Gerichte, eine Angelegenheit zügig zu behandeln. Von Interesse sind zum anderen die von christlichen Obrigkeiten beantragten Privilegien, Juden schützen – und besteuern – bzw. ausweisen zu dürfen.[25] Selbst wenn die obrigkeitlichen Rechte über Juden bereits im späteren Mittelalter zu einem beachtlichen Teil an territoriale Herrschaftsträger übergegangen waren, blieb der Ursprung dieser Rechte im kaiserlichen Judenregal in der Frühen Neuzeit weitgehend anerkannt.[26]

Das Archiv des Reichshofrats enthält eine Fülle von Material zur Geschichte der Juden, das unter verschiedenen Gesichtspunkten ausgewertet werden kann. Detaillierte Untersuchungen einzelner Verfahren[27] sind auf

---

24 *F. Battenberg,* Privilegierung (Anm. 15).

25 *Friedrich Battenberg,* Die ‚privilegia contra Iudaeos'. Zur Privilegienpraxis der römisch-deutschen Kaiser in der Frühen Neuzeit, in: Das Privileg im europäischen Vergleich, hrsg. v. Barbara Dölemeyer / Heinz Mohnhaupt, (Ius Commune Sonderhefte Studien zur Europäischen Rechtsgeschichte, 125), Bd. 2. Frankfurt a. M. 1999, 85 – 115.

26 *F. Battenberg,* Privilegierung (Anm. 15), 151, 154, 187. Dass die Geschichte der Juden nicht nur ein Kapitel der Landesgeschichte sei, betonte bereits *R[onnie] Pochia Hsia:* Die Juden im Alten Reich. Forschungsaufgaben zur Geschichte der Juden im späten Mittelalter und in der frühen Neuzeit, in: Stände und Gesellschaft im Alten Reich, hrsg. v. Georg Schmidt (Veröffentlichungen des Instituts für Europäische Geschichte Mainz Abt. Universalgeschichte Beiheft, 29), Stuttgart 1989, 211 – 222.

dieser Basis ebenso möglich wie die systematische Aufarbeitung jüdischen Auftretens vor dem Reichshofrat, wie sie in zwei in den letzten Jahren begonnenen Projekten angestrebt wird.[28]

II.

Juden betreffende Akten im Archiv des Reichshofrats ausfindig zu machen, ist in der derzeitigen Situation allerdings keine rasch zu bewältigende Aufgabe. Bereits Sabine Frey hat darauf hingewiesen, dass für die Prozessakten des Reichshofrats – anders als für die Reichskammergerichtsakten – kein Generalrepertorium existiert, das alle Verfahren erfasst. Gesamtzahlen zum Auftreten von Juden als Kläger konnte sie deswegen nur für das Reichskammergericht, nicht aber für den Reichshofrat vorlegen.[29] Inzwischen hat sich das Ungleichgewicht zwischen Reichshofrat und Reichskammergericht im Hinblick auf die Möglichkeiten zur Suche nach Material für bestimmte Fragestellungen weiter vergrößert. Während für mehr als 65% der Reichskammergerichtsakten nach wissenschaftlichen Gesichtspunkten neu erarbeitete Inventarbände vorliegen[30], ist der Benutzer von Reichshofratsakten auf Repertorien aus dem 18. und 19. Jahrhundert und – für einzelne kleinere Serien – aus den 1950er Jahren angewiesen. Der überlieferungsgeschichtliche Glücksfall der weitgehend geschlossenen Erhaltung des Archivs einer wichtigen Behörde des Alten Reichs erwies sich für die Erschließung als Hindernis, weil die sachgerechte Verzeichnung dieser gewaltigen Masse an Akten die Möglichkeiten eines einzelnen Archivs bei weitem übersteigt. In den letzten hundert Jahren

---

27 Beispiele bei *S. Frey,* Rechtsschutz (Anm. 21), 102–124; *R[onnie] Po-chia Hsia,* The Jews and the Emperors, in: State and Society in Early Modern Austria, hrsg. v. Charles W. Ingrao, West Lafayette / Indiana 1994, 71–80.

28 Im Rahmen der Austria Judaica wird die Geschichte jüdischen Lebens in Österreich zwischen 1520 und 1670 erforscht. Einen Schwerpunkt des Projekts bildet die systematische Ermittlung von Verfahren mit jüdischer Beteiligung in den Reichshofratsakten: *Barbara Staudinger,* Die Resolutionsprotokolle des Reichshofrats als Quelle zur jüdischen Geschichte, in: Prozessakten als Quelle. Neue Ansätze zur Erforschung der Höchsten Gerichtsbarkeit im Alten Reich, hrsg. v. Anette Baumann u. a. (Quellen und Forschungen zur höchsten Gerichtsbarkeit im Alten Reich 37), Köln / Weimar / Wien 2001, 119–140. Einen systematischen Ansatz verfolgt auch das Projekt ‚Von den Rechtsnormen zur Rechtspraxis', das sich ebenfalls mit dem Reichshofrat befasst: *Stefan Ehrenpreis / Andreas Gotzmann / Stephan Wendehorst,* Von den Rechtsnormen zur Rechtspraxis: Ein neuer Zugang zur Rechtsgeschichte der Juden im Heiligen Römischen Reich?, in: Aschkenas 11 (2001), H. 1, 39–58. Dazu *B. Staudinger,* Rechtsnormen (Anm. 23).

29 *S. Frey,* Rechtsschutz (Anm. 21), 48 f.

30 Zum Stand der Verzeichnung der Reichskammergerichtsakten vgl. *Jürgen Weitzel,* Das Inventar der Akten des Reichskammergerichts, in: Zeitschrift für neuere Rechtsgeschichte 21 (1999), 408–416.

war im Haus-, Hof- und Staatsarchiv jeweils ein einziger wissenschaftlicher Referent für die gesamten so genannten Reichsarchive – unter denen der Reichshofrat etwa drei Fünftel einnimmt – zuständig. Unter diesen Umständen hat die Verzeichnung der Prozessakten in den letzten 100 Jahren nur ganz geringe Fortschritte gemacht.

Zu den meisten Serien der Judicialia und der Gratialia existieren Findbücher, die die Verfahren nach den Namen der Kläger beziehungsweise Antragsteller alphabetisch auflisten.[31] Darüber hinaus werden zumeist der Name des Beklagten (Prozessakten), die Laufzeit des Verfahrens sowie ein mehr oder minder aussagekräftiges Stichwort zum Inhalt der Causa angegeben. Judengemeinden und die Judenschaft, aber auch viele einzelne Juden stehen, sofern sie als Kläger beziehungsweise Antragsteller auftraten, unter dem Buchstaben ‚J'. Diese Verzeichnungssituation ist in mehrfacher Hinsicht problematisch. Interessiert man sich für ein bestimmtes Verfahren, müssen fast immer mehrere Behelfe herangezogen werden. Da die Ordnung im reichshofrätlichen Archiv schon vor 1806 zu wünschen übrig ließ, ist es durchaus möglich, dass Akten zu ein- und demselben Verfahren in verschiedenen Serien aufbewahrt werden. Vergleichsweise rasch zu finden sind bestimmte Personen oder Personengruppen berührende Verfahren nur, wenn die Betreffenden selbst klagten oder einen Antrag stellten. Wurden sie beklagt oder kamen sie gar nur im Zusammenhang mit einem Verfahren vor, müssen die Behelfe komplett durchgesehen werden. Für einige Serien existieren jedoch Namensregister oder Zettelkarteien, die alle Orts- und Personennamen berücksichtigen. Ein weiteres Problem stellt die Dürftigkeit der in den Behelfen mitgeteilten Informationen dar. Das betrifft bereits die Kennzeichnung einer Person als ‚Jude'. Durchaus nicht alle Juden sind – sofern sie dem Benutzer nicht bereits namentlich als solche bekannt sind – in den Behelfen als Juden zu erkennen, und schon gar nicht wurden sie alle unter dem Buchstaben ‚J' eingetragen. Die Suche in den Behelfen in der Rubrik ‚J' fördert daher zwar einiges Material zur Geschichte der Juden zu Tage, garantiert aber nicht, dass auch nur annähernd alle der in diesem Zusammenhang relevanten Causen erfasst werden. Dass es in einem Verfahren um Juden oder Angelegenheiten ging, in die Juden verwickelt waren, geht aus den Behelfeinträgen ebenfalls häufig nicht hervor.[32] Durchgehend

---

[31] *Robert Stropp,* Neuordnung und Neuaufstellung der Archivbehelfe des Haus-, Hof- und Staatarchivs, in: Mitteilungen des Österreichischen Staatsarchivs 17/18, (Übersicht über die gültigen Archivbehelfe des Haus-, Hof- und Staatsarchivs mit aktuellen Signaturen), 1964/65, 611–639.

[32] Ein gutes Beispiel ist der bei *Ehrenpreis / Gotzmann / Wendehorst,* Rechtsnormen (Anm. 28), 46 f. erwähnte Streit zwischen der Prager Judenschaft bzw. dem Kurfürsten von Köln als Bischof von Hildesheim auf der einen und Bürgermeister und Rat der Stadt Hildesheim auf der anderen Seite um die Vertreibung der Hildesheimer Juden Ende des 16. Jahrhunderts. Akten zu diesem Verfahren finden sich in den ‚Alten Prager Akten' unter dem Behelfeintrag „Hildesheim Dompropst contra

fehlen Angaben zum Umfang der erhaltenen Akten sowie zu den Aktenbeilagen.

Die Bemühungen der letzten Jahre um die Neuerschließung vorerst der Prozessakten des reichshofrätlichen Archivs haben inzwischen auch die Möglichkeiten zum Auffinden der für die Geschichte der Juden interessanten Überlieferung deutlich verbessert. So konnte beispielsweise das Wolfsche Repertorium – der wichtigste Behelf zu den Judicialia des Reichshofrats, der mehr als 35.000 Prozesse aufführt – zu einem Großteil in eine Datenbank übertragen werden.[33] Auch wenn die Informationen des Behelfs – abgesehen von der praktisch sehr hilfreichen Ergänzung der Bestellsignatur – dabei nicht vermehrt wurden, wird durch die computergestützte Erfassung die Suche nach relevanten Verfahren entscheidend erleichtert. Die Erfassung reicht derzeit bis zum Buchstaben R und umfasst rund 30.000 Fälle. Für annähernd 40% der reichshofrätlichen Prozessakten lassen sich damit Verfahren mit jüdischer Beteiligung – auf Kläger- und Beklagtenseite sowie im Zusammenhang mit dem Gegenstand der Auseinandersetzung – rasch ermitteln, sofern das Wolfsche Repertorium entsprechende Hinweise enthält. Welche enorme Hilfe die Datenbank ‚RHR' bei der Materialsuche bereits jetzt darstellt, zeigt das Projekt ‚Von den Rechtsnormen zur Rechtspraxis'[34], das bereits von den dadurch gebotenen Möglichkeiten Gebrauch macht.

Die über die elektronische Erfassung bestehender Findmittel weit hinausgehende Neuverzeichnung der reichshofrätlichen Überlieferung wurde mit einem den so genannten Alten Prager Akten gewidmeten Projekt begonnen.[35] Die Akten dieser überwiegend Material aus der Regierungszeit Kaiser Rudolfs II. enthaltenden Serie werden einzeln durchgesehen und – weitgehend nach dem Muster der Neuverzeichnung der Akten des Reichskammergerichts – vorerst in einer Datenbank erfasst. Die Datenbank berücksichtigt die wichtigsten aus den Akten hervorgehenden Informationen zu

---

die Stadt Hildesheim, puncto variorum turbationum 1601–1610": Archivbehelf I/16, fol. 127r.

33 *Arthur Stögmann,* Die Erschließung von Prozeßakten des Reichshofrats im Haus-, Hof- und Staatsarchiv Wien. Ein Projektzwischenbericht, in: Mitteilungen des Österreichischen Staatsarchivs 47 (1999), 249–265; *Gert Polster,* Die elektronische Erfassung des Wolfschen Repertoriums zu den Prozessakten des Reichshofrats im Wiener Haus-, Hof- und Staatsarchiv, in: ebd. 51, 2003. Die Erstellung der Datenbank erfolgte im Rahmen eines vom Jubiläumsfonds der Österreichischen Nationalbank finanzierten Projekts.

34 Oben (Anm. 28).

35 *Wolfgang Sellert,* Projekt einer Erschließung der Akten des Reichshofrats, in: Reichshofrat und Reichskammergericht. Ein Konkurrenzverhältnis, hrsg. v. Wolfgang Sellert (Quellen und Forschungen zur höchsten Gerichtsbarkeit im Alten Reich, 34), Köln/Weimar/Wien 1999, 199–210; *Eva Ortlieb,* Die ‚Alten Prager Akten' im Rahmen der Neuerschließung der Akten des Reichshofrats im Haus-, Hof- und Staatsarchiv in Wien, in: Mitteilungen des Österreichischen Staatsarchivs 51, 2003.

den beteiligten Personen – darunter ihre Eigenschaft als Juden –, so dass das Auftreten von Juden in annähernd allen Fällen aus der Verzeichnung hervorgeht. Darüber hinaus enthält die Datenbank eine auf Aktenlektüre beruhende, vergleichsweise ausführliche Beschreibung von Verfahrensgegenstand und Verfahrensverlauf, die auch über Juden und jüdische Angelegenheiten informiert, sofern sie in dem Verfahren eine Rolle spielten. Angaben zu den reichshofrätlichen Entscheidungen, zum Umfang der jeweiligen Überlieferung und den Aktenbeilagen ergänzen die Informationen über die einzelnen Prozesse. Bisher konnten annähernd 3.000 Verfahren (Klägernamenbuchstabe A-L) auf diese Weise erfasst werden. Die sukzessive Veröffentlichung des Inventars ist geplant, ein erster Band steht kurz vor der Drucklegung.

Die Neuverzeichnung der ‚Alten Prager Akten' hat auf ein weiteres Problem der derzeitigen Erschließung aufmerksam gemacht. Bei der Durchsicht stellte sich heraus, dass die Akten einer ganzen Reihe von Verfahren offensichtlich unter die Akten anderer Verfahren geraten sind oder Eingaben ein- und derselben Person in einem Konvolut zusammengelegt wurden, obwohl es sich um völlig verschiedene Ansuchen handelte. Diese Verfahren wurden bei der Erstellung des Behelfs nicht als eigenständig erkannt und fehlen deshalb im Repertorium. Für die ‚Alten Prager Akten' gilt, dass 20 der 85 bisher ermittelten Vorgänge mit jüdischer Beteiligung aufgrund der Angaben im Behelf nicht als solche zu identifizieren gewesen wären. Ob eine derart relevante Ungenauigkeit auch für andere Behelfe und Aktenserien anzunehmen ist oder lediglich die Frühzeit des Reichshofrats etwa bis zur Mitte des 17. Jahrhunderts betrifft – in der sich viele Routinen im Geschäftsgang erst ausbilden mussten –, wäre noch zu prüfen. In jedem Fall ist damit zu rechnen, dass erst eine gründliche, wissenschaftlichen Anforderungen Rechnung tragende Neuverzeichnung der Reichshofratsakten das gesamte für die Geschichte der Juden relevante Material im Archiv des Reichshofrats nachweisen wird. So lange diese Neuverzeichnung noch nicht abgeschlossen ist, sind – selbst nach gründlicher Durchsicht aller erreichbaren Findmittel – überraschende Funde möglich. Das Archiv des Reichshofrats enthält mehr Material zur Geschichte der Juden als auf dem derzeitigen Stand der Forschung und Erschließung bekannt.

Mit den Verfahrensakten der Judicialia und der Gratialia ist das Archiv des Reichshofrats – auch was Material zur Geschichte der Juden betrifft – noch nicht erschöpft. Auf die thematischen Bestände – etwa zur Bücherkommission oder zum Münz- oder Zollwesen –, in denen jüdische Belange vorkommen können, wurde bereits hingewiesen. Sie sind in der Regel chronologisch geordnet und nicht durch spezielle Findmittel erschlossen. Darüber hinaus ist vor allem die Bedeutung der reichshofrätlichen Protokollbücher hervorzuheben, die im Wesentlichen in zwei Serien überliefert sind.[36] Die Protocolla rerum exhibitarum (1588–1806) verzeichnen den

Einlauf des Reichshofrats. Die Protocolla rerum resolutarum (1544–1806) protokollieren die reichshofrätlichen Beratungen. Im Gegensatz zu den Akten – bei denen es zu gravierenden Verlusten bereits in der Zeit des Bestehens des Reichshofrats, aber auch später, gekommen ist – dokumentieren die Resolutionsprotokolle die gesamte Arbeit des Reichshofrats. Einschränkend ist allerdings darauf hinzuweisen, dass sich eine einheitliche Protokollführung vor allem im 16. Jahrhundert noch nicht durchgesetzt hatte und nicht alle entsprechenden Aufzeichnungen erhalten geblieben sind. Im 18. Jahrhundert geht der inhaltliche Informationsgehalt der Protokolleinträge zurück; man beschränkte sich zunehmend auf Angaben über die Verfahrensschritte. Außerdem wurden in die Reihe auch Protokolle anderer Provenienz eingereiht. Trotzdem sind die Resolutionsprotokolle eine unverzichtbare Quelle, um das ganze Ausmaß der reichshofrätlichen Tätigkeit und damit auch das Auftreten von Juden vor dem Reichshofrat sichtbar zu machen. Die Resolutionsprotokolle, die die behandelten Eingaben und die dazu gefassten Beschlüsse zusammenfassen, dokumentieren Beratungen über Judizial- ebenso wie über Gratialangelegenheiten aus dem deutschsprachigen ebenso wie aus dem nichtdeutschsprachigen Reichsteil. Mit ihrer Hilfe lassen sich Lücken in der Überlieferung zu einer bestimmten Causa schließen, aber auch Fälle auffinden, zu denen sich im Archiv des Reichshofrats überhaupt keine Akten erhalten haben. Die Protokolle sind in der Regel durch alphabetische Indices der Namen von Klägern beziehungsweise Antragstellern, deren Eingaben Gegenstand der Beratungen waren, erschlossen. Ebenso wie im Fall der Behelfe gilt allerdings, dass jüdische Betreffe durchaus nicht immer unter der Rubrik ‚J' eingetragen wurden. Welche Möglichkeiten die Protokollbände der Erforschung der Geschichte der Juden bieten, haben die Arbeiten von Barbara Staudinger gezeigt.[37] Um ein wirklich umfassendes Bild jüdischer Beteiligung an Reichshofratsverfahren zu gewinnen, müssen letztlich Protokoll- und Aktenüberlieferung zusammengeführt werden, wie es im Rahmen der Projekte „Austria Judaica" und „Juden im Recht" geplant ist. Nicht zu vergessen ist außerdem, dass sich wichtiges Material zur Rekonstruktion von Reichshofratsverfahren auch in anderen Beständen des Haus-, Hof- und Staatsarchivs, in der Überlieferung der betroffenen Parteien und den Archiven Dritter – etwa kaiserlicher Kommissare – erhalten haben kann.

Die Bedeutung des Archivs des Reichshofrats für die verschiedensten Fragestellungen – auch, aber natürlich bei weitem nicht nur für die Geschichte der Juden – macht die weitere Erschließung dieser so zahlreichen und reichhaltigen Akten zu einer archivisch und wissenschaftlich dringend gebote-

[36] *Lothar Groß,* Die Geschichte der deutschen Reichshofkanzlei von 1559 bis 1806., (Inventare österreichischer staatlicher Archive V. Inventare des Wiener Haus-, Hof- und Staatsarchivs 1), Wien 1933, 247–260.

[37] *B. Staudinger,* Juden (Anm. 22); *dies.,* Resolutionsprotokolle (Anm. 28).

nen Aufgabe. Viele Themen werden sich erst dann mit zumutbarem Aufwand bearbeiten lassen, wenn wissenschaftlichen Bedürfnissen Rechnung tragende, ausreichend detaillierte Verzeichnisse vorliegen werden. Die Neuerfassung des Materials erfordert einen jahrelangen Aufwand und bedeutet daher auch entsprechende Kosten. Verzeichnungsprojekte liegen aber nicht im Trend der Forschung. Die Mittel, die für kulturwissenschaftliche Unternehmungen und die Bewahrung ihrer Grundlagen zur Verfügung gestellt werden, werden in den nächsten Jahren voraussichtlich eher knapper als reicher fließen. Daraus sind zwei Konsequenzen zu ziehen. Zum einen wird man nicht aufhören dürfen darauf hinzuweisen, wie dies mehrfach etwa durch Konrad Repgen geschehen ist[38], dass es sich bei der Erschließung von Quellen um Grundlagenforschung handelt, die für Fortschritte in der Wissenschaft unerlässlich ist. Zum anderen wird es darauf ankommen, alle dazu angestellten Bemühungen bestmöglich zu koordinieren. Es wäre wenig sinnvoll, wenn dasselbe Material immer wieder nach den unterschiedlichen Gesichtspunkten einzelner Projekte durchforscht und erfasst würde. Stattdessen sollten die Ergebnisse gemeinsamer Erfassungsarbeiten allen Beteiligten für spezifische Auswertungen zur Verfügung gestellt werden. Mit den von verschiedenen Trägern finanzierten Projekten zur elektronischen Erfassung des Wolfschen Repertoriums und zur Neuverzeichnung der ‚Alten Prager Akten' ist ein Schritt in diese Richtung unternommen worden. Beide Projekte arbeiten auf der Basis von Datenbanken, wobei sie ein- und denselben Datenbankentwurf zugrunde legen. Auf diese Weise können Informationen, die im Interesse des raschen Fortschreitens der Erfassung zunächst nicht erhoben wurden, in der Art eines Baukastensystems später nachgetragen, können Angaben zu einzelnen Serien später zusammengeführt und gemeinsam durchsucht und können nicht zuletzt alle bereits eingegebenen Informationen unabhängig vom Stand der Bearbeitung des Gesamtprojekts jederzeit abgerufen und benützt werden. Als Kristallisationskern für weitere Bemühungen dieser Art bietet sich das Haus-, Hof- und Staatsarchiv an, das bereits über einen bleibenden Grundstock bearbeiteter Daten verfügt und für Kooperationen zur Erweiterung dieser Datenbasis offen ist. In diesem Sinn sind alle Interessierten eingeladen, sich an den Überlegungen und Diskussionen um weitere Kooperationen zu beteiligen.

---

38 *Konrad Repgen*, Über die Publikation der Acta Pacis Westphalicae (= APW), in: ders., Dreißigjähriger Krieg und Westfälischer Friede. Studien und Quellen, hrsg. v. Franz Bosbach / Christoph Kampmann, (Rechts- und Staatswissenschaftliche Veröffentlichungen der Görres-Gesellschaft N.F., 81), Paderborn u. a. 1998, 153–180, hier 153 f.

II. Zu Hause in vielen Welten? Jüdische und nicht-jüdische Rechtssphäre zwischen Konkurrenz und Komplementarität

Die Grenzen der Autonomie. Der jüdische Bann im Heiligen Römischen Reich

Von *Andreas Gotzmann*, Erfurt

Die Forschung zur rechtlichen Situation der jüdischen Bevölkerung im Westen des Heiligen Römischen Reichs scheint nahezu so bruchstückhaft, wie diese vielschichtig ist. Nicht nur, dass Juden wie andere Bevölkerungsgruppen auch mit vielen unterschiedlichen, zum Teil nebeneinander existierenden, zum Teil hierarchisierten oder ineinander greifenden Rechtssystemen lebten. Neben den allgemeinen Rechten, die für Juden keineswegs nur in ihren Prozessen mit Christen maßgeblich waren, und neben den lokalspezifischen Differenzierungen der Rechtsprechung bewegten sie sich vermutlich schon aufgrund ihrer Mobilität fordernden Gewerbe in weit mehr Rechtsräumen, als dies für erhebliche Teile der christlichen Bevölkerung üblich war. Zugleich wurde ihr Leben aber durch zwei grundlegende, spezifische Rechtsstrukturen bestimmt, die nur für sie galten und die sich in den zeitgenössischen Quellen als Außen- beziehungsweise Innenwelt darstellen.

Auf der einen Seite standen das sogenannte Judenrecht und die lokalspezifischen auf einzelne Personen, jüdische Gemeinden oder gesamte Judenschaften eines Territoriums zugeschnittenen Privilegien, die im Rahmen des Judenschutzes rechtliche Grundlagen des Lebens in einer christlichen Gesellschaft schufen.[1] Dass das Recht der Schutzaufnahme letztlich auf den Kaiser zurückging, in der großen Mehrzahl der Fälle jedoch seit langem auf lokale Fürsten, Herrschaften, Städte und Territorialherren übergegangen war, erweiterte die Komplexität. So etwa in der Freien Reichsstadt Frankfurt am Main, deren jüdische Gemeinde zwar als ‚reichsunmittelbar' galt und ihre Privilegien dementsprechend direkt vom Kaiser verliehen bekam. Da der Stadt ihrerseits jedoch hinsichtlich der Aufnahme dieser ‚kaiserlichen' Juden ein Mitspracherecht und die obrigkeitliche Autorität zugesichert worden war, betrachtete sie die Frankfurter Judenschaft als eine primär ihr unterstellte Gruppe, was Anlass für zahllose Konflikte innerhalb dieses Dreiecksverhältnisses bot.[2]

---

1 Dazu z. B. *Friedrich Battenberg*, Die Privilegierung der Juden und der Judenschaft im Bereich des Heiligen Römischen Reichs deutschen Nation, in: Das Privileg im europäischen Vergleich, Bd. 1, hrsg. v. Barbara Dölemeyer / Heinz Mohnhaupt, Frankfurt a. M. 1997 (Ius Commune, Sonderhefte, 93), 139 – 90.

Auf der anderen Seite war das Leben in den jüdischen Gemeinden durch das Jüdische Religionsrecht, die Halacha, bestimmt, ein Recht, das gemäß der religiösen Ideologie idealerweise die dadurch beschriebene Innenwelt insgesamt ausfüllen sollte, dies realiter aber nicht tat. Intern lassen sich ebenso wie extern abermals, wenn auch in geringerem Maß rechtssystematische Schwellensetzungen etwa zwischen einer eigentlichen Rechtsnorm und gemeinschaftlichen Verordnungen sowie Hierarchisierungen etwa von Güteverfahren vor Laienrichtern und der eigentlichen Rechtsprechung rabbinischer Gerichtshöfe beziehungsweise zwischen einer Gemeindegerichtsbarkeit und den Zuständigkeiten einzelner Bruderschaften, gegebenenfalls auch ihrer Rabbiner, unterscheiden. Ebenso wie die externe Privilegierung weisen natürlich auch die durch die Gemeinde erlassenen Ordnungen eine gewisse Rechtsentwicklung auf, wie dies entgegen der religiösen Ideologie des Stillstands gleichermaßen für das eigentliche Religionsrecht gilt, so dass es sich hier keineswegs um einen eindimensionalen Rechtsraum handelt.[3]

Wiewohl die beiden skizzierten Sphären, zum Teil bedingt durch die hierin übereinstimmenden unterschiedlichen zeitgenössischen Perspektiven, in der geschichtlichen Wahrnehmung als klar abgegrenzt wahrgenommen wurden, zeigen aktuelle Studien, dass dies sowohl auf einer primären, als auch auf einer sekundären, durch inhärente Dynamiken bestimmten Ebene so nicht zutrifft.[4] Vertraut man sich einer kulturwissenschaftlichen, auf Kommunikation und dementsprechend auf Spannungsfelder und Dynamik hin ausgerichteten Analyse an und drängt die vorherrschenden auf Identität und Struktur beharrenden Wahrnehmungsmuster zurück, so öffnen sich Interpretationsräume, die komplexe Abhängigkeiten erkennen lassen. Ein Punkt, an dem sich die bislang klar geschiedenen Strukturen von Innen- und Außenwelt zu verschränken beginnen, ist bereits im rechtlichen Konstrukt des Judenschutzes angelegt: Dieser sicherte Juden gegen die Zahlung eines spezifischen Schutzgelds neben dem Wohnrecht die Sicherheit für Leib und Gut, aber auch die Duldung ihrer Religion zu. Die Anerkennung

---

2 Bis heute immer noch grundlegend *Isidor Kracauer,* Geschichte der Juden in Frankfurt am Main (1150–1824), 2 Bde., Frankfurt a. M. 1925/7. Einführend *Eike Wolgast,* Frankfurt. Das christliche Umfeld jüdischen Lebens im 16. und 17. Jh., in: Schöpferische Momente des europäischen Judentums in der Frühen Neuzeit, hrsg. v. Michael Graetz, Heidelberg 2000, 97–111.

3 Typische Vertreter der älteren Literatur sind Assaf, Simcha, Bate HaDin WeSidrehem Achare Chatimat HaTalmud, Jerusalem 1923–4. *Simon Goldmann,* Die jüdische Gerichtsverfassung innerhalb der jüdischen Gemeindeorganisation. Ein Beitrag zur Geschichte des Judenbischofs im Mittelalter in seiner Entwicklung von den ältesten Zeiten bis zum 15. Jh., Köln 1924. *Mordechai Breuer,* Tausend Jahre aschkenasisches Rabbinat. Der Werdegang einer Institution, in: Das aschkenasische Rabbinat. Studien über Glaube und Schicksal, hrsg. v. Julius Carlebach, Berlin 1995, 15–23.

4 Hierzu insgesamt *Andreas Gotzmann,* Jüdische Autonomie in der Frühen Neuzeit. *Recht* und *Gemeinschaft* im deutschen Judentum, (erscheint 2007).

einer zugleich durch Dominanzansprüche seitens der christlichen Religionen beschränkten, dennoch als immanent betrachteten Eigenständigkeit dieser einzigen nichtchristlichen Religionsgemeinschaft im Heiligen Römischen Reich eröffnete der jüdischen Gemeinschaft einen eigenen Rechtsraum, in dem die Gemeinden selbständig entscheiden und handeln konnten. Wiewohl dieses externe Konzept des *jus circa sacra* in der jüdischen Frühen Neuzeit allgemein anerkannt war, gab es doch erhebliche Wahrnehmungsdifferenzen hinsichtlich der Grenzen der Eigenständigkeit, und zwar bereits auf christlicher Seite, aber insbesondere natürlich zwischen dieser und den Vertretungen jüdischer Gemeinden.[5]

Dabei gingen beide Seiten davon aus, dass die relative Freiheit in religiösen Angelegenheiten im engeren Sinne auch einen darüber hinausgreifenden organisatorischen Freiraum einschloss, der sich weit über die rituellen Belange erstreckte und den intern gepflegten Vorstellungen von Eigenständigkeit entgegen kam. Dort griff man diese primär externe Bewertung natürlich schon zur Legitimation eigenen Handelns auf. Sie nährte letztlich aber zugleich deren kulturelles Konzept von Autonomie, das sich so in das ständische Wahrnehmungsmuster einpasste. Diese Vorstellungen reichten insbesondere in religiösen Entwürfen und Gemeindeverordnungen deutlich über die engere Auslegung hinaus und orientierten sich vor allem an einer eigenständigen Verwaltungsform, die zugleich auf der Wahrnehmung eines geeinten jüdischen Rechtsraums im Reich und sogar über dieses hinaus, sowie auf der kulturell-religiösen Ideologie eines ‚rechtlichen' rechten Lebens fußten.[6]

Diese beiderseitigen, sich in erheblichem Maß überschneidenden und zumindest teilweise bedingenden Wahrnehmungen eines grundlegenden Rechts auf Autonomie führte beispielsweise in Staaten in denen im Laufe des Absolutismus eine Präzisierung von Zuständigkeiten angestrebt wurde dazu, dass jüdische Gemeindevertretungen auf die Gestaltung der Privilegien Einfluss nehmen konnten. Zugleich übernahm man in externe Rechtstexte Strukturen – am deutlichsten vielleicht im Bezug auf jüdische Verwaltungsgremien –, die direkt auf die parallel entwickelten innerjüdischen Gemeindeordnungen verwiesen.[7]

---

5 *K. Schlaich,* Kollegialtheorie. Kirche, Recht und Staat in der Aufklärung, München 1969.

6 Siehe auch *Andreas Gotzmann,* At Home in Many Worlds? Thoughts about New Concepts in Jewish Legal History, in: Probing the Legal History of the Jews in the Holy Roman Empire – Norms and their Application, hrsg. v. Andreas Gotzmann / Stefan Ehrenpreis / Stephan Wendehorst (Jahrbuch des Simon-Dubnow-Instituts, 2), 2003, 409 – 460.

7 *Andreas Gotzmann / Stefan Ehrenpreis / Stephan Wendehorst,* Von den Rechtsnormen zur Rechtspraxis: Ein neuer Zugang zur Rechtsgeschichte der Juden im Heiligen Römischen Reich? in: Ad Fontes. Europäisches rechtshistorisches Forum, hrsg. v. Birgit Feldner et al, Frankfurt a. M. 2002, 97 – 119.

Beide Rechtsbereiche, die sich zunächst als aneinander angrenzend darstellten und – zumindest von außen – als rechtliche Grenzsetzung und deren interne Ausdifferenzierung verstanden wurden, verzahnten sich schon auf der strukturellen Ebene notwendigerweise. Dass derlei Abhängigkeiten keinerlei Auswirkungen auf die jeweils spezifischen Wahrnehmungsmuster haben sollten, ist unwahrscheinlich. Tatsächlich lässt sich beobachten, dass die intern vorgenommenen Differenzierungen etwa zwischen religiösen Bereichen und den davon zu unterscheidenden nichtreligiösen trotz der rabbinischen gelehrten Vorstellung einer religionsrechtlichen Durchdringung des Lebens weit mehr den von außen vorgegebenen Unterscheidungen entsprachen. So wurde das Rabbinat in vielen, mit hoher Wahrscheinlichkeit sogar in der Mehrzahl der Gemeinden schon vor dem 19. Jahrhundert vor allem als eine religiöse Institution wahrgenommen, und zwar eher im Sinne christlicher Beobachter als im Sinne der zur Praxis in so bezeichnender Distanz stehenden religiösen Ideologie.[8] Dass die internen Wahrnehmungsmuster dennoch auf Autonomie hin ausgerichtet blieben, steht auf einem anderen Blatt, denn all dies entspricht der jeweiligen zeitgenössischen Wahrnehmung keineswegs. So findet sich beispielsweise das Konzept eines internen Ausdifferenzierens des von außen gesetzten Rahmens, durch das die christliche Perspektive gekennzeichnet war, intern nicht ohne weiteres wieder, denn auf jüdischer Seite wurde etwa in Gemeindeordnungen die Fiktion eines unabhängigen Rechtsraums aufrechterhalten. Der Blick war so sehr nach innen gerichtet, dass sogar die externe Begrenzung weitgehend verdeckt blieb. Nur an ganz unvermeidlichen Punkten, in Frankfurt am Main etwa hinsichtlich der Gewährleistung externer Münzordnungen, kam es zu ‚Einbrüchen' der Außenwelt in diese sich als eigenständig darbietende jüdische Welt, indem jene gezwungenermaßen Teil interner Überlegungen wurden. Ansonsten verstand man den Innenraum – wie dies die geschichtliche Forschung heute noch tut – als unabhängig, nur einer eigenen Tradition verpflichtet. All dies gilt insbesondere für die Urkunden jüdischen Lebens; die Praxis weist andere Strukturen auf.

Die hier vorgelegte Studie zu der ‚letzten' Grenze dieser Autonomie bezieht sich auf die Situation der jüdischen Gemeinde in Frankfurt am Main im 17. und 18. Jahrhundert, dies durchaus eingedenk der heterogenen Lebensbedingungen der jüdischen Bevölkerung im Alten Reich. Die Situation in Frankfurt war durch den direkten Bezug der jüdischen Gemeinde zum kaiserlichen Hof, aber auch durch den internen Status dieser Gemeinde eine eher ungewöhnliche. Selbst wenn all dies deren Beispielhaftigkeit für weiter gefasste historische Überlegungen reduziert – zumal da jene großen

---

8 Zu diesem Problem allgemein *Andreas Gotzmann*, Jüdisches Recht im kulturellen Prozeß, Die Wahrnehmung der Halacha im Deutschland des 19. Jahrhunderts, (Schriftenreihe wissenschaftlicher Abhandlungen des Leo Baeck Instituts, 55), Tübingen 1997, 70–106.

Teile der jüdischen Bevölkerung ohnedies außen vor bleiben, die auf dem Land ohne oder mit nur geringer Anbindung an typisch jüdische Organisationsstrukturen lebten –, ermöglicht dieser Sonderfall mit seiner guten Quellenlage aufgrund der Analyse grundlegender Strukturen dennoch generelle Aussagen zu grundlegenden Aspekten der Rechtsautonomie jüdischer Gemeinden.

Das Konzept zweier getrennter Welten, die sich allenfalls berührten, aber nicht beeinflussten oder gar durchdrangen, erhält weitere Risse, wenn man sich eine typische Entwicklung auf Seiten vieler christlicher Verwaltungen vor Augen hält: Spätestens im ersten Drittel des 18. Jahrhunderts änderte sich in vielen Staaten die zuvor bestimmende externe Bewertung jüdischer ehe- und testamentsrechtlicher Belange als religiös und damit als selbstverständliche Teile einer innerjüdischen Rechtssphäre.[9] Dies betraf vor allem deren vermögensrechtliche Aspekte, da die christliche Obrigkeit nun auch hier Ansprüche auf prozentuale Abschläge etwa von den Gerichtsgebühren anmeldete, ihr Hauptinteresse einer finanziellen Ausbeutung der jüdischen Bevölkerung also konzise weiter verfolgte. Diese Situation wurde zugleich durch die in Frankfurt über den gesamten Zeitraum hinweg bestehende mangelnde Rechtssicherheit interner Entscheidungen verschärft, weshalb im Verlauf des Jahrhunderts immer häufiger jüdische Testamentsstreitigkeiten vor christliche Gerichte gebracht wurden, insbesondere natürlich, wenn es sich um umfangreichere Vermögen handelte.

Diese Entwicklung an sich hätte das Wahrnehmungsmuster aneinander angrenzender Welten selbst noch nicht beeinträchtigt. Erst die Ambivalenz auf christlicher Seite, derlei Verfahren zu übernehmen, sie aber nicht eindeutig zu nicht-religiösen Angelegenheiten zu erklären, führte letztlich dazu, dass sich eigenartige Vermischungen beider Rechtsbereiche ergaben.[10] Die von außen angedachte Lösung war häufig, die Prozesse an sich zu ziehen, jedoch sowohl jüdische Rechtsdokumente als auch ehe- beziehungsweise testamentsrechtliche Grundlagen der Halacha anzuerkennen, da es sich letztlich doch um religiöse und damit legitime Belange eines jüdischen Eigenraums handelte. All dies ist schon deshalb fragwürdig, da damit die Rechtssicherheit solcher interner Rechtsgeschäfte zunehmend ausgehöhlt werden musste, denn niemand konnte sicher sein, dass die über halachische Rechtsakte und Rechtsformen gesicherten Vereinbarungen vor christlichen

---

9 Hierzu allgemein *Andreas Gotzmann,* Strukturen jüdischer Gerichtsautonomie in den deutschen Staaten des 18. Jahrhunderts, in: Historische Zeitschrift 267:2 (1998), 313–56; siehe dort auch die Sekundärliteratur.

10 Die Diskrepanz von Norm und Praxis ist natürlich kennzeichnend für das Recht in der Frühen Neuzeit, z. B. *Jürgen Schlumbohm,* Gesetze, die nicht durchgesetzt wurden. Ein Strukturmerkmal des frühneuzeitlichen Staates?, in: Geschichte u. Gesellschaft 23 (1997), 647–63. *J. Schlumbohm / S. Ehrenpreis / S. Wendehorst,* Rechtsnormen (Anm. 7), 97–119.

Richtern wirklich Bestand haben und ‚richtig' bewertet werden würden, da diesen letztlich die notwendigen Kenntnisse fehlten.[11] Die Konsequenz dieser Entwicklung musste notwendigerweise erneut ein deutliches Verschränken jüdischer und nichtjüdischer Rechtsformen sein, die weit über die Anerkennung jeweils ‚anderer' Regelungen in Rechtstexten hinaus reichte. Man könnte durchaus weitere Beispiele für ein solches Ineinandergreifen geben. Der dabei entstandene Beziehungsraum blieb wie gesagt dennoch letztlich ein diskreter, da dies zumindest von jüdischer Seite aufgrund ihrer auf Eigenständigkeit ausgerichteten kulturellen Ideologie nicht so ohne weiteres akzeptiert werden konnte.

Im Zentrum sollen hier allein die kulturspezifischen Wahrnehmungen jener Grenzziehungen zwischen einer rechtlichen Außen- und einer Innenwelt stehen, sowie deren Diskrepanzen und Interdependenzen. Dabei geht es dieser Analyse um das komplexe Verhältnis zwischen den Abgrenzungstendenzen und dem Behaupten von Eigenständigkeit. Wie derzeit laufende Forschungen belegen, war die Definition dieser Grenze bereits ein entscheidendes Problem sowohl für die Konzeption des Nebeneinanders, als auch für die jüdische Wahrnehmung einer autonomen Kultur. Wiewohl die Auswertung der Privilegien als externe Rechtstexte unter anderem mit dem Manko konfrontiert ist, dass diese üblicherweise erst gegen Ende des 17. Jahrhunderts eine für die angestrebte Analyse ausreichend präzise Differenzierung hinsichtlich der Rechtszuständigkeiten erreichten, belegen parallel dazu erhobene Daten, dass bereits am Anfang des 17. Jahrhunderts weit komplexere Grenzverläufe unter zum Teil erheblichen Verschleifungen die Regel waren. Selbst nachdem Privilegientexte die Zuständigkeiten in der für sie typischen Unterscheidung zwischen religiösen, zivil- und kriminalrechtlichen Angelegenheiten ausdifferenzierten, behielten sich Obrigkeiten selbst für den unstrittigen Eigenbereich des Religiösen zumindest ein prinzipielles Berufungsrecht vor. Und dies, obwohl Entscheidungen rein ritueller Natur äußerst selten vor christliche Richter gelangten und dann vermutlich sogar an jüdische Gremien zurückverwiesen wurden. Die hiervon betroffenen Fälle dürften wohl eher die genannten vermögensrechtlichen Angelegenheiten deutlich religiöser Prägung gewesen sein, es waren aber auch Fragen des internen Gerichtszwangs und der Bestrafung. Die Grundlage dieses prinzipiellen Beharrens auf obrigkeitlicher Autorität selbst für diesen geschützten Bereich war in der christlichen Wahrnehmung ihres Ge-

---

[11] Siehe hierzu auch den Beitrag von Monika Preuß in diesem Band. Wobei es durchaus Ansätze gab, dieses Problems Herr zu werden. Dass die Darstellungen des jüdischen Religionsrechts für christliche Richter aber keine Rechtsprechung ermöglichten, wollte man lange auf christlicher Seite nicht wirklich wahrnehmen; *Gotzmann,* Jüdisches Recht (Anm. 8), 1997, 52–55; *ders.,* At Home in Many Worlds (Anm. 6), 2003, 435–436. Zur Vorgeschichte nur *Guido Kisch,* Relations between Jewish and Christian Courts in the Middle Ages, in: Historia Judaica 21 (1959), 81–108.

genübers als einer ‚untergebenen' und damit nicht wirklich eigenständigen jüdischen Gemeinschaft begründet.

Jenseits solch juristischer Differenzierungen stellte sich die alltägliche Übung des ohnedies nur Teile des Lebens betreffenden jüdischen Rechtsraums auch in internen Belangen keineswegs wie oft gesagt wurde als ein Leben in einer völlig eigenständigen Sphäre dar. Insbesondere im zivilrechtlichen Bereich bestanden stets Autonomiebeschränkungen. Diese hatten beispielsweise die Form von Instanzenschwellen, wobei die Berufung an christliche Gerichte häufig generell offen stand. Dass diese von außen vorgegebene Offenheit der jüdischen Sphäre nicht direkt zu deren Auflösung führte, erklärt sich zum einen über die durch erheblichen sozialen Druck seitens der Gemeinden gesicherte interne Anerkennung jenes weiter gefassten Begriffs von Autonomie, wobei man aus unterschiedlichen Gründen versuchte, innerjüdische Angelegenheiten in den Gemeinden abzuhandeln. Neben Aspekten wie der Gefährlichkeit insbesondere aller intensiveren Außenkontakte waren es zugleich die kostengünstigen mündlichen Verhandlungen, die Vertrautheit mit dem jüdischen Rechtssystem, dessen räumlich größere Ausdehnung und nicht zuletzt der Vorzug, der auf jüdischer Seite prinzipiell einvernehmlichen Güteverfahren gegeben wurde. Diese stützten die Praxis ebenso, wie das von außen herangetragene Desinteresse an der großen Mehrzahl der internen Klagen.

Da für das obrigkeitliche Verhältnis zu Juden vor allem die Abwägung von Kosten und Nutzen gepaart mit dem Wunsch weitgehender Kontrolle und der Aufrechterhaltung von Ordnung kennzeichnend waren, interessierte sich die christliche Seite letztlich kaum für deren partitielle Integration in die eigene Rechtsprechung. Aufmerksamkeit entstand in der Regel an jenen Punkten, an denen erkennbar wurde, dass jüdische Gemeindeleitungen und das Rabbinat Befugnisse ausübten, die mit dem eigenen Machtanspruch nicht vereinbart schienen, was in Frankfurt immer wieder zu Versuchen der Grenzziehung führte. Auch hier stand stets der finanzielle Aspekt etwa die Höhe der Strafen im Vordergrund. Dass dies keineswegs ein eingleisiger Beschränkungsprozess eines an seinem Ursprung als völlig autonom gedachten Eigenbereichs war, belegen Regelungen des 18. Jahrhunderts, die über Berufungsgrenzen erstmals einen zwar beschränkten, dafür aber von außen anerkannten jüdischen Rechtsraum sicherten. In der Regel zeigten sich die staatlichen Organe über die beiden Jahrhunderte hinweg kaum bereit, ihr Rechtswesen durch die für sie finanziell uninteressanten Klagen belasten zu lassen. Aus diesem Grund blieben in Frankfurt – wie zu sehen sein wird – die die eigene Autorität gegen eine jüdische Eigengerichtsbarkeit stärkenden Vorstöße von städtischer Seite ohne dauerhafte Konsequenzen. Denn dies hätte eine deutliche Reorientierung zu Lasten der obrigkeitlichen Verwaltung und gegen die im Bezug auf die Juden noch gefestigtere Wahrnehmung ständischer Partikularität bedeutet.

Dabei war keineswegs klar, was jenseits der rituellen Aspekte als Teil dieses Eigenbereichs angesehen werden musste. Diese Unsicherheit betraf nicht nur differierende Auslegungen auf jüdischer beziehungsweise nichtjüdischer Seite, sie kennzeichnet bereits die obrigkeitliche Seite und die Einschätzungen auf jüdischer Seite selbst. Insbesondere brach sich dies an der Frage der gerichtlichen Zwangsmittel, die von innerjüdischen Foren, in der Regel den Vorstehern und dem Rabbinatsgericht, genutzt und zum Teil auch von außen zugestanden wurden. Als Garant der Rechtsicherheit war dies eben nicht allein eine Frage, inwieweit diese intern über sozialen Druck und eine aus externer Perspektive subversive Rechtsübung, also durch eine jenseits der Privilegierung liegenden Praxis gewährleistet werden konnte. Da die Berufung an christliche Gerichte in manchen Territorien unter Berücksichtigung spezifischer Schwellen, in Frankfurt sogar generell möglich war, wurde die Frage, ob man vor christliche Gerichte gehen sollte, von den jüdischen Prozessparteien wohl auf der Basis einer pragmatischen Abschätzung des Risikos und der ‚Kosten', und zwar sowohl der ökonomischen als auch der sozialen, getroffen. Daher musste es für jüdische Gemeindeleitungen von entscheidender Bedeutung für die Aufrechterhaltung ihres Entscheidungsfreiraums sein, in welchem Maß interne Zwangsmaßnahmen extern anerkannt wurden, denn es war letztlich die Durchsetzbarkeit ihrer Autorität, die über die Funktionsfähigkeit des Rechtssystems entschied.

Dieses Problem betraf erwartungsgemäß vor allem die nicht als selbstverständlich erachteten Bestandteile jüdischer Autonomie, also die zivil- und strafrechtlichen Angelegenheiten, die den Gemeinden dennoch teilweise von außen überlassen wurden und die diese zumindest in der abstrakten Zugangsweise als selbstverständlichen Teil eines eigenständigen gemeinschaftlichen Lebens ansahen. Dabei bestand ein grundlegendes obrigkeitliches Interesse an den intern verhängten Strafen, gleich ob es sich um Zwangsmittel zum Einzug von Steuergeldern oder um Geldstrafen handelte, da man sich stets eine prozentuale Beteiligung erwartete. Andere Bestrafungen für moralisches Fehlverhalten und rituelle Übertretungen, die zum Teil in spezifischen Bußübungen ihre Sühnung fanden, blieben in der Regel unbeachtet und führten wohl nur dann zu Eingriffen in die Eigenständigkeit, wenn diese den Charakter einer von der Obrigkeit beanspruchten Strafgewalt – etwa von Körperstrafen – annahmen und damit als Eingriff in alleinige Rechtsbefugnisse verstanden wurden.[12] Die Strafmaßnahmen ver-

[12] So hatte man – wiewohl man sexuelle Vergehen letztlich für Teil der obrigkeitlichen Zuständigkeit ansah – hinsichtlich der mehrfach beschriebenen rituellen Bußübungen in solchen Fällen wie das Sitzen im eiskaltem Wasser oder in Ameisenhaufen, oder das Steigen über den auf der Schwelle zur Synagoge liegenden Sünder nichts einzuwenden. Gegen Makkot, also in der Synagoge vollzogene ritualisierte Schläge als Strafe, hatte man jedoch erhebliche Einwände da dies als eine Anmaßung peinlicher Bestrafung erschien – letztlich verstand man den Unterschied zur Körperstrafe nicht. StA Ffm Ugb E 48 K Bd. 1; z. B. Aussage Beyfuß zum Goldenen Ross:

körpern demnach auch die Eigenständigkeit in organisatorischer Hinsicht, bei der man sich auf die durch religiöse Differenz verstärkten Paradigmen eines ständisch-korporativen Gesellschaftsentwurfs stützen konnte. Sie beschreiben sozusagen die ‚letzte' Grenze zwischen den vermeintlich klar separierten rechtlichen Einflussbereichen und bieten damit einen guten Maßstab, an dem sich die Qualität der jüdischen Rechtsautonomie im Spannungsfeld von Bewahrung und Gewährung, also interner und externer Wahrnehmung und Praxis abschätzen lässt.

Eindeutige Entwicklungszüge sind hierbei nicht zu erwarten, denn das noch näher zu betrachtende ambivalente Abwägen von Wirtschaftlichkeit und eigenen Machtansprüchen blieb auf christlicher Seite bestimmend, weshalb man der Gemeinde in Frankfurt sogar das Beurteilen von Tätlichkeiten und Beleidigungen überließ und die angestrebten Grenzziehungen, die den stetigen Konflikten ein Ende gesetzt hätten, letztlich sogar wider besseres Wissen immer wieder beiseite schob. Gerade die häufigen Rechtsstreitigkeiten, die hinsichtlich ihres Streitwerts beziehungsweise der Strafen von geringer finanzieller Bedeutung waren, rechneten sich im Hinblick auf die Belastung der christlichen Gerichtsbarkeit nicht. Solche Überlegungen wurden allenfalls durch prinzipielle Autoritätsansprüche eingedämmt, die eigentliche Obrigkeit der Juden zu sein, weshalb beispielsweise *Malefiz-Sachen* und in der Regel auch die sogenannte *Policey* recht durchgehend als allein der Obrigkeit zustehende Bereiche betrachtet wurden.[13]

Die Frage, in welchem Maß jüdische Entscheidungsträger bestrafen und diese Zwangmittel gegen den Willen ihrer Gemeindemitglieder sowie obrigkeitlicher Gremien durchsetzen konnten, bietet zudem entscheidende Hinweise auf die unterschiedlichen Bewertungen jüdischer Autonomie. Dies umso mehr, da solche Strafbefugnisse der jüdischen Rechtsprechung in den Augen aller Zeitgenossen eine nahezu ‚obrigkeitliche' Autorität verliehen, die man den Gemeindevorstehern und Rabbinern in Frankfurt letztlich nicht zuzugestehen bereit war. Selbst wenn solche Bewertungen primär juristische Diskussionen kennzeichneten, prägten sie die wiederholten Auseinandersetzungen zwischen dem Senat der Stadt Frankfurt am Main und

---

Wolf zu Koblenz wollte die gegen ihn wegen fälschlicher übler Nachrede gegen eine Braut, wodurch deren Eheschließung verhindert wurde, verhängte Strafe nicht zahlen und ertrug daher eher die Schande der ungewöhnlichen symbolischen Ableistung der halachisch ursprünglich dafür vorgesehenen Strafe wie man dies auch vor Jom Kippur als Bußübung tat. Allgemein mit Bezug auf Frankfurt a. M., siehe dazu weiter im Text, *Karl-Ernst Meinhardt,* Das peinliche Strafrecht der freien Reichsstadt Frankfurt am Main im Spiegel der Strafpraxis des 16. und 17. Jhs., Frankfurt a. M. 1957. *Maria Boes,* Jews in the Criminal-Justice System of Early Modern Germany, in: Journal of Interdisc. History 30:3 (1999), 413–44.

13 Dennoch gab es gerade hier sicherlich eine subversive Übung wie uneheliche Schwangerschaften und Hurerei, die in der Regel wohl ohne Wissen der Obrigkeit intern abgehandelt wurden, belegen.

den Vertretern der dortigen jüdischen Gemeinde durchgehend. In bezeichnender Distanz zur alltäglichen Handhabung und Anerkennung des gewährten Freiraums wird zu sehen sein, dass christliche Juristen der jüdischen Seite gerade am Punkt scharfer Konflikte um Zuständigkeiten letztlich keinerlei Rechtsprechung ‚im eigentlichen Sinne' zubilligten.[14]

Diese Haltung findet sich nicht nur in vielen Stellungnahmen der Stadt Frankfurt. Im Rahmen des bekannten Reichsverfahrens der Jahre 1606–1609 gegen die gesamte Judenschaft, das unter dem Schlagwort der *Frankfurter Rabbinerverschwörung* von 1603 bekannt wurde, stellte dies einen der zentralen Vorwürfe seitens der Anklage dar: Nicht nur, dass etliche jüdische Gemeinden über ihre Rabbiner und Gemeinderepräsentanten versucht hätten, eine reichweite, zugleich völlig autonome Gerichtsbarkeit mit einem rein jüdischen Instanzenzug und entsprechenden Zwangsmitteln einzuführen; man habe sich illegitimerweise eine Rechtskompetenz ‚im eigentlichen Sinne' angemaßt.[15] Den Juden stünde zwar fraglos zu, untereinander in religiösen Angelegenheiten „als viel ihre Ceremonien vom Brodt, Rinder Wercken, Zubereitung des Weins und Milch, berühren tat", Entscheidungen zu treffen.[16] In allen anderen Angelegenheiten habe die Judenschaft im Hei-

---

14 Noch selbstverständlicher auf Seiten christlicher Kleriker, dies muss hier jedoch außen vor bleiben.

15 Die Klage wurde nicht von einem Reichsfiscal im eigentlichen Sinne sondern stellvertretend von dem kurköllnischen Fiscal Jakob Kramer vertreten. Zu der gesamten Auseinandersetzung erschien soeben eine ungemein fleissige Dissertation, die detailliert den Vorgängen nachspürt; *Birgit Klein,* Wohltat und Hochverrat. Kurfürst Ernst von Köln, Juda bar Chajjim und die Juden im Alten Reich, Hildesheim 2003 (Netiva, 5). Die wichtigste Sekundärliteratur hierzu ist *Marcus Horovitz,* Frankfurter Rabbinen. Ein Beitrag zur Geschichte der israelitischen Gemeinde in Frankfurt am Main. Mit Ergänzungen von Josef Unna, Frankfurt a. M. 1882. *Ders.,* Die Frankfurter Rabbinerversammlung vom Jahre 1603, in: Einladungsschrift [...] der Israel. Religionsschule zu Frankfurt am Main, Frankfurt a. M. 1897, 3–30. *Paul Arnsberg,* Neunhundert Jahre „Muttergemeinde in Israel" Frankfurt am Main, 1074–1974. Chronik der Rabbiner, Frankfurt a. M. 1974. *Moritz Stern,* Der Hochverrathsprozess gegen die deutschen Juden im Anfang des 17. Jhs., in: Monatsblätter für Vergangenheit und Gegenwart des Judentums, 4 Hefte (Okt.-Jan.) 1890–1, je: 24–39; 80–90; 115–128; 154–162 (unvollständig). *Eric Zimmer,* Jewish Synods in Germany During the Late Middle Ages (1286–1603), New York 1978. *Volker Press,* Kaiser Rudolf II. und der Zusammenschluss der deutschen Judenheit. Die sogenannte Frankfurter Rabbinerverschwörung von 1603 und die Folgen, in: Zur Geschichte der Juden im Deutschland des späten Mittelalters und der frühen Neuzeit, hrsg. v. Alfred Haverkamp, Stuttgart 1981, 243–93.

16 Frühneuzeitliche Zitate werden der Lesbarkeit zuliebe sprachlich harmonisiert und teilweise an aktuelle Schreibweisen angenähert. In der Folge steht Ffm beziehungsweise Fft für Frankfurt am Main; Titulaturen werden abgekürzt, so steht E.E. beziehungsweise E.H. Rat für Einen Ehrbaren beziehungsweise Einen Hochedlen Rat. Institut für Stadtgeschichte Frankfurt am Main, darin das Stadtarchiv (in der Folge als StA Ffm), Ugb E 48 K, Bd. 1; Klageschrift des Reichsfiscals vor den Kommissaren, ohne Datum/23. 11. 1606; §§ 50, 51; wie ihnen „in veteri testamento, ihnen

ligen Römischen Reich aber niemals eine eigenständige Rechtskompetenz besessen, denn dies sei aufgrund ihres spezifischen Schutzverhältnisses nur als Eingriff in obrigkeitliche Rechte möglich. Jede eigenständige Rechtsübung würde der christlichen Herrschaft einen Teil ihrer Autorität entziehen.[17] Daher handele es sich selbst dort, wo derartige Freiräume gewährt wurden, keinesfalls um eine tatsächliche Gerichtsbarkeit, sondern nur um das Zugeständnis, dass Juden unter sich in besonderen Fällen Schlichtungsversuche vornehmen dürften. Von diesen sei jedoch stets – letztlich auch im Bereich des religiösen Rechts – die Berufung an ein ordentliches und dies meinte ein obrigkeitliches Gericht möglich, da nur dort ein Urteil ‚im eigentlichen Sinne' erhalten werden könne. Vor dieser tatsächlichen Rechtsinstanz erschien der Unterschied zwischen der selbstverständlichen, über die Religionsfreiheit bedingten Anerkennung autonomer Befugnisse und den zivilrechtlichen Klagen nur als die Frage, ob eine Klage unter Berücksichtigung Jüdischen Rechts zu verhandeln sei wie dies etwa bei Testamentsprozessen wohl meist der Fall war, also ob der Gang vor ein christliches Gericht einen Wechsel des Rechts beinhalte.

Obwohl diese Argumentation auf dem Hintergrund privilegierter Entscheidungsfreiräume, die – wie noch zu sehen sein wird – auch in Frankfurt überwiegend auf unerhebliche Klagen beschränkt blieben, eigenartig wirkt, war sie offenbar keineswegs abwegig.[18] Bezeichnenderweise finden sich vergleichbare juristische Einschätzungen nicht nur für Frankfurt immer wieder; auch in ganz anderen Staaten sowie auf Seiten der kaiserlichen Gerichte war dies die etablierte Sichtweise.[19] Dass die gemachte Differenz

---

klar und deutliche Masse vorgeschrieben seie". Doch selbst hinsichtlich dieser religiösen Dinge pochte der Anklagevertreter darauf, dass ihnen „um soviel weniger ihnen icht was Neues einzuführen ab und hinzuzusetzen oder zu verordnen gebühren" würde. Dass selbst in diesem geschützten Bereich keine eigenständige Rechtsprechung und Rechtsentwicklung geduldet werden sollte, erklärt sich nur über die eigenartige christlich-theologische Wahrnehmung des Judentums, die allein das sogenannte Alte Testament als Quelle des für die Juden verbindlichen Gesetzes anerkannte, und dies natürlich auch nur im Rahmen seiner christlichen Interpretation. Die jüdisch-rabbinische Tradition spielte zunächst gar keine Rolle und dort, wo die christliche Seite rabbinische Auslegungen wahrnahm, wurde dies als jüdischer Missbrauch, als Fehlinterpretation der göttlichen Lehre angesehen.

17 StA Ffm Ugb E 48 K, Bd. 2; Probation und Replikschrift des kaiserl. Fiscal. Anwalts gegen die Judenschaft des Reichs (gegen die Verteidigungsschrift der Ffter Juden) (ohne Datum). Dazu z. B. allgemein *Dietmar Willoweit,* Rechtsgrundlagen der Territorialgewalt. Landesobrigkeit, Herrschaftsrecht und Territorium in der Rechtswissenschaft der Neuzeit, Köln 1975 (Forschungen zur dtschn. Rechtsgesch., 11).

18 Der wichtige Aspekt der ebenso stets interpretationsbedürftigen Begrenzung jüdischer Zuständigkeiten auf ‚geringe' Angelegenheiten muss hier außen vor bleiben. Siehe hierzu *A. Gotzmann,* Jüdische Autonomie (Anm. 4).

19 In Preußen hatten Beamte beispielsweise anlässlich einer Überarbeitung der jüdischen Privilegien Mitte des 18. Jahrhunderts auf diese prinzipielle Sichtweise gepocht, nämlich dass jüdische Gemeinden „keine eigentliche Erkänntniß und Rechts-

zwischen freiwilliger Schlichtung und Rechtsprechung auch der jüdischen Seite vertraut war, zeigt die Reaktion der Frankfurter Gemeindevertreter auf die zitierte Anklage. Am Höhepunkt des Verfahrens im Jahr 1608 erwiderten sie auf die Vorwürfe keineswegs, indem sie diese Sichtweise als unzutreffend abtaten. Hierfür gab es keinen Raum und daher bestärkten die Baumeister diese externe Bewertung sogar:

> „Einmal ist es gewiss, dass gemeine Jüdischheit weniger nicht, als ein jeder anderer in allen und jeden praesentibus und futuris controversiis compromittiren, und sich ihres ordentlichen Gerichtszwangs begeben können, dass auch durch solche Compromissa und Vereinbarungen, der Obrigkeit nicht allein nichts benommen werde, sondern auch einen jeden jutici uti viro bono zustehe, sich, so viel als möglich zu befleissen, damit die streitige Sachen durch dergleichen arbitria comoinirt werden mögen".[20]

Ihre Verteidigung bestand darin, alle internen Rechtsakte als ein privates Übereinkommen zu Güteverhandlungen darzustellen, das eigene Handeln also mit der externen Vorstellungswelt kompatibel zu machen und so zu legitimieren. Ob man dies wirklich so sah, steht auf einem anderen Blatt. In jedem Fall war dies eine Bewertung, die dem innerjüdischen Konzept von Gemeinschaft als einer über einen nur ansatzweise symbolischen Partnerschaftsvertrag legitimierten Gemeinde vertraut war.

Ebenso wie jeder anderen Korporation im Reich stand es den jüdischen Gemeinden nach Angabe dieser Erwiderung frei, intern gemeinsam Schlichtungsgremien zu vereinbaren: Und ebenso wie dies beispielsweise Zünfte taten, dürften auch Juden ihre Güteverhandlungen durch erzwungene reichsweite Treffen, Vereinbarungen und Zwangsmittel absichern.[21] Da dies nur in „Schuld, aber gar nicht über wichtige Sachen, so Leib und Gut antreffen gütlich zu entscheiden lassen gemeint" gewesen sei, sei dagegen nichts einzuwenden, zumal jeder freiwillig auf sein Recht, vor ein ordentliches Gericht zu gehen, verzichtet habe. All dies sei ihnen – hier ein beson-

---

Verabschiedung" besäßen, weshalb dem Rabbiner auch keine „eigentliche Jurisdiktion" zustehe; *Ismar Freund,* Die Emanzipation der Juden in Preußen (...). Ein Beitrag zur Rechtsgeschichte der Juden in Preußen, Berlin 1912, Bd. 2, 15; Revidiertes General-Privileg (17. 4. 1750), §§ 31, 77; *Selma Stern,* Der Preußische Staat und die Juden, T. 3, Abt. 2, Halbb. 1, Tübingen 1962–75 (Schriftenreihe wiss. Abhandl. des LBI, 7), Nr. 104; Cocceji an das Generaldirektorium, 28. 4. 1750.

20 StA Ffm Ugb E 48 K, Bd. 2; (zweite) Verteidigungsschrift der Ffter Judenschaft, ohne Datum.

21 Auch Zünfte würden sich bei ihren Zusammenkünften Pedellen und Stubenknechten bedienen, auch deren Ladungen geschähen häufig unter Bußandrohungen. Ebenso würden sich die Handwerke zu ihren Treffen auf mehr als hundert Meilen „vertagen und beschreiben, auch die Ausbleibenden mit Vermehrung der Gesellen und Lehrjungen und anderen Strafen so sie herbracht, belegen", weshalb man auch nicht gegen die reichweiten jüdischen Zusammenkünfte sprechen könne. StA Ffm Ugb E 48 K, Bd. 2; erneute Gegeneingabe vermutlich der Ffter Judenschaft, ohne Datum.

derer Hinweis auf die Geschlossenheit der jüdischen Selbstwahrnehmung – schon nach Jüdischem Gesetz und zugleich als zentraler Teil des Schutzrechts, nämlich der Freiheit in religiösen Dingen, erlaubt:

> „Über solche Sachen und Händel dahin ihnen vermög der Rechten Mosaischen Gesetzes und uralter Gewohnheit zu compromittiren erlaubt, zu streiten nicht begehrt. Und nicht anders wissen, auch nicht anders auf sie kommen, dann dass ihre Ältesten, Rabbinen und Vorgänger zusammen dem erlaubten austraglichen Weg ihre Irrungen auf die freiwillig zu compromittiren, ein Stück und necessarium consequens denen ihnen ex commiseratione et pietate erlauben Synagog und Toleranz“ sei.[22]

Dies deckte sich mit der Einschätzung von Seiten der Frankfurter Obrigkeit. In einer Stellungnahme des Frankfurter Syndikus Kasper Schacher reagierte dieser eher nüchtern auf die überzogenen Beschuldigungen seitens des kaiserlichen Klagevertreters: Das von der Anklage in den jüdischen Verordnungen vermutete Verbrechen könne er nicht erkennen, denn es handle sich „dem Ansehen nach [um / d. A.] eine privat Ordnung untern ihnen den Juden selbsten aufgerichtet welche auch die Juden allein binde und wie die zu und dazu gesetzte Clauseln ausdrücklich vermöge, allen und jeder Obrigkeit an ihrem Gerichtsrechten und Gerechtigkeit nichts derogiren solle und von niemand gewehret“ werden sollte. Damit traf sich seine Bewertung mit dem Anspruch der Frankfurter Gemeinde, derlei Selbstregulierungsbefugnisse selbstverständlich beanspruchen zu können. Dergleichen Kompromissvereinbarungen, die nur diejenigen beträfen und bänden, die diesen freiwillig beitraten, waren selbst für den amtlichen Gutachter nichts Ungewöhnliches, „sondern geschehe nachwol täglich in der Familien auch wohl den erb. Stätt, wann es nun diese Meinung, so wäre es kein solch Krimen“.[23]

Aus der Perspektive der Anklage waren zum einen diese Verweise auf einen bereits bestehenden Usus, der zumindest eine akzeptierte Interpretation der Privilegien, wenn nicht deren Konzeption überhaupt dokumentiere, unangebracht. Zum anderen die auch auf städtischer Seite präsente Einschätzung, dass die Juden des Reichs eine christlichen Zünften vergleichbare, anerkannte Korporation bildeten. Auch die in der Verteidigungsschrift verfolgte Logik, dass die gesamte Judenschaft zu einem gemeinsamen Verzicht auf die Nutzung obrigkeitlicher Gerichte berechtigt sei, wies die Anklagevertretung in ihrer Replik scharf zurück. Tatsächlich wollten die Juden eine noch nie da gewesene, der Idee des Judenschutzes und der Privilegierung widersprechende Gerichtsautonomie einführen, mit eigenen Instanzen und reichsweit. Darüber hinaus sei es:

---

22 Ebd.

23 StA Ffm, Ugb E 48, Bd. 4; Stellungnahme des Ffter Syndicus Kasper Schacher zur Beschlagnahmung jüdischer Akten durch die kaiserl. Kommission; 14. 11. 1606. Diese Haltung findet sich übrigens in einem der Anfangsgutachten des kaiserlichen Gerichts; dazu *B. Klein*, Hochverrat (Anm. 15), 2003, 293–327.

„Sintemalen in facto vor viel ein anderes zu achten, wann eine oder andere privat Person freiwillig auf jemanden cum renunciatione appellationis sich veranlasset, ein anders ist es auch womehr den Gewalt nit nur ime, sondern ins gemein alle und jede in Römischen Reiche teutscher Nation gesessene Juden vor seinem neu angestellten Richterstuhl zu erscheinen und daselbst zu recht zu stehen, wider ihr Belieben drengen und zwingen, die Ungehorsame exkommuniziren, proscribiren und verbannen will.“[24]

Während die jüdische Seite von einem generellen, gemeinschaftlich vereinbarten Verzicht ausging, andere Entscheidungsgremien als die internen zu benutzen, zeichnete sich eine solche Schlichtungsinstanz in den Augen der christlichen Obrigkeit eben durch Freiwilligkeit aus. Diesem Konzept versuchte die Anklage dadurch Geltung zu verschaffen, dass sie ihre Differenzierung erneut an der Qualität der Zwangsmittel zur Sicherung der Gütesprüche und zur Festigung eines Gerichtszwangs festmachte. Dabei verweigerte sie dem abstrakten Konstrukt von Gemeinschaft als einer Vergesellschaftungsform, die durch prinzipielle, konsensuelle Vereinbarung gegenseitiger Impflichtnahme begründet werde, jede Anerkennung und verwies auf ein jeweils fallspezifisches, personengebundenes Einverständnis zur Schlichtung, da alles andere einen eigenständigen Rechtsstand begründe.[25] Dies bedeutete, dass die Appellationsmöglichkeit an christliche Gerichte stets von Fall zu Fall gewährleistet bleiben musste, da die interne Rechtsprechung sich andernfalls qualitativ als eine Konkurrenz für die obrigkeitliche Entscheidungsgewalt darstellen würde.

Gerade diese von außen als konstitutiv begriffene Offenheit der jüdischen Rechtssphäre war jedoch ein Grund für die 1603 in Frankfurt von zahlreichen Gemeindevertretern getroffenen Vereinbarungen gewesen. Wiewohl der entsprechende Paragraph in seiner Formulierung keineswegs eindeutig ist, ging seine Intention dahin, eine deutlich erhöhte, idealerweise sogar unüberwindliche Grenzziehung zur externen Rechtsprechung hin zu errichten. Ihm lag damit – sozusagen gespiegelt – letztlich dieselbe Bewertung zugrunde wie der Anklage, nämlich dass Klagen zwischen zwei jüdischen Parteien, die sofort oder in der Berufung vor christliche Gerichte gebracht wurden, eine Gefährdung der Entscheidungssphäre darstellten. Selbst wenn dies intern in der Regel, so auch in diesem Dokument zunächst als ein inner-

---

24 Ebd.; Probation und Replikschrift des kaiserl. Fiscals gegen die Judenschaft im Heiligen Römischen Reich; ohne Datum.

25 *Andreas Gotzmann*, Gemeinde als Gemeinschaft? Politische Konzepte im deutschen Judentum des Absolutismus, in: Jahrbuch des Simon-Dubnow-Instituts 1, (2002), 375–430. *Stefan Rohrbacher*, Organisationsformen der süddeutschen Juden in der Frühneuzeit, in: Jüdische Gemeinden und Organisationsformen von der Antike bis zur Gegenwart, hrsg. v. Robert Jütte / Abraham Kustermann, Wien 1996, 137–49. *Eric Zimmer*, The Kehillah: The Communal Life and Organization of Ashkenazi Jewry, in: Ashkenaz. The German Jewish Heritage, hrsg. v. Gertrude Hirschler, New York 1988, 151–177.

jüdisches moralisches Problem dargestellt wurde, so lag der Grund natürlich in der von außen vorgegebenen prinzipiellen Offenheit des jüdischen Rechtsraums sowie der auf beiden Seiten über Differenz arbeitenden Wahrnehmung.[26] Nach Auffassung des kaiserlichen Anklägers dokumentierte gerade der in der Frankfurter Verordnung von 1603 mehrfach gemachte Versuch, kollektiven Zwang auszuüben, das Überschreiten dieser Trennungslinie zwischen der zugestandenen einvernehmlichen Schlichtung und dem internen Anspruch auf einen gesicherten Rechtsraum.[27] Wenn Offenheit das Kriterium war, das über die Qualität der jüdischen Gerichtsbarkeit entschied, dann musste die Frage, welche Zwangsmittel jüdische Entscheidungsträger zur Durchsetzung ihrer ‚Gütesprüche' benutzten, ins Zentrum der vielschichtigen Debatten rücken.

Der Begriff des *Banns* auf den diese Debatte um die intern geübten Zwangsmittel zusteuert, diente den Zeitgenossen als Sammelbegriff für die Vielzahl gerichtlicher Zwangsmittel jüdischer Gemeinden und zugleich für eines von mehreren. Zwar lassen sich für Frankfurt am Main und vermutlich für recht viele andere Gemeinden derartige Unterscheidungen treffen: Als das schärfste interne Zwangsmittel zur Gewährleistung von Recht und Ordnung folgte der rabbinische Bann im engeren Sinne in der Regel auf eine Geldstrafe oder er wurde mit dieser kombiniert, etwa als eine pönalisierende Strafe wie dem Ausschluss von der Toralesung.[28] Trotz fehlender Trenn-

26 Nämlich indem Juden unerhörter- und ungerechtfertigter Weise ihre Glaubensgenossen vor externe Gremien forderten und damit womöglich nicht nur die Rechtssicherheit, sondern zudem das Ideal einer in sich geschlossenen, über Recht begriffenen Gemeinschaft gefährdeten. Siehe § 1 der Verordnungen von 1603, *E. Zimmer,* Jewish Synods (Anm. 15), 1978, 140–147. *M. Horovitz,* Frankfurter Rabbinerversammlung, 1897, 20–30. Das in erheblichem Maß mit zeitgenössischer Moralliteratur arbeitende Werk Esriel Schochats belegt dies mit zahlreichen Beispielen; *ders.,* Der Ursprung der jüdischen Aufklärung in Deutschland, Frankfurt a. M. 2000 (Campus Judaica, 14).

27 Will man sich nicht auf das völlig abstrakte, letztlich moderne religiöse Konzept frommer Selbstbeschränkung zurückziehen und eine nicht durch Zwang gesicherte, freiwillige Anerkennung des Jüdischen Rechts für alle Lebensbereiche ins Zentrum stellen, so muss man sich den recht ambivalenten, komplexen Aspekten der historischen Diskurse anvertrauen. Dieses religiöse Konzept ist schon deshalb problematisch, da dieser Verzicht auf rechtliche Möglichkeiten stets von beiden Seiten, also insbesondere auch vom Prozessverlierer abgefordert worden wäre. Wohl gemerkt berief sich die frühneuzeitliche Argumentation der Selbstbeschränkung gerade auf die juristische Einschätzung von christlicher Seite, nämlich dass intern nur freiwillige Güteverfahren möglich seinen. Dass dies nichts mit der von der deutschen Neo-Orthodoxie erstmals formulierten Vorstellung einer religiös induzierten freiwilligen Selbstbeschränkung auf die Halacha zu tun hatte, wurde bereits an anderer Stelle gezeigt. *A. Gotzmann,* Jüdisches Recht (Anm. 8), 1997, 339–53.

28 Auch hier ist die Differenz zu den grundlegenden Regelungen etwa des Schulchan Aruch, Jore Dea 334, 1–6 bezeichnend; Nidui, der auch als Kleiner Bann bezeichnet wurde, stellte in Frankfurt im wesentlichen der Ausruf, die Hachrasa, eine Vorstufe des Banns dar. Dies entspricht der Differenzierung in Friedberg; siehe

schärfe war Ausschluss ein grundlegender Aspekt der Bannstrafe. In der Frankfurter Judengasse wurden neben spezifischen Bußen für moralische und religiös-rituelle Vergehen in der Regel eine Kombination von Geld- und Ehrenstrafen als Zwangsmaßnahmen eingesetzt, und dies gemeinsam für ‚religiöse' und ‚bürgerliche' Vergehen. Dies dürfte wohl für die meisten Gemeinden zutreffen, da solche Strafen den sozialen Zusammenhang als Druckmittel nutzten und ihn dadurch wieder stärkten, dabei Mittel für die meist unterfinanzierte Armenfürsorge bereitstellten.[29]

Zugleich konnte der Druck etwa bei Nichtbeachtung von Vorladungen oder Strafen durch einen öffentlichen Ausruf in der Synagoge verstärkt werden, die sogenannte *Hachrasa,* was im ersten Jahrzehnt des 17. Jahrhunderts von Mitgliedern der Frankfurter Gemeinde zwar uneinheitlich, aber doch mit einiger Logik bereits als Kleiner Bann – der halachischen Terminologie entsprechend als *Nidui,* Ausstoß – bezeichnet wurde. Meist ging eine solche Bekanntmachung mit weiteren Ehrstrafen einher, etwa der Verweigerung bestimmter Rituale und Nutzungsrechte. All diese Prozeduren mit Strafgeldern und öffentlicher Pönalisierung insbesondere der teilweise Ausschluss von rituellen und sozialen Zusammenhängen verdichteten sich letztlich zu dem Großen Bann, dem eigentlichen *Cherem,* der wie schon die Bekanntmachung nach Ablauf einer Frist als gesonderter Rechtsakt verhängt werden konnte.

Will man sich mit dem Großen oder Schweren Bann nicht ausschließlich auf den spezifischen Akt des Verlesens der dafür gebräuchlichen Bannformel beziehen, der als Verfluchung weit über eine abzugeltende Strafe hinaus ging, so lässt sich keine klare Trennlinie zum Ausruf hin – in anderen Gemeinden dem Anschreiben an eine Schwarze Tafel in der Synagoge – und den vielfältigen Möglichkeiten schrittweiser Exkommunikation ziehen, wie dies von christlicher Seite verstanden wurde.[30] Der Große Bann dürfte, wie jüdische Gemeindemitglieder, Vorsteher und der Oberrabbiner der Frankfurter Gemeinde bei unterschiedlichen Gelegenheiten angaben, wenn überhaupt dann äußerst selten vorgekommen sein. Samuel ben Elieser zur Eichel, der zu Beginn des 17. Jahrhunderts amtierende Oberrabbiner, gab im

---

Stefan Litt, Protokollbuch und Statuten der Jüdischen Gemeinde Friedberg (16.-18. Jh.), in: Kehilat Friedberg, Bd. 2, hrsg. v. Andreas Gotzmann, Friedberg / Hessen 2003, z. B. 174; Takkanot, § 89. Ob der Große Bann in Frankfurt geübt wurde, ist sehr fraglich. In vielen zeitversetzten Konflikten gibt es Hinweise, dass dies intern nicht der Fall war, extern war es trotz der fehlenden Trennungsschärfe zum Kleinen Bann wohl verboten. Vgl. auch *Johann Christoph Bodenschatz,* Kirchliche Verfassung der heutigen Juden, sonderlich derer in Deutschland, Bd. 2, Erlangen 1748, 337 – 354; ‚Von der heutigen Juden Kirchendisciplin, Geiselung und Bann'.

29 Dazu auch *B. Klein,* Hochverrat (Anm. 15), 125 f., 252.

30 Wie dies auch die juristische Sichtweise in der Halacha tat, zumindest was den Schulchan Aruch angeht.

Verhör an, dass er jenen *Cherem* nie verhängt habe; er werde „auch dieser Orts seines Wissens nicht oder gar wenig gebraucht, und wo er gebraucht, muss [einer etwas / d. A.] gar gröblich verschuldt haben".[31] Wenn über den jüdischen Bann verhandelt wurde, meinte man daher eher die vielfältigen Möglichkeiten der Entehrung, der Gängelung und des Ausschlusses von Ehrenämtern bis hin zur Verhinderung ehelichen Geschlechtsverkehrs durch die Verweigerung des religiösen Reinigungsbads für die Frau.[32]

Auf der Ebene der juristischen Stellungnahmen und Argumentationsführungen christlicher Behörden sah dies jedoch anders aus. Diese erwarteten sich schon aus Gründen der Kontrolle klare Definitionsgrenzen, wobei der rabbinische Bann in den zahlreichen Konflikten um die intern genutzten Zwangsmittel häufig in seiner extremsten Ausformung verstanden wurde. Die Kritik von außen richtete sich vor allem gegen die soziale Ausgrenzung und zwar in der Regel wenn dies über das Verweigern der Teilnahme an einzelnen religiösen Ritualen hinausging. Spätestens als Verfluchung mit völligem Ausschluss von der Gemeinschaft erschien der Bann der christlichen Seite als eine extrem hohe Strafe, die man jüdischen Entscheidungsträgern kaum zuzugestehen bereit war, wiewohl die kaiserlichen Privilegien diesen der Gemeinde zusicherten. Dies erklärt sich unter anderem aus den Konsequenzen eines solchen Ausschlusses vom sozialen Leben was als Vertreibung aus der Gemeinde verstanden wurde, ein Akt, den sich die Obrigkeit in der Regel selbst vorbehielt. Wiewohl natürlich stets ein obrigkeitliches Vorrecht auf schärfere und andersartige Bestrafung vorausgesetzt wurde, bewertete der Frankfurter Rat die Konsequenzen des Banns, zum Teil aber auch schon das Maß anderer Strafen in Abwägung gegen jene, die er verhängte, wiederholt als weit schärfer, in jedem Fall aber als zu hoch für eine jüdische Entscheidungsebene.[33] Der Bann stelle nach Meinung eines Juristen der Stadt Frankfurt aus dem Jahre 1665 nicht nur eine Exkommunikation dar, er sei:

> „vermög christlicher Theologen Meinung, auch der gemeinen beschriebenen Rechten, den Juden als privatis keineswegs zu verstatten, sondern es ist auch solche

---

31 StA Ffm Ugb E 45 G.; Verhörprotokolle der Zehner; dabei die Aussage des Schmoll zur Eichel beziehungsweise zum Weinschaff genannten Oberrabbiners. Ebenso Aaron zum Bunten Löwen: man brauche den Großen Bann nicht bald. *B. Klein*, Hochverrat (Anm. 15), 275.

32 Zeitgenossen ließen allerdings hinsichtlich der Einhaltung der Reinheitsvorschriften keine Zweifel aufkommen.

33 Zumal man eine unkontrollierte Schwächung der Finanzen der Gemeindemitglieder befürchtete. Dabei setzten die Schöffen und Bürgermeister natürlich voraus, dass empfindliche Strafen, von körperlichen Strafen gar nicht zu reden, ohnehin allein Sache der Obrigkeit seien. Dies ist etwa im Prozess der Jahre 1606 – 9 durchaus ein Punkt, da nachweislich ein Person durchaus öffentlich gezüchtigt wurde, wobei die anstelle der verweigerten Strafzahlung verabreichten rituell symbolischen Schläge extern nicht als Pön sondern wirklich als peinliche Strafen verstanden wurden.

Ausschliessung aus anderer Leuten Gemeinschaft an sich selbst poena gravissima [...] und ist ärger als Gefängnis, Stock und Eisen, daher auch mit solcher Straf die gemeine Jüdischheit in solcher Furcht, Zittern und Respekt gegen die N.N. [= gemeint sind die Baumeister / d. A.] erhalten werden, dass sich keiner im geringsten wider sie blicken lassen, sondern zu allem was die N.N. nicht gut bedünkt, der ordentlichen Obrigkeit zu merklichem Vorgriff, sich gehorsamlich accomodiren, und die N.N. weit mehr als die Obrigkeit respectieren, ehren und gehorchen müssen. Welches dann im Werk nichts anders, als ein sonderbar Juden-Rechts-Gewalt, Macht und Herrschung wider Gottes Wort, die beschriebene Recht und hiesiger Juden Stättigkeit auf sich hat. In Herum tun: dass ist dem Teufel gar übergeben, wann die Juden einen in etwas beharrlicher Widersetzlichkeit verbliebenen Juden vollends in Herum tun; und wie sie einen solchen zuvor seines ersten Ungehorsams halben allein zeitlicher menschlichen Gemeinschaft beraubet, also durch solchen Herum vollends auf ewig, aus der Gemeinschaft Israel, und wo ihres vermeinend Gott zu schicken, gänzlich ausgeschlossen."[34]

Neben den allgemeinen Ebenen christlich-religiöser und obrigkeitlicher Ansprüche berührte dieser Komplex in Frankfurt die bereits angeschnittene, heikle Frage, wer letztendlich über die Aufnahme von Juden in den Schutz und die Gemeinde zu entscheiden habe. Über Jahrhunderte hinweg kam es zu Auseinandersetzung zwischen der jüdischen Gemeinde und dem Rat der Stadt über die Auslegung der entsprechenden Paragraphen der Stättigkeit. Der im engeren Sinne Große Bann hätte auf diesem Hintergrund eine Art indirektes Ausweisungsrecht der Gemeinde bedeutet, da man zumindest aus christlicher Perspektive bei völliger Isolierung in der Judengasse nicht überleben konnte. Die typische Bannformel, dass der Gebannte von aller Heiligkeit Israels und der Gemeinschaft abgetrennt sei, niemand mit ihm Kontakt haben dürfe, er im Todesfall nicht einmal mehr begraben werden solle, benannte die Ausweisung selbst als Ziel der eigentlich auf Dauer angelegten Verfluchung. Dies obwohl sich selbst ‚unbefristet' Gebannte, arme und natürlich noch eher reiche Gemeindemitglieder trotz erheblicher Beschränkungen nachweislich in der Judengasse halten konnten.[35] Den Vorstehern wäre damit eine Entscheidungsmacht zugebilligt worden, die bereits hinsichtlich der Frage der Schutzgewährung im Machtgefüge zwischen Kaiser, Stadt und jüdischer Gemeinde strittig war.

Neben dieser für Frankfurt spezifischen Konfliktlage bestand eine generelle, die erneut sowohl die Qualität jüdischer Rechtsautonomie als auch ihr Verhältnis zur obrigkeitlichen Gerichtsbarkeit direkt mit der Frage der gerichtlichen Zwangsmittel verknüpfte. Die Rentabilitätsabschätzungen auf

---

34 StA Juden Ugb D 7 H; zum Judenbann; Nov. 1665; Rechtsgutachten seitens des Ffter Rats.

35 Natürlich konnte der Große Bann auch wieder aufgehoben werden. Wobei sich aufgrund der unklaren Definitionsgrenzen beziehungsweise fehlender Informationen nicht eindeutig klären lässt, ob sich dies dann jeweils auf den Großen Bann bezog, der nach zahlreichen Angaben in der Frankfurter Judengasse gar nicht verhängt wurde.

christlicher Seite wägten etwa seit Mitte des 17. Jahrhunderts immer konziser zwischen dem finanziellen Nutzen etwa der Einnahme von Strafgeldern und Prozesskosten gegenüber dem Kostenaufwand etwa durch die Belastung des wenig effektiven, zum Teil nur schlecht ausgebauten christlichen Gerichtswesens ab. Dies geschah gerade unter dem Einfluss absolutistischen Gedankenguts in einem solchen Maß, dass Obrigkeiten sich nicht selten auch zugunsten klarerer Kompetenzregelungen sogar für einen von außen gesicherten jüdischen Entscheidungsfreiraum entschieden. Dies konnte wie gesagt zu weiteren Vermischungen führen, es bedingte sicherlich eine zusätzliche Bezugnahme beider Sphären aufeinander, weshalb die Argumentation des Reichsfiskals im Jahr 1608 doch abwegig war.

Ein zentrales Argument gegen seine Darstellung findet sich schon in der externen Gewährung von Zwangsmitteln im obrigkeitlichen Interesse und dem generellen Zugeständnis, dass die korporativen Strukturen solche Kompetenzen zur Aufrechterhaltung von Ruhe und Ordnung benötigten. Bereits die kaiserlichen Privilegien der Frankfurter Juden hatten ebenso wie die so genannte *Judenstättigkeit* den Gemeindevorstehern den Bann als Zwangsmittel zugestanden. Und dies obwohl sich die Frankfurter Privilegien im Vergleich zu anderen als restriktiv erweisen, gerade was die Konsequenz der rechtlichen Selbstverwaltung betraf. So war im fünften Paragraphen der Stättigkeit in der später nicht mehr veränderten Form des 16. Jahrhunderts verordnet worden:

> „die Jüdische Vier-Zehener [= eine Bezeichnung für das erweiterte Vorstehergremium / d. A.] sindt befugt geringe Sachen undt Handel, so die Juden gegen einander zu sprechen, mit Zuziehung der Rabbiner oder wen sonst die Partheyen leiden mögen, zu vergleichen undt zuvertragen, undt sindt die Partheyen einem solchen veranlassten gütlichen Sprüch zu geloben gehalten".[36]

Wiewohl der Frankfurter Rat gemeinsam mit dem Kaiser sich also im Klaren darüber waren, dass eine Schlichtungsinstanz nur Sinn mache, wenn deren Entscheidungen Gültigkeit besaßen, zeigte man sich nicht bereit, diese Ermahnung durch die Privilegierung spezifischer Strafen zu sichern. Diese Haltung änderte sich letztlich auch nach der Reichsklage gegen die Judenschaft nicht und selbst nach den anhaltenden Auseinandersetzungen, die im Anschluss an die Wiederzulassung nach dem Ende des Fettmilch-Aufstands ausbrachen, wurde dieser Status gewahrt.[37] Verständli-

36 StA Ffm Juden Ugb D 7, B 1; hier zitiert nach dem Handexemplar des Rats, aus dem die 1593 verordnete jährliche Verlesung einer Kurzfassung – diese im Anhang der Akte, mit Protokoll der Lesungen – in der Synagoge geschah.

37 *Isidor Kracauer,* Die Schicksale der Juden zu Frankfurt am Main während des Fettmilchschen Aufstandes, Frankfurt a. M. 1892 (Programm des Philanthropins). *Ders.,* Geschichte der Juden in Frankfurt a. M. (1150–1824), Bd. 2, Frankfurt a. M. 1927, 75–76. *Christopher R. Friedrichs,* The Anti-Jewish Movements in Frankfurt and Worms (1612–17). Local Crisis and Imperial Response, in: Proceedings of the

cherweise musste dies zu einem aus externer Perspektive subversiven Einsatz der Zwangsmaßnahmen führen, eine Praxis, die vielleicht auch durch die verschwimmenden Grenzen zwischen ‚religiösen‘ und ‚bürgerlichen‘ Belangen geschützt war, da in der Regel ja Strafen im Rahmen des Rituals, etwa synagogale Ehrenstrafen und Zahlungen an die Armenkasse, als Zwangsmittel genutzt wurden. Intern stellte sich dies dagegen als notwendiger Teil einer selbstverständlich geübten Rechtsprechung dar, zumal die Obrigkeit allenfalls bei Auswüchsen eingriff.

In einer wohl im Jahr 1622, also im Zuge der internen Konflikte überarbeiten, im eigentlichen Sinn wohl eher kommentierten Version der Stättigkeit wurde allerdings auf die Missbräuche der Vorsteher und Rabbiner gerade im Hinblick auf solche Zwangsmaßnahmen und auf deren wiederholte Versuche verwiesen – gemeint waren die Ereignisse von 1603–1608, vor allem aber jene der Jahre 1621–1622 –, eigene Ordnungen zu machen und dadurch eine autonome Gerichtsbarkeit mit erheblichen Zwangsmaßnahmen zu etablieren.[38] Nicht nur, dass solche Ordnungen wie zuvor nur mit obrigkeitlicher Konfirmation vereinbart werden durften. Sich an solchen Versuchen autonomer Selbstverwaltung auch nur zu orientieren, wurde nun unter schwere Strafe gestellt.[39] Dennoch gestand man der Gemeinde abermals einvernehmliche Güteverfahren zu, die vor den Vorstehern, den Rabbinern oder vor hierfür vereinbarten Schiedsleuten verhandelt werden konnten, jedoch nur, wenn dadurch keine dritte Partei beeinträchtigt würde.

Erneut wurde die bekannte Trennlinie gezogen. Die jüdischen Baumeister durften nur „freywilliglich compromittiren, undt ihrem Entscheidt sich untergeben wollen, dass die also erkisete Jüdische Schiedts Freundt darinnen

---

10th World Congress of Jewish Studies, Div. B, Bd. 2, Jerusalem 1990, 199–206. *Jutta E. Rolfes,* Die Juden in der Reichsstadt Frankfurt am Main zur Zeit des Fettmilch-Aufstandes (1612–16), in: Archiv für Frankfurts Geschichte und Kunst 63 (1997), 223–37.

38 Wiewohl die Frankfurter Judenstättigkeit erstaunlich stabil war, ein Zeichen für den besonderen sozusagen ‚mittelalterlichen‘ Status der durch den Rat immer wieder bestärkten Verhältnisse, nutzte der Rat der Stadt eigenen Handexemplare, die beispielsweise spezifische Ratsdekrete als Interpretationshilfen hinzusetzte; in den verschiedenen Drucken der Ordnung fehlen diese Zugaben zum Teil. Inwieweit man sich auf diese Weise die kaiserlichen Privilegien subversiv einer spezifischen Interpretation im Sinne einer Änderung unterzog, wurde bislang nicht geklärt; Anzeichen hierfür scheinen mir jedoch durchaus vorhanden zu sein. Damit verschaffte sich der Rat jenen Spielraum gegenüber der jüdischen Gemeinde, der diesem durch das in der Regel erfolgreiche Pochen auf den Text der alten kaiserlichen Privilegien und die Bestätigung dieser Haltung durch den Kaiser verweigert wurde.

39 Was die Gemeinde jedoch keineswegs davon abhielt 1672 und 1685 erneut intern solche Takkanot, Gemeindeordnungen, zu vereinbaren; und zwar ohne jede obrigkeitliche Konfirmation. Bezeichnenderweise führte dies bei Bekanntwerden solcher Normsetzungen durchaus nicht zu vergleichbaren Beschuldigungen; Ffter Pinkas, §§ 320, 337.

erkennen mögen, sie sollen sich aber, ausserhalb erlangten sonderbaren Raths Decrets, keines Zwangs und Exekution, weder mit Verbiethung der Hochzeiten, Begrebnüssen, Beschneidungen, noch in anderer weg gebrauchen“, womit all jene Spezifika, die den Bann im engeren Sinne bezeichneten, dezidiert ausgeschlossen blieben.[40] Gleichfalls wurde dem Rabbiner und dem Vorstand verboten, verdächtigen Gemeindemitgliedern oder Klageparteien ohne obrigkeitliche Genehmigung Eide aufzuerlegen, womit ihnen eine wichtige richterliche Funktion entzogen wurde. Dies geschah auch, da in den internen Auseinandersetzungen nach der Vertreibung von den Vorstehern jüdische ‚Reinigungsseide' zur Befreiung von einem rechtlich nicht beweisbaren Verdacht in erheblichem Maß als Druckmittel gegen ganze Gruppen eingesetzt worden waren und ihnen letztlich eine Bestrafung ohne Prozess ermöglichten.[41]

Die Problematik verschärfte sich natürlich nicht durch klare Festlegungen von Kompetenzen, sondern durch deren allgemein anerkanntes, pragmatisches Unterwandern und die typischen Ambivalenzen in der Umsetzung. So war der Frankfurter Rat auch nach diesen langwierigen Untersuchungen nicht bereit, die Mehrzahl des jüdischen Prozessaufkommens zu übernehmen. Insbesondere mussten sich die Mitglieder des Frankfurter Rats zu ihrem Missvergnügen eingestehen, dass beispielsweise in den wichtigen Münzgeschäften eine obrigkeitliche Aufsicht letztlich gar nicht effektiv möglich war.[42] Daher ließ man für diese Angelegenheiten ebenso wie für die Kontrolle der Vermögensverhältnisse von Heiratswilligen – und dies war erneut mit der Aufnahme in die Gemeinde und den Schutz verknüpft – zu, dass die Vorsteher hier eine besondere inquisitorische Aufsicht ausüben konnten:

---

40 StA Ffm, Ugb D 7, Bd. 1; Judenstättigkeit, § 6.

41 Die große Mehrzahl der dort aufgelisteten Strafen kam nämlich keineswegs durch Verurteilungen im engeren Sinne zustande, sondern wurden auf Verdacht hin verhängt, was nur durch eine solche Eidesleistung abzuwenden gewesen wäre. Die Vorsteher konnten diese Eide in dieser Weise nutzen, da allein der Verdacht, sich durch eine solche Eidesleistung von unbewiesenen Vorwürfen befreien zu müssen, die Ehrbarkeit und die geschäftliche Reputation so sehr schädigte, dass Personen, die sich dies finanziell leisten konnten, eher bereit waren, die Strafe zu zahlen, als den Eid abzulegen. Zudem waren die Unterschiede nach Jüdischem beziehungsweise allgemeinem Recht, wann dieser Eid geleistet werden konnte, ein weiterer Anlass für die Obrigkeit, den jüdischen Reinigungseiden zu misstrauen.

42 Die Gründe hierfür sind vielfältig; im wesentlichen wird dies wohl ein Gemisch aus den internen jiddischen oder hebräischen Handelsverträgen, den üblichen Geschäften auf Vertrauensbasis unter Einbeziehung familiärer Netzwerke, die recht komplexen Handelswege zum Eintauschen der Münzen und die weit ins Reich hinaus reichenden Geschäftsbezüge gerade zu dieser Zeit, die über andere Messen und in anderen Territorien, auf die die Reichsstadt selbst keinen Zugriff hatte, ihre Geschäfte tätigte. Die jüdische Rechtsprechung und die interne Aufsicht hatten dagegen offenkundig eher die Möglichkeit, derlei Wege nachzuvollziehen und auch überregional aktiv zu werden, auch als Rechtsforum und zum Teil sogar in ihren Zwangsmitteln.

„Sonsten aber und außer diesen Special fallen, sollen sich sowohl die Vier-Zehener und Baumeister [= die Vorsteher im engeren Sinn gemeinsam mit dem ihnen beigesetzten Kontrollgremium / d. A.], als auch die Rabiner bey Vermeidung hoher und starcker Straff genzlich enthalten einigen Juden ein Aidt uff zu erlegen ohne sonderbare erlangte Special Bewilligung E. E. Raths“.[43]

Die internen Zwangsmittel wurden zwar in den Dienst und in direkte Abhängigkeit zur obrigkeitlichen Rechtsprechung gestellt. Man eröffnete der Gemeinde aber einen darüber hinaus reichenden Handlungsfreiraum, indem die Vorsteher Münzverbrecher, selbst wenn diese ordnungsgemäß bei der Stadt angezeigt und bestraft worden waren, wegen „ihres eigenen Interesse und den Aergerlichen Consequenz halben [...] auch mit ihrer vorlengst under der Jüdischheit ver[g]lichenen undt confirmirten Ceremonialischen Straff, nemblich dass nicht Ruffens für die Zehengebott [= Tora / d. A.], undt Cappentragens [= eine für die Frankfurter Gemeinde spezifische Schandstrafe in der Regel in der Synagoge / d. A.] zu belegen, welche dann auch ein solcher Delinquent entweder ausstehen, oder mit einer Summ Geldt ablösen soll“.[44] Wie das Handexemplar der Stättigkeit belegt, gab es sogar noch stärkere Widersprüche. So findet sich in diesem ein nachträglich gestrichener Eintrag, der wohl aus dieser Phase der Neuordnung nach der Wiederzulassung stammt. In ihm war zunächst die besondere Regelung für Münzvergehen auf Diebstahl ausgedehnt worden. Doch:

„Ausserhab dessen bey Inquistion der gestolenen Sachen gebräuchlichen Schulbandts ist den Zehener und Baumeistern und Rabbiner kein Bann, Acherosa, Heram [= Hachrasa und Cherem – Ausruf und Bann / d. A.] oder wie er sonst Nahmen haben mag, erlaubt, deswegen sie sich fürhin dergleichen bey ernster Straff enthalten sollen, es wehre dann dass sie bey einem oder andern Fall diessen Special Schriftliche Bewilligung bey E. E. Schöffen Raht erlangt haben würden“.[45]

Dieser Paragraph wurde allerdings durch einen ganz anderen Text ersetzt und es blieb bei der alten Formulierung des § 81 zum Umgang mit zweifelhaften Pfändern, der die Verhängung des Banns stets von der Zustimmung des Rats abhängig machte.[46] Die Frankfurter Regelungen erweisen sich damit zwar als recht rigide. Im Falle, dass Entscheidungen des Rabbiners und des Vorstands nicht nachgekommen werde, gestand allein die Stättigkeit diesen dennoch gewisse, extern kontrollierte Strafmaßnahmen zu, die im

---

43 StA Ffm, Ugb D 7, Bd. 1; Judenstättigkeit, § 8.

44 Ebd., Judenstättigkeit, § 9.

45 Ebd.; dies aus der handschriftlichen Fassung Tit. II, die im 17. Jahrhundert auch zur jährlichen Verlesung von Auszügen in der Synagoge benutzt wurde. Gemeint sind als Abstufungen der übergreifenden Kategorie ‚Bann‘ der Ausruf (Hachrasa) und der grosse Bann, der völlige Ausschluss (Cherem).

46 Ebd.; § 81 der Judenstättigkeit; „so soll der Schulklepper ohne Vorwissen und Zulassung der Bürgermeister kein Schulbann thun, sondern die Personen, so des begehren, vor die Bürgermeiser weisen“.

Vergleich zu Privilegien anderer Territorien jedoch deutlich begrenzt blieben. Zudem formulierten die Privilegien – und dies entsprach der Interpretation des Frankfurter Rats –, dass die Bestrafung seitens der christlichen Obrigkeit unter Nutzung interner Strafformen und wohl auch interner Organisationsstrukturen zu geschehen habe.

Grund für solche Zugeständnisse war erkennbar die Notwendigkeit, die interne Verwaltung arbeitsfähig zu erhalten, um die externe nicht zu überlasten. So sollten Dissidenten bei anhaltender Renitenz gegenüber Rabbinern und Vorstehern ausgerufen und mit einer an den Rat zu zahlenden Strafe von 2 fl. belegt werden. Bei bleibendem Widerstand trotz wiederholter Bestrafungen konnte eine solche Person nach einer Anzeige beim Rat sogar härter bestraft werden, auf Eingabe der Gemeindevorsteher dann sogar „aus der Stettigkeit mit Weib und Kind ganz ausgelassen sein und pleiben".[47] Wiewohl deren Entscheidungen damit weitgehend der externen Kontrolle unterworfen waren, interpretierte die jüdische Seite dieses indirekte Zwangsmittel als Möglichkeit, renitente Personen aus der Gemeinde ausschließen zu können, also als das sonst generell bestrittene Recht des Großen Banns. Sie konnte sich dabei auf weitere Formulierungen der Stättigkeit berufen, denn ein Folgeparagraph hatte zudem festgelegt:

> „Frevel, Schlegerey und Excess entweder mit Verbrechen der Müntz od. andere ungebürli. (ausserhalb Mord Totschlag und andere wichtige Sachen, die ihrer Art nach vor E. E. Raht und die Herren Bürgermeister gebracht werden müssen) sich in der Gassen und. den Juden und Jüdinnen, [der folgende Satzteil ist in dieser Fassung neu: / d. A.], bey dieser gewesenen Unruhe vorgangen', od. ins künftig in u. zwischen der Messen sowohl frembden als inheimischen hinfürters begeben und zutragen möchten, nach Beschaffenheit der Sache mit scharfen Geltstraffen od. ganz aus der Stettigkeit auszulassen, gegen den Verbrechers und Frevlers also verfahren, dass andere sich davon zustossen Uhrsach haben sollen".[48]

---

47 Ebd.; § 99; „auff der Rabinen oder Baumeister vielfaltig Erfordern, ungehorsam und ungeburlich sich erzeigen würden, der soll durch den Schulklopfer also bald in ein sonderlich Buch geschrieben, und folgents gemeiner Judenschaft in ihre Schuel öffentlich sich solcher unordentlichen und ungebürlichen Zuenthalten angezeiget, oder ausgerufen werden, und dabeneben mit 2 fl dem Rath [i.d. alten Fassung: dem Rechenmeister / d. A.] zur Straff verfallen sein. Befind sich dann derselbig zum zweiten oder drittenmahl seiner unruhe halben also in berührt bucht geschieben und des ausser sprochenen Vertrag nit gehalten, auch sonsten sich der Billigkeit nach, nit weissen, noch strafen wollen lassen [das Strafen fehlt in der alten Fassung / d. A.], den solle E. E. Rath mit einern höhern Geltstraffe, auch des Cappentragens eine Zeit lang belegen und da auf eingeben der Zehener, die Überführung zue gew(o.), und angeregte Straffe nicht genung darzu in weeg, aus der Stettigkeit mit Weib und Kind ganz ausgelassen sein und pleiben, und sonsten gegen dieselbe verfahren werden, wie oben bey den ersten Titul von der Juden Stettigkeit und Ordnung des Straffbarlichen Vergreiffens halber tisponirt und verordnet worden."

48 Ebd.; § 100.

Dass die Ausweisung aus der Gemeinde nicht wie zuvor dezidiert an die Entscheidung des Rats gebunden blieb, mag ein Ergebnis mangelnder Vereinheitlichung sein. Sicherlich ist dies Ausdruck eines weiterhin nicht systematischen Rechtsdenkens, wie es sich in den punktuellen Umarbeitungen der Stättigkeit immer wieder zeigt. In jedem Fall war das Ergebnis der Auseinandersetzungen zu Beginn des 17. Jahrhunderts, dass die eigenständige Übung gerichtlicher Zwangsmittel, insbesondere des schärfsten, nämlich des Banns, eingeschränkt oder doch zumindest extern kontrolliert werden sollte, wobei sich aufgrund der aufgezeigten Inkonsequenzen stets wieder Freiräume für ganz anders gelagerte Interpretationen eröffneten, die von der Gemeinde auch genutzt wurden.

Die interne Einschätzung des Bannrechts in den breit angelegten Verhören des Verfahrens der Jahre 1603–1608 vermittelt ein anderes Bild. Recht eindeutig vertraten die Vernommenen und zwar über die sonst recht klaren Grenzziehungen zwischen den Gruppen von Vorstehern und Rabbinern, zentralen Gemeindemitgliedern bis hin zu ungebildeten, abseits jüdischer Siedlungen lebenden Personen hinweg die schon bekannte Auffassung, dass Bannsprüche in religiösen Dingen zweifellos Teil der religiösen Eigenständigkeit seien und in diesem Sinne tagtäglich geübt würden. Jenseits dieser religiösen Belange, die im Gegensatz zur sonstigen Wahrnehmung eben nicht jene erhebliche Grauzone unterschiedlich zugeordneter beziehungsweise nicht eindeutig bestimmbarer Aspekte erkennen lässt, fiel es den Zeitgenossen eher schwer, die Zuständigkeiten zu beschreiben. Eindeutige Eckpunkte markieren zum Beispiel Aussagen aus der Frankfurter Gemeinde, so etwa zweier Vorsteher, die klar konstatierten, dass ihrem Rabbiner selbständig keine so eingreifenden Strafen wie der ‚Bann' zustünden, eine Angabe, die durch spezifische Regelungen innerhalb der Gemeinde verifiziert wird.[49] Er dürfe eigenen Entscheidungen nur durch öffentliche Ver-

---

[49] Hier muss bedauerlicherweise angemerkt werden, dass eine der zentralen Quellen innerjüdischer Provenienz, der sogenannte Frankfurter Pinkas, seit Jahrzehnten als in Bearbeitung gesperrt ist. Freundlicherweise gestattete die National Library Jerusalem dennoch die Einsicht, untersagte aber zugleich jedes auch nur auszugsweise Zitieren des Manuskripts. Da die Herausgabe immer noch nicht abzusehen ist, muss die Forschung letztlich weiterhin ohne diesen Bestand arbeiten. Pinkas deKehila Keduscha Frankfurt deMaina [im weiteren als Pinkas Fft zitiert]; National and University Library Jerusalem, Ms. Hebr. 4 [im weiteren als: Ffter Pinkas]; siehe z. B. die darin verzeichneten Rabbinatsverträge, die sowohl Ausrufe als auch jedes amtliche Schreiben mit einer Einschränkung von der Genehmigung und Zustimmung der Vorsteher abhängig machte, was zudem in eine unabhängige Rechtsnorm gegossen wurde; § 81 (R. Schmuel b. Josef, datiert auf ca. 1610/14; der erste Vertragstext wurde gestrichen); § 106 (o.D.; nochmals für denselben Rabbiner); § 79 (R. Jeschajahu Horowitz; 1621/?); §§ 119, 120 (R. Petachja b. Josef; Datum unklar, 1622); § 305 (R. Aron Schmuel Chone; (168?)); § 459 (R Schmuel b. Zwi; 1690); § 473, der Rabbinatsvertrag mit R. Nathan Maas aus dem Jahr 1771 fällt hier aus besonderen Gründen etwas aus dem Rahmen; ebd., § 112, 1621. Bannverhängungen durften zudem nur unter Betei-

lautbarungen, die *Hachrasa,* Nachdruck verleihen. Der Bann könne dagegen nur mit Zustimmung der Gemeinde verhängt werden beziehungsweise nur der lange verstorbene Wormser Reichsrabbiner Jacob habe diese Möglichkeit überhaupt besessen und dieses Amt war nie wieder besetzt worden.[50] Der Frankfurter Oberrabbiner, Schmoll zur Eichel genannt, berief sich selbst wohl aus gutem Grund nur pauschal auf seine Privilegien als Definitionsgrenze seiner Zuständigkeit, um sich nicht zu gefährden.[51]

Bei alledem war aber keineswegs gesagt, dass die fraglichen Zwangsmassnahmen intern nicht doch im gesamten Umfang genutzt wurden. So charakterisierte Salmen zum Wetterhahn, ein Zehner der Frankfurter Gemeinde, 1622 den höchsten, verfluchenden Bann als einen selbstverständlichen Automatismus hin zu einer immer empfindlicheren Strafe:

„Sie tun einen in Herum und rufen ihn in der Schul aus, der in Achrosa ausgerufen, darf kein Fleisch essen, Wein trinken, esse und trinke keiner mit ihm, wird auch nicht vor die Zehngebote [= zur Toralesung/d. A.] gerufen, und zu keiner Zeugnis gezogen, Herum [= Cherem, Bann/d. A.] sei desweg grösser als Achrosa [= Hachrasa, Ausruf/d. A.], weil Achrosa mer auf die zeitlich, Herum aber Gottes des Allmächtig Straf stehe. Sei nie keiner in Herum ausgerufen worden, doch wann einer in Achrosa (Marg.: und ungehorsam) bleibt, so falle er vor sich selbst in Herum. Die Zeit aber des Ungehorsams will Zeug [= Salmen zum Wetterhahn/d. A.] nicht wissen."[52]

Bei alledem bestand in den Verhören um das Jahr 1608 die Verteidigungsstrategie, interne Zwangsmittel als selbstverständlich, also als lange geübten, von außen geduldeten oder sogar privilegierten Usus darzustellen. Aussagen aus den umliegenden städtischen Gemeinden Friedberg, Mainz und Worms belegen, dass die geringere Form des Banns als Zwangsmaßnahme im Sinne partitieller Ausschließungen aus dem religiösen und sozialen Leben durchweg üblich war. Lediglich hinsichtlich des Großen Banns, also der völligen Abtrennung von der Gemeinde, finden sich sonst in der Regel deutlich zurückhaltendere Auslegungen und eben jene Unklarheiten und

---

ligung aller ‚Bene Jeschiwa', vermutlich aller im Dienste der Gemeinde arbeitenden Gelehrten getätigt werden.

50 StA Ffm Ugb E 48 K, Bd. 1; ansonsten Levi zum Ochsen, Aaron zum Fröhlichen Mann, Levi zum Korb und eventuell auch Abraham zur grünen Tür. Dagegen Nathan zum Goldenen Pflug, der als einziger dezidiert den Cherem als zulässige Zwangsmassnahme des Ffter Rabbiners anführt. *Moritz Stern,* Die Wormser Reichsrabbiner Samuel und Jacob (1521–1574), Berlin 1937; insbesondere Mitglieder dieser Gemeinde verwiesen im selben Sinne auf dieses Amt und seine einzigartigen Befugnisse, die nun nicht mehr gegeben seien.

51 StA Ffm Ugb E 48 K, Bd. 1; alles andere hätte womöglich die Anklage nur bestätigt.

52 StA Ffm Ugb E 45 G; Verhör der Zehner, Salmen zum Wetterhahn; Aaron zum Fröhlichen Mann gibt jedoch an, ein Verbrecher „werde als dann in den achrose oder Herumb getan, darund kein Unterschied seie".

Ambivalenzen wieder, die schon für die Privilegien kennzeichnend waren.[53] Dabei belegen die umfangreichen Verhöre, dass es in der jüdischen Bevölkerung zumindest im Bezug auf zivilrechtliche Angelegenheiten sowie die Aufrechterhaltung der Ordnung ein breites Einverständnis gab, dies also selbstverständlich sei. Auch hier nahm das Annoncieren geschlossener Handlungsräume einen hohen Stellenwert ein; die Übung stand auf einem anderen Blatt. Denn ebenso selbstverständlich findet sich daneben in allen Gruppen die Einschätzung, dass man gegen bestehende Entscheidungen oder sogar anstelle dessen vor der Obrigkeit klagen könne und dies auch tue, selbst wenn dies nicht als korrekt galt.[54]

Etwa 14 Jahre danach finden sich im Rahmen der tief greifenden Auseinandersetzungen in der Frankfurter Gemeinde allerdings ganz andere Beschreibungen. Personen, die dort durch die Vorsteher empfindlich bestraft worden waren, stellten dies zu ihrer Verteidigung ganz im Sinne jener obrigkeitlichen Wahrnehmung dar, die schon die Anklage durch den Reichsfiskal gekennzeichnet hatte. Nach Aussage des Hirz zum Buchsbaum, einer der im Mittelpunkt der internen Bestrafungen stehenden Münzverbrecher, war die Macht der Vorsteher unbeschränkt: „Wann eine nicht auff den Rabbi od. Zehner geben will, so werde er in den Bann, Achrose, genannt, od. auch auf seinen Ungehorsam, in den Herom getan, und solches geschehe auch in buergerlichen Sachen".[55] Und Eiserman zur Weissen Lilien, immerhin ein Vorsteher der Gemeinde, bestätigte dies sogar:

> „wann einer der Zehner Gepott nämlich dass [...] sie neue Zalung auferlegen trachteten, od. etwas wieder sie redete, so würde er in gemeinen Bann getan, da einer aber sehr viel verbreche, so werde er in Herem getan, und hätte derselbe zu buergerlichen Sachen gleicher Gestalt, auch stat und werde darin gebraucht".[56]

Der Anteil ‚subversiver' Bestrafungen war demnach erheblich. Diese Auseinandersetzung weist natürlich weit komplexere Strukturen der internen Rechtsübung auf, als hier diskutiert werden können. Sie führte auf städtischer Seite in jedem Fall zu einer Präzisierung der privilegierten Ordnung. Durch eine öffentliche Verlautbarung in der Synagoge sollte der Angelegenheit ein Ende bereiten werden. Dabei wurden interne Streitigkeiten, Vergehen gegen die Gemeindeleitung, aber auch Äußerungen gegen die Privile-

---

53 Wobei gerade aus der Wormser Gemeinde erneut der Hinweis kam, dass dieser ebenso wie der reichsweite Gerichtszwang allein ein Privileg des verwaisten Amts des Reichsrabbiners gewesen sei und dementsprechend seither nicht mehr ausgeübt werden könne. Hier wurde dies nur am Beispiel der Frankfurter Judenstättigkeit aufgezeigt; mehr solche Vergleichsbeispiele bietet *A. Gotzmann,* Gerichtsautonomie (Anm. 9), 313–56.

54 Dies war wohlgemerkt auch damals schon weithin geübte Praxis und zwar aller gemeindlichen Gruppen.

55 StA Ffm Ugb E 45 G; Verhör vom 12. 12. 1622.

56 Ebd.; ebenso Seligmann zum Knoblauch.

gien mit Verweis auf dieselben dezidiert als alleiniger Zuständigkeitsbereich obrigkeitlicher Rechtsprechung bezeichnet.[57] Eine kurz darauf erlassene Parallelverordnung wich allerdings erneut auf die Stättigkeit zurück und gestand der Gemeindeleitung für geringe Fälle ein eigenes Strafrecht zu, das man zudem von außen nicht nur kontrollieren, sondern zudem stützen wollte, nämlich:

> „da in indisputirlichen schlechten Frevelfällen auch geringen und solche Sachen so der Erkandtnus nach vor Jüdische Rabiner verwillkhürt, einer der Erkandtnus oder auch des Aydts zum Beweiss undt Entscheidt der Sachen nothwenig zu sein erkandt, sich entziehen würde, dass als dann die Juden mit der Straff der Narrnkappe, oder gewöhnlicher Aussruffung in den Ungehorsamb in der Schul (welches auch den obengenannten Fünffern hiemit zu Ihrer Verrichtung, gegen die Ungehorsamen erlaubt) under welche beyde Straffen der Straffällig eine erwöhlen mag, sonsten aber durch keinige ander Mittel, den Wiederspenstigen anhalten, und da solches nit verfangt die Vierzehener es der Rechney zu erkennen geben, da ihnen nach Befindung was sich gebührt, ertheilt und respective die Handt geboten werden solle."[58]

Wiewohl sich die generelle Einschätzung in den vergangenen 14 Jahren nicht geändert hatte, führte dies erneut nicht dazu, dass die Gemeinde ihrer Machtinstrumente beraubt wurde. Es blieb bei den restriktiven Regelungen der Stättigkeit, die etwa im § 81 bestimmt hatte, es „soll der Schulklepper ohne Vorwissen und Zulassung der Bürgermeister kein Schulbann thun, sondern die Personen, so des begehren, vor die Bürgermeister weisen". Derlei Einschränkungen im Sinne der Stadt bissen sich weiterhin etwa mit den bereits angesprochenen Regelungen in diesem Rechtsdokument, die der jüdischen Gemeindeleitung etwa zur Verfolgung von Münzverbrechern, aber auch zur Aufrechterhaltung von Ruhe und Ordnung sowie zur Sicherung der eigenen Amtsautorität Strafen zubilligten, was auf ein eigenes Strafregiment hinauslief. So sah der schon zitierte Paragraph sogar vor, dass die Gemeindeleitung uneinsichtige Gemeindemitglieder zu guter Letzt „ganz aus der Stettigkeit" ausschließen könne. Zumindest in deren Ohren klang

---

57 Ebd.; Rats-Bekanntmachung in der Synagoge, 3. 5. 1622: „dass ihrer keiner gegen den andern deren Sachen, es habe namen wie es wölle, im geringsten ferner nit in unguten Gedancken noch mit Wort oder Wercken einigermassen ander, schelten, übel nachreden, oder in anderer weg zu wider syn, viel weniger solche Sachen vor den Obristen, noch andere Rabiner oder Ortten bringen, und entscheiden lassen, sondern was sich fürters zwischen ihnen sämptlich und jedermann besonders solchem zuwider, zutrage, würde solches gehörigen Orts vor der Christlichen Obrigkeit, dahin sie in der ernewerten Stettigkeit gewissen, clagen, auch was gegen solchen Stettigkeits puncten mit Worten oder Wercken von einigen Juden vermerckt".

58 Diese vermutlich auch, da die neue Auslegung eine einseitige Veränderung der kaiserlichen Privilegien dargestellt hätte, zu der der Ffter Rat nicht befugt war. StA Ffm, Ugb D 7, B 1; Conclusum Rechnei; 21. 5. 1622, an die Vorsteher Simon zum Krachbein, Eise[r]mann zur Weissen Lilien, Elias zum Trichter, Samuel zur Stegen und Haiumb zum Weinfass.

dies wie die Zulassung des Großen Banns, also die Vertreibung aus der Gemeinde, wiewohl der Senat dies natürlich nur in Abhängigkeit von der eigenen Entscheidung zugestehen wollte.[59]

Die Praxis interner Reglementierung spielte sich unterhalb dieser Ebene ab, weshalb diese aus externer Sicht illegitim war. In der Regel benutzte man intern wie gesagt die weit weniger drastischen Mittel öffentlicher Pönalisierung gepaart mit zum Teil üppigen finanziellen Strafen, also allenfalls den Kleinen Bann. Der Druck konnte durch das Verbot, gemeinschaftliche Institutionen zu nutzen, erhöht werden, etwa durch den Ausschluss von der Koscherschlachtung, vom Bezug des Pessachmehls, durch Verbote des Besuchs der Synagogen, der Gemeindemikwen bis hin zur Nutzung des Friedhofs, dem Verbot der Beschneidung für den engeren Familienkreis oder der Heirat.[60] Am Ende stand die geschäftliche und private Ächtung des Umgangs, was das Überleben in der Gemeinde selbst ohne tatsächliche Vertreibung schwierig machte. Doch stellten gerade die schärferen Strafmaßnahmen aller Erkenntnis nach extreme Ausnahmen dar und gehörten vermutlich eher in den Bereich des Großen Banns. Die schwächeren genügten auch aus dem Grund, da sich öffentliche Pönalisierungen auf dem Hintergrund eines geschlossenen kulturellen Verständnisses von Respektabilität und Reputation als äußerst wirkungsvoll erwiesen.[61] Man wird vermuten dürfen, dass die Gemeindevorstände in dem Wissen, dass diese aus heutiger Sicht durchaus radikalen Machtinstrumente in der Regel griffen, ostentative Vertreibungen unliebsamer Gemeindemitglieder – wenn diese nicht ohnedies verarmt, zugleich ohne jeden Einfluss waren und so hinausgedrängt werden konnten – schon deshalb vermieden, da dies die Wahrscheinlichkeit erheblich steigerte, dass externe Gremien ein Mitspracherecht erhielten. Wiederholte Auseinandersetzungen zwischen der Gemeinde und dem Rat hinsichtlich der Auslegung der Aufnahmebestimmungen und der zugestandenen Zwangsmittel belegen, dass die generelle Appellationsmöglichkeit spätestens im Konfliktfall genutzt wurde, soweit man den Mut und die Ausdauer aufbrachte, diesen Konflikt mit der Gemeindeleitung auszustehen. Wiewohl dies sicherlich vor allem eine Frage des sozialen und ökonomischen Status war, gab es natürlich auch ‚nach unten hin' eine Grenze, jenseits der eine Person nichts mehr zu verlieren hatte. So finden sich ebenso verarmte Personen, die bei der Stadt gegen interne Bestrafungen und Bannverhängungen klagten und dies durchaus mit Erfolg. Die Gemeindevorsteher taten also

---

59 StA Ffm, Ugb D 7, Bd. 1; Exemplar der Stättigkeit; § 100; vgl. § 99.

60 Ein bezeichnender Aspekt gerade des Banns war, dass er sich indirekt, aber auch direkt Familienmitglieder zumindest in Mitleidenschaft ziehen konnte.

61 *Robert Jütte,* Ehre und Ehrverlust im spätmittelalterlichen und frühneuzeitlichen Judentum, in: Verletzte Ehre. Ehrkonflikte in Gesellschaften des Mittelalters und der Frühen Neuzeit, hrsg. v. Klaus Schreiner/Gerd Schwerhoff, Köln 1995, 144–65.

gut daran, ihre Machtinstrumente nicht auszureizen, da jede Berufung letztlich eine Gefährdung ihrer Position darstellte, denn die externe negative Einschätzung änderte sich im Verlauf der zwei Jahrhunderte kaum.

Es war diese generelle Offenheit, die den Kampf um die Zwangsmittel immer wieder anfachte, da eine interne Rechtsprechung gegen eine auch nur fallweise eingreifende externe Gerichtsbarkeit nur schwer eine Rechtsicherheit garantieren konnte. Die daraus hervorgehende subversive Übung lebte natürlich nicht nur von dem jüdischen Selbstverständnis, dass eigene Angelegenheiten selbst zu regeln seien, eine Wahrnehmung, die sich bezeichnenderweise sogar bei Personen findet, die vor der Obrigkeit gegen ihre interne Bestrafung geklagt hatten. Diese Stützung durch das kulturelle Ideal von Autonomie ermöglichte es, in dem mit größter Zurückhaltung gewährten Entscheidungsfreiraum handlungsfähig zu bleiben. So zeigt allein ein Blick in das Protokollbuch der Frankfurter Gemeindevorsteher, dass der Bann selbst in dem extremen Sinne einer Ausweisung aus der Gemeinde, auch wenn dies oft zeitlich begrenzt war, durchaus gebraucht wurde. Und dabei verzeichnet diese Handschrift nachweislich keineswegs alle Strafen, die intern verhängt wurden, so dass man von einer größeren Dunkelziffer ausgehen muss.[62]

Ähnliches trifft aber auch auf das Interesse der Obrigkeit zu, die interne Verwaltung jenseits aller legalistischen Betonung der sich in den Zuständigkeiten widerspiegelnden Autoritäts- und Abhängigkeitsverhältnisse funktionsfähig zu halten. Auf der einen Seite stand eine stets gefährdete, teilweise nur subversiv mögliche Übung, auf der anderen brachen sich alle Vorstöße, die durch die Zwangsmittel gekennzeichnete Trennlinie der Zuständigkeiten zu Gunsten der Stadt zu verschieben, an den selbst verantworteten Zwängen, zuarbeitende jüdische Entscheidungsgremien zu benötigen. Was Seligmann zum Knoblauch, einer der in den 20er Jahren des 17. Jahrhunderts verurteilten Münzhändler, im Hinblick auf die negative interne Einschätzung der stetigen Appellationsmöglichkeit gegen die Strafen und Urteile des Vorstands zu Protokoll gegeben hatte, war den städtischen Gremien durchaus bewusst: „Wenn sie [= die Vorsteher / d. A.] es gern sähen, so hätten meine Herren durchs ganze Jahr mehrenteils mit Juden zu schaffen".[63]

62 Dies zeigt schon ein punktueller Vergleich der Einträge mit den städtischen Archivalien. Ffter Pinkas, wobei die unterschiedlichen Stufen des Banns auch hier nicht klar zu unterscheiden sind; Ausweisungen dokumentieren aber z. B. §§ 237 (1653), vermutl. wegen Konkurs; 242 (1650), wegen unlauterem Handel; 248 (1664) Hurerei, von beiden Personen für mindestens sieben Jahre; 290 (vor 1669) im Rahmen einer andauernden Angelegenheit wird letztlich der Frau des ursprünglich Beklagten auf 20 Jahre ein Gnadengesuch verwehrt; ähnlich 347, 344, 346 (1690). Im Vergleich zu der Gesamtlaufzeit des Manuskripts, das aber keine konsekutive Dokumentation darstellt, von mehr als 200 Jahren sind es letztlich aber nur wenige definitive Ausweisungen.

Doch nicht nur auf dieser Ebene wurde die interne Autonomie über eine letztlich nicht wirklich stabile Gemengelage widerstreitender Interessen auf externer und zwischen jüdischer und christlicher Seite gestützt. Für Frankfurt bot der starke Bezug zur Reichsebene eine zusätzliche Möglichkeit, über das Einklagen der Privilegien eigene Machtansprüche gegen die städtische Obrigkeit behaupten zu können.[64] In Frankfurt geschah dies im Hinblick auf den Bann immer wieder und sehr zum Ärger der Stadt mit erstaunlichem Erfolg. Wie schon wenige Einzelfälle belegen, war auch hier das grundlegende Problem für die städtische Seite, dass man die internen Strafmaßnahmen selbst duldete und zum Teil sogar stützte, wenn sie im eigenen Interesse waren.

1665 hatte der Rat der Verhängung des Banns gegen ein Ehepaar trotz ihrer Berufung dagegen zugestimmt, wiewohl seine Juristen den jüdischen Vorstehern weiterhin ein eigenständiges Handeln absprachen. Deren Darstellung, dass Ambsel zum Schuh und seine Frau sich in die Judengasse eingeschlichen, also das vorgeschriebene Procedere der Schutzaufnahme mit Gutachten von Gemeindeseite unterwandert hätten, wurde vermutlich unter anderem deshalb von außen gelten gelassen, da Ambsel zugleich weiterer Betrügereien verdächtig war und der Rat kaum Interesse an seiner Ansiedelung hatte. Man wies das Ehepaar deshalb an, dem Bann – also den Strafauflagen – nachzukommen, wiewohl dieser Fall erneut die empfindliche Frage tangierte, wer das Sagen bei der Aufnahme beziehungsweise der Ausweisung habe und damit auf die extremste Form jüdischer Zwangsgewalt verwies.[65]

---

63 StA Ffm Ugb D 7, B 1; Verhör der Bestraften, 1622; Seligmann zum Knoblauch.

64 Siehe hierzu auch *Stephan Wendehorst,* Imperial Spaces as Jewish Spaces. The Holy Roman Empire, the Emperor and the Jews in the Early Modern Period. Some Preliminary Obeservations, in: Simon Dubnow Inst. Yearbook 2 (2003), 437–475. Ein ähnliches, zum Teil durchaus erfolgreiches Taktieren zwischen regionalen Machtfaktoren und den Interessen des Reichs kennen wir auch aus der neueren Forschung zur nahe gelegenen Reichsstadt Friedberg; *Cilli Kasper-Holtkotte,* Jüdisches Leben in Friedberg (16.-18. Jh.), in: Kehilat Friedberg, Bd. 1, hrsg. v. Andreas Gotzmann, Friedberg 2003, 14–9; 27–35; 113–51.

65 StA Ffm Ugb D 7 H; siehe Senatsdekret vom 21. 11. 1665, sowie die Weiterführung des Falls, hier mit Anlage unter Ugb E 55 Lit. Q. Wie der Ffter Pinkas aber erkennen lässt, wurden solche Ausweisungen, in einigen Fällen sogar mit dem Verbot des Durchzugs und der Übernachtung, intern durchaus verhängt, wie einzeln mögliche Bezugnahmen zu städtischen Archivalien belegen, meist sogar mit Unterstützung der Obrigkeit, so dies überhaupt an jene gelangte; dazu unten mehr. Zu dem dauerhaften Problemfall des Ambsel / Amschel zum Schuh, s. a. Ffter Pinkas, §§ 240 (1654) Anschel Schuh kann bei öffentlicher Reue gewährt werden, aber unter Ausschluss des aktiven und passiven Wahlrechts; 290 (vor 1669) Anschel Schuch wegen unlauteren Handels bestraft; 267 (1657), Juteln, Frau des Anschel; wiewohl auch immer wieder Gnade gewährt wurde, was vermutlich auch mit den Vorgaben von städtischer Seite zu tun hatte, lässt sich dies bezeichnenderweise an den Angaben der Vorstandsprotokolle nicht ablesen.

Diese Entscheidung wurde dem Rat 1704 von den Baumeistern gemeinsam mit ähnlich gelagerten vorgehalten, als dieser der Gemeindeleitung jedes Recht absprach, Schuldner durch Zwangsmaßnahmen zur Zahlung anzuhalten. Als die Vorsteher das Gemeindemitglied Meyer Abraham Beer mit Vorladungen und Fristsetzungen nicht zum Einlenken bringen konnten, hatte man ihm die Verhängung des Banns angekündigt, wogegen sich dieser beim Rat beschwerte. Den Baumeistern wurde daraufhin unter Androhung einer üppigen Strafe von 1.000 Rtlr. die Aufhebung des Banns auferlegt. Das erlassene Senatsdekret ging aber über den Fall hinaus und hielt wieder einmal fest, dass es den Baumeistern nicht nur in dieser Angelegenheit nicht zustehe, Personen mit dem Bann zu belegen:

> „folgbar sie denselben wiederum auf zu heben und sich künftig des Banns zum Nachteil der obrigkeitl. Jurisdiction und Verordnung zu enthalten schuldig sein, allermassen ihnen bei Vermeidung der bedeutenden Straf den Bann unverlangt wieder aufzuheben, auferlegt u. sich dessen zum praejudiz der obrigkeitl. Jurisdiktion und Verordnungen auch künftig zu gebrauchen inhibiert wird“.[66]

Dies konnte die Gemeinde nicht zugestehen, wollte sie die eigenen Entscheidungen nicht generell in Frage stellen lassen. Die Vorsteher drohten der Stadt zunächst mit der Berufung an eines der Reichsgerichte und klagten schließlich gegen den Eingriff in ihre Privilegien. Man wolle – so die Eingabe der Baumeister – keineswegs „dero obrigkeitlichen Jurisdiktion und Gerichtszwang die geringste Hinderung [...] thun“, was die Privilegien ohnedies verböten, sondern im Gegenteil:

> „wir gehen bloshin durch besagten Bann solcher mutwilligen Debenten in soweit müssig und meiden solang ihr Conversation, biss sie ihr mutwillige Schuldensachen ausgemacht, und dadurch sich desselben wieder entledigt, einfolgl. sowohl ihr eigene als der ganzen Judenschaft Credit, daran allein ihr und unser zeitlicher Wohlfahrt hängt, wie dann auch bishin allen Creditoren frei geblieben beim Magistrat der Forderung zu tun und durch derselben obrigkeitl. Zwang die Debenten zur Zahlung zu bringen“.[67]

Dabei berief man sich auf die wiederholten Bestätigungen der Privilegien nach der Wiederzulassung und im Jahr 1661, wobei die Banngewalt den Vorstehern durch den Kaiser im Interesse jüdischer, aber auch christlicher Schuldner zugestanden worden sei, da man keine anderen Zwangsmittel habe. Wiewohl die städtische Seite dies natürlich ganz anders sah und darauf verwies, dass alle Kläger jederzeit beim Rat klagen könnten und dort ihr Recht bekämen, verlor diese zumindest im Hinblick auf die prinzipielle Frage des Banns und wurde angewiesen, „die Judenschaft in fernerer Anthuung ihres Banns weiter nicht zu verhindern“.[68]

---

66 Ebd.; Senatsdecret vom 21. 7. 1704; den Baumeistern Ochs und Hirtz zum Schwan in Audienz kommuniziert, 23. 7. 1704.

67 Ebd. Nr. 6 [Aktenzählung unzuverlässig]; Schreiben des impetrant. Anwalts der Judenschaft, Philip Jacob Khistler, an den Kaiser, ohne Datum.

Die Stadt gab sich damit jedoch nicht zufrieden. Ein weiterer Streit in den Jahren 1718–1719 belegt, dass der Konflikt um den autonomen Handlungsfreiraum weiter schwelte. In einer Klage des in Schulden geratenen Gombert Mayß gegen Abraham Ulmo war intern erneut ein Bann verhängt worden, der per Senatsdekret vom 11. 2. 1718 abermals aufgehoben werden sollte.[69] Dieser Fall endete ebenfalls vorm kaiserlichen Gericht, wobei der Rat nun zusätzlich klagte, dass die Judenschaft hier jemanden durch den Bann bestraft habe, gegen den extern bereits ein Verfahren anhängig und sogar schon ein Urteil ergangen sei. Von dieser indirekten Argumentation versprach man sich einen positiven Ausgang hinsichtlich der Banngewalt, da das Oberstgericht in Fragen direkter Rechtskonkurrenz sicherlich nicht gegen christliche Foren für ein jüdisches Gericht votieren würde. Diesen Vorwurf versuchte die Gemeindeleitung durch den Hinweis auszuräumen, dass der Bann in einem parallelen Verfahren gegen Mayß verhängt worden sei und keineswegs in jenem, das bereits bei den städtischen Schöffen anhängig war.

Zugleich pochte sie abermals auf ihre Privilegien, die ihr ja sogar für ‚groben Frevel, Schlägereien und andere Exzesse wie beispielsweise die Münzverbrechen' Entscheidungskompetenzen zubilligten und die Vorsteher sogar dazu anhielt, die Frevler mit harten Geldstrafen und dem Ausschluss aus der Stättigkeit zu verfolgen: Nähme man dies in Betracht, so sei es doch keine Frage, dass man auch über „große und nahmhafte Schulden und Civilsachen" Recht sprechen dürfe. Dies behauptete man, wiewohl die Privilegien hier dezidiert von ‚geringen' Dingen sprachen. Natürlich betonte die jüdische Seite, dass die Rechtsbefugnis damit keineswegs ausgeweitet werden solle; man wolle den Bann nur gemäß der Privilegierung „mit größter Behutsamkeit und nicht ohne erhebliche Ursachen und höchster Extremität" aussprechen.[70]

Die Baumeister verbaten sich mit Verweis auf das zurückliegende Verfahren alle ‚Vortäuschungen' seitens des Magistrats, als ob das Bannrecht niemals ein legitim geübtes Zwangsmittel gewesen wäre, das dementsprechend beim Bekanntwerden stets wieder aufgehoben worden sei: Dies entspreche nachweislich weder der Rechtspraxis noch der erneuten Bestätigung der Privilegien durch den Kaiser. Es gelte immer noch, dass die Beschwerde des

68 Ebd. unter Nr. 7; Schreiben Franz Wiltrich Menzling/Mentschling in betr. Judenschaft Ffm gegen Magistrat Ffm, betr. Judenbann, 30. 9. 1704; unter Nr. 9: Urteil erging an den Magistrat Frankfurt am 30. 9. 1704. Vgl. den Text der kaiserlichen Dekrets in den Beilagen zu impetr. Anwalt Kistler im Namen der Ffter Judenschaft an Kaiser, in Sachen Judenschaft gegen Gombert Mayß (Nr. 17.), 16. 3. 1719; vermutlich Beilage 8 (Zählung unterbrochen).

69 Ebd.; Nr. 17. Anwalt Kistler; 16. 3. 1719; darin zitiert.

70 StA Ffm Ugb D 7 H; letztes Bruchstück der anwaltlichen Verteidigungsschrift; liegt hinten im Akt.

Frankfurter Rats „darum keinen Fug hat, weilen denen Römischen Kaisern aus allerhöchster kaiserlicher Machvollkommenheit zukommt und freisteht, [...] Privilegien zu ertheilen".[71] Wiewohl man sich keineswegs wie behauptet eine Rechtsprechung anmaße, sei es ein ebenso „irriges praesuppositum [...], als ob Anwaldts Principalen in Schuld- und Civil-Sachen keine cognition competierten" und es sei unverständlich, warum die Stadt nun „diese geringe Civil- und Privatsache abermalen, wie vorhin mit denen Stores [= Schtarot; Verträge nach Jüdischem Recht/d. A.] oder jüdischen Hypothequen auch geschehen ist, auf hohe weit aussehende Staats-Sachen ausdeuten und detorquiren" möchte.[72]

Dieser Behauptung, dass man im Rahmen bestehender Privilegien ein gemeinsames Interesse verfolge, konnte die Stadt an harten Fakten lediglich entgegenhalten, dass die Streitsummen in den fraglichen Prozessen unzweifelhaft außerhalb des Rahmens ‚geringer' Angelegenheiten und damit außerhalb der intern zulässigen Vergleiche lagen. Erneut gewann die Gemeinde das Verfahren, dies sicherlich auch, da das Reichskammergericht anerkannte, dass es sich bei den fraglichen Klagen um zwei unterschiedliche Fälle handele. Entscheidend waren auf Reichsebene zudem das große Interesse an einem geregelten Finanzverkehr unter den jüdischen Gemeinden, unter Juden und Christen sowie der Erhalt jüdischer Gewerbe als Einnahmequelle. Dementsprechend erwies sich das schon 1661 genutzte Argument der Gemeinde als durchschlagend, dass kein Jude mehr Geld in die Frankfurter Judengasse verleihen und dass ihre Kreditwürdigkeit generell sinke werde, wenn man den Forderungen der Stadt nachgäbe und die kostspieligen Prozesse vor obrigkeitlichen Gerichten zur Regel würden. Erneut wurde der Magistrat der Stadt Frankfurt angewiesen, die kaiserlichen Privilegien zu achten und die Judenschaft bei dem „gemein nutzigen Gebrauch ihres Banns jetzt und künftig ungekränkt zu lassen".[73]

Wiewohl die Stadt gegen dieses Urteil Berufung einlegen wollte, dies teilte man jedenfalls kurz danach einer auswärtigen Regierung mit, blieb es offenbar bei dieser Entscheidung.[74] Dies änderte sich erst im Zug der langjäh-

---

71 Ebd.; impetr. Anwalt Kistler im Namen der Ffter Judenschaft an den Kaiser, 16. 3. 1719; leider nur in Bruchstücken zu rekonstruieren.

72 Ebd.; demnach gab es noch einige weitere Anlässe. „dann das contrarium ist ex supra allegata V 8 de Judae. et Coelic. zu ersehen, [...] es massen sich auch Anwaldts Principalen der Jurisdiktion nicht an, und hat ihnen auch ohne dieselbe aus allerhöchster kaiserl. Macht der Bann eine Exekutio, ausser dem sie sonsten keine Exekution suchen oder sich anmassen, wohl concediret werden können, cum privilegia semper".

73 Ebd.; siehe Extrakt des Ratsprotokolls vom 6. 5. 1719 mit Bezug auf das Urteil.

74 StA Ffm Ugb D 7 P; Stadtdirektor, Antwaltschultheiß und Bürgermeister der Stadt Mannheim an den Magistrat Frankfurt a. M., 10. 10. 1719; Antwort des Ffter Rats nach Mannheim, 17. 11. 1719.

rigen internen Konflikte, des so genannten *Kann-Kulpschen Streits*. Vertreter der in der zweiten Generation tonangebenden Familie Kann hatten in dem gemeindeweiten Konflikt um 1750 unter anderem versucht, die Gegenseite mit Hilfe des ihr verpflichteten Oberrabbiners mundtot zu machen. Der durch das Rabbinat gegen David Meyer Juda, nach dem Hauszeichen Kulp genannt, und dessen Parteigänger Ruben Benedict Beyfuß verhängte Bann, wurde auf deren sofortige Eingabe an den Rat – wie man dies in der Regel anstrebte noch vor dessen Eintreten – sofort per Senatsdekret untersagt. Zugleich wurde dem Oberrabbiner bei hoher Strafe mitgeteilt, in dieser Angelegenheit weder irgendetwas gegen eine der Streitparteien vorzunehmen, „noch weniger deswegen an andere Synagogen oder Gemeinden zu schreiben". Dabei folgte man der Eingabe Judas, dass der Rabbiner in der Angelegenheit nicht unparteiisch sei:

> „dass, wann wir Ihm die Sache nicht in die Hände geben würden, er an alle auswärtige Jüdische Gemeinde schreiben und uns alle Schuld der sich angesponnenen Zwistigkeit beymessen wolle, gleichwohlen aber demselben in Rechtsbefangene Sachen sich zu mischen und unschuldig Beklagte von Ausführung Ihrer Unschuld abzuhalten, gantz und gar nicht zustehet, sondern weit schiklicher ist, wann er sich um uns gantz unbekümmert und dem Recht seinen freyen Lauf läßet, wodurch am Ende schon offenbahr werden wird, welcher Theil dem andern sich zugedrungen und die Gerechtigkeit zur Seite gehabt habe".[75]

Gemäß der bekannten externen Einschätzung war die Grundvoraussetzung eines Güteverfahrens, der einvernehmliche Wunsch zur Einigung vor einem unparteiischen Schlichter, nicht mehr gewährleistet, wieso der Gemeinde und dem Rabbinat gar keine Entscheidung mehr zustehe. Weitere Untersuchungen ergaben, dass das Rabbinat anlässlich des Eindringens von Gemeindemitgliedern in eine Sitzung des durch Beer Löw Isaac zur Kann dominierten Vorstands einen internen Erlass verfasst hatte, der mit dem Bann drohte und der Obrigkeit erneut den Eindruck uneingeschränkten, subversiven Handelns vermittelte.[76] Wiewohl die Zwangsmittel sowie die offenbar gegenüber Juda und Beyfuß geschehene Androhung, dass man dem Bann eine überregionale Ausdehnung geben werde, alle in Richtung jener reichweiten jüdischen Rechtsprechung mit eigenen Gerichtsmitteln deute-

---

75 StA Ffm Judenschaft, Ugb D32, Nr. 65, Tom I; (Nr. 60); R.B. Beyfuß u. D.M. Juda an Schultheiß u Schöffen Ffts; 7. 2. 1750; dabei Senatsdekret vom 11. 2. 1750.

76 Ebd. (Nr. 60a); Beilage A, in der Übersetzung des Rabbinats; „ged. Zankschaften und widerspenstige Männer, die auf ihren bösen Gedanken beharren und ihre Ohren zum Gehört, was von uns beschlossen worden nicht neigen, ihre Achsel auch nicht under dem Oberrabbiner und Gelahrten geben wollen, dass sie sämtl. verbannt (vernagelt) abgeschniden und abgesondert von allen jüdischen Ceremonien nach dem allerschärfsten Gebrauch die bei uns von Erschaffung der Welt pflegen gegeben zu werden und in demgl. übl. sein sollen, unsere Gemeinde auch mit ged. boshaftige Leute wie gebräuchlich aus das Allerschärfste in der Welt sich aufführen, falls aber sie sich daran auch nicht kehren, mit ihren Mutwillen und Bosheit fortfahren, und dasjenige was sie getan nicht allein bereuen, sondern vermehren wollen."

ten, was der städtische Rat keineswegs goutierte, ließ sich dieser zu Befriedung der Gemeinde sogar widerwillig darauf ein, die Konflikte über interne Kompromissvereinbarungen in der Form der beargwöhnten Gemeindeordnung beizulegen. In der Frankfurter Stättigkeit war der Judenschaft bereits untersagt worden, eigenständig Ordnungen zu vereinbaren, da nach zeitgenössischer juristischer Einschätzung Gerichtsbarkeit und Gesetzgebungskompetenz an territoriale Macht geknüpft waren, was Juden als Schutzverwandte per se nicht besaßen.[77] Die Neuauflage der *Takkanot* kam aber auf kaiserliches Geheiß zustande und sollte nunmehr offiziell genehmigt werden, was eine Zensur durch die Stadt Frankfurt und natürlich die kaiserliche Seite bedeutete. Als der intern vereinbarte Entwurf nach langwierigen Querelen und Verzögerungen im März 1754 endlich vorlag, zeigte sich, dass die dafür geschaffene Gemeindekommission dies jenseits der unterschiedlichen Machtinteressen zum Anlass genommen hätte, den internen Verfahren wie dies in anderen Territorien sogar von obrigkeitlicher Seite geschah mehr Stabilität und dies bedeutete einen gesicherten Freiraum zu verschaffen.[78]

Die Konflikte in der Gemeinde lassen sich in der neuen Ordnung auch im Hinblick auf die Zwangsmittel ablesen. So wollte man den Kastenmeistern zur Eintreibung von Steuern und Strafen den Kleinen Bann zugestehen, schränkte die persönliche Strafbefugnis der Baumeister bezeichnenderweise aber erheblich ein, wobei die Lösung in der Regel nicht in der Verminderung von Autorität, sondern deren Kontrolle gesehen, also nicht das System sondern dessen Handhabung in Frage gestellt wurde.[79] Darüber hinaus

77 Diese gängige Einschätzung lässt sich häufig finden, etwa ebd.; Ugb D 32, Nr. 65, Tom VII; rätlicher Bericht zum Projekt des Neuen Reglements, 18. 10. 1754; ad § 126 „allein da sie keine potestatem legislatoriam besizen folglich für sich keine Policey-Ordnungen, sondern nur blosse Projecte, errichten können, welche ihre Kraft erst durch obrigkeitliche Approbation und Confirmation erlangen müssen".

78 Der Ffter Pinkas selbst verzeichnet diese Neuordnung der Takkanot nicht; diese stellen jedoch eindeutig eine Überarbeitung der verschiedenen vorhergehenden Fassungen von 1603 und die im Pinkas verzeichneten von 1672 und 1685 dar, ebd. § 320 Takkanot der Gemeinde (1672), bzw. § 337 Takkanot (1685).

79 Indem man ihnen nur die Verhängung von Strafen bis zur Höhe von 6 Rtlr. zugestand. Ebd.; Bestand Juden Ugb D 32, Nr. 65, Tom VII (nicht nummeriert, sollte Nr. 526 sein); Jüdisches Reglement auf Befehl durch die Baumeister mit Zuziehung (...) von 21 Personen entworfen; gez. von 28 Personen, 22. 3. 1754; hier § 35; „Schuhl und andere Ehr-betreffende Ahndungen, bestehe worinnen- und wogegen weme es wolle, haben (sonder specials schriftliche Ordre der Übertretter, dass er deren Baumeister Erkänntnuß lediglich und allein sich submittiere) selbige nicht Macht über jemanden zu stimmen oder zu erkennen, ausser allein, dass es mit Zuziehung nach § 1a aus drey Classen kein Theil einander in Verwandtschaft stehende- im Looss erhobene 15. Persohnen, geschehe, deren sämmtlich meisstimmige Erkänntnuß (jedoch Geld-Straf betr. eine Summa von 39 fl. keinmahl übersteigend) sein Bewenden habe". Ebd.; § 53; zudem wurde versucht, einen der Hauptvorwürfe von vornherein auszuschließen: „Baumeister müsse mit denen klagenden Partheyen ebenermassen ohn-

sollten die starken Bezüge von Rabbinat und Baumeistern entflochten werden, was letztlich zu einer weiteren Zurückdrängung des Rabbinats aus der Verwaltung führte. Darüber hinaus wollte man eine geregeltere Organisation der Zuständigkeiten und Handlungsabläufe sowohl in der Gemeinde- als auch in der Rechtsverwaltung einführen.[80]

Dass dabei Dieben in der so problematischen reichsweiten Perspektive der Grosse Bann durch alle Rabbiner des Reichs angedroht wurde, wäre für die Obrigkeit vielleicht noch akzeptabel, da in ihrem Sinne gewesen.[81] Dass die Gemeinde im Rahmen dieses Kompromisses nicht wie gedacht den gewährten Freiraum ausgestaltete, sondern versuchte, ihre Privilegien durch den Kaiser gegebenenfalls gegen die Stadt erweitert zu bekommen, war sicherlich nicht im Sinne der lokalen Entscheidungsträger. Man hatte dies so zwanglos wie möglich formuliert, nämlich als eine organisatorische Notwendigkeit und wie immer als Mittel, die Obrigkeit vor Überlastungen zu schützen:

> „Indeme die weibl. und andere jüdische Staarbriefe [= Vertragsdokumente / d. A.], Liebe-Stiftungen [= Wohltätigkeits- beziehungsweise Lehrstiftungen / d. A.], Ehescheidungen, Beschwägerung des ohne Kinder abgelebten Bruders hinterlassenen Wittib, Schuh-Ausziehung [= Jibum, Schwagerehe, beziehungsweise die Chaliza zur Aufhebung derselben / d. A.] genannt, Vormünder Bestellung oder Wayssen und andere Pupillen-Geschäfte, Erbschafts-Separationes, Differentien zwischen Eheleuthen, Häußer-Strittigkeiten, Contracten und Mündl. Schuld-Forderungen auch Jüdische Rechts-Sprüche, deren Verfassung durch besondere Jüdische Ceremonien- und in ersagten Rechten fundirte Einrichtungen, in denen Jüdischen Rechten von solcher Beschaffenheit waren, die schwehr zu übersetzen, und dem wesentl. innerlichen Inhalt nach nicht wohl genau zu erklären seyn. [–] Alss Schwehre Jüd. Rechten Privilegien zu suchen 60tens: Solle, um der Hochrichterl. Bemühung, und gar zu Beschwehrten Debattirung, bey ohnehin überhäufften Herrschaftl. Hohen Geschäften, in dergl. Fällen zu entheben, unter Hochobrigkeitl.

befreundet seyn, dann ist sothaner Bescheidt dem Übertretter also gleich bekannt zu machen, ohne einiges in derogleichen Fäll in petto zu tractiren". Eine bezeichnende Ausnahme ist die Beschränkung des in den Zwisten missbrauchten ‚Klamens' durch Bannandrohung; ebd.; § 91.

80 Z. B. ebd. § 104: „Ein zeitlicher Rabbiner in dem Gemeinen Weltlichen Weesen überhaupts noch einiger Persohnen Actionen oder Verbrechen in Singulari einigerley Art sich nicht zu meliren, er könne auch wider jemanden propria authoritate, den Grossen Bann nicht verhängen, vielmehr in den abseiten der Baumeister vorgeschriebenermassen beschliessenden Grossen Bann, seiner Seits zu consentiren, und habe selbiger der Baumeister Sessionen ohnerfordert, keinmahl beyzuwohnen.". Ebd., §§ 95, 109, 59, 65, 72, 74; da dies den Kern des Kann-Kulpschen Streits bildete.

81 Ebd. § 117; „sämbtl. Rabbinern Teutschlands den schwehren Jüdischen Bann, und Ausschliessung aus aller Jüdischen Gebetern und anderer Schuhl und übrigen Gemeinschaft, wieder denen in Teutschland herum vagirende Dieben, auch die nur mit derogleichen christliche und jüdische Diebe einigerley Art, auch nur mit denen sogenannten Beuthel-Schneidern in einiger Verwandt- und Verständnüß stehen"; wiewohl auch dies nicht bedenkenlos gesehen wurde.

gnädigen Begünstigungen, bey Ihre Kayserl. Majestät unserm allergndst. Kayser und Herren, Herrn p. ab Seiten hiesiger Judenschaft, aller unterthngst. Imploration geschehen, in sothanen wohlbemerkte – in Jüdische Rechten seine besondere Eigenschaft habende Fälle, die Jüdische Rechten und Observanzen, sine appellatione, besonders allergnädigst zu privilegieren."[82]

Damit hätte die Frankfurter Gemeinde erstmals eine gesicherte Rechtsprechung für die große Mehrzahl aller Klagen besessen, denn die von außen erzwungene Offenheit des Systems, die durch die Begrenzung auf geringfügige Klagen und die generelle Berufungsmöglichkeit an nichtjüdische Gerichte gegeben war, wäre mit der Ausweitung der Zuständigkeiten bei Aufhebung der externen Instanz beseitigt worden. Dass dies ein grundlegendes Anliegen der Gemeinde war, wobei die Frankfurter Praxis mindestens seit Beginn des Untersuchungszeitraums durch stete Überschreitungen dieser Grenzen geprägt war, lässt sich an der Einmütigkeit dieser gewagten Forderung erkennen. Ein paralleler Entwurf dieser Ordnung, der allein von David Meyer Juda, also von nur einer Interessenspartei eingereicht worden war, sah gerade in diesem Punkt nicht anders aus.[83]

Die Reaktion des Rats war erwartungsgemäß deutlich: So eliminierte man allein alle Begriffe, die auch nur eine indirekte Anerkennung der Rabbiner als Richter angedeutet hätten, etwa durch die Forderung, in der gesamten Ordnung „das für die Juden sich nicht schickende Wort: Rechtssprecher allenthalben wo es vorkommt, in Rechts-Gelehrte zu verwandeln, welches vor die allen Jurisdiction destibuirte jüdische arbitros adaequater heraus kommt".[84] Hinsichtlich des Versuchs, einen weitgehend geschlossenen Freiraum im Sinne einer Erweiterung der Privilegien durchzusetzen, sah sich der Rat in seiner Eingabe nach Wien

---

82 Ebd.; § 60.

83 Ebd. (Nr. 561, 562); D. M. Juda an Schultheiß und Schöffen Ffts; 30. 9. 1754; die Ordnung liegt als Beilage D ein; § 16; „Die Sache, so bey denen Baumeistern oder Gelährten ausgemachet und nicht vor die Christliche Gerichte gezogen werden sollen, sind als Staarbriefe, Erbschafts- und Ehe-Sachen, Vormunds- und Pupillen-Sachen, so dann die Strittigkeiten, so über Häußer entstehen maaßen die Entscheidung dieser jetzt genannten Strittigkeiten und was dahin gehöret, desto füglicher unter denen Juden selbst verbleibet, weil allenthalben die besonderen Rechte, nach welchen die Juden unter sich leben dahin einschlagen, auch alle Heuraths-Verkaufs und andere Contracte von Jüdischen Gelährten in hebräischer Sprach aufgerichtet zu werden pflegen".

84 Ebd, (Nr. 565); rätlicher Bericht zum Reglementsprojekt, 18. 10. 1754; zu den §§ 16, 40, 70, 99. 110, 118–120; zu den §§ 70–74; denn die „Jüdische Stättigkeit [wisse/d. A.] von keinen Jüdischen Rechtssprechern, vielweniger kann man denen Juden ein solches iudicium formatum, so zum offenbahren Abbruch der obrigkeitlichen, und in zweyter Instanz der allerhöchsten Kayserlichen und Reichsgerichtlichen Jurisdiction, gereichen würde" nicht zulassen. Wiewohl man die Rabbiner im internen Aktenverkehr vereinzelt durchaus als Rechtssprecher bezeichnete.

„genöthiget, den Vorhabenden würklichen Jüdischen Eximirung denen daselbsten recensirten causorum von der obrigkeitl. Jurisdiction, alles Ernstes sich zu wiedersetzen, weil auf diese Weyse die rechtmässige Gewallt und Gerichtsbahrkeit des Magistrats ungemein geschmählert und fast gänzlich vereitelt, ia gar die Juden grösstentheils der Subiection entzogen und independent gemacht, und die höchste Reichs-Gerichte ebenmässig ihrer Jurisdiction in diesen Fällen priviret würden; mithin dieses unverschämte Begehren derer Reglements-Juden, ehender einen wohlverdienten Ahndung als Attention, meritirete, einestheils weil sie damit gegen den § 90 der [...] Stättigkeit pecuritet da sie in ihren Rathschlagungen nichts in Deliberation bringen sollen, was Kayserlicher Majestät und dem Raht an ihren Ober- und Ge(rech)tigkeit abbrüchig seyn mögte, und anderen theils weil es gegen die gemeine Rechte, und gegen die Stättigkeit, auch gegen die g(esetzes)kundige Observanz, streitet“.[85]

Die prinzipielle Einschätzung hatte sich in den vergangenen 150 Jahren nicht verändert. Wie so oft kam dieser Neuregelungsversuch offenbar nicht zu einem Ende und blieb auf der Reichsebene hängen. In Frankfurt bezogen sich allerdings sowohl die Gemeinde als auch die Stadt, diese natürlich unter Einbeziehung ihrer Änderungsvorgaben, in der Folge dennoch immer wieder auf diese Ordnung. Die Rechtsprechungskompetenzen konnten allerdings nicht erweitert werden, da die kaiserliche Anerkennung fehlte und jeder Vorstoß in diese Richtung unweigerlich zu weiteren Konflikten mit der Stadt geführt hätte. Dennoch wurde das Recht, intern Zwangsmittel anwenden zu können, erneut behauptet. Dies gelang, da der Rat in den Verhandlungen um die neue Ordnung mit Bezug auf die Banngewalt zugestanden hatte, dass diese der Gemeinde im Rahmen der Stättigkeit durchaus erhalten bleiben solle, also im Sinne einer indirekten obrigkeitlichen Maßnahme, vor allem bei Münzverbrechen. Darüber hinaus dürfe ein solches Strafregiment:

„bloss zu Handhabung ihrer Jüdischen Ceremonien und Disciplin, zu Eintreibung ihrer gemeinen Schulden und Anlagen, wie auch in geringen Fällen, wovon die Stättigkeit meldet, [.../angewendet werden/d. A.]; in denen übrigen Händeln aber, so sie entweder mit Christen oder unter sich habe und bekommen mögten, schleunige obrigkeitl. Justiz u. (Ad)ministration erwarten, mithin durch den Bann die Ausübung des obrigkeitlichen Amts in keine Wege gehindert, noch die ienigen,

85 Ebd.; ad § 60; „da nemlich (...) allen deren benahmten Fällen, Processe ge(...) vorhanden sind, welche bey Raht, Schöffen Raht, oder consistorio und Judicio Revisor (...) und in Zewyter Instanz bey denen Höchsten Reichs-Gerichten, entschieden worden; wovon, wann es nöthig, und nicht an sich schon notorisch wäre, viele Proben und (...) iudicia angeführt werden könnten. Allermassen auch den Eyd, welchen alle Schutz-Juden, nach dem § 1 der Sub Num 2 anliegenden Stättigkeit abschwöhren müssen, g(...)wessen mit sich bringt, dass die hiesige Juden nirgends anderst Recht geben und erh(...) sollen, als vor des Reichsgericht zu Frankfurth, oder bey dem Raht, und dahin es der Raht oder das Gericht weyset, vorbehaltlich der Appellation an die höchste Reichsgerichte“.

welche durch dessen Erkänntnuss und Anlegung sich gravirt befinden, der Weg an ihre ordentliche Obrigkeit versp(er)ret werde".[86]

Änderungen ergaben sich allenfalls im Bereich der zunehmenden Beanspruchung vor allem des Erbrechts durch obrigkeitliche Foren, in Frankfurt zumindest ansatzweise auch der treuhändischen Vermögensverwaltung, beides Aspekte, die hier ausgeklammert bleiben müssen. Weitere Fälle der Bannverhängung vom Ende des 18. Jahrhunderts zeigen dennoch, dass selbst in Frankfurt Amtspersonen unter dem Einfluss des aufgeklärten Absolutismus zu einer veränderten Wahrnehmung gefunden hatten.[87] Immer häufiger findet sich nun die Einschätzung, dass der Bann als ein aus christlicher Sicht geistliches Machtinstrument in bürgerlichen Angelegenheiten unangemessen sei. Dies zumal, wenn der Bann in seiner schärferen Form als Ausschließung oder gar als Verfluchung genutzt wurde und sein Charakter weniger eine abzuleistende Strafe darstellte als eine soziale Ausgrenzung, etwa wenn die Verbannung über lange Zeit hin anhielt oder gar auf Dauer hin angelegt war.

Solche auf dem Hintergrund des Spannungsfelds von Norm und Praxis arbeitenden dialektischen Analysen der entgegen gesetzten Argumentationsverläufe zeigen recht genau, wie sehr beide Seiten in einen gemeinsamen Diskurs eingebunden waren und in welchem Maß dieser zugleich von der gegenläufigen Dynamik jeweils über Differenz arbeitender Wahrnehmungsmuster lebte. Es war diese auf mehreren Ebenen wirksame Ambivalenz zwischen kulturellen und juristischen Deutungsmodellen sowie einer sich darauf beziehenden und zugleich davon distanzierenden Praxis, die der jüdischen Seite in dieser schwierigen Situation ein selbstbewusstes Agieren unter Bewahrung ihrer so grundlegenden Selbstwahrnehmung, eigenständig zu sein, ermöglichte.[88] Dies gelang im Zusammenspiel mit dem gleichermaßen ambivalenten Verhalten der christlichen Obrigkeit, stets klare Abgrenzungen zu fordern und diese aufgrund der praxisorientierten Instrumentalisierung jüdischer Verwaltungsstrukturen wieder zu verwischen. Nicht primär Stabilisierung, sondern die Dynamik dieser kom-

---

86 Ebd., ad. § 109.

87 Zur Beständigkeit der negativen Bewertung des Banns in der Aufklärung: *Andreas Gotzmann,* Rabbiner und Bann, Zur Problematik der Analyse zweier Topoi des aufklärerischen Diskurses, in: Aschkenas 1 (1994), S. 99–125. Zur innerjüdischen Debatte und zu weiteren Verbannungen, *ders.,* ‚HaTora amnam towa – ach hi netuna biJede Ganawim weBirionim'. Al haJeribut bein Maskilim lebein Rabanim beSof ha Mea haSchmone Esre, in: haHistoria haGermanit-Jehudit schejaraschnu'. Germanim zeirim Kotewim Historia Jehudit, hrsg. v. Henry Wassermann, Jerusalem 2004, 11–35. Siehe auch *A. Gotzmann,* Jüdisches Recht (Anm. 8), 1997, 73–85.

88 Vergleiche die gleichen Strukturen hinsichtlich der internen Konzeptionen und Umsetzung jüdischer Formen der Vergesellschaftung; *A. Gotzmann,* Gemeinde als Gemeinschaft (Anm. 25), 375–430.

plexen Gemengelagen eröffnete den jüdischen Gemeinden die Möglichkeit, bis zum Ende des Alten Reichs zumindest teilweise einen rechtlichen Entscheidungsspielraum zu behaupten.[89]

[89] In vermögensrechtlichen Fällen dürfte dies für Frankfurt nach kursorischer Einsicht der entsprechenden Akten der städtischen Rechtsforen jedoch wohl nicht die Mehrzahl der Klagen gewesen sein.

Die Zivilscheidung einer jüdischen Frau im Habsburgischen Triest des späten 18. Jahrhunderts

Von *Lois C. Dubin,* Northampton

Einleitung

In einer herzzerreißenden Eingabe an das Provinzzivilgericht von Triest vom 3. Dezember 1795 beschwor eine junge, fünfundzwanzigjährige jüdische Frau die „amarezze e (...) inquietudini, che porta un Stato ambiguo."[1] Bei dieser Frau handelte es sich um Rachele Luzzatto, geborene Morschene. Der Ausgang ihres bereits seit zwei Jahren andauernden Rechtsstreites, den sie begonnen hatte, um sich von ihrem Ehemann, dem vierzigjährigen Broker Lucio Luzzatto, dem jüngeren Bruder eines der prominentesten Juden Triests, zu befreien, war immer noch ungewiss.[2] Mit der Unterstützung ihres wohlhabenden Vaters, Anselmo Morschene, hatte Rachele zunächst eine Trennung nach bürgerlichem Recht sowie Unterhalt für sich selbst und ihre zweijährige Tochter Richetta beantragt. Nun war ihr Ziel eine zivilrechtliche Scheidung. Sie brachte drei Gründe für die Auflösung ihrer Ehe vor:

---

1 „Die Bitterkeit und (...) die Sorge, die ein ungeklärter Familienstand mit sich bringe." Archivio di Stato di Trieste, Archivio notarile di Trieste, 1638–1927, Notario Francesco Saverio Lovisoni, 1793, fasc. 38, f. 22r [im Folgenden abgekürzt als AST, Lovisoni]. Ich danke Dr. Ugo Cova, dem früheren Direktor des Archivs dafür, mich auf die Akten aufmerksam gemacht zu haben, die die Trennung und Scheidung Rachele Morschene Luzzattos (ca. 1770–1844), die unter dem Namen Belle oder Bella bekannt war, betreffen. Zu Dank verpflichtet bin ich auch den Mitarbeitern der Fernleihe des Smith College für ihre unermüdliche und liebenswürdige Unterstützung. Finanziert wurden die Forschungsarbeiten für diesen Beitrag durch das Smith College, den Setlow Family Fund und die Lucius N. Littauer Foundation. Der Beitrag wird Teil meines im Entstehen begriffenen Buches *Rachele and Her Loves,* welches das Verhältnis von jüdischen Frauen, Ehe und modernem Staat thematisiert. Dankbarkeit empfinde ich gegenüber zahlreichen Kollegen an den Universitäten von Trient, Princeton, Ohio, Harvard, dem Smith Kahn Liberal Arts Institute, dem Five-College Jewish Studies, dem Wesleyan College, dem University College of Los Angeles sowie an anderen akademischen Institutionen, die meine Arbeit mit mir diskutiert haben. Die Übersetzung besorgte Stephan Wendehorst, Simon-Dubnow-Institut für jüdische Geschichte und Kultur an der Universität Leipzig.

2 Lucio Luzzatto (ca. 1755–1801) war der jüngere Bruder des wohlhabenden Elia Moise Luzzatto.

erstens habe ihr Ehemann die Familie ökonomisch ruiniert, zweitens habe er sie verlassen und entehrt, und drittens bedeute seine Geschlechtskrankheit eine tödliche Gefahr für sie. Lucio Luzzatto dagegen gab der Eigensucht und dem moralischen Fehlverhalten seiner Frau die Schuld an der Zerrüttung ihrer Ehe. Er behauptete zugleich, die Ehe fortsetzen und sich in medizinische Behandlung begeben zu wollen.

Die Unwägbarkeiten des Falls waren juristischer wie persönlicher Natur, denn die Wegstrecke, die bis zu seiner Lösung zurückzulegen war, führte durch größtenteils unbekanntes Gelände. Erst wenige Jahre zuvor hatte das Habsburgerreich mit der staatlichen Reglementierung der Ehe begonnen und dabei auch Juden und andere Nicht-Katholiken miteinbezogen. Im Interesse der staatlichen Zentralisation, der Rechtskodifikation und der Säkularisation definierten das Ehepatent Josephs II. vom 16. Januar 1783 und das Josephinisches Gesetzbuch von 1787, der erste Teil des Allgemeinen Bürgerlichen Gesetzbuchs (*Codice Civile universale),* die Ehe als „bürgerlichen Vertrag“ (*Contratto civile*) und machten die ausschließliche Jurisdiktionskompetenz der staatlichen Gerichte auf dem Gebiet des Eherechts geltend.[3] Das Ehepatent ließ die religiösen Zeremonien der Eheschließung unbeeinträchtigt, stellte aber ihre Rechtsgültigkeit auf eine neue, bürgerliche Grundlage. Damit führte es keine reine Zivilehe ein, sondern eher ein gemischtes Regelwerk, das sich aus zivil- und religionsrechtlichen Komponenten zusammensetzte.

Insbesondere auf dem Gebiet des Scheidungsrechts der Nicht-Katholiken berücksichtigte das Ehepatent konfessionelle Unterschiede. Die bürgerliche Rechtsprechung in jüdischen Ehe- und Scheidungsangelegenheiten wurde in zwei Schritten umgesetzt: Erstens durch die Abschaffung der autonomen jüdischen Gerichte 1783 / 85 und zweitens durch Erlasse der Jahre 1785 und 1786, mit denen die neue Ehegesetzgebung explizit auch auf Juden bezogen wurde, wobei einige Änderungen erfolgten. So trat etwa der Rabbiner an die Stelle des Priesters. Weitere Anpassungen, die die Ehe zwischen Verwandten und die Ehescheidung betrafen, erfolgten am 18. Februar 1791.[4]

---

3 *Claudio Tosi,* Giuseppinismo e legislazione matrimoniale in Lombardia. La Costituzione del 1784, in: Critica Storica 27:2 (1990), 235 – 301, und *Ursula Flossmann,* Österreichische Privatrechtsgeschichte, 3. Aufl., Wien / New York 1996, 82 – 4. Gesetzestexte in italienischer Sprache (für das Küstenland und die Lombardei) finden sich im Codice ossia Collezione sistematica Di tutte le Leggi, ed Ordinanze emanate sotto il Regno di Sua Maestà Giuseppe II., aus dem Deutschen übersetzt von Bartolommeo Borroni, Milan 1787, 3, 98 – 119.

4 *A. F. Pribram* (Hg.), Urkunden und Akten zur Geschichte der Juden in Wien (Quellen und Forschungen zur Geschichte der Juden in Deutsch-Österreich, 8), Wien / Leipzig 1918, 1, 530 – 548, insbesondere 530, 543 – 4 hinsichtlich des Patents vom 3. Mai 1786 sowie die begleitenden Diskussionen und 1: 590 – 1, 2: 13 – 17 hinsichtlich des Erlasses vom 18. Februar 1791. Für spätere Veränderungen ist zu konsultieren: Das allgemeine bürgerliche Gesetzbuch für die deutschen Länder der öster-

Das Ehepatent, das seine abschließende Fassung im Allgemeinen Bürgerlichen Gesetzbuch von 1811 / 12 fand, zielte einerseits auf Vereinheitlichung, beruhte andererseits aber auch auf konfessionellen und damit heterogenen Grundlagen. Im Ergebnis schuf es damit ein dreistufiges Eherecht. Die Mehrzahl seiner Bestimmungen besaß allgemeine Gültigkeit, einige bezogen sich auf sämtliche Nicht-Katholiken, ein Abschnitt galt ausschließlich für Juden.[5] Es gab einen zivilrechtlichen Rahmen für Scheidungen bei Protestanten und Juden vor, da deren religiöse Gesetze diese zuließen. Die Entscheidung darüber, ob eine Ehe geschieden werden konnte und eine Wiederverheiratung möglich war, wurde der jeweiligen Religionsgemeinschaft überlassen.

Die Josephinischen Reformen des Eherechts schufen zwar neue Normen, wie diese in der Praxis umgesetzt werden sollten, blieb jedoch unklar. Sowohl die Mischung zivil- und religionsrechtlicher Elemente als auch die Berücksichtigung konfessioneller Unterschiede machte die Neuregelung ausgesprochen kompliziert. Das Fehlen von Präzedenzfällen schuf darüber hinaus schwer kalkulierbare Unwägbarkeiten, die jedes Verfahren zusätzlich belasteten. Bei Racheles Bemühungen zunächst um eine zivilrechtliche Trennung, dann um eine Scheidung dürfte es sich um den ersten Fall gehandelt haben, in dem eine jüdische Frau von der neuen zivilrechtlichen Ehegesetzgebung in Triest Gebrauch machte. Um eine offizielle Klärung ihres Familienstandes zu erreichen und um persönliche Handlungsfreiheit zu gewinnen, musste Rachele Habsburgische wie jüdische Autoritäten davon überzeugen, dass ihre Ehe aufgelöst werden konnte. Wie würde seinerseits das Gericht bei der Klärung der Frage vorgehen, ob eine religiöse Scheidung in Racheles Fall angemessen war? Die Habsburgermonarchie besaß nur geringe Erfahrungen auf dem Gebiet des jüdischen Ehe- und Scheidungsrechts, von dessen Anpassung an das bürgerliche Recht ganz zu schweigen. Habsburgische und jüdische Amtsträger waren es nicht gewohnt, ihren juristischen Sachverstand zu vereinen, um derartige Probleme zu lösen.

---

reichischen Monarchie, mit ... dem Josephinischen und dem für Galizien gegebenen Gesetzbüchern ..., hrsg. v. *Karl Wittig,* Wien 1829, 1: 169 – 184. Zur Aufnahme der neuen Gesetze durch die Juden siehe *Lois C. Dubin,* Les Liaisons dangereuses. Mariage juif et état moderne à Trieste au XVIIIe siècle, in: Annales: Histoire, Sciences Sociales, 49:5 (1994), 1139 – 1170 und *dies.,* The Port Jews of Habsburg Trieste. Absolutist Politics and Enlightenment Culture (Stanford Studies in Jewish History and Culture), Stanford, 1999, 174 – 97; *Gil Graff,* Separation of Church and State. Dina de-Malkhuta Dina in Jewish Law, 1750 – 1848, Alabama, 1985, 40 – 53.

5 Ehepatent, § 49 – 57 zu Nicht-Katholiken; ABGB, II: § 115 – 122 zu nicht-katholischen Christen und § 123 – 136 zu Juden. *Flossmann,* Österreichische (wie Anm. 3), 83, 92 – 3; *Ulrike Harmat,* Divorce and Remarriage in Austria-Hungary. The Second Marriage of Franz Conrad von Hötzendorf, in: Austrian History Yearbook 32 (2001), 69 – 103, insbesondere 70, 73 – 4; *Ettore Dezza,* Lezioni di Storia della codificazione civile. Il Code Civil (1804) e l'Allgemeines Bürgerliches Gesetzbuch (ABGB, 1812), 2. Aufl., Turin 2000, 153 – 5.

Als sich Rachele an ein staatliches Gericht wandte, um eine zivilrechtliche Trennung beziehungsweise Scheidung durchzusetzen, war dies ein für eine europäische jüdische Frau ungewöhnlicher Schritt. Vor dem 18. Jahrhundert wurden Ehen in Europa in erster Linie durch katholische und protestantische kirchenrechtliche Normen reguliert, die Juden nicht betrafen. Auch in Ländern, in denen Ehe und Scheidung staatlicher Kontrolle unterworfen waren, wie in Frankreich oder in protestantischen Staaten, führte dies nicht zu einem säkularen Eherecht.[6] Was Ehe und Scheidung anging, waren Juden im Allgemeinen ihrem eigenen Religionsgesetz unterworfen.[7] Nichtsdestotrotz wandten sich Jüdinnen an nicht-jüdische Herrscher oder Gerichte, um auf jüdische Autoritäten Druck auszuüben, Entscheidungen zu ihren Gunsten zu fällen. Nicht-jüdische Gerichte wurden verschiedentlich bei Erbschafts- und Mitgiftstreitigkeiten angerufen, so etwa im 17. Jahrhundert in den Niederlanden und Mitte des 18. Jahrhunderts in Frankreich sowie vor allem im Heiligen Römischen Reich der Frühen Neuzeit.[8] Ungefähr zur gleichen Zeit wie Rachele in Triest brachte Lady D'Aguilar 1793 ein Trennungsverfahren vor Englands Konsistorialgericht.[9] Die Arbeit

---

6 Siehe die weitreichenden Überblicksdarstellungen von *Lloyd Bonfield,* Developments in European Family Law und *Jeffrey R. Watt,* The Impact of the Reformation and Counter-Reformation, in: Family Life in Early Modern Times, 1500–1789 (The History of the European Family, 1), hrsg. v. David I. Kertzer / Marzio Barbagli, New Haven / London 2001, 87–125, 125–154, insbesondere 143; und *Lloyd Bonfield,* European Family Law, in: Family Life in the Long Nineteenth Century, 1789–1913 (The History of the European Family, 2), hrsg. v. Kertzer / Barbagli, New Haven / London 2002, 109–154. Die umfassendste Studie zur Scheidung legte *Roderick Phillips* vor: Putting Asunder. A History of Divorce in Western Society, Cambridge 1988.

7 Die Arbeiten von Kenneth Stow, Robert Bonfil und Stephanie Siegmund zu Italien unterstreichen die komplexen Beziehungen zwischen römischem Recht, ius commune und jüdischem Recht, sowie die Anerkennung jüdischer Rechtsautonomie als Schiedsgerichtsbarkeit. Theoretisch besaß jüdisches Recht insofern Gültigkeit als es nicht im Widerspruch zu den anderen vorherrschenden Rechtsquellen stand; in der Realität unterlag das Ausmaß an nicht-jüdischer Rücksicht auf jüdisches Recht nach Ort und Zeit erheblichen Schwankungen. Dazu *Kenneth R. Stow,* Catholic Thought and Papal Jewry Policy, New York 1977, 102–122; *Robert Bonfil,* Rabbis and Jewish Communities in Renaissance Italy, aus dem Italienischen übersetzt von Jonathan Chipman (Littman Library of Jewish Civilization), Oxford 1990, 207–251; *Stefanie B. Siegmund,* Division of the dowry on the death of the daughter. An instance in the negotiation of laws and Jewish customs in early modern Tuscany, in: Jewish History 16 (2002), 73–106.

8 Siehe dazu die Beiträge von Anette Baumann und Birgit Klein in diesem Band.

9 Siehe z. B. *Kenneth Stow,* Theater of Acculturation. The Roman Ghetto in the 16th Century, Seattle / London / Northampton 2001, 78; *Vittore Colorni,* Legge ebraica e leggi locali. Diritto ebraico e diritto dello Stato, Mailand 1945, 184; *Sherrin Marshall,* Protestant, Catholic, and Jewish Women in the Early Modern Netherlands, in: Women in Reformation and Counter-Reformation Europe, hrsg. v. Sherrin Marshall, Bloomington 1989, 133–5; *Frances Malino,* Resistance and rebellion in eighteenth-century France, in: Jewish Historical Studies. Transactions of the Jewish Historical

in den Archiven wird sicherlich noch weitere von Jüdinnen angestrengte Prozesse zu Tage fördern. Eine weitere mögliche Quelle ist das revolutionäre Frankreich, wo 1792 Zivilehe und Zivilscheidung eingeführt wurden, sowie die französisch besetzten Gebiete.

In der Vergangenheit hatten sich jüdische Ehefrauen, die unglücklichen Ehen zu entkommen suchten, an die rabbinischen Autoritäten gewandt. Um die Bedeutung des zivilrechtlichen Forums für jüdische Frauen zu ermessen, das die Habsburgermonarchie geschaffen hatte, ist es notwendig, sich die Frauen benachteiligende Einseitigkeit des rabbinischen Scheidungsrechts vor Augen zu halten. Nach Jüdischem Recht ist die Scheidung nicht Ergebnis einer gerichtlichen Entscheidung, sondern einer Verstoßungsverfügung (*Get*), die der Ehemann seiner Ehefrau, nicht aber die Ehefrau ihrem Mann ausstellen kann. Die biblische Grundlage findet sich in Deuteronomium 24:1: „Ein Mann nimmt sich eine Frau und besitzt sie. Gefällt sie ihm nicht, weil er etwas Anstößiges (*ervat davar*) an ihr entdeckt, so stellt er ihr eine Scheidungsurkunde aus, händigt sie ihr aus und schickt sie aus seinem Haus." Bei einer vorschriftsmäßig durchgeführten Scheidung wird einer jüdischen Ehefrau ihr Ehevertrag (*Ketubbah*) und ihre Mitgift zurückbezahlt; es steht ihr frei wieder zu heiraten. Ohne oder mit einer nicht den Vorschriften entsprechend ausgestellten Scheidungsurkunde bleibt sie jedoch an ihren ersten Ehemann gebunden. Jedes Kind, das einer späteren Verbindung entstammt, gilt als illegitimer Bastard (*Mamser*), was weit reichende Konsequenzen nach sich zieht.[10]

Zu verschiedenen Zeiten und an verschiedenen Orten war der einseitige Charakter des jüdischen Scheidungsrechts abgemildert worden. In der Theorie kennt das rabbinische Recht Gründe, die eine Frau dazu berechtigten, die Scheidung zu verlangen, etwa die Weigerung des Ehemannes, seine Ehefrau zu unterstützen, oder widerwärtige Krankheiten, die den Geschlechtsverkehr unmöglich machen oder Abscheu hervorrufen. In derartigen Fällen konnte sich eine Frau an ein jüdisches Gericht wenden, um Druck auf ihren Ehemann ausüben zu lassen, bis er in die Scheidung einwilligte.[11]

Society of England 30 (1987 – 8), 55 – 70; *H. S. Q. Henriques*, Jewish Marriages and the English Law, London, 1909, 23.

10 Einen Überblick gewährt der Eintrag Divorce, in: Encyclopedia Judaica, Jerusalem 1971, 6: 125 – 137. Zur Diskussion speziell zur Position der Frau bei jüdischen Scheidungen siehe *Judith Romney Wegner*, Chattel or Person? The Status of Women in the Mishnah, New York / Oxford 1988, 45 – 50, 129 – 138; *Judith Hauptman*, Rereading the Rabbis. A Woman's Voice, Boulder 1998, 102 – 129; *Rachel Biale*, Women and Jewish Law. An Exploration of Women's Issues in Halakhic Sources, New York 1984, 70 – 101; *Shlomo Riskin*, Women and Jewish Divorce. The Rebellious Wife, The Agunah and the Right of Women to Initiate Divorce in Jewish Law, a Halakhic Solution, Hoboken 1989.

11 M. Ketubbot 7: 1 – 5, 10; Ketubbot 63b über die „aufrührerische Frau", die sagt „ich finde ihn abstoßend," und 77a über Furunkel und Polypen, von denen angenom-

In einigen Gemeinden des Altertums[12] und des frühen Mittelalters – bevor das rabbinische Recht normative Kraft erlangte und auch noch danach – ging in Einzelfällen die Initiative zur Scheidung von der Ehefrau aus. Ungefähr bis ins 11. Jahrhundert hinein erlaubten in Palästina abgeschlossene Eheverträge einer Frau die Scheidung einzuleiten, wenn sie „ihren Ehemann hasste" und keine „Verbindung mit ihm wünschte". Vom 7. bis zum 11. Jahrhundert wurde in Mesopotamien und in Nordafrika eine Verordnung befolgt, die es Rabbinern erlaubte, Ehemänner auf das Ersuchen ihrer Ehefrauen hin zur Scheidung zu zwingen. Als Grund wurde ausdrücklich darauf verwiesen, dass man auf diese Weise verhindern wollte, dass sich jüdische Frauen vor muslimischen Gerichten um eine Scheidung bemühten. Die Genisa von Kairo zeigt, dass die jüdischen Autoritäten im späten 11. und frühen 12. Jahrhundert sogenannte Lösegeld-Scheidungen anerkannten. Bei diesen Lösegeld-Scheidungen verzichtete die Ehefrau auf das ihr im Falle einer Scheidung eigentlich zustehende Vermögen, um im Gegenzug die Einwilligung des Ehemannes in die Scheidung zu erlangen.[13] Seit dem 12. Jahrhundert setzte sich jedoch die Ansicht des Tosafisten Rabbenu Tamm eher und mehr durch, der sich gegen erzwungene Scheidungen aussprach. Somit konnten jüdische Gerichte zwar Druck auf einen Ehemann ausüben, ihn jedoch nicht zur Scheidung zwingen. Ein gewisses Maß an Sicherheit gewährte Jüdinnen immerhin eine allgemein akzeptierte, Rabbenu Gershom (960–1028) zugeschriebene Verordnung, die eine Scheidung gegen den Willen der Frau weitgehend untersagte.[14]

Die Bereitschaft jüdischer Gerichte, eine Frau bei der Durchsetzung einer Scheidung zu unterstützen, unterlag erheblichen Schwankungen. Sie war von verschiedenen Faktoren abhängig, wie den Frauen, den Ehe und Scheidung betreffenden Normen der jeweiligen nicht-jüdischen Gesell-

---

men wurde, dass sie abstoßende Gerüche aus Nase und Mund hervorriefen; Baba Batra 47b-48a über Gewaltanwendung; Even Ha-ezer, Ketubbot Kap. 70, Gittin Kap. 154; R. Biale, Women (Anm. 9), 84–101; *Irwin Haut,* Divorce in Jewish Law and Life, New York 1983, 19–20, 23–25.

12 *Tal Ilan,* Integrating Women into Second Temple History (Texts and Studies in Ancient Judaism, 76), Tübingen 1999, 253–262; *David Instone Brewer,* Jewish Women Divorcing Their Husbands in Early Judaism, in: Harvard Theological Review 92:3 (1999): 349–357; *Judith R. Baskin,* Midrashic Women. Formations of the Feminine in Rabbinic Literature, Hanover / London 2002, 91–2.

13 Zu den Verträgen, Geonim, und den so genannten Lösegeldscheidungen, siehe *Mordecai Akiva Friedman,* Jewish Marriage in Palestine. A Cairo Geniza Study, Tel Aviv / New York 1980, 1: 312–346; *Riskin,* Women (Anm. 9); *Friedman,* The Ransom-Divorce. Divorce Proceedings Initiated by the Wife in Medieval Jewish Practice, in: Israel Oriental Studies 6 (1976): 288–307.

14 Zu Tam und Gershom: *Riskin,* Women (Anm. 9), 93 ff.; Zusammenfassung der Verhältnisse im Mittelalter in *Haut,* Divorce (Anm. 11), 49–56.

schaft,[15] dem Zugang zur nicht-jüdischen Gerichtsbarkeit, dem Ausmaß der den Juden eingeräumten Rechtsautonomie und schließlich auch dem Selbstverständnis und Selbstvertrauen der Rabbiner. Seit dem 12. Jahrhundert verfestigte sich der einseitige Charakter des jüdischen Scheidungsrechts. Selbst wenn sich ein jüdisches Gericht dazu entschloss, auf einen Ehemann Druck auszuüben, so blieb letztlich dessen Bereitschaft zu einer Scheidung ausschlaggebend.

Die Geschichte der Rachele wirft folgende Fragen auf: Welche Auswirkungen hatte die Intervention des habsburgischen Staates auf das Eherecht für jüdische Frauen? Förderte diese ihre persönliche Emanzipation? Die öffentliche Reglementierung individueller Entscheidungen sollte sich nunmehr aus zwei Quellen speisen, dem allgemeinen, staatlich gesetzten Recht und dem jüdischen Religionsrecht. Mit der Notwendigkeit konfrontiert, sowohl staatlichen als auch religiösen Amtsträgern gerecht werden zu müssen, bewegte sich Rachele auf ungewohntem Terrain. Welche Erkenntnisse lassen sich aus ihrer Zivilscheidung über die Neuordnung der Verhältnisse zwischen Staat, jüdischer Gemeinde und jüdischen Individuen im späten 18. Jahrhundert gewinnen, eine Neuordnung, für die sich der Begriff der Emanzipation eingebürgert hat?

Im Gerichtssaal

Die wichtigste Quelle für diesen Fall sind die Akten von Racheles Notar und Anwalt Francesco Saverio Lovisoni. Sie enthalten zentrale Dokumente, angefangen von ihrer ersten Eingabe an das Gericht vom 18. Oktober 1793, in der sie um Trennung und Unterhalt bat, bis hin zu ihrem formalen Antrag auf Scheidung vom 6. Januar 1796 und der Terminierung der Anhörung in ihrer Scheidungssache auf den 27. April 1796.[16] Die Gründe, die Rachele gegen ihren Ehemann vorbrachte – wirtschaftlicher Ruin, Verlassen der Ehefrau und Lebensgefahr – durchziehen die überlieferten Akten.

---

15 Zu den unterschiedlichen Auswirkungen islamischer und christlicher Milieus auf rabbinische Haltungen siehe *Howard Tzvi Adelman,* Law and Love: The Jewish Family in Early Modern Italy, in: Continuity and Change 16 (2001), 283–303, sowie die darin angegebene Literatur.

16 AST, Lovisoni (Anm. 1), ff. 1r-153 (insgesamt 246 Blätter). Eingaben an das Gericht: 18. Oktober 1793 wegen Trennung und Unterhalt, ff. 36r-40v; 3. Dezember 1795 wegen Scheidung, ff. 21r-22v (siehe auch ff. 45rv); 6. Januar 1796 in Sachen Scheidung mit weiteren Dokumenten, ff. 1r-11r. In ihrem Trennungsprozeß ihre Antwort vom 24. Januar 1794 an das Gericht, in der sie Lucios Replik entgegentrat, ff. 72r-84v, und ihr Brief an den Rabbiner vom 24. Januar 1794, ff. 91r-92r. Die Vorladung vom 8. April 1796 für die Anhörung in der Scheidungssache, f. 24r. Leider fehlen wichtige Teile der Prozessakten wie z. B. Racheles Abschlussplädoyer oder die Briefe des Rabbiners.

Bereits in ihrem Antrag auf Trennung betonte Rachele, dass sie rückblickend ein kaum erwachsenes, siebzehn Jahre altes Mädchen gewesen sei, als sie 1787 zusammen mit einer ansehnlichen Mitgift von ihren Eltern Lucio Luzzatto versprochen worden war. Sie behauptete, erste beunruhigende Vorzeichen bereits während der Verlobungszeit bemerkt zu haben. Als gehorsame Tochter hätte sie sich aber in das für sie bestimmte Schicksal gefügt. 1788 fand die Eheschließung statt und bis zur Geburt ihrer Tochter Richetta 1790 stellten sich keine Probleme ein. Während der Stillzeit wurde Rachele jedoch von zahlreichen schmerzhaften Krankheiten heimgesucht. Für diese machte sie nun Lucios ansteckende Infektion verantwortlich, die sich in einer chronischen Absonderung von Flüssigkeiten äußerte („un rilascio universale").[17] Die von ihr konsultierten medizinischen Sachverständigen bestätigten ihre Beschreibungen der bedauernswerten Inkontinenz ihres Ehemannes, der Ekel erregenden Gerüche, die er verströmte und der zahlreichen Störungen der Körperfunktionen, von denen er geplagt wurde. Ihre Diagnose lautete Französische Krankheit beziehungsweise Geschlechtskrankheit (*morbo gallico, lues venerea*).[18] Rachele behauptete, dass sie bereit gewesen sei, sich an seiner Betreuung zu beteiligen, aber nicht weiterhin das Bett mit ihm zu teilen. Als Reaktion wäre er in Zorn ausgebrochen und hätte sie misshandelt.

Unterdessen, so setzte sie ihre Beschuldigungen fort, verschleuderte Lucio den Besitz der Familie und brachte sie an den Rand des finanziellen Ruins. Sie sah sich gezwungen, ihre Juwelen zu versetzen und viele andere Vermögenswerte zu veräußern. Ihre Dienstboten verließen sie und im August 1793 waren Lucios Schulden derart angewachsen, dass sie gezwungen waren, ihr Haus mit einer Hypothek zu belasten und in eine Mietwohnung umzuziehen. Sechs Wochen später, am 4. und 5. Oktober eskalierte der Konflikt. Der Ehemann erlitt einen Ohnmachtsanfall. Die eidesstattlichen Erklärungen seiner Verwandten bestätigten, dass sie zu ihm lief, um ihm zu helfen – seiner Ansicht nach freilich nicht schnell genug. Die eidesstattlichen Erklärungen ihrer Nachbarn bezeugen das unbarmherzige Verhalten ihres Ehemannes am darauf folgenden Tag: Er und sein Bruder, der prominente Elia Moise Luzzatto, verwickelten sie in eine hässliche Auseinandersetzung über ein Inventar der Haushaltseinrichtung. Später am Abend kehrten sie demonstrativ mit einem dritten Mann zurück. Nach einer weiteren Szene ließ Lucio sie kühl, ohne Gefühlsregung völlig aufgelöst zurück („esule, abandonata e sola"), worauf sie im Haus ihres Vaters Zuflucht suchte.[19] In Anbetracht der gesundheitlichen Risiken, denen sie sich aus-

---

17 AST, Lovisoni (Anm. 1), f. 37v.

18 AST, Lovisoni (Anm. 1), ff. 6r-11r, 21r, 43r-45r, 77v-78r, 86r-91v. Siehe *Jon Arrizabalaga / John Henderson / Roger French,* The Great Pox: The French Disease in Renaissance Europe, New Haven / London 1997; *Claude Quétel,* History of Syphilis, übersetzt von Judith Braddock und Brian Pike, Baltimore 1990, 72 – 105.

gesetzt sah, und der Tatsache, dass ihr Ehemann sie verlassen hatte, bat sie das Gericht – im Namen der Gerechtigkeit, des Rechts und sogar der Vernunft – die Trennung rechtlich zu sanktionieren und ihr wöchentliche Unterstützungszahlungen durch ihren Ehemann zuzuerkennen, bis ihr Antrag auf Scheidung zur Entscheidung komme.

Später erweiterte Rachele ihre Ausführungen sowohl gegenüber dem Gericht als auch gegenüber dem Oberrabbiner Raffael Natan Tedesco. Als eine zurückhaltende Frau sei sie nicht daran interessiert gewesen, bestimmte Sachverhalte öffentlich auszubreiten. Aufgrund des hartnäckigen Leugnens ihres Ehemannes und seiner öffentlich geäußerten Zweifel an ihrer Ehre fühle sie sich doch dazu gezwungen. Ihre weiteren Eingaben beschrieben ausgesprochen detailliert die unzumutbaren Verhältnisse, in denen zu leben sie sich gezwungen sah, denn das Versagen des Schließmuskels ihres Ehemannes hatte ihr eheliches Bett in eine Latrine verwandelt. Unterstützt wurde sie von medizinischer Seite nicht nur durch Ärzte vor Ort, darunter der bekannte Dr. Benedetto Frizzi, ihr Freund und Mieter, sondern auch durch den Hofphysikus Johann Georg Hasenöhrl von Lagasius in Wien.[20] Rachele gab Lucio die Schuld an ihrem großen Elend und den großen Risiken, denen sie sich ausgesetzt sah: „per render me infelicissima, e formarmi nella mia Gioventù l'Altare de suoi Caprizzi, de suoi ignominiosi Stravizi."[21] Falls sie sein Angebot annähme, zu ihm zurückzukehren, würde sie „un martirio continuo" erleiden, das ihren Tod bedeute.[22] Gegenüber dem Rabbiner Tedesco erkannte sie die besondere Bedeutung von Ehe und Scheidung zwar an, berief sich aber auch auf den natürlichen Selbsterhaltungstrieb:

> „So' anch'io benche femina quanto importa un Matrimonio, e un suo scioglimento ma so' ancora, che il primo dover di natura e' di conservare la vita."[23]

---

19 AST, Lovisoni (Anm. 1), f. 38rv, sowie die eidestattlichen Erklärungen der Nachbarn und Verwandten, ff. 41r-42r.

20 Benedetto (Ben Zion Rafael Ha-Kohen) Frizzi (1756–1844) war Arzt und Autor zahlreicher Bücher zu medizinischen, philosophischen und jüdischen Themen. Nachdem er in Pavia seine Studien abgeschlossen und einige Zeit in Wien verbracht hatte, lebte er als angesehener Mann seit 1790 in Triest. Dazu ausführlicher *Dubin,* Port Jews (Anm. 4), 238 n. 4, 284 n. 45. Entweder Frizzi selbst oder einer seiner Medizinerkollegen in Triest muss sich an den renommierten Johann George Hasenöhrl von Lagasius gewandt haben.

21 „mich ins tiefste Unglück gestürzt und mich in meiner Jugend auf dem Altar seiner amurösen Kapricen und seiner niederträchtigen Ausschweifungen geopfert zu haben", AST, Lovisoni (Anm. 1), f. 78v.

22 „ein ununterbrochenes Martyrium" AST, Lovisoni (Anm. 1), f. 83rv: „aver un martirio continuo con una convivenza tumultuante, acerba, ed inquieta, che terminarebbe col esterminio totale del mio individuo, mandandomi ben presto fra gli Estinti."

23 „Obwohl ich als Frau auch die Bedeutung kenne, die eine Ehe und ihre Auflösung besitzt, so weiß ich doch auch, daß es die erste Pflicht der Natur ist, das Leben zu bewahren.", AST, Lovisoni (Anm. 1), f. 91v.

In ihrem abschließenden Antrag auf Scheidung gab Rachele an, dass Lucios Laster und ihre wirtschaftlichen Schwierigkeiten öffentlich bekannt seien. Sie führte weiterhin an, dass sie sich vollständig darin gerechtfertigt sehe, ihn körperlich auf Abstand zu halten, da sie jeder Geschlechtsverkehr gesundheitlich ruinieren könne. Am Ende stellte sie schließlich die rhetorische Frage, wie die „quell'amore, che è l'eletrica Sintilla del Matrimonio" geweckt werden könne: Wie könne sie sich mit einem gebrochenen Herzen, einem misshandelten Körper und der ständigen Angst, unglückliche Kinder zu gebären, dem „opera della Generazione" widmen?[24] Im Ergebnis stellte sie fest, dass Lucios Verhalten sie in wirtschaftliches, physisches und emotionales Elend gestürzt habe und dass ihre Ehe, die gegen die Vernunft, die Natur und das jüdische Religionsgesetz verstieße, niemals hätte geschlossen werden dürfen. Die einzige Lösung, vorgegeben durch die Vernunft und das jüdische Recht, sei eine Scheidung.

Lucio bestritt seinerseits die Mehrzahl von Racheles Anschuldigungen. Den erbärmlichen Zustand ihrer gemeinsamen Finanzen konnte er nicht leugnen, versuchte ihn aber in einem anderen Licht darzustellen. Als Ehrenmann bezahle er seine Schulden, diese seien freilich aufgrund von Ausgaben für seine Ehefrau entstanden, nicht zur Finanzierung seiner Laster. Was seine Krankheit anging, behauptete er, dass sie bereits vor der Eheschließung begonnen habe, heilbar und nicht mehr ansteckend sei. Auch er brachte medizinische Gutachten bei, diese waren jedoch weder im Umfang noch in der Qualität mit denen seiner Ehefrau vergleichbar.[25]

Lucio tat Racheles Sorgen als „feminili ridicole doglianze" ab.[26] Selbst wenn sie der Wahrheit entsprächen, war es dennoch ihre Pflicht, bei ihm zu bleiben, denn eine Erkrankung berechtigte Ehefrauen nicht dazu, sich ihren Ehemännern zu verweigern: Ihre Sorgen hätten erst begonnen, nachdem Dr. Frizzi ihr intensiv zuhörte, „o qua Medico, o qua Amico."[27] Dr. Frizzi war zwei Jahre lang ein ständiger Gast bei ihnen zu Hause gewesen, zuerst als Arzt, dann als Mieter, der gegen Bezahlung auch die Mahlzeiten bei ihnen einnahm. Nach Lucio war alles, was seine Frau und der Arzt über den Ge-

24 „Werk der Hervorbringung von Nachkommen" AST, Lovisoni (Anm. 1), f. 3v: „Qual angustia adunque nell'animo di una Sposa tradita! Qual miseria la circonda; qual afflizione la trafige! E come vegliarli in lei quell'amore, che è l'eletrica Sintilla del Matrimonio? Come aplicarsi all'opera della Generazione con un Cuore Stracciato dalle più orribili ristretezze, con una Machina abbattuta da milla orori, e coll'inquietudine in fine di produrre nel Mondo tanti miserabili?"

25 AST, Lovisoni (Anm. 1), Lucios Aussagen am 30. November 1793, ff. 55r-60v; am 20. Februar 1794 mit medizinischen Gutachten, ff. 145r-153r; 12. März 1794, ff. 108r-125v; 8. Mai 1794, ff. 140r-143v; 2. November 1794 Einspruch gegen das Urteil vom 26. September 1794 [f. 28], ff. 129r-137v.

26 „Lächerliches weibliches Wehgeschrei", AST, Lovisoni (Anm. 1), ff. 58v, 110v.

27 „Oh, was für ein Arzt! Oh, was für ein Freund!", AST, Lovisoni (Anm. 1), f. 117v.

sundheitszustand des Ehepaares mitteilten, höchst suspekt, da die beiden ein übermäßig enges Verhältnis entwickelt hätten („una confidenzial corrispondenza").[28]

Lucio verteidigte sich gegen den Vorwurf, seine Frau verlassen zu haben, indem er Racheles Schilderung der Umstände seines Auszugs aus ihrer Wohnung und ihrer unheilvollen Auseinandersetzung bestritt. Er behauptete, dass sie ihr Haus nicht verlassen hätten, um Schulden zu bezahlen, sondern vielmehr aufgrund einer dummen Eingebung, aus der heraus er einem Umzug in das Haus Dr. Frizzis zugestimmt habe, um auf diese Weise Geld zu sparen. Am 5. Oktober hätte er sich mit Rachele gestritten, da er die emotionalen Belastungen nicht länger ertragen konnte, die ihre Androhung von Trennung und Scheidung sowie ihre Lebensverhältnisse verursacht hatten. Er erklärte, dass er in eine neue Wohnung gezogen sei, um endlich die dringend erforderliche innere Ruhe für sich selbst zu finden. Außerdem hoffe er, auf diese Weise Rachele aus der Reichweite „dai troppo induglienti consigli, da persona troppo pericolosa" zu entfernen.[29] Da seine Frau dem Ehebett bereits zuvor den Rücken gekehrt habe und sich nun weigere, wieder zu ihm zu ziehen, sei *sie* es, die *ihn* verlassen und sich damit ganz alleine der Verletzung der ehelichen Pflichten schuldig gemacht habe.

Lucio fügte weitere Anschuldigungen hinzu: Er spottete darüber, dass Rachele sich als „brava Medico", als eine „filosoffessa" und als eine Bibelexpertin ausgebe, und erhob die Anschuldigung, dass jemand ihr einflüstere.[30] Er beschuldigte sie auch der Lüge, insbesondere was Dr. Frizzi anging. Diesen habe er als „Uomo di virtù Medica, e Proffessore della stessa mia religione" selbstverständlich respektiert.[31] Ihm anzubieten, bei ihnen zu wohnen, sei ein Gebot der Gastfreundschaft gewesen. Aber seitdem er nun den Verdacht hege, dass sich Rachele und Benedetto Frizzi allzu nahe gekommen seien, führe er ihre Bemühungen, vor Gericht die Scheidung zu erreichen, auf ihr Verlangen zurück, „per godere della dolce sua attuale libertà" und sich einen neuen Partner zu nehmen wie Cicero, der sich von seiner Frau Terenzia getrennt hatte.[32] Derartige Gelüste oder Ansprüche, argumentierte Lucio, waren nicht geeignet, seine Rechte als Ehemann und Haupt der Familie zu sichern. Sollte ein Richter den Ungehorsam von Ehefrauen sanktionieren und sie von der ehelichen Abhängigkeit und Unterwerfung befreien, so würde dies „una totale revoluzione nelli Matrimonj" verursachen.[33] Schließlich, in offensichtlicher Unkenntnis der Erfordernis-

28 AST, Lovisoni (Anm. 1), f. 57v.

29 AST, Lovisoni (Anm. 1), f. 59v.

30 „Tüchtige Ärztin", „Philosophin", AST, Lovisoni (Anm. 1), ff. 117v, 118r, 119r.

31 AST, Lovisoni (Anm. 1), f.117rv.

32 „Ihre momentane süße Freiheit zu genießen", AST, Lovisoni (Anm. 1), ff. 123v, 118r, 140v.

se der neuen Ehegesetzgebung, protestierte Lucio dagegen, dass sich Rachele gleichzeitig an das staatliche Gericht und an den Rabbiner wandte.[34] Trotz allem behauptete Lucio, dass er Rachele zurückhaben wolle. Rachele bestritt im Gegenzug Lucios Anschuldigungen durchgängig, eine unzulässige Beziehung zu Dr. Frizzi zu unterhalten, und bezeichnete sie als überdrehte Fantasien. Wenn Lucio sie wirklich für derart illoyal halte, warum wolle er sie dann zurückhaben? Er solle sich schämen, derartige Aussagen vor „un Giudice illuminato" zu machen. Sein Versöhnungsangebot sei lediglich ein Versuch, weiterhin im Besitz ihrer Mitgift zu bleiben.[35]

Ein Schlüssel zum Verständnis der Selbstdarstellung Racheles liegt in dieser Bezeichnung des Richters als aufgeklärte Person. Im Ganzen betrachtet schrieb sie als eine Frau, die das Anrecht auf Gesundheit und Glück für sich in Anspruch nahm. Indem sie die Sprache der Vernunft – unter Verwendung von Begrifflichkeiten, die sie dem Wortfeld des Naturrechts und der modernen Medizin entlieh – sprach, erklärte sie sich gemeinsam mit dem Richter zu Angehörigen jener Gemeinschaft der Aufgeklärten. Im Fall des Rabbiners appellierte sie an dessen Weisheit und Menschlichkeit, damit er sowohl aus der Sicht der Vernunft als auch der Religion eine zufrieden stellende Entscheidung fälle. Es ist schwierig im Detail zu bestimmen, in welchem Umfang die überlieferten Dokumente Racheles eigene Ansichten oder die ihrer Ratgeber widerspiegeln. Mit einiger Sicherheit kann jedoch zumindest angenommen werden, dass ihr diese Form der öffentlichen Präsentation nicht unangenehm war.[36]

Das Ergebnis

Wie wurde all dies von den staatlichen Amtsträgern aufgenommen? Am 26. September 1794 entschied der Triester Gerichtshof zu Gunsten Racheles.[37] Auf der Grundlage der einschlägigen Bestimmungen des *Codice Civile universale* (III: § 47 – 8, 100 – 101) erklärte der Richter, dass Lucio seine Ehe-

33 „Eine vollständige Revolution innerhalb der Ehe", AST, Lovisoni (Anm. 1), f. 135r; cf. f. 130r: „con ciò verrebbe distrutta affatto la dipendenza delle Mogli alli loro Mariti, il che è contrario a tutte le Leggi civili, sociali, ed ecclesiastiche."

34 AST, Lovisoni (Anm. 1), f. 141rv.

35 „Einem aufgeklärten Richter", AST, Lovisoni (Anm. 1), ff. 80r-84v.

36 Es ist schwierig, die Stimme Racheles von der ihres Vaters, der ihres Anwalts und der ihres Freundes, des Arztes, zu unterscheiden; Natalie Zemon Davis betont den Aspekt der Zusammenarbeit unter all diesen Akteuren (mündliche Kommunikation). Die klassische Studie zu Stimme, Tatsache und Fiktion in den juristischen Narrativen ist *Natalie Zemon Davis,* Fiction in the Archives: Pardon Tales and Their Tellers in Sixteenth-Century France (Stanford 1987). Dazu auch *Joanne M. Ferraro,* Marriage Wars in Late Renaissance Venice, Oxford / New York 2001.

37 AST, Lovisoni (Anm. 1), Urteil f. 28r; Rationes decidendi f. 50r-51v.

frau zweifelsfrei verlassen hatte und verpflichte ihn zu Unterhaltszahlungen an sie und die gemeinsame Tochter Richetta. Auf diese Weise wurde Racheles Trennung rechtlich sanktioniert. Der Richter war nicht gewillt, Lucios Eifersucht als Rechtfertigung für sein Verhalten zu akzeptieren und hielt dessen Verdächtigungen für unbegründet, da seine Frau diese ausdrücklich in Abrede stellte. Das Gericht ließ sich von den medizinischen Gutachten überzeugen, dass ihre Krankheiten durch die seinen verursacht worden waren, und sah ihre Angst um ihre Gesundheit als berechtigt an. Das Gericht war infolgedessen nicht gewillt, Lucios Beteuerungen, Rachele zurückhaben zu wollen, bei seiner Entscheidungsfindung zu berücksichtigen und erklärte, dass es angesichts seiner offensichtlichen Böswilligkeit ihr gegenüber, ihr gutes Recht sei, dieses Angebot zurückzuweisen. Ferner rechnete es ihm zu seinen Ungunsten an, dass er einen Mangel an Respekt für Ehe und elterliche Empfindungen erkennen ließ, indem er die Ehre seiner Frau in Zweifel gezogen hatte, wobei sein Verhalten im Gegensatz zu den Verpflichtungen der Natur stünde. Mit derart deutlichen Worten wurde Lucio zur Leistung von Unterhaltszahlungen und zur Erstattung der Prozesskosten verurteilt.

Lucio legte Berufung ein, doch das Appellationsgericht in Klagenfurt bestätigte das erstinstanzliche Urteil am 6. Februar 1795.[38] Während der nächsten Monate leiteten die Triester Gerichte verschiedene Schritte in Bezug auf Lucios Vermögenswerte ein, ohne ihn jedoch zu Zahlungen bewegen zu können.[39] Am 3. Dezember 1795 reichte Rachele schließlich einen Antrag auf Scheidung ein und am 11. Dezember 1795 wies das Gericht sie an, erneut sämtliche Dokumente vorzulegen. Es bat auch den Rabbiner um eine Stellungnahme, ob ihre Ehe vom religiösen Standpunkt aus gesehen aufgelöst werden könne, um schließlich alle notwendigen Schritte von staatlicher wie von religiöser Seite aus unternehmen zu können. Zu diesem Zeitpunkt war freilich eine entscheidende Veränderung der Verhältnisse des Ehepaares eingetreten: Racheles letzte Scheidungseingabe vom 6. Januar 1796 bezog sich auf „l'Amichevole Convenzione" zwischen den beiden Parteien, nach der sie auf die Unterhaltszahlungen, die ihr das Gericht zugesprochen hatte, und auf den Anteil an ihrer Mitgift, den der Ehemann eingebracht hatte, verzichtete, während Lucio erklärte, dass er sich freiwillig von ihr scheiden lassen würde.[40] Lucios Erklärung der Freiwilligkeit war

38 AST, Lovisoni (Anm. 1), N. 8232, f. 29.

39 AST, Lovisoni (Anm. 1), ff. 29v-34r, 47r, 49rv,.

40 „Gütliche Vereinbahrung", AST, Lovisoni (Anm. 1), f. 1r (leider fehlt diese Vereinbahrung). *Robert Bonfil,* Jewish Life in Renaissance Italy, übersetzt von Anthony Oldcorn, Berkeley / Los Angeles / London 1994, 258 – 9, zu Mitgift und „Gegen"- Mitgift in Italien und deren Vorzüge für Frauen; cf. *Siegmund* (Anm. 7). Zur Mitgift in späteren Zeiten siehe *Luciano Allegra,* A Model of Jewish Devolution: Turin in the Eighteenth Century, in: Jewish History 7: 2 (1993), 29 – 58, sowie *Marion Kaplan,* The

sowohl nach jüdischem als auch nach staatlichem Recht von entscheidender Bedeutung. Beide Parteien wurden in der Scheidungssache zu einer Anhörung am 27. April 1796 vorgeladen. Auch wenn die Unterlagen dieser Anhörung sowie die gerichtliche Entscheidung in der Scheidungssache bislang nicht nachgewiesen werden konnten, besteht kein Zweifel daran, dass Rachele und Lucio damals oder kurz darauf tatsächlich geschieden wurden. Im Januar 1797 sprachen Triester Beamte in Berichten nach Wien nämlich von der Scheidung als einer vollendeten Tatsache.[41]

Analyse der juristischen Argumente

Racheles juristische Argumentation war insgesamt gesehen auf beide Rechtssysteme, sowohl auf das Recht des Habsburgerstaates als auch auf das Jüdische Religionsrecht hin ausgerichtet, auch wenn verschiedene Rechtsmaterien von ihr vor jeweils unterschiedliche Foren gebracht wurden: Trennung und Unterhalt vor das staatliche Gericht, die Scheidung sowohl vor die staatlichen als auch vor die jüdischen Autoritäten. Obwohl die Habsburgermonarchie die jüdischen Gerichte formal aufgelöst hatte, spielte das Jüdische Recht weiterhin eine Rolle bei Zivilscheidungen. Indem das staatliche Recht Juden die Scheidung gestattete, weil sie nach dem jüdischen Religionsgesetz erlaubt war, integrierte es die religionsrechtliche jüdische Scheidung teilweise in einen staatlich-bürgerlichen säkularen Rahmen. Aus diesem Grund betonten Racheles Eingaben an das staatliche Gericht wiederholt, dass ihre Situation nach Jüdischem Recht eine Scheidung rechtfertige.[42]

Hinsichtlich der Rolle des Rabbiners im Gerichtsverfahren waren die Habsburger Beamten zurückhaltend. 1788 hatten sie versucht, Rabbiner und jüdische Scheidungsverfügungen aus den Gerichtsverfahren auszuschließen. Erst nach Protesten von jüdischer Seite ließ es das staatliche Gesetz im Februar 1791 zu, dass diese beiden Komponenten jüdischer Scheidungsprozesse integrale Bestandteile der entsprechenden Zivilprozesse wurden. Eine Scheidung konnte durch die Zivilgerichte nur dann weiterverfolgt werden, wenn das Ehepaar ein Dokument vorgelegt hatte, in dem der Rabbiner seine vergeblichen Bemühungen um Versöhnung bestätigte beziehungsweise dass beide Seiten der Scheidung zustimmten. Erst dann durfte das Gericht dem Ehemann erlauben, seiner Ehefrau die Scheidungsverfügung vor Gericht zu übergeben.[43]

Making of the Jewish Middle Class: Women, Family, and Identity in Imperial Germany, Oxford 1991, 85 – 116.

41 Siehe „Verfahrensrechtliche Zweifel“ weiter unten.

42 AST, Lovisoni (Anm. 1), f. 21rv: „un formale Divorzio con perfetta nullità di Matrimonio giusta l'Ebraico Rito ... poichè il Rito Mosaico lo permette e lo vuole.“

Mit Blick auf den Empfängerhorizont sowohl der staatlichen wie der religiösen Autoritäten hob Rachele in ihren sämtlichen Eingaben diejenigen Aspekte ihrer scheiternden Ehe hervor, die den rechtlichen Gründen für die Auflösung einer Ehe entsprachen. Die juristischen Narrative waren zwangsläufig eine Mischung aus Tatsachen und Fiktion. Die Wahrheit war soweit zu dehnen, dass sie jenen juristischen Kriterien entsprach, die Voraussetzung für den gewünschten Ausgang des Prozesses waren.[44] Bei jeder der drei Hauptbeschuldigungen – der fehlenden materiellen Unterstützung durch ihren Ehemann, dem Verlassen-worden-sein und seiner Geschlechtskrankheit als Bedrohung ihrer Gesundheit – handelte es sich um wohlüberlegt ausgerichtete Waffen aus dem Arsenal juristischer Argumente. Die „Rationes decidendi" im Trennungsprozess gewähren eine partielle Einsicht in die Rezeption dieser Argumente durch das Gericht.

Das Verlassen der Ehefrau durch den Ehemann war der entscheidende Streitgegenstand in derjenigen Phase des Prozesses, in der es um Trennung und Unterhalt ging. Denn das *Ehepatent* spezifizierte böswilliges Verlassen des Ehepartners als einen der Tatbestände, aufgrund dessen Nicht-Katholiken eine Scheidung beantragen konnten.[45] Als das Gericht zu der eindeutigen Entscheidung kam, dass Lucio Rachele ohne Erbarmen verlassen hatte, griff der *Codice Civile universale* (Josephinisches Gesetzbuch, 1787) III: § 47–48, wonach eine Ehefrau das Recht auf Unterhalt besitze, solange der Ehemann ihre Mitgift einbehielt, weshalb der Richter verpflichtet würde, die Zahlung von Unterhaltsleistungen sicherzustellen.[46] Wäre der Richter dagegen Lucios Anschuldigungen gefolgt, dass Rachele eine Ehebrecherin sei und sie ihren Partner verlassen hätte, dann wäre sie sowohl in den Augen des staatlichen wie auch des Jüdischen Rechts die schuldige Partei gewesen, hätte folglich keine Ansprüche auf Unterhalt geltend machen können.[47]

---

43 Kreisschreiben vom 17. Januar 1788, in: *Wittig,* Allgemeine (Anm. 4), 182–3: Juden sollten Scheidungssachen ausschließlich vor die staatlichen Autoritäten bringen, damit sie in Übereinstimmung mit dem *Allgemeinen Bürgerlichen Gesetzbuch* verhandelt werden „so wie auch die Rabbiner unter keinem Vorwande sich in die Ehescheidungssachen einzulassen haben, und von den unter den Juden nach ihren Religionsgesetzen gewöhnlich gewesenen Scheidebriefen keine Frage mehr seyn kann." Frühere Diskussionen (1785–6) bei *Pribram,* Urkunden (Anm. 4), 1: 535–537, 541–4.

44 See n. 35 above.

45 Ehepatent, § 51; Codice (Anm. 3), 115; Tosi (Anm. 3), 271.

46 AST, Lovisoni (Anm. 1), ff. 50r-51v, bezieht sich auf den Codice Civile Universale, III, § 47–8, 100–1; siehe *Wittig,* Allgemeine (Anm. 4), 109, 150–1. Der Richter erkannte an, dass dieser Fall nicht genau den Vorgaben in § 100–101 (Ehepatent § 45–46) entsprach, die vorsahen, dass sich ein Ehepaar gemeinsam um die Trennung von Tisch und Bett bemühte. Vielleicht hatte der Richter die Dekrete der späten 80er und frühen 90er Jahre vor Augen, die Verfahrensregeln für Trennungsfälle vorsahen, bei denen die Initiative lediglich von einem Partner ausging; *Wittig,* 143, 145–6, 149.

47 Ehepatent § 50, in Codice (Anm. 3), 3: 114–15, und *Wittig,* Allgemeine (Anm. 4), 162; ABGB, II: § 109, 115, 121, 135; Encyclopedia (Anm. 10), 6: 129.

Aber dem war nicht so. Im Gegenteil, in der scharfen Kritik, die das Gericht an Lucio übte, weil er die Ehre seiner Frau in Zweifel gezogen und „un animo mal'intenzionato alla moglie“ an den Tag gelegt hatte,[48] spiegeln sich sowohl der „odio capitale, o di avversione invincibile“ wider, die im Ehepatent als Gründe für die Scheidung von Nicht-Katholiken angeführt wurden, als auch jener Mangel an Ehrerbietung, die ein Ehemann seiner Ehefrau nach Jüdischem Recht schulde.[49]

Racheles Eingaben hoben stark auf den nach Jüdischem Recht besonders relevanten Vorwurf des wirtschaftlichen Versagens ab. Sie führten die entscheidenden Passagen in dem maßgeblichen Rechtskodex des Schulchan Aruchs und verwandter Rechtsquellen an, die die Verpflichtung des Ehemannes für den Unterhalt seiner Ehefrau enthalten, und das Recht der Ehefrau auf Scheidung im Falle, dass er dies ungerechtfertigterweise verweigere – Bestimmungen, die sämtlich auf Exodus 21:10 basieren: „er darf ihre Nahrung, ihre Kleidung und den ehelichen Umgang mit ihr nicht kürzen.“[50] Wie bereits oben angemerkt machte der *Codice Civile universale* (Josephinisches Gesetzbuch) von 1787 den Ehemann auf ähnliche Weise für den Unterhalt seiner Ehefrau verantwortlich, auch wenn sein Versagen auf diesem Gebiet nicht als Rechtfertigung für eine Trennung oder Scheidung anerkannt würde. Derartiges Gedankengut schwebte jedoch in der Luft; das *Galizische Gesetzbuch* (entworfen 1794, verkündet 1797) erlaubte Katholiken die Trennung und Nicht-Katholiken sogar die Scheidung, falls eine Partei einen beträchtlichen Teil des Vermögens der anderen gefährde.[51]

Als wichtigsten Beweggrund für ihre Scheidung hob Rachele in ihren Eingaben die merkliche Verschlechterung ihres Gesundheitszustandes hervor sowie die tödliche Gefahr, die von Lucios Geschlechtskrankheit ausging. In ihrem Antrag auf Scheidung argumentierte sie nachdrücklich, dass seine körperliche Verfassung genau den beiden Abscheu erregenden Leiden

---

48 „Seiner Frau gegenüber eine schlechte Gesinnung“, AST, Lovisoni (Anm. 1), f. 51r.

49 „Tödlichen Haß, oder die unüberwindliche Abneigung“, Ehepatent, § 52, in Codice (Anm. 3), 115, und in *Wittig,* Allgemeine (Anm. 4), 162: „Hauptfeindschaft oder eine unüberwindliche Abneigung.“ Die klassische Passage im jüdischen Ehevertrag lautet: „I will work, honor, support and maintain thee...“; *Haut* (Anm. 11), 8, und Encyclopedia (Anm. 9), 6: 128.

50 AST, Lovisoni (Anm. 1), f. 2v-6r, bezieht sich auf Schulchan Aruch, Ewen ha-Eser, Ketubbot Kap. 70.

51 Galizisches Gesetzbuch § 108–9, in *Wittig,* Allgemeine (Anm. 4), 151–2, 163: „(...) wenn ein Ehegatte von dem andern gröblich misshandelt worden, und wenn sein Leben, seine Gesundheit, ein beträchtlicher Theil seines Vermögens, oder wegen schlechten Beispiels auch die guten Sitten in Gefahr gesetzt werden.“ Zu diesem Gesetzeskodex siehe *Henry E. Strakosch,* State Absolutism and the Rule of Law. The Struggle for the Codification of Civil Law in Austria 1753–1811, Sydney 1967, 187–8; *Dezza* (Anm. 5), 132–137.

– Geschwüre sowie chronisch schlechter Geruch aus Nase oder Mund – entsprach, die in den rabbinischen Quellen als legitime Gründe genannt werden, aufgrund derer Frauen eine Scheidung fordern können. Sie zitierte auch *Be'er Hetew,* einen Standardkommentar des Schulchan Aruchs, zu zwei Punkten, die für sie von unmittelbarer Bedeutung waren: a) falls Ehemann und Ehefrau nicht darin übereinstimmen, ob eine Abscheu erregende Krankheit des Ehemannes geheilt sei, soll der Frau geglaubt werden; und b) hinsichtlich der Geschwüre: falls der Ehemann an der *„choleh ha-tsarfati"* (der französischen Krankheit) leide, die von einer Ekel erregenden körperlichen Verfassung und starken Gerüchen begleitet ist, und so die Ärzte den Geschlechtsverkehr nicht für unbedenklich halten, dann solle der Ehemann dazu gebracht werden, seiner Ehefrau die Scheidung zu gewähren.[52] Unglücklicherweise ist das Rechtsgutachten des zur selben Zeit lebenden Rabbiners Weill aus Karlsruhe, das dem Scheidungsantrag beigefügt war, verloren gegangen.[53] Racheles Antrag erweckte unmissverständlich den Eindruck, dass das Jüdische Recht in einem Fall wie dem ihren zweifellos die Scheidung vorsehe.

Weder das Ehepatent von 1783 noch das Gesetzbuch von 1787 erwähnen den Aspekt der Geschlechtskrankheit, doch die „gravi ingiurie" oder der „pericolo (...) di depravati costumj", die als Rechtfertigungsgründe für eine Trennung angegeben werden, dürften diesen Tatbestand einschließen.[54] Man muss wohl davon ausgehen, dass sexuell übertragene Krankheiten zur Vorstellungswelt der damaligen Juristen gehörten. Ansteckende Krankheiten waren verschiedentlich in älteren protestantischen wie auch katholischen Normsetzungen als eine Form der Misshandlung und Grausamkeit anerkannt worden, die Scheidung beziehungsweise Trennung rechtfertigen konnten.[55] In den 40er Jahren des 18. Jahrhunderts beschäftigten sich eng-

52 AST, Lovisoni (Anm. 1), ff. 6r-10v, insbesondere 9r-10v, mit Bezug auf den Schulchan Aruch, Ewen ha-Eser, Gittin Kap. 154, in Hebräischer und Italienischer Übersetzung, siehe Anm. 11 für M. Ketubbot 7:10 und andere Quellen.

53 Yedidiah Tiah Weill (1721–1805) war Rabbiner in Karlsruhe und Oberlandrabbiner von Baden.

54 „Die schweren Verletzungen", „von den verkommenen Sitten ausgehende Gefahr", Ehepatent § 45, in Codice (Anm. 3), 112; *Wittig,* Allgemeine (Anm. 4), 150: „Wenn ein Ehegatte von dem andern gröblich misshandelt; oder der Verführung zu Lastern und verderbten Sitten ausgesetzt wird (...)". Die Entsprechungen im *Josephinischen Gesetzbuch,* III: § 100 werden in Wittig nicht direkt zitiert; ich habe an dieser Stelle Miriam Levy dafür zu danken, dieses seltene Material für mich identifiziert und die genaue Wortwahl überprüft zu haben. Der Triestiner Richter bezog sich auf § 100, wenn auch lediglich hinsichtlich des Verfahrens; AST, Lovisoni (Anm. 1), f. 50v.

55 Zu Protestanten siehe *Merry E. Wiesner-Hanks,* Christianity and Sexuality in the Early Modern World. Regulating Desire, Reforming Practice, London / New York 2000, 78; *Thomas Max Safley,* Let No Man Put Asunder. The Control of Marriage in the German Southwest, A Comparative Study, 1550–1650, Kirksville 1984, 131, 159

lische Gerichte in ähnlicher Weise mit der wissentlichen Verbreitung von Geschlechtskrankheiten.[56] Auch in Rouen kam es 1795 in zwei Fällen zur Scheidung, weil die Ehemänner an Geschlechtskrankheiten litten.[57] Das erwähnte *Galizische Gesetzbuch* verweist auf die Gefährdung von „Leben" und „Gesundheit" durch einen Ehepartner als Rechtfertigungsgrund für die Trennung bei Katholiken und die Trennung oder Scheidung bei Nicht-Katholiken.[58] Nur wenige Jahre später erwähnt das *Allgemeine Bürgerliche Gesetzbuch* von 1811/12 „anhaltende, mit Gefahr der Ansteckung verbundene Leibesgebrechen" in diesem Sinne.[59] Tatsächlich hatte auch das Triester Gericht in dem Prozess, in dem es um die Trennung ging, die Gefährdung von Racheles Gesundheit sehr ernst genommen. Später verwiesen Rachele und Dr. Frizzi auf „körperliche Gebrauche" und auf „Leibesgebrechen" als die wesentlichen Gründe für deren Scheidung.[60]

Im Allgemeinen bediente sich Rachele in ihren Eingaben wie gesagt der Sprache der Vernunft, des Naturrechts und der medizinischen Wissenschaft, um überzeugend darzustellen, welche Gefahren von dieser Ehe ausgingen, und wie sehr dies ihrem eigentlich Sinn, für Nachkommenschaft zu sorgen oder ein partnerschaftliches Verhältnis herzustellen, entgegen arbeitete. Sie bezog sich auf die immer einflussreichere naturrechtliche Betrachtung der Ehe als ein Vertragsverhältnis zum Zwecke der Erzeugung von Nachkommen und einer partnerschaftlichen Interpretation der Ehe als einer Verbindung, die Zuneigung und emotionale Unterstützung sicherte.[61]

(im Jahr 1586 ein Fall, in dem eine Scheidung wegen einer Geschlechtskrankheit des Ehemannes gewährt wurde). Zum Tametsi Dekret von 1563 auf katholischer Seite siehe *Diego Quaglioni*, ‚Divortium a diversitate mentium'. La separazione personale dei coniugi nelle dottrine de diritto comune (appunti per una discussione), in: Coniugi nemici. La separazione in Italia dal XII al XVIII secolo (Annali dell'Istituto storico italo-germanico in Trento. Quaderni, 53), hrsg. v. Silvana Seidel Menchi / Diego Quaglioni, Bologna 2000, 95–118, insbesondere 114, 116. Geschlechtskrankheit spielt neben anderen Faktoren eine Rolle in zwei venetianischen Fällen aus den Jahren 1619 und 1623, die zu unterschiedlichen Ergebnissen führten; *Ferraro* (Anm. 36), 97–102, 126–7.

56 *John M. Biggs,* The Concept of Marital Cruelty, London 1962, 131.

57 *Roderick Philips,* Family Breakdown in late Eighteenth-century France. Divorces in Rouen 1792–1803, Oxford 1980, 131–2.

58 Siehe Anm. 51 oben.

59 ABGB, II: § 109.

60 Archivio di Stato di Trieste, Cesareo Regio Governo in Trieste [im Folgenden AST, C. R. Gov.], 1776–1809, busta 621, Ebrei, Eingabe nach Wien, 16. Juli 1798.

61 AST, Lovisoni (Anm. 1), f. 3v: „(...) Matrimonio, che Dio ha instituito per il bene della Società, e per il mutuo Soccorso delle parti, che vi si dedicano!" Zu den sich ändernden Ansichten über die Ehe siehe z. B. Alfred Dufour, Le mariage dans l'Ecole allemande du Droit naturel moderne au XVIIIe siècle, Paris 1972, insbesondere 253–310; *Lawrence Stone,* The Family, Sex and Marriage in England, 1500–1800, London 1977; *James F. Traer,* Marriage and the Family in Eighteenth-Century France,

Racheles Appelle, an den Richter im Namen der Gerechtigkeit, des Rechts und der Vernunft, und an den Rabbiner im Namen der Vernunft und der Religion, waren erstaunlich erfolgreich. Ihrer Darstellung ihrer Ehe einschließlich des Fehlverhaltens, der Misshandlung und der Gefährdung durch ihren Ehemann wurde Glauben geschenkt, während seine Anschuldigung, sie hätte Ehebruch begangen, sowie seine Verteidigung der traditionellen Ehe nicht akzeptiert wurde. Insgesamt schienen die Tatsachen für Rachele zu sprechen: Der wirtschaftliche Ruin konnte durch Unterlagen dokumentiert werden, während Lucios Vorwurf, seine Frau führe einen unschicklichen Lebenswandel, nicht standhielt. In einer kleinen Gemeinschaft, die durch ein engmaschiges soziales Netz geprägt war, spielte das lokale Wissen von Familie, Nachbarn, Bediensteten und Geschäftsfreunden eine wichtige Rolle, und Rachele genoss die Unterstützung ihres Vaters, der Familie (einschließlich einiger von Lucios Verwandten), der Nachbarn und des Rabbiners. Obwohl Rachele und Lucio derselben sozialen Schicht angehörten, dürften sie sich ihrem gesellschaftlichen Ansehen nach zu dieser Zeit bereits merklich voneinander unterschieden haben. Die Verbindungen Dr. Frizzis und vielleicht auch die ihrer übrigen Mitstreiter besaßen größeres Gewicht als die der Verbündeten Lucios, jedenfalls halfen sie ihr, überzeugendere medizinische Gutachten als die von ihm vorgelegten beizubringen. Schließlich zeigte sich der Richter Argumenten zugänglich, die sich auf moderne medizinische Erkenntnisse und das Naturrecht stützten.

Die juristischen Narrative und Argumentationsmuster erlauben letztlich nur einen flüchtigen Blick auf diese Ehe in der Krise und auf die Bemühungen, sie zu beenden. Sie werfen mehr Fragen auf als sie Antworten ermöglichen. Parallel zum Prozessverlauf verschlechterten sich die Beziehungen der Ehepartner und wichen deren individuelle Erfahrungen und Ansichten immer weiter voneinander ab.[62] Selbst wenn sich noch mehr Material fände, wird der Historiker dennoch nicht umhin kommen, juristische Dokumente kritisch zu analysieren und in ihnen einen Schleier zu sehen, der die historische Realität sowohl ver- als auch enthüllt.

Ithaca / London 1980; *Isabel V. Hull,* Sexuality, State, and Civil Society in Germany, 1700 – 1815, Ithaca / London 1996; *Giacomo Francini,* Moralia Coniugalia ou de l'impossible sacralité du marriage à l'époque de la raison 1750 – 1792 (Thcše de doctorat en Histoire, École des Hautes Études en Sciences Sociales 1998 / 98), Villeneuve d'Ascq 1999; *Daniela Lombardi,* Matrimoni di antico regime (Annali dell'Istituto storico italo-germanico in Trento, Monografie, 34), Bologna 2001, insbesondere 359 – 468.

62 Ich beabsichtige, das faszinierende Thema von Racheles „sentimentaler Ausbildung" in der Zukunft anzugehen (für den Begriff der „sentimental education" habe ich Olga Litvak zu danken). Angenommen bei den Ansichten, die Rachele in ihren Eingaben äußerte, handelte es sich nicht um bloße juristische Tricks, wie kam sie dazu, partnerschaftlich und naturrechtlich orientierte Meinungen über die Ehe zu formulieren? Wie gestaltete sich das Zusammenspiel von wirtschaftlichem Scheitern, persönlicher Kummer, Freundschaft und Ideologie?

Verfahrensrechtliche Zweifel

Als sich Lucio Luzzatto im Mai 1794 darüber beschwerte, dass Rachele zum einen den Rabbiner bemühte, um sie aus ihrer Ehe zu befreien, und zum anderen gleichzeitig das staatliche Gericht um Hilfe anrief, war dies nicht nur Ausdruck seiner persönlichen Frustration, sondern auch ein Anzeichen für den Mangel verfahrensrechtlicher Eindeutigkeit, der kennzeichnend für den gesamten Fall war. Einige Zeit nachdem das örtliche Triester Gericht das Scheidungsurteil 1796 verkündet hatte, warfen führende Mitglieder der Triester Gemeinde *post-facto* verschiedene verfahrensrechtliche Fragen auf. Es zeigte sich, dass staatliche und jüdische Amtsträger divergierende Ansichten hatten, wie das Zusammenspiel von staatlichem und jüdischem Scheidungsrecht konkret funktionieren sollte.

Mitte Januar 1797 suchte der Gouverneur von Triest Rat in Wien. Jüdische Gemeindeführer hatten Protest dagegen erhoben, dass das Gericht nicht in Übereinstimmung mit den jüdische Scheidungen betreffenden Bestimmungen des Gesetzes von 1791 gehandelt habe, da es entgegen dem jüdischen religiösen Herkommen eine ausschließlich durch den Ehemann ausgestellte Scheidungsverfügung akzeptiert hatte. Das Gericht entgegnete, dass „die dazwischenkunft des Rabiners zwar ganz überflüssig sey," zeigte sich aber bereit, dem Rabbiner „zur Beruhigung des Gewissens" zu erlauben, „nach jüdischen Gebrauche" selbst eine Scheidungsverfügung auszustellen, was freilich keinerlei Auswirkungen auf die bereits angeordnete Zivilscheidung habe. Das Gericht erkannte jedoch an, dass „diese Formalität" eine Voraussetzung dafür darstelle, dass die Zivilscheidung auch in den Augen des Jüdischen Rechts gültig sei. Örtliche Beamte wiesen dagegen den Anspruch des Rabbiners zurück, im Besitz der ausschließlichen Kompetenz für das Ausstellen von Scheidungsverfügungen zu sein. Die jüdische Seite sah ihr Religionsgesetz und ihre Freiheiten beeinträchtigt.[63]

Im Mai 1797 kam die Antwort aus Wien: Dort sah man keine Notwendigkeit, das Gesetz von 1791 zu ändern, da es die religiöse Seite der jüdischen Eheverträge gebührend berücksichtige und sich auch keine anderen Gemeinden beschwert hätten. Juden sollten nicht gezwungen sein, sich an eine bestimmte Person zu wenden, um eine Scheidungsverfügung zu erhalten. Rabbinern, die es wagten, dahingehend Druck auszuüben oder auch nur eine Gebühr zu verlangen, wenn Juden freiwillig zu ihnen kamen, hätte eine Strafe gedroht.[64]

---

63 Hofkammerarchiv, Österreichisches Staatsarchiv, Kommerz. Littorale. 1749–1813 [im Folgenden HKA, Komm. Litt.], rot 502, Akatholiken und Juden im Littorale 1750–97, ff. 709–715, Bericht des Triester k.k. Guberniums 14. Januar 1797; dazu auch: AST, C. R. Gov., b. 621 (Anm. 60). Bedauerlicherweise konnte lediglich der Regierungsbericht sowie die Antwort von Regierungsseite ausfindig gemacht werden, nicht jedoch die jüdische Beschwerde.

Wie lässt sich erklären, dass die Triester Juden zu dem Schluss kamen, dass das Gesetz von 1791 nicht befolgt worden sei? Wir können den Inhalt der Beschwerde der jüdischen Seite nur aus der Antwort der Regierung erschließen. Die nach außen hin dominierenden Streitfragen waren die Scheidungsverfügung und die Rolle des Rabbiners. Dahinter verbargen sich jedoch grundsätzliche Fragen der Gestaltungshoheit. Obwohl das Gesetz von 1791 zwei grundsätzliche Aspekte des jüdischen Scheidungsrechts übernommen hatte – die Übergabe der Scheidungsverfügung durch den Ehemann an die Ehefrau und die Möglichkeit, dass diese von jemand, der nicht der Ehemann war, geschrieben werden konnte – war sein Verhältnis zum Jüdischen Recht teils von Vieldeutigkeit, teils von Widersprüchen geprägt. So bestimmte etwa das Gesetz von 1791, dass der Ehemann der Ehefrau die Scheidungsurkunde im Gerichtssaal auszuhändigen hatte, während das Jüdische Recht eine hochgradig formalisierte, von einem Experten, zum Beispiel einem Rabbiner, vorgenommene Übergabezeremonie vorsah und zudem verlangte, dass die Scheidungsurkunde fehlerlos und formgerecht von einem Schreiber verfasst wurde. Das Jüdische Recht machte die Beteiligung von Experten deshalb verpflichtend, da die Risiken für die betroffene Frau und ihre Nachkommenschaft so extrem hoch waren.[65]

Die habsburgischen Gesetzgeber dürften über keine oder bestenfalls nur über recht geringe Kenntnisse der Feinheiten des jüdischen Scheidungsrechts verfügt haben. Das Gesetz von 1791 ließ eine Reihe von Fragen offen. Wie sollte die Scheidungsverfügung beschaffen sein, die der Ehemann im Gerichtssaal übergab? War ein nach seinen Vorstellungen formulierter Brief ausreichend? Oder musste das Schreiben die Bedingungen eines vollgütigen Gets erfüllen? Welche Rolle kam dabei dem Rabbiner zu? Hatte er sich darauf zu beschränken, seine Versuche der Versöhnung offiziell zu attestieren? Bestand seine Aufgabe darin, über die Auflösbarkeit einer Ehe nach der Halacha zu entscheiden? Oder sollte er die Ausstellung einer gültigen Scheidungsurkunde beaufsichtigen, die der Ehemann dann mit zum Gericht nehmen konnte? Die jeweilige Bedeutung der verschiedenen bürgerlich-staatlich-säkularen und der religionsrechtlichen Komponenten des Scheidungsprozesses hingen in starkem Maße von den Antworten ab, die auf diese Fragen gegeben wurden. Falls der Ehemann verpflichtet war, eine nach jüdischem Religionsrecht gültige Scheidungsurkunde vorzulegen, dann war der Rabbiner bereits in einer sehr entscheidenden Weise am Verfahren beteiligt und die Ehe nach Jüdischem Recht unter Umständen schon geschieden.

---

64 HKA, Komm. Litt. (Anm. 63), rot 502, ff. 707r-708v, 714rv, Dekret an das Triester Gouvernement 11. Mai 1797, abgefaßt durch den bekannten Juristen und Justitzminister Karl Anton Martini.

65 *Maimonides,* Mishneh Torah, Book of Women, Divorce, Kap. 1–9; Seder ha-get (das Prozedere des get), in Ewen ha-Eser Kap. 154, Übersetzung in *Haut* (Anm. 11), 31–41.

In Triest schienen die Erwartungen dahin zu gehen, dass das religionsrechtliche Scheidungsverfahren während des Zivilprozesses aufgenommen, aber nicht vor dessen Abschluss beendet sei.[66] Es lässt sich nicht sagen, ob sich der Rabbiner in seiner Funktion vor und nach dem Zivilverfahren beeinträchtigt sah. Dagegen ist offensichtlich, dass die Habsburgischen Amtsträger nicht mit der Rolle einverstanden waren, die er spielte. Sie missdeuteten die rabbinische Beteiligung an der jüdischen Scheidung als Ausübung eines monopolistischen Zwangs, während sie für viele Juden eine willkommene Expertise darstellte, die Wiederverheiratung und legitime Nachkommenschaft sicherte.[67] Es scheint ihnen auch nicht bewusst gewesen zu sein, dass es in zahlreichen jüdischen Gemeinden üblich war, Rabbiner für das Verfassen von Scheidungsurkunden zu bezahlen. Mit den harschen antirabbinischen Tiraden greifen die Antworten der Beamten aus dem Jahr 1797 frühere, in den späten 1780er Jahren geäußerte Ansichten auf.[68] Sowohl der Rabbiner als auch die jüdische Scheidungsurkunde fanden schließlich Eingang in die Anwendungspraxis des Gesetzes von 1791, aber die Zögerlichkeiten und Mehrdeutigkeiten, die bisher kennzeichnend gewesen waren, verschwanden damit keineswegs vollständig.

In den Augen der örtlichen Beamten stellte das Scheidungsurteil des Zivilgerichts eine vollgültige Entscheidung dar, die keiner weiteren Sanktionierung bedurfte. Sie gestatteten dem Rabbiner die Durchführung eines aus ihrer Sicht zusätzlichen, rechtlich irrelevanten religiösen Scheidungsverfahrens. Während sie sich zu einem früheren Zeitpunkt im Verfahren auf die Expertise des Rabbiners als eines halachischen Schiedsrichters zu verlassen schienen, der darüber zu urteilen hatte, ob diese konkrete Ehe nach dem Religionsrecht aufgelöst werden konnte, beteiligten sie ihn in der Schlussphase nur noch in pastoraler Hinsicht. Aus zivilrechtlicher Perspektive kam ihm nach der Verkündung der Zivilscheidung keine rechtliche Funktion mehr zu.

In den Augen der jüdischen Gemeindeführer stellte sich die aus zivil- und religionsrechtlichen Komponenten zusammengesetzte neue Ehe- und Scheidungsgesetzgebung anders dar. Das religiöse Scheidungsverfahren konnte kaum als überflüssig betrachtet werden, da eine Jüdin nicht wirklich als ge-

---

66 AST, Lovisoni (Anm. 1), f. 22r, Scheidungsantrag vom 3. Dezember 1795: das Gericht hatte dem Rabbiner zu einem früheren Zeitpunkt einige – leider ebenfalls verloren gegangene – Instruktionen gegeben und nun „perchè venga dichiarato nullo il Matrimonio (...) onde possa poi il Rabino stesso More Hebreorum passare a‘ quelle ulteriori formalità proprie del suo Rito."

67 Kritik an rabbinischen Haarspaltereien hinsichtlich der Details des jüdischen Scheidungsverfahrens wurde einige Jahrzehnte später von Maskilim geäußert, z. B. in Judah Leib Gordons klassischem Gedicht „Kotzo shel Yud" („The Tip of the Yud"); dazu auch *Nancy Sinkoff*, „The *Maskil*, the Convert, and the ‚*Agunah:* Joseph Perl as a Historian of Jewish Divorce Law, in: AJS Review 27:2 (2003): 1–19.

68 Siehe oben, und Anm. 43.

schieden betrachtet würden, solange sie nicht nach dem Religionsgesetz geschieden war. Man erhob keine Einwände gegen zusätzliche zivilrechtliche Verfahrenskomponenten, solange es sich nicht um einen Ersatz für die traditionelle jüdische Scheidung, sondern um Ergänzungen derselben handelte. Ob sie dies nun öffentlich erklärten oder nicht, so dürfte für sie sicherlich die Vorstellung maßgeblich gewesen sein, dass das rabbinische Recht bislang keine Scheidungsverfügungen anerkannt hatte, die von nicht-jüdischen Gerichten erlassen oder erzwungen würden.[69]

Obwohl die neue Ehe- und Scheidungsgesetzgebung viel Raum für Mehrdeutigkeiten und dementsprechend für unterschiedliche Ansichten ließ, so hatte dies keinerlei praktische Auswirkung auf den Ausgang dieses konkreten Falls. Die staatlichen und religiösen Gewalten beseitigten die Missverständnisse erfolgreich und bemühten sich, die zwei Regelwerke zusammenzubringen. Rachele war in der Lage, in den beiden Rechtssphären so erfolgreich zu navigieren, dass sie Trennung und Scheidung am Ende durchsetzen konnte.

Schlussfolgerungen: Jüdische Ehe, Scheidung und Emanzipation

Die Zivilscheidung von Rachele Luzzatto Morschene demonstriert, wie die Intervention des Staates auf dem Gebiet des Familienrechts die persönliche Emanzipation einer Jüdin befördern konnte. Die zivilrechtliche Trennung verschaffte Rachele sowohl Schutz als auch einen moralischen Sieg. Sie bekam das Recht zugesprochen, ohne Beschädigung ihrer Ehre und Reputation getrennt von ihrem Ehemann zu leben, eine Option, die nach Jüdischem Recht in dieser Form nicht gegeben war. Das ihr durch das Gericht zugesprochene Recht auf Unterhalt stellte für sie eine beträchtliche Verhandlungsmasse in ihren nachfolgenden Auseinandersetzungen mit Lucio über eine religiöse Scheidung dar.[70] Der Staat hatte Rachele mit neuen Mitteln ausgestattet, mit deren Hilfe sie ihren Ehemann zwingen konnte, sie aus der Ehe zu entlassen.

Dennoch, die Intervention des Staates alleine hätte wahrscheinlich nicht ausgereicht, Lucio umzustimmen, wenn dieser entschlossen gewesen wäre, ihr eine religiöse Scheidung zu verweigern. Geld, das über die Zeiten bewährte Überzeugungsmittel, spielte sicher auch hier eine nicht zu unter-

69 *M. Gittin* 1:5, 9:8; Gittin 10b-11a; Baba Batra 47b-48a. Durch nicht-jüdische Gerichte angeordnete Zwangsmaßnahmen waren legitim, wenn ihr Zweck darin bestand, Juden zum Gehorsam gegenüber jüdischen Behörden zu bewegen; *Maimonides,* Mishneh Torah, Book of Women, Divorce, 2: 20.

70 In gewisser Hinsicht erleichterte es der Staat Rachele, sich loszukaufen; siehe wie oben, Anm. 12.

schätzende Rolle. Der finanzielle Rückhalt ihres Vaters, die ihr durch das Gericht zugesprochenen Unterhaltszahlungen und der Teil der Mitgift, über den sie alleine verfügen konnte, ermöglichten es ihr, jene Mittel für die Vereinbarung mit Lucio aufzubringen, dass er ihr einen Get ausstellte.

Obwohl die vom Staat zur Verfügung gestellten Instrumente zur Bewältigung dieser Krise der zivilrechtlichen Trennung und Scheidung nicht alle Probleme einer jüdischen Frau zu lösen vermochten – insbesondere, wenn sie und ihr Umfeld sich an der Halacha orientierten und somit eine religionsrechtlich gültige Scheidung notwendig für sie war – so schuf die staatliche Intervention doch ganz erhebliche neue Möglichkeiten für die Auto-Emanzipation der jüdischen Frauen. Ihre größte Bedeutung bestand darin, dass sie jüdischen Frauen zur Beilegung verwickelter häuslicher Probleme ein Forum zur Verfügung stellte, vor dem sie nicht einseitig vom Handeln des Mannes abhingen. Die staatliche Intervention stellte an sich ein Stück Emanzipation dar, denn zumindest einzelnen eröffnete sie einen Weg der juristischen Konfliktlösung und ein Forum öffentlicher Auseinandersetzung, die jenseits der jüdischen Gemeinde und der Halacha lagen. Wie ChaeRan Freezes Studie über das Russland des 19. Jahrhunderts nachweist, machten viele jüdische Frauen von den neuen zivilrechtlichen Optionen auch Gebrauch.[71]

Staatliche Kontrolle, Zivilehe und Zivilscheidung waren Teil eines allgemeinen Trends der Säkularisierung der Ehe im modernen Europa. Obwohl oft miteinander verbunden führte Ersteres nicht notwendigerweise zu Letzterem. Die staatliche Durchsetzung einer bürgerlich-zivilrechtlichen Definition der Ehe oder sogar einer Rechtsprechungskompetenz staatlicher Gerichte in Eheangelegenheiten war nicht gleichbedeutend mit der Zivilehe im eigentlichen Sinn. Der Staat konnte durchaus solche Kompetenzen in Ehesachen geltend machen, und dennoch die Normen eines kirchlichen Eherechts weiterhin anerkennen, wie dies zum Beispiel in Frankreich seit dem späten 16. Jahrhundert geschah. Er konnte aber auch einige der Normen ändern ohne die religiösen Zeremonien zu berühren, wie in der Habsburgermonarchie seit den 80er Jahren des 18. Jahrhunderts; in Österreich wurde die Zivilehe erst 1938 nach dem so genannten Anschluss eingeführt.[72] Wenn man das Eingreifen des Staates auf dem Gebiet von Ehe und Scheidung untersucht, muss man zwischen Kontrolle, Rechtsprechung, Rechtsquellen, materiell- und prozessrechtlichen Fragen, der Registrierung und der Rolle von Klerikern und Standesbeamten differenzieren. Es lassen sich zahlreiche Varianten der Verschränkung von staatlicher und kirchlicher Rechtsprechung, von Konflikten zwischen säkularer und religiöser

---

[71] *ChaeRan Y. Freeze,* Jewish Marriage and Divorce in Imperial Russia, Hanover NH 2002.

[72] *Harmat,* Divorce (Anm. 5); *Flossmann,* Österreichische (Anm. 3), 83 – 87.

Sphäre und von Übereinkommen zwischen Staat und Religionsgemeinschaften nachweisen.[73]

Die Scheidung von Rachele Luzzatto Morschene läßt einiges von der verwirrenden Komplexität erkennen, die die ersten Schritte des Staates bei der Regulierung jüdischer Ehen und Scheidungen begleitete. Die Intervention des Staates eröffnete neue Möglichkeiten für Juden als Individuen, insbesondere für jüdische Frauen. Wie Rechtsanthropologen darüber hinaus beobachtet haben, schaffen die Umwälzungen, die mit dem Übergreifen des Staates auf neue Rechtsgebiete einhergehen, regelmäßig neue Handlungsoptionen, die sich gerade der Einzelne oder die Einzelne zunutze machen kann. Doch wie die Nachwehen des untersuchten Verfahrens zeigen, konnte das Eingreifen des Staates auch neue Herausforderungen für Gemeinschaften, die ihr Religionsrecht erhalten wollten, mit sich bringen.

Weitere frühe Beispiele staatlicher Interventionen in die Regulierung jüdischer Ehen und Scheidungen sollten vergleichend untersucht werden. Auf diese Weise könnte ein detailliertes und umfassenderes Bild entstehen. Das niederländische Recht etwa verlangte 1580 die staatliche Registrierung sämtlicher Ehen und wiederholte 1712 das Verbot der Eheschließung zwischen Onkel und Nichte, eine häufige Praxis unter den Sepharden. Seit 1710 waren in Hamburg jüdische Scheidungen von den Entscheidungen nichtjüdischer Gerichte abhängig. Dieser Trend beschleunigte sich im späten 18. Jahrhundert. In Preußen urteilten Zivilgerichte nach Jüdischem Recht über verschiedene Aspekte jüdischer Ehen. In England erkannten die Zivilgerichte die Gültigkeit des jüdischen Eherechts und der entsprechenden Zeremonien zwar grundsätzlich an, entschieden die Trennungs- und Scheidungsprozesse einiger Juden aber auf Grundlage der Annahme, dass Juden den Schutz des englischen Rechts genossen, wenn ihre Ehen verletzt wurden.[74]

Die eindringlichsten Beispiele kamen aus der aufgeklärt-absolutistischen Habsburgermonarchie und dem Frankreich der Revolution sowie der Napoleonischen Zeit. In diesen beiden Gemeinwesen war die staatliche Interven-

---

73 *Bonfield,* Developments, and Watt, Impact (Anm. 6). *Joel F. Harrington,* Reordering marriage and society in Reformation Germany (Cambridge 1995), datiert die Vermischung säkularer und kirchlicher Kontrolle der christlichen Ehe auf das vorreformatorische Spätmittelalter.

74 *Daniel M. Swetchinski,* Reluctant Cosmopolitans: The Portuguese Jews of Seventeenth-Century Amsterdam (Littman Library of Jewish Civilization), London and Portland 2000, 18–19, und *Graf,* Separation (Anm. 4), 45–6; *Mordechai Breuer,* The Early Modern Period, in: German-Jewish History in Modern Times, hrsg. v. Michael Meyer/Michael Brenner, New York 1996, 1: 254; *Israel Finestein,* An Aspect of the Jews and English Marriage Law During the Emancipation: The Prohibited Degrees, in: Jewish Journal of Sociology 7:1 (1965), 3–21, insbesondere 4–6, 16–17. Wie die Scheidungen der Berliner Salondamen vonstatten gingen, verdient weitere Forschungsbemühungen.

tion auf dem Gebiet des jüdischen Eherechts Bestandteil eines strukturellen Umbaus von Staat und Gesellschaft.[75] Bei der Beleuchtung dieser Frage, wie bei so vielen anderen, stellen diese beiden Staaten Laboratorien dar, die es erlauben, komplexe Prozesse in ähnlicher aber doch auch unterschiedlicher Form zu beobachten. In den 90er Jahren des 18. Jahrhunderts besaßen beide hybride, aus staatlichen und religiösen Komponenten bestehende Systeme zur Regulierung der Ehe. Dies ist im habsburgischen Fall offensichtlich, im französischen allerdings weniger.

Gemeinhin wird angenommen, dass das revolutionäre und napoleonische Frankreich sehr schnell eine eindeutig staatlich-bürgerlich-säkulare Definition der Ehe und entsprechende Zeremonien der Eheschließung und der Scheidung hervorgebracht habe. Die Erklärungen des Pariser Sanhedrins von 1807 zur absoluten Priorität der Zivilehe werden als paradigmatisch betrachtet, als die logische Konsequenz der Jüdischen Emanzipation von 1790/91 und des Übergangs zu Zivilehe und Zivilscheidung im Jahre 1792.[76] Dagegen läßt sich einwenden, dass die formale Rechtsgleichheit für Juden als Individuen und das Ende jüdischer korporativer Autonomie und Rechtsprechung nicht unmittelbar zur Zivilehe führten oder endgültige Klarheit über das Verhältnis zwischen religiöser und staatlicher Sphäre herstellten. In einigen Prozessen, die während der 90er Jahre des 18. Jahrhunderts und sogar *nach* der Emanzipation stattfanden, erkannten französische Gerichte die Gültigkeit des jüdischen Eherechts an und bestanden nicht darauf, Juden dem französischen Gesetz über die Zivilehe zu unterwerfen. In einem Prozess in Bordeaux hob man es sogar explizit hervor, dass Juden als Bürger zwar tatsächlich sämtlichen bürgerlichen Gesetzen unterworfen seien, aber ihre religiösen Gesetze einschließlich der Ehegesetze weiterhin behielten.[77]

Dies war genau der Punkt, den die Habsburgischen Funktionsträger nicht bereit waren zuzugestehen. Für Fälle, die in den 90er Jahren des 18. Jahrhunderts in Triest auftraten und in denen es zu deutlichen Konflikten zwischen Jüdischem und Habsburgischem Eherecht kam, verkündete die Regierung, dass das staatliche dem Jüdischen Recht eindeutig vorgehe, da

---

75 *Werner Ogris,* The Habsburg Monarchy in the Eighteenth Century: The Birth of the Modern Centralized State, in: Legislation and Justice, hrsg. v. Antonio Padoa-Schioppa, Oxford/New York 1997, 313–333.

76 *M. Diogene Tama,* Transactions of the Parisian Sanhedrim, or Acts of the Assembly of Israelitish Deputies of France and Italy, übersetzt von. F.D. Kirwan, London 1807 (Brown Classics in Judaica 1985), 149–156.

77 *Zosa Szajkowski,* Marriages, Mixed Marriages and Conversions among French Jews during the Revolution of 1789, in: Jews and the French Revolutions of 1789, 1830 and 1848, New York 1970, 826–847, insbesondere 826, 832–4, 847; *Evelyne Oliel-Grausz,* Divorce mosaïque et legislation révolutionnaire, in: Les Juifs et la Révolution française: Histoire et Mentalités, hrsg. v. M. Hadas-Lebel/E. Oliel-Grausz, Paris 1992, 71–84, insbesondere 81–4.

Eheangelegenheiten nun ein staatlicher Belang waren. Besonders kontroverse Konfliktpunkte waren eine heimliche Eheschließung zwischen Minderjährigen im Jahr 1796 sowie der Versuch Rachele Morschenes und Benedetto Frizzis im Jahr 1798, zwei Jahre nach deren Scheidung, eine Zivilehe einzugehen.[78] Die jüdischen Verantwortlichen waren nicht bereit, sie unter Verstoß gegen die Halacha, nach der eine Verbindung zwischen einem *Kohen* und einer geschiedenen Frau verboten ist, zu verheiraten. Diese Weigerung führte zu Auseinandersetzungen mit den Habsburger Behörden.[79] Zur gleichen Zeit brachte im revolutionären Frankreich die formal ausschließlich zivilrechtliche Regulierung der Ehe ein hybrides System hervor, das der nach Jüdischem Recht geschlossenen Ehe ein erstaunlich hohes Maß an zivilrechtlicher Anerkennung zubilligte und damit *de facto* zivil- und religionsrechtliche Komponenten kombinierte. Oliel-Grausz hat dieses Jahrzehnt treffend als „période de droit intermédiaire", gekennzeichnet durch „quelque sorte d'un vide juridique" und einen „flou transitoire" bezeichnet.[80] Diese Übergangszeit endete im Jahr 1802 als Napoleon anordnete, dass sowohl der Akt der Zivilehe als auch der der Zivilscheidung den jeweiligen jüdischen religiösen Zeremonien voranzugehen hatte. Dieses Prozedere fand 1807 auf dem Sanhedrin ein Echo von jüdischer Seite.[81]

Ein Vergleich der habsburgischen und der französischen Wege, die in den 80er und 90er Jahren des 18. Jahrhunderts beschritten wurden, zeigt, wie zwei Gemeinwesen, die sich in einem Säkularisierungs- und Zentralisierungsprozess befanden, die Ehe zwar zu einer bürgerlichen Einrichtung erklärten, jedoch bei dem Versuch, die bürgerlich-staatliche und die religiöse Sphäre auf diesem hochsensiblen Gebiet aufeinander abzustimmen, hybride Systeme schufen. Seit 1802 wurden getrennte Wege eingeschlagen. Während in Frankreich das Eherecht ausschließlich bürgerlich-staatlich-säkular gefasst wurde und somit allgemein anwendbar war, hielt die Habsburgermonarchie ungeachtet einer zivilrechtlichen Definition der Ehe und der

---

78 Die Erforschung der Beziehung dieses Ehepaares wird Thema meines Buches *Rachele and Her Loves* sein.

79 *Dubin,* Liaisons, and Port Jews (Anm. 4), 174–97.

80 *Oliel-Grausz,* Divorce (Anm. 77), 83.

81 Einige Rabbiner schufen eine neue Halachische Rechtfertigung dafür, dass die religionsrechtliche Scheidung auf die zivilrechtliche folgte. Da die Halakhah verlangte, dass der *get* das eheliche Band vollständig durchtrennen musste, schien es angebracht, dass die Zivilscheidung der religiösen voranging. Damit war sichergestellt, dass die Erteilung des *get* die Scheidung abschloss: *Tama,* Transactions (Anm. 76), 153–4; *Graff,* Separation (Anm. 4), 75–85, 91–92, 102–3. Dabei handelte es sich um die erste Anwendung der Talmudischen Regel „das Recht des Königreiches ist das Recht" (*dina de-malkhuta dina* in Nedarim 28a, Gittin 10b, Baba Kama 113, Baba Batra 54b-55a) auf das Ehe- und Scheidungsrecht; auf das Ehepatent fand sie keine Anwendung; Graf, 51, 88–89. Allgemein zu Zivilehe und Judentum siehe *Abraham Hayyim Freimann,* Seder kiddushin ve-nessuin aharei hatimat ha-Talmud: Mehkar histori-dugmati be-dinei Yisrael, Jerusalem 1945, 362–384.

staatlichen Jurisdiktion in Eheangelegenheiten an einer konfessionellen Einfärbung und damit an einer Pluralität fest. Der habsburgische Staat setzte sich über die Bestimmungen des jüdischen Eherechts hinweg, wenn diese diametral mit dem Zivilrecht kollidierten. Wie Ulrike Harmat an anderer Stelle argumentiert hat, zeigte der Staatsapparat „consideration for the laws of the tolerated religions, but only where they appeared to be consistent with its own views and purposes."[82] Immerhin enthielt das habsburgische Eherecht zugleich spezifisch religiöse und zivilrechtliche Bestimmungen für die Scheidung von Juden und Protestanten, während es Katholiken die Scheidung aufgrund des katholischen Kirchenrechts versagte.[83]

Rachele Morschene Luzzattos Zivilscheidung hilft dabei, die Vorteile, Mehrdeutigkeiten und Probleme zu erhellen, die durch das staatliche Eingreifen in Eheschließung und Scheidung nach jüdischem Religionsrecht hervorgerufen wurden. An der Schnittstelle von privater und öffentlicher Sphäre stellt der hier untersuchte Ausschnitt aus ihrem Leben ein instruktives Kapitel in der Geschichte der jüdischen Frauen und der jüdischen Emanzipation dar. Es macht das Potential deutlich, welches der moderne Staat – in diesem Fall ein aufgeklärt-absolutistischer Reformstaat des späten 18. Jahrhunderts – besaß, um die persönliche Emanzipation einer Frau zu ermöglichen.[84] Es zeigt auch, dass die öffentliche oder rechtliche Emanzipation – die Neustrukturierung der Beziehungen zwischen Staat, jüdischer Gemeinde und jüdischen Individuen – notwendigerweise auch ein erneutes Austarieren des staatlich-bürgerlichen und des Jüdischen Rechts beinhaltete. Auf dem Gebiet des Eherechts und seiner praktischen Umsetzung bedeutete die Emanzipation nicht automatisch den vollständigen Ersatz des Religions- durch das Zivilrecht, sondern eher einen komplexen Prozess, in dem ein Rechtssystem dem anderen übergestülpt wurde. Beide wurden zusammengespannt, mit weitreichenden Konsequenzen für das Leben der Juden in der privaten wie der öffentlichen Sphäre.

---

82 *Harmat,* Divorce (Anm. 5), 73 – 4.

83 *Harmat,* Divorce (Anm. 5), 70; Dezza, Lezioni (Anm. 5), 153 – 155; *Flossmann,* Österreichische (Anm. 3), 83, 85; *Annamaria Galoppini,* Profilo storico del divorzio in Italia, in: Commentario sul divorzio, hrsg. v. Pietro Rescigno, Milan 1980, 2 – 14, von 1 – 73.

84 *Heide Wunder,* „Er ist die Sonn', sie ist der Mond." Frauen in der Frühen Neuzeit, München 1992, 256 – 7, behauptet, daß Frauen erhebliche Rechte in den ständischen, spätabsolutistischen Gesellschaften Preußens und der Habsburgermonarchie erlangten; vgl. *Hull,* Sexuality (Anm. 61).

Recht und Rechtspraxis im Zeitalter der Aufklärung am Beispiel der Taufe jüdischer Kinder

Von *Dagmar Freist*, Oldenburg

Einleitung

Gewissensfreiheit oder Glaubenszwang, dieser Gegensatz in der rechtlichen Bewertung strittiger Taufen jüdischer Kinder in der zweiten Hälfte des 18. Jahrhunderts scheint im Widerspruch zu den Grundideen eines Zeitalters zu stehen, in dem sich Vorreiter und Protagonisten der Aufklärung wie John Locke, Gottfried Wilhelm Leibniz, Christian Thomasius, Christian Wolff oder Moses Mendelssohn für religiöse Toleranz aussprachen. Die Taufe jüdischer Kinder gegen den Willen der Eltern, waren sie nun Folge einer freiwilligen Entscheidung der Kinder oder von Zwangsmaßnahmen, verstießen nicht nur gegen den Toleranzgedanken, sondern auch gegen das auf dem Reichstag zu Augsburg 1530 fixierte reichsrechtliche Verbot, unmündige jüdische Kinder gegen den Willen der Eltern zu taufen.[1] Dennoch wurde die Taufe jüdischer Kinder im Hochstift Speyer und in der Kurpfalz in den 1760er Jahren wortreich vor Gericht verteidigt. Welcher rechtlichen und theologischen Argumente sich die beteiligten Rechtsparteien bedienten und wie sich die widersprüchlichen Positionen zu den Maximen der Aufklärung respektive der Historiographie über das Verhältnis der Aufklärer zum Judentum verhielten, steht im Mittelpunkt des folgenden Beitrags.

Nicht zu unrecht wurde Gotthold Ephraim Lessings Ringparabel *Nathan der Weise* (1779), die nahezu zeitgleich erschien mit Christian Wilhelm Dohms Schrift *Über die bürgerliche Verbesserung der Juden* (1781) und Moses Mendelssohns *Jerusalem oder Über religiöse Macht und Judentum* (1783), als ein poetisches Toleranzedikt gefeiert. Alle drei Werke waren das Produkt eines jüdisch-christlichen Dialogs im letzten Drittel des 18. Jahrhunderts, der die private Sphäre der Freundschaft transzendierte und in einen polyphonen, öffentlich geführten theologischen, politischen und philosophischen Diskurs über Toleranz einstimmte. Getragen war die Idee religiöser Toleranz von jener der Existenz Gottes als allgemeine und beweis-

---

1 *Manfred Agethen*, Bekehrungsversuche an Juden und Judentaufen in der Frühen Neuzeit, in: Aschkenas 1 (1991), 65–94, 72 f.

bare ‚ewige Wahrheit' der Natürlichen Religion und der Vernunft jedes denkenden Subjekts, unabhängig von seiner Religionszugehörigkeit.

Dieses Bild freundschaftlich geführter Toleranzgespräche hatte allerdings Risse. 1711 war posthum die bis in das 20. Jahrhundert beachtete antijüdische Schrift *Entdecktes Judentum* des Heidelberger Orientalisten Johann Andreas Eisenmenger erschienen.[2] Eisenmenger entwickelte mit dem Anspruch großer Gelehrsamkeit eine wissenschaftliche Begründung des historisch tradierten negativen Judenbildes und trug damit zur Legitimierung des Judenhasses bei. Am Ende plädierte er für die Missionierung und Bekehrung der Juden zur Wahrheit des christlichen Glaubens. In der Literatur des 18. Jahrhunderts wurde der Typus des ‚edlen Juden' geschaffen, eines Juden, der sein ‚Jüdisch sein' zu überwinden vermochte.[3] In Lessings Frühwerk *Die Juden* (1749/1754) tritt der einzige Jude des Stückes unerkannt als Reisender auf und widerlegt durch sein Verhalten alle antijüdischen Vorurteile seiner christlichen Umwelt. Als sich der Reisende schließlich zu erkennen gibt, ruft sein christlicher Diener: „Nein, der Henker! Es gibt doch wohl auch Juden, die keine Juden sind".[4] Mendelssohn, die Leitfigur der Haskala und gleichzeitig treuer Anhänger des jüdischen Glaubens, wurde in der zeitgenössischen Auseinandersetzung zu der Feststellung provoziert: Auch Juden sind Menschen.[5] 1769 erreichten die Kontroversen einen Höhepunkt mit der öffentlich an Mendelssohn gerichteten Aufforderung zur Konversion durch den Züricher Theologen Johann Caspar Lavater.[6]

Waren diese und vergleichbare Ressentiments und Zeichen christlichen Überlegenheitsgefühls im Zeitalter der Aufklärung Nachklänge aus verblassenden Epochen? Oder war die aufgeklärte Toleranzdiskussion geprägt von tief sitzenden religiösen Vorurteilen und dem Festhalten an dem Wahrheitsanspruch der eigenen Konfession, den es unter Gebrauch der Vernunft zu erkennen galt? Was war der Kern der Toleranz, über die hier gestritten wurde? Für viele christliche Aufklärer war Judesein und Judebleiben unvereinbar mit der Aufklärung. „Nach ihrer in einer jahrhundertealten Tradi-

---

2 *Johann Andreas Eisenmenger,* Entdecktes Judentum oder Gründlicher und wahrhaffter Bericht, Königsberg 1711.

3 *David Sorkin,* Jews, the Enlightenment and Religious Toleration – Some Reflections, in: Leo Baeck Institute Year Book (1992), 3–16, 8; *Klaus L. Berghahn,* Grenzen der Toleranz. Juden und Christen im Zeitalter der Aufklärung, Köln/Weimar/Wien 2001, 69–82.

4 *Gotthold Ephraim Lessing,* Die Juden, in: ders., Ausgewählte Werke in drei Bänden, hrsg. v. Hugo Göring, Bd. 2, 235–283; hier 22. Auftritt, 283.

5 Siehe hierzu *K. Berghahn,* Grenzen der Toleranz (Anm. 3), 56.

6 1769 hatte der Züricher Theologe Johann Caspar Lavater (1741–1801) Moses Mendelssohn öffentlich zum Übertritt zum Christentum aufgefordert. Die Haskala forderte die Aufklärung der Juden als Juden ohne Selbstaufgabe der jüdischen Identität, ohne Taufe oder Selbstverleugnung der jüdischen Herkunft und Traditionen.

tion des christlichen Antijudaismus vorgeprägten Überzeugung konnte aufgeklärt nur der Jude als Mensch werden, der Jude als Jude nicht."[7] Diese Grundgedanken finden sich auch in dem später verfassten zweiten Teil von Dohms Schrift, in dem er sein Anliegen, die Juden „zu besseren Menschen und Bürgern" zu machen mit der Forderung weit reichender sozialer und religiöser Assimilationsleistungen der Juden verknüpft: „Die Synagoge wird nach dem Staat sich bequemen müssen."[8] Dem setzte die Haskala den Anspruch entgegen, „sich in der europäischen Aufklärung als Aufklärer zu behaupten und zugleich Jude zu bleiben und das Judentum zu verteidigen".[9]

Die wissenschaftliche Auseinandersetzung mit dem Toleranzbegriff des 18. Jahrhunderts hat sich fast ausschließlich auf die Schriften der jüdischen und christlichen Protagonisten dieser Debatte konzentriert, wie zuletzt Christoph Schulte in seinem Buch ‚Die jüdische Aufklärung'. Die Frage nach den praktischen Auswirkungen eines so kontrovers verstandenen Toleranzbegriffs im Alltag christlich-jüdischen Zusammenlebens jenseits der Verfolgung der Juden ist dagegen fast völlig vernachlässigt worden. Wie sich dieses angesichts des vielfältigen Drucks der christlichen Umwelt auf die jüdischen Gemeinden und angesichts der sozialen und kulturellen Heterogenität der jüdischen Gesellschaft gestalten und über formale Geschäftsbeziehungen, Vermittlungsbemühungen von Judenvorstehern und jüdischen Korporationen hinausgehen konnte, ist für die Frühe Neuzeit erst in Ansätzen erforscht worden.[10] Generell hat sich das Forschungsinteresse jedoch von den lange vorherrschenden Themen der Vertreibung der Juden und den normativen Bedingungen jüdischer Existenz hingewandt zu der Analyse von jüdischer Kultur und Alltagserfahrung.[11] Der erst jüngst von der Forschung intensivierte Blick auf Berührungspunkte zwischen jüdischen und christlichen Lebenswelten hat auf eindrucksvolle Weise gezeigt, dass es im alltäglichen Miteinander zwischen Juden und Christen vielfältige Formen der Begegnung gab, die spannungsfrei und selbstverständlich waren.[12] Be-

---

7 *Christoph Schulte,* Die jüdische Aufklärung, München 2002, 28.

8 Ebd., 178; vgl. auch *D. Sorkin,* Jews (Anm. 3), 8 f.

9 Ebd., 29.

10 Vgl. einführend *Ronnie Po-chia Hsia / Hartmut Lehmann* (Hrsg.), In and out of the Ghetto. Jewish-Gentile relations in medieval and early modern Germany, Cambridge 1995; sowie exemplarisch für jüngere Arbeiten *Claudia Ulbrich,* Shulamit und Margarete. Macht, Geschlecht und Religion in einer ländlichen Gesellschaft des 18. Jahrhunderts (Aschkenas-Beiheft, 4), Wien / Köln / Weimar 1999 und *Sabine Ullmann,* Nachbarschaft und Konkurrenz. Juden und Christen in Dörfern der Markgrafschaft Burgau 1650 bis 1750, Göttingen 1999.

11 *Dagmar Freist,* Alltagsgeschichte der Juden: In Search of New Approaches to Jewish History, in: German History 7 (1989), 248 – 253.

12 Vgl. *R. Po-chia Hsia / H. Lehmann,* In and out of the Ghetto (Anm. 10); *C. Ulbrich,* Shulamit und Margarete (Anm. 10); *S. Ullmann,* Nachbarschaft und Konkurrenz (Anm. 10).

rührungspunkte unterschiedlichster Art gab es sowohl zwischen den Ärmsten der Armen[13], der Landbevölkerung[14], städtischen Einwohnern[15], und vor allem am Hof durch den Aufstieg der Hoffaktoren nach 1648, die gemeinhin als die Wegbereiter der ‚Emanzipation' der Juden angesehen werden.[16] Über den Grad von Integration und Segregation jüdischer und christlicher Lebenswelt im Verlauf der Frühen Neuzeit ist sich die Forschung nach wie vor uneins.[17] Unabhängig von den vielfältigen Überschneidungen beider Lebenswelten im Alltag, die wechselseitige Grundkenntnisse über Gewohnheiten, Gebräuche und Religionsgesetze mit sich brachten, waren antijüdische Stereotype in Krisenzeiten jederzeit abrufbar.[18] Der Antijudaismus bildete gewissermaßen eine kulturelle Grundierung der christlichen Gesellschaft, die in spezifischen historischen Kontexten gezielt durch neue Farbgebung akzentuiert und belebt werden konnte.

Welche Bedeutungsinhalte hatte Toleranz in dieser religiösen und gesellschaftlichen, von Vorurteilen und Veränderungswillen geprägten Gemengelage christlich-jüdischen Zusammenlebens im 18. Jahrhundert? Dieser Frage soll am Beispiel des rechtlichen Umgangs mit – für das Zeitalter der

---

13 Vgl. *Rudolf Glanz,* Geschichte des niederen jüdischen Volkes in Deutschland. Eine Studie über historisches Gaunertum, Bettelwesen und Vagantentum, New York 1968, 85 ff.; *Yakov Guggenheim,* Meeting on the Road. Encounters between German Jews and Christians on the Margins of Society, in: In and out of the Ghetto, hrsg. v. R. Hsia / H. Lehmann, (Anm. 10), 125 – 136.

14 Vgl. die Beiträge in *Monika Richarz / Reinhard Rürup* (Hrsg.), Jüdisches Leben auf dem Lande (Schriftenreihe wissenschaftlicher Abhandlungen des Leo Baeck Instituts, 56), Tübingen 1997.

15 Vgl. *Robert Jütte,* Jewish Physicians and Their Christian Patients, in: In and out of the Ghetto, hrsg. v. R. Hsia / H. Lehmann (Anm. 10), 137 – 150.

16 *J. Friedrich Battenberg,* Die Juden in Deutschland vom 16. bis zum Ende des 18. Jahrhunderts (Enzyklopädie Deutscher Geschichte, 60), München 2001, 112; *ders. / Rotraud Ries,* (Hrsg.), Ökonomische Potenz und Interkulturalität. Bedeutungen und Wandlungen der mitteleuropäischen Hofjudenschaft auf dem Weg in die Moderne, Wien u. a. 2002.

17 *Ders.,* Zwischen Integration und Segregation. Zu den Bedingungen jüdischen Lebens in der vormodernen christlichen Gesellschaft, in: Aschkenas 6 (1999), 421 – 454. Die in jüngster Zeit wiederholt geäußerte Kritik an der vorherrschenden christlichen Perspektive auf die jüdische Geschichte weist auf methodische Probleme bei der Erforschung jüdischer Geschichte in der Frühen Neuzeit hin, vor allem aufgrund der Schwierigkeit, Quellen jüdischer Provenienz heranziehen und auswerten zu können. Vgl. *Stefan Rohrbacher,* Medinat Schwaben. Jüdisches Leben in einer süddeutschen Landschaft in der Frühneuzeit, in: Judengemeinden in Schwaben im Kontext des Alten Reichs, Berlin 1995, 80 – 109, 80 f. sowie die Einleitung in *S. Ullmann,* Nachbarschaft (Anm. 10), 26.

18 Deutlich wird dies unter anderem an der Bereithaltung koscheren Geschirrs und Speisen in Wirtshäusern, dem Aufgabenbereich christlicher Sabbathmägde in jüdischen Haushalten oder der Sicherstellung der Versorgung jüdischer Häftlinge mit koscherer Nahrung. Zu diesem Thema siehe auch den Beitrag von Siegrid Westphal in diesem Band.

Aufklärung – zunächst ungewöhnlich anmutenden Taufakten und Zwangskonversionen jüdischer Kinder zum Katholizismus nachgegangen werden. Die Fragen der Gewissensfreiheit, des Glaubenszwangs und der elterlichen Rechte über ihre Kinder haben sich anlässlich dieser umstrittenen Taufhandlungen in ungewöhnlicher Dichte in theologischen Gutachten, jüdischen Bittschriften, Zeugenbefragungen und rechtlichen Stellungnahmen niedergeschlagen.

Nach einer kurzen allgemeinen Skizze zum jüdischen Leben im 18. Jahrhundert sollen im Folgenden die Umstände dieser Taufakte und Bekehrungsversuche nachgezeichnet und in den historischen Kontext des Bedeutungswandels von Judentaufen gestellt werden. Im Mittelpunkt werden zwei rechtliche Argumentationsstränge stehen. Zum einen geht es um die vor Gericht vorgebrachte theologische und politische Rechtfertigung dieser Kindertaufen als ein Gebot des Seelenheils und als ein Ausdruck von Gewissensfreiheit. Zum anderen geht es um das Verhältnis dieser Rechtfertigungsversuche zum Vorwurf des Glaubenszwangs, zu den bürgerlichen und natürlichen Rechten der Juden und vor allem zur väterlichen Gewalt über unmündige Kinder. Abschließend werden die aufgezeigten Argumentationsmuster, die in der Rechtspraxis Anwendung fanden, rückbezogen auf die eingangs skizzierten Facetten des aufgeklärten Toleranzbegriffs.

Grundzüge der jüdischen Gesellschaft im 18. Jahrhundert

Die Zusammensetzung der jüdischen Gesellschaft im 18. Jahrhundert zeichnet ein Bildnis sozialer Extreme. An der Spitze standen die Hoffaktoren im Dienst eines Fürsten, die sich aufgrund rechtlicher Sonderregelungen und des oftmals beträchtlichen Reichtums von der Masse der Schutzjuden abhoben. Trotz ihrer herausgehobenen Stellung hielten sie enge Verbindungen zur jüdischen Gemeinde und bekleideten oftmals die einflussreichsten Ämter.[19] Am anderen Ende der sozialen Skala befand sich die Masse der völlig verarmten Juden. Von der Lebenssituation seiner Glaubensbrüder und der Anspannung aufgrund ständiger rechtlicher und sozialer Unsicherheit durch befristete Aufenthaltsgenehmigungen und Einschränkungen im Kampf um das tägliche Brot, lieferte der Mannheimer Arzt Elkan Isaac Wolf ein trauriges Zeugnis:

> „Das beständige Nachsinnen auf den Lebensunterhalt, das marternde Schröckbild der durch das Alter abnehmenden Lebenskräfte, die schwer fallenden Auflagen und Beiträge sind jene Plagen, welche den Nerven unendlich nachteilig sind. Da-

---

19 Nach der grundlegenden, wenn auch nicht unumstrittenen Arbeit von Heinrich Schnee zu Hoffaktoren weckte das Thema in den letzten Jahren erneut das Interesse der Forschung, *Heinrich Schnee,* Die Hoffinanz und der moderne Staat, 6 Bde., Berlin 1953–67. Vgl. *F. Battenberg / R. Ries,* Ökonomische Potenz (Anm. 16).

her entsteht die beständige Unruhe ihrer Seelenkräfte, so dass man Juden bemerket, welche sich allerhand Gesichter und Gebärden angewöhnen, mit sich reden und dergleichen mehr."[20]

Es war nicht zuletzt der rasante Verarmungsprozess der Juden seit 1648 und die zunehmende politische Brisanz der Ausweisung von Juden in „Bettelschüben" von Land zu Land, die den Ausschlag gaben für erste Forderungen nach verbesserten Lebens- und Arbeitsbedingungen für jüdische Glaubensangehörige in der zweiten Hälfte des 18. Jahrhunderts.[21] Reformvorschläge wie die Christian Wilhelm Dohms waren getragen von der politischen und wirtschaftlichen Notwendigkeit, die soziale Integration der Juden zu ermöglichen.[22] War die Wiederansiedlung der Juden in einigen deutschen Territorien zu Beginn der Aufklärung motiviert von merkantilen und utilitaristischen Erwägungen und weniger Ausdruck aufklärerischer Ideen über universale Menschlichkeit, so waren spätere Plädoyers für eine Erleichterung jüdischer Lebensbedingungen gekennzeichnet von einer ausgesprochen ambivalenten Haltung der Aufklärer zu den Juden.[23] Die Voraussetzung für Toleranz und Emanzipation der Juden waren nach Dohm ihre ‚Verbesserung', verstanden als Überwindung umweltbedingter, als negativ deklarierter Verhaltensweisen und als Anhebung ihres gesellschaftlichen Status.[24]

In eine ähnliche Richtung argumentierten zwei kurpfälzische Regierungsräte, von Lamezan und von Weiler, in einer *Vota particularia* 1776, mit der sie auf jüdische Gravamina reagierten. Einleitend rechtfertigten die Verfasser die Ausgrenzung der Juden mit altbekannten Stereotypen, namentlich mit dem Vorwurf ihres „mit denen Grund Sätzen der Rechtschaffenheit nicht übereinstimmenden Weesens", ihres Hangs zum Wucher und ihrer „zum Teil auf eben dieser Religion beruhenden Unsauberkeit".[25] Die Exis-

---

20 Zitiert nach *Karl Otto Watzinger,* Geschichte der Juden in Mannheim 1650–1945, Stuttgart 1987, 23.

21 *F. Battenberg,* Juden in Deutschland (Anm. 16), 47.

22 *Christian Wilhelm Dohm,* Über die bürgerliche Verbesserung der Juden, Berlin / Stettin 1781–1783. Vgl. auch *Ferdinand Rudolph Christoph David Schazmann,* Patriotische Gedanken über den Zustand der Juden überhaupt, vorzüglich der Judenschaft in der Reichsstadt Friedberg, Frankfurt 1788. Zu Friedberg *Thomas Kollatz,* Zum Umgang mit jüdischer Armut im 18. Jahrhundert am Beispiel Friedbergs. Wege der Tradition und Wege der Aufklärung, in: Menora. Jahrbuch für deutsch-jüdische Geschichte (1996), 299–323.

23 *D. Sorkin,* Jews (Anm. 3), 3–16, 5 und 8 f.

24 Ebd., 8–9. Vgl. auch *Reuven Michael,* Die antijüdische Tendenz in Christian Wilhelm von Dohms Buch ‚Die Bürgerliche Verbesserung der Juden', in: Bulletin des LBI 77 (1987), 12–48.

25 *Vota particularia* der Reg.-Räte Weiler und Lamezan zum Reg.-ber. Ad Ser., (1776) Generallandesarchiv Karlsruhe (GLA) 77 / 3035. Vgl. *Stefan Mörz,* Aufgeklärter Absolutismus in der Kurpfalz während der Mannheimer Regierungszeit des Kurfürsten Karl Theodor (1742–1777), Stuttgart 1991, 344.

tenzberechtigung der Juden in einer christlichen Gesellschaft gründe sich allein auf ihre Funktion, die christliche Religion zu festigen. In einem weiteren Abschnitt hieß es dann allerdings:

> „da es einmahl hart wäre, ganze Familien auser Land zu jagen, und in den Bettel-Staab zu bringen; da endlich die einmahl angenommenen Cameral-Principien deren Austilgung nicht zulassen; so wünschte ich sehr, dass man diesen Leuten einen sicheren Stand in dem Staat zudencken und nicht ihre ganze Constitution auf den einzigen Wucher, wie bishero geschehen, bauen müsste."[26]

Juden müssten beispielsweise in die Lage versetzt werden, so die Vorschläge der Regierungsräte, ein bäuerliches Anwesen erwerben und verschiedene Berufe ergreifen zu können. Diese Forderungen verhallten in der Kurpfalz allerdings noch ungehört. Karl Theodor wies 1771 die Bitte nach Beteiligung von Juden an einem Bergwerksunternehmen wegen der Gefahr der Übervorteilung der anderen Beteiligten zurück.[27] Eine vergleichbare Diskrepanz zwischen letztendlich intoleranter Judenpolitik des Landesherren Mitte des 18. Jahrhunderts und Teilen seiner eher von aufklärerischen Ideen geprägten Beamtenschaft lässt sich in Preußen unter Friedrich dem Großen beobachten.[28] So schrieb der Geheime Finanzrat Manitius bereits 1745, dass „infolge der täglich sich vertiefenden aufklärenden Einsicht niemand mehr so einfältig sein könne, wegen verschiedenartiger religiöser Meinungen und Begriffe ‚das odium religionis' noch zu billigen und einer ganzen Nation deshalb die Toleranz, den Schutz und die Menschenrechte zu versagen."[29]

Neben den sozialen Extremen und der fortbestehenden wirtschaftlichen Einschränkung war die Situation der Juden gekennzeichnet von der zunehmenden Einschränkung jüdischer Autonomie durch die christliche Obrigkeit bei gleichzeitigen Bestrebungen, die innerjüdische Organisation einer effizienten Steuereintreibung wegen aufrecht zu erhalten.[30] In der Kurpfalz, einem der beiden Schauplätze von Taufen jüdischer Kinder gegen den Willen der Eltern, wurde im Zuge von Beschränkungen der jüdischen Selbstverwaltung im Verlauf des 18. Jahrhunderts die Zivilgerichtsbarkeit der Juden begrenzt. Die innerjüdische Rechtsprechung in Zivilklagen wurde auf die erste Instanz und auf die unbedeutenderen Rechtsfälle beschränkt.[31] Allerdings bewirkte eine Neustrukturierung der jüdischen

---

26 Ebd.

27 Ebd., 345.

28 *Peter Baumgart,* Die jüdische Minorität im friderizianischen Preußen, in: Neue Forschungen zur brandenburg-preußischen Geschichte, Bd. 2, hrsg. v. Oswald Hauser (Vorträge und Studien zur preußisch-deutschen Geschichte), Köln 1983, 1–20, 15.

29 Zitiert nach *Selma Stern,* Der preußische Staat und die Juden. Dritter Teil, 1. Darstellung, Tübingen 1971, 19.

30 *Andreas Gotzmann,* Strukturen jüdischer Gerichtsautonomie in den deutschen Staaten des 18. Jahrhunderts, in: Historische Zeitschrift 267 (1998), 313–356, 331.

Rechtsprechung, dass die interne zivile Gerichtsbarkeit, wenn auch „auf niedrigem Niveau" gefestigt werden konnte.[32] In der religiösen Gerichtsbarkeit, die den Juden als Teil ihrer Privilegien zugesichert war, deuteten sich ebenfalls Eingriffe in die jüdische Autonomie an. Juden erhielten ausdrücklich das Recht, gegen die Urteile jüdischer Gerichte an christliche Gerichte zu appellieren. Im Sinne der Aufklärung sollten Juden nach Aussage kurpfälzischer Regierungsbeamter „von der despotischen Beherrschung ihrer Rabbiner" befreit werden, eine Äußerung, die in den Chor der Kritiker rabbinischer Gerichtsbarkeit im 18. Jahrhundert einstimmte.[33] Jüdischen Gerichten schien es allerdings zu gelingen, die externen Regelungen zu unterwandern, „indem sie die Möglichkeit der Überweisung eines Falles an ein christliches Gericht bereits intern verhinderten."[34] Gleichzeitig forderten Juden erfolgreich die Anerkennung der Halacha[35] bei religiösen Delikten durch die staatliche Berufungsinstanz.[36] Neben dem Berufungsrecht, von dem allerdings im 18. Jahrhundert wenig Gebrauch gemacht wurde, versuchte die kurpfälzische Regierung in der zweiten Hälfte des 18. Jahrhunderts, innerjüdische Belange gesetzlich zu reglementieren. Das Heiratsalter der Juden wurde unter Verletzung des jüdischen Brauchs auf 20 Jahre hinaufgesetzt.[37] Eheverträge und Inventare sollten bei Strafe und unter Verlust des Schutzes in deutscher Sprache und in Anwesenheit der christlichen Obrigkeit abgefasst werden. Die Forderung nach Führung der Handelsbücher auf Deutsch aus dem Jahre 1741 wurde wiederholt.[38] Die christliche Obrigkeit behielt sich vor, die von den Vorstehern der Juden vorgeschlagenen Vormünder zu bestätigen oder andere zu bestimmen. Vorab musste vor allem bei wohlhabenden Juden im Beisein eines christlichen Richters ein Inventar in deutscher Sprache abgefasst werden.[39] Schließlich wurden die Bedingungen für die Aufenthaltsgenehmigung verschärft, die Zahlungen erhöht und im Detail die Abgaben für verschiedene Statusgruppen festgelegt. Die wachsende Last der Abgaben und die sofortige Ausweisung zahlungsunfähiger Juden verschlechterte die Situation für den überwiegenden Teil der jüdischen Bevölkerung, auch wenn die kurpfälzische Konzession nicht mit den Härten des ‚Revidierten Generalprivilegiums und Reglements' von

---

31 Ebd.

32 Ebd., 347.

33 Zitiert nach ebd., 332; Vgl. auch *Erläuterung der Concession für die Judenschaft der Stadt Mannheim,* 1765. GLA Zc 1014, § 11.

34 Ebd., 332.

35 Begriff, der das gesamte ‚gesetzliche' System des Judentums umfasst.

36 Ebd., 327.

37 *Erläuterung der Concession für die Judenschaft der Stadt Mannheim,* 1765. GLA Zc 1014, § 13

38 Ebd. § 12.

39 Ebd.

1750 in Preußen vergleichbar war.[40] Ob diese Einschränkungen allein Ausdruck eines „deutlich stärkere[n] Zugriffs des absolutistischen Staates auf alle autonomen Körperschaften" war, wie es Stefan Mörz für die Kurpfalz formulierte, oder eher Ausdruck einer staatlicherseits zunehmend erzwungenen Anpassung der Juden an die nichtjüdische Gesellschaft, ihre Gesetze und Normen darstellte, gilt es noch zu überprüfen.[41] Die wenigen Studien, die für Juden in Mannheim und in der Kurpfalz vorliegen, bestätigen das Bild einer Verschlechterung jüdischer Lebensbedingungen im Verlauf des 18. Jahrhunderts aufgrund von Verarmung, untragbaren Abgabelasten und Einschränkungen der jüdischen Autonomie. Parallel dazu blieb die herausgehobene Stellung einer kleinen wohlhabenden jüdischen Oberschicht bestehen.

Das obrigkeitliche Handeln gegenüber den Juden war geprägt von wirtschaftlichen Interessen, auch wenn vereinzelt die Einsicht für eine Verbesserung jüdischer Lebensbedingungen durchklang, soweit – aus Sicht von Nichtjuden – die Voraussetzungen auf jüdischer Seite gegeben waren. Entscheidend für diesen gedanklichen Prozess – und damit wird nun aus anderer Perspektive an die einleitenden Bemerkungen angeknüpft – war die Vorstellung, dass die Juden ‚verbesserungsfähig' waren.

Im Zeitalter der Aufklärung wurde die bis in das 16. Jahrhundert zurückreichende Vorstellung von der Verderbnis der Juden als Teil ihrer Natur, die selbst durch Taufe nicht mit Sicherheit überwunden werden konnte, konfrontiert mit einer anderen Sichtweise, die eine Grenzüberschreitung der Juden von der jüdischen Kultur und Religion in die christliche für wünschenswert und vor allem für möglich hielt.[42] Das Verhältnis der großen Konfessionskirchen zu der Frage der Taufe von Juden in der Frühen Neuzeit war durchweg ambivalent. Der Taufbefehl Jesu (Mt. 28,19 und Luk. 14,23) sowie die biblische Verheißung von der endzeitlichen Bekehrung der Juden (Röm. 11,25) wurden zur Legitimation christlicher Zwangsbekehrungen von

---

40 Zu Preußen vgl. *Julius H. Schoeps,* Aufklärung und Judenemanzipation, in: Humanismus und Naturrecht in Berlin / Brandenburg-Preußen. Ein Tagungsbericht, hrsg. v. Hans Thieme, (Veröffentlichungen der Historischen Kommission zu Berlin, 48), Berlin 1979, 177 – 181 und *Mordechai Breuer,* Frühe Neuzeit und Beginn der Moderne, in: Deutsch-jüdische Geschichte in der Neuzeit, Bd. 1: Tradition und Aufklärung 1600 – 1780, hrsg. v. Michael A. Meyer / Michael Brenner, München 1996, 85 – 247, 145.

41 *S. Mörz,* Aufgeklärter Absolutismus (Anm. 25), 342.

42 Zu dieser Thematik sowie antisemitischen (im Unterschied zum Antijudaismus) Grundhaltungen bereits in der Frühen Neuzeit vgl. *Rainer Walz,* Der vormoderne Antisemitismus. Religiöser Fanatismus oder Rassenwahn?, in: Historische Zeitschrift 260 (1995), 719 – 748; kritisch zu der Sichtweise von Walz *J. Friedrich Battenberg,* Antisemitismus als ‚kultureller Code' in der deutschen Geschichte. Anmerkungen zu Elementen einer antijüdischen Denkweise, in: Der Aufklärung zum Trotz. Antisemitismus und politische Kultur in Deutschland, hrsg. v. Doron Kiesel / Leonore Siegele-Wenschkewitz, Mainz 1998, 15 – 51, 28.

Juden durch Zwangspredigten und Zwangstaufen bis in die Frühe Neuzeit herangezogen.[43] Gleichzeitig hielt sich das Bild der Bosheit und Verstocktheit der Juden als natürliches Wesensmerkmal, das die Erfolglosigkeit der Judenmission erklärte[44] und die Aussichten auf erfolgreiche Bekehrung immer wieder in Frage stellte.[45] Durch die Vorstellung einer Vernunft geleiteten Weiterentwicklung der Juden zu ‚Juden, die keine Juden waren', um noch einmal mit Lessing zu sprechen, wurde die Taufe im Verlauf des 18. Jahrhunderts „zum Symbol dieses Übertritts von einem Kulturbereich in einen anderen".[46] Damit waren aus christlicher Perspektive grundsätzlich die gedanklichen Voraussetzungen für die Emanzipation der Juden unter der Bedingung der Überwindung ihres Jüdischseins geschaffen. Wieweit diese Vorstellungen die Taufe jüdischer Kinder und Bekehrungsversuche in der Kurpfalz und im Hochstift Speyer im 18. Jahrhundert, um die es im folgenden gehen soll, und ihre theologische und politische Rechtfertigung beeinflussten, wird Thema des folgenden Abschnitts sein.

Taufe und Zwangskonversionen jüdischer Kinder im 18. Jahrhundert aus theologischer und rechtlicher Perspektive

Im Jahre 1762 stieß der Phillipsburger Kaplan Sebastian Schaffer in den Unterlagen seines verstorbenen Vorgängers auf eine Notiz über einen „wunderlichen Tauf-actus [...] welcher zwischen einem Christen und Juden Mägdlein daselbst arrivieret seyn solle". Das Datum der Taufe war der 18. Oktober 1761.[47] Der Kaplan informierte umgehend den Fürstbischof zu Speyer, Kardinal Franz Christoph Reichsfreiherr von Hutten.[48] Von dort erging die Anweisung an den geistlichen Rat Käpplein zu Wiesental, durch Einsatz einer Kommission die genauen Umstände der Taufhandlung in Er-

[43] *Jacob Katz,* Vom Vorurteil bis zur Vernichtung. Der Antisemitismus 1700–1933, München 1989, 140.

[44] *R. Walz,* Antisemitismus (Anm. 42), 736.

[45] *M. Agethen,* Bekehrungsversuche (Anm. 1), 65 und 70–71.

[46] *R. Walz,* Antisemitismus (Anm. 42), 744. Gemeint ist hier vor allem das verstärkte Bemühen der christlichen Konfessionen um die Bekehrung von Juden, die sich unter anderem auch im Pietismus niederschlägt und an der noch unter dieser Perspektive wenig untersuchten Politik von Waisenhäusern ablesen lässt. Das Konversionsverhalten vieler Juden im 19. Jahrhundert ist eine Reaktion auf veränderte gesellschaftliche und innerjüdische Rahmenbedingungen und ist hier nicht gemeint.

[47] Protocollum Commissionis Actum Philippsburg 10 Julii 1762 (Lit B), GLA 71/1526 (ohne Zählung) (Reichskammergerichtsakte).

[48] von Hutten (1706–1770) war 1744–1770 Fürstbischof von Speyer. Die Kardinalserhebung erfolgte 1760, die Publikation durch Papst Clemens XIII. am 23. 11. 1761. *Erwin Gratz* (Hg.), Die Bischöfe des Hl. Römischen Reiches 1648–1803, Berlin 1990, 199 f.

fahrung zu bringen und die beteiligten Kinder – neben den beiden erwähnten Mädchen war die jüngere Schwester des katholischen Mädchens anwesend gewesen – über die Umstände und den Verlauf der Taufe zu befragen. Das jüdische Mädchen war, so der weitere Wortlaut „sofern der Casus sich wahr befinden solte, von denen Jüdischen Eltern hinweg zu nehmen, und mit dem Amt zu überlegen, wo indessen dieses Mägdlein in Sicherheit zu bringen“ wäre.[49] Dem Ortspfarrer wurde anbefohlen, „dass er sowohl das Mägdlein, welche den Tauf-actum gethan, als auch das andere, welche demselben beygewesen durch seine Magd heimlich vorladen möge“.[50] Beide Mädchen, zum Zeitpunkt der Befragung dreizehn und fast elf Jahre alt, beantworteten die Frage „ob es wahr, dass sie ein Juden Mägdlein in ihrem haus getauft haben?“ positiv. Auf die Frage „wie sich solches zugetragen habe“ gibt das Protokoll eine auffallend ausführliche und flüssig formulierte Antwort des älteren Mädchens wider, die weder im Duktus, in der Begrifflichkeit noch in Bezug auf das angeführte Glaubenswissen auch nur annähernd vergleichbar ist mit anderen gerichtlichen Kinderbefragungen der Zeit, die bei Glaubenskonflikten durchgeführt wurden.[51]

Laut protokollarischer Niederschrift war das damals sieben Jahre alte jüdische Mädchen öfter in das Haus der christlichen Nachbarskinder gegangen und hatte ihnen beim Lesen des Katechismus zugeschaut. Als es von ihrem Kirchgang erfuhr, bat es, doch mit ihnen gemeinsam lernen zu dürfen und in den „nothwendigen Stücken“ unterwiesen zu werden. Die beiden Nachbarsmädchen entgegneten allerdings: „Du bisst eine Jüdin und kein Christ.“[52] Im Protokoll heißt es weiter: „Das Mägdlein aber sich mit diesen Worten nicht abwendig machen ließe, sondern mit heißer Begierde zu ihnen sagte: Nein, lehret mich doch, was ihr gelernt habt, ich will eine Christin werden.“ Darauf „hätten sie dieselbe gelehrt, wie sie das Creuz machen solle, ferner das Vatter unser, den englischen Gruß, den Glauben, die zehn Gebott Gottes, die fünft Gebott, wie viel Götter und Personen in der Gottheit seyen, wer sie erschaffen und erlößet, nebst denen übernatürlichen Tugen-

49 Protocollum Commissionis Actum Philippsburg 10 Julii 1762 (Lit B), GLA 71 / 1526 (ohne Zählung).

50 Ebd.

51 Vgl. für Beispiele von Kinderbefragungen vor Gericht aus Glaubensgründen vgl. *Dagmar Freist,* Religious Difference and the Experience of Widowhood in Early Modern Germany, in: Widows in Medieval and Early Modern Europe, hrsg. v. Sandra Cavallo / Lyndan Warner, London 1999; *dies.,* Zwischen Glaubensfreiheit und Gewissenszwang: Reichsrecht und der Umgang mit Mischehen nach 1648, in: Der Frieden – Rekonstruktion einer Europäischen Vision. 2 Bde., Bd. 2: Frieden und Krieg in der Frühen Neuzeit. Die europäische Staatenordnung und die außereuropäische Welt, hrsg. v. Ronald G. Asch u. a., München 2001, 294 – 322; *dies.,* One body, two confessions: mixed marriages in Germany, in: Gender in Early Modern German History, hrsg. v. Ulinka Rublack, Cambridge 2002, 275 – 305.

52 Protocollum Commissionis Actum Philippsburg (ohne Zählung).

den Glaub, Hofnung und Lieb, auf was mittels weis zur Seeligkeit nothwendig sey."[53] Auch die Schilderung der Taufe selbst „vor dem hauß altärlein bey angezündetem Waxstöcklein" so wie sie protokollarisch wiedergegeben wurde, zeugt von einer nicht nur für ein Kind, sondern generell für einen Laien ungewöhnlichen Detailkenntnis darüber, wie eine Taufhandlung nach katholischem Verständnis vollzogen werden musste. Gefragt, woher das Kind dieses Wissen habe, antwortete sie, sie habe dies „von dem Herrn Pfarrer in der Christen Lehr gehört".

An der Gültigkeit der Taufe bestand aus Sicht der Kommissionsmitglieder und des Geistlichen Rats zu Speyer kein Zweifel. Der Rat rechtfertigte fünf Jahre später die 1762 erfolgten Maßnahmen mit dem Argument, dass es „gar nicht rechtlich war, dass welches gestalten getaufte Mädchen ob periculum perversionis in deren Händen deren jüdischen Eltern zu belassen; daher solches mit einer Chaise durch ged. Herrn Commissarium anher verbracht und stattkundiger Dinge dahiesiger verwittibten Frau Amtskeller Althin in die Lehr und Kost anvertraut worden".[54] Auf Anordnung des Rats war die kleine Jüdin 1762, nachdem die Eltern unter einem Vorwand auf das Amtshaus zitiert und dort vorübergehend inhaftiert worden waren, von den Nachbarsmädchen in ihr Haus gerufen und von dort in einer Kutsche unter lautem Geschrei nach Bruchsal gefahren worden.[55]

Nach katholischem Verständnis war diese Vorgehensweise völlig legitim. Ein getauftes Kind war nach katholischem Kirchenrecht unwiderruflich der katholischen Kirche und ihren Geboten unterworfen, selbst dann, wenn die Taufe unter Zwang oder ohne Wissen und Zustimmung der Eltern erfolgt war. Das bedeutete, dass mit der Taufe auch die Pflicht zur katholischen Erziehung der Kinder unwiderruflich bestand und notfalls gegen den Willen der Eltern oder Angehöriger durchgesetzt werden musste. Auch wenn es in der Frühen Neuzeit in Deutschland zu keinen groß angelegten Zwangsbekehrungen von Juden kam, wie etwa auf der Iberischen Halbinsel im späten 15. Jahrhundert, und die Übertritte von Juden zum christlichen Glauben zahlenmäßig eher gering ausfielen[56], so gab es dennoch Leitlinien der großen Konfessionskirchen zur Judenmission. Die katholische Kirche setzte sich für die Bekehrung der Juden ein, lehnte jedoch offiziell Zwangsmaßnahmen bei der Bekehrung ab und gestattete ihnen die Ausübung ihres Kultes.[57] 1434 verabschiedete das Konzil von Basel Richtlinien für die

---

[53] Ebd.

[54] Copia geistlichen Raths Collegii Berichts, 16. März 1767, GLA 71/1526 (ohne Zählung).

[55] GLA 71/1526 (Bericht von Ferdinand Wilhelm Anton Helffrich, Advokat und Prokurator am Reichskammergericht und Verteidiger von Mordechai Oppenheimer in seiner Klage gegen den Bischof zu Speyer) 1768, fol. 1–2.

[56] *Johannes Graf* (Hrsg.), Judaeus Conversus. Christlich-jüdische Konvertitenautobiographien des 18. Jahrhunderts, Frankfurt a. M. u. a. 1996, 23.

kirchliche Praxis der Judenmission. Körperlicher Zwang bei der Bekehrung wurde verurteilt, allerdings empfahl das Konzil die regelmäßige Abhaltung von Zwangspredigten durch geeignete Theologen an bestimmten christlichen Sonn- und Feiertagen.[58] Papst Gregor XIII. zählte die Judenmission zu den besonderen Aufgaben der Päpste und versuchte 1584 in der Bulle ‚Sancta Mater Ecclesia' die Zwangspredigt für Juden in sämtlichen katholischen Gebieten durchzusetzen.[59] Luther hielt das Taufangebot an die Juden trotz aller Feindschaft aufrecht, obwohl er von der Verderbnis der Juden aufgrund ihrer Erziehung und ihrer biologischen Natur überzeugt war. Evangelische Landesherren hatten in Landesjudenordnungen ebenfalls das Mittel der Zwangspredigt zur Bekehrung der Juden angeordnet.[60] Die negative Einstellung gegenüber konvertierten Juden lebte unter evangelischen Theologen weiter fort.[61] Die Dunkelmännerbriefe im Konflikt zwischen Johannes Reuchlin und Johannes Pfefferkorn betonten die Unfähigkeit der Juden zur Bekehrung.[62] Aufgrund dieser ambivalenten Einstellung sahen sich getaufte Juden beständig dem Prüfstein ausgesetzt, die Wahrhaftigkeit ihrer Bekehrung unter Beweis stellen zu müssen, eine Prüfung, die vielleicht die besonders harten Anklagen von Konvertiten gegen ihre ehemaligen Glaubensgenossen erklärt.[63] Dass auch die einfache Bevölkerung ge-

---

57 *Kenneth Stow,* Alienated Minority. The Jews of Mediaval Latin Europe, Cambridge, Mass. 1992 und *ders.,* The Fruit of Ambivalence. Papal Jewry Policies over the Centuries, in: The Roman Inquisition, the Index and the Jews. Contexts, Sources and Perspectives (Studies in European Judaism, 9), hrsg. v. Stephan Wendehorst, Leiden 2004, 3–17.

58 *Willehad Paul Eckert,* Hoch- und Spätmittelalter, katholischer Humanismus, in: Kirche und Synagoge. Handbuch zur Geschichte von Christen und Juden. Darstellung mit Quellen, Bd. 1, hrsg. v. : Karl Heinrich Rengstorf / Siegfried von Kortzfleisch, Stuttgart 1968, 210–306, 247–250.

59 *Ders.,* Katholizismus zwischen 1589 und 1848, in: Kirche und Synagoge (Anm. 58), Bd. 2, Stuttgart 1970, hier 226 und 228.

60 Vgl. *J. Friedrich Battenberg,* Judenordnungen der Frühen Neuzeit in Hessen, in: 900 Jahre Geschichte der Juden in Hessen. Beiträge zum politischen, wirtschaftlichen und kulturellen Leben, hrsg. v. Kommission der Geschichte der Juden in Hessen, Wiesbaden 1983, 83–121.

61 Einleitung in *J. Graf,* Judaeus Conversus (Anm. 56), 45–46; *Martin Friedrich,* Zwischen Abwehr und Bekehrung. Die Stellung der deutschen evangelischen Theologie zum Judentum im 17. Jahrhundert (Beiträge zur historischen Theologie, 72), Tübingen 1988. Umfassend *Johannes Friedrich Alexander De LeRoi,* Die evangelische Christenheit und die Juden unter dem Gesichtspunkte der Mission geschichtlich betrachtet, 3. Bde., Karlsruhe / Leipzig 1884–1892.

62 *R. Walz,* Antisemitismus (Anm. 42), 734–735 f.

63 Ebd., 68–69; Einleitung in *J. Graf* , Judaeus Conversus (Anm. 56), 13–115. Vgl. auch *Hans-Martin Kirn,* Das Bild vom Juden im Deutschland des frühen 16. Jahrhunderts, dargestellt an den Schriften Johannes Pfefferkorns, Tübingen 1989. Zur Bewertung des ‚Taufjudentums' aus jüdischer Sicht allgemein: *Jüdisches Lexikon,* begründet von Georg Herlitz und Bruno Kirschner, 4 Bde, Bd. IV / 2, Berlin 1930, 876–885, 879–883.

wisse Vorbehalte gegenüber getauften Juden hegte, zeigen Verwarnungen von Pfarrern an ihre Gemeinde.[64] Erst mit dem Pietismus erlebte die protestantische Judenmission in Deutschland zu Beginn des 18. Jahrhunderts einen Aufschwung, doch auch hier blieb das negative Bild des ‚Taufjuden', wenn auch in abgeschwächter Form, bestehen.[65]

Unter ihren ehemaligen Glaubensgenossen waren ‚Taufjuden' ebenso verachtet[66], denn nach den jüdischen Sitten- und Religionsgesetzen war selbst eine vorgetäuschte Taufe in lebensbedrohlicher Situation nicht erlaubt.[67] Religionsgesetzlich blieb ein von einer jüdischen Mutter geborenes Kind Glied des Judentums, der getaufte Jude galt nach jüdischem Recht als Übertreter des Religionsgesetzes. Damit unterlagen ‚Taufjuden' beispielsweise in Erbschaftsangelegenheiten den Bestimmungen für Gesetzesleugner.[68] Dennoch gab es in der Frühen Neuzeit vor allem unter den Betteljuden das Phänomen der Scheintaufe und des Taufschwindels aus sozialer Not.[69] Ungeachtet aller Vorbehalte und der letztlich geringen Anzahl von Konvertiten fällt auf, dass sich katholische und evangelische Geistliche in der Frühen Neuzeit mit aller Sorgfalt um die Konversion einzelner Juden bemühten. Zu einer bevorzugten Gruppe gehörten dabei offensichtlich auch jüdische Kinder, um die es im Folgenden gehen soll.

Der Freiburger Humanist und Jurist Ulrich Zasius (1461 – 1535) urteilte in einem Rechtsgutachten zur Rechtmäßigkeit der Taufe entführter jüdischer Säuglinge und Kleinkinder, dass jüdische Kinder jeden Alters ihren Eltern weggenommen und gegen deren Willen getauft werden dürften.[70] Bereits 633 hatte das Konzil von Toledo angeordnet, geraubte jüdische Kinder zur christlichen Unterweisung in Klöster oder in die Obhut im Glauben gefestigter Katholiken zu geben.[71] Eine ähnliche Position vertrat Duns Scotus (1265 – 1308), den Papst Benedikt XIV. in Auseinandersetzung mit dieser Frage im 18. Jahrhundert zitieren sollte. Scotus, der nach Stationen in Cam-

---

64 *R. Walz,* Antisemitismus (Anm. 42), 735; *M. Friedrich,* Abwehr (Anm. 61), 39 und 76.

65 *J. Graf,* Judaeus conversus (Anm. 56), 22 – 31 und 46. Vgl. exemplarisch die Studie von *Martin Jung,* Die württembergische Kirche und die Juden in der Zeit des Pietismus 1675 – 1780, Berlin 1992; der das widersprüchliche Verhalten der württembergischen Kirche im Umgang mit taufwilligen Juden betont hat. Eine positiv gefüllte „Sonderrolle Israels und der getauften Juden, die von der pietistischen Theologie herausgestrichen wurde", ließ sich im praktischen Umgang mit taufwilligen Juden nicht nachweisen. Ebd., 284.

66 *M. Agethen,* Bekehrungsversuche (Anm. 1), 84.

67 Ebd., 80.

68 *Jüdisches Lexikon* (Anm. 62), Bd. IV / 2, 884.

69 *M. Agethen,* Bekehrungsversuche (Anm. 1), 85 – 87.

70 *Guido Kisch,* Zasius und Reuchlin. Eine rechtsgeschichtlich-vergleichende Studie zum Toleranzproblem im 16. Jahrhundert, Konstanz 1961.

71 *Peter Browe,* Die Judenmission im Mittelalter und die Päpste, Rom 1942, 160.

bridge, Oxford und Paris zuletzt in Köln lehrte, argumentierte für das Recht der staatlichen Autorität, die Taufe von Kindern jüdischer oder ungläubiger Eltern zu befehlen.[72] Aus der Definition des göttlichen Willens leitete er in seinem Hauptwerk die Auffassung her, die Zwangstaufe jüdischer Kinder auch gegen den Willen ihrer Eltern sei erlaubt, „weil der jüdische Glaube dem Willen Gottes widerstreite". Nach seiner Auffassung waren vor allem die Fürsten verpflichtet, sich um die Zwangsbekehrung von Juden zu bemühen.[73] Diese Vorgehensweisen lehnten allerdings frühneuzeitliche Theologen, Juristen und Staatsrechtler mehrheitlich ab und folgten Thomas von Aquin (1225–1274), der Zwangstaufen jüdischer Kinder verurteilte, da sie eine Verletzung des natürlichen Elternrechts und der Gewissensfreiheit darstellten.[74] 1530 erneuerte der Reichstag zu Regensburg das Verbot der Taufe jüdischer Kinder, wenn das Einverständnis ihrer Eltern nicht gegeben war.[75]

Die Auseinandersetzung in der katholischen Kirche mit der Frage der Kindstaufe gegen den Willen der nicht-christlichen Eltern erhielt einen neuen Impuls mit der Instruktion ‚Postremo mense' Benedikts XIV. am 28. Februar 1747.[76] Vor dem Hintergrund der Judenmission setzte sich die Instruktion mit der Frage auseinander, ob es unter Anerkennung des grundsätzlichen Verbots einer Kindstaufe gegen den Willen nichtchristlicher Eltern nicht Ausnahmesituationen geben könne, die eine solche Taufe rechtfertigten. Nach Auffassung des Papstes war eine Taufe bei nichtchristlichen Findelkindern zulässig, selbst wenn die Eltern das Kind zurückfordern sollten, und bei Todesgefahr.[77] Ausschlaggebend in den Überlegungen war das Prinzip des ‚favor fidei', der Rechtsgunst des Glaubens vor der elterlichen Gewalt. Das galt auch innerhalb einer Ehe, in der nach diesen Prämissen die väterliche Gewalt dem religiösen Gewissen unterlag.[78] Das natürliche Elternrecht schreibe nicht vor, dass die Erziehung der Kinder durch die Eltern selbst geleistet werden müsse, sondern bedeute lediglich, „dass das auf die Erziehung der Kinder bezogene Recht der Eltern seinen Ursprung in der Natur habe".[79] Damit wurde der Spielraum zur Übertretung des Taufver-

---

72 *Beatrix Laukemper,* Die Heilsnotwendigkeit der Taufe und das kanonische Taufrecht (Münsterischer Kommentar zum Codex Iuris Canonici, Beiheft 7), Essen, 1992, 178 f.

73 *Julius H. Schoeps,* Neues Lexikon des Judentums, Gütersloh 2000, 213 f.

74 *M. Agethen,* Bekehrungsversuche (Anm. 1), 72; *B. Laukemper,* Heilsnotwendigkeit (Anm. 72), 178 f.; *G. Kisch,* Zasius (Anm. 70), 5; *Wilhelm Güde,* Die rechtliche Stellung der Juden in den Schriften deutscher Juristen des 16. und 17. Jahrhunderts, Sigmaringen 1981.

75 *M. Agethen,* Bekehrungsversuche (Anm. 1), 72 f.

76 *B. Laukemper,* Heilsnotwendigkeit (Anm. 72), 178 f.

77 Ebd., 179.

78 Vgl. zur Frage der väterlichen Gewalt in familiären religiösen Streitfragen *D. Freist,* One body (Anm. 51), 275–304.

79 *B. Laukemper,* Heilsnotwendigkeit (Anm. 72), 179.

bots jüdischer Kinder gegen den Elternwillen vergrößert. Großeltern war es unter Berufung auf die Rechtsgunst des Glaubens erlaubt, ohne Zustimmung der leiblichen Eltern, nichtchristliche Kinder um des ewigen Heils willen zur Taufe zu bringen.[80] Aus katholischer Sicht ging es darum, sich an die auch für Nicht-Christen gültige naturrechtliche Begründung des Elternrechts zu halten und gleichzeitig dem missionarischen Selbstverständnis der katholischen Kirche, die den eigenen Glauben als allein selig machend betrachtete, zu folgen: „Diese beiden Interessen miteinander zu verbinden, bedeutet, in Grenzsituationen dem übernatürlichen Ziel sowie den Mitteln zur Erreichung dieses Ziels [...] den Vorrang zu geben vor Elementen, die allein der natürlichen Ordnung entstammten, wie das Elternrecht auf die Erziehung der Kinder."[81] Vor dem Hintergrund dieser fortbestehenden theologischen Rechtfertigungsoptionen der Taufe jüdischer Kinder wird die folgende rechtliche Argumentation, die der Anwalt des Fürstbischofs von Speyer dem Reichskammergericht vortrug, nachvollziehbar.

Der Konflikt um die Taufe des jüdischen Mädchens im Hochstift Speyer erhielt eine neue Dimension, als der Vater des Mädchens, Mordechai Oppenheimer, den Fürstbischof zu Speyer wegen Kindsraub vor dem Reichskammergericht verklagte.[82] Da der Vater des Kindes nach seiner Freilassung in Bruchsal die Rückgabe seiner Tochter selbst nicht hatte erwirken können, wandte er sich zunächst mit der Bitte um Hilfe an zwei Hoffaktoren und Judenvorsteher aus Mannheim und Durlach, Michael Georg May und Salomon Meyers, die den Bischof zu Speyer am 2. August 1762 erfolglos in einer Privataudienz um Rückgabe des Mädchens ersuchten.[83] Auch die geforderte Begegnung zwischen Eltern und Tochter wurde versagt. Stattdessen wurde den Hoffaktoren vom Geistlichen Rat ein Protokoll über die Gültigkeit der Taufhandlung vorgelesen. Am 14. September 1767 erging ein kaiserliches „Mandatum de Exhibenda filia minorenni, ut et restituendis omnibus Expensis et damnis sine clausula In Sachen Juden Mardochaus Oppenheimer contra Bischofsten und Fürsten zu Speyer".[84] Dieses Mandat wurde von dem bischöflichen Anwalt Jakob Loskant 1768 als durch üble Machenschaften erschlichen abgelehnt und die Umsetzung behindert.[85]

---

80 Ebd., 182 f.

81 Ebd., 185.

82 Schreiben der Hoffaktoren vom 23. Februar 1763; GLA 71/1526.

83 Michael Georg May war Hof- und Obermilizfaktor sowie Vorsteher der Mannheimer Juden und gehörte zusammen mit dem Hoffaktor Elias Haium zu den Stiftern zwei weiterer jüdischer Lehrhäuser (Klausen) neben der 1708 von Moses Lemle in Mannheim gegründeten Klaus. Vgl. *Jüdisches Lexikon* (Anm. 63). May hatte sich einen Namen als bewährter Fürsprecher und Helfer seiner Glaubensbrüder gemacht. *Berthold Rosenthal*, Heimatgeschichte der badischen Juden seit ihrem geschichtlichen Auftreten bis zur Gegenwart, Bühl/Baden 1927/ND Magstadt bei Stuttgart 1981, 123.

84 GLA 71/1526.

In dem sich noch weitere drei Jahre hinziehenden Rechtsstreit ging es nach Auffassung der Verteidigung des Fürstbischofs neben Verfahrensfragen um die Rechtmäßigkeit der Klage gegen den Bischof und die Frage des Forums. Durch die mündliche Fürsprache der Judenvorsteher in der Privataudienz des Bischofs sei niemals eine formal ordentliche Klage eingereicht worden, daher hätte auch kein Handlungsbedarf auf Seiten des Bischofs und Landesherrn bestanden. Darüber hinaus handele es sich bei dem Streitfall um eine Angelegenheit, die *coram Judicio ecclesiastico* anhängig sei. Der Kläger hätte den „Unterschied bei geistlichen Reichsfürsten zwischen der Eigenschaft als Bischof und jener eines Landesregenten, wie auch zwischen dessen nachgesetzter geistlicher Rath und weltlicher Landes-Regierung geflissentlich außer Acht gelassen".[86] Der Philippsburger Pfarrer, so die weitere Argumentation, hätte die Aktennotiz über die Taufhandlung zwischen den beiden Mädchen an den Speyerer Fürstbischof in seiner Funktion als Bischof, nicht als Landesherr geschickt. Daher sei auch der Geistliche Rat mit der Untersuchung beauftragt worden, der wiederum ermächtigt sei, ohne Rücksprache mit dem Bischof zu handeln. Die „hochfürstliche Speyerische Landes Jurisdiction" hätte nicht den „allermindesten Anteil dieser Sache genommen".[87]

Über diese formalen und verfahrenstechnischen Einwände hinaus kristallisierten sich sehr gegensätzliche Argumentationsmuster der beiden Anwälte, Jakob Loskant und Ferdinand Wilhelm Anton Helfferich, beide katholisch und beide aus Juristenfamilien stammend[88], heraus, die die widerstreitenden Strömungen aufgeklärten Naturrechts- und Vernunftdenkens auf der einen Seite, und dem absoluten Wahrheitsanspruch der katholischen Kirche auf der anderen Seite aufeinander prallen ließen. Aus Sicht des bischöflichen Anwalts Loskant am Reichskammergericht ging es um die Frage der Gewissensfreiheit, die sich in der Annahme des katholischen Glaubens durch das jüdische Mädchen zeige, der Wahrung des Seelenheils und der Verantwortung der katholischen Kirche für den Schutz katholischer Gläubiger vor Verführung zum falschen Glauben. Loskant setzte daher alles daran, die Gültigkeit der Taufe und die Freiwilligkeit, mit der das jüdische Mädchen zum katholischen Glauben übergetreten war, zu beweisen. Gelang dieser Beweis, konnte weder die Klage wegen Glaubenszwangs gegenüber einer Minderjährigen noch wegen Kindsraubs aufrechterhalten werden. Der Wahrheitsanspruch der katholischen Kirche legitimierte, ja

85 Ebd. (Inhaltsverzeichnis, Merc: 16. Novemb. 1768).

86 Ebd. (Bericht des bischöflichen Anwalts Loskant vom 22. März 1769), fol. 4–5.

87 Ebd., fol. 6.

88 *Andreas Klass*, Standes- oder Leistungselite? Eine Untersuchung der Karrierien der Wetzlaer Anwälte des Reichskammergerichts (1693–1806), Frankfurt a. M. 2002, 281 und 299. Ich danke Anette Baumann für die Unterstützung bei der Identifizierung der Anwälte.

verpflichtete die Obrigkeit geradezu, das Mädchen vor den eigenen jüdischen Eltern und den Glaubensgenossen um ihres Seelenheils willen zu schützen.

Weder das Verhalten der katholischen Geistlichen im Bistum Speyer noch die Rechtfertigung Loskants stellten eine Besonderheit in ihrer Zeit dar. Beschwerden über die – so der Vorwurf – Zwangsbekehrung unmündiger jüdischer, übrigens auch protestantischer Kinder verhallten auch im 18. Jahrhundert nicht und wurden vor den Reichsgerichten und unter Einbeziehung des *Corpus Evangelicorum* auf dem Reichstag ausgefochten. Die katholische Kirche hatte sich nicht auf ein von allen Konfessionen anerkanntes Konversionsalter für Kinder, das sich nach deren Vernunftfähigkeit richtete, festlegen lassen, sondern beanspruchte unter Berufung auf die noch über der väterlichen Gewalt stehende Gewissensfreiheit das Recht, Kinder jeden Alters zur „allein seelig machenden Religion" zurückführen zu können.[89] Der Vorwurf der Gewissensfreiheit und des Glaubenszwangs standen sich in diesem rechtlichen Vakuum unvereinbar und für die Gerichte kaum überprüfbar gegenüber. Diese Argumentation erhielt in Territorien mit katholischem Landesherrn wie der Kurpfalz im 18. Jahrhundert zusätzlich eine konfessionspolitische Dimension, wie am folgenden Beispiel deutlich wird.

Fast zeitgleich wurden 1759 drei jüdische Kinder nach der Hinrichtung ihres Vaters, Jacob Simon, genannt der blaue Jacob, auf Geheiß des Mannheimer Stadtrats aus der jüdischen Gemeinde genommen und unter die Aufsicht des Büttels gestellt. Die Vorsteher der jüdischen Gemeinde hatten angesichts des bevorstehenden „unglücklichen Endes der Eltern" bereits Vorsorge getroffen, um die Kinder nach „Obliegenheit unseres Gesetzes" bis zur Volljährigkeit „unter der Judenschaft zu einem ehrbaren lebenswandel" erziehen zu können, der es ihnen später ermöglichen sollte, „ihr stück brod mit ehrlicher handthierung verdienen zu können".[90] Hintergrund der Vorgehensweise des Stadtrats war der Plan, die Kinder im Mannheimer St. Michael Waisenhaus, das unter der Leitung der Barmherzigen Brüder stand, katholisch zu erziehen. In den Augen der jüdischen Vorsteher sollte hiermit erstmals ein „Exempel eingeführet werden", unmündige jüdische Kinder, die „bey ermangelnden judicio discretionis sich nicht zu erklären wissen" zum katholischen Glauben zu ziehen. In einer Bittschrift vom 19. Oktober 1759 verwiesen die Vorsteher auf einen ähnlich gelagerten Fall aus dem Jahre 1749, bei dem die Kinder des „justifizierten Moyses Sulzberger" schließlich doch „uns Vorstehern gegen unseren ausgestellten revers, zur Anerziehung verabfolget worden sind, wie aus dem Stadtrathsprotokoll zu ersehen sein wird".[91]

---

89 *Dagmar Freist,* Lebensalter und Konfession. Zum Problem der Mündigkeit in Religionsfragen, in: Arndt Brendecke/Ralf Peter Fuchs/Edith Koller (Hrsg.), Die Autorität der Zeit in der Frühen Neuzeit, Münster 2007, 47–70.

90 GLA 77/4215, 3 (1759).

Einige der angesehensten und einflussreichsten Hoffaktoren Mannheims, darunter wiederum Michael Georg May,[92] waren unter den Unterzeichnern der Bittschrift an Kurfürst Karl Theodor 1759. Sie genossen aufgrund ihrer langjährigen, herausgehobenen Funktion innerhalb der Judenschaft das Vertrauen ihrer Glaubensangehörigen und unterhielten als Vorsteher der jüdischen Gemeinde regelmäßige Kontakte mit der christlichen Obrigkeit, so dass ihr Einsatz für die Rückgabe der jüdischen Kinder an die Gemeinde nicht ohne Gewicht war. Angesichts weiterer Suppliken der Juden an die kurfürstliche Regierung, in denen sie detailliert die Rechtmäßigkeit des Vorgehens anzweifelten, entschied die Regierung ihren Beschluss durch zwei Gutachten, das eine erstellt von der theologischen Fakultät der Universität Heidelberg, das andere vom Vikariat des Bistums Worms, abzusichern.

Das Gutachten des bischöflichen Vikariats zu Worms vom 13. Oktober 1759 war kurz und eindeutig: die Entscheidung der kurpfälzischen Regierung zur katholischen Erziehung der Kinder wurde begrüßt. Begründet wurde diese Haltung mit der Fürsorgepflicht der Landesobrigkeit, die nun an die Stelle der Eltern treten würde und die an Eltern statt „im Gewissen verbunden [sei], deren Seelen Heil zu besorgen".[93] Die „extradiction zur Erziehung im Judenthumb [wäre] eine vor Gott unverantwortliche sache", so die weiteren Ausführungen.[94] Die Gutachter empfahlen die sofortige Taufe der beiden jüngeren Kinder im Alter von zwei und vier Jahren.[95] Das achtjährige Kind allerdings dürfe nur getauft werden, wenn nach sorgfältiger christlicher Unterweisung „bey eifrigen catholischen Leuten" sicher gestellt wäre, dass man „das Judenthumb aus dem Kopf bringen könne, sollte er demnach bey etwaiger erreichung eines materioris Judity noch alle Repugnance gegen das Christentum zeigen", so dürfe die Taufe allerdings nicht vollzogen werde, da so das Sakrament beschmutzt würde. Abschließend empfahl das bischöfliche Vikariat zu Worms aufs dringlichste, alle drei Kinder „wegen besorglicher Verführung dahisiger Juden von Mannheim in geheim hinweg" und voneinander getrennt großziehen zu lassen, „damit alle Gelegenheit abgeschieden werde, den alten Geist ihnen beyzubringen, Gott wird diesen Seelen eyfer ohnselben belohnen".[96]

Das Heidelberger Gutachten war ausführlicher und differenzierter, unterscheidet sich in der letztendlichen Empfehlung allerdings nicht von der

---

91 Ebd., 10. Der erwähnte Eintrag im Mannheimer Stadtratsprotokoll vom 19. August 1749 ließ sich nicht nachweisen.

92 Feibel Levi, Elias Haium, Samson Hirsch, Michael Flesch, Mayer Ullman, Säckhel Levi und Gabriel Michael May.

93 GLA 77 / 4215, 18 – 19.

94 Ebd.

95 An anderer Stelle wurde das Alter der beiden jüngeren Kinder mit 3 und 6 oder 7 Jahren angegeben.

96 GLA 77 / 4215, 19.

Wormser Stellungnahme, auch wenn die Gutachter vorsichtig eine abweichende Meinung anklingen ließen.[97] Allerdings fällt auf, dass der theologischen Fakultät offensichtlich die Suppliken der Vorsteher der jüdischen Gemeinde vorlagen, denn sie bezogen sich gezielt auf einzelne rechtliche Bedenken, die in diesen Bittschriften enthalten waren. Unter Punkt eins verwiesen die Verfasser darauf, dass „ein guter Teil von Theologen und Canonisten" lehre, dass unmündige Kinder ungetaufter Eltern, „auch stante potestate patria, auf höchsten Befehl des Landesherrn, dem sie allein civiliter et politice unterwürfig, ipsis invitis, zur heiligen Taufe können gebracht werden".[98] Aufschlussreich ist die anschließende Aussage, „wiewohlen wir nun dieser Lehre nicht beipflichten, als welche bishero nicht üblich gewesen, so kann sie doch zweifelsohn statt finden" bei straffällig gewordenen Eltern. Punkt zwei befasste sich mit der Frage der väterlichen Gewalt über die leiblichen Kinder, die „in gegenwärtigen casu cessiret" war. Die Argumentation der jüdischen Vorsteher, dass durch ihr Anerbieten, die Kinder im jüdischen Glauben und zu ehrlichem Brotverdienst zu erziehen, die „ratio Fiscalis", also die Zuständigkeit des Staates, entfalle, wiesen die Gutachter als „ungereimbt" zurück:

> „Sindemahlen der landesherr hauptsächlich darumb berechtiget ist, dergleichen Kinder beyzubehalten, weilen cessante patriae potestate dass Göttliche Gebott der Tauff anzunehmen Vordringt und ob defectum rationis bey Unmündigen Kindern alle diejenigen, deren Gewalt und Sorg sie heimfallen, verbürget, ihnen darzu verfüglich zu seyn."[99]

Von der Religionsfreiheit im Reich, auf die sich die jüdischen Vorsteher berufen hatten, schlossen die Gutachter die Juden völlig aus. Die Heidelberger theologische Fakultät schloss ihre Stellungnahme allerdings mit dem Hinweis, dass das bereits achtjährige Kind, das in diesem Alter nach allgemeiner Auffassung bereits über Vernunft verfügte, ohne Einwilligung nicht getauft werden dürfe. Das Gutachten empfahl die Separierung des Kindes von der Judenschaft, um die christliche Unterweisung versuchsweise vornehmen lassen zu können.

Um der Beweisführung über die rechtmäßige Taufe des jüdischen Mädchens durch ein christliches Nachbarskind im Fürstbistum Speyer mehr Nachdruck zu verleihen, wurde das jüdische Mädchen durch den Hof- und Regierungsrat Philipp Wilhelm Haim, in Anwesenheit des Sekretärs des Ritterstifts und des Schreibers der Amtskellerei sowie zweier Schutzjuden, der Handelsjuden Bonfel Levi und Marchol Jacob, über ihre Bekehrung be-

---

[97] *Responsum Facultatis Theologicae Heidelberg. Betreffend die von jüngsthin justifizierter Juden hinterlassener Kinder.* Dekan der Fakultät, 17. November 1759. GLA 77/4215, 22–24.

[98] Ebd., 22. Mit der Formulierung „ipsis invitis" bezogen sich die Gutachter auf die Instruktion *Postremo mense* Benedikts XIV. vom 28. Februar 1747. Vgl. oben.

[99] Ebd., 23.

fragt.[100] Das Protokoll gab ihrer Darstellung den Anstrich überschäumenden Glaubenseifers nach Erkennung des wahren Christentums, für dessen Verteidigung sie auf Knien betteln würde: „Sie liebte zwar ihre Eltern, jedoch müsste sie Gott wegen seiner ihr täglich erwiesenen Guttaten als das höchste über alles zu liebende Gut ihren Eltern vorziehen."[101] Die Frage, ob sie sich frei bewegen könnte, bejahte sie. Sie würde täglich mit kleineren Einkäufen ohne Begleitung auch in die jüdischen Läden geschickt, selbst Versuchen der Eltern, sie persönlich oder durch listige und bestochene Weiber nach Hause locken zu lassen, widerstehe sie aufgrund ihrer Festigkeit im Glauben. Die in den Protokollen und Schriftwechseln betonte Opferbereitschaft des jüdischen Mädchens zur Verteidigung ihres neu gewonnenen katholischen Glaubens erinnert in Ton und Wortwahl an Heiligenlegenden verfolgter Katholiken, ein Eindruck, der durch folgende Rechtfertigung der Ungewöhnlichkeit dieser Bekehrung und Taufe verstärkt wird. Loskant schreibt in seiner Verteidigung: „Die Bekehrungen testantibus Sacris Historiis, sich öfters gar wunderbarlich zugetragen, mithin der göttlichen Vorsehung eben Nichts ungewöhnliches ist, die Berufungen zum Glauben oder Besserung des Lebens, absonderlich in ihrem ersten Anlass, auf sehr wunderbarliche art zu fügen".[102]

Neben dem Bekehrungseifer und Wahrheitsanspruch der katholischen Geistlichkeit, der aus den Akten klingt, zeigt sich ein bestimmtes Judenbild, das die Bekehrung und Taufe des Judenmädchens aufgrund seiner besonderen, eher nicht-jüdischen Eigenschaften erfolgreich werden zu lassen versprach. Wurde auf der einen Seite einem ansässigen Arzt zur Last gelegt, gegen die katholische Kirche zugunsten verstockter Juden auszusagen, so hieß es auf der anderen Seite im Protokoll der Kommission:

> „und da das Mägdlein [...] ein über aus schönes Mägdlein ist, an Gesicht und Gebehrden nichts jüdisches an sich hat, und so geschickt ist, dass es in seinem achtjährigen Alter nähen und sticken könne, so thäte meines Erachtens wohl geschehen, wenn man es in ein Frauen Closter thue [...] damit nemlich daselbe [...] im Christenthum mehr und mehr gestärckt werde, auch von Anlauf und Verführung deren Juden gesichert sey."[103]

Bezog sich die juristische Rechtfertigung der katholischen Erziehung und Taufe der drei jüdischen Waisenkinder vor allem auf die Funktion des Landesherrn als Obervormund der Waisen, verknüpft mit der Verpflichtung, als katholischer Fürst für das Seelenheil seiner Untertanen Verantwortung zu

100 Helfferich monierte später die Anwesenheit der Juden als wenig überzeugend, da sie das Verhörprotokoll nicht unterzeichnet hätten.

101 GLA 71/1526, No 10 (1768) (Befragung des jüdischen Mädchens in Gegenwart von Zeugen und von zwei Schutzjuden).

102 GLA 71/1526 (Bericht des bischöflichen Anwalts Loskant vom 22. März 1769), fol. 6.

103 Protocollum Commissionis Actum Philippsburg Juli 1762.

tragen, so stand im Mittelpunkt der juristischen Rechtfertigung der Taufhandlung eines jüdischen Mädchens durch ein christliches Nachbarskind der Nachweis der Freiwilligkeit des Glaubenswechsels unter Berufung auf die Gewissensfreiheit und der Beweis der Gültigkeit der Taufhandlung.

Welche Argumente wurden im Gegenzug von den Mannheimer Judenvorstehern in ihren Suppliken und dem Anwalt des Juden Mordechai Oppenheimer angeführt, um ihren Vorwurf des Glaubenszwangs an unmündigen Kindern und die Verletzung der Rechte der Juden zu untermauern? Die Mannheimer jüdischen Gemeindevorsteher zitierten zunächst die geltende Rechtslage in der Kurpfalz, nach der die verwaisten Kinder von Vagabunden und Delinquenten aus ihrem Umfeld herausgenommen und zu einem besseren und gottgefälligen Leben unter obrigkeitlicher Aufsicht erzogen werden müssten. Hier handele es sich aber nicht um einen Fall, der in den Zuständigkeitsbereich des Staates[104] falle, da sich die Juden verpflichtet hätten, die Kinder selbst innerhalb der Judenschaft bis zu ihrem 15. oder 16. Lebensjahr zu betreuen und zu versorgen.[105] Verbunden mit dieser Absage an die Rechtsgültigkeit der Forderung war der Verweis auf das geringe Alter der Kinder, das angesichts mangelnden „Judicium discretionis"[106] keinen Religionswechsel zulasse. Die Juden baten noch einmal darum, ihren Fall auf der Grundlage des Beschlusses von 1749 zu ihren Gunsten zu entscheiden und das „hochwürdige Vicariat" zu bitten:

> „ob bey unseren gethanen unterthänigsten erbitten diese 3 Kinder, da dieselbe noch kein Judicium discretionis besitzen, uns zur Aufferziehung und künftigen Versorgung nicht überlassen werden können? Hintenmahl doch der Fiscus über unmündige Kinder abgestrafter Jüdischer delinquenten, kein solches Jus quaesitum haben kann, dass dergleichen ohnschuldiger Kinder, ehe und bevor sie ad annos discretionis kommen, in solche Umstände wirklich zu versetzen seyen, bey den sie unter der hand von der religion ihrer Eltern und Voreltern sollten mögen abgezogen werden."[107]

Schließlich betonten die ‚Judenvorsteher', dass die Zwangsbekehrung der jüdischen Kinder nach ihrer Auffassung nicht unter die von den Landesherrn im Verlauf der Frühen Neuzeit „wohlerworbenen Rechte" über die Juden falle. Damit wird auf das im Verlauf der Frühen Neuzeit von den Landesherrn erworbene Judenregal hingewiesen, die ursprünglich ausschließlich dem Schutz des Kaisers (Reichskammerknechte) unterstanden.

---

104 „Ratione fiscali" Im Hinblick auf staatliche Belange, was in diesem Zusammenhang bedeutete, dass der Fall nicht in den Zuständigkeitsbereich des Staates fiel.

105 Und sie zu einem ehrbaren Leben zu erziehen, damit sie später selbst ihren eigenen Lebensunterhalt verdienen könnten. GLA 77 / 4215, 10.

106 Gemeint ist hier die Fähigkeit der inneren Entscheidung zur Abkehr, die nicht gegeben war.

107 GLA 77 / 4215, 11–12.

Die Juden hatten das Recht, vor den Reichsgerichten ihre Privilegien einzuklagen.[108]

Die entscheidenden, mit vielen Zitaten aus der juristischen Literatur untermauerten Argumente Helfferichs, des Anwalts von Mordechai Oppenheimer, waren ebenso die mangelnde Religionsmündigkeit des Mädchens, die einen freiwilligen Glaubenswechsel ausschloss, und die väterliche Gewalt, die Juden genau wie Christen über ihre Kinder zustehe.[109] „Denn", so der Wortlaut, „Juden sind des natürlichen und des Völkerrechts fähig, auch den gemeinen kaiserlichen Rechten fähig, ja nach dem Stylo dieses Reichskammergericht für Bürger erachtet".[110] Helfferich beruft sich damit auf ein in einem Prozess des Reichskammergerichts abgegebenes Votum, in dem die ursprünglich von Johannes Reuchlin in einem Gutachten angestoßene Auffassung, das römische Bürgerrecht für die Juden des Heiligen Römischen Reiches beanspruchen zu können, als geltendes Recht erkannt wurde: „Iudei habent ea, que sunt civium Romanorum".[111] Daraus, so Helfferich, „fließet vonselbsten, dass ihre kleinen Kinder ihnen gegen ihren Willen, nicht weggenommen noch weniger getaufet werden können, in massen niemand mit Gewalt zur Religion zu ziehen, sondern jedermann seine Gewissensfreiheit zu lassen".[112] Nach natürlichen und bürgerlichen Gesetzen genossen die Juden Gewissensfreiheit.[113] Völlig konträr zu der oben zitierten Auffassung der Gutachter über die Verantwortung eines Landesherrn für das Seelenheil der Untertanen, argumentierte Helfferich:

> „Die Fürsten und Obrigkeiten hätten keine Gewalt über die Seelen ihrer Bürger und Untertanen, und folglich könnten sie auch die kleinen Kinder schwerlich derer ihnen unterworfenen Juden nicht hinwegnehmen und taufen lassen, weilen zum Glauben niemand zu zwingen."[114]

---

108 Neben der Forschungsliteratur zu jüdischen Privilegien und Reichskammerknechtschaft der Juden, *J. Friedrich Battenberg,* Des Kaisers Kammerknechte. Gedanken zur rechtlich-sozialen Situation der Juden in Spätmittelalter und Frühen Neuzeit, in: Historische Zeitschrift 245 (1987), 545–599. Vgl. den äußerst instruktiven Artikel über Juden in *Julius Weiske,* Rechtslexikon, 8 Bde., Bd. 5, Leipzig 1844. Für diesen Literaturhinweis danke ich Andreas Bauer.

109 GLA 71 / 1526 (Schrift des Prokurators Helfferich, fol. 4, § 13).

110 Ebd.

111 *J. Friedrich Battenberg,* Juden vor dem Reichskammergericht, in: Frieden durch Recht. Das Reichskammergericht 1495–1806, hrsg. v. Ingrid Scheurmann, Mainz 1994, 322–327, 323.

112 GLA 71 / 1526 (Schrift des Prokurators Helfferich, fol. 5, § 14).

113 Ebd., fol. 6, § 18.

114 Die Taufe sei darüber hinaus nach katholischem Recht ungültig, da es abgesehen von den Aussagen zweier Kinder, die aufgrund ihres Alters als Zeugen vor Gericht sowieso nicht zulässig seien, keine weiteren Belege gebe. Auch die katholische Kirchenlehre spräche sich gegen die Zwangstaufen von Juden aus. Ebd.

Auf die Argumentation der Gegenseite, das Kind hätte freiwillig den Glauben gewechselt, antwortete Helfferich:

> „Wenn auch einem solchen Judenkind würcklich kein äusserlicher Zwang angethan wird, so ist doch so wohl aus der gesunden Vernunfft, als denen Rechten bekannt, dass dieses ebenfalls für einen Zwang zu achten, wenn man jemand, der es nicht verstehet, und sich aus Mangel des Verstandes nicht wehren kann, zu einer anderen Religion zu verleiten suchet, als in welcher er stehet, und welcher er allbereits einverleibet ist."[115]

Scharfzüngig warf Helfferich der Gegenseite vor: „Kinder handeln und reden kindlich. Es ist aber eine Schande, wenn ein ganzes geistliches Gericht, Männer von Einsicht, Verstand, Ansehen und Erfahrung an dergleichen Kinderspiel teilnahmen". Die gewaltsame Hinwegnahme des unmündigen jüdischen Mädchens verstieße gegen „alle natürliche, bürgerliche, ja selbst die gemeine Catholische Kirchengesetze, Päbstliche Constitutiones, wie überhaupt gegen alle billigkeit und vernünftige begriffe".[116] Die von Vernunftdenken und Egalität geprägte Argumentation Helfferichs scheint die Toleranzbekenntnisse führender Köpfe der Aufklärung noch zu übertreffen. Die Vermutung liegt nahe, dass der Anwalt beeinflusst war durch die Präsenz von Freimaurern am Reichskammergericht. Sein eigener Sohn, Johann Peter Paul Helfferich, ebenfalls Rechtsanwalt am Reichskammergericht, gehörte nachweislich den Freimaurern an.[117]

Schluss

In einer vergleichenden Stellungnahme vom 16. Januar 1760 wurde der gesamte Fall der drei jüdischen Waisenkinder aus Mannheim abschließend verhandelt und die Vorgehensweise der kurfürstlichen Regierung begründet und festgelegt.[118] Die Kinder sollten sofort in das St. Michael Waisenhaus gebracht, dort verpflegt und „successive im Christenthum informiret" werden. Auf diese Weise sollten die Kinder „zur Abwendung von künftigen vagabund diebischen Leben zur heiligen Taufe" vorbereitet werden. Die Intervention der Mannheimer Juden beim Kurfürsten und eine anschließende „churfürstliche geheimbde conferenz" hatten zunächst bewirkt, dass die Kinder vorübergehend bei dem Büttel untergebracht und von der jüdischen Gemeinde weiter koscher verpflegt werden konnten. Die Fürsprache der Ju-

---

115 Ebd., fol. 7, § 19.

116 Ebd., fol. 8, § 21.

117 *Monika Neugebauer-Wölk*, Das Reichskammergericht im Netzwerk der Illuminaten (Schriftenverzeichnis der Gesellschaft für Reichskammergerichtsforschung, 14), Wetzlar 1993. Ich danke Anette Baumann für diesen Hinweis.

118 GLA 77/4215 (Ulterior Propositia, 16. Januar 1760).

den hatte weiterhin Anlass gegeben, Gutachten in Worms und Heidelberg einzuholen:

> „deren Meynung dahin gehet, dass Ihro Churfürst aus landesherrlicher Machtvollkommenheit zumahlen auch die Juden ohnedem kein toleriertes Religionsexercitium hätten, wohlbefugt, ja alß in deren Eltern Stelle tretend allerdings im Gewissen verbunden wären, diese 3 Judenkinder [...] zu ihrer Seelen heyl,"

entweder in das Waisenhaus St. Michael zu bringen oder „vielmehr, wie das Vicariat dargestellt", die Kinder in „ein sonstig entfernt und separates orth" aufgrund der Gefahr der Verführung durch die Juden zu bringen und alsbald taufen zu lassen.[119] Alle drei Kinder sollten nun sofort aus der Obhut des Büttels genommen und in das Waisenhaus zur christlichen Unterweisung gebracht werden. Entsprechendes sei umgehend zu veranlassen. Das jüngste Kind im Alter von ungefähr zwei oder drei Jahren könne – so die Aussage der Gutachten – unbedenklich getauft werden. Der älteste Junge im Alter von acht oder neun Jahren allerdings, so die Stellungnahme von Regierungsseite, könne erst nach gründlicher Unterweisung im Christentum und freiwillig – „seinen consens selbsten darzu geben" – getauft werden. Schwieriger gestaltete sich die Frage der Taufe bei dem mittleren Kind, dessen Alter mit sechs oder sieben Jahren angegeben wurde, da es bereits „im jüdischen Unglauben" verwurzelt zu sein schien. Entsprechend wurde eine Befragung des Jungen durch Geheimrat von Öchsel im Beisein des Patris Capucini, dem Vorsteher des Zucht- und Waisenhauses, angeordnet. Das jüdische Kind sollte gefragt werden, ob es ein Christ werden und sich taufen lassen wolle. Falls das Kind dies ablehne, sollte es wie sein älterer Bruder „successive in sancta religione catholicae" unterwiesen und erst dann getauft werden.

Der Stadtrat von Mannheim wurde am 16. Januar 1760 angewiesen, die drei jüdischen Kinder aus der Wohnung des Büttels zu holen und in das Waisenhaus St. Michael zu bringen.[120] Mit dieser Anweisung schließt die Akte. Auch der Bischof von Speyer erkannte das Mandat zur Rückgabe des jüdischen Mädchens nicht an und verlängerte über seinen Anwalt den Prozess mit weiteren Argumenten über die Verpflichtung der katholischen Kirche, das konvertierte Mädchen vor seinen jüdischen Eltern zu schützen sowie die Unrechtmäßigkeit der Klage. Ob die geforderte Rückgabe des Mädchens letztendlich erfolgte, ist in den Akten nicht dokumentiert. Ähnliche Fälle lassen sich auch in anderen Gebieten nachweisen und Beschwerden über Taufen jüdischer Kinder gegen den Willen der Eltern rissen nicht ab.[121] Im

119 Ebd.

120 Ebd.

121 Die Häufigkeit dieses Phänomens ist weder für die einzelnen Jahrhunderte insgesamt noch nach bestimmten Herrschaftsgebieten, Ländern und Territorien bislang systematisch untersucht worden.

frühen 18. Jahrhundert klagten zwei Bamberger Schutzjuden am Reichshofrat, dass ihnen ihre unmündigen Kinder vorenthalten würden. Sie baten darum, dass diese Kinder weder getauft noch zur christlichen Religion angehalten würden. Am 16. Dezember 1726 wurde „ein Rescript um Bericht erkannt".[122] 1790 rechtfertigte ein juristisches Gutachten der protestantischen Universität Erlangen den Raub jüdischer Neugeborener, um sie im christlichen Glauben zu erziehen.[123] Ein abschließendes Beispiel, das viel Aufsehen erregte, bietet der bekannte Fall des Edgaro Mortara in Bologna nahezu hundert Jahre später.[124] Das christliche Dienstmädchen der jüdischen Familie des Jungen hatte das Kind in schwerer Krankheit heimlich getauft. Der Junge wurde allerdings wieder gesund und blieb bei seinen Eltern. Als katholische Geistliche von diesem Fall erfuhren und die Taufe für gültig befunden worden war, wurde das Kind mit Zustimmung von Papst Pius IX. seinen Eltern gegen ihren Willen genommen und katholisch erzogen. Selbst Proteste und die Intervention Napoleon III. und des österreichischen Kaisers Franz Joseph beim Papst konnten diesen Schritt nicht verhindern.

Wie nun, um auf die eingangs gestellte Frage zurück zu kommen, lassen sich die aufgezeigten divergierenden Argumentationsstränge in der Rechtspraxis mit den Bedeutungsinhalten von Toleranz im 18. Jahrhundert in Einklang bringen? Religiöse Toleranz war im Zeitalter der Aufklärung – in gewissen Grenzen – ein Gebot der Staatsräson: „Grundlage des Staates ist daher nicht eine bestimmte Konfession, wohl aber die sogenannte natürliche Religion."[125] Das Gewissen als moralische Instanz wurde in das Innere des Menschen verlagert[126], religiöser Zwang passte nicht mehr in ein Denken, das „von der individuellen und deshalb nicht hinterfragbaren Glaubensentscheidung ausging".[127] Die Grenzen dieser Toleranz bestimmten allerdings weitgehend die christlichen Konfessionen.

122 *Johann Jakob Moser,* Von der Teutschen Religionsverfassung (Neues Teutsches Staatsrecht, Bd. 7), Neudruck der Ausgabe von 1774, Osnabrück 1967, 37–38.

123 *Guido Kisch,* Judentaufen. Eine historisch-biographisch-psychologisch soziologische Studie besonders für Berlin und Königsberg, Berlin 1973, 12.

124 Der Fall ereignete sich 1858. *Ernst Freiherr von Moy de Sons,* Die Erziehung des ohne Wissen der Eltern getauften Judenknaben Edgaro Mortara in einer christlichen Anstalt und im christlichen Glauben gegen den Willen und Einspruch der Eltern, in: Archiv für katholisches Kirchenrecht 3 (1858), 644–651; Erwähnung des Falls in *David Kertzer,* The Kidnapping of Edgardo Mortara, New York 1997.

125 *Christoph Link,* Christentum und moderner Staat. Zur Grundlegung eines freiheitlichen Staatskirchenrechts im Aufklärungszeitalter, in: Christentum und modernes Recht. Beiträge zum Problem der Säkularisierung, hrsg. v. Gerhard Dilcher / Ilse Staff, Frankfurt a. M. 1984, 110–128, 115.

126 Vgl. *Heinz-Dieter Kittsteiner,* Die Entstehung des modernen Gewissens, Frankfurt a. M. 1995.

127 *Winfried Schulze,* Pluralisierung als Bedrohung: Toleranz als Lösung, in: Der Westfälische Friede. Diplomatie – politische Zäsur – kulturelles Umfeld – Rezeptionsgeschichte, hrsg. v. Heinz Duchhardt, München 1998, 115–140, 132.

Christian Thomasius schrieb Ende des 17. Jahrhunderts über die Rechte des Landesherrn in Kirchensachen: „Das vornehmste Regal, das einem Fürsten circa sacra zukömmt, ist das Recht die Dissentirende zu toleriren, und wider die Anti-Christlichen Verfolger zu schützen."[128] Und an anderer Stelle:

> „Die Pflicht eines Fürsten als Fürsten bestehet darinnen, dass er den äusserlichen Frieden in seinem Staat erhalte. Sie erfordert nicht, dass, wenn seine Unterthanen einer falschen christlichen Religion zugethan seyn, er dieselben zu der wahren seligmachenden bringe und führe."[129]

Religiöse Toleranz im 18. Jahrhundert speiste sich aus dem Paritäts- und Duldungsgedanken des Westfälischen Friedens, der sich allein auf die drei großen Konfessionen im Reich bezog.[130] Die Grenzen der Toleranz waren erreicht, wenn es um andere Glaubensrichtungen, vor allem Sekten, ging, die nicht im Einklang mit der Naturrechtslehre und der natürlichen Religion standen. Der Umgang mit Sekten im 18. Jahrhundert verlief in den einzelnen Territorien sehr unterschiedlich, ihre Unterdrückung war legitimes Herrscherrecht.[131] Der bedeutende Staatsrechtler Johann Jacob Moser zählte die Juden zu den religiösen Minderheiten im Reich, die neben den großen drei Konfessionen Gewissensfreiheit genossen, fügte aber hinzu, dass sich aus der Gewissensfreiheit nicht zwingend die öffentliche oder private Religionsausübung ableiten ließe.[132] Die Ausübung des jüdischen Kultes unterlag Sonderregelungen. Landesherrliche Judenordnungen bedienten sich „der Zeitwörter leiden und dulden, um Grenzen festzulegen, innerhalb deren Christen bereit sein sollten, den Kult und die Erwerbstätigkeit von Juden zu ertragen".[133] Judenordnungen stellten zeitlich befristete Konzessionen dar, die periodisch von dem Landesherrn erneuert werden muss-

---

128 Zitiert nach *Klaus Schlaich,* Der rationale Territorialismus. Die Kirche unter dem staatsrechtlichen Absolutismus um die Wende vom 17. zum 18. Jahrhundert, in: Zeitschrift für Rechtsgeschichte, kan. Abt. 85 (1968), 269- 340, 273.

129 *Christian Thomasius,* Das Recht evangelischer Fürsten in theologischen Streitigkeiten gründlich ausgeführet, und wider die papistischen Lehr-Sätze eines Theologi zu Leipzig verthaydiget, 3. u. 4. Satz (1696), 5. Aufl. (Halle 1713), hier 26, 62. Vgl. auch *Klaus Schreiner,* Toleranz, in: Geschichtliche Grundbegriffe. Historisches Lexikon zur politisch-sozialen Sprache in Deutschland, Bd. 6, hrsg. v. Otto Brunner / Werner Conze / Reinhart Koselleck, Stuttgart 1990, 445 – 605, 497 ff.

130 *Martin Heckel,* Zum Sinn und Wandel der Freiheitsidee im Kirchenrecht der Neuzeit, in: ders., Gesammelte Schriften. Staat, Kirche, Recht, Geschichte, hrsg. v. Klaus Schlaich, 4 Bde. Tübingen 1989 – 1997, Bd. 1, 447 – 483. Zur Bedeutung von Duldung und Toleranz im 16. und 17. Jahrhundert vgl. *Winfried Schulze,* Concordia, Discordia, Tolerantia. Deutsche Politik im konfessionellen Zeitalter, in: Neue Studien zur frühneuzeitlichen Reichsgeschichte (Zeitschrift für Historische Forschung, Beiheft 3), hrsg. v. Johannes Kunisch, Berlin 1987.

131 *C. Link,* Christentum (Anm. 125), 117.

132 *J. Moser,* Von der Teutschen Religionsverfassung (Anm. 122), 37 f.

133 *K. Schreiner,* Toleranz (Anm. 129), 487.

ten.[134] Juden hatten allerdings das Recht, vor den Reichsgerichten ihren Rechtsschutz einzuklagen, Verstöße gegen den „Kernbereich des Regals [wurden] als crimen laesae maiestatis“ unter Einschaltung des kaiserlichen Fiskalprokurators geahndet.[135]

Äußerungen, die sich für eine Erleichterung jüdischer Existenzbedingungen seit der zweiten Hälfte des 18. Jahrhunderts einsetzten, begründeten dies vor allem mit der sozialen Notlage der Juden, hielten in der Regel aber an antijüdischen Vorurteilen fest. Das Vernunftdenken der Aufklärung schien allerdings aus antijüdischer christlicher Perspektive auch für Juden die Chance zu bieten, ihre vor allem religiös begründete ‚unrechtschaffene Wesensart, ihren Hang zu Wucher und Unsauberkeit‘, wie es 1776 zwei kurpfälzische Regierungsräte formuliert hatten, überwinden zu können.[136] Aufschlussreich in diesem Zusammenhang ist die Erläuterung des Toleranzbegriffs in Zedlers Universal-Lexikon aus dem 18. Jahrhundert. Toleranz wurde als eine Haltung „allgemeiner Liebe und Erbarmung“ gesehen, die den „Zweck“ verfolge:

> „dass sie den irrenden Nächsten von dem Irrthum seines Weges nach und nach unter dem Segen Gottes zu überzeugen suchet, wozu sie theils alle Evangelische Mittel, doch ohne Zwang anwendet, theils die Hindernisse aus dem Wege räumet, und der Weisheit Platz machet.“[137]

Der Obrigkeit wurde um des äußeren Friedens willen angeraten, „Leute, so anderer Meynung sind“ zu dulden:[138]

> „Wir verstehen aber allhier durch die Toleranz nichts anders, als dass man äusserlich im gemeinen Leben friedlich mit einander umgehen suchet, einander die Pflichten des Rechts der Natur nicht versaget, und auf den Cantzeln und in denen Schriften die vorgegebene irrige Meynung mit aller Sanfftmuth widerleget, und also einander mit Vernunfft und Bescheidenheit eines bessern zu lehren bemühet ist.“[139]

Legt man dieses weniger theoretische und idealisierte Toleranzverständnis zu Grunde, so erscheint das Bemühen um die Bekehrung der jüdischen

---

134 Zu den am besten erforschten Judenordnungen gehören die Hessens. Vgl. *Battenberg,* Judenordnungen (Anm. 60) sowie *ders.,* Judenverordnungen in Hessen-Darmstadt. Das Judenrecht eines Reichsfürstentums bis zum Ende des Alten Reiches. Eine Dokumentation, Wiesbaden 1987.

135 *F. Battenberg,* Juden in Deutschland (Anm. 16), 16.

136 Vgl. oben die Aussagen der Regierungsräte von Lamezan und von Weiler in einer *Vota particularia* 1776.

137 *Johann Heinrich Zedler,* Grosses Vollständiges Universal-Lexikon, Bd. 44, Neudruck, Graz 1962, 1115.

138 Ebd.

139 Ebd. Der Eintrag verweist auf Ludwig van Seckendorffs Werk zum christlichen Staat. Inhaltliche Anklänge deuten allerdings auch auf Thomasius Ausführungen zum Toleranzbegriff hin.

Waisenkinder und die Anerkennung der Taufe des jüdischen Mädchens nicht mehr als völliger Fremdkörper im Gedankengut des 18. Jahrhunderts. Eine so verstandene religiöse Toleranz, verknüpft mit den konfessionspolitischen Interessen der Kurpfalz, dem Einfluss katholischer Geistlicher am Hof Karl Theodors[140] und dem fortbestehenden Missionierungsauftrag der katholischen Kirche, unter anderem manifest in der Arbeit der Propagandakongregation, lässt die Fortnahme der Kinder zur katholischen Unterweisung zu einer denkbaren Handlung im 18. Jahrhundert werden.

Vor allem die oben skizzierte Vorstellung einer möglichen ‚Verbesserung' der Juden, die letztendlich die „Aufgabe des Prinzips der Einheit von jüdischer Kultur und jüdischer Gemeinschaft war"[141], und zur Vorbedingung der gesellschaftlichen und rechtlichen Emanzipation werden sollte, lässt das Handeln der Regierung in Speyer und Mannheim für die Mitte des 18. Jahrhunderts als weniger spektakulär erscheinen. Die Zwangsbekehrung und Taufe der jüdischen Kinder wurde in den vorliegenden Gutachten theologisch und rechtlich ebenso begründet, wie dies bei vergleichbaren Fällen innerhalb der christlichen Konfessionen geschah. Die noch im 17. Jahrhundert ambivalente Haltung gegenüber getauften Juden und die Frage nach dem wirklichen Erfolg einer Judentaufe spielte in den Gutachten fast keine Rolle mehr, die ‚Verstocktheit' der Juden schien durch katholische Unterweisung vor allem in jungen Jahren überwindbar.

Tolerant im obigen Sinne zeigte sich die kurpfälzische Regierung trotz der negativen Grundhaltung gegenüber den Juden in dem Moment, in dem sie die jüdischen Religionsgesetze tolerierte und der jüdischen Gemeinde gestattete, bis zum endgültigen Bescheid die drei Kinder, die sich unter der Aufsicht des Büttels befanden, mit koscherem Fleisch zu versorgen. Eine so verstandene Toleranz war formal und trug den Charakter der Duldung um des Friedenswillens. Von einer inhaltlichen Toleranz frei von jeglichem missionarischen Anspruch, wie sie Johann Wolfgang von Goethe allgemein formulierte, wie sie im späten 18. Jahrhundert von jüdischen Aufklärern gefordert wurde und in der Lavater-Kontroverse ihren Ausdruck fand, war die gesellschaftliche und politische Praxis in der zweiten Hälfte des 18. Jahrhunderts noch weit entfernt:

> „Toleranz sollte eigentlich nur eine vorübergehende Gesinnung sein; sie muss zur Anerkennung führen. Dulden heißt beleidigen."[142]

---

140 Erst unter Kurfürst Maximilian Joseph wurde in einer Religionsdeklaration vom 3. Juni 1799 ernsthaft die Benachteiligung der Protestanten bei der Ämtervergabe und im kirchlichen Bereich ausgeräumt. GLA 77/4363.

141 *Julius H. Schoeps*, Aufklärung, Judentum und Emanzipation, in: Judentum im Zeitalter der Aufklärung, Bd. 4, hrsg. v. Lessing Akademie, Wolfenbüttel 1977, 75–102, 93 f.

142 Zitiert nach *K. Schreiner*, Toleranz (Anm. 129), 505.

Der Umgang mit kultureller Differenz am Beispiel von Haftbedingungen für Juden in der Frühen Neuzeit

Von *Siegrid Westphal,* Osnabrück

Verhaftungen, Haftstrafen und Haftbedingungen wurden von der Forschung vor allem im Kontext der Strafrechtsreformbestrebungen des 18. und beginnenden 19. Jahrhunderts behandelt. Besonderes Augenmerk richtete sich auf den postulierten Wandel des Gefängnisses von einem Verwahrort eines Angeklagten im Inquisitionsprozess hin zu einer Institution, in der Freiheitsstrafen abgebüßt wurden. Dabei konzentrierte sich die Forschung hauptsächlich auf den teils fürsorglich-erzieherischen, teils repressiven und disziplinierenden Charakter der verschiedenen neu entstehenden staatlichen Anstalten wie Zucht- und Arbeitshäuser.[1] Prägend wirkte vor allem die Auffassung von Michel Foucault, dass im Übergang von der öffentlichen, körperlichen Bestrafung zur nichtöffentlichen Bestrafung durch Haft ein radikaler Bruch mit frühneuzeitlichen Traditionen zu sehen sei, welcher die Disziplinierung des Geistes und die absolute Kontrolle des Menschen zum Ziel gehabt habe.[2]

---

1 Vgl. den Überblick bei *Uwe Wesel,* Geschichte des Rechts. Von den Frühformen bis zur Gegenwart, 2. Aufl. München 2001, 394–397; *Thomas Krause,* Geschichte des Strafvollzugs. Von den Kerkern des Altertums bis zur Gegenwart, Darmstadt 1999; *Regula Ludi,* Die Fabrikation des Verbrechens. Zur Geschichte der modernen Kriminalpolitik 1750–1850 (Frühneuzeit-Forschungen, 5), Tübingen 1999; *Gustav Radbruch,* Die ersten Zuchthäuser und ihr geistesgeschichtlicher Hintergrund, in: Gustav Radbruch. Gesamtausgabe, hrsg. v. Arthur Kaufmann, Bd. 10: Strafvollzug, bearbeitet von Heinz Müller-Dietz, Heidelberg 1994, 97–109; *Thomas Krause,* Die Strafrechtspflege im Kurfürstentum und Königreich Hannover. Vom Ende des 17. Jahrhunderts bis zum ersten Drittel des 19. Jahrhunderts (Untersuchungen zur deutschen Staats- und Rechtsgeschichte, 28), Aalen 1991; *Bernd D. Plaum,* Strafrecht, Kriminalpolitik und Kriminalität im Fürstentum Siegen 1750–1810 (Beiträge zur Geschichte der Stadt Siegen und des Siegerlandes, 9), St. Katharinen 1990; *Wolfgang Kröner,* Freiheitsstrafe und Strafvollzug in den Herzogtümern Schleswig, Holstein und Lauenburg von 1700 bis 1864 (Rechtshistorische Reihe, 63), Frankfurt a. M. 1988; *Peter Landau / Friedrich-Christian Schröder* (Hrsg.), Strafrecht, Strafprozess und Rezeption. Grundlagen, Entwicklung und Wirkung der Constitutio Criminalis Carolina (Juristische Abhandlungen, 19), Frankfurt a. M. 1984.

2 *Michel Foucault,* Überwachen und Strafen. Die Geburt des Gefängnisses, Frankfurt a. M. 1976. Diese Auffassung ist in der Zwischenzeit vielfach korrigiert worden. Vgl. *Gerhart Sälter,* Polizeiliche Sanktion und Disziplinierung. Die Praxis der Inhaf-

Strafgefangene erschienen in diesem Kontext als weitgehend rechtlos und unterworfen. Ihr Verhältnis zur Obrigkeit wurde als besonderes Gewaltverhältnis charakterisiert, in dem unanfechtbare Verwaltungsvorschriften das Leben der Gefangenen bestimmten. Erst in letzter Zeit erwies sich für die Mitte des 19. Jahrhunderts am Beispiel von Zuchthäusern in Bayern und Hessen-Darmstadt, dass Gefangene mit Hilfe des Beschwerderechts einen gewissen Einfluss auf die Haftbedingungen zu nehmen versuchten und sich dadurch Handlungsspielräume für sie eröffneten.[3] Neben Klagen über Kleidung und Unterbringung dominierten Beschwerden über das Essen. In Teilbereichen konnten die Inhaftierten sogar eine Verbesserung ihrer Lebensbedingungen erzielen. Ein gegenteiliger Effekt läßt sich allerdings bei jüdischen Strafgefangenen feststellen. Während die Gefängnisleitung zunächst noch bereit war, jüdische Häftlinge mit koscherer Kost von außerhalb zu versorgen und auch auf bestimmte Festtage Rücksicht zu nehmen, lehnten es die zuständigen Behörden – trotz Beschwerden der jüdischen Insassen – ab 1842 ab, sich weiterhin um einen jüdischen Speisewirt zu kümmern. Mit der Begründung, eine Sonderregelung wirke sich störend auf den Geschäftsgang aus, war man nicht mehr zu Zugeständnissen bereit.[4]

Eine ähnliche Entwicklung ist für das Kurfürstentum Hannover bei der seelsorgerischen Situation überliefert. Im 18. Jahrhundert nahm die Gefängnisleitung noch Rücksicht auf die jüdischen Feiertage und stellte jüdische Sträflinge von der Arbeit am Schabbat frei.[5] Dies ist auch für das Altonaer Zuchthaus verbürgt.[6] In der Rendsburger Karre wurden die jüdischen Gefangenen sogar in die ‚Juden-Schule', die Synagoge, geführt.[7] Mit Beginn des 19. Jahrhunderts kam es zwar zu einer intensiveren seelsorgerischen Betreuung, aber nur für die christlichen Sträflinge. Jüdische Häftlinge konnten zunächst nicht von dieser Entwicklung profitieren. Für sie trat erst in der zweiten Hälfte des 19. Jahrhunderts eine Verbesserung ein.

Angesichts dieser punktuellen Befunde liegt die Vermutung nahe, dass Zentralisierung, Bürokratisierung und zunehmendes Effizienzdenken im

---

tierung durch die Polizei in Paris am Beispiel des Zaubereidelikts (1697–1715), in: Kriminalitätsgeschichte. Beiträge zur Sozial- und Kulturgeschichte der Vormoderne (Konflikte und Kultur, 1), hrsg. v. Andreas Blauert / Gerd Schwerhoff, Konstanz 2000, 481–500.

3 *Martina Henze,* Handlungsspielräume im Strafvollzug. Die Beschwerden von Gefangenen im hessen-darmstädtischen Zuchthaus Marienschloß 1830–1860, in: Kriminalität und abweichendes Verhalten. Deutschland im 18. und 19. Jahrhundert, hrsg. v. Helmut Berding / Diethelm Klippel / Günther Lottes, Göttingen 1999, 141–169.

4 *M. Henze,* Handlungsspielräume (Anm. 3), 153.

5 Vgl. *T. Krause,* Strafrechtspflege (Anm. 1), 224, Fn. 104.

6 *W. Kröner,* Freiheitsstrafe (Anm. 1), 132.

7 *W. Kröner,* Freiheitsstrafe (Anm. 1), 132.

Gefängniswesen des frühen 19. Jahrhunderts offenbar zur Nivellierung kultureller Differenzen zum Nachteil von Minderheiten führten. In den folgenden Ausführungen soll es keinesfalls darum gehen, die zum Großteil noch ganz anders geartete Praxis des Strafverfahrens und Strafvollzugs in der ständischen Gesellschaft der Frühen Neuzeit zu beschönigen, sondern es soll am Beispiel der Inhaftierung eines jüdischen Hoffaktors im späten 18. Jahrhundert gezeigt werden, wie man in der Frühen Neuzeit – auch in der Ausnahmesituation der „intensivsten Unterworfenheit" – mit kulturell differenten Praktiken umging.[8] Dabei muss vorausgeschickt werden, dass strafrechtliche Normen alle Personen der frühneuzeitlichen Gesellschaft betrafen, Juden also in diesem Bereich in die allgemeine Rechtssphäre eingebunden waren.[9] Daher ist es zunächst notwendig, die wichtigsten Grundzüge des Strafrechts und -verfahrens zu skizzieren, um dann die Behandlung von Juden vor dem Hintergrund der ständischen Gesellschaft einzuordnen.

Gemeinsame normative Grundlage im Alten Reich stellten die Reichspolizeiordnungen von 1530, 1548 und 1577 sowie die Peinliche Gerichtsordnung (Carolina) Kaiser Karls V. aus dem Jahre 1532 dar.[10] Sie bildeten Orientierungsgesetze für die territorialen Verordnungen und Regelungen, wurden jedoch an die jeweiligen Verhältnisse und Bedingungen angepasst.[11] Dies hatte eine erhebliche Ausdifferenzierung zur Folge.[12] Die neuere historische

---

8 *Ludwig Wenninger*, Geschichte der Lehre vom besonderen Gewaltverhältnis (Schriftenreihe Annales Universitatis Sarviensis: Rechts- und Wirtschaftswissenschaftliche Abteilung, 105), Köln 1982.

9 *Stefan Ehrenpreis / Andreas Gotzmann / Stephan Wendehorst*, Von den Rechtsnormen zur Rechtspraxis: Ein neuer Zugang zur Rechtsgeschichte der Juden im Heiligen Römischen Reich?, in: Ad Fontes. Europäisches Forum junger Rechtshistorikerinnen und Rechtshistoriker Wien 2001, hrsg. v. Birgit Feldner u. a., Frankfurt a. M. u. a. 2002, 97–119; *J. Friedrich Battenberg*, Rechtliche Rahmenbedingungen jüdischer Existenz in der Frühneuzeit zwischen Reich und Territorium, in: Judengemeinden in Schwaben im Kontext des Alten Reiches (Colloquia Augustana, 2), hrsg. v. Rolf Kießling, Berlin 1995, 53–79; *ders.*, Des Kaisers Kammerknechte. Gedanken zur rechtlich-sozialen Situation der Juden in Spätmittelalter und Früher Neuzeit, in: HZ 245 (1987), 545–599.

10 Vgl. *Matthias Weber*, Die Reichspolizeiordnungen von 1530, 1548 und 1577. Historische Einführung und Edition (Ius commune Sonderhefte, Studien zur europäischen Rechtsgeschichte, 146), Frankfurt a. M. 2002; Die Peinliche Gerichtsordnung Kaiser Karls V. (Carolina), hrsg. und erläutert von Gustav Radbruch, Stuttgart 1975.

11 Vgl. *Wolfgang Wüst*, Die „gute" Policey im Reichskreis. Zur frühmodernen Normensetzung in den Kernregionen des Alten Reiches, Bd. 2: Die „gute" Policey im Fränkischen Reichskreis, Berlin 2003, 39–46; *Stefan Brakensiek*, Erfahrungen mit der hessischen Policey- und Niedergerichtsbarkeit des 18. Jahrhunderts. Zugleich ein Plädoyer für eine Geschichte des Gerichtspersonals, in: „Erfahrung" als Kategorie der Frühneuzeitgeschichte (HZ Beiheft, 31), hrsg. v. Paul Münch, München 2001, 349–367.

12 Vgl. *Harriet Rudolph / Helga Schnabel-Schüle* (Hrsg.), Justiz = Justice = Justicia? Rahmenbedingungen von Strafjustiz im frühneuzeitlichen Europa (Trierer histori-

Kriminalitätsforschung konnte nicht nur die Vielfalt des sanktionierten devianten Verhaltens aufzeigen, sondern auch die von Territorium zu Territorium variierende Strafpraxis herausarbeiten.[13] Bemerkenswert für die Stellung der Juden ist in diesem Zusammenhang, dass die Carolina zwar keine in der Religion begründeten Unterschiede im Strafmaß oder der Art der Bestrafung kannte, aber gleichzeitig lokale beziehungsweise regionale Traditionen tolerierte. Auf diese Weise konnten territorial unterschiedliche Formen des Strafvollzugs bei Juden, beispielsweise das Aufhängen an den Füßen für Diebstahl, bis weit in die Frühe Neuzeit überdauern.[14]

Dem Vollzug von Strafen hat die Forschung breite Aufmerksamkeit gewidmet, sich aber dabei vor allem auf die häufig festzustellende Diskrepanz zwischen Normen und Normendurchsetzung, hartem Strafrecht und milder Bestrafung konzentriert.[15] Gefängnisstrafen galten in diesem Zusammenhang als marginale Erscheinung, viel eher konzentrierte sich die Forschung

---

sche Forschungen, 48), Trier 2003; *Karl Härter,* Strafverfahren im frühneuzeitlichen Territorialstaat. Inquisition, Entscheidungsfindung, Supplikation, in: Kriminalitätsgeschichte. Beiträge zur Sozial- und Kulturgeschichte der Vormoderne (Konflikte und Kultur, 1), hrsg. v. Andreas Blauert / Gerd Schwerhoff, Konstanz 2000, 459 – 480; *Bernd Roeck,* Criminal Procedure in the Holy Roman Empire in Early Modern Times, in: International Association for the History of Crime and Criminal Justice Bulletin 18 (1993), 21 – 40; *Helga Schnabel-Schüle,* Institutionelle Rahmenbedingungen der Strafgerichtsbarkeit in Territorien des Reichs, in: Vorträge zur Justizforschung. Geschichte und Theorie, Bd. 2 (Rechtssprechung, 7), hrsg. v. Heinz Mohnhaupt / Dieter Simon, Frankfurt a. M. 1993, 147 – 173; *Wolfgang Schild,* Geschichte des Verfahrens, in: Justiz in alter Zeit (Schriftenreihe des mittelaterlichen Kriminalmuseums Rothenburg o. d. Tauber, 6), hrsg. v. Christoph Hinckeldey, 3. Aufl. Rothenburg o. d. Tauber 1989, 129 – 207; *Richard van Dülmen,* Theater des Schreckens. Gerichtspraxis und Strafrituale in der frühen Neuzeit, 4. Aufl. München 1995.

13 Vgl. den umfassenden Forschungsüberblick bei *Gerd Schwerhoff,* Kriminalitätsgeschichte im deutschen Sprachraum. Zum Profil eines >>verspäteten<< Forschungszweiges, in: Kriminalitätsgeschichte. Beiträge zur Sozial- und Kulturgeschichte der Vormoderne (Konflikte und Kultur, 1), hrsg. v. Andreas Blauert / Gerd Schwerhoff, Konstanz 2000, 21 – 67.

14 *Otto Ulbricht,* Criminality and Punishment of the Jews in the Early Modern Period, in: In and Out of the Ghetto. Jewish-gentile relations in late medieval and early modern Germany, ed. by Ronnie Po-Chia Hsia and Hartmut Lehmann, Cambridge 1995, 49 – 70, 66 f.

15 *Karl Härter,* Soziale Disziplinierung durch Strafe? Intentionen frühneuzeitlicher Policeyordnungen und staatliche Sanktionspraxis, in: ZHF 26 (1999), 365 – 379; *Martin Dinges,* Normsetzung als Praxis? Oder: Warum werden die Normen zur Sachkultur und zum Verhalten so häufig wiederholt und was bedeutet dies für den Prozess der „Sozialdisziplinierung"? in: Norm und Praxis im Alltag des Mittelalters und der frühen Neuzeit (Forschungen des Instituts für Realienkunde des Mittelalters und der Frühen Neuzeit, 2), hrsg. v. Gerhard Jaritz, Wien 1997, 39 – 53; *Jürgen Schlumbohm,* Gesetze, die nicht durchgesetzt werden – ein Strukturmerkmal des frühneuzeitlichen Staates?, in: Geschichte und Gesellschaft 23 (1997), 647 – 663; *Andreas Blauert / Gerd Schwerhoff* (Hrsg.), Mit den Waffen der Justiz. Zur Kriminalitätsgeschichte des Spätmittelalters und der Frühen Neuzeit, Frankfurt a. M. 1993.

auf Körper- und Todesstrafen und betonte ihren entehrenden Charakter.[16] Auch wenn einige Untersuchungen in der Zwischenzeit nachweisen konnten, dass Haftstrafen zu den konventionellen Sanktionen frühneuzeitlicher Gerichte zählten, so ist auch hier auf die erheblichen nationalen und regionalen Unterschiede zu verweisen.[17] Der Anteil von Haftstrafen schwankte zwischen rund einem und 25 Prozent in der Urteilspraxis, der Vollzug von Freiheitsstrafen trat also grundsätzlich hinter andere Bestrafungsarten wie der Körperstrafe oder auch der Landesverweisung zurück.[18]

Zu unterscheiden davon ist die Haft im Rahmen eines inquisitorischen Untersuchungsverfahrens, die zu den zentralen, in der Carolina beschriebenen Bestandteilen eines Strafverfahrens gehörte.[19] Nach dem Vorliegen einer glaubwürdigen Anzeige sollte der Beschuldigte von Amts wegen inhaftiert werden, mit der ausdrücklichen Auflage, „dass die gefencknuß zu behaltung, vnd nit zu schwerer geurlicher peinigung der gefangen sollen gemacht vnd zugericht sein“.[20] Die Ermittlung des corpus delicti bildete erst die Aufgabe der so genannten Generalinquisition. Die anschließende Spezialinquisition diente der Erlangung des zentralen Beweismittels, nämlich eines glaubwürdigen Geständnisses, welches man in einer Stufenfolge durch Zeugenverhöre, die Konfrontation mit Zeugen oder in letzter Konsequenz auch der Folter zu erlangen suchte. Die Alternative, mindestens zwei glaubwürdige Zeugen der Tat, besaß gegenüber einem Geständnis eine geringere Bedeutung. Inwiefern dabei Unterschiede zwischen Christen und Juden gemacht wurden, ist wenig bekannt. Teilweise finden sich Hinweise, dass die Untersuchungsbehörden Juden Verstocktheit und großen Hass gegen die Christen unterstellten, die sie die Folter angeblich besser überstehen ließen. Auf diese Weise rechtfertigten die Untersuchungsbeamten eine härtere peinliche Befragung.[21] Im Verlauf der Frühen Neuzeit wurde die Folter jedoch immer weniger eingesetzt, dagegen die Fragetechnik im Verhör stärker ausdifferenziert. Entsprechend dem in der Carolina vorgeschriebenen Verschriftlichungsprinzip gewannen die Inquisitionsprotokolle dadurch einen immer größeren Umfang, wobei die im Verhör gemachten Angaben heute genauester quellenkritischer Überprüfung unterzogen werden müssen.[22]

---

16 Vgl. *R. van Dülmen,* Theater (Anm. 12), 20; *K. Härter,* Disziplinierung (Anm. 15), 376.

17 *G. Sälter,* Sanktion (Anm. 2), 482 f.; *Pieter Spierenburg,* The Prison Experience. Disciplinary Institutions and Their Inmates in Early Modern Europe, New Brunswick (New Jersey) 1991; *Gerd Schwerhoff,* Köln im Kreuzverhör. Kriminalität, Herrschaft und Gesellschaft in einer frühneuzeitlichen Stadt, Bonn 1991.

18 *G. Sälter,* Sanktion (Anm. 2), 483.

19 Vgl. zu den folgenden Ausführungen *K Härter,* Strafverfahren (Anm. 12), 468–475.

20 Gerichtsordnung (Anm. 10), 35.

21 *O. Ulbricht,* Criminality (Anm. 14), 68.

Die Inquirenten beziehungsweise Untersuchungsbeamten behielten den Inquisiten in der Regel solange in Haft, bis sie ein Geständnis erzielten, was sich teilweise über mehrere Jahre hinziehen konnte. Anschließend wurden die Akten an einen Schöppenstuhl oder anderen juristischen Spruchkörper verschickt, der ein Urteil fällte, das vom Landesherrn als oberstem Richter und Inhaber der Gerichtsgewalt in seinem Territorium bestätigt oder auch abgeändert werden konnte.[23] Der Angeklagte blieb bis zur Vollstreckung des Urteils in Haft.

Eine Appellation gegen das erstinstanzliche Verfahren oder Urteil an eines der beiden höchsten Gerichte im Alten Reich, dem Reichskammergericht oder Reichshofrat, war in Strafprozessen zwar grundsätzlich nicht zulässig. Aber wenn die Angeklagten beziehungsweise Verurteilten die höchste Gerichtsbarkeit wegen Justizbeugung und -verhinderung, Unrechtshandlungen der Obrigkeit oder grober Verfahrensverstöße im erstinstanzlichen Verfahren anriefen, dann konnten die höchsten Richter die Verfahren und Prozesse auf ihre Rechtmäßigkeit überprüfen und die Rechte der betroffenen Personen schützen.[24] So hat die Forschung gezeigt, dass das

---

[22] Vgl. *Ralf-Peter Fuchs / Winfried Schulze* (Hrsg), Wahrheit, Wissen, Erinnerung. Zeugenverhörprotokolle als Quellen für soziale Wissensbestände in der Frühen Neuzeit (Wirklichkeit und Wahrnehmung in der Frühen Neuzeit, 1), Münster 2002; *Helga Schnabel-Schüle,* Ego-Dokumente im frühneuzeitlichen Strafprozess, in: Ego-Dokumente. Annäherung an den Menschen in der Geschichte (Selbstzeugnisse der Neuzeit, 2), hrsg. v. Winfried Schulze, Berlin 1996, 295 – 317.

[23] *Heiner Lück,* Die Spruchtätigkeit der Wittenberger Juristenfakultät. Organisation, Verfahren, Ausstrahlung. Köln / Weimar / Wien 1998; *Gerhard Lingelbach,* Vom Schöppenstuhl zum Oberlandesgericht. Zu vier Jahrhunderten Rechtsprechung in Jena, in: Festschrift zur Wiedererrichtung des Oberlandesgerichts in Jena, hrsg. v. Hans Joachim Bauer / Olaf Werner, München 1994, 3 – 44; *Jan Ziekow,* Recht und Rechtsgang. Studien zu Problemen mittelalterlichen Rechts anhand von Magdeburger Schöppensprüchen des 15. Jahrhunderts (Reihe Rechtswissenschaft, 39), Pfaffenweiler 1986; *Alois Schikora,* Die Spruchpraxis an der Juristenfakultät zu Helmstedt (Göttinger Studien zur Rechtsgeschichte, 4), Göttingen 1973; *Gerhard Pätzold,* Die Marburger Juristenfakultät als Spruchkollegium (Beiträge zur hessischen Geschichte, 5), Marburg 1966; *Jochen Geipel,* Die Konsiliarpraxis der Eberhard-Karls-Universität und die Behandlung der Ehrverletzung in den Tübinger Konsilien (Schriften zur südwestdeutschen Landeskunde, 4), Stuttgart 1965; *Clausdieter Schott,* Rat und Spruch der Juristenfakultät Freiburg i. Br. (Beiträge zur Freiburger Wissenschafts- und Universitätsgeschichte, 30), Freiburg i. Br. 1965; *Gottfried Baumgärtel,* Die Gutachter- und Urteilstätigkeit der Erlanger Juristenfakultät in dem ersten Jahrhundert ihres Bestehens. Zugleich ein Beitrag zur Geschichte der Rechtspflege, Erlangen 1962; *Norbert Hasselwander,* Aus der Gutachter- und Urteilstätigkeit an der alten Mainzer Juristenfakultät (Beiträge zur Geschichte der Universität Mainz, 3), Wiesbaden 1956; *Engelbert Klugkist,* Die Göttinger Juristenfakultät als Spruchkollegium (Göttinger rechtswissenschaftliche Studien, 5), Göttingen 1952; *Max Vollert,* Der Schöppenstuhl zu Jena (1588 bis 1882), in: Zeitschrift des Vereins für Thüringische Geschichte und Altertumskunde 28 (1929), 189 – 219; *Theodor Distel,* Beiträge zur älteren Verfassungsgeschichte des Schöppenstuhls zu Leipzig, in: Zeitschrift für neuere Rechtsgeschichte 10 (1889), 63 – 97.

Reichskammergericht durch eine enge Orientierung an der Carolina rechtswidrige Auswüchse bei Hexenprozessen zu verhindern suchte.[25] Unter anderem wandten sich die Richter gegen die entwürdigenden Haftbedingungen der Verdächtigen und plädierten für ausreichende Verteidigungsmöglichkeiten. Auch sonst finden sich in den Repertorien der Reichskammergerichtsakten zahlreiche Fälle, in denen wegen unrechtmäßiger Verhaftung, unmenschlicher Haftbedingungen, auf Entlassung aus der Haft oder Haftentschädigung geklagt wurde.[26] Untertanen war also bekannt, dass ihre Territorialherren, selbst wenn sie unbeschränkte Appellationsprivilegien besaßen, keineswegs eine Willkürherrschaft ausüben durften und ihre Rechtsprechung der Kontrolle durch die Reichsgerichtsbarkeit unterzogen werden konnte. Über dieses Wissen verfügte auch die jüdische Bevölkerung im Reich, die prinzipiell zur Nutzung des Rechtswegs befugt war und die höchste Gerichtsbarkeit gerade im 18. Jahrhundert rege nutzte.[27] Das ge-

---

24 Vgl. den neuesten Forschungsbericht zur Reichsgerichtsbarkeit von *Ralf-Peter Fuchs,* The Supreme Court of the Holy Roman Empire: The State of Research and Outlook, in: Sixteenth Century Journal 34 (2003), 9–23; *Siegrid Westphal / Stefan Ehrenpreis,* Stand und Tendenzen der Reichsgerichtsforschung, in: Prozessakten als Quelle. Neue Ansätze zur Erforschung der Höchsten Gerichtsbarkeit im Alten Reich (Quellen und Forschungen zur höchsten Gerichtsbarkeit um Alten Reich, 37), hrsg. v. Anette Baumann / Siegrid Westphal / Stephan Wendehorst / Stefan Ehrenpreis, Köln / Weimar / Wien 2001, 1–13. Speziell zur Rechtsschutzfunktion des Reichskammergerichts vgl. *Rita Sailer,* Untertanenprozesse vor dem Reichskammergericht. Rechtsschutz gegen die Obrigkeit in der zweiten Hälfte des 18. Jahrhunderts (Quellen und Forschungen zur höchsten Gerichtsbarkeit um Alten Reich, 33), Köln / Weimar / Wien 1999; *Bernhard Diestelkamp,* Reichskammergericht und deutsche Rechtsstaatskonzeption, in: Friedenssicherung und Rechtsgewährung. Sechs Beiträge zur Geschichte des Reichskammergerichts und der obersten Gerichtsbarkeit im alten Europa, hrsg. v. Bernhard Diestelkamp / Ingrid Scheurmann, Bonn / Wetzlar 1997, 131–143.

25 *Peter Oestmann,* Hexenprozesse am Reichskammergericht (Quellen und Forschungen zur höchsten Gerichtsbarkeit um Alten Reich, 31), Köln / Weimar / Wien 1997; *Ralf-Peter Fuchs,* Hexerei und Zauberei vor dem Reichskammergericht. Nichtigkeiten und Injurien (Schriftenreihe der Gesellschaft für Reichskammergerichtsforschung, 16), Wetzlar 1994.

26 Vgl. Reichskammergerichtsakten im Hessischen Staatsarchiv Darmstadt und im Gräflich Solmsischen Archiv in Laubach (Inventar der Akten des Reichskammergerichts, 3), bearbeitet von Andrea Korte-Böger u. a., Darmstadt 1990, Indices 333, unter dem Stichwort Inhaftierung.

27 Vgl. die Beispiele bei *S. Ehrenpreis / A. Gotzmann / S. Wendehorst,* Rechtsnormen (Anm. 9), 104–108; *Barbara Staudinger,* Die Resolutionsprotokolle des Reichshofrats als Quelle zur jüdischen Geschichte, in: Prozessakten als Quelle. Neue Ansätze zur Erforschung der Höchsten Gerichtsbarkeit im Alten Reich (Quellen und Forschungen zur höchsten Gerichtsbarkeit um Alten Reich, 37), hrsg. v. Anette Baumann / Siegrid Westphal / Stephan Wendehorst / Stefan Ehrenpreis, Köln / Weimar / Wien 2001, 119–140; *R. Sailer,* Untertanenprozesse (Anm. 24), insbesondere § 7 Kardinal Rohan und die Vertreibung der Juden aus Ettenheim, 372–425; *J. Friedrich Battenberg,* Juden am Reichskammergericht in Wetzlar, Der Streit um die Privilegien der Judenschaft in Fürth, in: Die politische Funktion des Reichskammergerichts (Quellen

lehrte Recht hatte ihnen im Zuge der Rezeption des Römischen Rechts seit dem 16. Jahrhundert als *cives Romani* eine umfängliche Rechtsfähigkeit zugebilligt.[28] „Diesem Anspruch auf Rechtsschutz folgte notwendig ihre weitgehende Gleichberechtigung im Prozessrecht."[29] Ausdruck dafür war auch die Akzeptanz jüdischer Sollicitanten am Reichskammergericht, die unabhängig von den Skandalen des 18. Jahrhunderts, in die einige von ihnen verwickelt waren, weiterhin ihrer Tätigkeit am Gericht nachgehen konnten.[30] Die jüdische Bevölkerung profitierte von dem Bemühen der Juristen, den allgemeinen Rechtsverkehr zu erleichtern, und deren Anspruch, nur auf der Grundlage des Rechts zu urteilen. Dies bot den Juden zumindest auf normativer Ebene und im Verfahren einen gewissen Schutz, was in der Forschung zu der Vermutung Anlass gegeben hat, dass die Benachteiligung von Juden in der Frühen Neuzeit vor allem im außerrechtlichen Bereich geschehen sei.[31]

Dafür bietet zumindest die Verhaftungspraxis ein gewisses Indiz. Denn die Kriminalitätsforschung hat gezeigt, dass die in der Carolina und den territorialen Rechten verankerten Vorkehrungen gegen voreilige Verhaftungen nur eingeschränkte Wirksamkeit besaßen.[32] Denunziationen und Gerüchte, vor allem aber der soziale Status genügten häufig, Personen festzunehmen. Stand, Beruf, Vermögen, Religion, Geschlecht, Alter, Lebenswandel und familiäre Einbindung, Nützlichkeit für und Reputation in der Gesellschaft waren deshalb von großer Bedeutung. Karl Härter unterscheidet grob zwischen zwei Gruppen – „die ‚einheimischen, seßhaften Untertanen' und Angehörige von Randgruppen und Unterschichten (vor allem die fremden Vaganten), [...] für die jeweils unterschiedliche Sanktionssysteme zur Anwendung kamen."[33] Gerade Angehörige der letzteren Gruppe galten als grundsätzlich suspekt und waren mit vielfältigen Vorurteilen behaftet. Ihre Bestrafung erfolgte nach dem Gesichtspunkt bewusster Ausgrenzung und Abschreckung.

Ohne Frage bildeten Juden qua Religionszugehörigkeit eine Randgruppe, die vor allem in den Städten in Ghettos oder ghettoähnlich von ihrer Um-

---

und Forschungen zur höchsten Gerichtsbarkeit im Alten Reich, 24), hrsg. v. Bernhard Diestelkamp, Köln / Weimar / Wien 1993, 181 – 213.

28 *Wilhelm Güde,* Die rechtliche Stellung der Juden in den Schriften deutscher Juristen des 16. und 17. Jahrhunderts, Sigmaringen 1981; vgl. die kritischen Anmerkungen zu Güde bei *F. Battenberg,* Rahmenbedingungen (Anm. 9), 66 – 69.

29 *Bengt Christian Fuchs,* Die Sollicitatur am Reichskammergericht (Quellen und Forschungen zur höchsten Gerichtsbarkeit um Alten Reich, 40), Köln / Weimar / Wien 2002, 125.

30 *B. Fuchs,* Sollicitatur (Anm. 29), 125 – 131.

31 *W. Güde,* Stellung (Anm. 28), 74.

32 *K. Härter,* Strafverfahren (Anm. 12), 476.

33 *K. Härter,* Strafverfahren (Anm. 12), 477.

welt abgesondert lebte.[34] Auch wenn der Blick auf die soziale Praxis, insbesondere auf die der Landjuden, auch gezeigt hat, wie verbreitet, vielfältig und vielschichtig Interaktionen und Kooperationen zwischen Juden und Christen in der ständischen Gesellschaft waren, so waren sie doch durch Kleidung, Sprache und alltägliche Gewohnheiten leicht erkennbar und unterlagen strengen rechtlichen Restriktionen.[35] Antijüdische Stereotype und Vorurteile prägten – trotz jahrhundertelanger Nachbarschaft – weiterhin das Bild vieler Christen von den Juden.[36] Konsistent hielt sich die gruppenspezifische Zuschreibung eines bestimmten Delinquenzverhaltens – auch in den aufgeklärten Diskursen des 18. Jahrhunderts findet sich die Vorstellung von Juden als Dieben und Betrügern, die durch das verstärkte Auftreten von jüdischen Räuberbanden und einer strukturell bedingten steigenden Rate von Eigentumsdelikten neue Nahrung fand.[37] Ursache war hier das starke Anwachsen der jüdischen Bevölkerung im letzten Drittel des 18. Jahrhundert bei gleichzeitigen Bemühungen der territorialen Obrigkeiten, die Zahl der Schutzjuden in ihren Territorien strikt zu begrenzen. Nicht zuletzt deshalb resultierte daraus ein großes soziales Gefälle innerhalb der Ju-

---

34 *Mark Häberlein / Michaela Schmolz-Häberlein,* Competition and Cooperation: The Ambivalent Relationship between Jews and Christians in Early Modern Germany and Pennsylvania, in: The Pennsylvania Magazine of History and Biography CXXVI, No. 3 (2002), 409–436; *J. Friedrich Battenberg,* Die Juden in Deutschland vom 16. bis zum Ende des 18. Jahrhunderts (Enzyklopädie deutscher Geschichte, 64), München 2001; *Arno Herzig,* Jüdische Geschichte in Deutschland: Von den Anfängen bis zur Gegenwart, 2. Aufl. München 2002; *Mordechai Breuer / Michael Graetz,* Deutsche-jüdische Geschichte in der Neuzeit, Bd. 1: Tradition und Aufklärung 1600–1780, München 1996.

35 *F. Battenberg,* Rahmenbedingungen (Anm. 9), 55 f.; zur Rechtsstellung vgl. beispielsweise *Ralf Schäfer,* Die Rechtsstellung der Haigerlocher Juden im Fürstentum Hohenzollern-Sigmaringen von 1634–1850. Eine rechtsgeschichtliche Untersuchung (Rechtshistorische Reihe, 254), Frankfurt a. M. 2002; zur Situation der Landjuden vgl. *Sabine Ullmann,* Nachbarschaft und Konkurrenz: Juden und Christen in Dörfern der Markgrafschaft Burgau 1650 bis 1750 (Veröffentlichungen des Max-Planck-Instituts für Geschichte, 151), Göttingen 1999; *Jörg Deventer,* Das Abseits als sicherer Ort? Jüdische Minderheit und christliche Gesellschaft im Alten Reich am Beispiel der Fürstabtei Corvey (1550–1807) (Forschungen zur Regionalgeschichte, 21), Paderborn 1996; *Daniel J. Cohen,* Die Landjudenschaften in Deutschland als Organe jüdischer Selbstverwaltung von der frühen Neuzeit bis ins neunzehnte Jahrhundert: Eine Quellensammlung, 3 Bde., Jerusalem 1996 / 1997 / 2001; *Rolf Kießling* (Hrsg.), Judengemeinden in Schwaben im Kontext des Alten Reiches (Colloquia Augustana, 2), Berlin 1995.

36 *Christine Mittlmeier,* Publizistik im Dienste antijüdischer Polemik. Spätmittelalterliche und frühneuzeitliche Flugschriften und Flugblätter zu Hostienschändungen, Frankfurt a. M. 2000; *Stefan Rohrbacher / Michael Schmidt,* Judenbilder. Kulturgeschichte antijüdischer Mythen und antisemitischer Vorurteile, Hamburg 1991.

37 *Joachim Eibach,* Stigma Betrug: Delinquenz und Ökonomie im jüdischen Ghetto, in: Kriminalität und abweichendes Verhalten. Deutschland im 18. und 19. Jahrhundert, hrsg. v. Helmut Berding / Diethelm Klippel / Günther Lottes, Göttingen 1999, 15–38; *O. Ulbricht,* Criminality (Anm. 14).

denschaft. Im letzten Viertel des 18. Jahrhunderts stieg die Quote der Armen unter den Juden bis auf 75 Prozent, so dass die traditionelle jüdische Armenfürsorge überfordert war und die Betroffenen aus sozialer Not andere, zum Teil kriminelle Wege der Existenzsicherung suchten.[38] Auch wenn darüber insgesamt zu wenig bekannt ist, bleibt festzuhalten, dass vor diesem Hintergrund vor allem die so genannten Betteljuden als grundsätzlich verdächtig angesehen wurden und allein aufgrund ihres sozialen Status festgenommen werden konnten.

In Haft waren sie gleich in mehrfacher Hinsicht benachteiligt. Während einheimische, sesshafte Untertanen ihr soziales und familiäres Netzwerk aktivieren und bei den Zentralbehörden und dem Landesherrn um die Milderung der Strafe bitten konnten, stand ihnen als mobile Randgruppe diese Möglichkeit nicht offen.[39] Auch für die Zeit in Haft spielte der familiäre Rückhalt eine wichtige Rolle, wurden doch Zucht- und Arbeitshäuser mit ausschließlich obrigkeitlicher Verantwortung erst verstärkt gegen Ende der Frühen Neuzeit errichtet. Die Verpflegung und Versorgung mit den notwendigsten Bekleidungsstücken und Gegenständen der häufig in einem Turm Inhaftierten war Sache der Familie.[40] Vermögende und / oder ständisch privilegierte Inquisiten konnten deshalb auch bevorzugte Haftbedingungen beanspruchen. Für die kleine Gruppe von höheren Ständen gab es in einigen Territorien sogar die gesetzlich vorgesehene Strafe der Festungshaft, die den Gefangenen mildere und komfortablere Vollzugsbedingungen bot.[41] Dort, wo sie nicht im Recht verankert war, konnte sie offenbar auf dem Gnadenweg erlangt werden. Die ständische Struktur spiegelte sich also durchaus in der Form der Haftstrafe wider, wobei die bevorzugte Behandlung privilegierter Personen (Staatsgefangene und Honoratiores) auch Eingang in die neu gebauten Zuchthäuser fand.[42]

Welche Bedeutung der Faktor sozialer Status im Zusammenhang mit der Inhaftierung von Juden hatte, läßt sich an der jüdischen Wirtschaftselite ablesen. Der großen Gruppe von armen Juden, die von Territorium zu Territorium zog, und den in einem Territorium zugelassenen Schutzjuden stand eine kleine Elite von Hofjuden gegenüber, der während oder nach dem Dreißigjährigen Krieg der soziale Aufstieg gelungen war.[43] Sie befanden sich in einem unmittelbaren Dienstleistungsverhältnis zum Herrschaftsinhaber, besaßen vielfältige und überregionale wirtschaftliche Kontakte und verfüg-

---

38 *O. Ulbricht,* Criminality (Anm. 14), 65.

39 *K. Härter,* Strafverfahren (Anm. 12), 478–480.

40 *U. Wesel,* Geschichte (Anm. 1), 394.

41 *T. Krause,* Strafrechtspflege (Anm. 1), 238–242.

42 *T. Krause,* Strafrechtspflege (Anm. 1), 239.

43 *Rotraud Ries / J. Friedrich Battenberg* (Hrsg.), Hofjuden – Ökonomie und Interkulturalität. Die jüdische Wirtschaftselite im 18. Jahrhundert (Hamburger Beiträge zur Geschichte der deutschen Juden, 25), Hamburg 2002.

ten über Titel und Privilegien. Häufig übernahmen sie auch Führungsaufgaben innerhalb der jüdischen Gemeinde und zeichneten sich im Bereich der Wohltätigkeit aus. Durch den engen Kontakt zum Herrschaftsinhaber und der höfischen Gesellschaft wiesen sie die größte „soziale und kulturelle Nähe zum nichtjüdischen Umfeld“ auf.[44] Allerdings war ihr gesellschaftliches Ansehen vom Erfolg bei Hofe abhängig und deshalb häufig nicht von Dauer. Immer wieder findet sich in den Quellen des 18. Jahrhunderts der Hinweis darauf, dass Hoffaktoren aufgrund des wachsenden Finanzbedarfs ihrer Dienstherren riskante Finanzgeschäfte tätigten und bei Misslingen beziehungsweise Verschuldung und Zahlungsunfähigkeit für das finanzielle Fiasko verantwortlich gemacht wurden.[45] Nicht selten kam es zu ihrer Inhaftierung und Verurteilung. Das größte Aufsehen und die nachhaltigste Wirkung rief sicherlich das Schicksal des württembergischen Hoffaktors Joseph Süß Oppenheimer hervor, welches in zahlreichen Publikationen als Paradebeispiel für Aufstieg und Fall innerhalb der ständischen Gesellschaft verarbeitet wurde.[46] In diesem Kontext spielte die im Rahmen des Inquisitionsverfahrens absolvierte Kerkerhaft eine große Rolle, wurde sie doch in den Schriften zu einem Sinnbild für die gerechte Strafe eines hochmütigen und einstmals mächtigen Juden stilisiert, der sich über die seinem Stand gemäße Verhaltensweise erhoben hatte. „Auch wo die Gefangenschaft nicht in Worten unter die Devise gewaltsamer Verknechtung gestellt wird, zieht sich durch viele Texte wie ein roter Faden eine auf den jüdischen Knechtsstatus verweisende Auslegung seiner Kerkerhaft.“[47] Generell ist hinsichtlich der Schilderung von Haftbedingungen aber nicht nur bei diesen Publikationen, sondern auch den Untersuchungsakten Vorsicht geboten, die ebenfalls mit einer ganz bestimmten Absicht formuliert wurden und deren Verfasser zeitgenössischen Sinnordnungen unterlagen. Eine ‚wahre Darstellung‘ des Hochverratsprozesses und der Haftzeit von Oppenheimer ist sicherlich auch auf diese Weise nicht möglich.[48] Dennoch deuten die teilweise widersprüchlichen Gerichtsakten zumindest auf einen interessanten Punkt hin, der sich

---

44 *Rotraud Ries*, Hofjuden – Funktionsträger des absolutistischen Territorialstaates und Teil der jüdischen Gesellschaft. Eine einführende Positionsbestimmung, in: R. Ries / F. Battenberg, Hofjuden (Anm. 43), 11–39, 16.

45 Vgl. beispielsweise *Erich Nolte*, Der Fall Salomon Alexander – Riskante Wechselgeschäfte unter Fürst Wilhelm Heinrich, in: Wilhelm Heinrich von Nassau-Saarbrücken 1718–1768. Gedenkschrift zu seinem 250. Geburtstag und 200. Todestag (Zeitschrift für die Geschichte der Saargegend ,16), hrsg. v. Hans-Walter Herrmann / Hanns Klein, Saarbrücken 1968, 209–215.

46 *Barbara Gerber*, Jud Süß. Aufstieg und Fall im frühen 18. Jahrhundert. Ein Beitrag zur historischen Antisemitismus- und Rezeptionsforschung (Hamburger Beiträge zur Geschichte der deutschen Juden, 16), Hamburg 1990.

47 *B. Gerber*, Jud Süß (Anm. 46), 258.

48 Vgl. die auf Quellenrecherchen basierende, populärwissenschaftliche Biographie von *Hellmut G. Haasis*, Joseph Süß Oppenheimer, genannt Jud Süß. Finanzier, Freidenker, Justizopfer, Reinbek 1998, 9.

auch in Bezug auf die Gefängnishaft im 18. Jahrhunderts feststellen ließ: Trotz der antijüdischen Einstellung der Untersuchungskommission wird Oppenheimer in der Haft das Leben nach den jüdischen Religionsgesetzen ermöglicht.[49]

Oppenheimer scheint also kein Einzelfall gewesen zu sein. Dass die Akzeptanz kultureller Differenz vielmehr ein grundsätzliches Charakteristikum der frühneuzeitlichen Gesellschaft im Umgang von Christen und Juden sein könnte, läßt sich am Fall des Hoffaktors Moses Schimmel aus Sachsen-Hildburghausen demonstrieren, dem eine kaiserliche Inquisitionskommission Ende des 18. Jahrhunderts einen Mordanschlag nachzuweisen versuchte. Hintergrund seiner Verhaftung bildete die Einrichtung einer kaiserlichen Schuldenkommission unter Leitung von Prinz Joseph Friedrich von Sachsen-Hildburghausen in dem bankrotten kleinen Fürstentum Sachsen-Hildburghausen in den Jahren 1769/70, die nur gegen den erheblichen Widerstand des regierenden Herzogs und durch den Einsatz von Militär installiert werden konnte.[50] Die Einrichtung kaiserlicher Kommissionen gilt als wichtiges und zentrales Instrumentarium des Reichshofrats bei gerichtlichen Verfahren, wodurch zahlreiche Reichsstände und insbesondere deren Räte als subdelegierte Kommissare temporär in die Konfliktregulierung auf Reichsebene eingebunden wurden. Kommissionen übernahmen in der Regel wichtige Aufgaben wie die Beweiserhebung, Untersuchung und Verfahrensführung vor Ort. Die kaiserlichen

49 Vgl. *H. Haasis,* Oppenheimer (Anm. 48), 321. Haasis erwähnt eine Klage von Daniel Süßkind Oppenheimer beim Reichskammergericht, in der moniert wird, dass die Verwandten das Essen nicht offen bringen und die Speisen nicht vor Oppenheimer zubereiten durften. Leider fehlen die Quellenangaben.

50 Zu den Hintergründen vgl. *Siegrid Westphal,* Kaiserliche Rechtsprechung und herrschaftliche Stabilisierung. Reichsgerichtsbarkeit in den thüringischen Territorialstaaten 1648–1806 (Quellen und Forschungen zur höchsten Gerichtsbarkeit um Alten Reich, 43), Köln/Weimar/Wien 2002, 256–431. Zu den kaiserlichen Schuldenkommissionen vgl. des Weiteren *Jürgen Ackermann,* Verschuldung, Reichsdebitverwaltung, Mediatisierung. Eine Studie zu den Finanzproblemen der mindermächtigen Stände im Alten Reich. Das Beispiel der Grafschaft Ysenburg-Büdingen 1687–1806 (Schriften des Hessischen Landesamtes für Geschichtliche Landeskunde, 40), Marburg 2002; *Susanne Herrmann,* Die Durchführung von Schuldenverfahren im Rahmen kaiserlicher Debitkommissionen im 18. Jahrhundert am Beispiel des Debitwesens der Grafen von Montfort, in: Reichshofrat und Reichskammergericht. Ein Konkurrenzverhältnis (Quellen und Forschungen zur höchsten Gerichtsbarkeit um Alten Reich, 34), hrsg. v. Wolfgang Sellert, Köln/Weimar/Wien 1999, 111–127; *Hans Hattenhauer,* Das Heilige Römische Reich als Konkursverwalter (Münsterische juristische Vorträge, 1), Münster 1998; *Volker Press,* Die aufgeschobene Mediatisierung. Finanzkrise der Kleinstaaten und kaiserlichen Stabilisierungspolitik, in: Bericht über die 32. Versammlung deutscher Historiker in Hamburg. 4. bis 8. Oktober 1978 (GWU Beiheft), Stuttgart 1979, 139–141; *Ernst Schilly,* Die Tätigkeit der Kaiserlichen Schuldentilgungskommission und der Manutenenzkommission des Markgrafen Karl Friedrich von Baden-Durlach in der nassau-saarbrückischen Schuldensache 1770, in: Zeitschrift für Geschichte der Saargegend 20 (1972), 84–120.

Kommissare beziehungsweise ihre Subdelegierten bemühten sich darüber hinaus um einen Vergleich der Konfliktparteien und waren im Rahmen gesetzlich geregelter Austrägalkommissionen dazu ermächtigt, Urteile zu sprechen. Schließlich wurde ihnen mittels Schuldenkommissionen sogar die Finanzverwaltung ganzer Territorien übertragen. Es liegen noch keine gesicherten Daten für den gesamten Zeitraum der Frühen Neuzeit vor, aber zeitweise wurden bei rund einem Drittel der reichshofrätlichen Prozesse unterschiedlichste Kommissionen eingesetzt. Für die Auswahl der kaiserlichen Kommissare existierten erst ab 1648 beziehungsweise 1654 normative Vorgaben.[51] So sollten bei Auseinandersetzungen zwischen verschiedenen Konfessionen die Kommissare unterschiedlichen Bekenntnisses sein. In der Regel handelte es sich – wie auch im vorliegenden Fall – um benachbarte oder verwandte Reichsstände der Konfliktparteien, die die Problemkonstellation am besten einschätzen konnten. Kommissare agierten im Auftrag und als Vertretung des Kaisers, legitimierten sich durch ein kaiserliches Schreiben, dessen Rahmen sie zu beachten hatten und mussten explizit als kaiserliche Kommissare angesprochen werden. Ihre Bindung an Kaiser und Reich erfolgte nicht nur durch ihre Titulatur, sondern auch im Weisungsrecht des Reichshofrats, in der Berichtspflicht an den Reichshofrat und dem Beschwerderecht der Parteien.

Weil die Schuldenkommission in Sachsen-Hildburghausen erhebliche Wechselschuldbetrügereien und verbotene Landesveräußerungen aufdeckte und außerdem in der Bevölkerung antikaiserliche Publikationen gegen die Schuldenkommission verbreitet wurden, befahl der Reichshofrat die Einrichtung einer Inquisitionskommission mit dem Auftrag, die Verfasser der antikaiserlichen Schriften ausfindig zu machen sowie die Urheber der Betrugsgeschäfte zu eruieren. Obwohl Reichshofrat und Reichskammergericht zweitinstanzlich für die Zivilgerichtsbarkeit zuständig waren, konnten strafrechtliche Delikte verfolgt werden, wenn sie in einem Zusammenhang mit der kaiserlichen Rechtsprechung standen.[52] Die Kommission wurde zunächst auf den benachbarten Herzog von Sachsen-Coburg übertragen, kurze Zeit darauf ging sie unter problematischen Umständen an die Herzogin von Sachsen-Meiningen über, womit die Verlegung der Inhaftierten von der Veste Coburg nach Meiningen verbunden war.[53]

---

51 Vgl. *Eva Ortlieb,* Im Auftrag des Kaisers. Die kaiserlichen Kommissionen des Reichshofrats und die Regelung von Konflikten im Alten Reich (Quellen und Forschungen zur höchsten Gerichtsbarkeit um Alten Reich, 38), Köln / Weimar / Wien 2001, 78–90.

52 *Wolfgang Sellert,* Über die Zuständigkeitsabgrenzung von Reichshofrat und Reichskammergericht. Insbesondere in Strafsachen und Angelegenheiten der freiwilligen Gerichtsbarkeit (Untersuchungen zur deutschen Staats- und Rechtsgeschichte, 4), Aalen 1965.

53 Vgl. BayStA Coburg, LA B Nr. 1658, Historischer aus den Acten gezogener Bericht. Es handelt sich um eine aus Coburger Perspektive wiedergegebene Schilderung

Für den Verlauf der Ereignisse ist es wichtig, dass es sich eben nicht um eine territoriale Inquisitionskommission handelte, sondern um eine, die im kaiserlichen Auftrag erfolgte.[54] In letzter Konsequenz mussten sich die Kommissare beziehungsweise deren Subdelegierte vor Kaiser und Reichshofrat verantworten. Eine Folge davon war ihr Bemühen, möglichst korrekt vorzugehen und alle Schritte entsprechend abzusichern.[55] Verfehlungen konnten sich nicht nur auf das Renommee des beauftragten Reichsstandes negativ auswirken, sondern ihn auch bei anhängigen Verfahren am Reichshofrat oder Gesuchen an den Kaiser in eine nachteilige Position bringen. In den Akten finden sich deshalb immer wieder Formulierungen wie beispielsweise: Man habe auf die genaueste Einhaltung der Vorgaben und Vorschriften geachtet.

Relativ rasch konzentrierten sich die Untersuchungen auf zwei Hofräte des Hildburghäuser Herzogs, Vater und Sohn Radefeld, die man schon zuvor beschuldigt hatte. Ihnen wurde übergroßer Einfluss auf ihren Dienstherrn nachgesagt. Sie galten außerdem als die Urheber der herzoglichen Widersetzlichkeiten. Beide wurden 1771 festgenommen und auf die Veste Coburg gebracht, was bereits auf ihren höheren Status und eine bevorzugte Behandlung schließen läßt. Die Verhaftung nutzte man außerdem dazu, ihr Vermögen zu arretieren und ihre Briefe und Akten zu beschlagnahmen. Die Inquisitionskommission hoffte, darin – entsprechend der üblichen strafrechtlichen Verfahrensweise – Beweise zu finden, welche die Festnahme der Radefelds und ihre Verurteilung rechtfertigen konnten, musste aber enttäuscht die Wertlosigkeit der Papiere feststellen.

Bei dem anschließenden summarischen Verhör und der Spezialinquisition erhärteten sich Verdachtsmomente gegen den seit 1760 in Hildburghausen tätigen Hoffaktor und Galanteriewarenhändler Moses Schimmel.[56] Die

---

der Hintergründe, die zur Übergabe der Untersuchungskommission an die Meininger Herzogin führten.

54 Vgl. *E. Ortlieb,* Auftrag (Anm. 51).

55 Vgl. *C. Mittlmeier,* Publizistik (Anm. 36), 147–150. Das Bemühen, gegenüber der Öffentlichkeit ein rechtlich korrektes Vorgehen zu demonstrieren, scheint grundsätzlich ein Ausdruck von Verrechtlichungstendenzen zu sein.

56 Vgl. *Armin Human,* Geschichte der Juden in Sachsen-Meiningen-Hildburghausen (Schriften des Vereins für Sachsen Meiningische Geschichte und Landeskunde, 30), Hildburghausen 1898, 9. Die Familie Schimmel zählte zu den dreizehn jüdischen Familien, die 1748 in der Stadt Hildburghausen wohnten. Außer im Zusammenhang mit den Prozessakten ist über Moses Schimmel ansonsten wenig bekannt. Insgesamt ist die Situation der jüdischen Bevölkerung in den thüringischen Territorien mittlerweile besser erforscht. Es fehlen jedoch Studien für das 18. Jahrhundert. Vgl. *Stefan Litt,* Juden in Thüringen in der Frühen Neuzeit (1520–1650) (Veröffentlichungen der Historischen Kommision für Thüringen. Kleine Reihe, 11), Köln / Weimar / Wien 2003; *Gabriele Olbrisch,* Landrabbinate in Thüringen 1811–1871. Jüdische Schul- und Bildungsreform unter staatlicher Regie (Veröffentlichungen der Historischen Kommission für Thüringen. Kleine Reihe, 9), Köln / Weimar / Wien 2003; *Franz Levi,* 12 Gulden

Subdelegierten vermuteten, dass er an den „landesverderblichen" Betrügereien und Wechselschuldgeschäften in größerem Stil beteiligt gewesen war. Vermutlich besaß die Inquisitionskommission aber nicht genügend Handhabe, denn die Festnahme Schimmels erfolgte erst, als gegen ihn eine schwerwiegende Denunziation durch den Schutzjuden Schwab vorgebracht wurde, ein Umstand, der in den Untersuchungsakten immer wieder Erwähnung findet.[57] Offenbar galt die Anzeige durch einen anderen Juden als glaubwürdiger, obwohl zwischen beiden – wie sich später herausstellen sollte – eine Feindschaft bestand. Die Anzeige erfolgte am 3. Oktober 1771, wonach Schimmel gegenüber Schwab Folgendes ausgesagt haben soll: „Er habe viele Schulden in Franckfurth, weswegen er verklagt werden würde, diese wolle er, Schimmel, für ihn bezahlen, wann er Schwab, die beyde ihm zugleich eingehändigte Pulver in die Küche des Prinzen Joseph Friederichs hochfürstl. Durchl. practiciren wollte."[58] Schwab wurde auf seine Anzeige hin selbst in Gewahrsam genommen, die Pulver versiegelt und dem Hofmedicus zu chemischen Versuchen übergeben. Durch umfangreiche Verhöre Schwabs kam die Inquisitionskommission zu dem Schluss, dass die Anzeige wahrheitsgemäß sei, zumal die Pulver tödliche Wirkung zeigten. Damit lag die Vermutung nahe, dass auf den kaiserlichen Kommissar der Schuldenkommission ein Mordanschlag hatte verübt werden sollen. Schimmel wurde – ohne kaiserliche Anweisung – einen Tag später am 4. Oktober 1771 durch den Coburger Herzog in Hildburghausen festgenommen und ebenfalls auf die Veste Coburg gebracht, gleichzeitig wurden seine Besitztümer, Papiere und Briefe beschlagnahmt. In diesem Zusammenhang fanden sich offensichtlich Unterlagen, welche die Verwicklungen Schimmels in das herzogliche Schuldenwesen bestätigten. Im Vergleich aber zu den Mordanschuldigungen von Schwab fielen die Betrugsvorwürfe bei der Inquisition Schimmels kaum noch ins Gewicht. Sie dienten allenfalls dazu, die Glaubwürdigkeit des Hoffaktors in Frage zu stellen, der alle Vorwürfe leugnete und seinerseits den Denunzianten Schwab als Lügner und Kriminellen bezeichnete.[59]

---

vom Judenschutzgeld .... Jüdisches Leben in Berkach und Südwestthüringen (Veröffentlichungen der Historischen Kommision für Thüringen. Große Reihe, 7), bearbeitet von Johannes Mötsch und Katharina Witter, München / Jena 2001; *Ulrike Schramm-Häder*, Jeder erfreuet sich der Gleichheit vor dem Gesetze, nur nicht der Jude. Die Emanzipation der Juden in Sachsen-Weimar-Eisenach (1823 – 1850) (Veröffentlichungen der Historischen Kommision für Thüringen. Kleine Reihe, 5), München / Jena 2001.

57 HHStA Wien, Kleinere Reichsstände 467, fol. 97 – 117v, Kopie des kommissarischen Berichts der Meininger Herzogin mit Beilagen, die die Befragung des Juden Schwab wiedergeben; HHStA Wien, RHR, Obere Registratur 1306 / 1307, Akten zur Untersuchung gegen den Juden Schimmel.

58 HHStA Wien, Kleinere Reichsstände 467, fol. 98v.

59 HHStA Wien, RHR, Obere Registratur 1306.

Der Reichshofrat, der über die neuesten Entwicklungen im Nachhinein informiert worden war, billigte zwar das Vorgehen der Inquisitionskommission, fand es aber vor allem bedenklich, dass einem Denunzianten Glauben geschenkt worden war.[60] Dafür sprachen aus Sicht der Räte lediglich die Umstände. Zwar sollten Schimmel und Schwab bis zu einer Generalinquisition in Haft bleiben, diese sollte jedoch nicht in die Länge gezogen werden.[61] Obwohl der Reichshofrat zur Eile gemahnt hatte, dauerte die Untersuchung sowohl bei den Radefelds als auch bei Schimmel noch bis 1775. In beiden Fällen kam es zu umfangreichen Befragungen und Anschuldigungen, in deren Verlauf der Kreis der Verdächtigen immer weiter ausgedehnt wurde. Allein das sechsbändige Protokoll zur Inquisition Schimmels enthält 1500 Fragen.[62] Ihn betreffende Anordnungen des Reichshofrats wurden im Übrigen nicht angeschlagen, so dass sein Verfahren unter Ausschluss der Öffentlichkeit blieb.[63] Da zudem für die Zeit nach 1775 die Akten fehlen, kann leider nichts über den Ausgang des Inquisitionsverfahrens gesagt werden.

Aus den vorhandenen Unterlagen läßt sich jedoch schließen, wie in der frühneuzeitlichen Gesellschaft unter den besonderen Gewaltverhältnissen der Gefangenschaft mit den kulturellen Praktiken von Juden umgegangen wurde. Die sich in diesem Rahmen ergebenden Interaktionen zeichnen ein ambivalentes Bild des christlich-jüdischen Verhältnisses. Denn in den Verhörprotokollen Schimmels finden sich zahlreiche antijüdische Stereotype auf Seiten der Untersuchungskommissare, die sich trotz ihres Bemühens, entsprechend den rechtlichen Formalia vorzugehen, in ihren Befragungen durchaus von den zeitgenössischen Vorurteilen leiten ließen. Um Schimmel zu beschuldigen, griffen sie auf Topoi wie die „betrügerische Natur der Juden" zurück, unterstellten ihm pauschal „Verschlagen- und Verstocktheit", einen „verbrecherischen Charakter" und „unersättliche Gewinnsucht".[64] Da Schimmel als Parnass der jüdischen Gemeinde in Hildburghausen offenbar über großes Ansehen verfügte, bemühten sich die Subdelegierten, Verfehlungen der Vergangenheit aufzudecken. Sie zogen Coburger beziehungsweise Hildburghäuser Untersuchungsakten von 1735/36 heran, in denen „Zwey jüdische mit dem Strang hingerichtete Erz-Diebe [...] ihn [= Schim-

60 HHStA Wien, Kleinere Reichsstände 467, Kopie des außergerichtlichen Gutachtens des Reichshofrats, präs. am 22. November 1771.

61 HHStA Wien, Kleinere Reichsstände 467, Kopie des Gutachtens von Reichshofratspräsident Graf Harrach an den Kaiser vom 23. November 1771.

62 HHStA Wien, RHR, Obere Registratur 1306/1307, verschiedene Kommissionsberichte und sechs Protokollbände.

63 HHStA Wien, RHR, Prot. rer. res. 176, fol. 180–182, Konklusum vom 23. August 1773.

64 HHStA Wien, RHR, Obere Registratur 1306, Bericht der Subdelegierten an die Meininger Herzogin vom 16. März 1775, fol. 79 f. (alte Folierung).

mel] als den Baldober und Socium eines verübten Einbruchs und gewaltsamen Diebstals" angaben.[65] Die Vorwürfe konnten zwar nicht untermauert werden, wurden jedoch im Kontext der Inquisition als Beleg für die „verbrecherische Natur" Schimmels angeführt.[66] Ähnliches galt für „das allgemeine Gerücht, dass viele Leute durch ihn um das Ihrige gekommen" seien, was aus Perspektive der Kommissare ebenfalls gegen Schimmel sprach.[67] Was der Inhaftierte schließlich zugab, war die Involvierung in die für den Fürsten von Sachsen-Hildburghausen vorgenommenen Geldanleihen, wobei er sich keiner Schuld bewusst war. Die Kommissare sahen darin jedoch das Eingeständnis Schimmels, an „landesbedrohlichen" Wechselgeschäften und Landesveräußerungen beteiligt gewesen zu sein. Damit glaubten sie auch das entscheidende Motiv für den Mordanschlag auf den Kommissar der Schuldenkommission aufgedeckt zu haben, denn Schimmel drohte aus ihrer Perspektive durch die Schuldenkommission der Verlust seines gesamten Vermögens, Glücks und Wohlstands.[68] Da sich aber trotz intensiver und ausführlicher Befragungen der Mordverdacht gegen Schimmel nicht erhärtete, verwiesen die Untersuchungsbeamten in ihrem Bericht schließlich auf eine Verschwörung, bei der der „Jud Izig, dessen Bruder Herz, der Jßrael, der Lippmann Levi und dessen Frau, kurz das ganze Verband von Juden, die Wahrheit zu hinterhalten scheinen".[69]

Die Schwierigkeit für die Inquisitionskommission bestand darin, mit der Aktivierung antijüdischer Stereotype nicht gleichzeitig ihren einzigen Belastungszeugen zu diskreditieren, zumal ein zweiter Jude, der zunächst ebenfalls Schimmel beschuldigt hatte, seine Aussage – notariell beglaubigt – zurückgenommen hatte und dann geflohen war.[70] Damit fehlte der Inquisitionskommission der so wichtige zweite Zeuge, der für eine Verurteilung notwendig gewesen wäre. So mussten sich die Subdelegierten auf die Erlangung eines Geständnisses von Schimmel konzentrieren, wobei Folter zu diesem Zeitpunkt offenbar nicht mehr in Erwägung gezogen wurde. Gleichzeitig kam es darauf an, die Glaubwürdigkeit ihres einzigen Zeugen herauszustreichen, zumal Schimmel Schwab vorwarf, dass er als armer und mittel-

65 HHStA Wien, RHR, Obere Registratur 1306, Bericht der Subdelegierten an die Meininger Herzogin vom 16. März 1775, fol. 85 f. (alte Folierung).

66 Vgl. *Human*, Geschichte (Anm. 56), 125 f. Möglicherweise handelt es sich um die bei Human geschilderte Untersuchung gegen den Juden Heinemann.

67 HHStA Wien, RHR, Obere Registratur 1306, Bericht der Subdelegierten an die Meininger Herzogin vom 16. März 1775, fol. 79 (alte Folierung).

68 HHStA Wien, RHR, Obere Registratur 1306, Bericht der Subdelegierten an die Meininger Herzogin vom 16. März 1775, fol. 95 (alte Folierung); damit könnten bereits Ritualobjekte wie Etrog und Lulaw gemeint sein.

69 HHStA Wien, RHR, Obere Registratur 1306, Bericht der Subdelegierten an die Meininger Herzogin vom 16. März 1775, fol. 102 (alte Folierung).

70 HHStA Wien, RHR, Obere Registratur 1306, Bericht der Subdelegierten an die Meininger Herzogin vom 16. März 1775, fol. 72 f. (alte Folierung).

loser Mann um einer Belohnung willen zu allem bereit sei.[71] Die Subdelegierten betonten dagegen das kooperative Verhalten von Schwab, der Schimmel nicht nur freimütig angezeigt und ihnen das Pulver überlassen habe, sondern auch zu einem geschärften Judeneid sowie einer Konfrontation bereit sei. Im Gegensatz zu Schimmel sahen sie bei Schwab kein Motiv, das den Anschlag auf den kaiserlichen Schuldenkommissar Joseph Friedrich hätte rechtfertigen können. Besonders hervorgehoben wird, dass Schwab, der als Denunziant ebenfalls inhaftiert worden war, trotz der ihm gewährten Freiheiten immer wieder ins Gefängnis zurückgekehrt sei. Die Kommission gestattete dem in einem „bürgerlichen Haus" untergebrachten Arretierten bei jüdischen Festtagen, die Synagoge in Walldorf oder Dreißigacker zu besuchen. Außerdem durfte er unter Aufsicht auf dem Feld spazieren gehen.[72]

Bemerkenswert ist, dass Schimmel bei seiner Verteidigung selbst auf antijüdische Stereotype zurückgriff, indem er auf die verbrecherische Natur und den schlechten Charakter des Denunzianten verwies und darüber hinaus auf dessen niedrigen sozialen Status anspielte.[73] Eine zwischen ihnen bestehende Feindschaft, die mit einer nicht gewünschten Verbindung ihrer Kinder begründet wird, sollte durch überwiegend christliche Zeugen aus dem Umfeld des Hofs belegt werden. Nicht zuletzt hier wird deutlich, dass man zum einen das erhebliche soziale Gefälle innerhalb der Judengemeinden insbesondere bei Konflikten stärker berücksichtigen muss, auf der anderen Seite aber die Kontakte zwischen Juden und Christen gerade bei einem Hoffaktor in der Tat vielfältiger waren als lange Zeit vermutet.

Wie wichtig darüber hinaus der soziale Status und die Einbindung in soziale Netzwerke auch bei Juden für die Haftbedingungen waren, läßt sich an Schimmels Behandlung ablesen. Sein arretiertes Vermögen sollte – wie üblich – dazu dienen, die Haft zu finanzieren. Dennoch gelang es seiner Ehefrau nicht nur, die Erlaubnis zur Weiterführung der Geschäfte zu erhalten, sondern sie beauftragte sowohl den Hofadvokaten Nonne als auch einen Notar damit, die Rechte ihres Mannes zu wahren. Die Inquisitionskommission unterstellte ihr sogar, den Widerruf des zweiten Zeugen durch Be-

71 HHStA Wien, RHR, Obere Registratur 1306, Bericht der Subdelegierten an die Meininger Herzogin vom 16. März 1775, fol. 90 f. (alte Folierung).

72 HHStA Wien, RHR, Obere Registratur 1306, Bericht der Subdelegierten an die Meininger Herzogin vom 16. März 1775, fol. 37v sowie fol. 92 (alte Folierung). Vgl. *G. Olbrisch,* Landrabbinate (Anm. 56), 33; *A. Human,* Geschichte (Anm. 56), 94. Zum Zeitpunkt der Abfassung des Protokolls 1775 befanden sich die Gefangenen bereits in Meiningen in Haft. Da dort Juden kein Niederlassungsrecht besaßen, begab sich Schwab in das nahe Dreißigacker oder Walldorf. Letzteres war ehemaliger ritterschaftlicher Besitz und wies deshalb die größte jüdische Gemeinde in Sachsen-Meiningen auf.

73 HHStA Wien, RHR, Obere Registratur 1306, Bericht der Subdelegierten an die Meininger Herzogin vom 16. März 1775, fol. 80 f. (alte Folierung).

stechung in die Wege geleitet zu haben. Da dieser kurz darauf nach Mannheim gezogen war, ließ sich der Verdacht nicht verifizieren. Schimmel und seine Frau wussten durchaus alle Möglichkeiten der frühneuzeitlichen Strafjustiz zu nutzen. So gelang es ihnen mit Hilfe des Beschwerderechts zweimal, für Schimmel ein besseres Quartier zu erhalten. Zudem aktivierte Schimmels Frau, nachdem ihr Mann von Coburg nach Meiningen verlegt worden war, die jüdische Gemeinde von Dreißigacker, indem sie mit deren Hilfe ein Versorgungsnetz aufbaute. Sie wandte sich zum einen an den mit Schimmel befreundeten Juden Jßrael und bat ihn, sich ihres Mannes anzunehmen, die nötigen Kleidungsstücke und „was zu seiner Gesundheit, auch zur jüdischen Religion erforderlich seye, [zu] besorgen".[74] Zum anderen beauftragte sie die Ehefrau des Juden Lippmann mit der Verköstigung ihres Mannes. Dass deren Kinder, welche die Mahlzeiten ins Gefängnis brachten, schließlich auch dazu dienten, einen lebhaften Briefwechsel zwischen Schimmel und der Außenwelt zu ermöglichen, sei nur am Rande erwähnt. Offenbar konnte Schimmel auch andere Besucher empfangen, die ihm weitere Dinge wie Paradiesäpfel samt Strauch und Dattelzweige – vermutlich die rituellen Gegenstände Etrog und Lulav –, oder sogar koschere Milch für den Kaffee ins Gefängnis brachten.[75]

Bemerkenswert ist vor allem, wie ihm in selbstverständlicher Weise ein Leben nach den jüdischen Gesetzen gestattet wurde. Im Kontrast zu den antijüdischen Untertönen der Zeugenbefragungen ist die Bereitschaft von Obrigkeit, Verwaltungsbeamten und Bewachern auffällig, Schimmel die jüdische Religionsausübung und die damit zusammenhängenden rituellen Praktiken in der Haft zu ermöglichen. Dies wird insbesondere an einem Schriftwechsel aus der anfänglichen Coburger Festungshaft deutlich, der nicht unmittelbar mit der inquisitorischen Befragung zusammenhing und sachlich die Unterbringung sowie Verpflegung von Schimmel behandelte.[76] Daraus ist zu entnehmen, dass von herzoglicher Seite der Befehl ergangen war, Schimmel in Bezug auf Essen und Trinken nach jüdischen Gesetzen und Gebräuchen zu versorgen. Zu diesem Zweck sollten alle Speisen in einem Gasthof durch Juden zubereitet und anschließend auch durch Juden ins Gefängnis gebracht werden, wo sie dann an die Wache übergeben und jedesmal untersucht werden sollten, weil man hineingeschmuggelte Nachrichten fürchtete.[77] Diese an sich schon mühsame Art der Verpflegung wur-

---

74 HHStA Wien, RHR, Obere Registratur 1306, Bericht der Subdelegierten an die Meininger Herzogin vom 16. März 1775, fol. 18 (alte Folierung).

75 HHStA Wien, RHR, Obere Registratur 1306, Bericht der Subdelegierten an die Meininger Herzogin vom 16. März 1775, fol. 41 f. (alte Folierung).

76 BayStA Coburg, LA B 1621.

77 BayStA Coburg, LA B 1621, fol. 51, Anweisung des zur kaiserlichen Inquisitionskommission verordneten Hofrats Johann Christian Cramer an den Coburger Obristen von Gersdorf vom 14. Oktober 1771.

de dadurch erschwert, dass sich zum einen Schimmels Frau persönlich nach Coburg begab und ihren Mann mit Essen versorgen wollte, was ihr von den Wachen nicht erlaubt wurde. Zum andern erklärte Schimmel seinen Bewachern, dass er mit eigenen Augen sehen müsse, dass das Essen aus jüdischen Händen komme, weil er es ansonsten nicht essen dürfe und könne. Der zuständige Subdelegierte Cramer schlug deshalb vor, Schimmels Frau bis zur Wache vorzulassen, sie sollte aber bei der Essensübergabe an den Wärter kein Wort mit ihrem Mann wechseln.[78] Außerdem gestattete er ihr, ausreichend Essen für den Schabbat am Tag zuvor ins Gefängnis bringen zu dürfen, damit sie nach Hause reisen und nach ihrem Haushalt sehen konnte.[79] Auch an anderen jüdischen Festtagen war es ihr erlaubt, ihren Mann mit besonderen Speisen zu versorgen. Dies wurde solange praktiziert, bis die herzogliche Anweisung erging, die Versorgung Schimmels nicht durch die Ehefrau, sondern eine jüdische Magd vornehmen zu lassen, die für die Dauer des Aufenthalts auf der Veste vom Judenzoll befreit werden sollte. Die Kosten für die Magd hatte Schimmels Frau zu übernehmen.[80] Für das Pessachfest bat sie schließlich darum, dass ihre Magd oder eine andere Person „jüdischer Nation" zur Bedienung ihres Mannes zugelassen werden könnte, „da bekanntlich alles, was die Hebraer genießen und gebrauchen auch so gar das Wasch-Waßer einzig und allein durch Jüdische Hände gehen muss".[81]

Darüber hinaus durfte sie auf ihre Bitten hin dem Inhaftierten Kleidungsstücke und Gerätschaften wie eine Brille oder ein Messer mit zwei Klingen für Butter und Fleisch bringen, die zunächst durchsucht und inventarisiert wurden, bevor sie in Schimmels Besitz übergingen.[82] Durch dieses Verfahren sollte ausgeschlossen werden, dass heimlich Nachrichten ausgetauscht wurden. Besonders bemerkenswert ist die Erlaubnis, Schimmel mit religiösen Büchern zu versorgen. Dafür war es notwendig, die Schriften vorher genauestens zu sichten und alle handschriftlichen Einträge durch

78 BayStA Coburg, LA B 1621, fol. 52, Schreiben des Hofrats Johann Christian Cramer vom 15. Oktober 1771 mit der Bitte um herzogliche Anweisungen in dieser Frage.

79 BayStA Coburg, LA B 1621, fol. 53, Schreiben des Hofrats Johann Christian Cramer vom 17. Oktober 1771 vermutlich an den Coburger Obristen von Gersdorf.

80 BayStA Coburg, LA B 1621, fol. 57/58, Kopie des herzoglichen Schreibens an Cramer vom 18. Oktober 1771.

81 BayStA Coburg, LA B 1621, fol. 71 f., Schreiben von Schimmels Frau an den Obristen von Gersdorf vom 19. März 1772 aus Hildburghausen.

82 BayStA Coburg, LA B 1621, fol. 54/55, Anweisung von Cramer an den Obristen von Gersdorf vom 22. Oktober 1771. Laut Inventar übergab Schimmels Frau folgende Bekleidungsstücke: „Ein Schlafrock von rothen wollener Tamast, Ein paar schwarze BeinKleider von Zeug (?), Drey Oberhemden, und zwey Unterhemden, Zwey paar Unter Strümpf, Vier Servietten, Vier weise Halsbinden, Drey Baum Wollene Mitzen, Vier Schnupftücher, Ein paar Bandoffel."

kundige Personen übersetzen zu lassen. Neben „gelehrten und indifferenten" Eintragungen in Latein, fiel einzig eine Stelle in „judendeutschen Buchstaben" ins Auge, die der Übersetzer nicht verstand und hinter der sich eine geheime Nachricht hätte verbergen können. Pragmatisch kam er jedoch zu dem Schluss: „da ich einige Worte darunter, als Kümmel, Knoblauch, Safran, Cardamome herausgebracht zu haben glaube, so könnte es auch ein Recept seyn, das sich der Jude in sein Gebetbuch, welches übrigens ziemlich zelöstert ist, und in welches ich weiter nichts eingeschrieben gefunden habe, eingezeichnet hat."[83] Schimmel wurden schließlich die ‚Zehn Gebote', entweder eine rituelle Torarolle oder eine hebräische Ausgabe des Pentateuchs, eine weitere Pentateuch-Ausgabe, ein Psalter sowie ein tägliches Gebetbuch übergeben. Im späteren Inquisitionsprotokoll von 1775 ist außerdem die Rede davon, „dass der General-Superintendent zu Coburg ihm einstmal die hebraische Biebel zugeschickt, woraus ihm in Gegenwart der Wache erlaubt gewesen, zu jedem Capitul, welches sie, Juden, am Schabbas zu lesen hätten, die Übereinstimmung mit den Propheten herauszuziehen".[84] Von Bekehrungsversuchen, wie man sie aus anderen Kontexten in dieser Zeit durchaus kennt, ist jedoch keine Rede.

Am Beispiel von Moses Schimmels Gefangennahme und Inquisitionshaft werden verschiedene Aspekte im Umgang von Juden und Christen des späten 18. Jahrhunderts mit kultureller Differenz deutlich: Juden besaßen aufgrund ihrer Rolle im Wirtschafts- und Finanzsektor weit reichende Rechtsfähigkeit und waren sowohl straf- als auch zivilrechtlich in das Rechtssystem des Alten Reichs eingebunden. Sie konnten davon profitieren, weil die Normen und das Verfahren grundsätzlich so angelegt waren, dass sie Beklagten einen gewissen Schutz vor Willkür bieten sollten. Zentrale Bedeutung kam in diesem Zusammenhang der Reichsgerichtsbarkeit und den Reichsgesetzen zu, die für das territoriale Gerichtswesen und dessen Gesetzgebung eine Orientierung boten. Auch wenn die Reichsstände sich vehement darum bemühten, Klagen ihrer Untertanen am Reichskammergericht und Reichshofrat zu unterbinden, stand den beiden höchsten Gerichten im Reich dennoch die Oberaufsicht über das territoriale Gerichtswesen zu. Selbst bei unlimitierten Appellationsprivilegien eines Reichsstandes konnten sich Betroffene wegen verweigerter oder verhinderter Justiz, Justizbeugung oder obrigkeitlicher Willkürmaßnahmen an eines der Reichsgerichte wenden und um Schutz ihrer Rechte bitten. Aus zahlreichen Untersuchungen der Reichsgerichtsforschung ist bekannt, wie verbreitet die Kenntnis von den Möglichkeiten einer Klage am Reichskammergericht und Reichshofrat war. Auch Juden wussten davon und finden sich als Klägergruppe in Wetzlar und Wien. Inwiefern bei ihnen zudem noch die Vorstellung eines

83 BayStA Coburg, LA B 1621, fol. 66 f., Pro memoria vom 24. Oktober 1771.

84 HHStA Wien, RHR, Obere Registratur 1306, Bericht der Subdelegierten an die Meininger Herzogin vom 16. März 1775, fol. 54 f. (alte Folierung).

aus der ehemaligen Kammerknechtschaft abgeleiteten besonderen Schutzes für Juden durch den Kaiser ins 18. Jahrhundert überdauert hatte, läßt sich nicht genauer sagen.

An Schimmels Beispiel wird aber nicht nur deutlich, dass Juden die sich aus dem frühneuzeitlichen Rechtssystem ergebenden Handlungsspielräume kannten, sondern auch, wie geschickt sie diese nutzten. So wurden die Haftbedingungen keinesfalls hingenommen, sondern mit Hilfe des Beschwerderechts zu beeinflussen versucht. Dabei waren Schimmel und seine Frau weitgehend erfolgreich. Es gelang ihnen sogar, trotz der aufmerksamen Bewachung einen regen Briefwechsel zu führen und aus dem Gefängnis heraus die Verteidigung voranzutreiben. Der notariell beglaubigte Widerruf der zweiten Denunziation läßt sich vermutlich auf Beeinflussung durch Schimmel und Geldzahlungen von seiner Frau zurückführen. Dadurch und durch sein standhaftes Leugnen gelang es der Kommission nicht, genügend Beweismaterial für eine Verurteilung zu sammeln. Da sich kaiserliche Kommissionen strikt an die Vorgaben des Reichshofrats und die Beachtung des Verfahrensgangs zu halten hatten, kam es auch nicht zu Willkürmaßnahmen, wie man sie beispielsweise aus anderen Prozessen gegen Juden kennt. Gleichzeitig wurde das Verfahren auf diese Weise jedoch auch in die Länge gezogen.

Die Annahme der Forschung, dass eine Benachteiligung von Juden in der Frühen Neuzeit vor allem im außerrechtlichen Bereich geschehen sei, läßt sich bei näherer Betrachtung der Inquisitionsakten nicht uneingeschränkt halten. Zwar ist deutlich das Bemühen der Untersuchungsbeamten zu erkennen, bei der Befragung des Inhaftierten korrekt vorzugehen, aber bei ihrer Beurteilung und Darstellung des Sachverhalts flossen zahlreiche antijüdische Stereotype in die Bewertung mit ein.

Umso bemerkenswerter ist vor diesem Hintergrund die große Bereitschaft der territorialen Obrigkeit, Schimmel auch in der Haft ein Leben nach jüdischem Ritus zu ermöglichen. Darum mussten Schimmel und seine Frau nicht eigens bitten, sondern dies war von vornherein von herzoglicher Seite angeordnet worden. Diskussionsbedarf ergab sich lediglich darüber, auf welche Weise dies zu geschehen hatte, wobei auch beim Wachpersonal Aufgeschlossenheit für die spezifischen Formen der jüdischen Religionsausübung herrschte. An keiner Stelle klagten Schimmel oder seine Frau darüber, dass ihm ein Leben nach jüdischem Brauch untersagt wurde.

Inwieweit auch bei territorialen Inquisitionskommissionen oder sozial niedriger stehenden Juden auf eine entsprechende Behandlung Rücksicht genommen wurde, ist beim momentanen Kenntnisstand schwer zu sagen. Aber die eingangs zitierten Hinweise auf das frühneuzeitliche Gefängniswesen lassen zumindest den Schluss zu, dass die Ausübung kulturell differenter Praktiken in der ständischen Gesellschaft des späten 18. Jahrhunderts auch unter den besonderen Gewaltverhältnissen der Haft und vielleicht sogar weitgehend unbeeinflusst vom sozialen Status als selbstverständliches Recht eines Menschen angesehen wurde. Erst im Zuge der zunehmenden Institutionalisierung des Gefängniswesens und der damit verbundenen Rationalisierungsprozesse im 19. Jahrhundert schwand die Bereitschaft, kulturelle Differenz zu akzeptieren.

Die Suche nach Recht und Gericht. Der Fall der Friedberger Juden im 17. Jahrhundert

Von *Cilli Kasper-Holtkotte*, Erfurt

Hintergrund der vorliegenden Skizze ist ein zwar durchaus bekanntes historisches Ereignis, dessen umfassende Folgewirkungen und Bedeutung bisher jedoch nur ausschnitthaft Beachtung fanden: Die Frankfurter Judenversammlung des Jahres 1603. Doch soll nicht den üblichen Fragen nachgegangen werden, etwa nach den Intrigen im Hintergrund oder den Konsequenzen für die Juden von Frankfurt oder Worms.[1] Denn andere, kaum weniger wichtige Fragen wurden bisher kaum gestellt. Dazu gehört jene nach den lokalen Auswirkungen der Versammlung und der anschließenden Befragungen der Jahre 1606 bis 1608. Welche Auswirkungen hatte dies auf die Suche von Juden nach Recht und Gericht? Welche Gerichte durften, konnten oder mussten Juden anrufen?

Obschon insbesondere die im Stadtarchiv Frankfurt vorhandenen Akten zur Versammlung auch Einblicke in die bei den Juden des Römisch-Deutschen Reiches offenbar sehr differierende Handhabung der Rechtsprechung gewähren, soll auch dieses Thema hier ausgeklammert bleiben. Im Zentrum der Darstellung steht ein Fallbeispiel: Friedberg in der hessischen Wetterau. Von Interesse werden nicht Inhalte und Ergebnisse sämtlicher relevanter Gerichtsprozesse sein[2], sondern die kurz- und langfristigen Auswirkungen der Frankfurter Versammlung auf die Rechtsprechungskompetenzen und -praxis der Juden in einem konkreten Ort, eine Fragestellung, der von For-

---

1 Es ist hier nicht der Ort, die Versammlung detailliert zu beschreiben. Verwiesen sei auf die einschlägige Literatur, z. B. *Isidor Kracauer*, Geschichte der Juden in Frankfurt a. M., Bd. 1, Frankfurt a. M. 1925; *Volker Press*, Kaiser Rudolf II. und der Zusammenschluß der deutschen Juden. Die sogenannte Frankfurter Rabbinerverschwörung von 1603 und ihre Folgen, in: Zur Geschichte der Juden im Deutschland des späten Mittelalters und der Frühen Neuzeit, hrsg. v. Alfred Haverkamp, Stuttgart 1981, 242–293; *Markus Horovitz*, Die Frankfurter Rabbinerversammlung vom Jahre 1603, Frankfurt a. M. 1897; *ders.*, Frankfurter Rabbinen. Ein Beirag zur Geschichte der Israelitischen Gemeinde in Frankfurt a. M. Ergänzungen von Josef Unna, Jerusalem 1969. Birgit Klein (vgl. auch Beitrag in diesem Band) kündigte an, in Kürze eine gesonderte Studie zum Thema zu veröffentlichen.

2 Vgl. dazu *Cilli Kasper-Holtkotte*, Jüdisches Leben in Friedberg (16.–18. Jahrhundert), Friedberg 2003.

schungsseite bisher kaum Beachtung geschenkt wurde.[3] Das Beispiel Friedberg nur als einen ‚Sonderfall' zu verstehen, verbietet sich angesichts durchgeführter Stichproben, wenngleich systematische Recherchen noch ausstehen.

Im Folgenden werden einführend kurz die Frankfurter Versammlung, deren Inhalte und Folgen umrissen, anschließend die in Friedberg sich daraus ableitenden Geschehnisse dargestellt.

Die Versammlung von 1603

Zur Herbstmesse des Jahres 1603 trafen sich in Frankfurt etliche Vertreter jüdischer Gemeinden – die Initiative ging wohl von den Frankfurter Juden aus. Es ging im Wesentlichen um zwei Punkte: Einmal sollte eine Kompendium von Bestimmungen zusammengestellt werden, das für alle Juden des Reiches gelten sollte. In der Hauptsache ging es darum, der jüdischen Rechtsprechung wieder größere Bedeutung zu verleihen. Zu diesem Zweck wurden unter anderem fünf jüdische Gerichtshöfe festgelegt – Frankfurt, Worms, Fulda, Günzburg und Friedberg. Zweitens sollte eine allgemeine steuerliche Veranlagung aller Juden des Reiches festgeschrieben werden.

Die Versammlung hatte aus bekannten Gründen erhebliche (strafrechtliche) Folgen. Nichtjüdische Obrigkeiten bezeichneten sie als bedrohlich, gar als ‚Rabbinerverschwörung'. In den Jahren 1606 bis 1608 wurden zahlreiche Mitglieder jüdischer Gemeinden inquisitorischen Befragungen unterzogen. Unter anderem hatten sie sich gegen den Vorwurf zu verteidigen, die Judenschaft des Reiches habe nicht nur eine neue, für alle Juden geltende Ordnung eingeführt. Diese richte sich obendrein gegen die weltlichen Obrigkeiten. Die Juden maßten sich eine eigene Gerichtsbarkeit an – unter Missachtung der weltlichen –, die sich sowohl auf zivilrechtliche als auch strafrechtliche Delikte beziehe. Sämtliche von weltlichen Gerichten gesprochenen Urteile sollten für null und nichtig gelten, ja sogar den Namen Gottes entehren.

Das waren gewaltige Anklagen. Angesichts dessen machte sich unter den Juden, vor allem jenen Frankfurts, Unruhe und Panik breit. „Es war [...] eine Zeit großer Not, die plötzlich, wie ein Wasser, über Jakob hereingebrochen war", so der Frankfurter Zeitgenosse Juspa Hahn, „keine Möglichkeit, dass uns irgendeine Erleichterung und Rettung käme."[4]

---

3 Die Darstellung stützt sich auf die im Stadtarchiv Frankfurt (=Institut für Stadtgeschichte) (= StAFfm Ugb E 48 K Bd. I-V) vorhandenen Quellen zur Versammlung von 1603, umfangreiche Aktenbestände, die bisher kaum Beachtung gefunden haben, zuletzt erkennbarerweise benutzt von Isidor Kracauer. Herangezogen sind zudem Gerichtsakten, die sich im Staatsarchiv Darmstadt (STADA), im Stadtarchiv Friedberg (StAFB) und im Haus-, Hof- und Staatsarchiv Wien (HHSTAW) befinden.

Die Befragten mühten sich nach Kräften, den Unterstellungen den Boden zu entziehen. Übereinstimmend unterstrichen sie, sich bei zivil- und strafrechtlichen Belangen eigentlich den weltlichen Obrigkeiten unterworfen zu fühlen. Nur die zeremonialrechtlichen seien vom jeweiligen lokalen Rabbiner zu richten. Auch sei die Ordnung von 1603 nicht neu, sondern lediglich eine Zusammenfassung altbekannter Bestimmungen. Die geplante Steuerveranlagung sei nie in die Tat umgesetzt worden.[5] Trotz erheblicher Anstrengungen von nichtjüdischer Seite und immer wieder neuen Anschuldigungen konnte den Juden am Ende keine Vergehen nachgewiesen werden. Es fand sich nur wenig Handfestes gegen sie, und selbst dies war von geringer Bedeutung. Etwa die vom Schulklepper zu vollziehende körperliche Züchtigung eines straffällig gewordenen Frankfurter Juden – er hatte eine Dienstmagd zu Unrecht öffentlich diffamiert. Man verurteilte ihn zu einer Geldstrafe oder wahlweise zu einer symbolischen Geißelung, was der Beklagte vorzog.[6]

War die ganze Aufregung um die Versammlung schließlich doch nur ein ‚Sturm im Wasserglas'? Welche Konsequenzen lassen sich überhaupt greifen – abgesehen von den 4.000 Gulden, die der Kölner Kurfürst noch 1630 wegen dieser Angelegenheit den Juden abzupressen wusste?[7]

Das Beispiel Friedberg

Die Folgen waren enorm. Dies lässt sich mit Blick auf Friedberg mit Gewissheit festhalten. Für die Juden Friedbergs markierten die Jahre 1606 bis 1610 eine Zäsur. Zu beachten gilt dabei, dass die jüdische Gemeinde Friedbergs alles andere als unbedeutend war. Sie zählte zu den wichtigsten des Römisch-Deutschen Reiches der Frühneuzeit. Nicht ohne Grund sollte in Friedberg einer der fünf jüdischen Gerichtshöfe des Reiches eingerichtet werden.

Auch innerhalb der Freien Reichsstadt bildete die jüdische Bevölkerung keine leicht zu übersehende Gruppe. Zeitweise waren knapp 50 Prozent der Bevölkerung der Stadt jüdisch. Um 1600 dürften mindestens 400 Juden in Friedberg gelebt haben.[8] So erstaunt es nicht, dass die Friedberger Juden mit der Frankfurter Versammlung zu tun hatten. Auf eigene Kosten entsandten sie zwei Vertreter der Gemeinde nach Frankfurt – den Lehrer Moy-

4 Zitiert nach *I. Kracauer*, Geschichte (Anm. 1), 344.

5 StAFfm Ugb E 48 K Bd. I.

6 StAFfm Ugb E 48 K Bd. I.

7 *Volker Press*, Kaiser Rudolf II. (Anm. 1), 291.

8 Zur jüdischen Gemeinde Friedberg vgl. *C. Kasper-Holtkotte*, Jüdisches Leben (Anm. 2).

ses Kopp und ihren obersten Rabbiner Jakob Cohen (= Jakob ben Ascher Aron Günzburg), ein Sohn des Simon Günzburg.[9] Entscheidend ist die Frage, wie Friedberger Juden und Nichtjuden die Versammlung und ihre Folgeereignisse beobachteten und schließlich, welche Konsequenzen sich daraus für Juden und Nichtjuden ergaben.

Für die Juden war eine erste greifbare Konsequenz, dass etwa zehn Vertreter der Gemeinde in Mainz im Jahre 1606 Befragungen unterzogen wurden. Mehr oder weniger unumwunden gaben sie zu, die in Frankfurt gefassten Beschlüsse unterschrieben zu haben. Dass dieses Eingeständnis für sie Folgen gehabt hätte, geht aus den einschlägigen Akten zur Versammlung nicht hervor, sehr wohl aber aus jenen anderer Provenienz. Bei genauerem Hinsehen zeigt sich nämlich, dass die ‚eigenmächtige' Entsendung von Gemeindevertretern und das Unterzeichnen der Beschlüsse für die Friedberger Juden nicht folgenlos blieben.

Die Friedberger Ereignisse

Die Befragungen und die zusammenfassenden Darlegungen kamen 1608 zum Abschluss. Etwa zeitgleich gerieten die Friedberger Juden erst wirklich in Bedrängnis. Die Stadt Friedberg hatte das Geschehen offenbar aufmerksam verfolgt, denn immerhin hatte der oberste Rabbiner Frankfurts, Samuel ben Elieser, zur Versammlung geladen. Und dieser stammte gebürtig aus Friedberg, hatte dort auch etliche Jahre als Rabbiner fungiert.[10] Nun sah die Stadt *die* Gelegenheit, die Versammlung in ihrem Sinne zu nutzen. Denn schon seit vielen Jahren rang sie mit der Burg – der zweiten die Freie Reichsstadt beherrschenden Macht – insbesondere um das alleinige Herrschaftsrecht über die jüdische Gemeinde. Aus Sicht der Stadt schien der Zeitpunkt gekommen, dieses an sich zu reißen und damit Macht und Einfluss der Burg insgesamt zurückzudrängen. 1607 war ihr dies aufgrund der kaiserlichen Intervention zugunsten der Burg nicht gelungen. Sehr zum Ärgernis der Stadt hatte der Kaiser der Burg gerade hinsichtlich der Rechtsprechung umfassendere Privilegien eingeräumt als der Stadt, die Vormachtstellung der Burg innerhalb der Reichsstadt bekräftigt.[11]

---

9 StAFfm Ugb E 48 K Bd. I.

10 *C. Kasper-Holtkotte,* Jüdisches Leben (Anm. 2), 193.

11 Memorial der Burg Friedberg an den Kaiser, 17. Juli 1609. HHSTAW APA Nr. 61 F 3. Zu den bis zum Ende des Ancien Régime sich hinziehenden Querelen zwischen Burg und Stadt vgl. vor allem *Klaus-Dieter Rack,* Die Burg Friedberg im Alten Reich. Studien zu ihrer Verfassungs- und Sozialgeschichte zwischen dem 15. und 19. Jahrhundert, Darmstadt 1988; *ders.*, Vom Dreißigjährigen Krieg bis zum Ende des Alten Reiches (Friedberg in Hessen. Die Geschichte der Stadt, Bd. II), Friedberg 1999.

Die Situation konnte für die Stadt zu Beginn des Jahres 1609 kaum günstiger sei: Die Aufregungen um die Judenversammlung hatten sich noch nicht gelegt, die Juden sahen sich in die Defensive gezwungen. Und – der Friedberger Burggraf war nicht in der Stadt anwesend.[12] So setzte die Stadt den jüdischen Baumeister Aaron von Worms mit fadenscheiniger Begründung unter verschärften Haftbedingungen gefangen und eröffnete gegen ihn einen Strafprozess.[13] Ihre Wahl hatte die Stadt mit Bedacht getroffen. Aaron war nicht *irgendein* Vorsteher. Er gehörte zu einer der bedeutendsten und wohl auch wohlhabendsten jüdischen Familien der Stadt. Sein Vater war der zu diesem Zeitpunkt bereits verstorbene langjährige oberste Rabbiner Friedbergs, Chaim ben Bezalel (von Posen), ein Bruder des Jehuda Löw ben Bezalel von Prag (genannt der ‚Hohe Rabbi Löw') und Neffe von Jakob ben Chajim, der 1559 von Kaiser Ferdinand zum Reichsrabbiner ernannt worden war.[14] Aarons Bruder Mosche gehörte ebenfalls dem Gemeindevorstand an. Zweifellos war Aaron zu Beginn des 17. Jahrhunderts derjenige, der in der Gemeinde den Ton angab. Zudem zählte er zu jenen Friedberger Juden, die 1606/07 wegen der Frankfurter Versammlung Rede und Antwort stehen mussten. Seine Aussagen zeugen von Weitblick und Intelligenz, sie heben sich von den Darlegungen vieler anderer Befragter deutlich ab.[15] Womit wahrscheinlich weder die Stadt noch die Juden rechneten, trat ein. Burggraf und Burgmannen wollten die Stadt keineswegs stillschweigend gewähren lassen. Ohne große Umschweife wandten sie sich beschwerdeführend an den Kaiser. Sie wollten die Stadt in die Schranken weisen, ihre eigenen Rechte verteidigen, aber auch Aaron von Worms schützen. Denn immerhin verlangte die Stadt, dem Gemeindevorsteher sollten wegen Meineids, Diebstahls, Untreue und Miss-

---

12 Die Gefangensetzung von Missetätern war, laut Vertrag von 1571, Bürgermeistern und Rat nur erlaubt, wenn der Burggraf zuvor davon unterrichtet oder nicht zu erreichen war, zudem bei Gefahr in Verzug (z. B. bei Mord, Diebstahl, Fluchtgefahr). Bei Strafrechtsangelegenheiten, die Juden betreffend, sollte zwar das Stadtgericht zuständig sein, jedoch nur wenn der Burggraf als Oberstrichter fungierte oder wenn er durch den Schultheißen vertreten wurde. Nach der Gefangensetzung des Aaron von Worms konnte der Schultheiß nicht an dessen Vernehmung im Gerichtshaus teilnehmen, d. h. die Burg war formal nicht vertreten (Bericht vom 7. August 1609). StAFB XV 2,2 Ratsprotokolle 1530–1538; HHSTAW APA Nr. 61 F 3.

13 Laut Bericht der Burg vom 17. Juli 1609 wurde Aaron zunächst inquisitorisch befragt, ohne den Schultheißen als Beauftragten des Burggrafen hinzuzuziehen. Anschließend wurde er in das „böseste Gefängnis der Stadt" gesteckt, „darinnen allein diejenige so umbs Leben sizen, gelägt werden [...] und demselben bei dieser ganzen Verlassenheit, welche freytags vormittag angangen, bis kegen volgenden Samstag umb mittags Zeitt weder Essen noch Trinken zukommen lassen". HHSTA APA Nr. 61 F 3.

14 Ausführliche biografische Nachweise finden sich in *C. Kasper-Holtkotte,* Jüdisches Leben (Anm. 2), 190–200.

15 S. Protokolle der Befragungen. StAFfm Ugb E 48 K Bd. I.

handlung die Finger abgehackt werden; anschließend sei er vom Leben zum Tod zu befördern.[16]

Was aber warf man ihm vor? Obschon es der Stadt ihren eigenen Aussagen zufolge weniger um Aaron von Worms persönlich ging, sondern um die Bestrafung der Burg, fuhr sie massive Geschütze gegen den Angeschuldigten auf: Aaron habe sich bei zwischen Juden auftauchenden Delikten an die Burg gewandt, obwohl sie ausnahmslos vor der Stadt verhandelt werden müssten.[17] Ja, er habe sogar eigenmächtig strafrechtliche Verfolgungen und Bestrafungen vorgenommen – ohne Einschaltung des Rabbiners, etwa in Fällen tätlicher Auseinandersetzungen zwischen Juden. Dies verstoße gegen die städtischen Privilegien. Denn der Stadt allein stehe die Gerichtsbarkeit in „Zivil- und peinlichen Sachen bei den Juden“ zu. Schon um 1580 sei dekretiert worden, dass sämtliche strafrechtlichen Angelegenheiten zwischen Juden von den Baumeistern unmittelbar der Stadt zu berichten seien, andernfalls dürfe die Stadt sie bestrafen. Auch besage der bei der Schutzaufnahme vor städtischen Vertretern abzulegende Eid, dass die Juden bei „Rechtshändlen“ – ob bei „bürgerlichen“ oder „peinlichen“ Sachen – mit andern Juden oder mit Nichtjuden stets vor das Stadtgericht zu treten hätten. Aaron aber habe akzeptiert, ja sogar befürwortet, dass Friedberger Juden Geld boten, damit Klagen wegen tätlicher Auseinandersetzungen oder Beleidigungen nicht vor dem städtischen Rat verhandelt würden, selbst wenn die Zehner (Gemeindevorsteher) außerstande waren, die Streitigkeiten zu schlichten. Auch bei zivilrechtlichen Angelegenheiten – etwa bei strittigen Schuldforderungen – habe er die Stadt nicht eingeschaltet, sondern allenfalls die Burg. Zudem habe er etliche Male wegen Missverhaltens disziplinarische Maßnahmen gegen Gemeindemitglieder ergriffen, beispielsweise den Versammlungsraum der Zehner verschlossen. Schließlich und endlich fungiere Aaron als Helfershelfer der Burg, unterstütze die ausufernden Machtgelüste des Burggrafen, der „alle Gewalt und Respekt bei der Jüdischheit“ für sich beanspruche, die Juden über Gebühr auspresse, die Stadt aber nicht daran teilhaben lasse.

Zur Untermauerung ihrer Anklagen führte die Stadt etliche konkrete Beispiele auf, verzeichnete sogar namentlich die jeweils von dem Baumeister Gestraften, etwa die Kontrahenten einer heftigen verbalen Auseinandersetzung, ein Vorkommnis, das Aaron nicht der Stadt gemeldet habe. Vielmehr habe er die Streitenden vor die Zehner geladen, dann eine Strafe von 100 Rtlr. verhängt, die er zum Teil an die Burg abgetreten hatte. Anschließend seien die Streitenden vor den Rabbiner als Schlichter gefordert worden. Dies sei ein Hintergehen der städtischen Obrigkeit. Unlängst habe er

16 „Peinliche Anklage des Rats von Friedberg gegen den gefangenen Aaron von Worms“, 9. Februar 1610. HHSTAW APA Nr. 61 F 3.

17 S.HHSTAW APA Nr. 61 F3. und die folgenden Zitate.

zwei Friedberger Juden beschuldigt, auf dem Arnsburger Markt (Solmssche Jurisdiktion) mit Dirnen Unzucht getrieben zu haben. Dafür habe er von ihnen jeweils 50 Rtlr. Strafe gefordert. An diesen Geldern habe er die Stadt wiederum nicht beteiligt.

Ob die Anschuldigungen den Tatsachen entsprachen, konnte nicht geklärt werden. Aber letztlich kam es darauf nicht an, denn die Stadt verfolgte andere Ziele. Im Kern warf sie dem Baumeister und damit der gesamten jüdischen Gemeinde vor, eine eigene Gerichtsbarkeit zu praktizieren, und dies sowohl bei straf- und zivilrechtlichen als auch bei innerjüdischen Erbschafts- oder gemeindeorganisatorischen Angelegenheiten. Außerdem wollte sie jede Einschaltung des Burggerichts unterbinden.

Die Darlegungen der Stadt enthüllen aber noch mehr. Ganz offensichtlich besaß man genaueste Kenntnisse über Hintergründe und Inhalte der Befragungen von 1606 / 07. Denn die Anschuldigungen deckten sich weitgehend mit jenen der kaiserlichen Kommissare. Die Stadt wollte die jüdische Gerichtsbarkeit möglichst umfassend einschränken. Zwischen Juden auftretende Konflikte sollten nicht mehr von den Vorstehern oder dem Rabbiner geschlichtet beziehungsweise abgeurteilt werden. Dafür sollte allein das Stadtgericht zuständig sein.

Auch die Steuererhebung und die Verhängung von Bußen wollte die Stadt kontrollieren beziehungsweise für sich beanspruchen. In der Tat hatte Aaron von Worms nämlich den von der Frankfurter Versammlung formulierten Regelungen entsprochen, indem er eingenommene Bußgelder zur Hälfte an die weltliche Obrigkeit abführte – allerdings an die Burg. Und nicht zuletzt bezichtigte die Stadt den Baumeister und damit die jüdische Gemeinde insgesamt – und diese leistete Aaron von Worms massive Rückendeckung[18] – der Kollaboration mit der Burg Friedberg. Dies bezeichnete sie deshalb als Vergehen, weil die Burg die kaiserliche Autorität missachte, sie maße sich weit über ihre verbrieften Rechte hinausgehende Kompetenzen an.

Die argumentative Strategie der Stadt war übrigens nicht wirklich neu. Sie war angelehnt an jene des Kölner Kurfürsten, dem eigentlichen Initiator der strafrechtlichen Verfolgungen der Juden in den Jahren 1606 bis 1608. So hatte er, zwecks Bemäntelung seiner eigentlichen Macht- und Finanzinteressen, die Versammlung von 1603 als „Verschwörung“ denunziert und ihr die Missachtung der kaiserlichen Autorität unterstellt.[19]

---

18 Die jüdische Gemeinde bot im Januar 1610, nachdem Aaron bereits ein Jahr gefangen saß, nochmals Kaution an. Da die Bürgermeister nicht darauf reagierten und der Rat personell kaum besetzt war, boten sich Löw Unkel, Löw Honig, Mosche von Worms und Moses Kopf als Bürgen an. Aaron selbst benannte dieselben ebenfalls als Bürgen und zusätzlich Isaac von Briell (9. Februar 1610). HHSTAW APA Nr. 61 F 3.

19 Zur argumentativen Strategie des Kölner Kurfürsten vgl. *V. Press*, König Rudolf II. (Anm. 1), 254 f.

Zudem reagierte die Stadt Friedberg aber auch auf die Aussagen der Friedberger Juden. Denn diese hatten während der Befragungen in Mainz – trotz erkennbarer Vorsicht – keinen Zweifel daran gelassen, dass sie die in Frankfurt zusammengestellten Bestimmungen guthießen. Streitigkeiten zwischen Juden – etwa Schuld- und Schmähsachen – wollten sie allein von ihrem Rabbiner und dem Gemeindevorstand schlichten lassen. Sollte dies nicht möglich sein, stehe ihnen frei, sich an die lokale Obrigkeit zu wenden. Als lokale Obrigkeit aber verstanden sie erklärtermaßen keineswegs die Stadt, sondern allein die Burg. Verhängung von Bußgeldern und Abgabenerhebungen für Gemeindezwecke begriffen sie als Teil der Kompetenzen der Gemeindevorsteher.

Formal konnte die Stadt sich nicht durchsetzen. Von einer weiteren Strafverfolgung des Aaron von Worms oder dessen Bestrafung ist nichts bekannt. Kaiserlicherseits wurde die Position des Burggrafen, der für die Handlungen des Baumeisters verantwortlich sei, bestärkt. Vermutlich zahlte die jüdische Gemeinde schließlich die von der Stadt geforderte Kaution in Höhe von 4.000 Gulden, um Aaron loszukaufen.[20] Langfristig erreichte die Stadt jedoch Entscheidendes. Die unmissverständliche Drohung, die in der Strafverfolgung des Baumeisters lag, wurde von der jüdischen Gemeinde offenbar als solche erkannt. Ganz im Sinne der Stadt fungierte Aaron von Worms nie wieder als Gemeindevorsteher.

Wichtiger aber ist folgendes: Nach 1610 gingen die Juden zunehmend dazu über, interne Streitigkeiten auch vor dem städtischen Gericht auszutragen. Auch Auseinandersetzungen zwischen Juden und Nichtjuden wurden von diesem Zeitpunkt an überwiegend vor dem Stadt- und nicht mehr dem Burggericht verhandelt. Bei rund einem Viertel aller Zivil- und Strafprozesse vor dem Stadtgericht, an denen Juden beteiligt waren, standen sich nur Juden gegenüber. In ca. 2/3 der Fälle ging es um zivilrechtliche Belange, meist um Auseinandersetzungen um Schulden. Doch zunehmend tauchten nun auch Beleidigungsklagen oder Klagen wegen tätlicher Auseinandersetzungen auf. Deutlich weniger Strafsachen zwischen Juden wurden vor dem Burggericht verhandelt (7 %), sondern ebenfalls meist strittige Schuldangelegenheiten oder Viehhändel. Bei genauerem Hinsehen zeigt sich zudem, dass die Friedberger Juden tatsächlich nur noch selten vor das Burggericht traten. Überwiegend stammten die dortigen jüdischen Prozessparteien aus umliegenden Ortschaften, die der Burg unterstanden.[21]

---

20 9. Februar 1610. Bereits am 25. September 1609 war ein kaiserliches Mandat ergangen. Danach wurde Aaron von Worms' Verfahrenweisen als völlig rechtens bezeichnet. Kraft seines Amtes als Baumeister stehe ihm zu, im Namen des Burggrafen Strafen über Juden zu verhängen. Etwaiges Fehlverhalten seinerseits sei vom Burggrafen zu ahnden. Aaron sei sofort aus der Haft zu entlassen, eine Aufforderung, der die Stadt nicht folgte, wie der Notar der Burg am 10. Januar 1610 berichtete. HHSTAW APA Nr. 61 F 3.

Abschließende Überlegungen

Die Stadt Friedberg konnte ihr Vorhaben, die jüdische Bevölkerung umfassend zu kontrollieren und entsprechenden finanziellen Profit daraus zu ziehen – man denke an die Buß- und Strafgelder – im 17. Jahrhundert weitgehend durchsetzen. Zunutze machte sie sich dabei die für die Juden insgesamt bedrohliche Situation im Umfeld der Versammlung von 1603. Angesichts der Akkumulation der Bedrohungen – Verdächtigungen und Befragungen der Juden, Gefangensetzung und körperliche Bedrohung des Baumeisters – waren die Juden außerstande, Gegenwehr zu leisten. Die städtische Gerichtsbarkeit wurde für die Juden zu einer wesentlichen Instanz, wohingegen die Burg erneut um den Rang der Burggerichtsbarkeit kämpfen musste. Doch war der Burg, zumal während des 30jährigen Krieges, nicht an eskalierenden Konflikten mit der Stadt gelegen, so dass sie den Juden keine wirkliche Unterstützung geben konnte oder wollte. Welch üblen Konsequenzen dies hatte, zeigte sich, als es der Stadt während des Krieges gelang, unter Ausnutzung der politischen Wirren und der fast ständigen Abwesenheit des Burggrafen, ihre Macht über die Friedberger Juden erheblich auszudehnen. Nicht zuletzt konnte sie, entgegen der kaiserlichen Privilegien, von den Juden mehrfach außerordentliche Abgaben erzwingen.[22]

Doch darin erschöpften sich die Folgewirkungen von 1603 nicht. Auch innerhalb der jüdischen Gemeinde lassen sich erhebliche Konsequenzen erkennen. Die Rechtsprechungskompetenz des Rabbiners und die Befugnisse der Gemeindevorsteher wurden heftig diskutiert, ja sogar in Zweifel gezogen. Dies gipfelte in den 1640er Jahren in den öffentlich ausgetragenen Differenzen zwischen Rabbiner Hirsch Schneidig[23] und einigen Gemeindemitgliedern. Schneidig widersetzte sich offen den jurisdiktionellen Ansprüchen von Stadt und Burg, wofür er sogar mehrfache Gefangensetzungen in Kauf nahm.[24] Im „ganzen Römischen Reich und in der ganzen Welt“ sei es „bei den Juden prüchlich und Herkommen“ – so Schneidig – „dass der Rabbiner Schuld- und andere Sachen, ausgenommen Malefiz, zu richten und schlichten hätte“.[25] Gänzlich anderer Meinung war sein wohl mächtigster Kontra-

---

21 Vgl. dazu *C. Kasper-Holtkotte,* Jüdisches Leben (Anm. 2), 27 – 40.

22 Vgl. dazu ausführlich *ebd.,* 113 – 128.

23 Bekannt ist er auch unter dem Namen Naftali Aaron Mordechai Schnaittach.

24 Auf Betreiben des auch in der Burg Friedberg lebenden Hofjuden Meyer Ulffer setzte die Burg Rabbiner Schneidig wegen Überschreiten seiner Kompetenzen gefangen. Die Stadt protestierte heftig, denn ihr allein stehe zu, die Juden „in der Stadt für ihren Ratsbürgern [...] zu Verhör zu stellen“, was die Burg ihrerseits bestritt. 14. Mai 1649 u. 27. Mai 1649. STADA F 3 Nr. 71 u. 72 Burggerichtsprotokolle 1648 – 1649, 1649 – 1650.

25 So Schneidig 1653. StAFB X Gerichtsprotokolle 1650 – 1654.

hent, der Hofjude Meyer Ulffer. Er versuchte mit Hilfe des Burggrafen, Schneidigs Ansprüche zurückzudrängen und verlangte, einen Frankfurter Rabbiner oder ein weltliches Gericht als Schlichtungsinstanz anrufen zu dürfen. Dieses Vorgehen fand zwar die Unterstützung des Burggrafen[26], nicht aber der gesamten jüdischen Gemeinde. Denn dort war nach wie vor umstritten, welche Rechtsprechungskompetenzen dem Rabbiner zuzugestehen seien, Auseinandersetzungen, die diverse Male in heftige Tätlichkeiten – auch zwischen dem Rabbiner und seinen Gegnern – mündeten. Klärungen konnten auf diese Weise freilich nicht herbeigeführt werden.[27]

Als Josef (ben Moses haCohen) Katz von Wilna in den 1650er Jahren in Friedberg eintraf und dort die Stellung als oberster Rabbiner einnahm, schwelten diese Auseinandersetzungen noch. Möglicherweise nahm er sie zum Anlass, 1664 die Gemeindestatuten schriftlich zu fixieren. Denn niemand wisse mehr, was die Ältesten der Stadt Friedberg eingeführt hätten. „Jeder baut sich seine eigene Bühne und sagt: So sind die Regeln, die die Ersten und Ältesten abgesteckt hatten. Und so ändert sich fast zu jeder Zeit unser Recht, viele von uns übertreten das Gesetz und beschämen mit ihrem Benehmen die Würde unserer Gemeinde."[28] Die Takkanot beschreiben detailliert die möglichen und unterschiedlichen Verfahrenswege zwecks Schlichtung von Auseinandersetzungen. Die Anrufung weltlicher Gerichte ist freilich nicht erwähnt.

Dennoch hatte sich zwischenzeitlich bei den Juden die Einschaltung lokaler weltlicher Gerichte etabliert. Mit Konsolidierung der Burgherrschaft Ende des 17. Jahrhunderts gewann schließlich das Burggericht – auf Kosten des Stadtgerichts – erneut an Rang.[29] Mehr und mehr wandten sich Fried-

---

26 Die Burg urteilte, unter Androhung von 100 Rtlr. Strafe habe der Rabbiner dem Hofjuden zu gestatten, selbst über die für ihn relevanten Gerichtsinstanzen zu entscheiden. Rabbiner Schneidig protestierte nachdrücklich, aber erfolglos gegen die Einschaltung Frankfurter Rabbiner und weltlicher Gerichte. Die Stadt erklärte im Juni 1653, es widerspreche den „klaren Juden Eiden und der Obrigkeit Jurisdiction", dass der Rabbiner in „Juden Schuld- und andere weltliche Sachen" Recht spreche. STADA F 3 Nr. 72 Burggerichtsprotokolle 1649–1650; StAFB X Gerichtsprotokolle 1650–1654.

27 Im Sommer 1657 eskalierten die Differenzen. Es kam in der Gasse zu massiven tätlichen Auseinandersetzungen zwischen Juden und Jüdinnen. Ursache war erklärtermaßen, dass dem Rabbiner Schneidig jurisdiktionelle Kompetenzen streitig gemacht werden sollten. Seine Kontrahenten wurden als „Rebellen" beschimpft. STADA F 3 Nr. 73 Burggerichtsprotokolle 1654–1658. In Absprache mit Frankfurt erklärte schließlich auch der Friedberger Rat im Dezember 1657 für rechtens, dass Friedberger Juden bei Bedarf Frankfurter Rabbiner als Schiedsrichter einsetzten. Benannt wurden der Oberste Rabbiner, Rabbi Mändlen, Rabbi Hayum, Rabbi Salomon Rothschildt, Rabbi Nathan Cohen und Rabbi Seckele Schiff. StAFfm Ugb E 49 Nr. P.

28 Statuten der Gemeinde Friedberg, fol. 14a. Übersetzung von *Stefan Litt,* Protokollbuch und Statuten der Jüdischen Gemeinde Friedberg, Friedberg 2003, 393.

29 Vgl. dazu u. a. *K.-D. Rack,* Vom Dreißigjährigen Krieg (Anm. 11), 81–91.

berger Juden etwa bei strittigen Erbschaftsangelegenheiten an das Burggericht, das seinerseits in Absprache mit den Gemeindevorstehern nach angemessenen Urteilen suchte.[30]

30 Aufgrund der Erfahrungen 1609 / 10 sowie vor allem der 1630er und 40er Jahre – um Kontributionen zu erzwingen setzte die Stadt mehrfach die Zehener der Juden gefangen. Mosche von Worms fand 1629 wegen der Haftbedingungen den Tod – bauten die Juden auch bezüglich der Rechtsprechung weit mehr auf die Burg, die ihnen einen wesentlich verlässlicheren Schutz bot als die Stadt. 1647 erklärten Vertreter der jüdischen Gemeinde mehrfach, nur dann im Rathaus erscheinen und dort Rede und Antwort stehen zu wollen, wenn der Schultheiß (als Vertreter der Burg) ebenfalls anwesend sei. Die Burg reklamierte bereits am 20. November 1648 das alleinige Bestimmungsrecht über die Juden (einschließlich Rechtsprechung) für sich. STADA F 3 Nr. 71 Burggerichtsprotokolle 1648 – 1649.

Erbinnen in Norm und Praxis: Fiktion und Realität im Erbstreit der Familien Liebmann – von Geldern

Von *Birgit E. Klein*, Heidelberg

„Ich war übrigens nicht der erste in unserer Familie, der auf der Universität Edelsteine aufgegessen und Perlen verschluckt hatte. Der Vater meiner Mutter, wie diese mir einst erzählte, erprobte dasselbe Kunststück. Die Juwelen, welche das Gebetbuch seiner verstorbenen Mutter verzierten, mußten die Kosten seines Aufenthalts an der Universität bestreiten, als sein Vater, der alte Lazarus de Geldern, durch einen Sukzessionsprozeß mit einer verheirateten Schwester in große Armut geraten war, er, der von seinem Vater ein Vermögen geerbt hatte, von dessen Größe mir eine alte Großmuhme so viel Wunderdinge erzählte."[1]

So kann sich Heinrich Heine in seinen ‚Memoiren' gelassen an die Folgen eines jahrzehntelangen Erbstreits für seine Düsseldorfer Vorfahren erinnern. An seinem Ende war allerdings nicht nur der Schmuck verloren, sondern auch die Häuser der Familie in Düsseldorf versteigert. Seinen Anfang nahm der Erbstreit mit einem Vertrag, den Heines Ururgroßvater Josef von Geldern im April 1698 an „lag be-omer", bei der Hochzeit der ältesten Tochter Fradt mit dem Berliner Liebmann Jost aufgesetzt, aber erst am 21. Juni 1727, eine Stunde vor seinem Tod, hatte erfüllen müssen.[2]

Mit dieser Eheschließung war es Josef von Geldern, Hofkammeragent, -bankier und -juwelier des Kurfürsten Johann Wilhelm von Pfalz-Neuburg (Reg. 1690–1716) gelungen, verwandtschaftliche Bande mit der „damals einflußreichsten Hoffaktorenfamilie am Berliner Hofe" zu knüpfen.[3] Um dieser Heirat willen hatte Josef von Geldern hohe finanzielle Verpflichtungen auf sich genommen: In besagtem Vertrag erklärte Josef, von seiner Tochter 20.000 Rtlr. erhalten zu haben, zur Rückzahlung dieser Schuld aber erst

---

1 *Heinrich Heine*, Historisch-kritische Gesamtausgabe der Werke, 16 Bde, hrsg. von Manfred Windfuhr, Hamburg 1973–1997, hier Bd. 15: Geständnisse, Memoiren und kleinere autobiographische Schriften, Hamburg 1982, 62.

2 *David Kaufmann*, Aus Heinrich Heines Ahnensaal, Frankfurt a. M. 1896, 75, 274 f.

3 *Heinrich Schnee*, Die Hoffinanz und der moderne Staat. Geschichte und System der Hoffaktoren an deutschen Fürstenhöfen im Zeitalter des Absolutismus, Bd. 3: Die Institution des Hoffaktorentums in den geistlichen Staaten Norddeutschlands, an kleinen norddeutschen Fürstenhöfen, im System des absoluten Fürstenstaates, Berlin 1955, 116.

eine Stunde vor seinem Tod verpflichtet zu sein. Alternativ hätten seine Erben die Wahl, Fradt mit einem halben männlichen Erbteil am Nachlass zu beteiligen.

Der Vertrag löste einen jahrzehntelangen Erbstreit zwischen den Berliner Liebmanns und der Düsseldorfer Schwiegerfamilie aus: zwei Akten des Reichskammergerichts, mehr als 100 Schriftsätze am Wiener Reichshofrat und Kartons aus der Hinterlassenschaft des preußischen Hofes zeugen davon.[4] Doch nicht allein die Überlieferungslage macht diesen Streit zu einem willkommenen Untersuchungsobjekt, sondern vor allem der Umstand, dass sich an ihm exemplarisch die Stellung der Frau in Norm und Praxis jüdischen Erbrechts aufzeigen lässt.[5]

Die Rechtsnorm: Ausschluss der Töchter von der gesetzlichen Erbfolge

Das jüdische Erbrecht hat biblische Grundlagen: Nach der Tora sind grundsätzlich nur Söhne erbberechtigt (Deut 21,15 – 17). Einzige Ausnahme ist der Fall, dass keine Söhne, aber Töchter existieren, nachdem die Töchter Zelofchads ihr Erbe erfolgreich einforderten (Num 27,1 – 11; 36,1 – 13). Der Vorschlag des Rabbi Ismael (2. Jh. n.d.Z.), Töchter durch Exegese der biblischen Vorschriften nachträglich in den Kreis der gesetzlichen Erben aufzunehmen, wurde von zeitgenössischen Gelehrten abgelehnt.[6] Somit sind nach der Rechtsnorm, die bis heute Gültigkeit hat, Frauen keine gesetzlichen Erbinnen, sofern männliche Erben desselben Verwandtschaftsgrads existieren.[7]

Die Norm erlaubt auch nicht, eine Tochter durch individuelle Verfügung als Erbin einzusetzen, da es in der Mischna, dem um 220 n.d.Z. redigierten religionsrechtlichen Traditionswerk, heißt: „Wer sagt: [. . .] ‚Meine Tochter soll mich beerben‘, sofern ein Sohn existiert, der hat nichts gesagt [d. h. seine Worte sind nichtig / d.A.], weil er eine Bedingung aufgestellt hat gegen

4 Im Hauptstaatsarchiv Düsseldorf existiert, abgesehen von den Reichskammergerichtsakten sowie einer Akte im Bestand Jülich-Berg II, 5912, keine Überlieferung zu diesem Fall, da die jülich-bergischen Prozessakten weitgehend verloren und Protokollbücher des Geheimen Rats erst für 1794 – 1806 überliefert sind.

5 Zum Thema demnächst ausführlich *Birgit E. Klein,* Studien zum jüdischen Ehegüter- und Erbrecht im Judentum des deutschen Sprachraums der Frühneuzeit: Entwicklung seit der rabbinischen Antike und Auswirkungen auf das Verhältnis der Geschlechter und zur christlichen Gesellschaft, dort auch alle Belege und Beweise.

6 Hierzu *Tal Ilan,* The daughters of Zelophehad and women's inheritance; the biblical injunction and its outcome, in: Exodus to Deuteronomy. A Feminist Companion to the Bible (Second Series), hrsg. v. Athalya Brenner, Sheffield 2000, 176 – 186.

7 Zum antiken jüdischen Erbrecht immer noch grundlegend *Reuven Yaron,* Gifts in Contemplation of Death in Jewish and Roman Law, Oxford 1960, 153.

das in der Tora Geschriebene. R. Jochanan b. Broka sagte: Sagte er dies von jemandem, der Anwartschaft hat ihn zu beerben [*ra'uj le-jorscho*], so haben seine Worte Bestand; wenn aber von jemandem, der keine Anwartschaft hat ihn zu beerben, so haben seine Worte keinen Bestand."[8] Folglich kann der Erblasser niemanden zum Erben einsetzen, der nach der Tora nicht zur Erbfolge berechtigt ist. Jüdische Rechtsnorm macht somit jede individuelle Verfügung des Erblassers nichtig, die eine Tochter ausdrücklich zur Erbin einsetzt.

Damit hatte man sich gegen die eine der beiden Möglichkeiten entschieden, väterliches Vermögen auf Töchter zu übertragen: gegen die Übertragung in Form von Erbe nach dem Tod. Dagegen wurde die Möglichkeit, Vermögen in Form von Mitgift bei der Eheschließung zu übertragen, nicht nur favorisiert, sondern auch als Kompensation für den Ausschluss der Tochter von der gesetzlichen Erbfolge interpretiert: An die Stelle des Erbes der Söhne traten der Unterhalt der noch unverheirateten Töchter[9] sowie die bei der Eheschließung gestellte Mitgift in Höhe von mindestens 50 Sus / Denar[10]; nach einer Verordnung des R. Jehuda ha-nassi sollte die Mitgift ein Zehntel des Erbteils der Söhne betragen.[11] Überdies schuf die Rechtsnorm das Institut der *ketubbat benin dichrin*, der ‚Ketubba[12] der männlichen Nachfahren', definiert als *tnaj bet din*, als Verordnung des Gerichts; als solche Verordnung des Gerichts war das Institut selbst dann im konkreten Fall anzuwenden, wenn es in der individuellen Heiratsurkunde nicht verzeichnet war. Die *ketubbat benin dichrin* sollte anspornen, Vermögen als hohe Mitgift auf die Tochter zu übertragen dank der Bestimmung, dass diese am Ende nur ihren Sukzedenten zu Gute kommen würde.[13]

8 mBawa batra 8,5; *Joseph Rivlin,* Inheritance and wills in Jewish law (hebr.), Ramat-Gan 1999, 151. In Fragen des Erbrechts ist es auch nicht möglich, der Schrift zuwider zu handeln gemäß dem Grundsatz (bBawa mezia 51a, 94a): Wer eine Bedingung gegen einen Bestimmung der Schrift abschließt, so ist diese Bedingung dennoch gültig, allerdings nur, sofern es sich um eine finanzielle Angelegenheit handelt (*dawar sche-be-mammon*).

9 mKetubbot 13,3 und 4,11.

10 mKetubbot 4,5.

11 bKetubbot 68a; *Ze'ev W. Falk,* Das Erbe der Tochter und der Witwe (hebr.), in: Tarbiz 23 (1952), 9–15; *Judith Hauptman,* Rereading the Rabbis. A Woman's Voice, Boulder / CO 1998, 177–195; sowie *Hayim Lapin,* Maintenance of Wives and Children in Early Rabbinic and Documentary Texts from Roman Palestine, in: Rabbinic Law in its Roman and Near Eastern Context, hrsg. von Catherine Hezser, (Texts und Studies in Ancient Judaism, 97), Tübingen 2003, 177–198, hier 182–189.

12 Nach *Ze'ev W. Falk* (Einführung in das jüdische Recht zur Zeit des Zweiten Tempels [hebr.], Jerusalem 1983, 283) bezeichnet *ketubba* hier allein die Mitgift, nach *Mordechai Akiva Friedman* hingegen sowohl die Mitgift seitens der Frau als auch den vom Mann gezahlten oder versprochenen ‚Brautpreis' (*mohar*) (Jewish Marriage in Palestine. A Cairo Geniza Study, 2 Bde., Tel Aviv / New York 1980, hier I 383).

Im mittelalterlichen Aschkenas wurde die *ketubbat benin dichrin* zunächst noch praktiziert, jedoch seit dem 15. Jahrhundert nicht mehr in den Rechtsgutachten aschkenasischer Gelehrter erwähnt.[14] Einer der Gründe[15] für das Erlöschen des Instituts war, dass die Mitgift als von der Rechtsnorm favorisierter Vermögenstransfer ihre herausragende Bedeutung verloren hatte, da man in der Rechtspraxis seit dem 13. Jahrhundert immer häufiger auch die zweite Form der Vermögensübertragung auf die Tochter praktizierte, Teilhabe am Nachlass, ohne dass jedoch die Tochter als Erbin eingesetzt werden konnte. Diese Teilhabe am Nachlass als zweite Form der Vermögensübertragung ergänzte die andere Form der Übertragung, die Mitgift. Hiermit korrespondierte auch der in der Rechtspraxis gewählte Zeitpunkt der Übertragung, die Eheschließung, denn wie noch zu sehen, sollte die Zusage über die Teilhabe der Tochter am Nachlass wie bereits die *ketubbat benin dichrin* die Heiratschancen der Tochter vergrößern.

Verträge zur Teilhabe von Töchtern am Nachlass und ihre halachische Problematik

Will ein Vater – über die Vermögensübertragung als Mitgift bei der Eheschließung hinaus – seiner Tochter auch einen Anteil am Nachlass verschaffen, kann er sie also nicht als Erbin einsetzen, sondern hat die erbrechtlichen Bestimmungen zu umgehen. Da jede Teilhabe der Tochter am Nachlass zur Folge hätte, dass der Anteil der gesetzlichen Erben reduziert wird, hat diese Verlagerung ausschließlich in indirekter Form zu erfolgen, ohne dass dabei explizit gegen die Bestimmungen der Tora verstoßen wird.[16]

---

13 Falls eine Frau vor ihrem Mann starb und dieser ihr Vermögen erbte, so sollten bei seinem Tod wiederum ausschließlich die Söhne dieser vorverstorbenen Frau die Mitgift sowie die Heiratsverschreibung ihrer Mutter erben, nicht aber die übrigen Erben (mKetubbot 4,10). Auf diese Weise sollten vor allem die Söhne einer anderen Frau ihres Vaters vom Genuss der Mitgift ihrer Mutter ausgeschlossen werden – eine wichtige Regel vor allem in einer Gesellschaft, in der es nicht ungewöhnlich war, mehr als eine Frau zu heiraten – nacheinander oder gleichzeitig dank der grundsätzlich erlaubten Polygynie (*M. Friedman,* Marriage (Anm. 12), 381).

14 *Joseph Rivlin,* Vertrag über einen halben Sohnesanteil (hebr., *Schtar chazi sachar*), in: Diné Israel 17 (1993/94), 155–179, hier 162.

15 Weitere Gründe bei *J. Rivlin,* Vertrag (Anm. 14), 158–160, sowie im Folgenden.

16 Zum hier verwendeten Terminus ‚umgehen' vgl. *Samuel Bialoblocki,* Erbrecht, in: Encyclopaedia Judaica (dt.), 10 Bde., Berlin 1928–1934, hier Bd. 6 (1930), 701–711; ebd. 703: „Bei Lebzeiten kann der Erblasser über sein Vermögen beliebig verfügen und es sogar noch vor dem Tode an Fremde verschenken. Allerdings wird eine solche Umgehung der erbrechtlichen Bestimmungen der Bibel von den Talmudlehrern missbilligt, selbst wenn die Söhne sich nicht gebührlich betragen haben (B. Bat. 133 b). Die Umgehung der gesetzlichen Erben kann nur in der Form der Schenkung geschehen, nicht aber durch Erbeinsetzung, da diese als Verstoß gegen ein Toragesetz unzulässig wäre." Auch die englische Literatur beschreibt dieses Vorgehen als

Die Mischna definiert zwei Formen von Schenkungen als legitime Möglichkeit der Übertragung von Nachlassvermögen: 1. die zu jedem Zeitpunkt des Lebens mögliche ‚Schenkung eines Gesunden' (*mattenat bari*) und 2. die ‚eines Schwerkranken' (*mattenat schechiw mera*) in Erwartung des Todes.[17] Beide Formen der Schenkung haben den Vorteil, dass sie auch eine Person begünstigen können, die kein gesetzlicher Erbe ist, allerdings auch den Nachteil, dass sie unabhängig von der Frage der Erbberechtigung grundsätzlich nur unter gewissen Auflagen möglich sind.

Denn ein ‚Gesunder' kann Vermögen ‚von heute bis nach dem Tod' nur in der Weise übertragen, dass der Besitz auf den Beschenkten bereits zum Zeitpunkt der Verfügung übergeht, der Nießbrauch (*perot*) hingegen dem Schenkenden bis zu seinem Tod vorbehalten bleibt.[18] Überdies kann sich diese Schenkung nur auf Vermögen beziehen, das zum Zeitpunkt der Schenkung existiert.[19] Für die definitiv verbindliche Übertragung ist der *kinjan*, der symbolische ‚Mantelgriff' (*kinjan sudar*)[20], erforderlich. Falls der Schenker einen spezifischen Vermögensanteil überträgt, so darf er fortan nicht versuchen, diesen dem Beschenkten vorzuenthalten. Nur wenn das Vermögen verlustig geht, sind die Erben nicht verpflichtet, den Beschenkten zu entschädigen, sondern es gilt der Grundsatz höherer Gewalt. Sofern der Schenker indes keinen spezifischen Vermögensteil überschreibt, ist er berechtigt, mit seinem gesamten Vermögen bis zu seinem Tod Handel zu betreiben, und der Beschenkte erhält nur seinen Anteil aus dem Rest, und dies auch nur unter der Bedingung, dass sich dieser bereits zum Zeitpunkt der Schenkung im Besitz des Schenkers befunden hat. Die ‚Schenkung eines Gesunden' kann im Unterschied zur zweiten Form der Schenkung, der des Schwerkranken, nicht widerrufen werden.

Diese ‚Schenkung eines Schwerkranken' oder die ‚Verfügung von Todes wegen' (*mezavve mechamat mita*) korrespondiert weitgehend mit der römisch-rechtlichen *donatio mortis causa*, fungiert aber auch als Ersatz für das Testament, das im Jüdischen Recht unbekannt ist. Sie kann nur erfolgen bei Befürchtung des Todes, in konkreter Gefahr. Verständlicherweise eignet sich diese Form der Vermögensübertragung nicht als künftiger Zu-

---

„strategy for circumventing the Torah's rules of intestate succession", so etwa *J. Hauptman*, Rereading the Rabbis (Anm. 11) 185; ähnlich *T. Ilan*, Daughters (Anm. 6), 185 f., vgl. *dies.*, Mine and Yours are Hers. Retrieving Women's History from Rabbinic Literature, Leiden 1997, 143–147.

17 *J. Rivlin*, Inheritance (Anm. 8), 151; *ders.*, Vertrag (Anm. 14), 166. Zu Schenkungen grundlegend *R. Yaron*, Gifts (Anm. 7), 46–89, 107–129.

18 mBawa batra 8,7.

19 tKetubbot 8,5 (Ed. Lieberman).

20 Sehr präzise ist die Erläuterung des *kinjan* durch *Hans-Georg von Mutius*, Jüdische Urkundenformulare aus dem muslimischen Spanien, (Judentum und Umwelt, 64), Frankfurt a. M. u. a. 1997, 4 Anm. 11.

satz zur Mitgift, der bereits zum Zeitpunkt der Eheschließung zugesagt wird.

Um 1200 wurde es immer häufiger, Töchtern Anteil am Erbe aufgrund der ‚Schenkung eines Gesunden' zu gewähren, denn der überragende, weithin als Autorität anerkannte R. Meir b. Baruch von Rothenburg (um 1220–1293) wurde wiederholt hinzugezogen, wenn es darum ging, ‚Schenkungen eines Gesunden' hinsichtlich des Umfangs ihrer Gültigkeit zu begutachten.[21] So billigte R. Meir der Schenkung Präferenz gegenüber der *ketubbat benin dichrin* zu,[22] was ein weiterer Grund für das allmähliche Erlöschen jenes Instituts gewesen sein dürfte.

Da aber bei der ‚Schenkung eines Gesunden' nicht von der einmal festgelegten Summe abgewichen werden konnte, war es von Nachteil für die Tochter, wenn der Wert des Vermögens erheblich gestiegen, von Nachteil auch für die Erben, wenn der Wert des Vermögens erheblich gesunken war.[23] Ein flexibles Verfahren, erforderlich in Zeiten politischer und wirtschaftlicher Instabilität, war so nicht möglich.

Eine Lösung dieses Problems bot erst der im 15. Jahrhundert erstmalig dokumentierte *schtar jeruscha*[24]‚Erbvertrag', oder auch *schtar jeruscha chazi chelek sachar*[25], ‚Erbvertrag über einen halben männlichen Anteil', seit dem 16. Jahrhundert zumeist nur als *schtar chazi (chelek) sachar,* ‚Vertrag über einen halben männlichen Anteil' bezeichnet, jiddisch ausgesprochen kurz ein ‚stores' (‚Vertrag', von hebr. *schtarot,* pl. von *schtar*), wie das Dokument häufig auch in den für Nichtjuden bestimmten Schriftsätzen heißt.

Dass ein derart unspezifischer Begriff sich durchsetzte, indiziert, dass sich der rechtliche Charakter dieses Vertrags für Leser, die mit Jüdischem Recht nicht vertraut waren, nur schwerlich auf einen prägnanten Begriff bringen ließ. Der Vertrag basiert auf einer juristischen Fiktion, auf einem Scheinkredit: Wohl wissend, dass niemals eine Zahlung seitens der Tochter erfolgt war, bekannte der Vater, Geld in Händen zu halten, das er von seiner Tochter erhalten hatte. Eine Stunde vor seinem Tod sei er zur Rückzahlung dieser Schuld verpflichtet. Jedoch habe er mit seiner Tochter die Bedingung vereinbart, wenn die Zeit der Rückzahlung komme und die Erben das Erbe

---

21 Mordechai, Bawa batra § 584 zu bBawa batra 128b.

22 Mordechai, Bawa batra § 599.

23 *Israel Jacob Yuval,* Die finanziellen Heiratsregelungen in Aschkenas im Mittelalter (hebr.), in: Religion and Economy. Connections and Interactions (hebr.), hrsg. v. Menahem Ben-Sasson, Jerusalem 1995, 191–207, hier 204 f.

24 So in den New Responsa of *Rabbi Yaacov Molin* – Maharil (hebr.), hrsg. v. Yitzchok Satz, Jerusalem »1991 (NRGA Jakob Molin), 210–213, Nr. 155.

25 RGA *Jakob Weil* (hebr.), hrsg. v. Jonathan Schraga Domb, Jerusalem 2000/2001, 21–23, Nr. 20.

antreten und den Nachlass teilen wollten, so hätten sie die Wahl, der Tochter oder ihren Nachfahren entweder die (im allgemeinen hoch angesetzte fiktive) Schuldsumme zu ‚zahlen' oder aber ihr den halben männlichen Erbteil, hiervon explizit ausgenommen Bücher und Immobilien, zu ‚geben'. Entscheiden sie sich für den halben männlichen Erbteil, so sollen sie davon befreit sein, die Schuldsumme zu zahlen, selbst wenn der halbe männliche Erbteil nicht an die Summe heranreicht.

Die rechtliche Funktion des Scheinkredits ist klar: Da nur im Nachhinein festzustellen ist, wann eines Menschen letztes Stündlein geschlagen hat, ist der Nachlass grundsätzlich mit der fiktiven Schuldsumme zugunsten der Tochter, zum Nachteil der Erben belastet. Dieserart soll der Tochter ein Anteil am Nachlass gesichert werden, und zwar auch an jenem Vermögen, das zum Zeitpunkt der Eheschließung noch nicht existiert. Anders als in Polen, wo als Standard für die Schuldsumme 1.000 Dukaten angegeben wurden, gab es in Deutschland keine einheitliche Praxis. War in Worms in der zweiten Hälfte des 17. Jahrhunderts die Standardsumme von 50.000 Rtlr. üblich,[26] so wählten andernorts die Schreiber eine Summe nach Gutdünken.[27] Üblicherweise jedoch wurde die Schuldsumme unverhältnismäßig hoch zum potentiellen Erbteil angegeben,[28] da der ‚Vertrag über den halben männlichen Erbteil' ja einerseits die Attraktivität der Braut auf dem Heiratsmarkt erhöhen sollte und die fiktive Summe auch dazu diente, die Tochter als ‚gute Partie' darzustellen.[29] Andererseits sollten die Erben angesichts der hohen Summe gewissermaßen freien Herzens der Tochter den halben Erbteil einräumen, einschließlich einer inzwischen erfolgten Wertsteigerung des Vermögens. Anders als bei der ‚Schenkung eines Gesunden', die sich nur auf den Besitz zum Zeitpunkt der Schenkung erstreckt, profitieren Tochter wie Erben vom fiktiven Schuldverhältnis: die Tochter von der Wertsteigerung des Vermögens seit Ausstellung des ‚Vertrags', die Erben davon, nicht wie früher eine hohe absolute Schenkungssumme auszahlen zu müssen, falls der Wert des Vermögens zwischenzeitlich gesunken war. Dank dieser Flexibilität kam die Verschreibung dem Erbverhältnis sehr nahe. Der Preis hierfür war das Eingeständnis des Vaters, Geld in gewisser Summe in Händen zu halten, welches seiner Tochter gehöre, wohl wissend, dass dies nicht den Tatsachen entsprach.

Das fiktive Schuldeingeständnis in Form des ‚Vertrags' war eine Neuerung des 14./15. Jahrhunderts, sofern es das Ziel verfolgte, der nicht erb-

---

26 Jair Bacharach, RGA Chawat jair, (Lemberg 1895/96) ND Jerusalem 1986/87, fol. 35a-b, Nr. 63.

27 *Samuel b. David ha-levi,* Nachalat schiw'a, Frankfurt a. M. 1693/94 u.ö., hier zitiert nach der Ausgabe Warschau 1883/84, ND Bne Brak [1991/2], § 21,2, fol. 54r

28 Beispiele im Folgenden.

29 RGA Moses Minz, 2 Bde., Jerusalem 1990/91, hier I 207–211, Nr. 47b; Nachalat schiw'a, fol. 54b, § 21,4,2; fol. 56b, § 21,4,6.

berechtigten Tochter Anteil am Nachlass zu verschaffen. Der ‚Vertrag' gehört seitdem für das aschkenasische Judentum zu den üblichen Ehedokumenten. Ein Hauptgrund für dieses neue Rechtsinstitut lag darin, dass seit dem Spätmittelalter nicht nur die Braut, sondern auch der Bräutigam eine gewisse substantielle Geldsumme bei Beginn der Ehe als Startkapital und Vermögensgrundlage einbringen musste; und dies auch dann, wenn das junge Paar während der ersten Ehejahre bei der Familie der Braut, ‚matrilokal', lebte. Die genaue Höhe der jeweils von der Mannes- und Frauenseite eingebrachten Mitgift wurde im Ehevertrag, den *tena'im acharonim* (spätere Bedingungen), verzeichnet. Wenn also der Mann, der ja später noch erbte, bereits zu Beginn der Ehe wie die Braut eine Mitgift stellen musste, dann war es nur gerecht, wenn auch die Braut bei der Eheschließung neben der Mitgift überdies eine vertragliche Zusicherung über ihren künftigen Anteil am Erbe vorlegte.[30]

Das fiktive Schuldeingeständnis als juristische Konstruktion war indes keine bis dahin unbekannte Erscheinung der jüdischen Rechtspraxis. Denn bereits mehr als zwei Jahrhunderte zuvor war ein fiktives Schuldeingeständnis im aschkenasischen Judentum gebräuchlich geworden, das gleichfalls einem nicht erbberechtigten weiblichen Familienmitglied, nämlich der Witwe, Anteil am Nachlass verschaffen sollte. Nach antiker Rechtsnorm beerbt die Witwe nicht ihren Mann. Zu ihrer Existenzsicherung war seit der Antike vielmehr eine Heiratsverschreibung, die sogenannte Ketubba, vorgeschrieben worden, die in der gleichfalls als Ketubba bezeichneten Heiratsurkunde aufgeführt war. Die Mindestsumme dieser Heiratsverschreibung (*ikkar ketubba* – Mindest-Ketubba) betrug 200 Dinar für eine bei der Eheschließung bisher unverheiratete Frau (Jungfrau), 100 Dinar für die Witwe oder die Geschiedene. 200 Dinar entsprachen beispielsweise dem Wert eines Ochsengespanns zum Pflügen,[31] eine beträchtliche Summe also, die der Ehemann (beziehungsweise seine Erben) der Frau bei Auflösung der Ehe durch Tod oder Scheidung zu zahlen hatte, um ihr Existenzminimum zu sichern.[32] Alternativ konnte die Witwe auf Auszahlung der Ketubba verzichten und stattdessen Wohnrecht im Haus ihres Mannes und Lebensunterhalt aus dem Nachlass beanspruchen.[33] Die Mindestsumme der Ketubba konnte durch den Mann erhöht, nicht aber reduziert werden: „Jeder, der

---

30 *I. Yuval,* Heiratsregelungen (Anm. 23), 204 f., sowie *Birgit E. Klein,* „Der Mann: ein Fehlkauf" – Entwicklungen im Ehegüterrecht und die Folgen für das Geschlechterverhältnis im spätmittelalterlichen Aschkenas, in: Der Differenz auf der Spur. Frauen und Gender in Aschkenas, hrsg. v. Christiane E. Müller / Andrea Schatz, (minima judaica, 4), Berlin 2004, 69 – 99, hier 76 – 78.

31 mBawa batra 5,1.

32 Zur antiken Entwicklung siehe *Bernard S. Jackson,* Problems in the Development of the Ketubah Payment: The Shimon ben Shetach Tradition, in: Rabbinic Law in its Roman and Near Eastern Context, hrsg. v. Catherine Hezser, (Texts und Studies in Ancient Judaism, 97), Tübingen 2003, 199 – 225, hier 208 – 223.

einer Jungfrau die [Mindestsumme von / d.A.] 200 [Dinar / d.A.] und einer Witwe die 100 reduziert, dessen Beischlaf ist Hurerei".[34]

Darüber hinaus war in der Heiratsurkunde (Ketubba) neben den drei Pflichten des Mannes (Unterhalt, Kleidung, ehelicher Umgang) auch die Höhe der von der Frauenseite gestellten Mitgift (*Nedunja*) verzeichnet, welche in die Verfügungsgewalt des Mannes überging;[35] dabei war der geschätzte Wert von Fahrnis um ein Fünftel reduziert, die Summe von Barschaften hingegen um die Hälfte erhöht anzugeben,[36] so dass deren Endsumme um ein Drittel höher lag als die Summe der tatsächlich eingebrachten baren Mitgift.[37]

Im Spätmittelalter kam es im Güterrecht zu einer markanten Veränderung, die keine Weiterentwicklung der antiken Vorgaben darstellte, sondern der Bruch mit ihnen: Im 12. Jahrhundert berichtet der Mainzer Gelehrte Elieser b. Nathan (gest. um 1170) erstmals von dem *minhag,* dem Rechtsbrauch, in den Ketubbot den Wert der von der Frauenseite eingebrachten Mitgift einschließlich der Mitgift-Zulage seitens des Mannes (*tossefet nedunja*) einheitlich mit 50 ‚Pfund' Silber anzugeben, selbst wenn sie etwa nur vier ‚Pfund' Silber in die Ehe einbrachte. Daraufhin wurde aber nicht etwa die Mindest-Ketubba erhöht, sondern es wurden in der Ketubba zwei neue standardisierte Summen eingeführt, die zwar begrifflich noch an die antiken Verhältnisse erinnerten, inhaltlich indes völlig neu gefüllt waren: Im Falle der Auflösung der Ehe verpflichtet sich der Mann grundsätzlich zur Zahlung von 50 ‚Pfund' Silber für die von der Frauenseite eingebrachte Mitgift, und das unabhängig von ihrem geschätzten oder realen Wert. Die fiktiven 50 ‚Pfund' Mitgift erhöht er als Gegenleistung[38] seinerseits um weitere 50 ‚Pfund' Silber, macht 100 ‚Pfund' Silber, eine immense

---

33 So der Brauch in Jerusalem und Galiläa, wohingegen es in Judäa üblich war, dass es die Erben vorziehen konnten, die Witwe auszuzahlen (mKetubbot 4,12). Im Mittelalter wurde der Brauch von Jerusalem und Galiläa zur Rechtsnorm erklärt (*Maimonides,* Mischne tora, Hilchot ischut 18:1; Schulchan aruch, Ewen ha-eser 93:3).

34 mKetubbot 5,1.

35 *Ze'ev W. Falk,* Einführung in das jüdische Recht zur Zeit des Zweiten Tempels (hebr.), Jerusalem 1983, 283.

36 Oder in einer nach jeweiligem *minhag,* Orts- oder Landesbrauch, festgelegten Höhe. Zum *minhag* siehe *Birgit Klein,* Minhagim, in: Religion in Geschichte und Gegenwart, 4. Auflage, Bd. 5, Tübingen 2002, 1252. Zu den Gründen für die reduzierte bzw. erhöhte Angabe der verschiedenen Arten von tatsächlich eingebrachter Mitgift siehe *dies.,* Fehlkauf (Anm. 30), 79 f.; ebd. 81, Anm. 37, zu der im Hebräischen verwendeten Bezeichnung *litrin* für ‚Pfund'.

37 mKetubbot 6,3 f.

38 An anderer Stelle behandele ich die Frage, inwiefern Ähnlichkeiten zu der seit dem Mittelalter im Heiratsgabensystem als zentraler Mannesgabe bekannten ‚Widerlegung' bestehen.

Summe,[39] die der Mann verbindlich auf sich nimmt, und dies selbst dann, wenn er bei der Eheschließung nichts besitzt.

Als im Spätmittelalter Gulden die geläufige Währung wurden, wurden die 100 ‚Pfund' Silber in Gulden dem *minhag* entsprechend umgerechnet; so etwa für die Gemeinden am Oberrhein in 600 fl. Diese standardisierte Summe der Ketubba in Höhe von 600 fl. machte fast das Doppelte des durchschnittlichen Vermögens einer jüdischen Familie aus. Das heißt, dass im Todesfall die Witwe – ob sie nun die Ketubba einlöst oder nicht – über den gesamten Nachlass verfügt, dessen Wert jedoch meist weniger als 600 fl. betrug.

Bei der hohen aschkenasischen Standard-Ketubba handelte es sich um einen *minhag*[40] mit Rechtsqualität, der den hierüber urteilenden Instanzen, Rechtsgelehrten wie Mitgliedern jüdischer Gerichte, als verbindlich galt, sofern dieser *minhag* nicht durch anders lautende Absprachen aufgehoben wurde. Ähnlich den ‚Rechtsgewohnheiten', welche die geschriebenen Volksrechte allmählich verdrängten,[41] trat hier der *minhag* neben die in der Mischna kodifizierte Rechtsnorm.

Als normativer *minhag* konnte die hohe Standard-Ketubba nicht einseitig durch den Mann verringert werden, sondern nur durch die Frau. Sie stellte etwa eine fiktive Quittung aus, in der sie bescheinigte, ihr Mann habe ihr bereits einen Teil der Ketubba ausgezahlt, ohne ihn tatsächlich erhalten zu haben. Hierauf musste sich eine Frau einlassen, wenn sie bei der Eheschließung in der schwächeren Position war, beispielsweise nur eine geringe Mitgift einbrachte. Als Wert, der nicht unterschritten werden durfte, fungierte die antike Mindestsumme der Ketubba (*ikkar ketubba*) von 200 Dinar, die jedoch im 12. Jahrhundert nicht mehr als 2 ‚Pfund' Silber ausmachte und im 15. Jahrhundert nur noch 20 beziehungsweise 10 rheinische fl. betrug.[42]

---

39 Nach einer Reichssteuerliste von 1241 entrichtete die Gemeinde Worms 130 Mark, Speyer 80 Mark oder Duisburg 15 Mark an das Reich (*Hirsch Jakob Zimmels,* Beiträge zur Geschichte der Juden in Deutschland im 13. Jahrhundert, insbesondere auf Grund der Gutachten des R. Meir Rothenburg, Wien 1926, 34).

40 Zur Unterscheidung von *minhag,* normativem Brauch, und *nohag,* Konvention, siehe auch *Menachem Elon,* Jewish Law. History, Sources, Principles. 3 Bde. (hebr.) , Jerusalem 1988, Law, I 754 f.

41 Zum Begriff ‚Rechtsgewohnheit' siehe die Beiträge in *Gerhard Dilcher* (u. a.), Gewohnheitsrecht und Rechtsgewohnheiten im Mittelalter, Berlin 1992 (Schriften zur Europäischen Rechts- und Verfassungsgeschichte, 6); *Hermann Krause,* Gewohnheitsrecht, in: Handwörterbuch zur deutschen Rechtsgeschichte, Bd. 1, Berlin 1971 (HRG 1), 1675–1684, hier 1676 f.

42 Belege bei Klein, Fehlkauf, 84 f. Abgesehen von dieser Funktion spielt die Mindest-Ketubba in den Quellen kaum eine Rolle, da man sie entweder wegen ihres geringen Wertes für nicht erwähnenswert hielt oder sie bereits in die Summe von 600 Gulden eingerechnet war.

Der normative *minhag* der hohen Standard-Ketubba wirkte sich unmittelbar auf den Erbfall aus, denn er führte dazu, dass dieser bei durchschnittlich Vermögenden meist bis zum Tod der Witwe aufgeschoben wurde. Der *minhag* schuf somit eine neue Rechtswirklichkeit, indem er die Ansprüche der meisten Witwen auf den gesamten Nachlass legitimierte, sie de facto geradezu zu Alleinerbinnen machte.[43] Dies stand der antiken Rechtsnorm diametral entgegen, die davon ausging, dass die Interessen der Witwe und der Erben, hier der Söhne, in Konkurrenz miteinander standen,[44] was eine gemeinsame Geschäftstätigkeit ausschloss.[45] Der *minhag* stand vielmehr in Einklang mit dem spätmittelalterlich praktizierten deutsch-rechtlichen Institut des ‚Beisitzes' der Witwe, das ihr erlaubte, die väterliche Gewalt über die Kinder zu übernehmen und in ungeteilter Gemeinschaft mit den Kindern auf dem Hausgut zu bleiben.[46] Der Grund dafür, dass sich der normative *minhag* nur wenig von deutsch-rechtlichen Instituten unterschied, ist auch darin zu sehen, dass der ‚Beisitz' hier wie dort den ökonomischen Bedürfnissen entgegenkam: Die Witwe war dank der Geschäftspartnerschaft mit ihrem Mann im Handel kompetent und erfahren, und die Aufteilung des Geschäftskapitals unter die – oft noch unmündigen Kindern – sollte möglichst lange vermieden werden, garantierte doch höheres Geschäftskapital auch höheren Gewinn.

Das im normativen *minhag* zum Ausdruck kommende Bestreben, der Witwe den gesamten Nachlass zukommen zu lassen, war so stark, dass man die entscheidende Klausel in der Standard-Ketubba mit einer kühnen rechtlichen Konstruktion begründete. Denn der Ehemann übernahm hierin nicht nur die Verantwortung für die Mitgift seiner Braut, die mit einer Standardsumme von 50 Mark in einer Höhe verzeichnet wurde, wie sie kaum je eingebracht worden war,[47] sondern verpflichtete sich auch zur Zahlung der *tossefet ketubba* (Ketubba-Zulage) in eben solcher Standard-Höhe im Falle der Auflösung der Ehe, wissend, dass die Standard-Ketubba nur mit Einverständnis der Gattin reduziert werden konnte. Der Bräutigam verpflich-

---

43 *I. Yuval,* Heiratsregelungen (Anm. 23), 199.

44 So *Avraham Grossman,* Pious and Rebellious. Jewish Women in Europe in the Middle Ages (hebr.), Jerusalem 2001, 260, und ebenda, Anm. 163, der allerdings hieraus schließt, diese Praxis habe nicht verbreitet gewesen sein können.

45 Das Bestreben, das Erbe durch testamentarische Verfügung geschlossen zu halten, lässt sich auch im mittelalterlichen Katalonien beobachten, vgl. *Elka Klein,* The Widow's Portion. Law, Custom, and Marital Property among Medieval Catalan Jews, in: Viator 31 (2000), 147–163, hier 159–162.

46 *Ursula Floßmann,* Die Gleichberechtigung der Geschlechter in der Privatrechtsgeschichte, in: Rechtsgeschichte und Rechtsdogmatik. Festschrift Hermann Eichler zum 70. Geburtstag, hrsg. von Ursula Floßmann, Wien 1977, 119–144, hier 126 f.; W. Ogris, Art. Beisitz der Witwe, in: HRG 1, 355 f.

47 Beispiele für tatsächlich eingebrachte Mitgiften bei *I. Yuval,* Heiratsregelungen (Anm. 23), 197 f.

tete sich dazu unabhängig von der tatsächlichen Höhe seines aktuellen und künftigen Vermögens, auch dann, wenn er nichts besaß.

Das gab den Rechtsgelehrten bereits Mitte des 12. Jahrhunderts das Problem auf, „üblich sei jetzt, dass der Bräutigam der Braut hundert ‚Pfund' verschreibe, selbst wenn er keine einzige Peruta besitze". R. Eli'eser b. Joel halevi aus Bonn legitimierte diese Vorgehensweise mit dem ‚Eingeständnis' (*hoda'a*) des Bräutigams, beide hätten gemeinsam 100 ‚Pfund' in die Ehe eingebracht, worauf er ihr in der Ketubba diese Summe völlig zugeeignet und sich für diese persönlich verpflichtet habe. Dieses ‚Eingeständnis', so R. Eli'eser, sei gleichwertig mit der Aussage von 100 Zeugen.[48] Damit rekurriert er auf ein Prinzip, das, in der rabbinischen Antike noch selten erwähnt, im Mittelalter bei der Erteilung von Vollmachten dazu dient, zur hierbei erforderlichen Zueignung von vier Ellen Grund dort fiktiv Immobilienbesitz zu schaffen, wo er real nicht existiert.[49]

Indem das ‚Eingeständnis' die Existenz einer Schuld oder Verpflichtung erst ins Leben rufen kann, handelt es sich genau genommen um eine *odita*, eine ‚Bekundung'. Es drängte sich aber sogleich die Frage auf, inwieweit aber diese *odita* als offenkundig nicht den Tatsachen entsprechend somit „als Lüge" anzusehen war.[50] Der aus Köln stammende R. Ascher b. Jechiel (‚Rosch', um 1250 – 1327, Toledo) stellte infrage, ob man den *minhag* der Verpflichtung eines Bräutigams ohne jeden Besitz zur hohen Standard-Ketubba mit dem Prinzip ‚das Eingeständnis des Prozessbeteiligten gleicht [der Aussage von] hundert Zeugen' analog zur Erteilung einer Vollmacht legitimieren könne: „Mir scheint, dass dieser Grund nicht hinreichend ist, wenn das Vermögen bekanntermaßen zu jenem Zeitpunkt nicht existierte." Diese Auffassung setzte sich in Aschkenas jedoch nicht durch; die hohe Standard-Ketubba blieb hier bis zum Beginn der Moderne bestehen, der so gewagten rechtlichen Konstruktion zum Trotz.

So lag es nahe, auch beim ‚Vertrag über einen halben männlichen Erbteil' auf diese inzwischen bewährte Konstruktion zurückzugreifen, denn bei der hier vom Vater der Braut aufgenommenen fiktiven Schuldverpflichtung

48 Sefer Rawja"h hu awi ha-'esri le-rabbenu Eli'eser ben rabbenu Jo'el ha-levi s"l simanim 894 – 919, hrsg. v. David Dvelaitsky, Bne Brak 2000/2001, Nr. 919, 121; vgl. Tossafot zu bKetubbot 54b; hierzu auch *Berachyahu Lifshitz*, Promise. Obligation and acquisition in Jewish law (hebr.), Jerusalem 1988, 276 – 279.

49 *M. Elon* (Anm. 40), Jewish Law, I 534 f. Bereits das römische Recht kennt Fiktionen und Scheingeschäfte: *Max Kaser*, Römisches Privatrecht. Ein Studienbuch. 15., verbesserte Auflage, München 1989, 30, 33, 35, 372 f.

50 Tossafot zu bBawa batra 44b; nach R. Jakob b. Meir (Rabbenu Tam) steht nicht zu befürchten, dass das Eingeständnis bei der Erteilung einer Vollmacht als Lüge anzusehen ist, da man heutzutage „und ich habe ihm vier Ellen in meinem Hof zugeeignet" zu schreiben pflege, so dass es sich hierbei um eine häufig vorkommende Sache handele (ebd.). Dieses Eingeständnis ist somit als „verbreiteter Brauch" nicht als Lüge zu werten.

handelt es sich gleichfalls um eine *hoda'a,* im Sinne einer *odita,* Bekundung, einer finanziellen Schuld, deren Existenz durch die *odita* erst ins Leben gerufen wird. Negativ formuliert: Es ist grundsätzlich die Bekundung einer Schuld, die nie existiert hatte, also um ein „gelogenes Eingeständnis (*hoda'a schel scheker)*", wie es R. Moses Sofer, der ‚Chatam sofer' (1762–1839), drastisch ausdrückte.[51]

Mit der hohen aschkenasischen Standard-Ketubba hatten die Erben beim Tod des Ehemanns die Folgen des ‚Eingeständnisses' und der hieraus resultierenden Selbstverpflichtung zu tragen, indem der Nachlass grundsätzlich zu ihren Ungunsten mit einer fiktiven Schuld belastet war, es sei denn, die Begünstigte, die Ehefrau, hatte durch Quittung die Standard-Ketubba reduziert. Anders der ‚Vertrag über einen halben männlichen Erbteil'. Hier waren Selbstverpflichtung und Bekundung der Schuld grundsätzlich mit einer Bedingung zugunsten der Erben verknüpft: Der Erblasser, so heißt es, habe mit seiner Tochter die Bedingung vereinbart, dass wenn die Zeit der Rückzahlung komme und die Erben das Erbe antreten und den Nachlass teilen wollten, so hätten diese die Wahl, der Tochter oder ihren Nachfahren entweder die (fiktive) Schuldsumme zu „zahlen" oder aber ihr vielmehr den halben männlichen Erbteil zu „geben". Wählten sie letzteres, so waren sie davon befreit, die Schuldsumme zu zahlen, selbst wenn der halbe männliche Erbteil nicht an diese Summe heranreichte. Falls aber die Erben nicht die Teilhabe gewährten, wenn sie den Nachlass teilten, dann bleibe die Verschreibung in ihrer Gültigkeit bestehen, so dass die Erben verpflichtet seien, ihr die Summe voll auszuzahlen.

Die Bedingung zur Teilhabe am Nachlass war als sogenannte „doppelte Bedingung" (*tnaj kaful*) formuliert, indem der Inhalt der Bedingung zunächst positiv und danach negativ (*hen kodem le-lav*) ausdrückt wurde.[52] Wie es im ‚Vertrag über einen halben männlichen Erbteil' explizit heißt, erfüllte man wohlweislich diese formalen Erfordernisse, um so den Vertrag in seiner Gültigkeit abzusichern – verständlich in Anbetracht der Tatsache, dass der Vertrag auf einem fiktiven Darlehen als Teil einer juristischen Konstruktion beruhte.

Wenn aber die ‚negative Potestativbedingung' im ‚Vertrag über einen halben männlichen Erbteil' lediglich dazu dient, formale Erfordernisse möglichst genau einzuhalten, so bedeutet dies, dass die hierin festgehaltene Verpflichtung zur Zahlung der unverhältnismäßig hohen Schuldsumme auf jeden Fall nachrangig ist. Ja, es war nur wenig wahrscheinlich, dass die Zahlung jemals vor jüdischen Gerichten einklagbar war, da auch die jüdischen

51 RGA Chatam sofer, Teil III (EH I), Pressburg 1865/66, Nr. 147; vgl. *J. Rivlin,* Vertrag (Anm. 14), 168.

52 Hierzu *B. Lifshitz,* Promise (Anm. 48), 122 f.

Rechtsgelehrten, die als Richter und Gutachter fungierten, um den Hintergrund dieser Negativ-Klausel wussten.

Ebenso unwahrscheinlich, dass der ‚Vertrag' als realer Schuldschein vor jüdischen Gerichten einklagbar war, als fiktiver ‚Schuldschein' ausschließlich mit der Absicht formuliert, der Tochter auch an jenem Vermögen Anteil zu verschaffen, das zum Zeitpunkt der Ausstellung noch nicht existierte. Denn in der halachischen Diskussion hatte R. Jakob Molin im 15. Jahrhundert den Grundsatz aufgestellt, demgemäß auch die Späteren entscheiden sollten: Beim ‚Vertrag' handele sich um einen „Erbvertrag" (*schtar jeruscha*), nicht aber um einen Schuldschein, der mit den Forderungen von Witwe und Gläubigern konkurrieren könne. Daher existiere das mit der Tochter zu teilende Erbe erst, nachdem die übrigen Forderungen befriedigt seien.[53] Solange folglich die Ketubba der Witwe nicht eingelöst war und daher den Nachlass weiterhin belastete, verhinderte sie seine Teilung und damit auch die Teilhabe der Tochter am Nachlass aufgrund ihres ‚Vertrags'. Dies war vor allem dann der Fall, wenn die Witwe wie so häufig von ihrem Gatten zur Verwalterin des Nachlasses bestimmt worden war.

Unvergleichlich höher die Aussicht auf Erfolg vor einem nichtjüdischen Gericht. Es weiß nicht von der komplexen rechtlichen Konstruktion und ihre impliziten Bedingungen. So finden sich zahlreiche Fälle, dass Juden, zumeist Schwiegersöhne, versuchten, ihre Rechtsauffassung vom ‚Vertrag über einen halben männlichen Erbteil' vor obrigkeitlichen Gerichten durchzusetzen. Hier kommt für uns denjenigen Verfahren die höchste Aussagekraft zu, in denen man an die beiden höchsten Reichsgerichte appellierte, da hier die Behauptungen mit umfangreichen Schriftsätze und vielfältigen Anlagen zu beweisen waren. Nehmen wir also den Fall der Familien Liebmann – von Geldern: An seinem Ende sollten Prinzipien des von Heine verachteten römischen Rechts entscheiden, „welches ebenfalls im Erbrechte den Egoismus des römischen Charakters bekundet" und so „einen schroffen Gegensatz zu jener menschenfreundlichen Idee des mosaischen Gesetzes [...] bildet".[54]

Der ‚menschenfeindliche' Erbstreit der Familie Liebmann

Hintergründe und Vorgeschichte

Jost Liebmann[55], der Schwiegersohn Josefs von Geldern, gedachte mitnichten, in der im ‚Vertrag' zugesagten Summe von 20.000 Rtlr. einen juris-

53 NRGA Jakob Molin (Anm. 28), 155, 210–213.

54 *H. Heine,* Memoiren (Anm. 1), 1107.

55 Liebmann Jost nannte sich gleich seinem Vater nach dessen Tod (*H. Schnee,* Hoffinanz (Anm. 3), I 68).

tischen Kunstgriff zu sehen, der ihm zu einem ungewissen Zeitpunkt Teilhabe am Nachlass verschaffen würde. Und das umso weniger, als sich die Finanzlage der von Geldern seit der Eheschließung 1698 verschlechtert hatte. Gewiss, Josef von Geldern hatte seinen Aufstieg noch in Stein dokumentieren können, indem er 1712 der Düsseldorfer Gemeinde eine Synagoge und sich selbst ein prächtiges Haus mit „italiänischer Treppe“ errichten ließ.[56] Als jedoch der Kurfürst 1716 starb, nahm „die Herrlichkeit seiner Residenzstadt ein Ende; die glänzende Entfaltung Düsseldorfs war mit ihm in's Grab gesunken“.[57] Das hieß auch: „Mit Johann Wilhelms Tod erlosch auch der Glanz der Familie van Geldern“.[58]

Karl Philipp, Bruder und Nachfolger, verlegte die Residenz nach Mannheim. Die Herzogtümer Jülich-Berg wurden zu Nebenlanden einer Dynastie, die ihren Schwerpunkt fortan in Süddeutschland, zunächst am Oberrhein, fand.[59] Mit der Residenz verschwanden auch Hof und Hofstaat, die bevorzugten Kunden jüdischer Hoflieferanten.

Den wirtschaftlichen Niedergang seiner Schwiegerfamilie hatte Jost Liebmann rechtzeitig erkannt, nicht gewillt, sich nur mit einem Anteil am geschrumpften Erbe zufrieden zu geben. Vermutlich sah er die Düsseldorfer auch in seiner Schuld, da er sich 1724 beim preußischen König Friedrich Wilhelm I. (Reg. 1713–1740) wiederholt für die Freilassung seines Schwiegervaters eingesetzt hatte, der auf Betreiben seines Klever Gegners Gomperz auf der Festung Wesel arretiert worden war.[60] Und schließlich war Jost Liebmann nicht nur wie (angeblich) „alle Mitglieder dieser Hoffaktoren-Familie [...] sehr streitsüchtig“,[61] sondern scheute sich auch nicht, obrigkeitliche Gerichte in einer Erbsache einzuschalten, in der es ausschließlich um nach jüdischen Rechtsprinzipien aufgesetzte Dokumente ging, ein ungewöhnliches Vorgehen, denn in familienrechtlichen Fragen wurde die traditionelle Rechtsautonomie weitgehend bis zum Ende des 18. Jahrhunderts geachtet. Jost Liebmann trat indes in die Fußstapfen seines Vaters, dessen Testament Frau Esther, die ‚Liebmännin‘, zur Erbin und Fortführerin seines Geschäfts eingesetzt hatte; kurz vor seinem Tod 1702 hatte er den preußischen König gebeten, seinen letzten Willen vor den Kindern zu schützen, woraufhin das Berliner Kammergericht entsprechend angewiesen wurde.[62]

---

56 *Friedrich Lau,* Ueber Heines mütterliche Familie und seine Eltern, in: Düsseldorfer Jahrbuch 26 (1913 / 14), 283–286, hier 284.

57 *D. Kaufmann,* Ahnensaal (Anm. 2), 70.

58 So *H. Schnee* in diesem Fall treffend (Hoffinanz (Anm. 3), III 116).

59 *Wilhelm Janssen,* Kleine rheinische Geschichte, Düsseldorf 1997, 218.

60 GStA PK, I. HA Rep. 34 Nr. 64g 2a, vgl. *Fritz Heymann,* Der Chevalier von Geldern. Geschichten jüdischer Abenteurer, Königstein / Ts. 1985, 253 f., 257.

61 *H. Schnee,* Hoffinanz (Anm. 3), I 63.

62 *Hugo Rachel / Paul Wallich,* Berliner Großkaufleute und Kapitalisten, 2 Bde., Berlin (1938) ND 1967, hier II 36; *H. Schnee,* Hoffinanz (Anm. 3), I 65.

Ähnlich hatte auch der Vater der Braut Fradt, Josef von Geldern, vor seinem Tod am 21. Juni 1727[63] seine Gattin Bräunchen[64] (so zumindest ihre und ihrer Söhne Behauptung) als Verwalterin des gesamten Nachlasses eingesetzt. Anders aber als der Berliner hatte Josef von Geldern weniger vorausschauend gehandelt: Er hatte nicht die Obrigkeit mit der Durchsetzung seiner Anweisung betraut. Der Wunsch, die Witwe möge den Nachlass geschlossen verwalten, implizierte, dass Bräunchen nicht ihre Ketubba einlöste, die somit als ausstehende Forderung den Nachlass weiterhin belastete, auf diese Weise aber nun dessen Teilung verhinderte.[65] Seine Regelung kam den ‚ökonomischen' Bedürfnissen der von Geldern entgegen: 1727 waren die drei Töchter im Ausland verheiratet und hatten bei ihrer Heirat (vermutlich) hohe Mitgiften erhalten, die das Familienvermögen erheblich geschmälert hatten. Sara von Geldern war in Amsterdam mit Moses Samuel Cohen verheiratet, Helenas Gatte Simon Reischer, Sohn des R. Jakob Reischer, war nach kaum achtjähriger Ehe 1714 verstorben.[66] Zum Ausgleich lebten auch die beiden verheirateten Söhne (von insgesamt vier) am Familiensitz in Düsseldorf: Emanuel hatte 1712 Rechle Reinganum, Nichte des kurpfälzischen Kriegsfaktors Lemle Moses Reinganum geheiratet, Lazarus 1716 die aus Wien stammende Sara Lea Pressburg, so dass das Geschäftskapital der Familie vermutlich von den Mitgiften der beiden Schwiegertöchter profitierte.[67] Dieses annähernde Gleichgewicht wäre nun empfindlich gestört worden, hätten beim Tod Josef von Gelderns den drei verheirateten Töchtern die ‚Verträge über einen halben männlichen Erbteil' ausgezahlt werden müssen. Die beiden noch unverheirateten Söhne hatten nicht einmal eine Mitgift erhalten. Mehr noch: Allein der ‚Vertrag über einen halben männlichen Erbteil', den Josef von Geldern seiner Tochter Fradt 1698 bei ihrer Eheschließung mit Jost Liebmann ausgestellt hatte, ging über die Schuldsumme von 20.000 Rtlr. – eine Summe, die auch für die vermögende Familie von Geldern ein sehr hoher Betrag war; entsprach sie doch z. B. 30 Jahresgehältern eines höchsten Beamten.[68]

---

63 *D. Kaufmann,* Ahnensaal (Anm. 2), 75, 274 f.

64 In den Quellen variieren die Namensformen, so auch Bräunele oder Brunella.

65 Vgl. RGA Chatam sofer III (EH I) 147.

66 Hierzu *Max Freudenthal,* Aus der Heimat Mendelssohns. Moses Benjamin Wulff und seine Familie, die Nachkommen des Moses Isserles, Berlin 1900, 288; Kruse, Geschichte, 95. 1735 waren die beiden Söhne Salomon und Isaak noch unverheiratet; zu ihnen und den anderen Eheschließungen siehe auch Bräunchens am 5. September 1735 in Mannheim aufgesetztes Testament; GStA PK Berlin, I. HA Rep. 40 Nr. 6g Interzessionen 1728 – 1745 (unfol.).

67 Vgl. *F. Heymann,* (Anm. 60) Chevalier, 255. Die Mitgifthöhe der Töchter ist nicht überliefert. Emmanuel hatte 15.000 fl. (10.000 Rtlr.) Mitgift erhalten, Rechle 20.000 fl. (rund 13.333 Rtlr.) eingebracht; dazu s. u.

68 Die Präsidenten von kurkölnischem Hofrat und Hofkammer, der beiden höchsten Verwaltungsorgane des Kurstaates, erhielten 1730 ein Jahresgehalt von 666 Rtlr. 53 Albus 4 Heller (HStA Düsseldorf, KK IV, 2795, fol. 75r, 77v).

Josef von Geldern hatte sich für diese exorbitante Summe verpflichtet, eine fiktive Summe, einzig und allein dem Zweck dienend, seiner Tochter Anteil am Erbe zu gewähren. Durch die Einsetzung seiner Frau als Verwalterin hatte er eine aus seiner Sicht hinreichende Vorkehrung getroffen, um das Familienvermögen in einer Hand zu belassen. Die Aufteilung des Erbes und somit auch die Erfüllung der ‚Verträge' waren bis zum Tod der Witwe aufgeschoben.

Ob sich Schwiegersohn Jost Liebmann zunächst an ein jüdisches Gericht wandte, wie es nahe gelegen hätte, ist nicht bekannt. Zumindest ist ihm zugute zu halten, dass als Schlichter nicht R. Samson Levi, seit 1706 als erster jülich-bergischer Landesrabbiner in Düsseldorf amtierend, fungieren konnte, da dieser als Bruder der Bräunchen, der Witwe Josefs von Geldern, befangen war. Denn dass R. Samson Levi als Landesrabbiner grundsätzlich in innerjüdischen Streitigkeiten in den Herzogtümern Jülich-Berg zu richten befugt war, sollte ihm nicht nur 1747 durch Kurfürst Karl Theodor von Pfalz-Sulzbach (Reg. 1742 / 3 – 1794) bestätigt werden: „Dahn aber zwischen Jud undt Jud Streit entstehen würde, selbige bey dem gegenwärtigen Rabiner Samson Levi nach dem judischen Gesaz und Ceremonie abgemacht werden sollen".[69] Bereits 1698 hatte die Landesjudenschaft der Herzogtümer Jülich und Berg in einer Reihe von Verordnungen, die auf den folgenden Landtagen bis 1752 zwölf Mal bestätigt wurden, auch die jüdische Jurisdiktion bekräftigt: Um in jüdischen Auseinandersetzungen nicht bemüht zu werden, habe die Obrigkeit die jüdische Jurisdiktion gebilligt und dies explizit in den kurfürstlichen Schutzpatenten festgehalten. Verstößt ein Jude hiergegen und bringt einen jüdischen Rechtsstreit vor die Obrigkeit, bevor oder nachdem der Fall vor einem jüdischen Gericht anhängig war, so soll er der Strafe durch ein jüdisches Gericht wie auch der göttlichen Bestrafung anheim fallen.[70]

Die Befangenheit des Landesrabbiners war aber nicht der einzige Grund, dass sich Jost Liebmann an den jülich-bergischen Geheimen Rat in Düsseldorf wandte. Zwar trat nun die Schwierigkeit auf, Begriffe und Institute Jü-

---

69 HStA Düsseldorf, RKG 3011 (I / J 396 / 1890), Bd. 1, fol. 79r-80v, Nr. 4 (= Q 12), Düsseldorf, 29. Juli 1747 (Kopie). Die Verordnung fehlt in Die Landjudenschaften in Deutschland als Organe jüdischer Selbstverwaltung von der frühen Neuzeit bis ins neunzehnte Jahrhundert. Eine Quellensammlung, 3 Bde., Jerusalem 1996 / 1997 / 2001, hrsg. v. *Daniel J. Cohen,* hier I 93 – 98, wo für Jülich-Berg nur fünf Dokumente (zwei von 1678, 1684, 1695, 1747) wiedergegeben sind aus der Sammelakte des HStA Düsseldorf, Herrschaft Broich, Akten Nr. 337: Die Verhältnisse der Juden in der Herrschaft Broich, (1678) 1688 – 1791.

70 *David Kaufmann,* Aus den landesjudenschaftlichen Büchern der Gemeinde Düsseldorf (hebr.), in: Ozar ha-sifrut 3, 1889 / 90, 7 – 16 (2. Zählung), hier 7 f. *Abraham Wedell,* Geschichte der jüdischen Gemeinde Düsseldorfs, in: Jahrbuch des Düsseldorfer Geschichts-Vereins 3 [1888], 149 – 254, hier 154, geht nur kurz auf den Inhalt der Verordnung ein.

dischen Rechts in obrigkeitliche Terminologie zu übertragen,[71] so auch hinsichtlich des ‚Vertrags über einen halben männlichen Erbteil'. Doch wie die von Geldern Rabbiner in ihren Reihen zählte, so ließ sich auch Liebmann von Angehörigen juristisch beraten.[72] Zugleich bot sich die Möglichkeit, auf diese Weise die eigene Rechtsauffassung zu formulieren. Mein Augenmerk sei daher zunächst auf die ersten Jahre der Auseinandersetzung gerichtet: Wie gelang es Jost Liebmann, seine Interpretation vom rechtlichen Charakter des ‚Vertrags über einen halben männlichen Erbteil' vor obrigkeitlichen Instanzen durchzusetzen?

Jost Liebmann: Der ‚Vertrag' – ein Schuldschein

Der früheste Akteneintrag datiert vom 11. Februar 1728: Der jülich-bergische Geheime Rat nimmt eine von Jost Liebmann vorgelegte Übersetzung des ‚Vertrags über einen halben männlichen Erbteil' zu Protokoll.[73] Am 18. März werden zwei Rabbiner geladen, R. Samson Levi und der kurkölnische Kollege R. Juda Mehler, die den im Original vorgelegten ‚Vertrag' als mit der zu Protokoll liegenden Abschrift identisch anerkennen. Dabei entgeht ihnen anscheinend, dass diese Übersetzung tendenziös ist und auf subtile Weise Jost Liebmanns Interessen entgegenkommt. Die Terminologie der Übersetzung definiert den ‚Vertrag' als Schuldschein (Obligation, Ordre) und greift mit dem Lateinischen und dem Französischen entlehnten Termini zeitgenössische Usancen auf (contramandiren, é [!] contrair, conditionirt, capabl, jurament, expliciret). Darüber hinaus ist die Schlüsselpassage der ‚doppelten Bedingung' geringfügig verfälscht und verkürzt wiedergegeben. Um dies zu belegen, gebe ich zunächst den hebräischen Text nach dem Standardformular im Formelbuch „Nachalat schiw'a" (in eigener Übersetzung) wieder, ein Formular, das anscheinend auch dem von Josef von Geldern ausgestellten Vertrag zugrunde gelegen hatte:

> „Wahrlich habe ich diese Bedingung mit meiner besagten Tochter vereinbart: Wenn besagte Zeit der Begleichung eintritt und meine Söhne das Erbe antreten und meinen Nachlass teilen wollen, dann soll die Wahl in der Hand meiner Söhne sein, ihr besagte Schuld zu zahlen oder meiner besagten Tochter einen halben männlichen einfachen Erbteil von meinem gesamten Vermögen zu geben, was ich zu jener Zeit besitzen werde. [...] Wenn sie ihr folglich besagten halben Anteil geben werden,

---

71 Zur Problematik siehe auch *Birgit E. Klein,* Wohltat und Hochverrat. Kurfürst Ernst von Köln, Juda bar Chajjim und die Juden im Alten Reich, (Netiva, 5), Hildesheim/Zürich/New York 2003, 177 f., 398–400.

72 Jost Liebmanns Schwager und Cousin Ahron Arend Liebmann war seit 1709 Oberrabbiner der Marken, sein Bruder Abraham seit 1699 Rabbiner von Halberstadt, Magdeburg, Halle, Derenburg, Minden und Ravensberg gewesen, bevor er 1717 nach Amsterdam ging (*H. Schnee,* Hoffinanz (Anm. 3), I 62 f., 69).

73 HStA Düsseldorf, RKG 3010 (I/J 381/1770), Lit. A, fol. 12r-16r.

so sind sie dessen ledig, ihr besagte Summe zu zahlen. [...]. Aber wenn meine Erben [dies] übertreten, so dass sie meiner besagten Tochter oder besagten Nachfahren nicht besagten halben Anteil geben, wenn sie das Erbe antreten um zu teilen, dann ersteht dieser Schuldschein in seiner Gültigkeit, dass sie verpflichtet sind, ihr die gesamte besagte Summe vollständig zu zahlen."[74]

Die von Jost Liebmann vorgelegte Übersetzung definiert den Zahlungstermin als den Zeitpunkt, an dem „meine Kinder, nehmlich die Söhne, zu Erbschafft tretten würden und mein hinterlassenes Vermögen theilen wollen"; anders als im Hebräischen bezieht sich die Entscheidung der Söhne nicht auf den Antritt des Erbes, sondern auf seine Teilung. So entsteht der Eindruck, dass der Zahlungstermin mit dem Tod des Erblassers zusammenfällt. Hatten die Erben nach dem Hebräischen anstelle die Schuld zu „zahlen" nur „den halben Anteil zu geben", so sollten sie hier „die obgedachte Halbscheidt entrichten", womit suggeriert ist, es gehe darum, diesen Anteil auszubezahlen.

Aufschlussreich ist auch die Wiedergabe der Negativ-Klausel in Jost Liebmanns Übersetzung: „wan meine Söhne alß Erben solches nicht thun und meine Tochter oder deren Ordre zu keinen Erben wie gemelt declariren wollten". Unübersetzt bleibt absichtlich die Angabe des Zeitpunkts, wann die Erben die positive Bedingung übertreten, nämlich „wenn sie das Erbe antreten um zu teilen", denn es soll verschwiegen werden, dass nach dem Hebräischen die negative Bedingung erst dann eintritt, wenn die Erben bei der Teilung des Nachlasses die Tochter nicht berücksichtigen. Und wenn man „nicht besagten halben Anteil geben" mit „zu keinen Erben wie gemelt declariren wollen" wiedergibt, so interpretiert man die Gewährung der Teilhabe am Nachlass im weitergehenden Sinne als Einsetzung zum Erben.[75] Die von Jost Liebmann vorgelegte Übersetzung vermittelt den Eindruck, mit dem Tod Josefs von Geldern sei der Erbfall eingetreten und habe folglich auch die Frist der Zahlung der Schuld begonnen, der sich die Erben nur entziehen können, indem sie einen halben Erbteil umgehend ausbezahlen. Wenn eine Streitpartei bereits mit der Übersetzung eines Vertrags ihre Interessen verfocht, so war dies allerdings nicht leicht nachzuweisen und kaum einklagbar. Verbindliche Standardübersetzungen gibt es nicht.

Sehr anders lesen sich die entsprechenden Passagen in der Übersetzung, welche Witwe Bräunchen von Geldern im selben Jahr dem kaiserlichen Reichshofrat in Wien vorlegen lässt: „Wan obgedachte Zahlungß Zeit ankommen sollte, und meine Kinder, zu sagen meine Söhne, sollten wollen resolvirn die Erbschafft zu theillen", „ein Halbtheill der Erbschafft von einem ordinari Sohn zu geben", „wan aber meine hinterlassene Erben [...] nicht

---

74 Nachalat schiw'a, fol. 53b.

75 HStA Düsseldorf, RKG 3010 (I/J 381/1770), fol. 13v-14r.

werden geben zu meiner obgedachte Dochter oder an ihr Befolmächtichte wie obgemelt, wan sie resolvirn, die Erbschafft anfangen zu theillen".[76] Neben der offen gehaltenen Übersetzung ‚Anteil geben' statt ‚entrichten' ist hier der Zahlungstermin als jener Zeitpunkt definiert, an dem die Söhne beschließen, die Erbschaft zu teilen. Dieser Zeitpunkt ist nicht mit dem Tod des Erblassers identisch. Und wenn bei der Formulierung der negativen Bedingung „wan sie resolvirn, die Erbschafft anfangen zu theillen" im Deutschen das Wort „resolviren" ergänzt wird, das im Formular von *Nachalat schiw'a* ohne Pendant ist, so ist auch hieran das Bestreben der Übersetzung zu erkennen, Zahlungstermin und Erbfall zeitlich voneinander zu trennen. Insgesamt bleibt aber die von der Familie von Geldern vorgelegte Übersetzung der hebräischen Vorlage treuer als die des Jost Liebmann.

Jost Liebmanns leitendes Interesse zeigt sich auch in der Zeugenbefragung zu den von ihm am 18. März vorlegten elf Artikeln,[77] die sich auf drei für die jüdische Rechtsgeschichte und -praxis entscheidende Fragen konzentrieren. Zunächst galt zu klären, wer den ‚Vertrag' zu unterschreiben hatte, da die Witwe Bräunchen die Echtheit von Liebmanns ‚Vertrag' mit der Begründung bestritt, jener ‚Vertrag' sei nicht wie die den anderen Töchtern ausgestellten ‚Verträge' von ihrem Mann unterschrieben worden. Hier wie im Folgenden bezeichnete Jost Liebmann den ‚Vertrag' als „Heiraths Contract". Dieser bekannte Begriff sollte Nichtjuden nicht nur das Verständnis der hebräischen oder jiddischen Bezeichnung des ‚Vertrags' erleichtern, sondern ihm überdies die Verbindlichkeit eines „Heiraths Contracts" verleihen, ja, sollte die fiktive Schuld letztlich in den Rang einer bislang nicht geleisteten Mitgift-Zahlung heben.

Zu den einzelnen Artikeln wurden Juda Mehler und Samson Levi als Rechtsexperten gehört, später zudem Bräunchens Schwager Moses Horn, der Düsseldorfer David Cohen sowie die Söhne jenes (inzwischen verstorbenen) Jakob, der einst als Zeuge den ‚Vertrag' mit dem damaligen kurkölnischen Landesrabbiner Alexander b. Jakob Kohen (gest. 1704) unterschrieben hatte. Beide Rabbiner sahen die Unterschrift des Vaters nicht als erforderlich an und bezweifelten somit nicht die Gültigkeit von Jost Liebmanns ‚Vertrag'. Drei Artikel drehen sich darum, inwieweit der ‚Vertrag' unter Juden verbreitete Rechtspraxis war, was alle Zeugen bestätigten.

Mit einem Artikel suchte Jost Liebmann indirekt zu klären, ob die im ‚Vertrag' genannte Schuldsumme fiktiv oder verbindlich war, mit der Frage, ob im ‚Vertrag' einer anderen Tochter, Hendel, eine höhere Schuldsumme als 20.000 Rtlr. genannt worden sei und sie folglich eine entsprechend höhere Summe bei der Auszahlung des ‚Vertrags' erhalten sollte. Falls die Zeu-

---

76 HHStA Wien, RHR, Decisa 2735 (unfol.), Fasc. 2, Anlage A, praes. RHR 11. Dezember 1728.

77 HHStA Wien, RHR, Decisa 2735 (unfol.), Fasc. 8.

gen dies bestätigten, hätte die Schuldsumme als verbindlich zu gelten. Von allen Zeugen äußerte sich jedoch nur Hendels Onkel Samson Levi, der aber entweder den Artikel nicht verstanden hatte oder absichtlich unverbindlich antwortete. Jedenfalls war seiner Antwort nur zu entnehmen, dass Hendel in gleicher Weise zu behandeln war, falls eine der beiden anderen Töchter mehr als 20.000 Rtlr. erhalten sollte.

Dass sich Juda Mehler zu diesem Artikel nicht äußerte, kam wohl nicht von ungefähr, da er in einem Rechtsgutachten die Ansicht vertrat, der ‚Vertrag' sei in der Absicht verfasst, Anteil am Erbe, nicht aber die Rückzahlung einer fiktiven Schuld zu gewährleisten.[78] Auf den vorliegenden Fall übertragen heißt das: Die Erben konnten es durchaus vorziehen, Anteil am niedrigeren Erbteil zu gewähren, was indes nicht der Intention von Liebmanns Artikel entsprach. Die fünf Zeugen hatten somit zwar die Praxis des ‚Vertrag' im allgemeinen wie auch die Gültigkeit von Liebmanns ‚Vertrag' im besonderen bestätigt, sich aber nicht zum Verfahren hinsichtlich der fiktiven Schuldsumme geäußert.

Übersetzung des ‚Vertrags' und Vernehmungsartikel zeichnen die Argumentationsstruktur des Klägers vor. Auch künftig wird er jeglichen Hinweis auf den Ausschluss der Töchter vom Erbe im jüdischen Erbrecht unterlassen, ebenso den Hinweis auf die rechtliche Konstruktion des ‚Vertrags' und dessen fiktive Schuld. Jost Liebmann sucht, die Auseinandersetzung so bald als nur möglich auf die Summe der 20.000 Rtlr. als ‚reale' Schuld zu fokussieren. Ihre Begleichung ist, als verspätete Mitgift, mit dem Tod des Erblassers fällig geworden.

Bräunchen von Geldern: Der ‚Vertrag' – Teilhabe am Nachlass nach ihrem Tod

Die Beklagten tragen eine ungleich schwerere Beweislast. Wie erklärt man einer nichtjüdischen juristischen Instanz die komplizierte Konstruktion samt fiktivem Darlehen? Wie beweist man überdies schlüssig, dass der ‚Vertrag über einen halben männlichen Erbteil' in weiten Teilen tradierten Vorgaben folgt, die formal einzuhalten, deren Inhalte aber bedeutungslos sind? Stand denn nicht zu befürchten, dass man antijüdischen Vorstellungen über Talmud und rabbinische Literatur weitere Nahrung gab, wenn man offen darlegte, dass sich das Darlehen auf einer *hoda'a schel scheker*

---

78 RGA Juda Mehler, Jerusalem 1992/93, 128 f., Nr. 51. Zu ihm *Birgit Klein,* ‚Unter der Herrschaft einer gnädigen Obrigkeit' – Das Kurkölner Landesrabbinat von den Anfängen bis in die Zeit von Kurfürst Clemens August, in: Hirt und Herde. Religiosität und Frömmigkeit im Rheinland des 18. Jahrhunderts, hrsg. v. Franz Günter Zehnder (Der Riss im Himmel. Clemens August und seine Epoche, 5), Köln 2000, 252–278, hier 272–278.

gründete?[79] Man würde vor Gericht von nichtjüdischen Anwälten vertreten. Diese hätten nicht nur in jüdische Rechtspraxis umfassend eingeführt, sondern auch davon überzeugt werden müssen, ihre Verteidigung auf einer sehr komplexen anderen Praxis aufzubauen.

Verständlich also, wenn sich die Verteidigungsstrategie der Beklagten zunächst auf eine Formalität stützte: Wie aus der Vernehmung der Rabbiner erhellt, hielt man Jost Liebmanns ‚Vertrag' für gefälscht, da vom Erblasser nicht unterschrieben. Des Weiteren behauptete man, die Zahlungsfrist beginne erst dann, wenn sich die Erben zur Teilung des Nachlasses entschlossen; diese Argumentationsstrategie war in der von Bräunchen vorgelegten Übersetzung des ‚Vertrags' vorgegeben. Bekräftigend verwies man auf die Verfügung Josefs von Geldern, der seine Gattin lebenslang zur Verwalterin des Nachlasses bestimmt hatte.

Um ihre Rechtsauffassung zu beweisen, reichte Bräunchen nach der durch Jost Liebmann veranlassten Zeugenvernehmung drei „articuli reprobatoriales" bei der Düsseldorfer Kanzlei ein, zu denen als Zeugen Simon Hertz, „Beglaubter der Stadt Amsterdam", sowie sein Kollege Oser Levi vernommen werden sollten.[80] Die beiden Amsterdamer bestätigen am 3. Sivan 5488 (11. Mai 1728), nach wohlgemerkt Amsterdamer Brauch werde jeder anlässlich einer Heirat aufgesetzte Vertrag nicht nur von den beiden Beglaubten, sondern auch von den Parteien selbst unterschrieben. Da aber ein *minhag* lokal begrenzt sein kann, belegt ihre Aussage nicht, dass auch Josef von Geldern bei einer Heirat im niederrheinischen Wesel den ‚Vertrag' hätte unterzeichnen müssen. Die Düsseldorfer hatten notgedrungen auf dieses Zeugnis zurückgreifen müssen, nachdem ihnen Liebmann zuvorgekommen war und mit dem Verhör der lokalen Autoritäten die weitaus überzeugendere und aussagekräftigere Rechtsauskunft eingeholt hatte. So kann das Amsterdamer Zeugnis die Echtheit von Jost Liebmanns ‚Vertrag' nicht widerlegen.

Die Amsterdamer waren überdies nicht auf die beiden weiteren Artikel Bräunchens eingegangen, denen zufolge ein Vater ungeachtet der für seine Töchter ausgestellten ‚Contracten' über sein Vermögen frei und rechtsgültig disponieren, es verkaufen und veräußern könne, ohne dass die Töchter ihn einer Unrichtigkeit beschuldigen konnten.

Beide Artikel lassen nicht sofort erkennen, welche Bedeutung sie für die aktuelle Auseinandersetzung hatten. Dieses Manko wusste Jost Liebmann sogleich für seine Beweisführung auszunutzen. Er behauptete, solchen Dispositionen zum Trotz seien Vater wie Erben weiterhin an die „Verbintlich-

---

[79] Die talmudfeindliche Polemik von *Johann Andreas Eisenmenger,* Entdecktes Judentum, Frankfurt a. M. 1700, Berlin (Impressum Königsberg) 1711, zielt allerdings nicht auf Konstruktionen des Rechts.

[80] HStA Düsseldorf, RKG 3010 (I / J 381 / 1770), fol. 17r-v, 18v.

keith des Heyraths contracts", also des ‚Vertrags', gebunden, und beantragte zudem, die Artikel, da zum Beweis „irrelevant und importinent", zurückzuweisen.[81] Der Düsseldorfer Geheime Rat folgte seinem Antrag am 19. Juli 1728.[82]

Erst als Bräunchen daraufhin am 5. August Appellation einlegte, versuchte sie die Relevanz der Artikel für den Streit darzulegen: Der Vater habe selbst unter der Voraussetzung, dass Liebmanns ‚Vertrag' echt sei, freie Hand gehabt, über seine Güter zu disponieren, folglich auch zu verordnen, „dass ich über sämtliche Güter lebenslang die Direction haben sollte".[83] Doch auch jetzt war die Relevanz dieser Verfügung für die Handhabung des ‚Vertrags' nur für den ersichtlich, der mit jüdischer Rechtsprechung vertraut war und daher wusste, dass Bräunchen ihre Ketubba nicht einlöste, die als ausstehende Forderung den Nachlass weiterhin belastete. Damit war der Erbfall auf ungewisse Zeit, wohl bis zum Tod Bräunchens, aufgeschoben, eine Regelung zugunsten der Familie von Geldern.

Für die des Jüdischen Rechts unkundigen, obrigkeitliche Gerichte als die Adressaten der Schriftsätze, war indes keineswegs einsichtig, warum die Verfügung Josefs von Geldern einen Vertrag außer Kraft gesetzt haben sollte, mit dem er sich eine Stunde vor seinem Tod für die Rückzahlung der Schuld verpflichtete. Und je mehr es künftig Jost Liebmann gelingen sollte, den ‚Vertrag' als Schuldschein zu deklarieren, umso weniger war zu verstehen, warum die Einsetzung zur Verwalterin des Nachlasses seine Umsetzung verhinderte, da sie als Verwalterin selbstverständlich zur Begleichung sämtlicher, den Nachlass belastender Schulden verpflichtet war.

Auch als Bräunchen im Dezember 1728 beim Reichshofrat in Wien die Zuerkennung eines Appellationsprozesses beantragte, hatte sich die Strategie nicht grundlegend geändert. Ihr Prokurator wiederholte zunächst die Zweifel an der Echtheit des ‚Vertrags', verwies sodann darauf, dass nach „jüdischen Gesetzen" Töchter nicht erbten und man ihnen daher Verträge zur Teilhabe am Nachlass ausstelle. Die Gegenpartei könne aber „noch zur Zeit kein Successions-Recht praetendiren", weil Bräunchen „Coacquirentin" sei. Seine Behauptung begründete der Anwalt nun mit den jülich-bergischen Statuten, die dem Letztlebenden alle Mobilien zusprachen, so dass auf jeden Fall der Tod seiner Mandantin abgewartet werden müsse.[84] Wie

81 HHStA Wien, RHR, Decisa 2735 (unfol.), Fasc. 31, Anlage 11.

82 HStA Düsseldorf, RKG 3010 (I / J 381 / 1770), fol. 19r.

83 HStA Düsseldorf, RKG 3010 (I / J 381 / 1770), fol. 21r-v.

84 HHStA Wien, RHR, Decisa 2735 (unfol.), Fasc. 2, praes. 11. Dezember 1728 (Libellus gravaminum); *Johann Andreas Hofmann,* Handbuch des teutschen Eherechts, nach den allgemeinen Grundsätzen des teutschen Rechts sowohl, als der besondern Landes- Stadt- und Ortsrechte, Jena 1789, 587 f.; Die Rheinpreußischen Landrechte, 2 Bde., hrsg. v. *Romeo Maurenbrecher,* Bonn 1830 / 31, hier I 251.

auch in anderen Fällen zu beobachten, berief sich ein Anwalt gern auf nichtjüdische Rechtssatzungen, um jüdische Rechtspraxis zu erläutern, denn so konnte er an Nichtjuden Bekanntes anknüpfen, um seine Rechtsbehauptung zu belegen.

Ähnlich argumentierte der Prokurator 1730 vor dem Reichshofrat: Die Gegenseite könne entweder den ‚Vertrag' als „pactum successionis regulativum" anerkennen oder eben „zufolg jüdischen Ceremonien von aller Erbschafft ausgeschlossen bleiben".[85] In der beigelegten Schilderung des Hergangs[86] erklärte man, sowohl „nach den Lands Gesetzen und Statuten" wie auch nach den „judischen Ceremonien und Gewohnheiten" stehe der Witwe lebenslange Nutznießung der Immobilien zu, was ein weiteres notarielles Attestat[87] der Beglaubten der Fürther Gemeinde beweisen sollte: Wenn ein Vater wie so häufig in einem Testament seiner Frau den Besitz seines gesamten Vermögens vermache, „so erben als dan Sohne undt Töchter nichts biß nach ihrem Tot und konne auch biß dahn die von dem Vatter denen verheyratheten Tochter verschriebene Schuldt nicht gefordert werden". Hiermit waren erstmalig die Folgen der Verfügung für die Handhabung des ‚Vertrags' aufgezeigt. Auch dieses Attestat widerlegte aber weder die Echtheit des von Jost Liebmann vorgelegten ‚Vertrags' noch erklärte es, warum auch der ‚Vertrag' auch als Schuldschein wider ausdrücklichen Wortlaut erst bei Tod der Witwe fällig werden sollte.

Urteil und Vollstreckungshemmnisse

Wenn Jost Liebmann darauf setzte, den ‚Vertrag' als Schuldschein zu definieren, hatte er nicht nur die geringere Beweislast zu tragen. Auch kam ihm zugute, dass er sich der Unterstützung des einflussreicheren Schutzherrn gewiss sein konnte, den die kurpfälzische Regierung in Düsseldorf, das Geheime Ratskollegium, respektierte und zuweilen auch fürchtete. Denn obgleich die ehemals vereinigten Herzogtümer Jülich, Kleve und Berg (und den zugehörigen Grafschaften Mark und Ravensberg) 1614 im Vertrag von Xanten zwischen den Häusern Brandenburg (Kleve, Mark, Ravensberg) und Pfalz-Neuburg (Jülich, Berg) geteilt worden waren, waren damit die brandenburgischen Ansprüche auf die niederrheinischen Herzogtümer nicht aufgegeben worden. Es galt daher tunlichst zu vermeiden, dem preußischen König und Nachbarn am Niederrhein einen Vorwand für ein Eingreifen in den Herzogtümern Jülich und Berg zu liefern.[88] Die Chancen Jost

---

[85] HHStA Wien, RHR, Decisa 2735 (unfol.), Fasc. 31, Anlage A.

[86] HHStA Wien, RHR, Decisa 2735 (unfol.), Fasc. 31, Anlage 10 „Facti species".

[87] HHStA Wien, RHR, Decisa 2735 (unfol.), Fasc. 31, Anlage 12.

[88] Zu den politischen Zusammenhängen siehe *Jörg Engelbrecht,* Krone und Exil. Das Haus Wittelsbach in der deutschen und europäischen Politik (1679–1761), in: Im

Liebmanns standen gut, da er es verstand, den preußischen König als Fürsprecher zu gewinnen, der die Entscheidungen des Düsseldorfer Rates in Jost Liebmanns Sinne kontinuierlich dirigierte.

Nachdem der Düsseldorfer Geheime Rat am 19. Juli 1728 die von Bräunchen eingereichten Artikel auf Jost Liebmanns Antrag hin für „irrelevant" erklärt hatte,[89] ließ er ihrer Appellation ungeachtet am 18. August ein weiteres Dekret ergehen:[90] Unter Androhung körperlichen Arrests hatte Bräunchen innerhalb von drei Tagen nach Zustellung des Dekrets 20.000 Rtlr. in bar oder Bankzettel über 40.000 Rtlr. als Sicherheit zu hinterlegen. Dies war ein erster Erfolg für Jost Liebmann, denn nicht mehr die Teilhabe am Nachlass, sondern vielmehr die Schuldsumme stand von nun an im Vordergrund.

Obgleich Karl VI. dem Kurfürsten der Pfalz am 3. Mai 1729 auftrug, den jülich-bergischen Rat anzuweisen, das nach Bräunchens Appellation ergangene Dekret aufzuheben,[91] erzielte Jost Liebmann am 18. Juni 1729 in Düsseldorf einen weiteren Erfolg, indem der Rat den „stores" (‚Vertrag') einem „pactum dotale", einem Heiratsvertrag, gleichsetzte und ihn als einklagbaren Vertrag anerkannte, gültig mit dem Tod des Erblassers. Die Klärung, inwiefern der Kläger die 20.000 Rtlr. fordern konnte, ohne den Beklagten die Option der Beteiligung am Nachlass zu belassen, sollte solange ausgesetzt werden, bis die Beklagte ein Inventar vorgelegt habe.[92]

Ganz in Liebmanns Sinne fällte der jülich-bergische Geheime Rat am 5. Februar 1732 die sententia definitiva: „daß die in pactis dotalibus zugestandene *Option* nicht mehr zu verstatten, sambtlige Gebrüder v. Gelderen zu Erstattung der zwantzig tausend Rtlr. una cum interesse a die obitus des Erblaßers Joseph Jacob von Gelderen [...] zu condemniren". Nun war die Alternative der Teilhabe am Nachlass vom Tisch; nun galt der ‚Vertrag über einen halben männlichen Erbteil' fortan als Schuldschein mit einklagbarer Summe von 20.000 Rtlr. zuzüglich der seit dem Todestag des Erblassers aufgelaufenen Zinsen.[93]

Wechselspiel der Kräfte. Politische Entwicklungen des 17. und 18. Jahrhunderts in Kurköln, hrsg. v. Frank Günter Zehnder, (Der Riss im Himmel, 2), Köln 1999, 9–22; *W. Janssen,* Kleine rheinische Geschichte (Anm. 59), 213; *Hans Schmidt,* Kurfürst Karl-Philipp von der Pfalz als Reichsfürst, Mannheim 1963, 150–187.

89 HStA Düsseldorf, RKG 3010 (I/J 381/1770), fol. 19r.

90 HStA Düsseldorf, RKG 3010 (I/J 381/1770), fol. 24r, Lit. E; GStA PK Berlin, I. HA Rep. 40 Nr. 6g Interzessionen 1728–1745 (unfol.).

91 HHStA Wien, RHR, Decisa 2735 (unfol.), Fasc. 6, Konzept Karl VI. an den Kurfürsten zu Pfalz, Laxenburg, 3. Mai 1729.

92 HStA Düsseldorf, RKG 3011 (I/J 396/1890), Bd. 2, fol. 9v-10r.

93 Bis 1732 einschließlich wurden knapp 4000 Rtlr. an Jost Liebmann aufgrund des ‚Vertrags' gezahlt (HStA Düsseldorf, RKG 3011 [I/J 396/1890], Bd. 2, fol. 71r-73v). 1733 wurde Grundbesitz Bräunchens und eines ihrer Söhne gerichtlich versteigert (*F. Lau,* Ueber Heines mütterliche Familie (Anm. 56), 284).

Die Appellationsversuche der Familie von Geldern beim Reichshofrat 1734 und 1735 scheiterten; das Verfahren wurde an die jülich-bergische Instanz zurückverwiesen. Am 6. September 1735 starb Bräunchen in Mannheim.[94] Ihr Testament verfügte, ihre Töchter Fradt, Sara und Helena seien wie die beiden Söhne Emanuel und Lazarus gebührend ausgesteuert worden und hätten daher nur Anspruch auf den ihnen zukommenden Erbteil. Solange aber die beiden unverheirateten Söhne Salomon und Isaak noch nicht ihre Mitgift erhalten hätten, solle keines der Kinder sein Erbe antreten.[95]

Erfolglos blieben auch Appellationsversuche beim Reichskammergericht, folglich blieb das Urteil von 1732 in seiner Rechtskraft bestehen. Auf die Intervention Friedrich Wilhelms I. hin[96] ließ der Reichshofrat schließlich im Namen Kaiser Karls VI. ein Mandat an die Kurpfalz ergehen,[97] das den Kurfürsten zum letzten Mal anwies, Urteil samt Schaden und Unkosten zu vollstrecken und die Durchführung innerhalb von zwei Monaten beim Reichshofrat anzuzeigen; andernfalls sollte die Urteilsvollstreckung den Fürsten des niederrheinischen Kreises aufgetragen werden. Die benachbarten Fürsten des niederrheinischen Kreises wurden allerdings von Preußen und Kurköln gestellt, was Probleme bringen würde, denn der wittelsbachische Kurfürst von Köln, zugleich Bischof zu Münster, wollte der Kurpfalz nicht „wehe thun“;[98] wegen der schwelenden jülich-bergischen Erbfolgestreitigkeiten aber konnte der Reichshofrat den preußischen König nicht mit der Urteilsvollstreckung betrauen, ohne damit dessen politisch unannehmbare „Einrückung in das Bergische selbst zu veranlaßen“.[99]

Schließlich verhinderten Herrscherwechsel in Preußen, Pfalz-Neuburg und Habsburg von 1740 an die Vollstreckung des Urteils. Erst 1745 macht das Verfahren wieder Fortschritte: Laut kurfürstlichem Reskript vom 10. Januar 1746 hatten die Brüder von Geldern 14.594 Rtlr. in Form von Bankbriefen zu zahlen.[100] Kein Wunder, dass Emanuel und Lazarus von Geldern auf dem jüdischen Landtag in Düren von der Steuerselbsteinschätzung Ab-

---

94 *D. Kaufmann,* Ahnensaal (Anm. 2), S. 275.

95 GStA PK Berlin, I. HA Rep. 40 Nr. 6g Interzessionen 1728–1745 (unfol.).

96 GStA PK Berlin, I. HA Rep. 1 VI Nr. 5 Interzessionen 1736–1741, fol. 102r: Friedrich Wilhelm I. an von Brand und von Graeve zu Wien, Berlin, 15. Juni 1737 (Entwurf).

97 GStA PK Berlin, I. HA Rep. 1 VI Nr. 5 Interzessionen 1736–1741, fol. 116r-v, 13. August 1737.

98 GStA PK Berlin, I. HA Rep. 1 VI Nr. 5 Interzessionen 1736–1741, fol. 114r-115v: von Brand und von Graeve an Friedrich Wilhelm I., Wien, 17. Aug. 1737, praes. 29. Aug. 1737.

99 GStA PK Berlin, I. HA, Rep. 40 Nr. 6g Interzessionen 1728–1745 (unfol.), von Borcke und von Graeve an Friedrich Wilhelm I., Wien, 2. August 1738.

100 HStA Düsseldorf, RKG 3011 (I/J 396/1890), Bd. 2, fol. 72r-73v.

stand nahmen,[101] sozusagen Bankrott erklären mussten.[102] Am 8. Februar 1746 starb Emanuel von Geldern, der „Fürsprecher" (*schtadlan*) und „zuverlässige Hirte".[103] Mit seinem Tod nahm der seit nahezu 20 Jahren andauernde Erbschaftsstreit noch einmal eine überraschende Wendung, denn nun trat Emanuels Witwe Rechle Reinganum auf den Plan, als sie 1748 zusammen mit ihren Schwägern für die Zahlung der ausstehenden Restschuld von inzwischen 17.259 Rtlr. haftbar gemacht wurde.[104]

Konkurrierende Forderungen der Schwägerinnen aufgrund von ‚Vertrag' und Ketubba

Auch Rechle Reinganum gehörte bei ihrer Heirat 1712 zur Wirtschaftselite, da ihr Vater Süßkind Reinganum ein Bruder des kurpfälzischen Kriegsfaktors Lemle Moses Reinganum war. Rechle forderte aufgrund der 1749 vorgelegten Verträge über eine Mitgift von 20.000 fl.[105] sowie die als Gegenleistung gelobte „donatio propter nuptias„ (*tossefet ketubba*, Ketubba-Zulage)[106] von 20.000 Rtlr., von ihrem Ehemann durch eine Generalhypothek mit Vorzugsprivileg abgesichert,[107] Vorrecht vor den Forderungen anderer Gläubiger, auch denen ihrer Schwägerin Fradt von Geldern, nach dem Tod Jost Liebmanns 1747 nun gleichfalls verwitwet. Rechle war zu entschlossenem Handeln genötigt, denn es drohte die Versteigerung des „Carl-Simons-Guts", sollte sie sich nicht an der Begleichung der Restschulden beteiligen.[108] Dieses Gut hatte jedoch ihre Schwiegermutter Bräunchen 1726 Emanuel, ihrem verstorbenen Mann, zur Sicherstellung ihrer Mitgift und Ketubba-Zulage überschrieben.[109]

---

101 Zum Landtag 1746 *D. Kaufmann*, Ahnensaal (Anm. 2), 97. Nach *D. Kaufmann*, Aus den landesjudenschaftlichen Büchern der Gemeinde Düsseldorf (Anm. 70), 7, hingegen fand ein Landtag am 6. Juni 1746 (18. Sivan 5506) statt, also nach dem Tod Emanuels von Geldern.

102 Kruse, Geschichte, 97.

103 *D. Kaufmann*, Ahnensaal (Anm. 2), 275.

104 HStA Düsseldorf, RKG 3011 (I / J 396 / 1890), Bd. 2, fol. 59r-62v: Status residui judicati.

105 HStA Düsseldorf, RKG 3011 (I / J 396 / 1890), Bd. 1, fol. 142r-148v, Q 30: „Ehepacten", eine Übersetzung der *tena'im acharonim;* Bräutigam Emanuel von Geldern stellte selbst nur 15.000 fl. Mitgift.

106 HStA Düsseldorf, RKG 3011 (I / J 396 / 1890), Bd. 1, fol. 71r-78v, Q 11. Zu den üblichen 600 fl. oder 400 Rtlr. Standard-Ketubba sagte er weitere 19.600 Rtlr. Ketubba-Zulage, also zusammen 20.000 Rtlr. (oder 30.000 fl.) zu, er somit die von Rechle eingebrachte Mitgift um die Hälfte, den in der Antike und erneut in der Frühen Neuzeit üblichen Satz, erhöht hatte.

107 HStA Düsseldorf, RKG 3011 (I / J 396 / 1890), Bd. 2, fol. 103r.

108 HStA Düsseldorf, RKG 3011 (I / J 396 / 1890), Bd. 2, fol. 97v-98r; 10. Februar 1749.

109 HStA Düsseldorf, RKG 3011 (I / J 396 / 1890), Bd. 1, fol. 89r-v, Q 16.

Dessen ungeachtet wurde Rachel vom jülich-bergischen Geheimen Rat am 20. September 1749 dazu verurteilt, zusammen mit ihren Schwägern die restlichen, nunmehr 25.347 Rtlr. zu zahlen,[110] worauf Rechle am Reichskammergericht unter Verweis auf jüdische Rechtsprinzipien Appellation einlegte, nach denen ihre Forderungen aufgrund des Immobilienbesitzes Vorrang vor anderen Gläubiger genossen, sofern diese späteren Datums waren,[111] darunter auch der Liebmannsche ‚Vertrag'. Der Referent des ersten Judizialsenats, Assessor Degen, erstellte allerdings 1753 seine umfangreiche Relation[112] ohne weitere Begründung auf der Grundlage römischen Rechts. Der Grundsatz, dass Juden als „cives Romani" nach römischem Recht lebten, war präsent, so dass bereits die Stichworte „Vorzugsprivileg" und „Mitgift" genügten, unreflektiert und mit den entsprechenden Konsequenzen für die Beurteilung der Sachlage auf die römisch-rechtlichen Mitgiftprivilegien zu rekurrieren, welche die Mitgift vor den Ansprüchen von Gläubigern schützten, nicht aber die vom Mann gelobte Gegenleistung „donatio propter nuptias". Allein diese habe aber Rechle bislang belegt, nicht aber die Mitgift, so Degen. Und auch die Mitgiftangabe einer Jüdin sei grundsätzlich zu hinterfragen, da in den „jüdischen Heyraths Briefen nur zum Schein und Pracht groß Heyraths Güther öfters bestimmet zu werden pflegen".[113] Die Gültigkeit des von Jost Liebmann vorgelegten ‚Vertrags' wie auch der darin (vermeintlich) verzeichneten Mitgift gelte hingegen aufgrund des 1732 zu seinen Gunsten ergangenen Urteils als bewiesen.[114] Der Justizialreferent gelangte zu dem Schluss, Rechle Reinganum könne kein Mitgiftprivileg beanspruchen. Er sah sich dadurch bestätigt, dass weder Emanuel von Geldern noch seine Frau die Heiratsverträge gegen das entscheidende Urteil vom 5. Februar 1732 ins Feld geführt und Rechle nicht als bevorrechtigte Gläubigerin hervorgetreten sei, so dass das Urteil vollkommene Rechtskraft erlangt habe.[115]

Auf einen antijüdischen Topos zurückgreifend,[116] machte er Rechle zuletzt zum Vorwurf, sie habe Güter ihres Schwiegervaters wie Ehemanns

110 HStA Düsseldorf, RKG 3011 (I / J 396 / 1890), Bd. 2, fol. 72r-73v, 135r-153v.

111 Schulchan aruch, Ewen ha-eser 102:1 – 3.

112 Bundesarchiv Koblenz, AR 1 / I, Nr. 170, „Facti species", 7. Mai 1753.

113 Bundesarchiv Koblenz, AR 1 / I, Nr. 170, fol. 18b der „Facti species". Degen zitierte hier aus dem in Becks „De juribus Judaeorum" (400) abgedruckten Gutachten der Juristen-Fakultät Tübingen von 1723 ohne Kennzeichnung seiner Quelle, sondern setzte ihre Kenntnis bei den Kollegen voraus. Bei erneuter Referierung am 1. April 1754 nannte Degen, über das Tübinger Gutachten hinausgehend, als weiteren Zweck dieser fiktiven Nennung die Benachteiligung der Gläubiger (Bundesarchiv Koblenz, AR 1 / I, Nr. 174, fol. 68r).

114 Bundesarchiv Koblenz, AR 1 / I, Nr. 170, fol. 20a der „Facti species".

115 Bundesarchiv Koblenz, AR 1 / I, Nr. 170, fol. 20b der „Facti species".

116 Somit hielten auch Assessoren des Reichskammergerichts mit antijüdischen Stereotypen nicht hinter dem Berg, vgl. *Rita Sailer,* Untertanenprozesse vor dem

„durch jüdische Arglist und in fraudem creditorum“ an sich gezogen und den Nachlass ihres Mannes uninventarisiert in Besitz genommen. Daher habe sie es sich selbst zuzuschreiben, wenn sie in den Streit involviert sei und für die Schulden ihres Mannes zu haften habe.[117] Degen beantragte, das Verfahren an den jülich-bergischen Geheimen Rat zurückzuverweisen und Rechle Reinganum wegen leichtfertig eingelegter Appellation zur Strafe von zwei Mark lötigen Goldes und Kostenerstattung zu verurteilen.[118]

Korreferent Assessor Büren distanzierte sich von Degens Relation,[119] in der er Hauptfragen noch nicht hinreichend geklärt sah: Die Einrede der Appellantin, sie sei keine Erbin, könne nicht einfach angesichts der vorgelegten Verträge zurückgewiesen werden, ebenso wenig das Vorzugsrecht, „sonderlich in causa uxori ebraeae“. Die Voten der übrigen Senatsmitglieder gingen gleichfalls auseinander. Das am 28. Juni 1753 publizierte Urteil war ein Kompromiss: Man bestätigte das Urteil der Vorinstanz als „wohl geurthelt, übel davon appeliret“, doch könne die Appellantin ihr Vorzugsrecht an den Gütern ihres verstorbenen Ehemannes beim Reichskammergericht darzulegen.[120]

Damit war auf der Grundlage römischen Rechts entschieden, waren folglich die bislang von Rechle Reinganum eingereichten Beweismittel nicht anerkannt, von Judizialreferent Degen die in den *tena'im acharonim* aufgeführte Mitgift als Fiktion bezeichnet, wohingegen die Witwe Liebmann aufgrund des Urteils von 1732 über ihr „realiter“ Eingebrachtes angeblich einen „rechtsbeständigen Beweis“ geführt habe. Das Verfahren war an einem Punkt angelangt, an dem das Rad nicht mehr zurückgedreht werden konnte und es für Rechle von Geldern kaum mehr möglich sein würde, ihre Forderung zu beweisen. Rechles Anwalt reichte außer Anträgen auf Fristverlängerung, die er mit Problemen der Zustellung begründete, keine neuen Gegendarstellungen ein.

So wurde der Fall am 1. April 1754 zum letzten Mal vor dem ersten Judizialsenat verhandelt, in Abwesenheit jener Assessoren tagend, die zuvor zu Rechles Gunsten votiert hatten.[121] Assessor Degen fasste seine frühere Re-

Reichskammergericht. Rechtsschutz gegen die Obrigkeit in der zweiten Hälfte des 18. Jahrhunderts, (Quellen und Forschungen zur Höchsten Gerichtsbarkeit im Alten Reich, 33), Köln / Weimar / Wien 1999, 409; anders noch *Friedrich Battenberg,* Das Reichskammergericht und die Juden des Heiligen Römischen Reiches. Geistliche Herrschaft und korporative Verfassung der Judenschaft in Fürth im Widerspruch, (Gesellschaft für Reichskammergerichtsforschung, 13), Wetzlar 1992, 5.

117 Bundesarchiv Koblenz, AR 1 / I, Nr. 170, fol. 20c der „Facti species“.

118 Bundesarchiv Koblenz, AR 1 / I, Nr. 170, fol. 20c-d der „Facti species“.

119 Bundesarchiv Koblenz, AR 1 / I, Nr. 170, fol. 89r-90r.

120 Bundesarchiv Koblenz, AR 1 / III, Nr. 63, fol. 169r-v.

121 Vgl. *R. Sailer* zum Einfluss der Senatszusammensetzung (Untertanenprozesse (Anm. 116), 399 f.).

lation mit gleichem Ergebnis zusammen, dem sich die übrigen Assessoren anschlossen. Da die Appellantin seit nunmehr neun Monaten alle Fristen zur Stellungnahme habe verstreichen lassen, sei das Endurteil zu fällen:[122] „Es [sei] bey voriger Instanz Urthel nunmehro pure in contumaciam zu belassen und in dessen Gefolg Richtern voriger Instanz aufzugeben, daß der Appellatin die zuerkannte Gelder zu verabfolgen seyn."[123] Damit stand für Fradt von Geldern der Weg frei, ihre aus dem ‚Vertrag' resultierenden Ansprüche zwar spät, aber erfolgreich durchzusetzen, und dies erneut durch Interventionen bei König Friedrich II., dem sie 1753 klagte: „Ich bin über den Verfölg dieser in Judicato beruhenden Forderung alt und grau geworden, und ich werde darüber versterben, wenn ich den bisherigen Weg verfolgen soll."[124]

Friedrich II. schlug in der Tat neue Wege ein, indem er die Gelder, die dem jülich-bergischen Geheimen Staatsminister Freiherr von Wachtendonk bei einem in Preußen geführten Prozess zugesprochen worden waren, Fradt von Geldern zustellen und die Einkünfte des jülich-bergischen Kämmerers und Geheimrats Freiherr von Loe, die ihm aus Besitzungen in dem zu Preußen gehörenden Herzogtum Kleve erwuchsen, für Fradt beschlagnahmen ließ. Nach 27 Jahren Rechtsstreit hatte Fradt von Geldern 1755 – die bereits von 1730 bis 1750 erfolgten Zahlungen eingeschlossen – mehr als 33.000 Rtlr. erhalten, ein respektables Ergebnis, verglichen nicht nur mit der Ausgangssumme, sondern auch mit den 30 Jahresgehältern eines höchsten Beamten von 20.000 Rtlr. Die drei Wohnhäuser der Brüder Lazarus, Isaak und der Witwe Emanuels, Rechle, kamen hingegen infolge des Erbstreits unter den Hammer.[125]

Woran waren „die großen Kämpen des mütterlichen Clans"[126] Heines so eklatant gescheitert? Von Jost Liebmann hatten sie zunächst ein generöses Verhalten gleich dem ihres Großonkels Chajjim Hameln erwartet, das seine Gattin Glikl bas Juda Leib (Glückel von Hameln) lobte: „Mein Mann [...] und mein Schwager [...] haben nichts zu erben begehrt, obwohl sie ein jeder einen *schtar chazi chelek sachar* hatten. Doch haben sie ihn nicht eingefordert und alles für meine Mutter und ihre Waisen stehen lassen."[127] Josef von Geldern hatte auf die Achtung seines letzten Willens vertraut als Ausdruck der von Heine gepriesenen

122 Bundesarchiv Koblenz, AR 1/I, Nr. 174, fol. 65v-69r, 1. April 1754.

123 Bundesarchiv Koblenz, AR 1/III, Nr. 64, fol. 84r, 5. April 1754.

124 GStA PK Berlin, I. HA Rep. 40 Nr. 6g Interzessionen 1746–1755 (unfol.).

125 Kruse, Geschichte, 97 f. Rechle starb erst am 14. Dezember 1774 (*D. Kaufmann,* Ahnensaal (Anm. 2), 277 f., Nr. 9).

126 *H. Heine,* Memoiren (Anm. 1), 74.

127 Die Memoiren der Glückel von Hameln vom Jahre 1646/47 bis 1718/19 (hebr.), hrsg. v. David Kaufmann, Frankfurt a. M. 1896, 168.

„Solidarität der Familien. Der Gesetzgeber der Juden hat sie tief erkannt und besonders in seinem Erbrecht sanczionirt; für ihn gab es vielleicht keine individuelle Fortdauer nach dem Tode, und er glaubte nur an die Unsterblichkeit der Familie; alle Güter waren Familieneigentum, und niemand konnte sie so vollständig alieniren, daß sie nicht zu einer gewissen Zeit an die Familienmitglieder zurückfielen.“[128]

Auch die Witwe Bräunchen setzte lange, doch vergeblich darauf, die in jüdischen Familien traditionelle und häufig praktizierte Einsetzung zur Verwalterin des Vermögens mit Aufschub der Nachlassteilung werde von nichtjüdischen Instanzen anerkannt. Wenig erfolgreich war auch ihre Strategie, die Echtheit von Jost Liebmanns ‚Vertrag‘ zu bestreiten, nicht aber die Hintergründe der ‚unechten‘ Kredits zu erklären. Der Berliner Erfolg hingegen verdankte sich dem von Anfang an entschlossenen Vorgehen Jost Liebmanns, der die Forderungen in eine für obrigkeitliche Gerichte überzeugende Terminologie übertrug, dank seiner wirtschaftlichen Position geschickt taktierte und – mindestens ebenso wichtig – den einflussreicheren Schutzherrn und Fürsprecher hatte.

Der Erfolg war aber nur möglich durch die wiederholte Verletzung jüdischer Konventionen, beginnend mit der Zuziehung eines obrigkeitlichen Gerichts. Hier klagte, wer sich über die Feinheiten einer Rechtskonstruktion hinwegsetzen wollte, die seiner Forderung im Wege stand. Erst hier war der ‚Vertrag‘, formal präzise als Schuldschein formuliert, mit der unverhältnismäßig hohen Schuldsumme einklagbar, kam es zur Umkehrung der jüdisch-rechtlichen Verhältnisse: In Unkenntnis der zugrunde liegenden Rechtskonstruktion wurde eine fiktive Schuldsumme als ‚real‘ eingebrachte Mitgift anerkannt. Rechle Reinganum hingegen hatte im Appellationsverfahren mit ihren *tena'im acharonim* einen Vertrag vorgelegt, der von allen anlässlich der Eheschließung ausgestellten Verträgen innerhalb des Spektrums von real bis fiktiv derjenige Vertrag mit der größten ‚Realitätsnähe‘ war, da seine Klauseln den tatsächlichen Vermögenstransfer anlässlich der Eheschließung festhielten. Ausgerechnet diesem Vertrag wurde ‚Fiktivität‘ unterstellt mit der Behauptung, die verzeichnete Mitgiftsumme sei nur zu „Schein und Pracht“ festgelegt. Der wirtschaftliche Ruin der Familie von Geldern ist somit nicht dem ‚Vertrag‘ zuzuschreiben, der erst vor obrigkeitlichen Gerichten eine zerstörerische Wirkung entfaltete. Innerjüdisch indes waren ‚Vertrag‘ wie Ketubba ein probates Mittel, um die Ansprüche von verheirateter Tochter und Witwe am Nachlass im Rahmen eines normativen *minhag* zu legitimieren. Letztlich war dies auch dadurch erfolgreich, dass Brüche der Konventionen eine Ausnahme blieben. In der Verzerrung dieses Erbstreits werden somit Normalität wie Normativität erkennbar.[129]

---

128 *H. Heine,* Memoiren (Anm. 1), 1107.

129 Vgl. *Niklas Luhmann,* Das Recht der Gesellschaft, Frankfurt a. M. 1993, 138.

„... seine frau hette mit hemspacher zu dohn, man solle den rabe von richen brufen“. Konstellationen rabbinischer Zuständigkeit in der Kondominatsherrschaft Heinsheim im 18. Jahrhundert

Von *Monika Preuß*, Hamburg / Erfurt

1794 beantragten die jüdischen Einwohner der kleinen Kondominatsherrschaft Heinsheim[1] im Kraichgau die Erlaubnis, eine neue, gemeinschaftlich von Schutzverwandten des Deutschen Ordens und der Freiherren von Racknitz finanzierte und genutzte Synagoge zu errichten.[2] In diesem Zusammenhang stellte sich für die beiden beteiligten Ämter unter anderem die Frage, wem und möglicherweise zu welchen Teilen die Judenschaft Strafgelder, die aus Streitsachen in der gemeinschaftlichen Synagoge entstanden, zu leisten hätten. Der Amtmann der Freiherren von Racknitz bezog sich in seiner Argumentation auf den Friedhofsrezess von 1727, der die Angelegenheiten des jüdischen Verbandsfriedhofs in Heinsheim, der auf freiherrschaftlichem Grund lag, regelte. In § 10 war festgelegt:

> „wegen Erörterung der unter denen Juden vorfallenden Strittigkeiten auf Abstrafung der in der Judenschul vorgehenden verbrechen, daß in Sachen, so in der jüdische Ceremonien einlauffen, der hochadel: Herrschafft durch ihre Juden Schultheiß oder Rabiner über alle diejenige Juden, welche an der auf hochadel: Seit hergebrachten Judenbegräbnuß participiren, zu richten und zu schlichten, sie auch privative zu straffen unbenommen; herentwegen alle Civil Casus welche in der Judenschul passiren und in die jüdische Ceremonien nicht einlaufen, von gemeiner dorffherrschaft coniunctive nach der Recessen abgestraft werden sollen“.[3]

In der Formulierung des Rezesses spiegelt sich noch der mittelalterliche Usus wider, nach dem eine Gemeinde mit einem Friedhof die an diesem partizipierenden jüdischen Familien beziehungsweise Niederlassungen unter ihre Gerichtshoheit zwingen konnte.[4] Auf dem Heinsheimer Friedhof, des-

---

1 Die Kondominatsherrschaft in Heinsheim teilten sich im 18. Jahrhundert die Freiherren von Schade und nach diesen die Freiherren von Racknitz mit dem Deutschen Orden. Heute gehört Heinsheim zu Bad Rappenau, Landkreis Heilbronn.

2 Badisches Generallandesarchiv Karlsruhe (im Folgenden GLA) 229 / 41300.

3 Ebd., Anlage zum Schreiben von 4. Februar 1796.

4 *Rainer Barzen*, Regionalorganisation jüdischer Gemeinden im Reich in der ersten Hälfte des 14. Jahrhunderts. Eine vergleichende Untersuchung auf der Grundlage

sen Existenz seit dem 16. Jahrhundert belegt ist, bestatteten Familien aus über zwanzig Orten ihre Toten.[5] Zu den Schutzherren dieser Familien zählten die Kurfürsten von der Pfalz, der Deutsche Orden und verschiedene reichsritterschaftliche Herren. Dass bei der jährlich im Herbst stattfindenden Versammlung aller an dem Verbandsfriedhof beteiligten Familien auch im 18. Jahrhundert noch Strafgelder verhängt wurden, ist durch die herrschaftlichen Rechnungsbücher belegt.[6] Unklar bleibt dabei, welcher oder welche Rabbiner die Strafen verhängten. Möglich wäre auch, dass, wie im Rezess festgelegt, der herrschaftlich eingesetzte jüdische Vorsteher diese Aufgabe wahrgenommen hat.

In der alltäglichen Praxis wurde die strenge Anbindung juristischer Streitigkeiten zwischen Juden an den Rabbiner des gemeinsamen Friedhofsorts allerdings nicht mehr konsequent praktiziert. Bereits 1615 dekretierte der Deutsche Orden, dass seine jüdischen Schutzverwandten sich bei Strafe ausschließlich der Jurisdiktion des zuständigen Rabbiners des Deutschen Ordens unterwerfen und keinesfalls einen auswärtigen Rabbiner anrufen sollten.[7] Spätestens im Laufe des 18. Jahrhunderts bildete sich auch unter den ritterschaftlichen Schutzherren das Bedürfnis aus, in Fragen des Jüdischen Rechts einen jeweils eigenen, herrschaftlichen Rabbiner zu benennen, der neben seiner Berater- und Gutachtertätigkeit auch die Schlichtung von Rechtsstreitigkeiten unter jüdischen Parteien seines adeligen Auftraggebers besorgen sollte.[8]

Nach welchen Kriterien aber wählten die Schutzherren ihre Rabbiner aus? Im Folgenden soll die Ernennung von herrschaftlichen Oberrabbinern sowie die Hinzuziehung zentraler Rabbinatsgerichte aus zwei Perspektiven untersucht werden: Erstens aus der Sicht der adeligen Schutzherren und ihrer Verwaltungsorgane und zweitens aus der Sicht der jüdischen Klientel. Neben formalen Aspekten wie der korrekten Zuständigkeit eines Rabbiners

---

der Ortslisten des Deutzer und des Nürnberger Memorbuches zur Pestverfolgung, in: Geschichte der Juden im Mittelalter von der Nordsee bis zu den Südalpen. Kommentiertes Kartenwerk, Teil 1: Kommentarband (Forschungen zur Geschichte der Juden / Abteilung A, 14 / 1), hrsg. v. Alfred Haverkamp, Hannover 2002, 302 f.

5 Zur Geschichte des Friedhofs *Monika Preuß*, „... die Krone des guten Namens aber überragt sie alle“. Jüdische Ehrvorstellungen im 18. Jahrhundert im Kraichgau (derzeit im Druck).

6 GLA 69 von Racknitz / Rechnungsbücher, passim.

7 Dekret abgedruckt bei *Daniel J. Cohen*, Die Landjudenschaften in Deutschland als Organe jüdischer Selbstverwaltung von der frühen Neuzeit bis ins neunzehnte Jahrhundert; eine Quellensammlung (Fontes ad res judaicas spectantes), Bd. 2, Jerusalem 1997, 1250 – 1255.

8 Da ein rabbinisches Gericht aus drei Richtern zusammengesetzt ist, mussten, wenn eine Schlichtung erfolglos geblieben war, zwei weitere Richter hinzugezogen werden. Diese kamen in ritterschaftlich strukturierten Gebieten dann zwangsläufig aus einer anderen Herrschaft (s. u.).

soll vor allem die Frage untersucht werden, welche Kriterien bei der Wahl eines Rabbiners oder Rabbinatsgerichts eine Rolle spielten. Zuvor sollen kurz die Verhältnisse der Begräbnisherrschaft Heinsheim sowie die daran beteiligten Rabbiner, soweit sie durch die Akten belegt sind, dargestellt werden.

Die Anfänge der Begräbnisherrschaft Heinsheim liegen im Dunkeln; die früheste noch belegbare Bestattung fand am 6. September 1598 statt.[9] In den Akten wird die Friedhofsgründung rückblickend in die Zeit derer von Ehrenberg (1139–1637) datiert.[10] Die Verbindung von Friedhof und Gerichtsort war im 18. Jahrhundert wie bereits oben erwähnt noch vollkommen präsent. In einem Schriftwechsel von 1713 zwischen Maria Catharina von Schade (1688–1744)[11] und Johann Dietrich von Gemmingen-Fürfeld (1675–1757)[12], der sich aufgrund eines Streites über die zentrale Verteilung der Taschengeleite für die Mitglieder der Begräbnisherrschaft ergeben hatte, betonte Freifrau von Schade diesen Sachverhalt:

> „so ist nicht allein bekandt vndt verstattet worden zum öftern in loco Heinsheimb sich zu versamlen vndt vor ihrem von worms kommenden Rabiner oder der so genandten Jüdischen Ceremonie die vnder sich habende strittigkeiten im beyseyn eines von der adell. Herrschaft abzuordnen habenden beampten außzumachen vndt einen gewißen antheil der fallenden geldstraffen besagter herrschaft zu lieffern seÿn [...]“.[13]

Wann das Wormser Rabbinat aufgehört hat, die Begräbnisherrschaft Heinsheim zu versorgen, ist unklar.[14] Anlässlich einer Auseinandersetzung

9 *Monika Preuß,* Kurzdokumentation des jüdischen Friedhofs Bad Rappenau-Heinsheim, Landesdenkmalamt Baden-Württemberg 1997 (masch.), Nr. 894.

10 GLA 69 von Racknitz / A 4047.

11 Maria Catharina von Schade war eine geborene von Berlichingen. Nach dem Tod ihres Gatten Otto Heinrich von Schade (gest. 1703) führte sie die Herrschaftsgeschäfte; vgl. *Gustav Neuwirth,* Geschichte des Dorfes Heinsheim am Neckar, 2. Aufl., Heinsheim 1965, 68 f.

12 Zum Ritterhauptmann Johann Dietrich von Gemmingen-Fürfeld (1675 Oktober 10–1757 September 26) vgl. *Carl W. F. L. Stocker,* Familien-Chronik der Freiherren von Gemmingen, Heilbronn 1895, 132–135.

13 Adelsarchiv der Freiherren von Gemmingen-Guttenberg (Bonfeld-Unterschloss), Nr. 2071, 1713 März 26. Die zuständigen Wormser Rabbiner im 18. Jahrhundert wären bis zu seinem Tod 1712 R. Napthali Hirsch Spitz, danach R. Menachem Mendel Rothschild (gest. 1732) gewesen, vgl. *Fritz Reuter,* Warmaisa. 1.000 Jahre Juden in Worms, Frankfurt am Main 1987, 139. Von 1733 bis zu seinem Tod 1741 war R. Moses b. R. Abraham Broda Rabbiner zu Worms, vgl. *D. J. Cohen,* Landjudenschaften (Anm. 7), Bd. 2, 734, Anm. 9.

14 *Wolfram Angerbauer und Hans Georg Frank,* Jüdische Gemeinden in Kreis und Stadt Heilbronn. Geschichte, Schicksale, Dokumente (Schriftenreihe des Landkreises Heilbronn, 1), Heilbronn 1986, 105 f. nimmt an, das Wormser Rabbinat sei seit 1701 nicht mehr zuständig gewesen. Dem widerspricht das oben angeführte Schreiben der Freifrau von Schade von 1713, das die Zuständigkeit des Wormser Rabbinats

über die Ansetzung des Steuerfußes der adeligen und der Judenschaft des Deutschen Ordens zu Heinsheim im Jahr 1746 erfahren wir, dass zuvor R. Meyer Hüffenhardt zumindest für die Steuerveranlagung zuständig gewesen war. Zur Schlichtung des Streits und zur Festsetzung des neuen Ansatzes durch einen Rabbiner wurde damals R. Salman Wolf[15] zu Bödigheim hinzugezogen.[16] Bereits 1744 war R. Salman Wolf mit der Erstellung eines rabbinischen Gutachtens betraut worden, nachdem der häusliche Zwist eines Heinsheimer Ehepaares so eskaliert war, dass eine richterliche Klärung der gegenseitigen Beschuldigungen erforderlich geworden war.[17] Demnach wäre er bereits damals für die Begräbnisherrschaft tätig gewesen, der Übergang vom Wormser Rabbinat zu einem eigenen, herrschaftlichen Oberrabbiner könnte also im Zeitraum zwischen 1713 und 1744 erfolgt sein.

Neben dem für die Begräbnisherrschaft zuständigen Rabbiner oder möglicherweise als Ersatz aufgrund einer Vakanz bestellten die Freiherren von Gemmingen, deren jüdische Schutzverwandte zu einem großen Teil zur Begräbnisherrschaft Heinsheim gehörten, seit 1771 einen eigenen Oberrabbiner, zuerst nur für Ittlingen, dann sowohl für Ittlingen als auch für Gemmingen. Den Zuschlag erhielt damals der im kurpfälzischen Richen wohnende Rabbiner Marx Aron.[18] Von 1781 bis zu seinem Tod 1782 war R. Max Aron als Oberrabbiner sowohl für Ittlingen als auch für Gemmingen eingesetzt.[19] Ihm folgte R. Isaak Veit von Flehingen als Oberrabbiner für Ittlingen und Gemmingen, seine Amtszeit ist in den Akten für den Zeitraum von 1782 bis 1804 belegt.[20]

---

noch als Tatsache wiedergibt. Juspa Schammasch von Worms nennt in seinem Minhagbuch, das zwischen 1648 und 1658 entstand unter den Gegenden, die durch das Wormser Rabbinat betreut würden „Medinat Neckar", vgl. *Shlomo Eidelberg,* R. Jittah Joseph Juspa Ha-Levi Manzpach mi-Wormaisa, Shammash Ne'eman ha-Kahal we-Roshem Reshimot (1604–1678), in: Proceedings of the American Academy for Jewish Research 51 (1984), Hebrew Section, 15. „Medinat Neckar" wäre dann nicht organisatorisch als Ritterschaft/-kanton Neckar-Schwarzwald gemeint, sondern geographisch als die entlang des Neckar gelegenen ritterschaftlichen Orte.

15 R. Schlomo Salman b. Benjamin Seev, genannt Salman Wolf (gest. Januar 1735), war Vorsitzender des Rabbinatsgerichts der Ritterschaft (gemeint sind damit unterschiedliche ritterschaftliche Herren, z. B. die Rüdt zu Collenberg oder die von Racknitz) und Richter im Oberstift des Erzbistums Mainz, vgl. *S. Michal Antmann/Monika Preuß,* Das Projekt zur Erfassung jüdischer Grabsteine in Baden-Württemberg, in: Denkmalpflege in Baden-Württemberg. Nachrichtenblatt des Landesdenkmalamtes 25 (1996), 235. Als Rabbiner in Worms amtierte von 1743 bis 1748 R. David b. R. Samuel Straus, vgl. *D. J. Cohen,* Landjudenschaften (Anm. 7), Bd. 2, 1377, Anm. 2.

16 GLA 229/41233.

17 GLA 69 von Racknitz/A 1605, Gutachten als Beilage 1.

18 GLA 69 von Gemmingen-Gemmingen/A 1458. Der Amtmann derer von Helmstadt, Nestel, hatte R. Lazarus Samuel Levi zu Neckarbischofsheim als Kandidaten vorgeschlagen, vgl. GLA 69 von Gemmingen-Gemmingen/A 1317, 12. März 1771; s. hierzu auch weiter unten.

19 GLA 69 von Gemmingen-Gemmingen/A 431, 12. Juli 1781.

Kompliziert wurde die richterliche Zuständigkeit durch konkurrierende Ausschließlichkeitsgebote der richterlichen Zuständigkeit von Seiten der Schutzherren. Aufgrund der relativen Mobilität im räumlichen Nahbereich ergab sich immer wieder die Situation, dass Familien an ihrem erkauften Begräbnisrecht in Heinsheim festhielten, ihr neuer Schutzherr aber nur den eigenen Oberrabbiner als ausschließliche Gerichtsinstanz akzeptierte.[21] Dies war auch beim Deutschen Orden der Fall, dessen in Mergentheim sitzender Oberrabbiner für die juristische Versorgung aller jüdischen Schutzverwandten im Tauberoberamt Mergentheim und Neckaroberamt Horneck des Deutschen Ordens zuständig war.[22]

Schwierigkeiten bezüglich der Zuständigkeit waren in den herrschaftlich sehr kleinteilig gegliederten reichsritterschaftlichen Gegenden des deutschen Südwestens vorprogrammiert, da die meisten Orte unter der Herrschaft mehrerer Kondominatsherren standen, die teils eigene jüdische Schutzverwandte in den Ort aufgenommen hatten. Zudem war die Zusammenarbeit mit Rabbinern, die anderen Schutzherren unterstanden, dann unumgänglich, wenn entweder die streitenden Parteien aus unterschiedlichen Herrschaften stammten und mit rabbinischen Gutachten der jeweils für sie zuständigen Rabbiner in das Verfahren eintraten, ein aus drei Rabbinern zusammengesetztes rabbinisches Gericht zusammengestellt werden musste oder ein auswärtiger Rabbiner bei der Aufstellung oder Beglaubi-

---

20 Z. B. GLA 69 von Gemmingen-Gemmingen / A 301, fol. 14; A 431; A 542, 17. November 1794 – 30. Januar 1795; A 897 und A 1458; 69 von Gemmingen-Hornberg-Treschklingen / A 2381, 13. und 15. Dezember 1804. Zu Isaak Veit, der zu Beginn des 19. Jahrhunderts den Familiennamen Flehinger annahm vgl. *Michael Brocke / Julius Carlebach* (Hrsg.), Biographisches Handbuch der Rabbiner, Teil 1,1, München 2004, 312 f. Demnach wirkte Isaak Flehinger (1736 – 25. April 1818) seit ca. 1768 als ritterschaftlicher Landesrabbiner in Flehingen, seit ca. 1798 auch als Rabbiner in Bretten. Für die vorbadische Zeit werden in dem Handbuch nie die exakten ritterschaftlichen Verhältnisse angegeben, man muss davon ausgehen, dass es sich jeweils um den alleinigen oder einen der an der Ortsherrschaft beteiligten Kondominatsherren gehandelt hat. In diesem Fall waren dies seit 1638 die Grafen Wolff Metternich zur Gracht.

21 Als Beispiel für die Überlagerung unterschiedlicher Zugehörigkeiten durch Umzug bzw. Heirat vgl. Aron Mayer zu Gundelsheim, Schutzverwandter des Deutschen Ordens, dessen Tochtermann Jische Abraham zu Wollenberg (Herren von Gemmingen) in Heinsheim ebenfalls als Schutzverwandter des Deutschen Ordens aufgenommen wurde, vgl. GLA 229 / 41231, 19. Januar – 5. April 1727. Obwohl der Deutsche Orden in Neckarsulm und in Lauda-Königshofen-Unterbalbach über eigene Friedhöfe für seine Schutzverwandten verfügte, sind sowohl Aron Mayer als auch Jische Abraham bei der Begräbnisherrschaft Heinsheim verblieben und auch dort bestattet worden. Vgl. *M. Preuß,* Kurzdokumentation (Anm. 9), Nr. 649 für Aharon b. Mosche Meir Segal zu Gundelsheim (gest. 1. April 1747) und Nr. 922 für Ische b. Schaul Abraham zu Heinsheim (gest. 17. Mai 1758).

22 Vgl. oben Anm. 7. Auch im Dienstvertrag mit dem letzten Mergentheimer Oberrabbiner Salomon b. R. Meschulam Kohn (gest. 1822) aus Fürth war die alleinige Zuständigkeit eigens erwähnt; vgl. *D. J. Cohen,* Landjudenschaften (Anm. 7), Bd. 2, 1267 – 1275.

gung eines juristischen Dokuments mitgewirkt hatte. Eine Ausnahme bildeten hier nur der Deutsche Orden und die Kurpfalz, die beide über mehrere Rabbiner sowie einen Oberrabbiner verfügten, zumindest also bei der Stellung eines rabbinischen Gerichts auf inländisches Personal zurückgreifen konnten.

Dass die Zusammenarbeit mit auswärtigen Rabbinern in den Kondominaten einen relativ großen Radius umfasste, zeigen die folgenden Beispiele. In einer Ittlinger Testamentsstreitigkeit wurden 1759 R. „feis prohn“ (d. i. vermutlich Feiß Baron) zu Rohrbach als Landrabbiner der Herren von Venningen und R. Jancof zu Neckarbischofsheim als Helmstättischer Rabbiner als zweiter respektive dritter Gutachter bestellt.[23] R. Jancof musste für den ursprünglich gewählten Rabbiner zu Michelfeld eingesetzt werden, da R. Feiß diesen wegen eines zwischen ihnen beiden „obschwebenden Personalhasses“ in Einklang mit dem Jüdischen Recht als ungeeignete Wahl erklärte.[24] Als 1774 ein Fruchthandel zwischen Isaak Simon zu Mergentheim und Jecoff zu Ittlingen amtlich geschlichtet werden musste, schaltete R. Abraham Salomon Brodau[25] zu Mergentheim sich auf Wunsch des Isaak Simon gutachterlich ein.[26] Das Verbot der Unterwerfung unter ein auswärtiges Gericht durch den Deutschen Orden scheint demnach nur für Gerichtsverfahren, nicht aber für Schlichtungsverfahren angewandt worden zu sein.

Der Oberrabbiner von Ittlingen und Gemmingen R. Isaak Veit zog 1787 R. Judas Moses zu Neckarbischofsheim beim Aufsetzen eines Scheidebriefes hinzu.[27] In diesem Fall ebenfalls zugezogen war R. Alexander Nathan Elsäßer (1731–1816)[28] zu Freudental. Als 1799 in Ittlingen die bisherige private Betstube durch eine gemeinschaftliche Synagoge ersetzt werden sollte, wurden R. Löw Friedberg[29] zu Schluchtern und R. Moses Bamberger[30] zu

---

23 GLA 69 von Gemmingen-Gemmingen / A 721.

24 Ebd., 22. Juni 1759.

25 Bei *M. Brocke / J. Carlebach* (Hrsg.), Handbuch (Anm. 20), Teil 1,1, 211 f. als Abraham Broda. R. Broda wurde am 8. Mai 1764 durch den markgräflich badischen Oberrabbiner Nathanael Weil in Karlsruhe ordiniert, seit dem 12. September 1764 amtierte er als Oberlandrabbiner im Tauber- und Neckaroberamt des Deutschen Ordens. Er starb am 26. Februar 1790.

26 GLA 69 von Gemmingen-Gemmingen / A 223, 23. November 1774.

27 GLA 69 von Gemmingen-Gemmingen / A 552.

28 Ebd. R. Alexander Nathan Elsäßer (19. April 1731–17. April 1816) amtierte von 1776 bis 1816 als Rabbiner in Freudental, vgl. *Ludwig Bez, Haim Goren / Situtunga Michal Antmann / Ulrich Gräf,* Der jüdische Friedhof in Freudental, Stuttgart u. a. 1996, 52. *M. Brocke / J. Carlebach (Hrsg.),* Handbuch (Anm. 20), Teil 1,1, 281 gibt an, Elsäßer habe seit 1796 als württembergischer Landrabbiner gewirkt.

29 R. Löw Friedberg (gest. nach 1815) wirkte seit 1797 als kurpfälzischer Unterrabbiner für das Amt Fischbach, vgl. *M. Brocke / J. Carlebach* (Hrsg.), Handbuch (Anm. 20), Teil 1,1, 340.

Neckarbischofsheim gebeten, rabbinische Gutachten über die hierbei zu treffenden Regelungen abzugeben.[31]

Schon dieser kurze Abriss zeigt, dass mit dem Wissen um die formal richtige Zuständigkeit eines Rabbiners in kleinteiligen Herrschaften nicht viel gewonnen ist. Zum einen konnten Konkurrenzen zwischen verschiedenen Schutzherren ebenso wie Streitigkeiten einzelner Rabbiner dieses System außer Kraft setzen beziehungsweise andere Lösungen erforderlich machen. Zum anderen bleibt zu fragen, inwieweit die Ausbildung mancher Dorfrabbiner mit der von Rabbinern jener Qualität, wie sie etwa der Oberrabbiner des Deutschen Ordens besaß, mithalten konnte und ob dieser Aspekt bei der Auswahl von Rabbinern überhaupt ins Auge gefasst wurde. Im Folgenden sollen die Kriterien und Mechanismen, die die christlichen Schutzherren und die jüdischen Schutzverwandten bei ihrer Wahl von Rabbinern zur Wirkung kommen ließen, untersucht werden.

Die Überlegungen, die christliche Schutzherren vor Bestallung eines Rabbiners anstellten, werden in den überlieferten Akten nie explizit thematisiert. Indirekt lässt sich erschließen, dass die jeweiligen Amtmänner möglicherweise Erkundigungen untereinander einzogen, zumindest aber Empfehlungen aussprachen. Als 1771 die Stelle des Oberabbiners der Herren von Gemmingen besetzt werden sollte, hatte der Amtmann der Herren von Helmstatt zu Neckarbischofsheim von zwei der helmstättischen jüdischen Schutzverwandten erfahren, dass die Stelle vakant sei.[32] Als Gründe, die für eine Bestallung des R. Lazarus Samuel Levi zu Neckarbischofsheim sprächen, führt Amtmann Nestel dessen allgemein anerkannte Befähigung für dieses Amt und den Aspekt der Bekräftigung der gutnachbarschaftlichen Beziehungen zwischen den Herren von Helmstatt und den Herren von Gemmingen an. Als Nachweis der Befähigung dient Nestel die Größe des Amtsbereichs und die gute Amtsführung. R. Lazarus Samuel Levi sei „fast von dem ganzen Canton in der Qualität eines Canton-Rabbiners angenommen, und an seiner Geschicklichkeit gar nicht zu zweiflen".[33] Die Qualität des Rabbiners wurde durch öffentliche Anerkennung der guten Amtsführung und durch die sich daran anschließende Ausweitung des Zuständigkeitsbereichs auf das Gebiet des gesamten Ritterkantons Kraichgau belegt. Fragen der rabbinischen Ausbildung oder der Berühmtheit der Rabbiner, die seine Lehrbefugnis (*Hattarat hora'a*) ausgestellt hatten, wurden allem Anschein nach nicht in Betracht gezogen. Allerdings wurde die betroffene

30 R. Moses Bamberger (ca. 1750–1820 Juli 14) war seit ca. 1780 Landesrabbiner der „Ritterschaft Kraichgau" (es bleibt unklar ob damit der Ritterkanton Kraichgau gemeint ist), vgl. *M. Brocke / J. Carlebach* (Hrsg.), Handbuch (Anm. 20), Teil 1,1, 166 f.

31 GLA 69 von Gemmingen-Gemmingen / A 432.

32 GLA 69 von Gemmingen-Gemmingen / A 1317, 12. März 1771.

33 Ebd.

jüdische Bevölkerung um ihre Meinung zu dem Kandidaten gebeten. So konnten die Ittlinger Juden den mit dem herrschaftlichen Zuschlag bedachten R. Lazarus Samuel Levi mit der Begründung ablehnen, dass die Kosten für einen Rabbiner aus dem relativ weit entfernten Neckarbischofsheim aufgrund der anfallenden Gelder für Reise und Verpflegung durch die größtenteils mittellosen Ittlinger nicht aufgebracht werden könnten. Eine Minderung des Lohns für den Rabbiner käme ebenfalls nicht in Betracht, da sich für diesen seine Arbeit dann nicht mehr rechnen würde.[34] Auch von jüdischer Seite wurden in den Beratungen mit dem Amtmann also keine Qualitätskriterien angeführt. Ausschlaggebend waren hier die Kosten, die durch den Wohnsitz des zukünftigen Rabbiners zu erwarten waren. Das Gewicht der Kostenfrage lässt sich an dem Einlenken des Amtes zu Gunsten des kostengünstigeren, weil näher wohnenden Kurpfälzer Rabbiners Marx Aron zu Richen erkennen.

Wie verhielt es sich in Fällen, in denen die beteiligten Ämter sich mit den im näheren Umkreis erreichbaren Rabbinern nicht zufrieden gaben, vielmehr die Behandlung des Streitfalls durch eines der großen Rabbinatsgerichte erzwangen? Während sich die Mehrzahl der Prozesse durch die Rabbiner vor Ort beziehungsweise im räumlichen Nahbereich regeln ließ, eskalierte der Streit in seltenen Fällen derart, dass er nur noch durch das Einschalten einer höheren gerichtlichen Instanz beigelegt werden konnte. Zu einem solchen Rechtsstreit kam es in den Jahren 1787 bis 1788 aufgrund einer Auseinandersetzung zwischen den Familien des Salomon Wolf zu Ittlingen und des Marx Isaak zu Neckarbischofsheim.[35] Auslöser des Streits war die Verzögerung der Auszahlung der Mitgift und die deshalb gesuchte Auflösung der Verlobung der beiderseitigen Kinder. Nachdem Salomon Wolf Klage beim Amt auf Zahlung der Mitgift eingereicht hatte, initiierte Marx Isaak noch einmal ein privates Treffen zur Beilegung der Auseinandersetzung. Da er jedoch zum wiederholten Mal zur angegebenen Zeit nicht erschien, ging das Verfahren seinen gerichtlichen Gang. Als die gewesene Braut Roesle ihrem Vater Marx Isaak im Verlauf des Prozesses eröffnete, der Bräutigam Veis Salomon und sie hätten die ehelichen Beziehungen bereits aufgenommen, obwohl sie noch nicht offiziell verheiratet waren, nahm der emotionale Schwung der Auseinandersetzung an Heftigkeit zu und verwandelte sich in den Augen der beteiligten Ämter von einer Vertragslösung hin zu einer Deflorationsklage, in deren Verlauf das Frankfurter Rabbinat zur Entscheidung des Rechtsstreits hinzugezogen wurde.

34 GLA 69 von Gemmingen-Gemmingen / A 431.

35 GLA 69 von Gemmingen-Gemmingen / A 552. Zu dem Streitfall s. auch *Monika Preuß*, Jüdisches Leben im Ritterkanton Kraichgau. Beispiel für andere ritterschaftliche Gebiete?, in: Yagdil Tora we-Ya'adir. Gedenkschrift für Julius Carlebach (Schriften der Hochschule für Jüdische Studien, 5), hrsg. v. Hanna Liss, Heidelberg 2003, 75 f.

Während die Klagesache anfangs den gewohnten amtlichen Gang genommen hatte, begann sie nach dem Geständnis Roesles eine deutlich herbere Gangart anzunehmen. Verschärft wurde die heikle Auseinandersetzung vor allem durch das Vorgehen der beiden Amtmänner. Diese verfingen sich zunehmend in einem Kompetenzstreit über den korrekten Gerichtsort. Während der Gemminger Amtmann Rothmund seinen Anspruch mit dem Vertragsort des Ehevertrags (forum contractus) begründete, bezog der Neckarbischofsheimer Amtmann Mayer den seinen aus dem Ort des Verbrechens (forum delicti) und setzte den Ittlinger Übeltäter Veis Salomon zur Erzwingung einer Aussage kurzerhand fest.[36] Zur Stärkung der eigenen Position bestellte der Neckarbischofsheimer Amtmann drei Rabbiner zur Abhaltung der Verhandlung ein, der Gemminger Amtmann verbot den ihm untergebenen jüdischen Prozessbeteiligten, der Vorladung nach Neckarbischofsheim Folge zu leisten. Nachdem die Sache solchermaßen festgefahren war, wurde ein unabhängiges Gericht an einem dritten Ort als Lösung anvisiert.[37] In einem Konzeptschreiben für August Wilhelm von Gemmingen-Gemmingen (1738–1795)[38] an den Herren von Helmstatt wurde der Vorschlag folgendermaßen formuliert:

> „daß die verhandelten Acten durch die beyderseitige beamten mit der Urtheilsfrage eingepakt, pettschiert – sofort Ein: übergeben werden, um sie entweder nach Lehrensteinsfeld, wo ein jüdisches Gericht durch 3 Gelehrte dermals formirt werden kann, oder nach Mannheim oder frankfurth, wohin tägl: dergleichen Sachen geschikt zu werden pflegen und wo die Juden Vorsteher, an welche das Paquet zu richten ist, solche durch 3 Rabbiner entscheiden lassen, zu verschiken. Er glaubt, d[a]ß diß weit weniger Kosten verursachen werde, als wenn man 3 Rabbiner aus hiesigen Gegenden [an] einen 3ten Ort kommen lasse".[39]

An einem vereinbarten Termin wurden die Akten durch die beteiligten Ämter für den Versand fertig gemacht, die Entscheidung über das zu adressierende Rabbinatsgericht lag bei den Herren von Helmstatt.[40] Der

---

36 GLA 69 von Gemmingen-Gemmingen / A 552, Schreiben [Nr. 20] vom 12 Oktober 1787 und [Nr. 21] vom 13. Oktober 1787.

37 Ebd., Schreiben [Nr. 24] vom 31. Oktober 1787 und [Nr. 27] vom 2. November 1787.

38 August Wilhelm von Gemmingen-Gemmingen (1738 August 18–1795) trat in das württembergische Militär ein. Er war Kammerherr, Obrist und Flügeladjutant der Herzöge von Württemberg und Ritterrat des Ritterkantons Kraichgau; vgl. *C. W. F. L. Stocker*, Familien-Chronik (Anm. 12), 93 f.

39 GLA 69 von Gemmingen-Gemmingen / A 552, Konzeptschreiben [ad 31] von 1787 Dezember 3.

40 Ebd., [Nr. 39] vom 16. Januar 1788. Der Gemminger Amtmann teilt dem Konsulenten Uhl der Herren von Gemmingen den Vollzug der Inrotulation mit und erklärt, dass sie den Adressaten wohl in Erfahrung bringen könnten. Auf welcher Grundlage die Entscheidung für das Frankfurter Rabbinat fiel, ist in den Gemminger Akten nicht dokumentiert. Eine Recherche in den verschiedenen Archiven der Herren von Helmstatt konnte aus Zeitgründen nicht durchgeführt werden.

Spruch des Rabbinatsgerichts Frankfurt am Main erging am 9. Juni 1788 und beendete den Rechtsstreit.[41] Aus einer Familienstreitigkeit über die Lösung eines Verlöbnisses war zunehmend eine Kompetenzstreitigkeit zwischen zwei Ämtern geworden. Waren zu Beginn noch die Familienväter treibende Kraft der Auseinandersetzung, entglitt ihnen diese zunehmend und wurde über sie hinweg und allem Anschein nach auch ohne weitere Eingriffsmöglichkeiten von ihrer Seite betrieben. Die Schutzherren und ihre Amtmänner bestimmten den Fortgang und die Dynamik der Auseinandersetzung.

Nachdem der Ehevertrag bereits gelöst worden war und nur noch die Rückgabe der Geschenke an die Braut ausstand, verschärfte der Amtmann zu Neckarbischofsheim die Angelegenheit, indem er den gewesenen Bräutigam festsetzen ließ und mit einer Deflorationsklage überzog. Hierdurch eskalierte die private Auseinandersetzung zu einer Frage der Ehre zweier Amtmänner. Die Einschaltung eines neutralen, auswärtigen Rabbinatsgerichts diente hier nicht dem Zweck ein kompliziertes halachisches Problem zu lösen. Vielmehr bot sich den beiden Amtmännern hierdurch die Chance, das zwischen ihnen entstandene Konfliktpotential zu entschärfen. Indem beide von ihrem Anspruch auf juristische Zuständigkeit Abstand nahmen, konnten sie zu dem gewohnten, gutnachbarlichen Verhältnis zurückkehren, das vor der Auseinandersetzung geherrscht hatte. Die Einschaltung einer höheren jüdischen Gerichtsinstanz diente also weniger den juristischen Bedürfnissen der jüdischen Kläger oder Beklagten, vielmehr diente es der Neutralisierung des Konfliktpotentials zwischen zwei herrschaftlichen Ämtern. Kriterium der Auswahl des Rabbinatsgerichts war hier in erster Linie die Lage in einem auswärtigen und damit neutralen Herrschaftsbereich.

Hatten jüdische Schutzverwandte demnach überhaupt die Möglichkeit zu einer an juristischer Kompetenz ausgerichteten Rabbinerwahl? Im März 1759 ließ Abraham Moses zu Ittlingen sein Testament durch R. Marx Aron zu Richen schreiben, da er mit seinem baldigen Tod rechnete.[42] Erst im Februar desselben Jahres hatte Abraham Moses Rebekka, die Tochter des Ittlinger Schutzverwandten Alt Marx, in Heidelberg geheiratet. In seinem Testament bedachte Abraham Moses seine Ehefrau mit dem Hauptteil seines Vermögens, kleinere Beträge sowie die Kosten für das Schreiben einer Thorarolle sollten davon ausgenommen sein. Da die Ehefrau nach Jüdischem Recht mit Ausnahme der Rückgabe ihrer Mitgift kein Erbrecht am Vermögen ihres Mannes besitzt, meldeten sich schon rasch nach dem Tod des Abraham verschiedene Verwandte, um ihren Erbanspruch anzuzeigen.[43] Es

41 Ebd., [Nr. 41]. Die beteiligten Rabbiner waren R. Pinchas haLevi Horowitz, R. Nathan b. Salomon Maaß und R. Abraham Trier Cahn.

42 GLA 69 von Gemmingen-Gemmingen / A 721.

waren dies Herz Veist zu Hemsbach, ein Vetter und zugleich Pflegevater des Verstorbenen, sowie Herz zu Weingarten, dessen Ehefrau eine Schwester des verstorbenen Vaters des Abraham war. Herz zu Weingarten begründete den Erbanspruch mit der gesetzlichen Erbfolge, dass seine Ehefrau in der Erbfolge an erster Stelle stehe, da alle anderen Verwandten bereits verstorben seien.[44] Bei der amtlichen Eröffnung des Testaments und der Verhandlung der gestellten Erbansprüche im Mai 1759 verlagerte sich die Argumentation der anfechtenden Parteien auf eine unterstellte Unrechtmäßigkeit des Testaments. Auf zweierlei Art wurde die Unrechtmäßigkeit nachzuweisen versucht. Zum einen wurde vorgebracht, es habe bereits früher ein Testament vorgelegen, zum anderen, die Niederschrift des zweiten Testaments sei nicht in Gegenwart des Testators, sondern in einem anderen Raum erfolgt. Es ist nicht klar, weshalb der halachisch sichere Boden der korrekten Erbfolge verlassen und die Argumentation auf das nur durch Hörensagen und Vermutungen gestützte Feld des Formfehlers bei der Anfertigung des Testaments verlagert wurde.[45] Möglicherweise akzeptierte das Amt die halachische Erbfolge nicht, wie es sich auch in anderen Fällen über den Vorrang der Ehefrau oder Witwe eines in Konkurs geratenen Mannes bei der Konkurs- oder Erbmasse hinwegsetzte.[46] Welches die Gründe auch gewesen sein mögen, die Hemsbacher und Weingartener Verwandten des Verstorbenen versuchten die Angelegenheit vor einen Kurpfälzischen Rabbiner, entweder den Landrabbiner zu Heidelberg oder den Oberrabbiner zu Mannheim, zu bringen.[47] Welcher Rabbiner die Angelegenheit letztendlich wie entschieden hat, ist in den Akten nicht überliefert.

Abraham Moses hatte vor seinem Tod die Schwierigkeiten, die seine Verwandten seiner Witwe bereiten würden, wohl schon vorhergesehen. So hatte er zusätzlich zu dem Rabbiner und den jüdischen Zeugen noch den Ittlinger Schultheißen und christliche Zeugen zur Abfassung einer deutschen Version seines Testaments zu sich rufen lassen. In mehreren Zeugenaussagen kommen die Vernommenen auf die Beweggründe des Abraham Moses bei der

---

43 Einen Überblick über die Reihenfolge der Erbberechtigten nach jüdischem Recht s. bei *Marcus Cohn,* Wörterbuch des jüdischen Rechts, Neudr., Basel u. a. 1980, 115.

44 Ebd., Schreiben vom 23. April 1759.

45 Sofern die Schwester des Vaters die Erbberechtigte war, waren die Vettern Söhne von weiteren Schwestern des Vaters des Erblassers gewesen.

46 Vgl. z. B. GLA 125/984, 1. Oktober 1754; Amtmann L. Oettinger zu Heinsheim bezieht sich in einem Schreiben an den Direktor und die Ritterräte des Kantons Kraichgau auf den Fall der Robebianca, Witwe des Baruch, mit den Worten „weil hier den Juden weibern keine weibliche Freyheit unter adelicher herrschafft gestattet wird“. Ebenso in GLA 69 von Racknitz/A 3547, 18. Juni 1755; „Wird die von Jud Raphaels Eheweib verlangte weibl. Freyheit, weillen solche in heinßheim den Judenweibern neimahlen gestattet worden, gänzlich verworfen.“

47 GLA 69 von Gemmingen-Gemmingen/A 721, Schreiben vom 11. Juli 1759.

Wahl des Rabbiners und der Zeugen zu sprechen. Bär Herz von Massenbach als Beistand der Witwe Rebekka erklärte beispielsweise, dass zwar zuerst der Ittlinger Rabbiner das Testament erstellen wollte, der Abraham Moses diesen aber lieber nicht dafür haben wollte. Abraham habe dies damit begründet „dißer rabe kende es nicht bekräftigen seine frau hette mit hemspacher zu dohn, man solle den rabe von richen brufen, um daß testament recht zu bekräftigen".[48] R. Marx Aron zu Richen äusserte sich in seiner anschließenden Aussage ähnlich, Abraham Moses habe bei seiner Ankunft zu ihm gesagt „mein rabe kann nichts recht bekräftigen[,] ich solle d[a]ß testament schreiben". Auch der Ittlinger Rabbiner Isaak bestätigte mit seiner Aussage, dass Abraham Moses ihn zwar am Tag vor der Testamentsaufnahme zu sich gerufen und ihn gefragt habe, ob er nicht etwas Papier bei sich habe um etwas aufzuschreiben. Nachdem R. Isaak den im selben Haus wohnenden Schwiegervater des Sterbenden informiert hatte, ging er wieder zu dem Sterbenden in die Stube und wollte das Schreiben aufnehmen, sei aber mit den Worten „es brauchts nicht" weggeschickt worden. Wenn auch die Ausbildung des R. Isaak nicht näher bekannt ist, so lässt doch die Tatsache, dass er vom Sterbebett des Abraham Moses zum Schächten weggerufen wurde, eher auf einen Vorbeter und Schächter als auf einen ‚richtigen' Rabbiner schließen.

Abraham Moses hatte in seiner schwierigen Situation versucht, seiner Frau möglichst wenig Unannehmlichkeiten zu bereiten.[49] Sein Bestreben, rechtlichen Auseinandersetzungen durch die Wahl eines unanfechtbaren Rabbiners zur Niederschrift seines Testaments keinen Angriffspunkt zu liefern, schlug allerdings fehl.

Betrachten wir die angeführten Beispiele noch einmal im Überblick ergibt sich ein doppeltes Bild. Im Prinzip war die Zuständigkeit von Rabbinern im 18. Jahrhundert auch in ritterschaftlichen Gebieten, die häufig durch Kondominate geprägt waren, klar geregelt. Der mittelalterliche Usus des Gerichtszwangs unter einen Friedhofsort wurde zwar über den Friedhofsreszess durch die Jahrhunderte transportiert, durch die Macht des Faktischen mit Umzügen aufgenommener Personen und Wechsel der Schutzherren allerdings teilweise unterlaufen worden. Während in den Flächenterritorien ein von der jeweiligen Herrschaft bestallter Rabbiner als alleinige Gerichtsinstanz für die eigenen jüdischen Schutzverwandten eingesetzt wurde, verständigten die Mitglieder des Ritterkantons Kraichgau sich nicht auf einen gemeinsamen Landrabbiner. Mit R. Samuel Lazarus Levi zu Neckarbischofsheim war hier zwar eine solche vereinheitlichende Tendenz angelegt, jedoch konnten Schutzherren ohne Problem einen eigenen Ober-

---

48 Ebd., 18. Juni 1759.

49 Ebd., Bär Herz sagt aus, Abraham Moses habe seiner Frau Rebekka gesagt „es seye ihm Leid alß er sie also im dribsall gesetzt habe".

rabbiner einsetzen, sofern gewichtige Gründe wie die Kostenfrage dafür sprachen. Im Übrigen war es günstig in der näheren Umgebung eine gewisse Auswahl an Rabbinern vorzufinden, die für den Fall hinzugezogen werden konnten, dass ein rabbinisches Gericht formiert werden musste.

Die Auswahlkriterien, die zur Wahl eines Rabbiners führten, sind nur verschwommen greifbar. Auf Seiten der Schutzherren scheint eine rudimentäre Vorstellung von rabbinischer Kompetenz vorhanden gewesen zu sein. Die Existenz von zentralen Rabbinatsgerichten war bekannt, ebenso das Verfahren, wie man diesen die Unterlagen eines Streitfalls zukommen lassen konnte. Dass allerdings ein durch örtliche Rabbiner zusammengesetztes Gericht zu Lehrensteinsfeld problemlos neben die Rabbinatsgerichte von Mannheim und Frankfurt am Main gestellt wurde, lässt die Begrenztheit dieser Kompetenzvorstellungen erkennen.

Auf Seiten der jüdischen Schutzverwandten scheint ein pragmatischer Umgang in der Frage rabbinischer Zuständigkeit und Kompetenz geherrscht zu haben. Man bediente sich der Rabbiner vor Ort oder im nahen Umfeld. Nur wenn sich bereits im Vorfeld eine juristische Auseinandersetzung absehen ließ, wie im Fall des todkranken Abraham Moses, scheinen Fragen der rabbinischen Kompetenz nicht nur eine Rolle gespielt zu haben; hier zeichnet sich auch ein Maßstab, woran diese gemessen werden konnte, ab. Ein Vorsänger und Schächter, der im Alltag und in der Synagoge noch problemlos als Rabbiner angesprochen wurde, war demnach keine gute Wahl für das Ausfertigen eines juristisch unanfechtbaren Dokuments. Während in Flächenterritorien die Gestaltungsmöglichkeiten der Territorialherren für eine straffe Organisation der jüdischen Gerichtsbarkeit gegeben und im 18. Jahrhundert zunehmend gewollt waren, wurden in reichsritterschaftlichen Gebieten Lösungen gesucht, die den Bedürfnissen aller entgegenkamen. Diese sollten kostengünstig sein, die Wege kurz und im Bedarfsfall konnte auf zentrale jüdische Gerichte zurückgegriffen werden. Insofern spiegelt die Handhabung der jüdischen Gerichtsbarkeit in reichsritterschaftlichen Gebieten die auch sonst vorhandene Vielfalt an Organisations- und Rechtsstrukturen wider.

Zweifach im Visier. Jüdische Opfer von Straftaten und Rechtsprechung im Römisch-Deutschen Reich der Frühen Neuzeit

Von *Maria Boes*, West Chester

Die historische Forschung zu gewaltsamen Übergriffen gegen Juden in der Frühen Neuzeit hat sich bislang vor allem mit großen, spektakulären Attacken, wie zum Beispiel der Plünderung der Judengasse in Frankfurt am Main während des Fettmilchaufstandes, befasst.[1] Studien mit einer solchen Zielrichtung besitzen zweifelsohne ihre Berechtigung. Es läßt sich jedoch argumentieren, dass die Untersuchung der Übergriffe gegen einzelne Juden einen mindestens ebenso großen Erkenntnisgewinn verspricht, insbesondere dann, wenn die Täter verurteilt wurden. Denn solche Fälle bieten einen detaillierten Einblick in die persönlichen Motive, die zu Verbrechen führten, wie auch in den konkreten Umgang der Justiz mit denen, die sie verübten.

Ziel dieses Beitrages ist es, diese Forschungslücke durch die Untersuchung von elf Strafsachen, über die zwischen dem späten 16. und frühen 17. Jahrhundert in Frankfurt ein Urteil gefällt wurde, zu schließen. Entnommen sind die Fälle dem so genannten Frankfurter Strafenbuch, das jedes Urteil in Strafsachen im Zeitraum zwischen 1562 und 1696 verzeichnet.[2] Die folgenden Ausführungen erheben keinen Anspruch auf quantitative Vollständigkeit, denn das dürfte angesichts der zahlreichen Vergehen gegen Juden, die weder aufgezeichnet noch je vor Gericht gebracht wurden, ohnehin illusorisch sein. Der Schwerpunkt dieses Beitrags liegt dagegen auf

1 Die Übersetzung besorgte *Stephan Wendehorst* (Dubnow Institut, Leipzig). Zu den verschiedenen Interpretationen des Fettmilchaufstandes siehe die umfassende Studie von *Christopher R. Friedrich,* Politics or Pogrom? The Fettmilch Uprising in German and Jewish History, in: Central European History, XIX (1986), 186–228; siehe auch *Alfred Haverkamp,* Die Judenverfolgung zur Zeit des schwarzen Todes im Gesellschaftsgefüge deutscher Städte, in: Zur Geschichte der Juden in Deutschland des späten Mittelalters und der frühen Neuzeit, hrsg. v. Alfred Haverkamp, Stuttgart 1981; zur Diskussion über die Begriffe Ghetto und Judenviertel siehe *Alfred Haverkamp,* The Jewish Quarters in German Towns During the Late Middle Ages, in: In and Out of the Ghetto: Jewish-gentile Relations in Late Medieval and Early Modern Germany, hrsg. v. Ronnie Po-Chia Hsia / Hartmut Lehman, Cambridge / New York 1995, 13–15.

2 Das Strafenbuch befindet sich im Frankfurter Stadtarchiv, im Folgenden ST abgekürzt.

einer intensiven, vergleichenden Analyse der elf ausgewählten Fälle mit dem Ziel, die Motive einzelner Straftäter, mögliche Opferrollen, die Praxis der Rechtsprechung und deren Veränderungen im Verlauf der Zeit zu rekonstruieren.[3] Darüber hinaus werden die Ergebnisse, wo dies möglich ist, mit nicht-jüdischen Mustern verglichen.

Die Überlieferung der Frankfurter Strafprozesse, der *Criminalia,* erwies sich als besonders ergiebig. Darin haben sich Zeugenaussagen erhalten, juristische Schriftsätze, Briefe in denen andere Städte Informationen über Rechtsstreitigkeiten und Verdächtige erfragen, Gutachten von Ärzten und Barbieren, sowie persönliche Eingaben. Unglücklicherweise sind die Unterlagen nicht für alle Fälle vollständig. Die sieben vollständigen sowie die beiden fragmentarischen Dossiers können jedoch durch Einträge in den Ratsprotokollen und in den Bürgermeisterbüchern – dabei handelt es sich um die Protokolle der Treffen der Bürgermeister – ergänzt werden.[4]

Die Strafgerichtsbarkeit

Die Stadt Frankfurt bietet sich für eine Tiefenbohrung zur Strafjustiz im Mikroformat geradezu an, denn sie besaß universale Rechtsprechungskompetenzen. Verurteilt werden konnten nicht nur die eigenen Bürger, sondern auch in Frankfurt verhaftete Fremde, unabhängig davon, wo sie ihre Verbrechen begangen hatten. Die Jurisdiktion der Stadt Frankfurt in Strafsachen erstreckte sich auf Personen jeden Stands, Berufs – auch Soldaten waren eingeschlossen – und Religion. Die Frankfurter Urteile waren endgültig, denn für Kriminalsachen gab es im Heiligen Römischen Reich kein Berufungsgericht. Normative Grundlage der Strafgerichtsbarkeit im Römisch-Deutschen Reich war die *Constitutio Criminalis Carolina.* Diese musste freilich nicht in jedem Fall exklusiv angewandt werden. Eine salvatorische Klausel ermöglichte die Berücksichtigung lokaler Rechtsgewohnheiten.

Verantwortlich für die Strafjustiz war der Frankfurter Rat. Er bestand zu zwei Dritteln aus Patriziern und zu einem Drittel aus Vertretern bestimmter Zünfte. Alle Mitglieder waren am Ort ansässige Bürger männlichen Ge-

---

[3] Die elf Fälle sind [hier müsste der Bestand angegeben werden]: ST 16 Oktober 1568; ST 30. April 1585; ST 20. April 1592; ST 18. April 1601; ST 25. Oktober 1603; ST 26. Juli 1610; ST 23. Dezember 1614; ST 20. April 1615; ST 19. Juli 1649; ST 17. November 1664; ST 23. Mai 1679.

[4] Cr 137; Cr 389; Cr 641; Cr 745; Cr 1113; Cr 1268; Cr 1430. Die Ratsprotokolle, im Folgenden abgekürzt als RP und die Bürgermeisterbücher, im Folgen abgekürzt als Bb befinden sich im Frankfurter Stadtachiv. Sie geben Auskunft über sämtliche Überlegungen und Entscheidungen, die der Frankfurter Rat als städtische Herrschafts-, Verwaltungs- und Justitzinstanz anstellte und traf. Die sieben vollständige erhaltenen Criminalia, im Folgenden abgekürzt mit Cr sind, 137, 389, 641, 745, 1113, 1268 und 1430. Auch diese befinden sich im Frankfurter Stadtarchiv.

schlechts und lutherischer Konfession. Angehörige der ebenfalls in Frankfurt ansässigen Konfessions- beziehungsweise Religionsparteien der Reformierten, Katholiken und Juden waren nicht zum Rat und damit auch nicht zur Rechtsprechung in Strafsachen zugelassen. Dies bedeutete jedoch nicht, dass Nicht-Lutheranern oder auch Frauen der Zugang zum Rechtssystem verwehrt blieb. In Frankfurt konnte jedermann eine Untersuchung in Strafsachen anstoßen, entweder unmittelbar durch eine offizielle Beschwerde oder indirekt durch das Streuen von Gerüchten. Letzteren wurde genügend Bedeutung beigemessen, weshalb sie sogar eine Grundlage für die Verhaftung einer Person bieten konnten, gegen die der Vorwurf einer Straftat erhoben wurde.

Verhaftung von Verdächtigen und Identifikation von Opfern

Die Rolle, die Personen als Berichterstatter von Verbrechen oder bei der Verhaftung von Tatverdächtigen spielten, läßt sich in sieben der insgesamt elf Fälle rekonstruieren. In drei Fällen strengten die jüdischen Opfer – darunter eine Frau – einen Prozess an, in einem weiteren war es der Bruder eines der Opfer, der vor Gericht ging.[5] Dass in all diesen Fällen die Verdächtigen verhaftet und Verfahren gegen sie eröffnet wurden zeigt, dass Juden der Zugang zur Strafjustitz offenstand.

Die Rolle der Nicht-Juden in den Prozessen kann aufgrund fehlender Überlieferung nur in drei Fällen näher beleuchtet werden. Als sich 1599 in Heidelberg ein Mordfall ereignete und der Mörder vier Jahre später in Frankfurt vor Gericht gestellt wurde, stimmten die Aussagen aller Zeugen in der eindeutigen Beschreibung des Opfers als Juden überein.[6] Mehrere von ihnen hatten versucht zu helfen, das Opfer vom Boden hochgehoben oder ihm Wein zu trinken gegeben.

Als im Jahr 1610 vier Männer ein „jammerlich Geschrei“ hörten, stürzten sie zum Tatort und wurden Zeugen eines Mordversuchs an einem Juden.[7] Einer der Zeugen gab an, dass er bei seinem Eintreffen am Ort des Geschehens gesehen habe, wie der Verdächtige auf dem Juden saß. Ein anderer berichtete dagegen, dass er auf einen schwer verletzten Juden gestoßen sei, neben dem ein Mann saß. Der dritte und der vierte Zeuge beschrieben in ähnlicher Weise, dass sie einen am Boden liegenden Juden angetroffen hätten. Sämtliche Zeugen erklärten übereinstimmend, sofort eingegriffen, den Angreifer gefasst und der Obrigkeit übergeben zu haben.[8]

---

5 ST 16. Oktober 1568; ST 17. November 1664; ST 23. Mai 1679; ST 30. April 1585.

6 Cr 389.

7 Cr 641, 19.

8 Cr 641.

Dieses Darstellungsmuster sowie die Art und Weise der unmittelbaren Intervention seitens der Zeugen wiederholten sich 39 Jahre danach bei einem Fall von Totschlag. Im Jahr 1649 eilten mehr als zehn Neugierige auf die Strasse, nachdem sie einen Schuss gehört hatten. Sie identifizierten die Opfer spontan als Juden, versuchten ihnen zu helfen und setzten den Tatverdächtigen fest.[9] Einer der Zeugen gab an, dass er, als er den Ort des Verbrechens erreichte, einen „Jud uff der Gasse gelegen," sah, der heftig blutete.[10] Ein anderer Zeuge sagte aus, dass er auf einen am Boden liegenden Juden getroffen sei, dem er aufhalf.[11] Der dritte Zeuge machte eine beinahe identische Aussage, wobei er hinzufügte, dem Opfer geholfen zu haben, sich auf eine Bank zu setzen.[12]

Bei der Auswertung dieser beinahe identischen Zeugenaussagen kristallisieren sich zwei Muster heraus. Erstens, beinahe alle Zeugen identifizierten die Opfer unmittelbar und eindeutig als Juden. Lediglich ein Zeuge des Falls von 1610 berichtete, dass er als er den Tatort erreichte sich nicht sicher war, ob es sich bei dem Opfer um „einen Christen oder um einen Juden handelte".[13] Doch die Unsicherheit, die in dieser Aussage zum Ausdruck kommt, unterstreicht letztlich nur das Offensichtliche. Die Zeugen maßen der Identifikation der Opfer als Juden beträchtliche Bedeutung zu.

Zum Zweiten, war die spontane Hilfsbereitschaft der Zeugen fast ebenso bedeutsam. Das wiederkehrende Muster unmittelbarer und unaufgefordert geleisteter Hilfe, die schwer verletzten Juden von Nichtjuden geleistet wurde, ist ein oft vernachlässigter Aspekt der facettenreichen und komplexen sozialen Interaktion zwischen den beiden Gruppen.[14] Bei den hier vorgestellten Beispielen handelt es sich nicht um isolierte Fälle. Sogar während des Fettmilchaufstandes auf die Judengasse unmittelbar vor dem Angriff „flohen mehrere jüdische Familien in die Häuser befreundeter Christen".[15] In einem Fall nahm „ein Ratsherr ca. 60 Juden auf, darunter zehn Frauen, die gerade niedergekommen waren".[16] Eine Reihe von Stadtbewohnern war

9 Cr 1113, 15.

10 Cr 1113, 2.

11 Cr1113, 2.

12 Cr 1113, 2.

13 Cr 1113, 15.

14 *Robert Jütte* thematisiert die persönlichen Beziehungen zwischen Angehörigen beider Gruppen in seinem Beitrag: Contacts at the Bedside: Jewish Physicians and their Christian Patients, in: In and out of the Ghetto: Jewish-gentile relations in the late medieval and early modern Germany, hrsg. v. Ronnie Po-Chia / Hartmut Lehmann, Cambridge / New York 1995, 137 – 150.

15 *Isidor Kracauer*, Geschichte der Juden in Frankfurt a. M. (1150 – 1824), Herausgegeben vom Vorstand der Israelitischen Gemeinde in Frankfurt a. M. Vol. 1, Frankfurt a. M. 1925, 386.

16 *I. Kracauer*, Geschichte der Juden (Anm. 15), 386.

also nicht nur mit Juden befreundet, sondern gewährte diesen bei Unruhen auch Schutz. Die historische Rekonstruktion dieses Verhaltensmusters ist eine Sache, die Erklärung der dahinter stehenden persönlichen Motive eine andere. Letzteres ist beinahe unmöglich, da sich keine entsprechenden Aufzeichnungen der Zeugen erhalten haben.

Dagegen kann einfach erklärt werden, warum die verschiedenen Zeugen die Opfer unmittelbar als Juden erkennen konnten. Gegen Ende des 15. Jahrhunderts begann Frankfurt wie andere Reichsstände auch Kleiderordnungen zu erlassen, die die Kleidung der Stadtbewohner von den Patriziern bis hin zu den Armen reglementierten. Diese Ordnungen vervielfachten und differenzierten sich im Verlauf des 16. Jahrhunderts aus.[17] Während die Vorschriften der Kleiderordnungen einerseits die Angehörigen sämtlicher Korporationen betrafen, unterschieden sie andererseits ausschließlich die Juden als religiöse Gruppe von den Christen.[18]

Derlei visuell wahrnehmbare Zeichen können in zweifacher Hinsicht Wirkung entfalten: In den bereits angeführten Beispielen halfen sie den Zeugen dabei, die Opfer als Juden zu identifizieren. Sie können aber auch ganz im Gegenteil dazu beitragen, Straftätern die Identifizierung, wenn nicht gar die Auswahl ihrer Opfer zu erleichtern, wie die folgenden elf Beispiele belegen.

Verbrechen gegen Juden

In acht der elf Fälle, also auffallend häufig, aber nicht durchgängig, versuchten sich die Täter materiell an ihren jüdischen Opfern zu bereichern. Dieses Muster entsprach zunächst dem allgemeinen zeitgenössischen Trend, nach dem die meisten Straftäter in Frankfurt wegen Eigentumsvergehen verurteilt wurden. Diese vermeintliche Übereinstimmung mit dem allgemeinen Trend wird jedoch sofort fraglich, wenn man berücksichtigt, dass die Täter bei vier der acht Eigentumsdelikte physische Gewalt anwandten. Zählt man zu diesen vier Eigentums- und Gewaltdelikten die beiden Mordfälle und den einen Mordanschlag hinzu, erscheint die Behauptung plausibel, dass Juden in erster Linie Opfer von Gewaltverbrechen waren.

Die konkreten Beschreibungen der Straftaten zeigen, dass dieses Muster nicht das Ergebnis zufälliger Handlungen der Täter war. Diese hatten ihre Opfer vielmehr mit Bedacht gezielt ausgesucht. Im Jahr 1568 fesselten zwei miteinander verwandte Bürger einen ortansässigen Juden, schlugen ihn und zwangen ihn, einen Schuldschein über eine hohe Summe zu unterschreiben.

---

17 *Maria R. Boes,* Public Appearance and Criminal Judicial Practices in Early Modern Germany, in: Social Science History Vol. 20 No. 2 (Summer 1996), 263.

18 *M. Boes,* Public Appearance, (Anm. 17), 265.

Die beiden Verbrecher hatten ihr Opfer offensichtlich sorgfältig ausgewählt.

Dies traf auch für die drei Raubmörder zu, die im Jahr 1583 drei jüdische Kaufleute in der Nähe von Straßburg überfielen.[19] Deren Intention gezielt Juden auszuplündern, läßt sich aus den Prozessakten eines der Täter rekonstruieren, der ein Jahr später in Frankfurt vor Gericht stand. Kurz vor dem Überfall hatte der Bischoff von Straßburg „seine Juden“ zur Vorsicht gemahnt, da Straßenräuber ihr Unwesen trieben.[20] Diese Warnung, die der Bischoff speziell an „seine Juden“ gerichtet hatte, läßt die Behauptung plausibel erscheinen, dass diese die bevorzugten Opfer der Räuber waren, die die Landstraßen unsicher machten.

Der Betrug an einem Juden durch das Einwechseln von Steinen gegen Pfennige, wie er sich 1592 in Frankfurt ereignete, erscheint vergleichsweise harmlos.[21] Außergewöhnlich war dagegen ein Raubüberfall aus dem Jahr 1601, bei dem vier Soldaten gemeinsam einen „Jud“ auf offenem Feld in der Nähe von Frankfurt angriffen und ausplünderten.[22] Einen ähnlichen Hintergrund besaß ein Fall, der sich im Dezember 1614 ereignet hatte, und an dem sechs Täter beteiligt gewesen waren.[23] Nicht nur waren alle von ihnen am Sturm auf die Judengasse während des Fettmilchaufstandes beteiligt, sondern sie waren auch zu einem späteren Zeitpunkt an den Tatort zurückgekehrt, um in der Nacht in Häuser einzubrechen. Der Ort des Geschehens läßt keinen Zweifel aufkommen, wer als Opfer avisiert war: Juden.

Ganz explizit zum Ausdruck gebracht wird dies in der Beschreibung des Tathergangs eines ähnlich gelagerten Falls aus dem Jahr 1615, in der ein Stadtsoldat angab, dass er und seine Komplizen ein Opfer erst dann angriffen, als sie sich sicher waren, das es sich um einen „Jud“ handelte.[24] Ähnliche, wenn auch leicht modifizierte Absichten waren in einem Fall aus dem Jahr 1664 im Spiel.[25] Diesmal waren sowohl Opfer als auch Täter Juden. Ein ortsansässiger jüdischer „medico“ beschwerte sich, dass ihm eine große Summe Geldes sowie wertvolle Juwelen aus seinem Haus in der Judengassse gestohlen worden seien. Er wies auf mehrere Juden hin, die als Täter in Frage kamen. Einer derselben, der Hauptverdächtige, hatte eine Woche lang als Gast im Haus des Arztes gewohnt und hatte sich auf diese Weise mit dem Tatort vertraut gemacht.[26] Ein perfekt geplanter Diebstahl an einem ande-

19 Cr 137.

20 Cr 137, 56.

21 ST April 20, 1592.

22 Rp März 24, 1601, 84; Bb April 16, 1601, 290.

23 ST Dezember 23, 1614.

24 Cr 745, 2, 3.

25 ST November 11, 1664.

26 Cr 1268.

ren Juden, und während den Hauptverantwortlichen die Flucht gelang, hielt sich die Justiz an „Itzig, Jud von Prag“, wie ihn die Akten nennen, schadlos.

Bei einem Fall aus dem Jahr 1677 handelte es sich um ein Vergehen, bei dem die gezielte Auswahl des Opfers besonders deutlich wird.[27] Ein Goldschmied und Siegelstecher von auswärts begab sich in die Frankfurter Judengasse, um bei einer Jüdin einige seiner niederländischen Dukaten einzuwechseln. Diese erkannte sofort, dass es sich bei den Münzen um Fälschungen handelte und beschwerte sich direkt bei der Obrigkeit, was die Verhaftung des Delinquenten zur Folge hatte. Der Angeklagte, unterstützt durch seine Frau, machte zu seiner Verteidigung jedoch geltend, dass er sein Falschgeld ja nur bei Juden einwechseln wollte, wogegen niemand etwas einwenden könne.[28]

Die Anwendungsmuster physischer Gewalt gegen Juden bestätigen die bereits sichtbar gewordene Tendenz bei der Auswahl der Opfer. Ein Jude, der in Heidelberg von einem Frankfurter Bürger, einem Bender, ermordet wurde, soll hier als erstes Beispiel dienen. Die vier Augenzeugenberichte, die den Tathergang schilderten, waren beinahe identisch. Der Angreifer, der in einem Gasthaus still neben dem Herd stand, ergriff unvermittelt einen großen Stock, ging zu dem Juden hinüber und schlug diesem so heftig auf den Kopf, dass dieser zu Boden fiel und starb.[29] Alle Zeugen waren sich darin einig, dass das Opfer keinerlei Anlass für die Attacke gegeben hatte. Es war vielmehr völlig mit eigenen Angelegenheiten beschäftigt gewesen, schien ausgesprochen fröhlich und aufgeräumt, und hatte eine Melodie vor sich hingesummt. Nach der Tat rannte der Täter sofort zur Tür und dann zur Stadt hinaus. Da mit der Attacke kein Raub verbunden war und der Angreifer auch nicht in Notwehr handelte, scheint es nur eine plausible Schlussfolgerung zu geben: das Opfer wurde ermordet, weil es jüdisch war.

Zwei weitere Fälle bestätigen diesen Befund. Im Juni 1610 wurde ein Jude „uff offener Strass“ überfallen.[30] Der Aussage des Opfers zufolge hatte der Angreifer es zunächst physisch attackiert, weshalb dieses fälschlicherweise zunächst von einem Raubversuch ausging. Aber als der Jude dem Angreifer seine Geldbörse hinwarf, nahm dieser davon überhaupt keine Notiz, sondern attackierte ihn umso heftiger, zunächst mit einem Spieß und dann mit seinem Messer. Die einzelnen Zeugen, die zum Tatort gerannt kamen nachdem sie ein „jämmerlich Geschrei“ gehört hatten, machten folgende Aussagen: Zwei Zeugen, die den Täter niederzuringen halfen, gaben zu Protokoll, dass dieser explizit gesagt habe, er wolle den Juden umbringen. Ein dritter Zeuge berichtete, dass der Angreifer ihm erzählt habe, dass er den

27 ST Mai 23, 1679 and Cr 1430.

28 Cr 1430, 31.

29 Cr 389, 6, 9, 10, 11, 17.

30 Cr 641.

Juden zu Tode prügeln und am Tatort zurücklassen wollte. Der vierte Zeuge gab eine ähnliche Äußerung des Angreifers wieder; dieser habe geschrieen: „ich hät ihn [den Juden / d. A.] todt geschmissen".[31] Besonders bemerkenswert ist die Aussage des fünften Zeugen. Dieser hatte den Täter bereits am Tatort nach den Motiven für seinen Angriff auf den Juden gefragt. Dessen Antwort war so direkt wie enthüllend. Er hatte nämlich geantwortet, dass er selbst nicht wisse, warum er den Juden angegriffen hätte und dass der „Jud" ihm nichts getan hätte.[32] Dennoch habe er gehofft, „den völlig wehrlosen Juden zu töten."[33]

Aus den einzelnen Zeugenaussagen sowie den Erklärungen, die der Täter selbst abgab, läßt sich schwerlich die Schlussfolgerung ziehen, dass es sich bei dem Vorfall zunächst um einen Raubüberfall gehandelt habe. Auslöser der Tat war offensichtlich der Umstand, dass das Opfer Jude war. Die Bemerkung des Delinquenten, dass er vorhatte, „den völlig wehrlosen Juden zu töten", läßt den Fall zudem in einer weiteren Perspektive erscheinen. Vielleicht bot die Wehrlosigkeit der Juden einen zusätzlichen Anreiz zum Angriff, Juden war das Tragen von Waffen verboten, sie stellten somit eine leichte Beute dar.[34]

Materielle Motive fehlten auch 1649, als ein Soldat verhaftet wurde, weil er in Frankfurt auf zwei Juden geschossen hatte, von denen der eine starb und der andere schwer verwundet wurde.[35] Auf der Grundlage der Zeugenaussagen ergibt sich folgendes Bild: Ein Soldat hatte sich mit anderen Soldaten betrunken, das Gasthaus verlassen um nach Hause zu gehen, reinigte dort sein Gewehr und schoss damit auf zwei Juden, die zufällig des Wegs kamen. Zahlreiche Einwohner, die den Schuss und die Schreie der verletzten Juden gehört hatten, rannten zum Tatort. Keiner von ihnen hatte jedoch den vollständigen Tathergang beobachten können. Dies konnten nur die Opfer, von denen einer noch eine Aussage machen konnte, die im Widerspruch zu der des Soldaten stand.

Während der Soldat wiederholt behauptete, dass er die näherkommenden Juden nicht bemerkt habe und diese ihm ins Schussfeld gelaufen seien, gab ein jüdischer Zeuge, der sich in der Gesellschaft der beiden Niedergeschossenen befunden hatte an, dass er gesehen habe, wie der Soldat auf seine Opfer zielte, worauf er ihn angeschrieen habe, den Gewehrlauf zu senken.[36] Nur weil er rechtzeitig aus dem Schussfeld gesprungen sei, habe er sein ei-

---

31 Cr 641, 11,19, 20,21.

32 Cr 641, 22.

33 Cr 641, 11.

34 *Guido Kisch,* Forschungen zur Rechts- und Sozialgeschichte der Juden in Deutschland während des Mittelalters, Sigmaringen 1978, 33–40.

35 Cr 1113.

36 Cr 1113, 9.

genes Leben retten können. Der Soldat widersprach am Ende seiner eigenen Aussage, indem er zugab, dass er gesehen habe, wie die „Juden um die Ecke" des Hauses, an dem er stand „bogen" und dass sie sich etwa acht Fuß von ihm entfernt befanden.[37] Folglich hatte der Täter, wie er selbst zugab, die näherkommenden Männer als Juden erkannt; die abgefeuerten Gewehrschüsse hätten sich freilich, wie er behauptete, von selbst gelöst.

Zusammenfassend kann festgehalten werden, dass die Mehrheit der hier untersuchten elf Kriminalfälle die Hypothese nahe legt, dass Juden bewusst als Tatopfer ausgewählt wurden. Während die Eigentumsdelikte offensichtlich aus wirtschaftlichen Motiven verübt wurden, lassen sich die damit verbundenen Gewalttätigkeiten, in einem Fall sogar ein brutaler Mord kaum erklären, wenn man auf deren moderne Einschätzung als ‚hate crimes' (Hassverbrechen) verzichtet.

Das mit diesem Opfermuster einhergehende Gewaltpotential ist umso auffälliger als während des gesamten Untersuchungszeitraums in Frankfurt kein einziger Jude jemals wegen eines Kapitalverbrechens, sei es Mord, Totschlag oder Raubmord, verurteilt wurde.[38] Möglicherweise gibt die überproportionale Anzahl von Soldaten unter den Tätern einen Hinweis, denn bei fünf der verurteilten Delinquenten handelte es sich um Soldaten. Einer spielte eine Schlüsselrolle in dem Raubmord an drei jüdischen Kaufleuten, ein anderer half dabei, einen Juden auszurauben, zwei weitere waren Mittäter bei dem Angriff auf einen Juden auf einer Landstraße außerhalb der Stadt und ein fünfter erschoss zwei Juden, die zufällig an seiner Wohnung vorbeikamen.

Die Tendenz, Juden als Opfer von Gewaltverbrechen auszuwählen, war der Frankfurter Obrigkeit bekannt. Dieser war auch bewusst, dass es sich bei der Mehrheit der Täter um Soldaten und Handwerker handelte. Andernfalls hätte sie erstere nicht öffentlich ermahnt, mit Juden keinen Streit anzufangen.[39] An die Handwerker waren ähnliche Warnungen ergangen.[40]

Bei alledem stellt sich auch eine weiterführende Frage, nämlich ob sich dieses offensichtliche und weithin vertraute Muster bei der Auswahl von Juden als Opfer in der Frankfurter Justizpraxis widerspiegelt, denn nicht nur nach heutigen rechtlichen Maßstäben verschärfte die kaltblütige Planung einer kriminellen Handlung die Bewertung ganz entscheidend.

---

37 Cr 1113, 26 item 8.

38 *Maria R. Boes*, Jews in the Criminal-Justice System of Early Modern Germany, Journal of Interdisciplinary History, XXX: III (Winter 1999), 425.

39 Rp Juli 5, 1683, 24.

40 *I. Kracauer*, Geschichte der Juden (Anm. 15), 397.

Justizpraxis

Es ist bezeichnend, dass sowohl die Frankfurter Justiz als auch die Täter dem Umstand, dass es sich bei Zeugen und Opfern um Juden handelte, im Verlauf der Verfahren mehr und mehr Gewicht beimaßen. Dies zeichnet sich bereits gegen Ende des 16. Jahrhunderts ab, es erreichte seinen Höhepunkt in der Mitte beziehungsweise gegen Ende des 17. Jahrhunderts. Dabei handelte es sich jedoch keineswegs um eine für die Juden positive Entwicklung, ganz im Gegenteil; jede Fallbeschreibung enthüllt die stetige Zunahme der negativen Haltung gegenüber jüdischen Zeugen und Opfern.

Als zwei Bürger 1568 einen Juden gefesselt, geschlagen und zur Ausstellung eines Schuldscheins gezwungen hatten, entsprachen der Verlauf des Strafverfahrens sowie die schließlich verhängte Strafe noch dem allgemeinen Muster. Bereits der nächste Fall aus dem Jahr 1584 ließ jedoch bereits eine gewisse Tendenz in Richtung eines milderen Strafmaßes für diejenigen Täter erkennen, deren Opfer Juden waren. 1568 hatte die städtische Obrigkeit die Verdächtigen zwei Tage nachdem das jüdische Opfer geklagt hatte verhaftet. Der Fall wurde in insgesamt neun Sitzungen verhandelt, wobei man zwei der städtischen Syndici hinzuzog. Die Tatverdächtigen wurden gefoltert. Der zeitgenössischen Praxis entsprechend wurden auch Bitten um Strafmilderung zweier Verwandter der Verdächtigen angehört. Nach zwei Monaten Haft wurden die Täter zum Pranger – bei der Verbüßung dieser Strafe hatten sie einen Hut zu tragen, auf dem ihre Verbrechen abgebildet waren – und zur Verbannung auf Lebenszeit verurteilt.[41] Gerade weil es sich bei den Tätern um Frankfurter Bürger gehandelt hatte, müssen die öffentliche Zurschaustellung und die Verbannung aus der Stadt als schwere Strafen betrachtet werden.

Das Strafverfahren, das sich an den 1584 an drei jüdischen Kaufleuten in der Nähe von Strassburg begangenen Raubmord anschloss, verlief in ähnlicher, stellenweise sogar noch verschärfterer Weise als das vorangegangene, wies aber Veränderungen hinsichtlich des Strafmaßes auf.[42] Auf der Grundlage der Anklage des Bruders eines der Opfer war in Frankfurt ein Soldat verhaftet worden. Der Verdächtige weigerte sich, seine Beteiligung an dem Verbrechen zuzugeben, obwohl er durch das schriftliche Zeugnis eines Komplizen zusätzlich schwer belastet wurde.[43] Sein beständiges Leugnen führte dazu, dass der Frankfurter Rat ihn foltern ließ, dies jedoch ohne Erfolg.[44] Die Stadträte – immer noch im Zweifel, ob er schuldig sei – ließen ihn zwei Monate später erneut foltern, ohne dass sich der Verdächtige

41 ST Oktober 16, 1568.

42 Cr 137, 22.

43 Cr 137, 30.

44 Cr 137, 31; Rp Mai 1 1585, 59.

schuldig bekannte.[45] Mit diesem Ergebnis immer noch unzufrieden, hielt ihn der Rat „den gesamten Winter über im Gefängnis fest“, woraufhin er „schließlich gestand“.[46]

Der Frankfurter Stadtrat verurteilte ihn jedoch trotz der Schwere seines Verbrechens – er hatte den drei jüdischen Opfern die Kehle aufgeschlitzt und sie ausgeraubt – lediglich zum Tod durch das Schwert. Auch wenn die Todesstrafe in jedem Fall eine sehr schwere Strafe darstellt, so mussten andere Straftäter, die vergleichbare Verbrechen begangen hatten, härtere Formen der Todesstrafe erdulden. In einem vergleichbaren Fall aus dem Jahr 1575 etwa ließ die Frankfurter Obrigkeit den Täter rädern.[47]

Während das Strafmaß in dem eben geschilderten Fall von 1584 zugegebenermaßen noch als Abweichung innerhalb einer zulässigen Toleranzgrenze gewertet werden kann, verbietet sich eine derartige Interpretation, was die verbleibenden neun Fälle anbelangt. Gegen eine solche Sicht spricht nicht nur der Umstand, dass die zunehmend negativ konnotierte jüdische Identität von Opfern und Zeugen mehr und mehr Aufmerksamkeit auf sich zog, sondern auch, dass die Täter in acht von neun Fällen unabhängig von der Schwere ihres Vergehens lediglich mit Verbannung bestraft wurden. Einzige Ausnahme war bezeichnenderweise der Fall des jüdischen Täters, der gebrandmarkt wurde, da er geholfen hatte, einen anderen Juden zu bestehlen.

Der Delinquent, der 1592 Steine gegen Geld getauscht hatte, wurde lediglich verbannt, genauso wie die beiden Soldaten, die 1601 mehrere Juden auf offener Straße angegriffen hatten. In ähnlicher Weise wurden die sechs Männer, die während des Fettmilchaufstandes 1614 nicht nur an der Plünderung der Judengasse teilgenommen hatten, sondern später in diese zurückgekehrt waren, um weitere Einbrüche zu begehen, lediglich aus der Stadt verbannt.[48] Der Soldat, der einen Raub an einem Juden mitverübt hatte, wurde nur mit Verbannung bestraft, obwohl einer der Frankfurter Syndici darauf gedrungen hatte, ihn wenigstens an den Pranger zu stellen.[49]

Die Mord- und Mordversuchsfälle sind in gleichem, wenn nicht noch größerem Maße bezeichnend für diesen Trend. Die Strafe, die ein Frankfurter Bürger erhielt, der in Heidelberg ohne erkennbaren Grund einen Juden getötet hatte, bestand lediglich in seiner Verbannung aus der Stadt. Diese Strafe wurde verhängt, obwohl die Frankfurter Syndici für die Todesstrafe plädiert hatten, die die Constitutio Criminalis Carolina für vorsätzlichen

45 Rp. 30. 3. 1585, 80.

46 St. April 30,1585.

47 ST Juli 15, 1575.

48 Rp. 24. März 1601, 84, 16. April 1601, 89; Bb, 16. April 1601, 290 und ST 18. April 1601. ST 23. Dezember 1614; Rp. 10. November 1614, 52; 13. Januar 1614, 59; 20. Dezember 1614, 61; Bb 20. Dezember 1614, 202.

49 Cr 745,2 und ST 20. April 1615.

Mord vorsah.[50] Aber die Räte nutzten ihren großen Ermessenspielraum und entschieden auf Verbannung, da sie wie die Akten berichten sein Leben aus Gnade schonen wollten.[51] Dies war der einzige Fall zwischen 1562–1696, in dem ein Mörder mit einer derart leichten Strafe davonkam.

Der Mordanschlag auf einen Juden im Jahr 1610 wirkt beinahe wie eine Kopie des vorigen Falles. Auch wenn das jüdische Opfer überlebte, war es die mehrfach explizit erklärte Absicht des Täters gewesen, es zu töten, auch in diesem Fall ohne jeden erkennbaren Grund. Dieser Vorfall versetzte die Frankfurter jüdische Gemeinde in große Aufregung. Der Rabbiner machte eine Eingabe an den Frankfurter Rat, um die tiefe Besorgnis der Gemeinde zum Ausdruck zu bringen, dass sich ein solcher Vorfall in der Zukunft wiederholen könnte. In seiner Petition hob er die bewegte Vergangenheit des Täters hervor und betonte besonders, dass dieser immer wieder erklärt hatte, dass er den Juden töten wollte. In weiteren Eingaben forderten die Rabbiner wie auch das Opfer unter Verweis auf die Vorsätzlichkeit des versuchten Mordes und den Artikel 177 der Constitutio Criminalis Carolina eine strenge Bestrafung.[52]

Der Frankfurter Rat nahm diesen Fall, wie es schien, sehr ernst. Die Ratsherren holten bei den Barbieren medizinische Gutachten über die Schwere der Wunden ein und traten mit der Obrigkeit des Ortes, an dem sich der Täter früher aufgehalten hatte, in Kontakt, um mehr über dessen Hintergrund zu erfahren. Die Antwort, die sie erhielten, war der Stellungnahme des Rabbiners, der die bewegte Vergangenheit des Täters geschildert hatte, diametral entgegengesetzt. Die Frankfurter wurden informiert, dass der Täter sein ganzes Leben lang ein durchweg frommer und anständiger Mann gewesen sei und es ohne jeden Zweifel nur der Jude gewesen sein konnte, der ihn zu dieser Handlung provoziert hatte.[53] Der Täter wurde verbannt.[54]

Dieser Argumentation zufolge hatte das jüdische Opfer sein Schicksal letztlich selbst verschuldet. Eine merkwürdige Wendung, jedoch kein Einzelfall. Auch in dem Vorfall aus dem Jahr 1649 hatte der Täter behauptet, dass die Juden zufällig in die Bahn des Gewehrschusses gelaufen seien, den er abgefeuert hatte. Anfangs hatte der Soldat sogar abgestritten, gesehen zu haben, wie sich die beiden Juden näherten, eine Aussage, die er später wegen ihrer Widersprüchlichkeit widerrief. Dieser Lapsus hatte die Syndici zu einem sorgfältigen Vergleich der Aussagen des Täters mit denen des Zeugen veranlasst. Dieser, der dritte, unverletzte Jude behauptete, dass der Angeklagte auf sie gezielt, worauf er ihn selbst ermahnt habe, das Gewehr nie-

50 Cr 389.

51 Bb Oktober 25, 1603, 142.

52 Cr 641,10–13 and 5.

53 Cr 641, 24.

54 Cr 641, 3 und ST 26. Juli 1610.

derzulegen. Unter den juristischen Schriftsätzen hat sich eine bezeichnende, in Parenthese eingefügte Bemerkung erhalten, nach der ein jüdischer Zeuge „als ein Jud einen Christen nicht glaubhaft genug zu achten ist“.[55]

Diese sprichwörtlich vorurteilsbeladene Äußerung gegen Juden erstaunt umso mehr, da das offizielle Kriminalrecht des Heiligen Römischen Reiches, die Carolina, keinerlei derart abwertende Hinweise liefert.[56]

Ungeachtet ihrer Geringschätzung der Aussage des jüdischen Zeugen, fuhren die Syndici in dem Verfahren fort und überantworteten den Angeklagten der Folter. Dieser leugnete jedoch, vorsätzlich auf die Juden geschossen zu haben. Er stritt auch ab, dass er sie nur habe erschrecken wollen.[57] Um seine Aussagen gleichsam zu untermauern, gab er an – ohne dazu befragt worden zu sein –, dass er keine „Feindschaft uff der Juden“ empfände.[58] In der Eingabe der Ehefrau des Angeklagten an den Rat verwandelten sich jedoch diese zunächst bloß spezifisch auf Juden gemünzten Bemerkungen in negative Stereotype, als sie forderte, dass ihr unschuldiger Ehemann nicht wegen solcher „abergläubischen Juden“ verurteilt werden solle.[59]

Dieses Verfahren zeigt auf unmissverständliche Weise die dramatische Zunahme negativ konnotierter Hinweise auf Jüdisches in juristischen Auseinandersetzungen. Diese Veränderung des Klimas der Rechtsprechung kann der jüdischen Gemeinde nicht entgangen sein. Sowohl Freunde als auch Bruder und Schwager der beiden jüdischen Opfer schickten Petitionen an den Frankfurter Rat, die allesamt darauf abhoben, dass es von entscheidender Bedeutung für ein Funktionieren der Beziehungen zwischen Christen und Juden sei, dass unabhängig davon, ob es sich bei den Opfern von Verbrechen um „Juden oder Christen“ handelte, unschuldiges Blut weder vergossen werden noch – falls es doch geschah – dies ungestraft bleiben dürfe.[60] Alle drei Frankfurter Syndici stimmten mit der jüdischen Gemeinde in der Beurteilung der Tragweite der Tat überein.[61] Freilich, das Opfer „war nur ein Jude“, wie einer von ihnen bemerkte.[62]

Die Versuchung liegt nahe, die milde Strafe der Verbannung, die die Täter erhielten, der Haltung der Richter zuzuschreiben, die umso voreingenommener erscheint, wenn man sie den Urteilen gegenüberstellt, die in vier Tot-

55 Cr 1113, 38.

56 Hals- Oder Peinliche Gerichtsordnung Kaiser Carls V. 8. Auflage, hrsg. v. Johann Christoph Koch, Goldbach 1996.

57 Cr 1113,40.

58 Cr 1113,40.

59 Cr 1113, 20, 32,47.

60 Cr 1113, 17–19.

61 Cr 1113,52.

62 Cr 1113,57.

schlagsfällen der Jahre 1640, 1648, 1658 und 1659, das heißt in zeitlicher Nähe zu dem hier beschriebenen Fall von 1649 ergingen, wobei drei der Täter hingerichtet und der vierte für drei Jahre in den Krieg gegen die Osmanen geschickt wurde.[63] Die offizielle Version der Frankfurter Richter lautete hier allerdings, dass der Verdächtige „purgirt“ worden sei, da er nicht einmal unter der Folter gestanden hätte, die beiden Juden absichtlich erschossen zu haben.[64]

Dieser Prozess aus dem Jahr 1649 ist sowohl wegen der zahlreichen herabsetzenden Bemerkungen über Juden, die von Frankfurter Juristen vorgebracht wurden, als auch wegen des ausgesprochen milden Urteils bemerkenswert. In dem Prozess des „Itzig Jud von Prag“ spiegelt sich beides bei umgekehrtem Umfeld wider. Itzig war angeblich in den Diebstahl verwickelt gewesen, der sich im Haus des Abraham in der Judengasse ereignet hatte. Das Opfer selbst hatte das Verbrechen bei der Obrigkeit angezeigt und seine Aussage durch das Ablegen des Judeneids bekräftigt.[65] Itzig war daraufhin in Bornheim, einem Frankfurt vorgelagerten Dorf verhaftet worden. Nachdem er auf die ihm zunächst gestellten Fragen nach seiner Person geantwortet hatte – unter anderem gab er an, dass er aus Polen stamme –, behauptete er, dass er an dem Diebstahl nicht beteiligt gewesen sei, dass ihm niemand irgendwelche Ware gegeben habe und dass nichts bei ihm gefunden worden sei. Er erklärte, dass ihn ein Jude namens Daniel um den Gefallen gebeten hätte, eine Tasche von der Judengasse zu dessen Freund Liebermann nach Bornheim zu bringen, was er auch getan habe. Itzig behauptete, dass er vom Inhalt der Tasche keine Kenntnis besaß und sie sich nach der Übergabe ohne weitere Worte zu wechseln voneinander getrennt hätten.[66]

Man war mit dieser Aussage nicht zufrieden, dies umso mehr, da es sich, wie es einer der Syndici ausdrückte bei dem „inhaftierten Juden um einen Polen handelte“. Daher beschloss der Rat, den Tatverdächtigen unmittelbar mit einem der Zeugen Abrahams zu konfrontieren.[67] Interessanterweise sollte der Topos des polnischen Juden während dieser Gegenüberstellung erneut auftauchen, wobei die Initiative diesmal von Itzig ausging. Itzig wies die Behauptung des Zeugen zurück, dieser hätte in Itzigs Hose eine Börse voller Geld gefunden, ihn gefangen und der Obrigkeit übergeben als dieser die Flucht ergreifen wollte. Itzig hielt dagegen, dass er nur sehr wenig Geld in seiner Börse gehabt habe, dass er nicht habe fliehen wollen und dass der

63 ST. 2. Juli 1640; ST 28. Januar 1648; ST 26. Februar 1658; ST 28. November 1659.

64 Cr 1113, 42.

65 Cr 1268, 8.

66 Cr 1268, Antworten #6 und #15 , Antworten 21, 22 und 27

67 Cr 1268, 15.

Zeuge ihn heftig geschlagen habe, da „er als polnischer Juden von den deutschen Juden sehr gehaßt werde.“[68]

Am Ende gestand Itzig jedoch, dass sich in seiner Börse sehr viel Geld befunden hätte, behauptete aber gleichzeitig, sich nicht erklären zu können, wie es dorthin gekommen sei. Frankfurts Syndici befanden sich in einer undankbaren Situation. Zwei andere Tatverdächtige, von denen einer eine Woche lang bei dem Opfer gewohnt hatte, schienen die Haupttäter gewesen zu sein. Beide waren jedoch entkommen. Darüber hinaus war ihnen die Rolle unklar, die Itzig in der Angelegenheit gespielt hatte. Sie plädierten daher dafür, ihn foltern zu lassen.[69]

Bevor die Folterinstrumente zur Anwendung kamen, wurde Itzig weiter vernommen. Auf die Frage, warum er nach Frankfurt gekommen sei, hatte er geantwortet, dass er als armer Jude dorthin gegangen sei, um Almosen zu empfangen. Gefragt, warum er nicht in Polen geblieben sei, hatte er geantwortet, dass er dort nicht länger für seinen Lebensunterhalt hätte sorgen können, da alles im Verfall begriffen sei und er sechs Jahre lang als Lehrer zweier jüdischer Familien in der Nähe von Mainz hatte arbeiten können. Als ihm daraufhin die Frage gestellt wurde, warum er nicht dort geblieben sei, antwortete er, dass sie keines Lehrers mehr bedurft hätten.

Gefragt, warum er zunächst bestritten hätte, dass sich in seiner Börse eine große Summe Geldes befand, antwortete er, dass er dies aus Angst getan habe, da das Geld von einem der jüdischen Verdächtigen stammte. Er leugnete jedoch weiterhin, von dem Verbrechen irgendeine Kenntnis besessen zu haben. Das beständige Leugnen hatte zur Folge, dass ihm Daumenschrauben angelegt und „soweit als möglich zugeschraubt“ wurden. Da Itzig immer noch nicht geständig war, wurden ihm auch die Beinzwingen angelegt. Als er „sehr laut schrie und sich so sonderbar benahm, daß um einen weiteren Unfall zu fürchten war“ zumal abzusehen war, dass „keine weiteren Informationen aus ihm herauszupressen waren und er sehr geschwächt erschien und da er zwischen seinen Schreien mehrfach beteuerte, daß er alles gesagt habe, was er wisse“ wurde seine Folterung eingestellt.[70]

Im Verlauf der folgenden Beratungen der Syndici sprach keiner von ihnen davon, dass Itzig, da er nicht einmal unter schärfster Folter geständig war, nun „purgirt“ sei. Stattdessen wurde das Argument vorgebracht, dass sich Diebstahl „auch bei den Juden“, insbesondere bei den „polnischen“ zu stark ausbreite, weshalb man vorschlug, Itzig an einem „sichtbaren Ort“ zu brandmarken.[71] Itzig wurde schließlich auf seiner rechten Wange gebrandmarkt. Diese Strafe erhielt er zusätzlich zu Pranger und Verbannung.

68 Cr 268, 18.

69 Cr 1268, 11.

70 Cr 1268, 5.

71 Cr 1268, 4.

Der Fall des Itzig enthüllt eklatante Abweichungen sowohl hinsichtlich des Verfahrens als auch der Strafzumessung und dies im Vergleich zu dem konkreten Fall von 1649, als ein Soldat einen Juden getötet hatte, wie auch zur Handhabung der Brandmarkung allgemein. Der Soldat galt als „purgirt", nachdem er die Folter überstanden hatte; Itzig dagegen nicht, obwohl er einer verschärften Folter unterzogen worden war, was bei jüdischen Verdächtigen keine ungewöhnliche Praxis darstellte.[72] Der Soldat wurde verbannt, Itzig musste mit einem Brandmal im Gesicht weiterleben. Das Brandmarken stellte bereits an sich eine besonders schwere Form der Bestrafung dar. Das galt in Itzigs Fall umso mehr, da die Brandmarkung als Strafe in Frankfurt seit 1568 außer Gebrauch war. Bezeichnenderweise wurde diese Strafe nach ihrer Wiedereinführung 1664 beinahe ausschließlich gegen Juden verhängt. Von insgesamt sieben Straftätern, die gebrandmarkt wurden, waren sechs Juden. Während „der nicht-jüdische Delinquent am Nacken gebrandmarkt wurde, war es bei sämtlichen jüdischen Verurteilten die Wange."[73]

Mitte des 17. Jahrhunderts war der Umstand Jude zu sein, zu einem Faktor geworden, der Gerichtsprozesse in unübersehbarer Weise beeinflusste. In keinem Verfahren zeigte sich dies deutlicher als in dem Prozess, den eine Jüdin 1677 anstrengte. Sie erhob Klage gegen einen Goldschmied, der bei ihr niederländische Münzen eintauschen wollte, die sie sogleich als Fälschungen erkannt hatte. Der Delinquent wurde verhaftet und verhört, leugnete aber, dass er es war, der an die Jüdin herangetreten sei. Stattdessen behauptete er, dass sie ihn mit einer anderen Person verwechsle. Dabei blieb er auch während der folgenden Befragungen.

Inzwischen hatten drei auswärtige Juden den Verdächtigen beschuldigt, Falschgeld bei ihnen in ihren jeweiligen Heimatstädten eingewechselt zu haben. Der Delinquent reagierte auch auf diese Anschuldigung mit der Behauptung, dass sich die Juden in seiner Person geirrt hätten. Während er weiterhin abstritt, mit den drei Juden etwas zu tun gehabt zu haben, gab er schließlich seinen Versuch zu, bei der Jüdin Falschgeld einzuwechseln. Seinen Betrugsversuch rechtfertigte er damit, dass er seine betrügerische Transaktion nur mit Juden abwickeln wollte.

Die selektive wie negative Haltung des Delinquenten gegenüber Juden drückte dem ganzen Verfahren seinen Stempel auf. Er selbst, seine Frau und sein Bruder als seine wichtigsten Fürsprecher sowie sein Rechtsbei-

---

72 *M. Boes,* Jews in the Criminal-Justic System (Anm. 38), 418–419 weist dieses Muster deutlich nach; siehe auch *Otto Ulbricht,* Criminality and Punishment of the Jews in the Early Modern Period, in: In and Out of the Ghetto: Jewish-Gentile Relations in Late Medieval and Early Modern Germany, hrsg. v. Ronnie Po-Chia Hsia / Hartmut Lehmann, Cambridge / New York 1995, 68, der angibt, dass „jurists demanded that torture be used with less restraint against Jews."

73 *M. Boes,* Jews in the Criminal-Justice System (Anm. 38), 432–433.

stand äußerten im Prozessverlauf mehr und mehr herabsetzende religiöse und ethnische Stereotype über Juden in der Hoffnung, auf diese Weise eine mildere Strafe, wenn nicht gar das Fallenlassen sämtlicher gegen den Angeklagten vorgebrachter Anschuldigungen erreichen zu können. Die mehrere hundert Seiten umfassenden Prozessakten bezeugen dies.[74] Während der Angeklagte ursprünglich behauptet hatte, dass sich die jüdischen Kläger in seiner Person geirrt hätten, verlegten er und sein Rechtsbeistand sich bald auf religiöse und ethnische Polemik.

Es war der Angeklagte selbst, der erste Anzeichen dieser Wendung erkennen ließ. Während eines der folgenden Verhöre behauptete er zweimal, dass Juden lögen und dass sie dies täten, weil sie Feinde der Christen seien. Die Einführung des Topos der ‚Juden als Feinde der Christen' öffnete die Schleusen für eine wahre Flut juristischer Schriftsätze, die von religiösen und ethnischen Vorurteilen getragen wurden. Bereits in ihrer zweiten Eingabe an den Rat beschrieb die Frau des Angeklagten, die jüdischen Kläger als „ausgesprochene Feinde der Christen". Um ihre Anschuldigung zu untermauern, nutzte sie ethnische Vorurteile aus und stellte sie als „von Natur aus betrügerische Wucherer dar".[75] Der Bruder der Angeklagten verstärkte diese Beschuldigungen zusätzlich, indem er ausführte, dass die Juden unseren Erlöser und Retter fälschlich beschuldigt, ihn belogen und betrogen, ausgepeitscht und gefoltert und schließlich ans Kreuz geschlagen hätten und dass sie „bis auf den heutigen Tag die Todfeinde der Christen geblieben seien."[76] Seine Ausführungen endeten mit der Forderung, dass „jüdische Nichtchristen" nicht als Zeugen gegen Christen aussagen sollten.

Das Ziel war damit unmissverständlich festgelegt: Zuallererst gab es überhaupt keine Grundlage für einen Prozess, da es sich bei allen Klägern um Juden handelte. Die Implikationen einer solchen Argumentation waren weit reichend. Konsequent zu Ende gedacht und in die Tat umgesetzt, ging von ihnen die gefährliche Botschaft aus, dass Juden unbeschadet betrogen und attackiert werden konnten, da diese zwar dazu berechtigt waren, Prozesse gegen ihre Verfolger anzustrengen, ihre Anschuldigungen aber vor Gericht als unhaltbar verworfen würden. Die Frankfurter Räte und Schöffen standen daher vor einem Fall mit potentiell weit reichenden juristischen

---

74 Cr 1430.

75 Cr 1430, 48. Der genaue Ursprung des Arguments „von Natur aus" ist noch unklar. Während es nach *Ronnie Po-Chia Hsia,* The Usurious Jew: Economic Structure and Religious Presentations in an Anti-Semitic Discourse, in: In and Out of the Ghetto, 169–170 in der Reformation seinen Ursprung hatte „born of the evangelical movement, which identified an innate, racial character," weist *Henry Kamen,* The Spanish Inquisition, London 1976, 123–129 auf ähnliche Erscheinungen im katholischen Spanien hin, insbesondere, in der von ihm als rassistisch bezeichneten Forderung nach Limpieza de Sangre (Blutsreinheit).

76 Cr 1430, 77.

und sozialen Auswirkungen. Nicht zu vergessen, dass es ein Frankfurter Jurist gewesen war, der 1649 diese Gedankengänge in allenfalls abgemilderter Form geäußert hatte, als er jüdische Zeugen für weniger glaubwürdig als christliche hielt.[77]

Der Angeklagte und seine Familie verfolgten vehement diese von religiösen und ethnischen Vorbehalten getragene Argumentationsweise. Die Opfer, die der Täter nur deshalb ausgewählt hatte, weil sie Juden waren, mutierten nun zum Angriffsziel einer spezifischen juristischen Verteidigungsstrategie, was sie wiederum dem bloßen Umstand zu verdanken hatten, dass sie Juden waren. Und diese Strategie trug Früchte. Einer der Frankfurter Juristen, der angesichts dieses Vorgehens offensichtlich beunruhigt war, suchte dem gegenzusteuern, indem er auf eine christliche Zeugin verwies, eine Magd, die einen der Vorfälle beobachtet hatte. Er schlug vor, sie dem Täter gegenüberzustellen.

Auch diese Gegenüberstellung geriet zu einer religiösen Inszenierung mit anti-jüdischer Stoßrichtung. Der Delinquent, der seinen Mantel ablegen musste, um identifiziert werden zu können, nutzte diese Gelegenheit, um seine Lage mit „dem Leiden Christi zu vergleichen, der zunächst seine Kleider anlegen und dann ausziehen musste, wobei Juden zusahen."[78] Daraufhin beschuldigte er die Magd, die ihn erkannte, von den Juden entsprechend instruiert worden zu sein, was sie nachdrücklich bestritt. Zur Stützung dieses religiösen Argumentationsstrangs der Verteidigungsstrategie wiederholte die Ehefrau des Tatverdächtigen in einer weiteren Eingabe an den Rat ihre Forderung, dass Juden nicht als Zeugen aussagen dürften, da sie von Natur aus Feinde der Christen seien.

Diesmal scheint der Delinquent und seine Familie die Frankfurter Juristen vollständig aus der Spur geworfen zu haben. Diese setzten sich wieder mit der Obrigkeit einer der Städte in Verbindung, in der einer der jüdischen Zeugen seine Aussage zu Protokoll gegeben hatte, und baten darum, ihn ein zweites Mal zu vernehmen und daran zu erinnern, dass er immer noch unter Eid stand, den er in der Form des besonderen Judeneides geschworen hatte. Sie erkundigten sich auch nach weiteren, christlichen Zeugen. Als sie erfuhren, dass der jüdische Zeuge seine ursprüngliche Aussage bestätigte und es keine anderen, christlichen Zeuge gab, beschlossen sie auswärts Hilfe zu suchen. Die gesamten Prozessunterlagen wurden an die juristische Fakultät der Universität Tübingen versand.[79]

Die juristische Fakultät der Universität Tübingen hatte bemerkenswerterweise keinerlei Probleme mit dem Fall. Ihre Antwort war klar und eindeu-

77 Cr 1430, 92

78 Cr 1430, 102.

79 Cr 1430, 142.

tig. Erstens, der Angeklagte hatte vorsätzlich versucht, bei einer Jüdin falsche Dukaten einzuwechseln, wobei erschwerend hinzukam, dass er sich zunächst geweigert hatte, zuzugeben, vorsätzlich gehandelt zu haben. Zweitens argumentierten die Tübinger Juristen, dass die jüdischen Kläger als verlässliche Zeugen zu betrachten seien, und zwar nicht nur, weil sie ihre Aussagen unter dem Judeneid und unter schwierigen Umständen gemacht hatten, sondern auch weil diese durchweg stimmig gewesen seien. Was die anti-jüdische Invektive des Klägers anging, stellte die juristische Fakultät fest, dass der Delinquent „vorgibt, daß die Juden die Feinde der Christen seien."[80]

Aber selbst nach diesem völlig eindeutigen Fakultätsgutachten war der Fall nicht entschieden. Ehefrau und Bruder des Angeklagten fuhren damit fort, die Frankfurter Obrigkeit mit Briefen, die herabsetzende Generalisierungen über Juden enthielten, zu überschwemmen, wie etwa, dass diese „unseren Erlöser und Retter zu Unrecht angeklagt hätten", „lögen und betrögen, ihn auspeitschten und folterten und schließlich ans Kreuz nagelten," und dass sie „von Natur aus und bis auf diesen Tag Todfeinde der Christen geblieben seien," und dass sie wegen dieser Eigenschaften nicht als Zeugen gegen Christen aussagen dürften.[81] In einem mehr als bezeichnenden Analogieschluss ging der Bruder des Beklagten soweit, das Verhalten der Juden „in Jerusalem" zur Zeit des Prozesses Christi mit dem „gegenwärtigen Verfahren gegen meinen Bruder" zu vergleichen.[82]

Der Delinquent und seine Familie bestanden auch zunehmend auf einer nicht so alltäglichen Bitte. Sie baten nämlich darum, dass der Angeklagte einen Rechtsbeistand eigener Wahl zugeteilt bekäme. Hatte hinter den Kulissen – den lateinischen Passagen in den an den Frankfurter Rat gerichteten Schriftsätzen nach zu urteilen – ganz offensichtlich ein Jurist die Familie bereits mehrere Wochen lang beraten, so mussten die Frankfurter Advokaten sich nun öffentlich erklären. Zunächst lehnten sie die Wahl, die der Angeklagte getroffen hatte, mit folgender, bemerkenswerter Begründung ab, er, der ausgewählte Jurist, „möchte so religiös sein."[83] Mit der Ablehnung einer „derart religiösen Person" hofften die Advokaten die Verteidigung aus der Bahn zu werfen, die einen Zusammenhang zwischen religiöser Zugehörigkeit und persönlicher Glaubwürdigkeit konstruiert und diesem in ihrer Prozessstrategie einen hohen Stellenwert eingeräumt hatte. Während dies einerseits eine sehr pragmatische Haltung darstellt, so war der eingenommene Standpunkt andererseits ein außergewöhnlicher, durchaus modern anmutender. Der Angeklagte wurde dadurch jedoch keineswegs abge-

---

80 Cr 1430.

81 Cr 1430, 164, 166,168, 171, 172, 175, 177.

82 Cr 1430, 164, 166.

83 Cr 1430, 211, 224.

schreckt. Seine „Summarische Defension Schrift" war – wenig überraschend – wiederum mit antijüdischen Behauptungen gespickt. Im Mittelpunkt des gesamten Schriftsatzes stand die vermeintlich böse Veranlagung aller Juden und ihr entsprechendes Verhalten gegenüber den Christen. Juden wurden mehrfach als „Verfolger der Christen" dargestellt, als „von Natur aus betrügerisch" und als „faul, von Schweiß und Blut der Christen lebend", insbesondere indem sie „Gold und Silber" wechselten.[84] Aus diesem Grund, so der Gang der Argumentation könnten Juden nicht als Zeugen gegen Christen aussagen. Da der Schriftsatz zahlreiche juristische Fachbegriffe in lateinischer Sprache enthielt, dürfte es sich wiederum um das Werk eines Juristen gehandelt haben.

Trotz ihrer ursprünglich ablehnenden Haltung gegen einen „so religiösen" Verteidiger gaben die Frankfurter Advokaten schließlich nach. Dies galt auch für die Frankfurter Räte, die sich von den anti-jüdischen Invektiven des Angeklagten nicht hatten beeindrucken und ihn mehr als 30 Wochen lang in Haft genommen hatten. Die Räte mussten zugegebenermaßen befürchten, dass der Angeklagte das Falschgeld nicht nur eingetauscht, sondern auch hergestellt hatte. Sie waren zunächst hart geblieben. Nun aber regten die Advokaten eine andere Herangehensweise an, wobei sie die religiösen Argumente der Verteidigung ausklammerten. Da der Prozess bereits zu einer *cause celebre* geworden sei und nicht nur in der unmittelbaren Nachbarschaft Frankfurts, sondern auch quer durch das Heilige Römische Reich Aufsehen erregt hätte, aber auch in Anbetracht der zahlreichen Eingaben zugunsten des Angeklagten, seiner fünf kleinen Kinder und der Länge der bereits verbüßten Haft plädierten sie dafür, den Angeklagten lediglich mit Verbannung zu bestrafen. Der Frankfurter Rat stimmte dem zu; im Jahr 1679 wurde der Täter aus der Stadt verbannt.

Der Fall sollte aber noch ein letztes Mal eine bemerkenswerte Wendung nehmen. Aus einer schriftlichen Notiz, die sich unter den Prozessakten erhalten hat, geht hervor, dass der Delinquent am 6. Februar 1701 – 22 Jahre nach dem Frankfurter Verfahren – in der nahegelegenen Stadt Hanau mit dem Schwert hingerichtet worden war, weil er Falschgeld eingetauscht hatte.

Auch dieser Prozess lässt keinen Zweifel daran, dass Juden bewusst als Opfer ausgewählt wurden. Straftäter bauten darauf, die Glaubwürdigkeit von Juden als Kläger und Zeugen untergraben zu können, indem sie sie im Verlauf der Gerichtsverfahren zunehmend einer religiös beziehungsweise ethnisch diskriminierenden Einschätzung aussetzten, wenn nicht sogar eine solche Behandlung aktiv herbeiführten. Der Umstand, Jude zu sein, erlangte am Ende des 17. Jahrhunderts nicht nur besondere Aufmerksamkeit in Strafverfahren, sondern auch einen erheblichen negativen Einfluss auf de-

---

84 Cr 1430, 251, 255, 257, 258, 262, 262, 266, 267.

ren Ausgang. Es handelte sich dabei um einen langsam fortschreitenden Prozess, an dem die Frankfurter Juristen aktiv beteiligt waren, und der sich bis ins Jahr 1649 zurückverfolgen läßt. Der Frankfurter Rat trug seinen Teil zu dieser Entwicklung bei, indem er das Strafmaß derer, die Juden beraubten, attackierten und ermordeten, zunehmend herabsetzte, während es im Fall jüdischer Täter erhöht wurde.[85]

In einer Stadt wie Frankfurt konnte eine solche Entwicklung nicht verborgen bleiben. Dies könnte erklären, warum Straftäter Juden als Opfer auswählten und warum verschiedene Angeklagte und deren Familien ihre Verteidigung zunehmend auf anti-jüdische Polemik aufbauten. Während jüdische Opfer von Straftaten, insbesondere bei Kapitalverbrechen, durchaus mit der spontanen Hilfe nicht-jüdischer Tatzeugen rechnen konnten, sahen sie sich von einer wirkungsvollen Nutzung des Rechtswegs zunehmend abgeschnitten. Dies bedeutete weder, dass Juden gegen ihre Widersacher keine Prozesse führen konnten, noch dass sie dies nicht taten. Der Unterschied zu Nicht-Juden bestand doch darin, dass sie über Prozesse nicht dieselben Ergebnisse erreichten wie jene. Die Untersuchung der Behandlung jüdischer Straftatverdächtiger in der Frühen Neuzeit weist ein ähnliches Muster auf. Ende des 17. Jahrhunderts „hatten anti-jüdische Ausbrüche wie der Fettmilch Aufstand von 1614 ‚feiner gestrickten‘ juristischen Angriffen Platz gemacht.“[86] In beiden Fällen kann daher argumentiert werden, dass das „Rechtssystem als getarntes Instrument der Diskriminierung diente.“[87]

---

85 Wie für Frankfurt nachgewiesen von *M. Boes,* Jews in the Criminal-Justice System (Anm. 38), 434.

86 *M. Boes,* Jews in the Criminal Justice System, (Anm. 38), 435; und diese Entwicklung sollte nicht überraschen angesichts der Rückschläge in den 1650er bis 1670er Jahren, für die die nahegelegene Stadt Fulda ein Beispiel liefert. Dort wurde 1677 der Beschluss gefasst „to drive out the bulk of the Jews“, obwohl es sich um „one of the most ancient communities in Germany“ handelte, *Jonathan I. Israel,* European Jewry in the Age of Mercantilism, 1550–1750, second edition, Oxford 1989, 146–7.

87 *M. Boes,* Jews in the Criminal Justice System (Anm. 86), 435; andere Historiker vertreten dagegen die Ansicht, dass „the felony committed, not the defendant, was at the center of investigation“; *O. Ulbricht,* Criminality and Punishment, (Anm. 72), 68; ähnlich auch *Richard von Dülmen,* Theater des Schrecken. Gerichtspraxis und Strafrituale in der frühen Neuzeit, München 1985, 112, 182.

III. Der Kaiser und das Reich: Imperiale Rahmenbedingungen jüdischer Lebenswelten jenseits des frühmodernen Territorialstaats

Das gescheiterte Projekt der jüdischen Kaiserhuldigung in Worms. Symbolische imperiale Herrschaftspraxis und jüdische Teilhabe im Römisch-Deutschen Reich[1]

Von *Stephan Wendehorst*, Leipzig / Wien

Am 10. Oktober 1742 wurde den Bürgermeistern und dem Rat der Reichsstadt Worms durch ein kaiserliches Reskript mitgeteilt, dass der neue Kaiser Karl VII. sie von der Local-Huldigung dispensiert hatte und ihnen ersatzweise die „Ablegung des *Juramenti homagialis* bey Einem hoechst-preißlichen Reichs-Hof-Rath *per Mandatarios*" gestattete.[2] Hätten Bürgerschaft und Magistrat ihren Huldigungspflichten in Form einer Local- Huldigung gegenüber einem nach Worms entsandten Vertreter des Kaisers nachkommen müssen, wäre dies für die Stadt mit erheblichem Aufwand und hohen Kosten verbunden gewesen. In Worms war die Freude über das kaiserliche Schreiben freilich nicht ungetrübt. War das Zugeständnis, die Huldigung

---

1 Dieser Beitrag ist dem Freiraum zu verdanken, den ein durch ein Feodor-Lynen Stipendium der Alexander von Humboldt Stiftung ermöglichter Gastaufenthalt an der Historischen Kommission der Österreichischen Akademie der Wissenschaften geschaffen hat. Er ist Teil der Vorarbeiten für eine umfassendere Studie mit dem Arbeitsitel „Jewish Homages to the Emperors. Imperial Rule and Jewish Participation in the Holy Roman Empire". Siehe auch *Stefan Ehrenpreis / Andreas Gotzmann / Stephan Wendehorst,* Jüdisches Heiliges Römisches Reich. Erträge und Perspektiven eines Projekt-Clusters zur Geschichte der Juden im Heiligen Römischen Reich, Leipzig 2006, sowie *Stephan Wendehorst,* Die Kaiserhuldigungen der Frankfurter jüdischen Gemeinde im 18. Jahrhundert, in: Die Frankfurter Judengasse: Jüdisches Leben in der Frühen Neuzeit, hrsg. von *Fritz Backhaus, Gisela Engel, Robert Lieberles und Margarete Schlüter,* Frankfurt a. M. 2006, 192–235, 319–325 und *ders.,* Jewish Spaces as Imperial Spaces – The Holy Roman Empire, the Emperor and the Jews in the Early Modern Period. Some Preliminary Observations, in: Jahrbuch des Simon-Dubnow-Instituts 2 (2003), 437–474.

2 Zitiert nach: An eine Hoch-Loebliche allgemeine Reichs-Versammlung, unterthaenig-gehorsamst-angelegenes Memoriale und Bitten, von Staedt-Burgermeistern und Rath des Heil. Roem. Reichs Freyer Stadt Worms. Dasiger Judenschafft neuerlich suchende besondere Huldigung, und die zur Abwendung derselben, an Ihro Kayserlichen Majestaet vom Reich zu erlassen gebettene *Intercessionales* betreffend. Samt Beylagen Num. I. it. Lit. A.B.C.D.E.F. & G. *Dictatum* Franckfurt am Mayn den 9. Julii 1743, in: Europaeische Staats-Cantzley, 86 (1745), Das VII. Capitel. Von der / durch die Judenschafft in der Reichs-Stadt Worms suchender besonderer Huldigung, eines neu-erwaehlten Roemischen Kaysers, 250–257, hier 251.

durch reichsstädtische Repräsentanten vor dem Reichshofrat, und damit in einer kostengünstigen Variante abzuleisten, mit großer Erleichterung aufgenommen worden, hatte die daran geknüpfte Bedingung blankes Entsetzen ausgelöst: Dem Wormser Magistrat hatte der Kaiser geschrieben, dass die Reichsstadt von einer „Local-Huldigung [...] verschonet" bleiben solle, „jedoch mit dem ausdrücklichen Beding, dass ihr die in Worms seßhaffte Judenschafft auf unseren höchsten Kayserl. Befehl ohnverzueglich dahin anzuweisen habet, dass sothane Judenschafft ebenfalls bey Unserem Kayserl. Reichs Hof Rath insbesondere Eurer Gerechtsamen und (solcher von dieser Judenschafft Euch zustehenden *Subordination* ohne Abbruch) ihre schuldige Huldigung ablegen zu lassen, laenger nicht mehr verweile."[3]

Zu einer Huldigung der Wormser Juden an den Kaiser sollte es jedoch weder unter Karl VII. noch unter einem seiner Nachfolger kommen. Dem Scheitern der Wormser Judenschaft mit ihrem Vorhaben, dem neu gewählten und -gekrönten Reichsoberhaupt separat von der Reichsstadt zu huldigen, waren heftige Auseinandersetzungen vorausgegangen. Obwohl diese bis an den Reichstag gelangten und zum Gegenstand der Reichspublizistik wurden,[4] ist das Projekt der Wormser jüdischen Kaiserhuldigungen vollständig in Vergessenheit geraten. Weder in den auf Worms bezogenen Erinnerungskulturen hat es einen Platz gefunden, noch ist es, von einer unbeachtet gebliebenen Ausnahme abgesehen,[5] von der Geschichtswissenschaft aufgegriffen worden.[6]

---

3 Reskript Kaiser Karls VII. an die Stadt Worms, Frankfurt, den 10. Oktober 1742, Stadtarchiv Worms Abt. 1B Nr. 232, [5]ff. 1v-2r.

4 *Wendehorst,* Jewish Spaces as Imperial Spaces (Anm. 1), 444, 453–454, 460, 464–465, 471–472.

5 *Adolf Kober,* Die deutschen Kaiser und die Wormser Juden, in: Zum 900jährigen Bestehen der Synagoge zu Worms. Eine Erinnerungsgabe des Vorstands der Israelitischen Religionsgemeinde Worms 1934 (Sonderheft der Zeitschrift für die Geschichte der Juden in Deutschland, 5), 54–71, hier 67, 69. Nichts geändert an der ausgebliebenen Rezeption durch die Geschichtswissenschaft hat auch der nochmalige Abdruck des Beitrags nach dem 2. Weltkrieg: Festschrift zur Wiedereinweihung der Alten Synagoge zu Worms, hrsg. von Ernst Róth unter Mitwirkung von Georg Illert und Hans Lamm im Auftrag der Stadt Worms und der jüdischen Gemeinde, Frankfurt a. M. 1961, 182–202, hier 194–195.

6 In den Gesamtdarstellungen der Stadtgeschichte von Worms wird das jüdische Kaiserhuldigungsprojekt nicht erwähnt: *Heinrich Boos,* Geschichte der rheinischen Städtekultur von den Anfängen bis zur Gegenwart mit besonderer Berücksichtigung der Stadt Worms, Bd. 4, 2. Aufl., Berlin 1901; *Gunter Mahlerwein,* Die Reichsstadt Worms im 17. und 18. Jahrhundert, in: Geschichte der Stadt Worms, hrsg. von Gerold Bönnen, Stuttgart 2005, 291–352; *Fritz Reuter,* Warmasia – das jüdische Worms. Von den Anfängen bis zum jüdischen Museum des Isidor Kiefer (1924), in: Geschichte der Stadt Worms, hrsg. von Gerold Bönnen, Stuttgart 2005, 664–690. Unbeachtet geblieben ist es, wie die jüdischen Kaiserhuldigungen insgesamt, auch in den Forschungen zu Zeremoniell, Kommunikation und Herrschaft im Römisch-Deutschen Reich: *André Holenstein,* Die Huldigung der Untertanen, Rechtskultur und Herrschaftsord-

Wenn das gescheiterte Kaiserhuldigungsprojekt der Wormser Juden in diesem Beitrag untersucht wird, so geschieht dies unter zwei Prämissen. Erstens, symbolische Handlungen sind nicht als bedeutungslose Kuriosa jenseits der vermeintlich entscheidenden historischen Prozesse abzutun, sondern stehen in einer unmittelbaren Beziehung zum Politischen.[7] Zweitens, in der Herrschafts- und Verfassungsstruktur der Vormoderne nahmen Huldigungen einen zentralen Platz ein. Als „Verfassung in actu" können sie daher als Schlüssel zur Dechiffrierung des Verhältnisses von Herrschern und Beherrschten dienen.[8] Drei Fragen werden ausgehend von diesen beiden Grundannahmen gestellt: Welche Rückschlüsse lassen sich aus dem Projekt der Wormser jüdischen Kaiserhuldigungen und seinem Scheitern auf die Stellung der Juden in der Reichsstadt Worms und im Römisch-Deutschen Reich insgesamt ziehen? Umgekehrt gefragt, welche Aussagen lassen sich auf der Grundlage seiner Untersuchung über das Reich als politischem Gesamtzusammenhang treffen? Und wie ist seine beinahe vollständige Eklipse sowohl in der Geschichtswissenschaft als auch in den auf Worms bezogenen Erinnerungskulturen zu erklären? Bevor in Teil II dieses Beitrags eine Einordnung des gescheiterten Kaiserhuldigungsprojekts der Wormser Judenschaft in die zeitgenössischen Auseinandersetzungen sowie in die historische Forschung vorgenommen und in Teil III der Versuch gemacht wird, Antworten auf die aufgeworfenen Fragen zu finden, bedarf es zunächst der Rekonstruktion von Ereignissen, Abläufen und Akteuren.

---

nung (800–1800), Stuttgart/New York 1990; *Andreas Gestrich,* Absolutismus und Öffentlichkeit (Kritische Studien zur Geschichtswissenschaft, 103), Göttingen 1994.

7 Siehe dazu: *Pierre Bourdieu,* Die verborgenenen Mechanismen der Macht, Hamburg 2005; *Herfried Münkler,* Die Visibilität der Macht und die Strategien der Machtvisibilisierung, in: Macht der Öffentlichkeit – Öffentlichkeit der Macht, hrsg. von Herhard Göhler, Baden-Baden 1995, 213–230; *Barbara Stollberg-Rilinger,* Zeremoniell, Ritual, Symbol. Neue Forschungen zur symbolischen Kommunikation in Spätmittelalter und Früher Neuzeit, in: Zeitschrift für Historische Forschung 27 (2000), 389–405; *dies.,* Einleitung: Was heißt Kulturgeschichte des Politischen?, in: Was heißt Kulturgeschichte des Politischen, hrsg. von ders. (Zeitschrift für Historische Forschung, Beiheft 35), Berlin 2005, 9–24; *Martin Jehne,* Augustus in der Sänfte. Über die Invisibilisierung des Kaisers, seiner Macht und seiner Ohnmacht, in: Das Sichtbare und das Unsichtbare der Macht. Insitutionelle Prozesse in Antike, Mittelalter und Neuzeit, hrsg. von Gert Melville, Köln/Weimar/Wien 2005, 283–307; *Jürgen Martschukat/Steffen Patzold* (Hgg.), Geschichtswissenschaft und ‚performative turn'. Ritual, Inszenierung und Performanz vom Mittelalter bis zur Neuzeit (Norm und Struktur, 19), Köln/Weimar/Wien 2003; *Rudolf Schlögl* (Hg.), Interaktion und Herrschaft. Die Politik der frühneuzeitlichen Stadt (Historische Kulturwissenschaft, 5), Konstanz 2004.

8 *Holenstein,* Die Huldigung der Untertanen, Stuttgart (Anm. 6), hier insbesondere 513; *Gestrich,* Öffentlichkeit (Anm. 6); Stephan Wendehorst, Kaiserhuldigungen der Frankfurter jüdischen Gemeinde (Anm. 1).

I.

Am 6. Oktober 1742 schrieb Graf von Virmont, der nach der Krönung Karls VII. als kaiserlicher Kommissar mit der Entgegennahme reichsstädtischer Huldigungen beauftragt war, an den Rat der Reichsstadt Worms, dass er nach der Abnahme der Huldigung in Wetzlar, Friedberg und Speyer mit der Huldigungskommission nach Worms zu kommen gedenke. Dem Rat kündigte er nicht nur seine baldige Ankunft an, er teilte ihm auch mit, dass er sich über die rechtliche Stellung der Wormser Judenschaft soweit informiert habe, „dass die vermeldete *Donationes Imperatorum Caroli IV.* und *Maximiliani*", d. h. die von reichsstädtischer Seite behauptete Übertragung der kaiserlichen Rechte an und über die Wormser Juden an die Reichsstadt durch Karl IV. und durch Maximilian I. „ihre Richtigkeit haben moechten". Vorsorglich machte er den Rat jedoch gleichzeitig darauf aufmerksam, dass die Wormser Judenschaft ihm mitgeteilt habe, „dass nach der Zeit *Documenta* sich vorfinden werden, welche der Sache einen andern Anschein geben."[9] Die Judenschaft hatte Graf Virmont aufgefordert, ihm die fraglichen Dokumente zu kommunizieren, und den Rat, einen Vertreter nach Speyer zu schicken, um etwaige Probleme bereits vor seiner Ankunft in Worms ausräumen zu können. Bereits wenige Tage später wurde der Rat mit den Problemen, die sich in dem Schreiben Virmonts angekündigt hatten, in ihrer ganzen Tragweite konfrontiert. Am 10. Oktober 1742 wies Karl VII. den reichsstädtischen Magistrat an, dafür Sorge zu tragen, dass auch die Wormser Judenschaft ihren Huldigungspflichten nachkäme.[10]

Im Huldigungsakt kam ein reziprokes, wenn auch asymetrisches Unterwerfungs- und Schutzverhältnis zum Ausdruck. Hätten die Wormser Juden dem Kaiser parallel zur Bürgerschaft gehuldigt, wäre dies ein Symbol für ihre primäre Unterordnung unter den Kaiser und ihre Gleichstellung mit den Wormser Bürgern und damit für die Beseitigung ihrer Unterordnung unter die Reichsstadt gewesen. Im Vollzug der Kaiserhuldigung durch die Wormser Judenschaft, hätte sich ihr Anspruch auf Gleichstellung mit der Bürgerschaft und die primäre Zuordnung zum Kaiser realisiert und der städtischen Öffentlichkeit dies unmissverständlich visuell mitgeteilt. Um wirksam Gegenposition beziehen zu können, musste der Rat zunächst klären, worauf die Wormser Judenschaft ihren Versuch, zu einer separaten

9 *Copia* des Schreibens Herrn Grafen von *Virmont Excellenz, d.d.* Wetzlar *6. Octobris 1742.* an E.E. Rath der Freyen Reichs-Stadt Wormbs erlassen, abgedruckt in: Europaeische Staats-Cantzley, 86 (1745), Von der / durch die Judenschafft in der Reichs-Stadt Worms suchender besonderer Huldigung, eines neu-erwaehlten Roemischen Kaysers (Anm. 2), 285 – 287.

10 Reskript Kaiser Carls VII. an Bürgermeister und Rat der Stadt Worms, Frankfurt, den 10. Oktober 1742, abgedruckt in: Europaeische Staats-Cantzley, 86 (1745), Von der / durch die Judenschafft in der Reichs-Stadt Worms suchender besonderer Huldigung, eines neu-erwaehlten Roemischen Kaysers, Beilage C (Anm. 2), 267 – 269.

Huldigung an den Kaiser zugelassen zu werden, stützte. Was enthielten die *„Documenta"*, von denen Virmont in seinem Schreiben an den Rat gesprochen hatte? Um dies herauszufinden ließ der Rat am 17. Oktober 1742 Amschel und Baer Oppenheimer, zwei Vorsteher der Wormser Judenschaft, vernehmen.[11] Auf die Frage, ob „sie jemahlen Ihro Kayserl. Majestaet gehuldiget haetten?" gaben diese zur Antwort, „dass sie niemahlen gehuldiget haetten, so lang nehmlich die Leib-Eigenschafft und *Process* gedauert [...]. Weilen aber jetzo die Leib-Eigenschaft aufgehoben seye, und anderer Reichs-Staedte Judenschafft, als zu Franckfurth, Wetzlar und Friedberg, gehuldiget haetten, so muessten sie, wenn Ihro Kayserl. Majestaet es befehlten, gehorsam seyn und huldigen".[12] Aufgrund der 1699 erfolgten Aufhebung der Leibeigenschaft der Wormser Juden sahen sich diese grundsätzlich zur Huldigung an den Kaiser befähigt. Da der Magistrat gegenüber Virmont behauptet hatte, „sie seyen nicht schuldig zu huldigen, weilen sie mit Guth, Leib und Blut Ihnen von Kaysern uebergeben waeren; So haetten sie es nicht koennen darbey lassen, sondern seyen genoethiget gewesen, ihr Privilegium, die Erlassung der Leib-Eigenschaft betreffend, an hochgedachten Herrn Grafen von *Virmont* [...] zu schicken."[13]

Als sich der Magistrat ein Bild von der Argumentation der Judenschaft gemacht hatte, wandte er sich am 24. Oktober 1742 an den Kaiser.[14] Nachdem sich Bürgermeister und Rat pflichtschuldig für die Verschonung von der Local-Huldigung bedankt und das Reichsoberhaupt ihres Gehorsams versichert hatten, führten sie aus, dass sie sich angesichts des „dem hiesigen Stadt-Wesen gantz offenbahr *imminirenden* unwiederbringlichen Nachtheils"[15], der sich aus der Umsetzung des kaiserlichen Befehls ergäbe, die Judenschaft zur Huldigung zuzulassen, zu einer Gegendarstellung verpflichtet und berechtigt sahen. Der Magistrat wies zunächst in aller Deutlichkeit darauf hin, dass „die hiesigen Juden von *Seculis* biß auf den heutigen Tag niemahlen einem Roemischen Kayser und Koenig besonders gehuldiget"[16] hätten. Aus seiner Sicht wäre eine Huldigung der Wormser Juden nicht nur präzedenzlos, sondern würde auch tief in die Rechte der Stadt

11 *Actum Mercurii* den *17. Octobris 1742,* abgedruckt in: Europaeische Staats-Cantzley, 86 (1745), Von der/durch die Judenschafft in der Reichs-Stadt Worms suchender besonderer Huldigung, eines neu-erwaehlten Roemischen Kaysers (Anm. 2), 287–288.

12 Ebd., 288.

13 Ebd.

14 Staedt-Burgermeister und Rath des H. Reichs Freyer Stadt Worms an den Kaiser, Worms, den 24. Oktober 1742, abgedruckt in: Europaeische Staats-Cantzley, 86 (1745), Das VII. Capitel. Von der/durch die Judenschafft in der Reichs-Stadt Worms suchender besonderer Huldigung, eines neu-erwaehlten Roemischen Kaysers, Beilage D (Anm. 2), 269–279.

15 Ebd., 271.

16 Ebd.

eingreifen. Aus dem *„indissolublen nexu"*, durch den die Juden „hiesiger Stadt verhafftet" seien, folgerte der Magistrat, dass die Juden „einer durch den von ihnen [...] neuerlich *affectirenden Actum* der besondern Huldigungs-*Praestation* sich offenbar ergebenden Separation nimmermehr faehig sind."[17] Verklausuliert ausgedrückt bedeutete dies nicht weniger, als dass sich der Magistrat die projektierte jüdische Kaiserhuldigung verbat, da er in deren Durchführung einen direkten Angriff auf die Unterordnung der Wormser Juden unter die Reichsstadt sah.

Ihre Rechtsposition stützte die Reichsstadt in erster Linie auf einen Gnadenbrief Kaiser Karls IV. aus dem Jahr 1348. Damit hatte „Kayser Carl der Vierdte glorwuerdigsten Andenckens, nicht nur *in anno 1348* [...] die hier gesessene Juden und Judenheit mit ihrem Leib und Guth und mit allen Nutzen und Rechten gesucht und ungesucht, die die Roemische Kayser und Koenige daran gehabt haben, oder ferner haben moechten, mit Gericht oder ohne Gericht hiesiger Stadt und Burgerschafft *ob bene merita* unwiderruflich, vergifftet und vergeben".[18] Obwohl der Magistrat seinem Schreiben an Karl VII. eine wortgetreue Abschrift des Privilegs Karls IV. beigefügt hatte, verschwieg er in seiner Argumentation geflissentlich, dass der Kaiser die anderen Parteien zustehenden Lehen ausdrücklich von der Übertragung der Rechte an die Juden ausklammert hatte.[19] Nach der Vernichtung der Wormser Judenheit im Jahr 1348 hatte sich die christliche Bevölkerung von Worms des Besitzes der Juden bemächtigt. Als Karl IV. diesen Schritt nachträglich sanktionierte, wenn auch wiederum „sonder allerley Exception-Rechtens, oder Gewohnheit",[20] sah sich die Reichsstadt zusätzlich in ihrer Rechtsauffassung bestätigt. In seiner Gegendarstellung an Karl VII. ging der Magistrat so weit, aus den Privilegien Karls IV. nicht nur die Leibeigenschaft der Juden und deren ausschließliche Unterordnung unter die Reichsstadt abzuleiten, sondern auch das Recht, Juden in Schutz zu nehmen.

Da der Magistrat sich den Gnadenbrief Karls IV. von Maximilian I. im Jahr 1500 hatte erweitern und bestätigen lassen,[21] und auch später „von Zeit zu Zeit bey denen ueber die hiesige Judenschafft wohl erworbenen Gerechtsamen, sich kraeftiglich *manuteniret"*, konnte er „ohnmoeglich begreiffen [...], womit wir und hiesige arme Stadt [...] verschuldet haetten [...] durch die *Admission* zu einer besonderen Kayserlichen Huldigung,

---

17 Ebd.

18 Ebd., 271–272. Der Wortlaut des Gnadenbriefs Karls IV. findet sich als Anlage Nr. 1 abgedruckt auf den Seiten 279–281.

19 Ebd., 280–281.

20 Ebd. 283. Der zweite Gnadenbrief Kals IV findet sich als Anlage Nr. 2 abgedruckt auf den Seiten 281–283.

21 Ebd. 272–273. Der Wortlaut des Gnadenbriefs Maximilians I. findet sich als Anlage Nr. 3 abgedruckt auf den Seiten 283–285.

von welcher nothwendig verschiedene der Stadt hoechst-nachtheilige Folgen abhangen und genommen werden duerfften, ein so betraechtlicher *Pas* gegen die vormahlige Kayserliche *solenneste Abdicationes,* und darueber allermildest ertheilte Ganden-Brieffe, auf einmahl so schlechterdings eingeraumet werden solle."[22] Er wurde nicht müde zu betonen, es liege jenseits seines Vorstellungsvermögens, dass aufgrund der bloßen Behauptung der Juden eine Diskussion in Gang gekommen war, die „hiesiger Stadt uhralte *documentirte* Gerechtsame, und hinzugekommene ununterbrochene *Observanz*" in Frage stelle:

> „bevorab uns [...] ein Buchstabe von derer Juden angeruehmten neueren *Dokumenten* zu Gesichte bekommen, auch diese als etwann hinterruecks erschlichen, (wie alle unpartheyische Welt erkennen muesste) wider hiesiger Stadt *ob benè merita & justo Titolo* erhaltene aeltere Kayserliche *Privilegia* und langjaehrige *Possesion* lediglich nichts wuercken koennten."[23]

In seiner Gegendarstellung an den Kaiser gab sich der Magistrat von der Gültigkeit seiner Rechtstitel demonstrativ überzeugt. Gleichzeitig baute er aber auch für den Fall, dass der jüdischen Seite doch Gehör geschenkt würde, vor, wenn er einerseits deren Vorgehen als unverfroren darstellte sowie deren Rechtstitel vorsorglich als erschlichen diskreditierte, andererseits darum bemüht war, die Aufhebung der Leibeigenschaft der Wormser Juden minutiös zu widerlegen und damit deren Argumentationsstrategie aus den Angeln zu heben.

Als Ergebnis der Vernehmung der Judenvorsteher hielt der Magistrat fest, dass diese selbst eingestanden hätten, dem Kaiser zu keinem Zeitpunkt in der Vergangenheit gehuldigt zu haben, dabei aber „sehr *confus* auf ehemalige *Process* und die geschehen seyn sollende Aufhebung der Leibeigenschaft *provociret*" und dem Grafen von Virmont ihr „*Privilegium,* die Leib-Eigenschafft betreffend", zugeschickt hätten.[24] Die vollständige Beseitigung der Leibeigenschaft, die aus der Sicht der Wormser Juden aufgrund des 1699 zwischen Magistrat und Judenschaft geschlossenen und vom Reichshofrat bestätigten Vergleichs eingetreten war, bestritt der Magistrat vehement. Seiner Ansicht nach seien „die Juden nur in gewisser Maaß und mit einiger *Modification* der Unterschrifft in denen Juedischen *Judicial*-Schrifften in der Leib-Eigenschafft erleichtert, dadurch aber *ex perpetuo subjectionis plenariae vinculo,* keineswegs *dimittiret,* und am wenigsten *ad protectionem Caesaream specialem,* welche die in anderen nicht so hoch privilegirten Orthen wohnende Juden noch heut zu Tage *gaudiren*", zugelassen worden.[25] Der Wortlaut des Vergleichs besage ledig-

---

[22] Ebd., 273.

[23] Ebd., 273–274.

[24] Ebd., 274.

[25] Ebd., 275.

lich, so der Magistrat, dass die Juden „sich in ihren *Judicial*-Schrifften nicht mehr [...] Leibes-Angehoerige, sondern allein unterthaenig gehorsamste Juden, oder Schutz-Verwandten, oder auch Hintersassen, schreiben und nennen duerfften".[26] Damit sei die Leibeigenschaft keineswegs aufgehoben, sondern lediglich in eine jährliche Abgabe, einen „*Canonem* [...] fuer die vorher durch Ziehung hiesiger Roß-Mühle, und sonst *praestirte* hoechst-beschwerliche Leibes-Dienste" in Höhe von 60 fl. umgewandelt worden.[27] Seinen Standpunkt, dass die Leibeigenschaft der Wormser Juden auch nach 1699 grundsätzlich, wenn auch in abgemilderter Form, fortbestanden habe, suchte der Magistrat mit zwei zusätzlichen Hinweisen zu untermauern. In dem Moment, in dem die Juden die entsprechende Abgabe nicht mehr bezahlten, verlöre der Vergleich automatisch seine Gültigkeit. Und schließlich hätten die Juden „in perpetuam recognitionem der Leib-Eigenschafft das sogenannte Haupt-Recht ohnnachlaessig zu unserer Rechen-Stube erlegen muessen."[28]

In seiner Gegendarstellung hatte der Magistrat die strittigen Sachverhalte wohlweislich ausgeklammert oder in einer für die Reichsstadt vorteilhaften Weise interpretiert. Dies galt insbesondere für den zentralen Streitpunkt der Leibeigenschaft der Wormser Juden, obwohl der betreffende Passus des Rezesses von 1699 für differierende Interpretationen kaum Raum bot:

> „Zweytens erlaeßt auch minder nicht Ein Wohl-Edler Magistrat vor sich und ihre Nachkommen, bestaendiglich die gemeine Judenschafft allhier, gegen dero hierunten ermeldte Erbietung und Declaration, der an Sie geforderte Leib-Eigenschafft, also und dergestalten, daß dieselbe inskuenfftig an sie ferner nicht gesucht, sondern zu ewigen Zeiten, so lange sie das unten determinierte und verglichene Quantum gedachtem Einem Wohl-Edlen Rath dieser Stadt reichen, und unten gesetzte Conditiones erfuellen werden, aufgehoben und abgethan seyn solle, und dieses so wohl in genere als auch in specie oder Individuo, niemand davon ausgeschlossen, daß von nun an und kuenfftig, weder die gesammte Judenschaft als Corpus, noch die Individua oder ein jeder derselbigen, sich in denen von ihnen uebergebenen Suppliquen, Schrifften und Memoralien nicht mehr, wie vormahlen, Leibs-Angehoerige, sondern allein unterthaenig-gehorsamste Juden, oder Schutz-Verwandten, oder auch Hintersassen, welches alles einerley seyn solle, schreiben und benennen duerffen und moegen."[29]

Der Rezess schrieb zwar die Rolle des Rates als ordentliche Obrigkeit der Juden fest, erkannte aber ausdrücklich auch die bestehenden Rechte des Hochstifts und der Dalberg an:

---

26 Ebd., 276.

27 Ebd., 275.

28 Ebd., 276.

29 Copia des von E.E. Rath mit der Judenschafft getroffenen Recessus d.d. 7. Jun. 1699, in: Europaeische Staats-Cantzley, 86 (1745), Von der / durch die Judenschafft in der Reichs-Stadt Worms suchender besonderer Huldigung, eines neu-erwaehlten Roemischen Kaysers (Anm. 2), 290 – 291.

„dahingegen declariret und verbindet die gesammte Judenschafft vor sich und ihre Nachkommen, die jetzmahlige und obgemeldte Vorstehere, daß sie jetzt und kuenfftighin Einen Wohl-Edlen Rath dieser Stadt und dessen Nachkommen am Regiment vor Ihre ordentliche Obrigkeit, wie schuldig, erkennen, Ihro treu, hold, gehorsam und gegenwaertig seyn und bleiben, und bey dieser ihrer Obrigkeit von Kaysern zu Kaysern sich auf das kraeftigste manutenieren und beschirmen lassen, sich auch niemahlen einer anderen als gedachten Eines Wohl-Edlen Raths Jurisdiction und Obrigkeit unterwerffig machen wollen, hierduch aber einem zeitlichen Bischoff und dem Hoch-Stifft-Wormbs, wie auch denen Freyherren von Dahlberg, an Ihren hergebrachten Recht und Gerechtigkeit zumahlen nichts benommen, sondern solche in alle Weeg ohngekraenckt seyn und verbleiben sollen“.[30]

Schließlich ging der Magistrat mit Stillschweigen darüber hinweg, dass sich beide Parteien darauf verständigt hatten, besagten „Vergleich mit allen seinen Puncten und Clausulen bey Ihro Kayserlichen Majestaet confirmieren und bestaettigen“[31] zu lassen und der Reichshofrat ihn auch tatsächlich zusammen mit den kaiserlichen Privilegien und der Judenordnung der Wormser Judenschaft bestätigt hatte.[32]

Unerwähnt gelassen hatte der Magistrat auch, dass die Rossmühle, Symbol für die Leibeigenschaft der Wormser Juden – eine Zeichnung, die zwei Juden unter der Aufsicht eines mit einer Peitsche bewehrten Stadtknechts beim Antreiben der Rossmühle zeigt, stellte die Juden so dar, wie sie der Wunschvorstellung der Reichsstadt entsprach – bereits der Vergangenheit angehörte. Der kaiserliche Hoffaktor Samson Wertheimer, der abgesehen von Worms auch in Wien, Eisenstadt, Frankfurt und Marktbreit Niederlassungen unterhielt, hatte sie nämlich gekauft und abreißen lassen.[33]

Wie sehr dem Magistrat bewusst war, auf welch unsicherem Grund er sich in der Frage des Fortbestands der jüdischen Leibeigenschaft bewegte, lässt sich daran ablesen, dass er sie von der Zulassung der Juden zum Huldigungsakt abkoppelte. Für den *„in facto unverificirlichen* Fall“, dass den Juden die Leibeigenschaft *„in totum* erlassen sey“, argumentierte der Magistrat, dass „solches denen Juden zu der *specialen* Huldigungs-Angelegenheit weniger, dann nichts, fuertragen koennen, anerwogen mit der Leib-Eigen-

30 Copia des von E.E. Rath mit der Judenschafft getroffenen Recessus d.d. 7. Jun. 1699, in: Europaeische Staats-Cantzley, 86 (1745), Von der/durch die Judenschafft in der Reichs-Stadt Worms suchender besonderer Huldigung, eines neu-erwaehlten Roemischen Kaysers (Anm. 2), 291–292.

31 Ebd., 294.

32 Confirmatio des zwischen dem Magistrat zu Worms und der Judenschafft daselbst errichteteten Vergleichs, 26. Octobris 1714 (Konzept), Österreichisches Staatsarchiv, Abteilung Haus-, Hof- und Staatsarchiv, Reichshofrat, Confirmationes Privilegiorum, Kart. 99, Konv. 2, ff. 24r-35v.

33 *Fritz Reuter*, Die Heilige Gemeinde Worms. Zur Geschichte des Oberrheinischen Judentums, in: Juden in Deutschland, hrsg. von Michael Matheus (Mainzer Vorträge 1), Stuttgart 1995, 61–84, hier 80.

schafft [...] der uebrige *Nexus* und die aus mehren Stuecken bestehende *total Subordination* keineswegs aufgehoben seyn wurden".[34] Was die von den Wormser Juden angestrebte Kaiserhuldigung anging, stellte sich der Sachverhalt aus der Sicht des Magistrats eindeutig dar. Die „hiesige der Stadt auf eine gantz *illimitirte* Weise unterthaenige Juden" hatten zu keiner Zeit einem Römischen Kaiser gehuldigt und es ließ sich kein „eintziges buendiges *Fundament*" für die Einführung einer besonderen jüdischen Kaiserhuldigung anführen, während die „trifftigsten *Momenta*" dagegen sprächen, wobei der Magistrat an erster Stelle auf Karl IV. verwies, der der Wormser Bürgerschaft die „Juden mit allen Nutzen und Rechten" übergeben und damit „auch die Einnehmung einer besonderen Huldigung nothwendig *abdiciret*" hätte.[35] Sein Schreiben schloss der Magistrat mit einem Appell an die Gnade Karls VII., sein Reskript vom 10. Oktober 1742 dahingehend abzuändern, dass die Stadt ohne weitere Bedingung ihren Huldigungspflichten nachkommen könne und die Juden „zu einer besondern Huldigung nicht zugelassen, sondern auf die gegen uns und hiesige Stadt jedesmahl tragende Unterthaenigkeit zurueckgewiesen werden sollen."[36]

Der Konflikt schien auf dem besten Wege zu sein, nach den Vorstellungen der Reichsstadt gelöst zu werden, als am 22. November 1742 ein Reichshofratsbeschluss als Antwort auf das Schreiben der Rats vom 24. Oktober erging, ohne das Projekt der jüdischen Kaiserhuldigung auch nur zu erwähnen.[37] Zwei Interventionen des Anwalts der Wormser Judenschaft v. Gay beim Reichshofrat blieben erfolglos. Am 26. November 1742 hatte dieser beim Reichshofrat die „allerunterthaenigste Anzeig und Bitte" übergeben, *„pro in praejudicium* der Judenschafft zu Worms *punto homagii dasiger Stadt nihil statuendo, sed eos in casum praestandi à dicta Civitate homagii eo modo,* wie es bey denen Judenschafften zu Wetzlar und Friedberg juengsthin geschehen, *ad praestandum Homagium pariter clementissime admittendo."*[38] Am 1. Dezember hatte v. Gay als Antwort auf das Reichhofratsconclusum vom 22. November 1742 erneut die Forderung aufgestellt, die Wormser Judenschaft zur separaten Huldigung nach dem Muster Frankfurts, Friedbergs und Wetzlars zuzulassen: *„cum ulteriori humillimo petito,*

---

34 Staedt-Burgermeister und Rath des H. Reichs Freyer Stadt Worms an den Kaiser, Worms, den 24. Oktober 1742, abgedruckt in: Europaeische Staats-Cantzley, 86 (1745), Das VII. Capitel. Von der/durch die Judenschafft in der Reichs-Stadt Worms suchender besonderer Huldigung, eines neu-erwaehlten Roemischen Kaysers, Beilage D (Anm. 2), 276–277.

35 Ebd., 277.

36 Ebd., 278.

37 Europaeische Staats-Cantzley, 86 (1745), Von der/durch die Judenschafft in der Reichs-Stadt Worms suchender besonderer Huldigung, eines neu-erwaehlten Roemischen Kaysers, Beilage E (Anm. 2), 294–295.

38 Ebd., Beilage B, 265.

pro clementissime rejecta petitione Magistratus admittendo ad sepratam praestationem homagii ad Exemplum der Judenschafft zu Franckfurt, Wetzlar und Friedberg."[39] Auch dieses Mal blieb der Erfolg aus. Am selben Tag hatte sich der Reichshofratsagent Andreas Gottlieb v. Fabrice, der die Interessen der Reichsstadt Worms beim Reichshofrat vertrat, an diesen mit der Bitte gewandt „dasiger Judenschafft sich äußernder neuerlichen Anmaßungen" zurückzuweisen.[40] Die Reichsstadt Worms konnte sich am Ziel glauben, als der Reichshofrat am 13. Dezember 1742 beschloss, unter dem Vorbehalt, dass der Kaiser „nicht gewillet seye durch diesen *Actum* dem Herrn Chur-Fuersten zu Tier als Bischoffen zu Worms in seinen in der Stadt Wormbs hergebrachten *Juribus praejudiciren* zu lassen", v. Fabrice als Vertreter der Reichsstadt zur Ableistung des Huldigungseides zuzulassen, was am 14. Januar 1743 auch tatsächlich geschah.[41]

Entsprechend groß war die Bestürzung, als sich kurz darauf eine vollständige Kehrtwende abzeichnete. Am 20. März 1743 beschloss der Reichshofrat, dem Magistrat die Eingaben der Judenschaft vom 26. November[42] und 1. Dezember 1742[43] mitzuteilen und forderte ihn auf, seine Gegengründe vorzubringen, da ansonsten „mit admittierung der dasigen Judenschaft zur separaten Huldigung durch ihre Deputierten vor Kaiserl. Reichs Hof Rath fortgefahren werden solle."[44] Zwei Monate wurden dem Magistrat für seine Stellungnahme eingeräumt. Das Projekt der Kaiserhuldigung der Wormser Judenschaft hatte im Kurfürsten von Trier als Fürstbischof von Worms und in den fürstbischöflichen Kämmerern, den Freiherren von Dalberg, inzwischen weitere Befürworter gefunden. Am 14. Dezember 1742 war der Anwalt des Hochstifts, Breé, mit einer „Anzeige und Vorstellung von der Stadt Worms gegen die dasige Judenschafft *attendirender* widerrechtlichen Zudringung" beim Reichshofrat vorstellig geworden, versehen mit der Bitte, diese im Hinblick auf die bevorstehende Huldigungsleistung in Betracht zu ziehen.[45] Diese Intervention wurde von Dalbergischer Seite unterstützt. Am 7. Februar 1743 reichte Breé eine *„adhaesiv-Supplication* zu dem Fuerstl. Wormsischen *Exhibito de 14. Decembr. a.p. in puncto* der von

---

39 Ebd., 265–266.

40 Ebd., 266.

41 Ebd., Beilage F, 295–297.

42 Judaeorum exhibitum ad Cons: Imp: Aul: de praes: 26. Nov: 1742. cum adj. sub. tit: A ..., Stadtarchiv Worms Abt. 1B Nr. 232, [5], ff. 31r-35v.

43 Judaeorum exhibitum ad Cons: Imp: Aul: 1. Dec: 1742. cum adj. sub. tit: B., Stadtarchiv Worms Abt. 1B Nr. 232, [5], ff. 36r-37v.

44 Reichs Hofraths-Conclusum vom 20. März 1743, Stadtarchiv Worms Abt. 1B Nr. 232, [5], ff. 27r-30v, hier 29v-30r; Europaeische Staats-Cantzley, 86 (1745), Von der / durch die Judenschafft in der Reichs-Stadt Worms suchender besonderer Huldigung, eines neu-erwaehlten Roemischen Kaysers, Beilage A (Anm. 2), 267.

45 Ebd., Beilage B, 266.

dem Stadt Wormsischen *Magistrat* dasiger Judenschafft widerrechtlich suchenden Zudringung, mit Bitte, um hierauf allergerechtest zu *reflecti*ren, und denen Freyherrlich-Dahlbergischen zu Worms und ueber dasige Judenschafft wohlhergebrachten Gerechtsamen, in keine Wege zu benachteiligen".[46] Wenige Tage später, am 11. Februar, wurde Breé nochmals für seine beiden Auftraggeber beim Reichshofrat vorstellig.

Um angemessen auf den Reichshofratsbeschluss vom 20. März 1743 reagieren zu können, bat der Reichshofratsagent der Reichsstadt Worms am 31. Mai 1743 um die Mitteilung der Eingaben Breés vom 14. Dezember 1742 und vom 7. und 11. Februar 1743 sowie um einen Aufschub von weiteren zwei Monaten für die Ausarbeitung seiner Stellungnahme. Als der Reichshofrat v. Fabrice die Übermittlung der Eingaben des Hochstifts und der Dalberg verweigerte und ihm lediglich eine Fristverlängerung von einem Monat gewährte,[47] teilte letzterer dies dem Magistrat umgehend mit. Am 7. Juni 1743 wurde die Angelegenheit im Rat verhandelt.[48] Die Reichsstadt, die sich einer aus der Wormser Judenschaft, dem Kaiser, dem Hochstift Worms und den Dalberg bestehenden Koalition gegenübersah, die die Kaiserhuldigung der Wormser Judenschaft im zweiten Anlauf durchzusetzen suchte, wandte sich am 28. Juni 1743 erneut an den Kaiser,[49] gleichzeitig aber auch an den Reichstag.[50] Mit dem Schreiben an die Reichsversammlung, das am 9. Juli 1743 zur Diktatur genommen und als Drucksache an die Reichsstände verteilt wurde, hatte der Konflikt eine neue Eskalationsstufe erreicht.

In dem an den Kaiser gerichteten Schreiben brachte der Magistrat sein Unverständnis darüber zum Ausdruck, dass ihm keine Einsicht in die Eingaben des Hochstifts und der Freiherrn von Dalberg gewährt wurde, die:

„vermuthlich zum *Faveur* derer Juden eingerichtet, uns aber zum aeussersten Nachtheil, wer weiß, mit was vor unerfindlichem [...] Innhalt, angefuellet, weil

---

46 Ebd., Beilage B, 266–267.

47 Ebd., Beilage A, 264–265.

48 Ebd., Num. II., Dictatum Frankfurt den 9. Julii 1743, 258.

49 Magistrat von Worms an Kaiser Karl VII, 28. Juni 1743, Stadtarchiv Worms Abt. 1B Nr. 232, [5], ff. 34r-3746v; abgedruckt in: Europaeische Staats-Cantzley, 86 (1745), Von der/durch die Judenschafft in der Reichs-Stadt Worms suchender besonderer Huldigung, eines neu-erwaehlten Roemischen Kaysers, Num. II. (Anm. 2), 257–264.

50 An eine Hoch-Loebliche allgemeine Reichs-Versammlung, unterthaenig-gehorsamst-angelegenes Memoriale und Bitten, von Staedt-Burgermeistern und Rath des Heil. Roem. Reichs Freyer Stadt Worms. Dasiger Judenschafft neuerlich suchende besondere Huldigung, und die zur Abwendung derselben, an Ihro Kayserlichen Majestaet vom Reich zu erlassen gebettene Intercessionales betreffend. Samt Beylagen Num. I. it. Lit. A.B.C.D.E.F. & G. Dictatum Franckfurt am Mayn den 9. Julii 1743, in: Europaeische Staats-Cantzley, 86 (1745), Von der/durch die Judenschafft in der Reichs-Stadt Worms suchender besonderer Huldigung, eines neu-erwaehlten Roemischen Kaysers (Anm. 2), 250–257.

doch von der allerhoechsten *Justitz* ohnmoeglich zu glauben, dass allein die ad *communicandum decretirte,* zwey Juedische, gar nichts *relevantes* in sich fassende, *Exhibita de praes. 26. Nov. & 1. Dec. a.p.* in einer so wichtigen auf der einen Seite die nicht nur *per secula* hergebrachte, sondern auch *per remuneratorias concessiones Caesareas,* stattlich *titulirte,* und, wie in Zukunfft anzuweisen, *per judicata* bevestigte *Jura* eines Reichs-Stands, auf der andern Seite aber die von eben dieses Reichs-Stands *sub*ordinirter unterthaenigen Judenschafft, gantz neuerlich ohne allen Grund *praetendirende Admission* zu einer offenkuendiger massen nie gewesenen Kayserlichen Huldigung, mithin auf die *omnes & singulos status* zugleich *concernirende Praejudicial*-Frage: Ob wider die bißherige uhralte Form ein *Corpus singulare in Corpore universo noviter* zu statuiren? pro objecto habende Sache, die unvermuthete Kayserliche Resolution, vom 20. Martii nuperi, und die so fort angehaengte *peremptori*sche *Commination* veranlasset haben sollten."[51]

Da der Reichshofrat die noch am 10. Oktober 1742 geforderte Huldigung der Wormser Juden in seinem Conclusum vom 22. November 1742 stillschweigend hatte fallen lassen, den Eingaben der Judenschaft vom 26. November und vom 1. Dezember 1742 keine Beachtung geschenkt und der Reichshofratsagent v. Fabrice am 14. Januar 1743 den Huldigungseid für die Reichsstadt abgelegt hatte, stand es für den Magistrat außer Zweifel, dass das Wiederaufleben des Huldigungsprojekts auf die Intervention des Hochstifts und der Dalberg zurückzuführen war: „Hieraus leget sich dann klar zu Tag, dass [...] das gantze Huldigungs-Geschaefft, ohne dass die inzwischen eingekommene Juedische *Exhibita* [...] der mindesten Attention gewuerdiget worden, zum völligen Ende gediehen, zu der lange nachhero erfolgten *Judicial-Reassumtion* nothwendig die neuerliche Hoch-StifftWormsische und Freyherrlich-Dahlbergische *Exhibita* mit ihren 24. Beylagen die einzige Gelegenheit muessen gegeben haben."[52] Das Schreiben endete mit der Bitte um Mitteilung der fürstbischöflichen wie der Dalbergischen Eingaben und um Einräumung einer angemessenen Frist, „die einmahl *in Causa* wider uns und hiesiger Stadt Gerechtsame zum *Faveur* unserer Judenschafft *ad Acta* gebrachte Hoch-Stifft Womsische und Freyherrliche Dahlbergische *Exhibita* [...] *ad communicandum* zu *decretiren,* und uns in einer so wichtigen Angelegenheit, mit keiner ungewoehnlich-enger Frist *coarctiren* zu lassen".[53]

Das Schreiben, das der Magistrat an die Reichsversammlung richtete, rekapitulierte den gesamten Hergang des Konflikts.[54] Aus der Sicht des

51 Magistrat von Worms an Kaiser Karl VII., Worms, den 28. Juni 1743, in: Europaeische Staats-Cantzley, 86 (1745), Von der/durch die Judenschafft in der Reichs-Stadt Worms suchender besonderer Huldigung, eines neu-erwaehlten Roemischen Kaysers, Num. II (Anm. 2), 258–259.

52 Ebd., 261.

53 Ebd., 263.

54 An eine Hoch-Loebliche allgemeine Reichs-Versammlung, unterthaenig-gehorsamst-angelegenes Memoriale und Bitten, von Staedt-Burgermeistern und Rath des

Magistrats hatte er sich spätestens mit der Ableistung des Huldigungseides durch den reichsstädtischen Reichshofratsagenten v. Fabrice erledigt:

„Bey solcher klahren Bewandnuß ist nun leichtlich zu ermessen, in was große Bestuerzung wir gerathen, da gantz unvermuthet am 20. Martii dieses Jahres die hiesiege Huldigungs-Angelegenheit judicialiter reassumieret, und die schon rueckwaerts tacitè verworffene Juedische Exhibita de praes. 26. Nov. & 1. Decembr. p.a. ad communicandum decretiret worden, mit dem Anhang, unsere dargegen habende Nothdurft so gewiß in termino duorum mensium allerunterthaenigst beyzubringen, als sonst derselben ohnerwartet mit Admittierung der hiesigen Judenschafft zur separaten Huldigung durch ihre Deputierte vor dem Kayserlichen Reichs-Hof-Rath fortgefahren werden sollte.“[55]

Den Eingaben der Wormser Judenschaft maß der Magistrat kein Gewicht bei. So allgemein die ihm insinuierten ‚Juedischen Exhibita' mit ihren Verweisen auf die Präzedenzfälle in Friedberg und Wetzlar sowie auf den Rezess von 1699 gehalten waren, hätten sie ihn in seiner Vermutung bestärkt, dass das Hochstift Worms in Verbund mit den Freiherrn von Dalberg die eigentlichen Drahtzieher des jüdischen Kaiserhuldigungsprojekts waren:

„daß das Hoch-Stift Worms, nach seinen ohnablaeßigen zu hiesiger uralten Reichs-Stadt gaentzlicher Oppression Reichs-kuendiger massen abziehlenden Bemuehungen, nebst Beyziehung derer Caemmerer von Worms, Freyherren von Dahlberg, mit dreyen allda recensierten Exhibitis und 24. Beylagen directè wider uns und hiesiger Stadt Gerechtsame bey der Sache sich einzudringen vermeynet, wohl folglich der richtige Schluß zu machen, es moechten nicht sowohl die leere schon rueckwaerts tacitè rejicirte Juedische Exhibita, als vielmehr die Hoch-Stifft Wormsische und Freyherrlich-Dahlbergische anmaßliche Interventiones zu der so unvermutheten Judicial-Reassumption [...] verantwortlich sein.“[56]

An den Kaiser habe man sich in der Sache zwar nochmals gewandt, aber gleichzeitig an die Reichsstände appelliert, zugunsten der Reichsstadt Worms zu intervenieren:

„Wir tragen zwar an allermildester Erhoehrung nicht geringsten Zweiffel, stehen aber dabey in der vestesten Zuversicht, daß selbige durch einer hoechstansehlichen Reichs-Versammlung fuer uns, und hiesige bedraengte Stadt, als einen obgleich geringen, jedoch die Patriotische Wege jederzeit getreulichst mit eintertenden Reichs-Stand, einzulegendes Vor-Wort mercklich befoerdert, und so ein gedeylicher Effect erreicht werden moechte.“[57]

Heil. Roem. Reichs Freyer Stadt Worms. Dasiger Judenschafft neuerlich suchende besondere Huldigung, und die zur Abwendung derselben, an Ihro Kayserlichen Majestaet vom Reich zu erlassen gebettene Intercessionales betreffend. Samt Beylagen Num. I. it. Lit. A.B.C.D.E.F. & G. Dictatum Franckfurt am Mayn den 9. Julii 1743, in: Europaeische Staats-Cantzley, 86 (1745), Von der/durch die Judenschafft in der Reichs-Stadt Worms suchender besonderer Huldigung, eines neu-erwaehlten Roemischen Kaysers (Anm. 2), 250–257.

[55] Ebd., 254.

[56] Ebd., 255.

Der Appell an die Reichsstände, der bis nach Weimar und Dresden Wellen schlug, brachte die Wende.[58] Nicht nur aus der Sicht des Rates hatte sich „unsere Juden ‚Huldigungs' Sache" erledigt.[59] Daran änderte auch ein Nachspiel vier Jahre später nichts. 1746, unter Kaiser Franz I., hatte der Reichshofrat anlässlich einer Klage der Wormser Judenschaft gegen den Magistrat nochmals die Forderung nach der separaten jüdischen Kaiserhuldigung aufgeworfen, allerdings nicht mit demselben Nachdruck wie unter dessen Vorgängern betrieben und dann endgültig fallen gelassen.[60]

II.

Bereits die Rekonstruktion der Ereignisse und Abläufe hat deutlich gemacht, dass das gescheiterte Projekt der Kaiserhuldigung der Wormser Judenschaft nicht am Rande, sondern im Zentrum der tief greifenden Konflikte zu verorten ist, die die Geschichte des vormodernen Worms begleiteten.[61] Hauptakteure in den endemischen Auseinandersetzungen um Herrschafts- und Jurisdiktionsrechte waren neben Rat und Bürgerschaft der Reichsstadt Worms die pfälzischen Kurfürsten, das Hochstift Worms mit den Kurfürsten von Trier als Senior- und den Freiherrn von Dalberg als Juniorpartner, der Kaiser und die Judenschaft. Zwei Faktoren waren für die spezifische Dynamik der Wormser Konflikte im 17. und 18. Jahrhundert bestimmend: die relative Schwäche der Reichsstadt sowie die besonders ausgeprägte Heterogenität der Herrschafts- und Jurisdiktionsverhältnisse.

Die Blütezeit von Worms ging bereits im 16. Jahrhundert zu Ende. Die Pestepidemie von 1666/67 und insbesondere der Pfälzische Erbfolgekrieg versetzten der Stadt weitere Schläge, von denen sie sich nur unter größten Anstrengungen allmählich wieder erholte. Als Worms am 31. Mai 1689

57 Ebd., 256.

58 *Wendehorst,* Imperial Spaces as Jewish Spaces (Anm. 1), 466.

59 Siehe die Korrespondenz des Rates mit dem Frankfurter Syndicus Burg, der mit der Vertretung der Interessen der Reichsstadt Worms am Reichstag betraut war, Stadtarchiv Worms Abt. 1B Nr. 232, [5], ff.–87v.

60 *Kober,* Die deutschen Kaiser und die Wormser Juden, Frankfurt a. M. 1961 [zuerst 1934] (Anm. 5), 194–195.

61 *Gerold Bönnen,* Jüdische Gemeinde und christliche Stadtgemeinde im spätmittelalterlichen Worms, in: Christoph Cluse/Alfred Haverkamp/Israel J. Yuval (Hgg.), Jüdische Gemeinden und ihr christlicher Kontext in kulturräumlich vegleichender Betrachtung, Hannover 2003, 309–340. *Boos,* Geschichte der rheinischen Städtekultur (Anm. 6); *Mahlerwein,* Die Reichsstadt Worms (Anm. 6); *Wilhelm Müller,* Die Verfassung der freien Reichsstadt Worms am Ende des 18. Jahrhunderts mit besonderer Berücksichtigung der Zeit unter französischer Besetzung bis zum Frieden von Lunéville (1801) (Der Wormsgau. Zeitschrift des Altertumsvereins und der städtischen Kulturinstitute für die Kreise Worms, Alzey, Oppenheim und das Ried, Beiheft 5), Worms 1937.

durch französische Truppen in Brand gesetzt und vollständig verwüstet worden war, stand man buchstäblich vor einem Trümmerhaufen. Einen Einblick in die Einschätzung der Situation durch die Führungsschicht der Reichsstadt sowie in deren politische Agenda vermittelt die Denkschrift für den Wiederaufbau der Stadt Worms, die Johann Friedrich Seidenbender, der dem lutherischen Stadtpatriziat entstammte und Mitglied des Magistrats war, verfasst hatte: Worms sei „ringsherumb von Churpfalz territorio umbzingelt [...]. Inwendig, in und bey unß haben wir den herrn bischoff, die clerisey, den vielen Adel und zimblich starcke boßhafftige judenschafft.“[62] Wegen der bischöflichen Rechte komme man nicht umhin, so Seidenbender, Katholiken und Juden wieder aufzunehmen. Da eine einheitlich lutherische Einwohnerschaft bei realistischer Betrachtung Utopie bleiben musste, schlug er vor, sämtliche nach dem Westfälischen Frieden tolerierte Religionsparteien in die Stadt wie in die Bürgerschaft aufzunehmen und insbesondere die Ansiedlung von Reformierten zu fördern, Nicht-Lutheraner aber von der politischen Macht auszuschließen. Am 13. Juni 1699 hatte die Reichsstadt den Reformierten, die sich bereits seit dem 30jährigen Krieg in der Stadt aufhielten, in einem Vertrag die öffentliche Religionsausübung einschließlich des Baus einer Kirche, der Unterhaltung einer Schule und der Anlage eines Friedhofs zugebilligt.[63]

In seiner Denkschrift hatte Seidenbender sämtliche Herrschaftsträger erwähnt, deren Rechte und Ansprüche mit dem Bemühen der Reichsstadt um Unabhängigkeit und um die Ausbildung der Landeshoheit nach außen wie innen kollidierten. Die Kurfürsten von der Pfalz waren die mächtigsten Nachbarn der Reichsstadt Worms, umgaben sie mit ihrem Herrschaftsgebiet und waren auch ihre Schutzherren. Grundlage dieses Schutzverhältnisses war ein immer wieder erneuerter Schirmvertrag, der die gesamte Einwohnerschaft von Worms mit Ausnahme der Juden umfasste. Bis ins 17. Jahrhundert sah sich die Reichsstadt kurpfälzischen Mediatisierungsversuchen ausgesetzt.[64]

Während des 18. Jahrhunderts dominierten dagegen Auseinandersetzungen mit dem Hochstift, die sich in zahlreichen Prozessen vor den höchsten Reichsgerichten und Eingaben an den Reichstag äußerten. Den Kampf um die Stadtherrschaft hatten die Fürstbischöfe mit den Rachtungen von 1519 und 1526 zwar faktisch weitgehend verloren, ihre Ansprüche auf die Stadt

---

62 Zitiert nach: *August Weckerling,* Johann Friedrich Seidenbenders Vorschläge für die Wiederaufrichtung der Stadt Worms, Worms 1894, 64.

63 *Mahlerwein,* Die Reichsstadt Worms (Anm. 6), 343; *Müller,* Verfassung (Anm. 62), 12–13.

64 *Fritz Reuter,* Sollte Worms 1659 Hauptstadt der Kurpfalz werden?, in: Landesgeschichte und Reichsgeschichte. Festschrift für Alois Gerlich zum 70. Geburtstag, hrsg. von Winfried Dotzauer / Wolfgang Kleiber / Michael Matheus / Karl-Heinz Spieß (Geschichtliche Landeskunde, 42), Stuttgart 1995, 290.

aber nicht aufgegeben.[65] Die vollständige Verdrängung des Fürstbischofs war der Stadt nicht gelungen. Die Immunitäten des Hochstifts und anderer katholischer Institutionen blieben unangetastet. Darüber hinaus verblieben dem Fürstbischof residuale stadtherrschaftliche Rechte. So musste die Stadt dem Fürstbischof bei seinem Amtsantritt einen Eid leisten. Dieser konnte, wenn auch pro forma, bei der Besetzung der Ratssitze aus einer Liste auswählen und hatte Anspruch auf Anteile an den Weg-, Zoll-, Waag- und Markteinnahmen. Gehalten hatte sich auch das bischöfliche Hofgericht, obwohl die Stadtrechtsreformation von 1498/99 die alleinige Zuständigkeit des Stadtgerichts als ordentliches Gericht und die des Rats als Appellationsgericht festgelegt hatte.[66]

Nach der Zerstörung der Stadt durch die Franzosen sahen die Fürstbischöfe eine Gelegenheit, das Blatt wieder zu ihren Gunsten zu wenden. 1694 erschienen in Mainz die Streitschriften „Potestats ac Jurisdictio Episcopi-Principis Wormatiensis in Civitatem Wormatiensum oder Summarischer Begriff der vornehmsten hohen Regalien und Gerechtigkeiten eines Regierenden Bischoffen zu Wormbs über die Stadt“ und „Historische Relation von der absoluten Gewalt und Herrschaft der vorigen Bischoffen von Worms über diese Stadt“.[67] Ferner untermauerte der Jurist und Historiker Schannat[68] in seiner 1737 erschienenen „Historia Episcopatus Wormatiensis“ die Ansprüche des Fürstbischofs auf das Stadtregiment.[69] Die bischöflichen Schutz- und Herrschaftsrechte über die Juden gehörten nicht nur zu Schannats Wissensbestand, sie bildeten einen integralen Bestandteil seiner Argumentationsstrategie zur Durchsetzung der fürstbischöflichen Rechte in und über die Stadt. Neben der publizistischen Kampagne, die 1756 eine von dem Wormser Ratskonsulenten Johann Friedrich Moritz verfasste Gegenschrift der Reichsstadt provozierte,[70] suchten die Fürstbischöfe die Grenzen zwischen Hochstift und Reichsstadt auch auf gerichtlichem und politischem

65 *G. Sofsky,* Die verfassungsrechtliche Lage des Hochstifts Worms in den letzten zwei Jahrhunderten seines Bestehens unter besonderer Berücksichtigung der Wahl seiner Bischöfe (Der Wormsgau, Beiheft 16), Worms, 1957; *Mahlerwein,* Die Reichsstadt Worms (Anm. 6), 305–306.

66 *Sofsky,* Die verfassungsrechtliche Lage (Anm. 66), 53; *Mahlerwein,* Die Reichsstadt Worms (Anm. 6), 305–309.

67 *Boos,* Geschichte der rheinischen Städtekultur (Anm. 6), 525.

68 *Wilhelm Engel,* Johann Friedrich Schannat (1683–1739). Leben – Werk – Nachlaß, in: Archivalische Zeitschrift 44 (1936), 24–103.

69 *Boos,* Geschichte der rheinischen Städtekultur (Anm. 6), 529.

70 *Johann Friedrich Moritz,* Historisch-Diplomatische Abhandlung vom Unrsprung derer Reichs-Staette insonderheit von der allzeit unmittelbaren und weder unter Herzoglich- und Graeflich noch unter Bischoefflich-weltlicher Jurisdiktion jemahls gestandenen Feyen Reiichs-Statt Worms denen offenbaren Irrthuemern und Zudringlichkeiten des Schannats in seiner Bischoefflich-Wormsischen Historie entgegen gestellt, Franckfurt und Leipzig, 1756.

Weg neu zu vermessen. Zentral für die vor den obersten Reichsgerichten und auf dem Reichstag ausgetragenen Auseinandersetzungen war das mit der reichsstädtischen Jurisdiktion konkurrierende bischöfliche Hofgericht.[71] Anlass für das Wiederaufleben des Konflikts war die Streitsache Isaac Speyer und Consorten contra die Jüdin Edel Oppenheimerin, die 1732 zur Appellation an das bischöfliche Obergericht gelangt war, dort aber nicht entschieden werden konnte, da die Reichsstadt die Einsicht in die Akten des in erster Instanz vor dem Stadtgericht geführten Prozesses verweigerte.

Die Schwäche der Reichsstadt nach der Zerstörung 1689 hatte nicht nur den Reformierten und dem Hochstift, sondern auch der Wormser Judenschaft eine Chance zur Befestigung ihrer jeweiligen Position eröffnet. War es den Reformierten 1699 gelungen, die Anerkennung ihrer Gemeinde zu erreichen, hatten die Juden im selben Jahr in einem Rezess mit dem Rat die Beseitigung der Leibeigenschaft durchsetzen können. Der Rezess vom 7. Juni 1699 markiert den symbolischen Höhepunkt der Entwicklung der rechtlichen Stellung der Wormser Judenschaft in der Vormoderne und zugleich die Verfestigung ihrer Beziehungen zum Kaiser. Wie der völlige Zusammenbruch des durch die Kammerknechtschaft begründeten Abhängigkeits- und Schutzverhältnisses unter Karl IV. demonstriert, handelte es sich bei den Beziehungen zwischen den Wormser Juden und dem Kaiser nicht um ein Nahverhältnis per se. Auch wenn es kaiserlichen Interventionen zu verdanken war, dass sich die Gemeinde nach der Katastrophe von 1349 rekonstituieren und trotz mehrfacher Versuche der Stadt, sich ihrer zu entledigen – zuletzt 1615 –, auf Dauer in Worms halten konnte, suchte die Wormser Judenschaft je nach Konstellation auch bei anderen Herrschaftsträgern Rückhalt. Als zu Beginn des 16. Jahrhunderts Erzbischof Albrecht II. von Mainz die Juden im Rhein-Main-Gebiet zu vertreiben suchte, fanden die Wormser Juden Rückhalt bei der Stadt. Als die Stadt 1558 erneut einen Anlauf unternahm, die Juden zu vertreiben und sich dafür der Unterstützung Kaiser Ferdinands I. versicherte, mobilisierten diese das Reichskammergericht in Speyer, den Wormser Fürstbischof und die Freiherrn von Dalberg.[72] Auch

---

71 [*Johann Jacob Moser*], Onwiderleglicher Beweiß, Daß das Bischoffliche Wormsische Hof-Gericht niemahlen ein Kayserliches und Reichs-Lehen gewesen, auch nicht seye, s.l. [Worms], 1748; [*Johann Jacob Moser*], Kurtze Vorstellung, wie es mit denen zwischen dem Hoch-Stifft Worms und der Reichs-Statt Worms wegen des Bischofflichen Hof-Gerichts an beyden hoechsten Reichs-Gerichten Rechts-haengigen Streitigkeiten dermahlen bewandt seye, s.l.[Hanau],1750; [*Johann Jacob Moser*], Pro memoria, in Sachen des Hoch-Stiffts Worms contra die Reichs-Statt, das Bischoffliche Hof-Gericht betreffend, s.l. [Hanau], 1750, zum Engagement Mosers für die Reichsstadt Worms siehe: *Reinhard Rürup*, Johann Jacob Moser. Pietismus und Reform (Veröffentlichungen des Instituts für europäische Geschichte Mainz, Abteilung Universalgeschichte, 35), Wiesbaden 1965, 129.

72 *Fritz Reuter*, Bischof, Stadt und Judengemeinde von Worms im Mittelalter (1348–1526), in: Neunhundert Jahre Geschichte der Juden in Hessen (Schriften der

die Kurpfalz gewährte verschiedentlich Unterstützung. Die Wormser Unruhen von 1615, die sich ähnlich wie der Fettmilchaufstand in Frankfurt gegen die städtische Oberschicht und die Juden richteten, wurden durch den Einmarsch von 4.000 pfälzischen Soldaten beendet. Unter dem Schutz des Kurfürsten Friedrich V. von der Pfalz und des Fürstbischofs von Speyer, die als kaiserliche Kommissare agierten, konnten die vertriebenen Juden im Januar 1616 nach Worms zurückkehren.[73]

Parallel zur Entwicklung in Frankfurt hatte sich im Verlauf des 17. Jahrhunderts auch in Worms das Verhältnis zwischen Judenschaft und Kaiser zu einer Konstante verfestigt, die in der summarischen, zunehmend routinemäßigen Bestätigung der kaiserliche Privilegien für die Juden, der Judenordnungen und des Rezesses von 1699 durch den Reichshofrat sowie in zahlreichen Prozessen der Wormser Judenschaft gegen die Reichsstadt vor dem Reichshofrat ihren konkreten Ausdruck fand.

1663 bestätigte Leopold I. die Wormser Judenordnung.[74] Sein Nachfolger, Joseph I., bestätigte 1707 die den Wormser Juden durch Karl V. und durch Matthias erteilten Privilegien.[75] Durch Karl VI. erfolgte 1714 die Bestätigung der kaiserlichen Privilegien, der Judenordnung und des Rezesses von 1699.[76] Karl VII. bestätigte 1742 die Privilegien wie auch den Rezess.[77] 1746

Kommission für die Geschichte der Juden in Hessen, 6), Wiesbaden 1983, 49; *Sabine Frey,* Rechtsschutz der Juden gegen Ausweisungen im 16. Jahrhundert (Rechtshistorische Reihe, 30), Frankfurt / New York 1983.

73 *Mahlerwein,* Die Reichsstadt Worms (Anm. 6), 317 – 318; *Christopher Friedrichs,* Anti-Jewish Politics in Early Modern Germany: The Uprising in Worms 1613 – 17, in: Central European History 23 (1990), 259 – 281.

74 Confirmatio privilegiorum der Judenschafft zu Wormbs, 10. April 1663 (Copia), Österreichisches Staatsarchiv, Abteilung Haus-, Hof- und Staatsarchiv, Reichshofrat, Confirmationes Privilegiorum, Kart. 99, Konv. 1, Judenschaft zu Worms. Confirmatio ihrer Ordnung 1705 – 66, ff. 37r-61v.

75 Gemeiner Judenschafft zu Worms Privilegien, Wien den 19. April 1707 (Konzept), Österreichisches Staatsarchiv, Abteilung Haus-, Hof- und Staatsarchiv, Reichshofrat, Confirmationes Privilegiorum, Kart. 98, Konv. 2, ff. 61r-82v.

76 Confirmatio Privilegiorum für die Judenschafft zu Wormbs, 26. Octobris 1714 (Konzept), Österreichisches Staatsarchiv, Abteilung Haus-, Hof- und Staatsarchiv, Reichshofrat, Confirmationes Privilegiorum, Kart. 98, Konv. 2, ff. 83r-108v; Confirmatio der Judenordnung für die Judenschafft zu Wormbs, 26. Octobris 1714 (Konzept), Österreichisches Staatsarchiv, Abteilung Haus-, Hof- und Staatsarchiv, Reichshofrat, Confirmationes Privilegiorum, Kart. 99, Konv. 2, ff. 69r-99v; Confirmatio des zwischen dem Magistrat zu Worms und der Judenschafft daselbst errichteteten Vergleichs, 26. Octobris 1714 (Konzept), Österreichisches Staatsarchiv, Abteilung Haus-, Hof- und Staatsarchiv, Reichsarchive, Reichshofrat, Confirmationes Privilegiorum, Kart. 99, Konv. 2, ff. 24r-35v.

77 Confirmatio Privilegiorum [Juden-Ordnung] für die Judenschafft zu Worms, Frankfurt, den 5. Juni 1742 (Konzept), Österreichisches Staatsarchiv, Abteilung Haus-, Hof- und Staatsarchiv, Reichshofrat, Confirmationes Privilegiorum, Kart. 99, Konv. 2., ff. 106r-145v; Confirmatio Privilegiorum für die Judenschafft zu Worms,

erfolgte die Konfirmation der von den Kaisern Karl V. und Matthias erteilten Privilegien und des Rezesses von 1699 durch Franz I.[78] 1766 bat die Wormser Judenschaft Joseph II. um die Bestätigung des zwischen ihr und dem Magistrat 1699 geschlossene Rezesses sowie um die Bestätigung der Generalprivilegien Karls V. von 1544 und von Matthias von 1612 für die „Judenschafft im Heil. Römischen Reich" und das Spezialprivileg Karls V. von 1551 für die Wormser Juden. Bevor die Vorsteher den Kaiser als ihren allergnädigsten Herrn und „Beschirmer auf Erden" um seinen „Reichsoberherrlichen Schutz und Schirm" sowie um die Bestätigung „besagter Privilegia, Freyheiten, Ordnung, Schutz und Schirm in ihrem ganzen Inhalt, Puncten, Clauseln, und Begreifungen" baten, erinnerten sie ihn vorsorglich daran, dass Franz I. die von Ferdinand III. bestätigte Judenordnung von 1641 unter „Cassierung" der durch den Rezess von 1699 „ausgetilgten Leibeigenschafft, und darüber abhangenden Puncten" konfirmiert hatte.[79] Am 10. März 1766 bestätigte der Reichshofrat Freiheitsbriefe Kaiser Karls V. und Kaiser Matthias, die Judenordnung Kaiser Ferdinands III. und des Rezesses von 1699.[80]

Im Kontext der skizzierten Konflikte um die Herrschafts- und Jurisdiktionsrechte im vormodernen Worms erschließen sich die Motive für das Huldigungsprojekt der Wormser Judenschaft wie auch die Kontroversen, die es auslöste. Um ein möglichst hohes Maß an äußerer wie innerer Souveränität zu erreichen, war die Reichsstadt bestrebt, die Träger konkurrierender Rechte zu verdrängen, beziehungsweise sich unterzuordnen. In den historischen Subdisziplinen der Stadt-, der jüdischen und der Kirchengeschichte

---

Frankfurt, den 5. Juni 1742 (Konzept), Österreichisches Staatsarchiv, Abteilung Haus-, Hof- und Staatsarchiv, Reichshofrat, Confirmationes Privilegiorum, Kart. 99, Konv. 3, ff. 36–67v.

78 Confirmatio Privilegiorum für die Judenschafft zu Worms, Wien, den 19. April 1746 (Konzept), Österreichisches Staatsarchiv, Abteilung Haus-, Hof- und Staatsarchiv, Reichshofrat, Confirmationes Privilegiorum, Kart. 98, Konv. 2, ff. 121r-164r; Confirmatio Recessus für die Judenschafft zu Worms, Wien, den 19. April 1746 (Konzept), Österreichisches Staatsarchiv, Abteilung Haus-, Hof- und Staatsarchiv, Reichshofrat, Confirmationes Privilegiorum, Kart. 99, Konv. 3, ff. 68r-80r.

79 Vorsteher der Judenschaft zu Worms an Kaiser Joseph II., Worms 1766, Österreichisches Staatsarchiv, Abteilung Haus-, Hof- und Staatsarchiv, Reichshofrat, Confirmationes Privilegiorum, Kart. 99, Konv. 3, ff. 91r-95v.

80 Confirmatio Privilegiorum für die Judenschaft zu Worms über die Freyheits-Briefe Caroli V. et Matthiae, 10. März 1766, Österreichisches Staatsarchiv, Abteilung Haus-, Hof- und Staatsarchiv, Reichsarchive, Reichshofrat, Confirmationes Privilegiorum, Kart. 98, Konv. 3, ff. 218r-268r; Confirmatio Privilegiorum für die Judenschafft zu Worms über die Juden-Ordnung, Wien, den 10. März 1766 (Konzept), Österreichisches Staatsarchiv, Abteilung Haus-, Hof- und Staatsarchiv, Reichsarchive, Reichshofrat, Confirmationes Privilegiorum, Kart. 99, Konv. 2, ff. 207r-310r; Confirmatio Recessus für die Judenschafft zu Worms, 10. März 1766 (Konzept), Österreichisches Staatsarchiv, Abteilung Haus-, Hof- und Staatsarchiv, Reichsarchive, Reichshofrat, Confirmationes Privilegiorum, Kart. 99, Konv. 3, ff. 82r-123r.

werden die Auseinandersetzungen auf zum Teil breitem Raum behandelt. Dabei fällt die Tendenz auf, mehrpolige Konfliktfelder, die sich auf verschiedene Ebenen erstreckten, zu bilateralisieren beziehungsweise auf quasi-statische Akteure, die innerhalb fester Parameter handelten, zu reduzieren. Auf diese Weise werden zwar kritische Reibungsflächen sowie die jeweiligen Kontrahenten sichtbar: Reichsstadt versus Hochstift, die Reichsstadt gegen die Judenschaft sowie innerhalb der Reichsstadt die Bürgerschaft gegen den Rat. Das Gesamtbild der beteiligten Akteure, der multilaterale Charakter der Auseinandersetzungen, sowie die Mechanismen, die ihnen zugrunde lagen, werden jedoch nur teilweise aufgedeckt.

Dies gilt insbesondere, wenn auch keineswegs ausschließlich, für den Anteil der Juden an den Wormser Konflikten. Die Einordnung ihrer Handlungsspielräume in der Geschichtsschreibung ist, wenn sie nicht völlig unterbleibt, vielfach schematisch, so dass Juden als blosse Objekte, also nicht als handelnde Subjekte erscheinen, oder in ein nur ansatzweise gelüftetes Dunkel gehüllt bleiben. Die Interpretation (beziehungsweise deren Fehlen) des Verhältnisses der Wormser Juden zu den Kaisern, dem Hochstift und den Freiherrn von Dalberg belegt dies beispielhaft. Lokalhistorische Untersuchungen lassen zwar keinen Zweifel an der Bedeutung des Kaisers als Garant der jüdischen Gemeinde in Worms aufkommen, vernachlässigen aber den reichsgeschichtlichen Kontext.[81]

Das Beziehungsgeflecht zwischen Reichskirche und jüdischer Bevölkerung war kein Thema der Kirchengeschichtsschreibung des 19. und 20. Jahrhunderts.[82] Dies trifft auch auf Einzelaspekte zu, wie die Beteiligung des Hochstifts Worms an dem Versuch der Wormser Judenschaft, ihre rechtliche Stellung durch die Einführung separater Kaiserhuldigungen aufzuwerten.[83] Obwohl die Wormser Juden durch die Anrufung des fürstbischöflichen Hofgerichts unter Umgehung der städtischen Gerichtsbarkeit im Streit um Herrschafts- und Jurisdiktionsrechte zwischen Hochstift und Stadt stellenweise eine zentrale Rolle spielten, finden sie keine Erwähnung.

---

81 *G[erson] Wolf,* Zur Geschichte der Juden in Worms und des deutschen Städtewesens. Nach archivalischen Urkunden des k. k. Ministeriums des Aeusseren in Wien, Breslau 1862; *Adolf Kober,* Die deutschen Kaiser und die Wormser Juden, Frankfurt a. M. 1961 [zuerst 1934] (Anm. 5), 182–202.

82 Dazu grundlegend: *Friedich Battenberg,* Jews in the ecclesiastical territories of the Holy Roman Empire, in: In and Out of the Ghetto. Jewish Gentile Relations in Late Medieval and Early Modern Germany, hrsg. von Ronnie Po-chia Hsia / Hartmut Lehmann, Cambridge 1995, 247–274.

83 *Wormatia Sacra.* Beiträge zur Geschichte des ehemaligen Bistums Worms, Worms 1925; *Sofsky,* Die verfassungsrechtliche Lage des Hochstifts Worms; Das Bistum Worms. Von der Römerzeit bis zur Auflösung 1801, hrsg. von *Friedhelm Jürgensmeier* in Verbindung mit *Andreas Urban Friedmann / Burkard Keilmann / Paul Warmbrunn / Hans Ammerich* (Beiträge zur Mainzer Kirchengeschichte, 5), Würzburg 1997.

Die engen Verbindungen, die in der Vormoderne zwischen den Kämmerern von Worms, genannt von Dalberg, und der Wormser Judenschaft bestanden, sind andeutungsweise bekannt.[84] Die Legende, nach der die Vorfahren der Dalberg die Juden nach der Zerstörung von Jerusalem durch die flavischen Kaiser ins Römische Reich geführt hätten, war Bestandteil der Dalbergschen Memorialkultur. Die Freiherrn von Dalberg hatten das Recht, Juden zu vergleiten. Das Judengericht in Worms gehörte zu ihren Lehen.[85] Die so genannten Kämmererhöfe, ihre Besitzungen in Worms, lagen in der Nähe der Judengasse. Im Gegenzug für eine Abgabe schützten die Dalberg jüdische Hochzeiten und Leichenzüge gegen Übergriffe der christlichen Stadtbevölkerung. Angehörige des reichsritterschaftlichen Geschlechts der Dalberg bekleideten wichtige Ämter und Würden im Dienst des Kaisers und des Reichs, beispielsweise als Kammergerichtspräsidenten und Reichshofräte, der Reichskirche und der Reichsritterschaft.[86] Im Hochstift Worms nahmen Angehörige des Hauses Dalberg zahlreiche Funktionen wahr, beispielsweise als weltliche Statthalter des Fürstbischofs, als Hofräte oder als Mitglieder des Domkapitels. Das Amt des Kämmerers des Fürstbischofs von Worms war in der Familie erblich. Während neben einzelnen Aspekten[87] und Personen[88] aus der Geschichte der Dalberg insbesondere Karl Theodor, Kurfürst von Mainz, Erzkanzler des Reichs, Fürstprimas des Rheinbundes und Großherzog von Frankfurt, große Aufmerksamkeit hervorgerufen hat,[89]

---

84 *Kober,* Die deutschen Kaiser und die Wormser Juden, Frankfurt a. M. 1961 [zuerst 1934] (Anm. 5), 194–195; *Fritz Reuter,* Die Dalberg in Worms und Herrnsheim, in: Carl von Dalberg 1744–1817. Beiträge zu seiner Biographie, hrsg. von Hans-Bernd Spies (Veröffentlichungen des Geschichts- und Kunstvereins Asschenburg), Aschaffenburg 1994, 263–279, hier 263; *ders.* Warmaisa. 1000 Jahre Juden in Worms, 2. Aufl., Frankfurt am Main 1987, 59; *ders.,* Bischof, Stadt und Judengemeinde, 45–76.

85 Hessisches Staatsarchiv Darmstadt.

86 *Friedrich Battenberg,* Die Entwicklung der Gerichtsverfassung in der Herrschaft Dalberg im 16. und 17. Jahrhundert, in: Geschichtliche Landeskunde 25 (1984), 150–152.

87 *Friedrich Battenberg,* Die Gerichtsverfassung in der Herrschaft Dalberg in der frühen Neuzeit. Ein Beitrag zur Organisation eines reichsritterschaftlichen Territoriums, in: Archiv für Hessische Geschichte und Altertumskunde. Neue Folge 40 (1982), 9–95; ders., Die Entwicklung der Gerichtsverfassung in der Herrschaft Dalberg im 16. und 17. Jahrhundert, in: Geschichtliche Landeskunde 25 (1984), 131–172.

88 *Michael Embach / Joscelyn Godwin,* Johann Friedrich Hugo von Dalberg (1760–1812). Schriftsteller, Musiker, Domherr (Quellen und Abhandlungen zur Mittelrheinischen Kirchengeschichte, 82), Mainz 1998.

89 Siehe etwa *Carl von Beaulieu-Marconnay,* Karl von Dalberg; *Konrad Maria Färber,* Kaiser und Erzkanzler. Carl von Dalberg und Napoleon am Ende des Alten Reiches. Die Biographie des letzten geistlichen Fürsten in Deutschland (Studien und Quellen zur Geschichte Regensburgs, 5), Regensburg1988; *Karl Hausberger* (Hg.), Der letzte geistliche Reichsfürst (Schriftenreihe der Universität Regensurg, 22), Regensburg 1995; *Hans-Bernd Spies* (Hg.), Carl von Dalberg 1744–1817. Beiträge zu

sind von der Geschichte der Dalberg als Gesamtphänomen nur die Konturen zu erkennen. Dies gilt auch für ihre Beziehungen zur jüdischen Bevölkerung. Zurückzuführen sein dürfte diese – im Verhältnis zur Prominenz der Dalberg in einem auffälligen Missverhältnis stehende – spärliche Berücksichtigung durch die Geschichtswissenschaft nicht auf Zufälle, sondern auf die mangelnde Passfähigkeit des Gegenstandes mit den Interpretamenten *Territorium* und *Nation*. Die Dalberg saßen auf und zwischen vielen Stühlen. Am Maßstab des frühmodernen Territorialstaats gemessen stellt die Familie, der die Ausbildung einer Landesherrschaft nicht gelungen ist, wie ihr in der Forschungsliteratur gerne attestiert wird,[90] zugegebenermaßen einen Anachronismus dar. Die Frage bleibt, ob der frühmoderne Territorialstaat der geeignete Maßstab ist, um der Geschichte dieser nur unter personalen, relationellen und institutionellen, nicht unter territorialen Vorzeichen adäquat zu begreifenden Familie einschließlich ihrer Beziehungen zu den Wormser Juden gerecht zu werden.

Im Unterschied zur modernen Geschichtsschreibung war die Rolle der Wormser Judenschaft als Spielball wie als Akteur in den Herrschafts- und Jurisdiktionskonflikten in der zeitgenössischen reichspublizistischen Auseinandersetzung, an der Juristen wie Johann Jacob Moser, Johann Friedrich Schannat und Johann Friedrich Moritz beteiligt waren, bekannt.

III.

Nach der Rekonstruktion der Ereignisgeschichte und deren Einordnung in die zeitgenössischen Konflikte und die historische Forschung werden im letzten Abschnitt die eingangs formulierten Fragen aufgegriffen. Welche Aussagen erlaubt das gescheiterte Projekt der Kaiserhuldigung der Wormser Judenschaft über die Lage der Juden? Was besagt es über das Reich als politisches Gemeinwesen? Warum war es kein Thema für die Geschichtswissenschaft, und warum hat es keinen Eingang in die auf Worms bezogenen Erinnerungskulturen gefunden?

Wenn das Vorhaben der Wormser Judenschaft, dem Kaiser separat von der Reichsstadt zu huldigen, nur im Kontext der Herrschafts- und Rechtskonflikte im Worms der Vormoderne zu verstehen ist, so eröffnet es umge-

---

seiner Biographie (Veröffentlichungen des Geschichts- und Kunstvereins Aschafffenburg, 40), Aschaffenburg 1994.

90 *Friedrich Battenberg,* Die Entwicklung der Gerichtsverfassung in der Herrschaft Dalberg im 16. und 17. Jahrhundert, in: Geschichtliche Landeskunde 25 (1984), 153; einen instruktiven Zugang zur strukturellen Situation der Dalberg eröffnet dagegen *William Godsey,* Nobles and Nation in Central Europe. Free Imperial Knights in the Age of Revolution, 1750–1850 (New Studies in European History), Cambridge 2004, 74–81, 99–105.

kehrt die Möglichkeit einer synthetischen Analyse dieser Konflikte. Wie ein Prisma bündelt das gescheiterte Kaiserhuldigungsprojekt Kooperation wie Konflikt zwischen Reichsstadt, Judenschaft, Hochstift, den Freiherrn von Dalberg, dem Kaiser und den Reichsständen. Es erlaubt nicht nur, sondern erzwingt geradezu die Einnahme einer Perspektive, die die Beziehungen der verschiedenen Akteure untereinander nicht als Summe statischer, bilateraler Verhältnisse, sondern als dynamisches, mehrpoliges Interaktionsgeflecht untersucht und so als Schlüssel zu dessen Dechiffrierung dienen kann. Die Anstrengungen, die unternommen wurden, die Kaiserhuldigung der Wormser Judenschaft einerseits durchzusetzen und andererseits zu durchkreuzen, sind Beweis für die eminent politische Bedeutung symbolischen Handelns. Gerade die Heftigkeit der Auseinandersetzungen, die zum Scheitern des Kaiserhuldigungsprojekts der Wormser Juden führten, unterstreicht die Bedeutung; die symbolischem Handeln in der politischen Arena beigemessen wurde.

Was die Lage der Juden betraf, erlaubt das gescheiterte Kaiserhuldigungsprojekt der Wormser Juden mehrere Schlussfolgerungen. Erstens zeigt es in paradigmatischer Weise die Möglichkeiten und Schranken jüdischen Handelns unter den Rahmenbedingungen der polyzentrischen, imperial überwölbten politischen Struktur des Römisch-Deutschen Reichs. Die Wormser Juden werden nicht nur als Spielball, sondern auch als Mitspieler im Feld teils konkurrierender, teils komplementärer Herrschafts- und Rechtsansprüche sichtbar. Damit wird an Interpretationen angeknüpft, die in der Politik der Wormser Juden der Vormoderne nicht nur taktisches Lavieren, sondern auch zielgerichtetes politisches Handeln sehen. Zweitens gewährt das Huldigungsprojekt einen Einblick in Ausmaß wie auch Grenzen der Stabilisierung der rechtlichen Lage der Juden nach dem Dreißigjährigen Krieg. In der ausgehenden Frühen Neuzeit spalteten sich die dem mittelalterlichen Institut der Kammerknechtschaft inhärenten Komponenten der Leibeigenschaft und der Reichsunmittelbarkeit in zwei unterschiedliche, geradezu konträre Vorstellungen über die rechtliche Lage der Juden auf. Während die Reichsstadt die Kammerknechtschaft als Leibeigenschaft und Unterordnung unter die reichsstädtische Obrigkeit konstruierte, entwickelten die Wormser Juden sie in Richtung eines auf Kaiser und Reich bezogenen Bürgerrechts. Diese Weichenstellung spiegelt sich in der in der Reichspublizistik mit großem Engagement geführten Diskussion, ob die Juden in Antike und Mittelalter das Bürgerrecht besaßen.[91] Solange das Römisch-Deutsche Reich existierte, wurde das Spannungsverhältnis zwischen diesen beiden Konzepten nicht aufgelöst. Drittens zeigt das Projekt der Wormser jüdischen Kaiserhuldigung, in welchem Maß die Verbesserung der

[91] *Ehrenpreis / Gotzmann / Wendehorst,* Jüdisches Heiliges Römisches Reich, 2006 (Anm. 1).

jüdischen Lage eine Funktion der kaiserlichen Machtstellung war. Eine definitive Gewichtung innerhalb des doppelten Untertanenverhältnisses, in dem sich die Wormser Juden zum Kaiser einerseits und zum Rat andererseits befanden, unterblieb. Eine Pattsituation war für das 18. Jahrhundert charakteristisch.

Was das Reich als politischen Gesamtzusammenhang und die Rolle des Kaisers in ihm betrifft, unterstreicht das Scheitern des Wormser Kaiserhuldigungsprojekts den irreparablen Einbruch, den das Kaiseramt und die Reichsidee durch das Wittelsbachische Intermezzo erlitten hatten.[92] In der Wahlkapitulation Karls VII. hatten die Kurfürsten zahlreiche Forderungen, darunter die Rekurspraxis, durchsetzen können, die bislang an der Unterfütterung der kaiserlichen Position durch die Macht Habsburgs gescheitert war.[93] Der Wiederaufstieg des Kaisertums als Resultat der Erfolge gegen die Osmanen wie der Eindämmung der französischen Expansion an der Wende zum 18. Jahrhundert hatte im Verhältnis zu den Reichsständen zu einer relativen Machtverschiebung zugunsten des Kaisers und auch zu einer Wiederbelebung der kaiserlichen Stadtherrschaft in den Reichsstädten und der kaiserlichen Oberherrschaft über die Juden geführt. Wie ein Seismograph registriert der Konflikt um das Kaiserhuldigungsprojekt der Wormser Judenschaft die Schwächung der kaiserlichen Position nach dem Tod Karls VI.

Die beinahe vollständige Eklipse des Kaiserhuldigungsprojekts der Wormser Juden in der historischen Forschung wie auch der Erinnerungskultur des 19. und 20. Jahrhunderts kann auf zwei Ursachen zurückgeführt werden, zum einen die dauerhafte Emanzipation der Wormser Juden unter französischer Herrschaft und zum anderen die Konjunkturen der historischen Teildisziplinen, die sich mit dem Gegenstand hätten befassen können.

Im Unterschied zur Situation in Frankfurt am Main mussten die Wormser Juden im 19. Jahrhundert nicht mehr um die bürgerliche Gleichberechtigung kämpfen. Mit der Annexion des linken Rheinufers durch das revolutionäre Frankreich im Jahr 1792 war dessen Emanzipationsgesetzgebung auch auf die Wormser Juden ausgedehnt worden. Als Worms auf dem Wiener Kongress an das Großherzogtum Hessen-Darmstadt fiel, blieb die bürgerliche Gleichberechtigung der Juden unangetastet. Im Gegensatz zu Frankfurt gab es in Worms daher keinen Grund, die rechtliche Stellung der Juden in der Vormoderne als Argument in den Auseinandersetzungen um die Emanzipation zu mobilisieren.[94]

---

92 *Heinz Duchhardt,* Altes Reich und Europäische Staatenwelt, 1648–1806, München 1990, 35.

93 *Wolfgang Burgdorf,* Reichskonsitution und Nation, 389 ff.

94 *Wendehorst,* Die Kaiserhuldigungen der Frankfurter jüdischen Gemeinde (Anm. 1).

Die jeweiligen expliziten Erkenntnisinteressen, impliziten Vorannahmen und methodischen Zugänge der Reichs-, Stadt-, Kirchen- und jüdischen Geschichte haben dazu geführt, dass das Vorhaben der Wormser Judenschaft, dem Kaiser separat von der Bürgerschaft zu huldigen, wie auch dessen Scheitern nicht beziehungsweise nur am Rande aufgegriffen wurde. Als integraler Teil der Reichs- wie der Reichskirchengeschichte ist die jüdische Geschichte nur in Ansätzen betrieben worden. Solange die Stadtgeschichtsschreibung an der Vorstellung festhielt, die Bürgerschaft sei der eigentlich legitime Träger der städtischen Entwicklung, stellte der Anteil der Juden an der Stadtgeschichte ein irritierendes Element dar, das allenfalls als Geschichte einer ‚Sondergruppe' berücksichtigt wurde.

In der jüdischen Geschichtsschreibung wird mit der Revitalisierung der Beziehungen zwischen Kaiser und jüdischer Bevölkerung im 17. und 18. Jahrhundert auf unterschiedliche, zum Teil konträre Weise umgegangen. Die im Stil der nationalen Geschichtsschreibung verfassten jüdischen Meistererzählungen waren aufgrund ihrer Prämissen zur schematischen Behandlung beziehungsweise Ausblendung dieses Gegenstandes geradezu gezwungen. Dagegen hat die jüdische Lokalgeschichte die Rolle des Kaisers als Faktor, der die jüdische Lebenswelt bis zum Ende des Römisch-Deutschen Reichs entscheidend mitprägte, ausführlich behandelt. Dies gilt auch für Worms.[95] Auch das Kaiserhuldigungsprojekt der Wormser Juden ist bislang ausschließlich im Rahmen einer Veröffentlichung zur jüdischen Lokalgeschichte, der Erinnerungsgabe des Vorstandes der Israelitischen Religionsgemeinde aus Anlass des 900jährigen Bestehens der Synagoge zu Worms, aufgegriffen worden.[96] Warum das Thema im Unterschied zu Frankfurt nicht weiter vertieft wurde – der Historiker Adolf Kober hatte lediglich das Nachspiel unter Franz I., nicht den Kern der Auseinandersetzungen unter Karl VII., berührt – erscheint zunächst rätselhaft. Der Grund dafür könnte paradoxerweise gerade das Gewicht sein, das die lokalgeschichtliche Tradition dem Verhältnis der Wormser Juden zum Kaiser beimaß. Das Scheitern der jüdischen Kaiserhuldigungen war damit nur schwer in Einklang zu bringen. Dieser Zusammenhang erscheint noch plausibler, wenn der Ort der Beziehungen zum Kaiser in der auf Worms bezogenen jüdischen Erinnerungskultur betrachtet wird.[97] In deren Zentrum stand mit dem Ge-

---

95 *G[erson] Wolf,* Geschichte der Juden in Worms (Anm. 83); *Adolf Kober,* Die deutschen Kaiser und die Wormser Juden, Frankfurt a. M. 1961 [zuerst 1934] (Anm. 5), 182–202.

96 *Adolf Kober,* Die deutschen Kaiser und die Wormser Juden, Frankfurt a. M. 1961 [zuerst 1934] (Anm. 5), 194–195.

97 Zur Rolle von Worms in der Erinnerungskultur der deutschen Juden grundlegend: *Nils Roemer,* The City of Worms in Modern Jewish Travelling Cultures of Remembrance, in: Jewish Social Studies 11:3 (2005), 68; siehe auch *ders.,* Die touristische Konstruktion jüdischer Vergangenheit in Worms, in: WerkstattGeschichte 36 (2004), 57–72. So waren beispielsweise in dem 1924 von Isidor Kiefer gegründeten

lehrten *Raschi* und den jüdischen Märtyrern der Kreuzzugszeit zwar das Mittelalter, die Frühe Neuzeit war aber nicht ausgeschlossen. Über die Bedeutung, die Worms als Sinnbild für Verwurzelung, kontinuierliche Präsenz und Widerstandsfähigkeit der Juden in Deutschland im 19. und 20. Jahrhundert gewann, wurde auch das Bild enger Beziehungen zum Kaiser in die Erinnerungskultur der deutschen Juden vermittelt. Dies zeigt sich etwa, wenn Leo Baeck im Jahr 1934 in seiner Rede anlässlich der 900-Jahr Feier der Synagoge in Worms den Geist von Worms beschwört und dabei an einer Stelle auch auf das Krönungszeremoniell rekurriert:

> „Neun Jahrhunderte, das bedeutet Adel. Wenn es in unserer Zeit so oft ein Bedürfnis wird, von dem Bilde des Tages sich zum Sinnbild des bleibenden hinzuwenden, sich über den Tag zu erheben, Jahrhunderte zu sich sprechen zu lassen [...] so ist es das Verlangen nach Adel, nach Noblesse. Einst rief man ist kein Dalberg da? und dachte an Worms. [...] Von unserem, dem deutschen jüdischen Adel spricht vor allem diese Stätte zu uns.“[98]

Mit dem Holocaust war die Grundlage für eine solche Erinnerungskultur zerbrochen. Als die Wormser Synagoge in den 1950er Jahren wiederaufgebaut und neu gestaltet wurde, wurden die mit dem Kaiseradler verzierten Leuchter nicht mehr aufgehängt.[99] Das *Reich* und das damit verbundene Arsenal an Begrifflichkeiten und Symbolik waren durch die nationalsozialistische Herrschaft so gründlich kontaminiert worden, dass ihre Verwendung problematisch wurde. Die Kaiseradler, die die Leuchter der Synagoge in Worms geziert hatten, standen für eine rassistische Herrschafts- und Gesellschaftsordnung, die untrennbar mit der Vernichtung der Juden verknüpft war, nicht mehr für das Schutz- und Treueverhältnis, in dem die Wormser Juden über Jahrhunderte zum Kaiser gestanden hatten.

Heimatmuseum der israelitischen Gemeinde Worms auch frühneuzeitliche kaiserliche Privilegien ausgestellt; siehe die Liste in Annette Weber (Hg.), Themenheft Medinat Worms (Aschkenas, 12), Wien 2002, 33–44; hier 37–38, 44.

98 Rede Leo Baecks aus Anlass des 900jährigen Bestehens der Synagoge zu Worms, Stadtarchiv Worms , Abteilung 203, Nr 8.

99 Für diesen Hinweis habe ich Nils Römer, Parks Centre for Jewish / non-Jewish Relations, University of Southampton, zu danken.

Fiskalische Judenprozesse vor dem Reichshofrat

Von *Gernot Peter Obersteiner*, Graz

Sizilien, zweites Viertel des 13. Jahrhunderts: Kaiser Friedrich II. beruft als König von Sizilien erstmals *procuratores pro parte curiae,* Fiskale, zur Wahrung der Kronrechte. – Heiliges Römisches Reich, 1236: Kaiser Friedrich II. bestätigt das Wormser Judenprivileg von 1090, dehnt es auf sämtliche Juden auf Reichs- und Hausgut aus und bezeichnet im darüber ausgestellten Diplom die Juden erstmals als *servi camerae,* als „Kammerknechte".[1]

Diese beiden nahezu zeitgleichen verfassungs- beziehungsweise verwaltungsrechtlichen Maßnahmen des für seinen straffen sizilianischen Beamtenstaat bekannten Stauferkaisers markieren den Beginn eines Verhältnisses, das in den Quellen erst später richtig fassbar wird: Jenes nämlich zwischen dem kaiserlichen Fiskal als „Generalanwalt" des Reichsoberhauptes auf der einen und den in der zeitgenössischen Diktion meist als „veracht- lich- und verworfener Standt" apostrophierten Juden, die im Kaiser ihren obersten Schutzherrn zu erkennen, diesem – und später den anderen Landesherren auch – für kündbaren Schutz aber gleichzeitig beträchtliche Summen an spezifischen Steuern und Abgaben zu leisten hatten. Dafür waren die Juden kraft Privilegs Kaiser Friedrichs III. von 1470 berechtigt, sich mit allfälligen Beschwerden direkt an den Kaiser zu wenden, ein Recht, das ihnen von niemandem strittig gemacht werden durfte.[2] Und so trat, seinem

---

1 *Guido Kisch,* Die Rechtsstellung der Juden in Deutschland im Mittelalter, in: ders., Forschungen zur Rechts- und Sozialgeschichte der Juden in Deutschland während des Mittelalters, Zürich 1955,16–90, hier 41 ff. Zum frühneuzeitlichen Judenrecht siehe *Friedrich Battenberg,* Des Kaisers Kammerknechte. Gedanken zur rechtlich-sozialen Situation der Juden in Spätmittelalter und früher Neuzeit, in: HZ 245 (1987), 545–599, sowie *ders.,* Rechtliche Rahmenbedingungen jüdischer Existenz in der Frühneuzeit zwischen Reich und Territorium, in: Judengemeinden in Schwaben im Kontext des Alten Reiches, hrsg. v. Rolf Kiessling, Berlin 1995, 53–79. Zuletzt zum Verhältnis zwischen Juden und Kaiser/Reich: *Stephan Wendehorst,* Imperial Spaces as Jewish Spaces – The Holy Roman Empire, the Emperor and the Jews in the Early Modern Period. Some Preliminary Observations, in: Jahrbuch des Simon-Dubnow-Instituts 2 (2003), 437–474, und *Stefan Ehrenpreis,* Legal Spaces for Jews as Subjects of the Holy Roman Empire, ebda., 475 ff.

2 *F. Battenberg,* Kammerknechte (Anm. 1), 566. – Streitigkeiten zwischen Christen und Juden gelangten wegen des besonderen steuerlichen Rechtsstatus der letzteren

Wirkungsbereich entsprechend, der Fiskal auf, zum einen, um Juden nach des Reiches Konstitutionen anzuklagen, zum anderen aber auch um die denselben Juden im Reich verliehenen Privilegien und die Rechte des Kaisers hinsichtlich der Juden zu wahren.

Das Fiskalat im Heiligen Römischen Reich

Es sollte jedoch noch zwei Jahrhunderte dauern, bis im deutschen Teil des Heiligen Römischen Reiches nach sizilianischem Vorbild und unter maßgeblicher Einwirkung des kanonischen Rechtes königliche Anwälte vor Gericht erschienen, um die Prärogative des Herrschers zu verteidigen.[3] Mehr noch als der sizilische Fiskal war sein deutscher Amtskollege vornehmlich Ankläger denn königlicher Verteidiger. Ein solcher *procurator fiscalis* wird unter König Sigmund 1421 erstmals erwähnt, im selben Jahr ein deutscher Reichsfiskal. Der Begriff „Fiscus" meinte den Fürstenschatz beziehungsweise die Einkünfte des obrigkeitlichen Staates, das Fiskalat war demgemäß „eine Behörde, die von Amts wegen die Rechte und Interessen von Kaiser und Reich [...] wahrzunehmen hatte",[4] der Fiskal schließlich der diese Funktion innehabende Beamte. Zum Aufgabenbereich des Fiskals gehörten neben dem Schutz königlicher Regalien sowie kirchlicher und städtischer Privilegien auch die Verfolgung des „Crimen laesae Majestatis", also der Majestätsbeleidigung im weitesten Sinne.

Der Reichsfiskal klagte vor dem höchsten Reichsgericht – als neben das alte Hofgericht seit dem späten 14. Jahrhundert das Kammergericht trat, konnte er seine Klagen bei dem einen oder dem anderen Gerichtshof einbringen.[5] Die Ahndung von Verstößen gegen Landfrieden und Wehrpflicht, der Schutz der königlichen Rechte (darunter auch der Judenschutz durch den König) und besonders die Aufsicht über die reguläre Vergabe der dem Reich lehenrührigen Territorien an die Fürsten bildeten die üblichen Amts-

---

häufiger vor das Reichskammergericht denn vor den Hofrat. Eigene Forderungen der Juden hingegen wurden insbesondere vor dem Hofrat verhandelt.

3 Zur Geschichte des Fiskalates siehe *Ulrich Knolle,* Studien zum Ursprung und zur Geschichte des Reichsfiskalates im 15. Jahrhundert, Jur. Diss. Freiburg 1965. *Rudolf Smend,* Das Reichskammergericht. Erster Teil: Geschichte und Verfassung (Quellen und Studien zur Verfassungsgeschichte des Deutschen Reiches in Mittelalter und Neuzeit IV, 3), Weimar 1911. *Jürgen Weitzel,* Anwälte am Reichskammergericht, in: Geschichte der Zentraljustiz in Mitteleuropa. Festschrift für Bernhard Diestelkamp zum 65. Geburtstag, Weimar/Köln/Wien 1994, 253–270. *Ders.,* Die Anwaltschaft an Reichshofrat und Reichskammergericht, in: L'Assistance dans la résolution des conflits. Assistance in conflicts resolution, Brüssel 1998, 197–214. HRG I, 1134–35.

4 *U. Knolle,* Geschichte des Reichsfiskalats (Anm. 3), 94.

5 *U. Knolle,* Geschichte des Reichsfiskalats (Anm. 3), 94, 97.

obliegenheiten des Fiskals. Wenn der Reichsfiskal in der Reichskammergerichtsordnung von 1495 auch nicht ausdrücklich genannt wird, so ist sein Wirken an diesem neuen, ständisch dominierten Gerichtshof von Anfang an belegt.[6] Erst fünf Jahre später schrieb der Reichstag zu Augsburg ausdrücklich das naheliegende „Anforderungsprofil" an einen Fiskal fest: Es solle sich um eine redliche, gelehrte, verständige Person handeln, „die da wisse und verstehe, was fiscalische sachen seyn".[7] Seit 1522 ernannte wieder der König allein den – meist katholischen – Fiskal am Reichskammergericht; zuvor war ihm ein ständischer Vorschlag unterbreitet worden. Die Reichskammergerichtsordnung des Jahres 1555 zog die fiskalischen Angelegenheiten ausdrücklich vor das Kammergericht, doch konnte der Fiskal weiterhin auch vor dem vor dem Reichshofrat klagen.[8] Dieser Hofrat, sowohl Beratungsgremium des Kaisers als auch Gerichtshof, war von Maximilian I. 1498 und mit der Hofstaatsordnung Ferdinands I. 1527 als Gegenpol des Königs beziehungsweise des Kaisers zum ständisch dominierten Reichskammergericht ins Leben gerufen worden. In mehreren schriftlichen „Ordnungen" erhielt der Reichshofrat ausführliche Verfahrensregeln.[9]

Die im 16. Jahrhundert zu beobachtende Gutachtertätigkeit des Reichskammergerichtsfiskals für den Reichshofrat fand 1596 ein vorläufiges Ende, als Kaiser Rudolf II. an diesem Gericht einen eigenen Reichshoffiskal installierte.[10] Solches wohl, um den Fluss fiskalischer Strafgelder in die Staatskasse anzuregen, der durch das sich in verfahrenstechnischen Mängeln verzettelnde, mit tausenden Prozessen überhäufte und deshalb säumig gewordene Reichskammergericht zu versiegen drohte. Erst drei Jahre zuvor war wieder Krieg mit den Osmanen ausgebrochen, und bewaffnete Auseinandersetzungen konnten erfahrungsgemäß riesige Summen verschlingen. Der

6 Ebda., 153.

7 *R. Smend,* Reichskammergericht (Anm. 3), 362.

8 *Wolfgang Schulze,* Reich und Türkengefahr im späten 16. Jahrhundert. Studien zu den politischen und gesellschaftlichen Auswirkungen einer äußeren Bedrohung, München 1978, 310, 348–359.

9 Zum Reichshofrat immer noch grundlegend *Oswald von Gschliesser,* Der Reichshofrat. Bedeutung und Verfassung, Schicksal und Besetzung einer obersten Reichsbehörde von 1559 bis 1806 (= Veröffentlichungen der Kommission für Neuere Geschichte des ehemaligen Österreich 33), Wien 1942. Viel weiterführender die Arbeiten von *Wolfgang Sellert,* darunter besonders Die Ordnungen des Reichshofrates 1550–1766 (Quellen und Forschungen zur höchsten Gerichtsbarkeit im Alten Reich, 8/1 und 8/II), Köln/Wien 1980–90.

10 Hiezu siehe *Gernot Peter Obersteiner,* Das Reichshoffiskalat 1596 bis 1806. Bausteine zu seiner Geschichte aus Wiener Archiven, in: Reichspersonal. Funktionsträger für Kaiser und Reich (Quellen und Forschungen zur Höchsten Gerichtsbarkeit im Alten Reich 46), hrsg. v. Anette Baumann/Peter Oestmann/Siegrid Westphal/Stephan Wendehorst, Köln/Weimar/Wien 2003, 89–164 (= überarbeitete Fassung einer Staatsprüfungsarbeit am Institut für Österreichische Geschichtsforschung, Wien, aus dem Jahre 1992).

Reichshofrat als dem Kaiser nahe stehender Zirkel von Ratgebern sowie als Gerichtshof sollte also wohl *in rebus fiscalibus* in die Bresche springen und die fiskalischen Prozesse zügig vorantreiben. Bis zum Jahre 1806, das das Ende des Heiligen Römischen Reiches brachte, amtierten insgesamt 15 Reichshoffiskale und vertraten zahlreiche Klagen und ausführliche Deduktionen vor dem Reichshofrat. Kaiser Leopold I. richtete 1693 ein weiteres, nur für die italienischen Territorien des Reiches zuständiges Fiskalat ein, das am Sitz der kaiserlichen Plenipotenz in Mailand seine Tätigkeit aufnahm und bis zur französischen Invasion im Jahre 1797 Bestand hatte.[11]

Der deutschen staatsrechtlichen Literatur des 17. und 18. Jahrhunderts ist zu entnehmen, dass Reichskammergericht und Reichshofrat für zahlreiche Rechtssachen gleichermaßen zuständig waren, je nachdem, wo die Klagen zuerst anhängig gemacht wurden.[12] Darunter finden sich auch die konfessionellen Angelegenheiten. Der Reichshoffiskal widmete sich den größten Teil seiner Zeit den Lehenssachen und den sich daraus ergebenden Misshelligkeiten (versäumte Investitur, Konfiskation wegen Majestätsverbrechens, Erbfolgen etc.), wovon die im Fiskalarchiv des Reichshofrats erhaltenen Akten und Protokolle besonders häufig berichten.[13] Prozesse mit anderen Betreffen liegen zahlenmäßig weit zurück – darunter auch jene, an denen Juden in irgendeiner Form beteiligt waren. Gegen Juden wurden Zitationen erlassen, ihre Wechselbriefe mitunter konfisziert und gegen sie wegen Wuchers ermittelt, Untersuchungen wegen verschiedener Frevel, verübten Tätlichkeiten sowie Majestätsverbrechen in die Wege geleitet. So begegnen in den Akten Verfahren wegen angeblicher Verstöße gegen kaiserliche Mandate (so 1609 gegen die Prager Juden), wegen Privilegienfälschung (um 1614 gegen einen Prager Juden namens Rabbi Moises) sowie wegen des Verdachtes der Münzmalversation, wie 1631 gegen die Juden Rabbi Ventura Gentili und dessen Bruder Anselm.[14] Im Falle eines 1620 tot aufgefundenen Juden

---

11 Zum Reichsfiskalat in Italien siehe *G. Obersteiner*, Reichshoffiskalat (Anm. 10), 134–160.

12 *Johann Christoph von Uffenbach* nennt in seinem Tractatus singularis et methodicus de excelsissimo Consilio Caesareo-Imperiali Aulico. Vom Kayserlichen Reichs-Hoff-Rath ..., Frankfurt 1700, 36 ff., gar 27 solche gemeinsame Bereiche, darunter Verstöße gegen die Goldene Bulle, den Augsburger Religionsfrieden, die Reichspoliceyordnungen, kaiserliche Edikte und Münzordnungen, bei Missbrauch von Monopolen, bei Steuerverweigerung und bei Ausübung ausländischer Gerichtsbarkeit über Reichsuntertanen sowie bei Konflikten mit konfessionellem Hintergrund. Dem Reichshoffiskal vorbehalten war der große Komplex der Lehensangelegenheiten – hier vor allem auch der Entzug von Lehen bei Majestätsverbrechen –, die angemaßten Titel, Würden und Wappen, die Verweigerung der Türkenhilfe und das Ausführen von Reichsgeld. Auch das Zensurwesen gehörte in die Kompetenz des Reichshofrates mit seinem Fiskal.

13 Zu den Quellen im Haus-, Hof- und Staatsarchiv siehe den Beitrag von Leopold Auer und Eva Ortlieb in diesem Band. Beiden bin ich für ihre Unterstützung meiner Aktenrecherchen sehr dankbar.

stellte Reichshoffiskal Dr. Johann Wentzel fest, für den kaiserlichen Fiskus sei hier nichts zu holen, da die Verlassenschaft unter der Jurisdiktion der Grafen von Öttingen stand.[15] 1667 trat der Reichshoffiskaladjunkt Franz Carl Sartorius von Schwanenfeldt gegen den Mainzer Juden Hertz Moses in Angelegenheiten eines Druckprivilegs auf. Und noch 1782 sollten die Jüdin Hanna Wolf zu Frankfurt und ihr Ehemann je eine Mark Silber Strafe erlegen, weil sie sich ohne kaiserliche Zustimmung auswärts hatten *kopulieren* (trauen) lassen.[16] Einige dieser fiskalischen Prozesse haben allerdings nichts mit der Zugehörigkeit der Beklagten zum Judentum zu tun, sondern konnten bei entsprechendem Tatbestand auch jeden anderen Untertanen des Reiches treffen. Andererseits aber schützte der Reichshofrat auf Einschreiten seines Fiskals auch jüdische Privilegien gegen Angriffe von Reichsstädten oder -ständen; 1622 etwa war das Domkapitel von Fulda Ziel einer fiskalischen Erhebung, inwieweit es gegen das Privileg „de non expellendis Judaeis", also das Verbot der Judenvertreibung, verstoßen hatte. Die hessische Judenschaft wiederum beschwerte sich 1627 beim Reichskammergericht über die vom Landgrafen angestrebte Vertreibung aus dessen Territorien; während der Kammergerichtsfiskal namens des Kaisers zum Schutz der Juden antrat, verbat sich Landgraf Georg II. Einmischungen in seine reichsfürstliche Territorialhoheit.[17]

Im Jahre 1610 betraute der Reichshofrat seinen Fiskal mit einem Gutachten in Angelegenheit der alljährlich den Juden auferlegten Kronsteuer. Der damalige Amtsinhaber Dr. Johann Wentzel machte sich, wie nicht anders zu erwarten, im Interesse des Fiskus in langen Gutachten sehr für eine Einhebung dieser Steuer in der Höhe von einem Goldgulden pro Kopf stark. Wentzel führte in einem Bericht des Jahres 1616 zahlreiche Städte an, in denen seines Wissens nach Juden in nennenswerter Zahl wohnhaft waren, und ging detailliert auf die Geschichte dieser Judensteuer seit dem frühen

---

14 Die angeführten Fälle aus dem Haus-, Hof- und Staatsarchiv, RHR Fiskalachiv, 8/1 wurden im Rahmen des Teilprojekts „Die Jüdischen Betreffe des Reichshofrats des gemeinsam vom Simon-Dubnow-Institut für jüdische Geschichte und Kultur an der Universität Leipzig, dem Max-Planck-Institut für europäische Rechtsgeschichte in Frankfurt am Main und dem Lehrstuhl für Judaistik der Universität Erfurt verfolgten Vorhabens „Juden im Recht" erschlossen und verfilmt. Für die leihweise Überlassung der Mikrofilme sei an dieser Stelle dem Simon-Dubnow-Institut gedankt.

15 Ebda.

16 Ebda.

17 *F. Battenberg,* Kammerknechte (Anm. 1), 554 f. Der Landgraf wählte in einem Schreiben an seinen Kanzler starke Worte: Es könne nicht sein, dass vom Fürsten freiwillig und auf Zeit aufgenommene Juden endlos im Lande blieben und es für den Fürsten notwendig sei, *mit solchem Geschmaiß sein Land ewig beladen, beflecken und aussaugen zu lassen.* In seinem Politischen Testament warnte der Landgraf seinen Nachfolger vor den Juden, *denn sie seind ein müßig und unnützbar Volck,* das die Christen aussauge und Christus und Maria lästere. *F. Battenberg,* 583.

15. Jahrhundert ein.[18] Der von manchen Juden beanspruchten Befreiung von dieser Steuer, weil sie jahrelang nicht eingehoben worden sei, setzte Wentzel entgegen, „das sy wider die christen nichts praescribiren khönnen und kheiner veriahrung dießorts im wenigsten nicht fehig sind". Judenrecht sei kaiserliches Reservat, das auch darin zum Ausdruck komme, dass Juden, die am kaiserlichen Hoflager mit Hofbedienten handelten, in erster Instanz vor den Hofmarschall und sodann vor den Reichshofrat gehörten, nicht aber vor denjenigen Reichsstand, auf deren Territorium sie eigentlich ihren Wohnsitz hatten.

Drei solche „echte" Fiskalsprozesse vor dem Reichshofrat mit jüdischen Betreffen aber sollen im Folgenden genauer betrachtet werden, allerdings mehr aus historischer denn aus juristisch-verfahrensrechtlicher Sicht. Die Beispiele betreffen drei verschiedene Kompetenzen des Reichshoffiskals beziehungsweise des Reichshofrats, dem er als „Kronanwalt" zugeordnet war, und vermögen die Situation der Juden im Heiligen Römischen Reich des 17. und 18. Jahrhunderts gut zu illustrieren.

Diego Teixeira – ein „verdambt-verfluchter" Apostat?

Im Sommer des Jahres 1648 nahm vor dem Reichshofrat ein Prozess seinen Anfang, der in den folgenden zwei Jahrzehnten großes Aufsehen erregen und sogar Eingriffe ausländischer Souveräne zum Schutz des Beklagten nach sich ziehen sollte. Der Reichshofrat war davon in Kenntnis gesetzt worden, dass in der Reichs- und Hansestadt Hamburg ein Christ zur *jüdischen sect* übergetreten sei – nach der Rechtslage der Peinlichen Halsgerichtsordnung ein besonders schwerwiegendes Vergehen, das mit Leibes- und Lebensstrafe sowie Beschlagnahme des Vermögens zu ahnden war. Schließlich schien sich ein Christ den seit den Kirchenlehrern der Spätantike als allein am Tode Christi schuldig gebrandmarkten Juden zugewandt zu haben, denen eigentlich die Rolle von Dienern der Christenheit zugewiesen worden war.[19]

In ihrem Gutachten „Wie ein christ so ein judt wirdt zu bestraffen und wie gegen denselben in einer reichsstatt zuverfahren"[20] beantworteten die

---

18 HHStA, RHR Fiskalarchiv 8/1, Akten der Jahre 1610 ff., besonders Berichte vom 16. März 1616 und 23. Aug. 1618.

19 *G. Kisch,* Rechtsstellung (Anm. 1), 64.

20 Zu diesem Fall liegen umfangreiche Akten vor in HHStA, RHR Decisa, K. 2018. Das Reichshofratsgutachten ist datiert mit 8. August 1648; anwesend waren unter dem Präsidenten Ernst Graf von Öttingen die Reichshofräte Johann Friedrich Graf von Trauttmanstorff, Justus Freiherr von Gebhardt, Dr. Johann Söldner, Johann Freiherr von Walderode, Dr. Johann Ritter von Kaltschmidt und Dr. Georg Ludwig Lindenspühr.

Reichshofräte drei zentrale Fragen: 1. Welche Strafe ist über den Apostaten zu verhängen? 2. Straft der Kaiser oder der Senat? 3. Welcher Prozessmodus ist anzuwenden? Nach Meinung des Reichshofrats war der Apostat dem Fiskus mit Leib und Leben sowie seinem gesamten Vermögen verfallen, und gleiches sollte für alle anderen Juden gelten, „welche ihme hierzu anlaß gegeben oder seine beschneidung entweder selbst verrichtet oder solche anbefohlen". Die Strafkompetenz lag selbst dann beim Kaiser, wenn der Reichsstadt per Privileg die Befugnis erteilt worden war, Juden in ihren Verband aufzunehmen. Besonders riet der Reichshofrat darauf, in der Angelegenheit „behuettsamb" vorzugehen, um nicht Reichsstände oder -städte auf den Plan zu rufen, die dem Kaiser das *jus fisci* streitig machen könnten. Vielmehr sollte ohne vorherige Kommunikation mit dem Senat der Reichsstadt eine Kommission den Apostaten verhaften, dessen Güter beschlagnahmen und erst dann die Stadt offiziell in Kenntnis setzen – mit Berufung auf das ausschließlich kaiserliche Fiskalrecht. Besäße Hamburg aber wider Erwarten doch das Recht, selbst die Konfiskation vornehmen zu dürfen, so legte der Reichshofrat dem Kaiser nahe, der Stadt zu schreiben, er erwarte, sie werde Seiner Majestät „bey iezigen schwehren zeitten, da Sie deß gelts höchstens benöttigt", wohl keinen Eintrag tun. Täte sie dies doch, so wäre dem Senat eine Vergleichssumme anzubieten. Selbstverständlich war auch den Denunzianten des Falles „eine ergiebige recompens" zugedacht. Zur möglichsten Geheimhaltung enthielten die amtlichen Schreiben in der Anfangsphase weder den Namen der Stadt noch jenen der beklagten Person.

Der Hauptgrund für dieses wohldurchdachte Vorgehen war weniger religiös motiviert denn aus finanziellen Gründen gewichtig – der kaiserliche Fiskus durfte in Ansehung der beklagten Person nämlich mit einer erklecklichen Summe Geldes rechnen, handelte es sich dabei doch um niemand Geringeren als Diego Teixeira de Sampayo (1581–1666), das bei weitem reichste Mitglied der Kolonie ehemals portugiesischer Kaufleute in Hamburg.[21] Sein Vermögen wurde im Laufe des Prozesses auf bis zu eine Million Gulden geschätzt. Die Teixeira gehörten zu den Marranen, spanischen und portugiesischen Juden, die im 15. und 16. Jahrhundert unter der Bedrohung durch die katholischen Inquisitionsgerichte nominell zum Christentum übergetreten waren, ihren alten Glauben aber unter dem neuen Deckmantel

21 Zu Teixeira und seinem persönlichen Umfeld sowie seinen weitgespannten Finanzgeschäften siehe die auf breiten Quellenstudien fußende Arbeit von *Hermann Kellenbenz,* Diego und Manoel Teixeira und ihr Hamburger Unternehmen, in: Vierteljahrschrift für Sozial- und Wirtschaftsgeschichte 42 (1955), 289–352, sowie *Michael Studemund-Halévy,* „Es residieren in Hamburg Minister fremder Mächte" – Sefardische Residenten in Hamburg, in: Hofjuden – Ökonomie und Interkulturalität. Die jüdische Wirtschaftselite im 18. Jahrhundert, hrsg. v. Rotraud Ries / J. Friedrich Battenberg, Hamburg 2002, 154–176, mit weiterführender Literatur. Weiters den Ausstellungskatalog Vierhundert Jahre Juden in Hamburg, Hamburg 1991, 152–169.

weiter lebten.[22] 1643 hatte sich Diego Teixeira seine Verwandtschaft mit der adeligen Familie Sampayo bestätigen lassen und führte auch deren Wappen. 1646 war Diego Teixeira mit seiner Familie aus Antwerpen, wo er seit 1609 als „pagista" (Kreditbeschaffer und Wechselhändler) für Spanien tätig war, über Köln nach Hamburg gekommen und hatte in der Hansestadt bereitwillige Aufnahme gefunden; bald avancierte er zum Patron und Wohltäter der dortigen sefardischen Gemeinde. Am Karfreitag des Jahres 1647 ließ sich Teixeira gemeinsam mit seinem Sohn Manuel von einem Rabbiner beschneiden und vollzog auf diese Weise endgültig die Rückkehr zu seiner angestammten Religion.

Als kaiserlichen Kommissär zur Untersuchung der brisanten Angelegenheit setzte der Reichshofrat Mitte August 1648 den Fürstbischöflich-Speyerschen Rat und Oberamtmann zu Lauterburg Wolff Heinrich von und zu Weingarten ein. Interessant ist die Tatsache, dass von fiskalischer Seite zunächst das Reichskammergericht eingeschaltet wurde, denn einige Wochen später gesellte sich der Kammergerichtsfiskal Philipp Werner Emerich dem kaiserlichen Kommissär von Amts wegen bei.[23] Emerich legte seine Amtshandlung zunächst etwas merkwürdig an: Er erschien vor dem Hamburger Senat und verlangte von diesem kurzerhand einen Blanko-Beschluss zur Auslieferung einer Person, von der er weder den Namen noch das ihr zur Last gelegte Delikt preisgab. Erst mit Verzögerung nannte er Details – worauf Bürgermeister und Rat der Stadt sofort jegliche Eingriffe in ihre Rechtskompetenz ablehnten und den Kaiser um Widerruf der Teixeira-Kommission baten. Die Familie honoriger hispanischer Kaufleute sei, so die Argumentation, seit jeher jüdischen Glaubens gewesen und auch in Kenntnis dieses Hintergrundes in den städtischen Verband aufgenommen worden. Eine Beschneidung war bisher lediglich aus Angst vor der Verfolgung durch die spanische Inquisition aufgeschoben worden, vielmehr hätten sich die Teixeira jahrzehntelang als Christen verstellt, wie viele andere Familien ähnlicher Herkunft auch. Die Bürgerschaft verlieh zudem ihrer Befürchtung Ausdruck, bei Fortdauern eines solchen Prozesses könnten zahlreiche andere Kaufleute aus Furcht die Stadt verlassen – sehr zum Schaden des Kommerziums von Stadt und Reich.[24]

Um die solcherart verfahrene Situation für die kaiserliche Sache zu retten, adjungierte der Reichshofrat im Jänner 1649 dem Fiskal den kaiser-

---

22 Zu diesem Thema siehe eindringlich *Fritz Heymann,* Tod oder Taufe. Die Vertreibung der Juden aus Spanien und Portugal im Zeitalter der Inquisition. Hrsg. und eingeleitet von Julius H. Schoeps, Frankfurt a. M. 1988. Das Buch fußt auf Studien und Vorträgen der Jahre um 1940, doch fehlen – wie schon im Manuskript des als Jude in Auschwitz umgekommenen Heymann – detaillierte Quellenangaben.

23 Kredentiale für Weingarten vom 19. Aug., für Emerich vom 25. Sept. 1648.

24 Stellungnahme der Stadt Hamburg vom 16. Dez. 1648. Zum Prozess siehe auch *H. Kellenbenz,* Diego und Manoel (Anm. 21), 297 ff.

lichen Residenten im niedersächsischen Kreis, Georg von Plettenberg. Dieser sollte den Kammergerichtsfiskal unterstützen und den Senat durch das Angebot eines Anteiles am Vermögen Teixeiras zum Einlenken bewegen. Doch schon wenige Tage darauf fiel ein Reichshofratsgutachten sehr zuungunsten Emerichs aus; dieser habe „die sach [...] zimblich schlecht geführt und in modo procedendi vast verderbt," stellten die Reichshofräte fest und rieten dem Kaiser, die Bedenken der Hamburger vorerst zur Kenntnis zu nehmen, den Fiskal aber zur Hintanhaltung weiterer Verwicklungen nach Speyer zurückzubeordern. Diesem Rat wurde kurz darauf Folge gegeben, wobei der Kammergerichtsfiskal aber offiziell ein die allerhöchste Unzufriedenheit bemäntelndes Anerkennungsschreiben zugemittelt erhielt.[25]

Plettenberg, als kaiserlicher Resident ohnehin vor Ort, sollte die für den Fiskus in Aussicht genommene lukrative Strafsache weiterverfolgen. Wenn ohnehin nur ein jahrzehntelang verkappter Jude nun seinen christlichen Deckmantel abgeworfen hatte und beschnitten worden war, schien die Angelegenheit aber von Rechts wegen nicht mehr so dramatisch; also musste ein neuer Tatbestand gefunden werden. Dies gelang im Vorwurf, Teixeira habe ein Mädchen christlicher Herkunft aus Andorf zum Judentum überredet. Sogar Erzherzog Leopold Wilhelm (1614–1662), der Statthalter der Niederlande und Bruder Kaiser Ferdinands III., wurde eingeschaltet und sollte erheben, ob dieser Konversion wirklich strafwürdige Handlungen zugrunde lagen.

Eine neue, umfangreiche Anklageschrift ging dem Reichshofrat im Mai 1650 zu – Verfasser war der seit 1647 amtierende Reichshoffiskal Veit Sartorius von Schwanenfeld, Doktor der Rechte.[26] Der Reichshofrat hatte nun also doch noch seinen eigenen Fiskal „excitiert" und mit der Verfolgung der Causa Teixeira aufgrund der schon vorhandenen Aktenlage betraut. Und Sartorius fand sogleich harte Worte für das *Crimen laesae Majestatis divinae,* also das Verbrechen gegen Gott, dessen sich Diego Teixeira (Sartorius schreibt „di Cheri") seiner Rechtsmeinung nach schuldig gemacht hatte. Die Punkte im Detail:

1. Teixeira, lange Jahre als Pajador in Diensten des spanischen Königs, zu Brüssel und zu Andorf, hat als offenbarer Christ der Messe beigewohnt, die Beichte abgelegt und die Kommunion empfangen – auch nach seiner Ankunft in Hamburg und zuvor bereits in Köln.

2. Am Karfreitag des Jahres 1647 hat sich Teixeira „vermessent-, ärgerlich- undt höchst straffmessiger weis" gemeinsam mit seinen beiden Söhnen (von denen einer unehelich war) „von einen rabiner judischer wais be-

---

25 Reichshofratsdekret an Emerich vom 26. Jan. 1649.

26 Die Anklageschrift wurde am 30. Mai 1650 im Reichshofrat präsentiert und am 18. April 1651 erneuert.

schneiden lassen, Christum undt dessen glauben verlaugnet" und ist mitsamt seiner Ehefrau „zue dem verdampten judenthumb gefallen".

3. Seither hat sich Teixeira bis zum Eintreffen des Reichshoffiskals in Hamburg öffentlich als Jude gezeigt, an den jüdischen Zeremonien in der Synagoge teilgenommen.

4. Darüber hinaus hat Teixeira aus Andorf eine von christlichen Eltern geborene Jungfrau „laster- und boßhafftiger wais" entführt und gleichfalls „zue dem verfluchten judenthumb" gezwungen.

5. Die Stadt Hamburg hat „mit allerley straffmäßigen aufzügen" der kaiserlichen Gerichtsbarkeit bisher widerstanden und die Auslieferung Teixeiras und die Beschlagnahme von dessen Vermögen vor allem mit der Begründung abgelehnt, die kaiserliche Vogtei über die Kirche besitze in evangelischen Städten keine Gültigkeit. Zudem würde ein Vorgehen gegen Teixeira vorgeblich „zue sperrung, nachtheil unndt total ruin der statt commercien" führen.

6. Die Simulation des Christseins durch Teixeira wird von den Hamburger Repräsentanten für kein erhebliches Verbrechen erachtet, vielmehr haben sie Teixeira bereits als jüdischen Schutzgenossen in die Stadt aufgenommen. Die Stadt besitzt ihrer Angabe nach selbst das Konfiskationsrecht.

7. Die Familie Teixeira als geborene Juden hätten wie viele andere in Hamburg auch „aus forcht der scharpfen inquisition undt schwehren bestrafung" das Christentum „nur geheuchlet und nuhr eüsserlich sich als ein christ gestelt." *Die* Stadt lehnt es ab, die bloße Heuchelei als ein so *hochstrafbares* Verbrechen zu werten.

8. „Undt wird erstlich kein christlicher mensch widersprechen oder vernainen, dass ein christ, als wie dieser Diego Cheri gethan, so von den christlichen glauben abfält, sich zu dem verdambten undt verfluchten judenthumb begiebt, ein erschröckhliches höchst strafbahres laster als crimen laesae majestatis divinae unndt apostasiam, cum qui a christiana religione ad judaismum transit, apostata dicatur [...] begeht, dadurch nit allein sein haab undt guett, sonder leib undt leben verwürckhet".

Mit zahlreichen Belegen aus juristischer Literatur versuchte Sartorius, seine Rechtsansicht zugunsten des kaiserlichen Fiskus zu untermauern. Dabei ging es ihm besonders auch darum, die Hamburger in die Pflicht zu nehmen und ihnen die Unrechtmäßigkeit ihres Standpunktes vor Augen zu führen. Vergeblich drängte der Fiskal auf einen raschen Abschluss des Verfahrens gegen Teixeira und die Reichsstadt Hamburg – zu sehr begann der Fall Aufsehen zu erregen, und bald mengten sich auch ausländische Souveräne ein.

Doch der Reihe nach: Nach seinem flammenden Plädoyer von Mai 1650 erstattete Reichshoffiskal Sartorius von Schwanenfeldt im April 1651 ein weiteres Gutachten. Im September jenes Jahres wies der Reichshofrat den Kaiser darauf hin, dass Gefahr im Verzug sei; Teixeira könnte sich mit seiner Familie samt dem „sich auf ein tonnen goldts erstreckheten vermögen" jederzeit außer Landes begeben, wodurch „dero fisco ein so nahmhaftes endtgehen" würde.[27] Es geschah jedoch offenbar nichts. Im Dezember 1651 sowie im Juni 1652 beantragte sogar der kaiserliche Resident Plettenberg in ausführlichen Stellungnahmen zu diesem Fall für Teixeira den *salvus conductus,* also freies Geleit.[28] Er berichtete dem Reichshofrat eindrucksvoll von einem zufälligen Treffen mit Teixeira „an einem fürnehmen orth (dan er ohne sein judenthumb für einen civilen und qualificirten mann gehalten würdt)". Das Gespräch muss recht intensiv gewesen sein, breitete Teixeira doch seine gesamte Lebensgeschichte vor dem kaiserlichen Residenten aus: Seine jüdische Geburt, Kindheit, Erziehung, seine guten Dienste für den Kaiser und das Erzhaus Österreich, wovon Schreiben des seligen Kardinalinfanten Ferdinand (1609 – 1641), Generalgouverneurs der südlichen Niederlande, sowie zahlreicher spanischer Minister kündeten. Erschüttert über den kaiserlichen Zorn, schilderte Teixeira Plettenberg, wie er von jüdischen Eltern und Voreltern abstammte und „im herzen alle sein leben lang jüdisch gewest sei". Lange Jahre habe er – zu seinem Schutz und um kein Ärgernis zu erregen – unter Christen den Christen simulieren müssen, ehe er endlich in Hamburg als Jude sich niederlassen durfte. Der Hamburger Magistrat hatte Teixeira Schutz und Schirm versprochen – eine Zusage, von der die Stadt nun nicht weichen konnte, wie Plettenberg meinte. Der Resident demonstrierte seine Sympathie mit dem kultivierten und gebildeten Teixeira durch den Hinweis, dass dieser und „dessengleichen juden nicht wie viel teutsche juden mit schächern und betrieglichem wuecher" sich ernährten, „sondern die beurse [Börse / d. A.] gleich andern fürnembsten kauffleuthen täglich frequentierten" und „treffliche commercien mit nuzlichen wahren und wechselen" trieben. Diego Teixeira besaß in Hamburg den Ruf eines ehrlichen und redlichen Mannes, der Christen gegen bloße Unterschrift Geld borgte – gegen einen Zinssatz von höchstens viereinhalb Prozent. Katholische Diplomaten wie der portugiesische Gesandte Josepho Pinto Pereira sprächen mit niemandem so oft wie mit Teixeira, außerdem habe dieser mit den spanischen Ministern zu Madrid und Brüssel sowie mit dem königlich-spanischen Botschafter in Wien „wochentliche correspondenzen". Und Plettenberg wies kurzerhand auf andere Marranen hin, deren sich Fürsten bedienten und denen „ihr judenthumb oder abfahl von der christlichen kürchen keinen schaden oder hindernuß gibt" – so etwa den königlich-dänischen Faktor und Hofbedienten Gabriel Gomez,[29] den königlich-schwe-

---

27 Schreiben des Reichshofrats an den Kaiser vom 23. Sept. 1651.

28 Dazu und zum folgenden siehe *H. Kellenbenz,* Diego und Manoel (Anm. 21), 297, und den Bericht Plettenbergs vom 20. Juni 1652 in HHStA, RHR Decisa K. 2018.

29 Zu diesem siehe *H. Kellenbenz,* Diego und Manoel (Anm. 21), 301.

dischen Hofarzt Dr. Benedikt di Castro und dessen Bruder, der Faktor des Herzogs von Holstein-Gottorp war. Mit dem *salvus conductus* und der Weisung, sich als Ausländer in Geschäftsbriefen der lateinischen Sprache zu bedienen, war die Angelegenheit nach der Meinung des Residenten Plettenberg zu bereinigen.

Der Kaiser zögerte jedoch weiterhin. Im Jänner und Juni 1653 drängte der Reichshofrat erneut auf eine Entscheidung, die dem Fiskus „ein million eintragen“ könnte. Im Mai 1654 aber erhielten Diego Teixeira und sein Sohn Manuel endlich den von Plettenberg angeratenen Geleitsbrief, der den beiden Juden ihre Geschäfte und ihre Reisen im Reich weiterhin ermöglichte.[30] Im Jahr darauf ernannte Christine von Schweden Teixeira zum schwedischen Residenten in Hamburg. Dadurch kehrte in der Rechtssache „Fiskal contra Teixeira“ vorerst für zweieinhalb Jahre Ruhe ein. Doch im November 1656 berichtete Sartorius schon wieder an den Kaiser, er habe gleich nach einer Audienz die Akte Teixeira durchgearbeitet – wohl auf der Suche nach einem Angelpunkt, von dem aus der „Apostat“ ausgehebelt werden konnte.

Erst unter dem neuen Kaiser Leopold I., der seinem Vater 1658 in die höchste Würde des Reiches gefolgt war, nahm der Reichshofrat im Jahre 1660 das Verfahren wieder auf. Christine von Schweden intervenierte 1660 beim neuen Kaiser um Anerkennung des Geleitbriefes Ferdinands III. für die Teixeira und um Einstellung des Prozesses, und im Februar 1662 ernannte sie per Handschreiben Vater und Sohn Teixeira neuerlich zu ihren Hoffaktoren und Residenten, wodurch die Juden plötzlich den Schutz einer ausländischen Monarchin genossen – sehr zum Missfallen des Reichshofrates, nach dessen Meinung dies einen Eingriff in ein schwebendes Verfahren bedeutete. Mehrmals stieg die Königin bei ihren Besuchen in Hamburg im Palais Teixeira ab.[31] Als Hoffaktor Christines besaß Manuel Teixeira 1661 sogar das alleinige Verfügungsrecht über die Einkünfte der Königin.[32] Kaiser und Reich jedoch versuchten in jenen Jahren, Geldquellen zur Finanzierung des aufs Neue ausgebrochenen Osmanenkrieges ausfindig zu machen.

Der Reichshofrat versuchte zunächst einzulenken. Die aus zahlreichen Befragungen gewonnenen Zeugenaussagen zwangen zwar zu einer Bestra-

---

30 Das Titelblatt des Konzeptes dieses Geleitbriefs vom 1. Mai 1654 ist abgedruckt im Katalog Vierhundert Jahre Juden in Hamburg (Anm. 21), 155. – *H. Kellenbenz,* Diego und Manoel (Anm. 21), 299 f., vermutet in Feldmarschall Raimund Graf Montecuccoli den Vermittler dieses Geleitbriefes, betrieb dieser doch zur gleichen Zeit damit befasst, ein Heiratsprojekt zwischen Königin Christine von Schweden und einem habsburgischen Erzherzog. Außerdem stieg Christine im selben Jahr 1654 auf ihrer Brüssel-Reise inkognito im Hamburger Palais Teixeira ab (*H. Kellenbenz,* 304).

31 Handschreiben vom 10. Feb. 1662. Zum Aufenthalt Christines siehe *M. Studemund-Halévy,* Sefardische Residenten (Anm. 21), 157.

32 *H. Kellenbenz,* Diego und Manoel (Anm. 21), 305.

fung Teixeiras als eines vom Glauben abgefallenen Christen, doch schien nun eine Hinrichtung nicht mehr nötig, da er sich nur zu seinem Schutz als Christ deklariert hatte. Die Konfiskation des Vermögens und die Ausweisung aus dem Reich jedoch waren unumgänglich, eventuell mochte sich die Hofkammer in einer Stellungnahme zu einem Verbleiben Teixeiras gegen Zahlung einer erklecklichen, für das *gemeine wesen* nützlichen Summe Geldes herbeilassen. Im September 1663 mahnte der Kaiser die Hamburger; sie sollten eine Flucht Teixeiras, der bereits in hohem Alter stand, nicht zulassen und sich dessen Vermögen versichern, andernfalls der Reichshoffiskal Regressklage einbringen würde.[33] Die Stadt zeigte sich aber unbeeindruckt und weiterhin nicht kooperativ, umso weniger, als sie nicht gegen den Willen Königin Christines handeln wollte, sondern vielmehr den Reichshofrat aufforderte, ungegründeten Anklagen keine Beachtung zu schenken.[34]

Als kaiserlicher Kommissar in dieser Angelegenheit weilte damals bereits der Hofpfennigamtskontrollor und spätere Reichshofrat Dr. Nikolaus Christoph von Hünenfeldt in Hamburg und erzielte in langwierigen Verhandlungen eine Zusage der Stadt über Zahlung von 10.000 Rtlr.[35] Im September 1664 erhielt Hünenfeldt eine Instruktion, der zufolge er nun das Vermögen Teixeiras einziehen sollte. Eine gütliche Einigung mit dem Juden durfte nicht unter 200.000 fl. (einem Fünftel des geschätzten Vermögenswertes) zustande kommen.[36] Teixeira seinerseits jedoch verweigerte jegliche Zahlung und drohte mit Auswanderung. Im Jänner 1665 bat die Hofkammer um Vollmacht für Hünenfeldt, die Angelegenheit zum Abschluss zu bringen; die Causa sollte jedoch keinesfalls im Geheimen Rat des Kaisers behandelt werden, weil Teixeira „besondere fautores bey hof" habe, die ihn beschützten.[37] Und in einem Gutachten von März 1665 kam der Reichshofrat erneut zu dem Schluss, dass die Hamburgischen Einwände ungegründet und sogar sträflich waren und ausländische Einmischungen abzulehnen sind. Von einem Vergleich mit dem Juden riet der Reichshofrat ab zugunsten eines strikten Vorgehens. Diesem Gutachten stimmte selbst der Kaiser zu, doch lenkten die Hamburger immer noch nicht ein. Im Gegenteil, im September 1665 stellten sie sogar den Antrag auf Einstellung der Kommission gegen Teixeira.[38] Dennoch zahlte Hamburg schließlich insgesamt 36.000 Rtlr., um Teixeira mit seinem Vermögen nicht ausliefern zu müssen.[39] So hatten Reichshofrat und Reichshoffiskal durch ihren Angriff auf Teixeira wenigstens auf Umwegen Geld für den Fiskus lukriert.

33 Schreiben vom 15. Sept. 1663.

34 Schreiben vom 23. Okt. und 28. Nov. 1663.

35 *H. Kellenbenz,* Diego und Manoel (Anm. 21), 306.

36 Instruktion vom 10. Sept. 1664.

37 Schreiben vom 9. Jan. 1665.

38 Schreiben vom 7. Juni und 6. Sept. 1665.

39 *H. Kellenbenz,* Diego und Manoel (Anm. 21), 307 f.

Im Jänner 1666 schließlich starb Diego Teixeira im Alter von fast 85 Jahren – bei seinem Begräbnis kam es, zeitgenössischen Berichten zufolge, zu einem Aufruhr in der Bevölkerung. Reichshoffiskal Sartorius berichtete dem Reichshofrat lediglich vom Todesfall als solchem und gab sich der Meinung hin, der kaiserliche Fiskus sei nun endlich am Ziel und könne das gesamte Vermögen als anheim gefallen betrachten. Doch war die Situation nun noch komplizierter, wie der Reichshofrat schon wenige Tage nach Eintreffen der Todesnachricht in einem Gutachten feststellte: Denn jetzt hatten sowohl die Stadt als die Verlassenschaftsabhandlung durchführende Behörde erster Instanz als auch die anderen Mitglieder der Familie Teixeira Zugriff auf das Vermögen. Daher ließ Leopold I. sofort an die Hamburger schreiben und forderte die Sicherstellung des hinterlassenen Vermögens, bei einer Strafe von 200 Mark. Der Fiskal habe „nämlich umb fortsetzung des processus uns in unterthänigkeit inständigst angeruffen".[40] Die Hofkammer erließ daher zunächst ein Edikt an alle Gläubiger und Schuldner Teixeiras und entsandte ihren Rat Johann Gabriel Ritter von Selb nach Hamburg, um sich des Verstorbenen Hab und Gut binnen einer Frist von nur acht Tagen zu versichern.[41] In Punkt 7 der Instruktion war festgeschrieben, dass Selb einen Fiskalsubstituten ernennen sollte, „der als dann, wann es ad judicium aut processum gelangen soll, dasjenige verrichte, was der process oder ordo juris mit sich bringt und unser Fiscal vermög seines ambts zu verrichten hette". Punkt 17 rief in Erinnerung, dass im Zuge des Verfahrens die Reichskonstitutionen und Reichsrechte genau beachtet werden sollten. Im Übrigen bediente sich Selb bei seiner Amtshandlung eines kaiserlichen Notars.

Im April 1666 wurde das Edikt auch auf die Gläubiger und Schuldner von Manuel Teixeira ausgedehnt – das Schriftstück musste an der Hamburger Rathaustür angeschlagen werden. Und endlich hatte der jahrelange Prozess gegen die Familie Teixeira aus kaiserlich-fiskalischer Sicht Erfolg: Im Jahre 1667 erklärte sich Manuel Teixeira bereit, eine seiner Obligationen im Werte von 10,249.700 Silbermaravedis (entspricht einem Gegenwert von rund 37.700 Rtlr.) nebst einer Aufzahlung von 3.000 Rtlr. dem Kaiser zu überschreiben.[42] Drei Jahre darauf, 1670, erhielt Teixeira im Austausch gegen die Obligation eine Absolutionsurkunde, derzufolge der Prozess gegen ihn als eingestellt zu betrachten war – der Kaiser würde „den proceß wider des juden Teixeira sohn nit belieben, sondern es bei den [...] gepflogenen tractaten bewenden lassen", hieß es.[43]

---

40 HHStA, RHR Jud. Misc. 27 F 3, Schreiben vom 24. Jan. 1666.

41 HHStA, RHR Jud. Misc. 27 F 3, Instruktion für Selb vom 24. Jan. 1666. Siehe dazu auch *H. Kellenbenz,* Diego und Manoel (Anm. 21), 310.

42 *H. Kellenbenz,* Diego und Manoel (Anm. 21), 311.

43 Zitiert ebda., 312.

1672 sah sich Manuel Teixeira, allgemein nur als der „reiche Jude“ bekannt, noch gerüchteweisen Vorwürfen ausgesetzt, er habe unter Vorspiegelung seines Standes als portugiesischer Christ die Nichte des schwedischen Agenten im Haag aus einem brabantischen Kloster gelockt und zur Heirat überredet.[44] Die Teixeira waren weiterhin als Kaufleute und Bankiers tätig, ließen sich jedoch die zunehmenden steuerlichen Belastungen durch die Stadt Hamburg nicht gefallen und übersiedelten mitsamt ihrem Vermögen 1698 in die neue Wirtschaftsmetropole Amsterdam.[45]

Das missglückte Petschaft des Salomon Gumprecht

Das Aufdecken und die strafrechtliche Verfolgung von angemaßten Titeln, Würden und Wappen gehörten zu den vornehmlichsten Tätigkeiten des Reichshoffiskals. Dies ließ sich der Fiskal Franz Carl Sartorius von Schwanenfeldt besonders angelegen sein, indem er in den Jahren 1682 bis 1684 eine umfassende Untersuchung solcher Fälle im Reich betrieb. Zur Einsendung einschlägiger Hinweise ersuchte der Fiskal den Reichshofrat um entsprechende Reskripte an seinen Amtskollegen am Reichskammergericht, die kaiserlichen Residenten sowie die kreisausschreibenden Fürsten, ging jedoch auch Anzeigen von Denunzianten nach, die bei positivem Abschluss des Verfahrens einen Anteil an den Strafgeldern beanspruchten.[46]

Ein solcher, namentlich ungenannt bleiben wollender Informant war es auch, der Sartorius und seinem Vizefiskal Johann Thomas von Quentel im Oktober 1682 den Abdruck jenes Petschaftes zuspielte, das *ein gewisser Jud* in Frankfurt verwendete.[47] Salomon Gumprecht (auch Samuel Gomprecht oder Gumpert), so der Name der inkriminierten Person, hatte offenbar nach eigenem Gutdünken die Helmzier des im Petschaft aufscheinenden Wappens mit einem offenen Helm versehen lassen, womit er adelige Herkunft vortäuschte. Nicht nur, dass Gumprecht, wie die Fiskale schrieben, dadurch die kaiserliche Hoheit und Gnade verachtete und gegen das Policeywesen und die Satzungen des Reichs verstieß; die beiden kaiserlichen Anwälte unterstellten den Juden überhaupt, sie wollten „in ihren verachtlich- und verworfenen standt denen christen, welche durch ihre guete verdienste alleinig

---

44 HHStA, RHR Decisa K. 2018. Da der Informant, Georg Dietrich von Rondek, als Vater der Braut einen gewissen D'Ilian nennt, kann es sich nicht um Manuel Teixeiras dritte Ehefrau Esther Gomes de Mesquita handeln, die er 1671 geheiratet hatte. Vgl. Vierhundert Jahre Juden in Hamburg (Anm. 21), 158 f.

45 Vierhundert Jahre Juden in Hamburg (Anm. 21), 153. *F. Heymann,* Tod oder Taufe (Anm. 22), 104 ff. *H. Kellenbenz,* Diego und Manoel (Anm. 21), 347.

46 Dazu siehe die Akten in HHStA, VA RHR 44/h. Auch *J.C.v.Uffenbach* erwähnt dieses Unternehmen in seinem Tractatus (Anm. 12), 39.

47 Siehe dazu HHStA, RHR Decisa 2040.

solcher gnaden theilhafftig gemachet, anmaßlich darinen gleich gehalten werden".

Reichshofrat Dr. Nikolaus Christoph von Hünenfeldt, zur Untersuchung abgeordnet, stellte den Sachverhalt zwar als gegeben fest, bemerkte jedoch ergänzend, dass sich offenbar „ein ieder crammer, ia ein ieder handtwerkhsmann" derartige Petschafte machen lassen könne, wenn auch nicht immer mit offenen Helmen, aber doch „mit allerhand figuren undt thieren. Derentwegen wirdet viel zue thuen undt straffen geben", befürchtete Hünenfeldt, dem es auch oblag, dem Juden die Zitation zu übergeben – da Gumprecht sich allerdings gerade geschäftlich in Würzburg aufhielt, konnte das Schriftstück mit der Vorladung zum Reichshofrat lediglich seiner Ehefrau ausgehändigt werden, worüber am 1. November 1682 ein Notariatsinstrument errichtet wurde. Die Fristen verstrichen vorerst fruchtlos, denn erst im April 1683 nahm Gumprecht über einen Anwalt zu der Anklage Stellung, von der er erst mit Verzögerung erfahren hatte, da er sein „stücklein brod säuerlich in der frembde suchen" müsse. Was ein Wappen sei oder was der offene Helm im speziellen bedeute, davon wollte Gumprecht keinen eigentlichen Begriff besitzen, vielmehr habe er sich sein Petschaft etwa sieben Jahre zuvor im Alter von nicht einmal 16 Jahren in der ostfriesischen Stadt Aurich stechen lassen. Der Wappenschild enthielt als Figur ein Zwillingspaar, da Gumprecht „under disem monathzeichen gebohren" war. Die Wahl des Geburts-Sternbildes als Wappenfigur ist bei Juden mehrfach zu beobachten, während sonst oft auch der Davidstern oder Gegenstände des jüdischen Ritus in den Wappen erscheinen.[48] Der beanstandete offene Helm aber war nach Gumprechts Aussage eine eigenmächtige Zutat des Siegelstechers. Allerdings behauptete Gumprecht weiter, ein kaiserlicher Notar habe ihn bereits auf das ihm nicht gebührende Petschaft hingewiesen und nur gegen Zahlung von vier Reichstalern von einer Anzeige Abstand nehmen wollen.

Gumprechts Appell an die „allermildeste Clemenz" des Kaisers verhallte ungehört. Die beiden Reichshoffiskale lehnten die vorgebrachten Entschuldigungsgründe rundweg ab, da der Beklagte ihrer aus der Ferne – und wohl ohne den Beklagten persönlich zu kennen – geäußerten Meinung nach „kein solch einfältig- unnd junger kerl, wie er sich angiebet, sondern ein verschlagener dreyssigjährig- unnd sehr boshaffter jud" war. Sie forderten nicht nur die Kassierung des fraglichen Petschaftes, sondern eine exemplarische Abstrafung durch Verhängung einer Geldbuße in der Höhe von mindestens

---

[48] Siehe das Titelblatt einer Talmud-Ausgabe von 1697/99, finanziert von Berend Lehmann, Hofbankier des polnischen Königs August des Starken; es zeigt gleichsam als Wappen die Levitenkanne und einen Widder (in jenem Sternzeichen war Lehmann geboren worden). *Lucia Raspe*, Individueller Ruhm und kollektiver Nutzen – Berend Lehmann als Mäzen, in: Rotraud Ries/J. Friedrich Battenberg (Anm. 21), 191–208, hier 195.

2.000 Dukaten. Auch der von Gumprecht angegebene Notar wurde einvernommen; nie und nimmer habe er Geld vom Juden verlangt, vielmehr sei das Vier-Taler-Angebot von Gumprecht selbst gekommen, als der Notar die Sache einem Hofpfalzgrafen anzeigen wollte, heißt es im dem Akt beiliegenden Notariatsinstument. Man wisse ja wohl, „wie die juden ihre bubensstückh zu bemänteln allerhand s. v. lügen sich gebrauchen".[49]

Über seinen Anwalt setzte sich Gumprecht aber weiter heftig zur Wehr. Nicht nur, dass er bei seinem Korruptionsvorwurf gegenüber dem Notar blieb und die Frage stellte, warum er, Gumprecht, der verachtete arme Jude, sich durch ein Wappen mehr ‚Hoheit' versprechen hätte sollen. Als „einer von den geringsten juden" wisse er nichts davon, dass „irgendwo in allen unsern jüdischen gesetzen von wappen, offenen oder zugethanen helmen, die wir führen oder nicht führen sollen, etwas verordnet seye"; und auch alle seine Nachbarn, Verwandten, Bekannten und sogar der Rabbiner selbst hätten ihm auf Befragen keine Auskunft darüber geben können. „Handlungsgeschäfte treiben lernen wir von kindheit an", und die Korrespondenzen und Vereinbarungen darüber würden eben mit Petschaften verschlossen, diktierte Gumprecht seinem Anwalt in die Feder; er und viele andere tausend Juden hätten „die tag unsers lebens nichts gehört, auch niemahls gelegenheit gehabt [...] daran zuegedencken oder daran zu zweifeln". Der Jude legte sogar eine Erklärung des ausführenden Auricher Siegelstechers bei, derzufolge dieser das Petschaft lediglich nach Landesart gestochen und der Auftraggeber nicht auf den offenen Helm bestanden habe. Der vierundzwanzigjährige Gumprecht, der es sich im übrigen verbat, von den Fiskalen als verschlagen und boshaft bezeichnet zu werden, erklärte sich außerstande, eine allfällige Geldstrafe bezahlen zu können.[50]

Die Reichshoffiskale ihrerseits ließen jedoch nicht locker. Ende November 1683 strengten sie beim Reichshofrat eine Untersuchung gegen den siegelstechenden Goldschmied an, da diesem der Stand des Juden bekannt gewesen sein musste – erst mehr als fünf Jahre später, im Februar 1689, erging seitens des Reichshofrats ein Schreiben an die damalige Fürstin von Ostfriesland, sie möge dem betreffenden Siegelstecher einen scharfen Verweis erteilen, habe dieser doch anscheinend jedermann auf Wunsch derartige quasi-adelige Petschafte mit offenem Helm angefertigt.[51] Das Verfahren hatte sich inzwischen in die Länge gezogen, da der Reichshofrat im April 1684 die Stadt Frankfurt mit Erhebungen zum Vermögensstand des beklagten Juden beauftragte.[52] Die Reichsstadt berichtete relativ prompt, nur einen Monat später, Salomon Gumprecht zum Grünen Hut besitze lediglich

---

49 Notariatsinstrument vom 14. Mai 1683.

50 Eingabe Gumprechts vom 16. Nov. 1683.

51 Schreiben vom 26. Feb. 1689.

52 Schreiben vom 26. April 1684.

1.000 fl. Ganz anders jedoch die Ergebnisse der Nachforschungen, die die Reichshoffiskale auf dem Wege über den Reichshofrat Hünenfeldt angestellt hatten: diesen zufolge gehörte Gumprecht zu den reicheren Juden Frankfurts, besaß ein Haus in der Judengasse im Wert von mindestens 1.000 fl. und hatte von seinem Großvater Behr zum Einhorn zur Eheschließung über 2.000 fl. erhalten. Sein Schwiegervater Löw zur Arche hatte die Braut mit weiteren 2.000 fl. Heiratsgut ausgestattet, das Paar lebte bei Gumprechts Eltern, hatte Kapitalien angelegt, mehrte das Vermögen laufend durch eine eigene Handlung und verfügte außerdem über reiche Verwandte und Freunde, die Gumprecht wohl nicht im Stich lassen würden. Der anstelle Hünenfeldts mit dem Auftrag, die von Karl IV. verpfändete Frankfurter Judenschaft wieder einzulösen, nach Frankfurt entsandte Reichshofrat Johann Friedrich Freiherr von Linsing – übrigens einer der wenigen Protestanten im Reichshofrat[53] – berichtete im Juni 1685, Christen als auch Juden zu Frankfurt schätzten Gumprechts Vermögen auf etwa 3.000 fl., doch hätte er der Stadt nur 1.000 fl. gemeldet. Auch Linsing meinte, Gumprecht werde wohl von seinen „reichen befreundten nimmermehr hülfflos gelassen werden".[54]

Nach dem Tode Sartorius' im Dezember 1684 hatte der neue Reichshoffiskal Alexander Franz Visintainer im März 1685 seinen Eid abgelegt. Er verfolgte die Angelegenheit weiter und erreichte, dass der Reichshofrat dem Juden Gumprecht eine Judizialkaution von 1.000 fl. abverlangte. Im Februar 1689 klagte Gumprecht, sein Vermögen sei wegen der *„kriegs turbulentzien"* (1688 waren mit dem Pfälzischen Erbfolgekrieg die Auseinandersetzungen mit Frankreich wiederaufgeflammt) auf 400 fl. geschmolzen, seine wenigen Außenstände verloren. Zur gleichen Zeit erging endlich das Urteil des Reichshofrates in der nun schon sechs Jahre und vier Monate anhängigen Rechtssache: der Frankfurter Magistrat erhielt den Auftrag, Salomon Gumprecht binnen zweier Monate das Strafgeld von acht Mark Silber oder 96 fl. abzufordern, im Gegenzug wurde dem Juden die Kaution erlassen.[55] Bei dieser Summe blieb es trotz eines letzten Bittgesuches[56] Gumprechts um Reduzierung, wo doch seiner Meinung nach alle Schuld nur dem Siegelstecher zuzumessen war. Im Mai 1689 wurde Dr. Georg Fabricius, Agent der Reichsstadt Frankfurt, mit der Eintreibung der Strafe beauftragt.[57]

---

53 *O.v. Gschliesser*, Reichshofrat (Anm. 9), 312, 315.

54 Bericht vom 16. Juni 1685.

55 Auftrag vom 26. Feb. 1689.

56 Gesuch vom 3. März 1689.

57 Auftrag vom 20. Mai 1689.

Zum Schutz der Friedberger Judengemeinde

Die von den Staufern im späteren 12. Jahrhundert in der hessischen Wetterau errichtete Burg Friedberg mit der zu ihren Füßen liegenden gleichnamigen Stadt bildete bis 1834 ein verfassungsrechtlich hochkomplexes Gebilde. Die freie Reichsstadt stand unter der Herrschaft der adeligen Burg mit dem gewählten Burggrafen an der Spitze, der namens des Königs die Vogtei ausübte. Die zugehörigen Burgmannen mit ihren Lehen ließen die Burg Friedberg zu einem „der wichtigsten Adelsmittelpunkte Deutschlands" werden.[58] Der Burggraf führte gemeinsam mit zwei städtischen Bürgermeistern auch den Vorsitz im Stadtrat, dem zweiten örtlichen Regierungsgremium. Den Stadtrat bildeten sechs Burgmannen, zwölf Schöffen aus der Stadtgemeinde sowie zwölf Ratsbürger. Rat und Bürgerschaft hatten einem neuen Burggrafen sowie den beiden Burg-Baumeistern zu huldigen, weiters kam dem Burggericht eine gewisse Ingerenz über Bürgermeister, Rat und Schöffen der Stadt zu.

Seit König Rudolf I. besaß die Burg Friedberg das Recht, Juden in die städtische Judengasse aufzunehmen und Schutzgelder zu verlangen, weshalb die Friedberger Juden auch unter der Jurisdiktion der Burg standen. Rudolf war es auch, der 1275 den örtlichen Juden das Privileg der Befreiung vom Opferpfennig verlieh.[59] Dennoch kam es immer wieder zu Übergriffen der Bürgerschaft auf die jüdischen Privilegien, die sich ‚ungebührliche Kontributionen und Schatzungen' erlaubten.[60] Selbst Kaiser Rudolf II. ordnete 1583 an, dass auch die Friedberger Juden wie ihre übrigen Genossen im Reich dem Kaiser als ihrem obersten Schutzherren die um die Weihnachtszeit fällige Kopfsteuer von einem Goldgulden zahlen mussten; war es dazu auch offenbar nicht gekommen, so plädierte Reichshoffiskal Dr. Johann Wentzel 1610 doch vehement dafür, den Juden im Reich die jährliche Kronsteuer abzufordern.[61] 1629 klagten die Juden vor dem Reichshofrat, die Stadt fordere eine Kontribution für neun Jahre auf einmal. Das Reichskammergericht (!) soll damals auf Freilassung von in Geiselhaft genommenen Juden entschieden haben.[62] Während des Dreißigjährigen Krieges wollten die Bürger die Juden zwingen, mit ihnen die Kriegskontributionen zu tragen. Den Aufzeichnungen im Protokollbuch der jüdischen Gemeinde zufolge setzten die Friedberger die jüdischen Parnassim (Vorstandsmitglieder) gefangen und boykottierten die jüdischen Händler: „Wir haben diese Ange-

---

58 *Cilli Kasper-Holtkotte,* Jüdisches Leben in Friedberg (16.–18. Jahrhundert), in: Kehilat Friedberg 2 (Wetterauer Geschichtsblätter, 51), Friedberg 2003, Band 1, 2.

59 Ebda., 10 f.

60 Ebda.

61 HHStA, RHR Fiskalarchiv 8/1. Berichte des Reichshoffiskals Dr. Johann Wenzel, 1610.

62 Ebda., 13.

legenheit vor des Kaisers, seine Pracht sei erhaben, Reichskammergericht in Speyer gebracht und es erging von dort der Spruch und das Urteil, den Boykott aufzuheben und so etwas nie wieder zu tun".[63] Die Vorstandsmitglieder erhielten ihre Freiheit zurück und die Friedberger Juden eine Bestätigung ihres Privilegs, keine Kriegskontributionen leisten zu müssen. Doch schien die Rechtsstellung der Friedberger Juden „nie wirklich eindeutig geklärt".[64]

Deshalb kam es auch 1702 zu einem neuerlichen Konflikt. Der Oberrheinische Kreis gestattete damals der Stadtgemeinde zu Friedberg, der Judenschaft eine Kontribution aufzuerlegen, bei Pfändung und Exekution im Weigerungsfalle.[65] Der Burggraf von Friedberg aber beharrte auf seinem Schutz über die örtlichen Juden und lehnte die finanziellen Belastungen ab. Alsbald war beim Reichshofrat ein Prozess gegen Bürgermeister und Rat der Stadt Friedberg anhängig, in welchem eine Strafe von 40 Mark lötigen Goldes beantragt wurde.[66] Die Stadtgemeinde jedoch leistete der Aufforderung des Reichshofrates nicht nur keine Folge, sondern wandte sich vielmehr im Frühherbst 1703 an den Oberrheinischen Kreis um Vornahme der Exekution der Judengemeinde. Der kaiserliche Befehl vom Dezember 1703 um Rückstellung des den Juden abgenommenen Geldes ist Beleg dafür, dass die Exekution auch tatsächlich stattfand. Im Gegenzug drohte die Bürgerschaft, den die Schreiben des Reichshofrates überbringenden Notar „abzuprügeln", ja dieser musste sich einmal vor den aufgebrachten Friedbergern in die Burg „retiriren". An seiner Stelle wurde, mit höheren Kosten, der kaiserliche Kammerbote mit der Übergabe der betreffenden Schreiben beauftragt. Erst jetzt offenbar, im Jänner 1704, teilte der Kaiser der Stadt sein „allerhöchstes ungnädigstes Missfallen mit und ließ dero kayserlichen ReichsHoffFiscaln zu Beobachtung seines Ambts [...] excitiren". Amtsinhaber war zu jener Zeit Wolfgang Maximilian Bell, Lizentiat der Rechte; er erstattete sogleich ein Memoriale an den Reichshofrat.

Das Verfahren zog sich zunächst einmal bis ins Jahr 1709. Die Friedberger versuchten bald, durch eine Entschuldigung die kaiserliche Huld wiederzuerlangen. Der Reichshoffiskal stellte indessen in einem Gutachten fest, dass die Friedberger Judenschaft schon seit einigen Jahren die Reichs- und Kreiskollekten verweigerte, dies aber bei den Kreiskonventen angezeigt und durch Abschriften aus den Stadtregistern untermauert hatte. Hier waren wohl die mittelalterlichen Privilegien herangezogen worden. Der Oberrhei-

---

63 *C. Kasper-Holtkotte,* Jüdisches Leben (Anm. 58), 293.

64 Ebda., 14.

65 *C. Kasper-Holtkotte,* Jüdisches Leben (Anm. 58), 123 f. Die dortigen Angaben basieren auf Regimentskonventsprotokollen im Hessischen Staatsarchiv Darmstadt, F 3 Nr. 93.

66 Zu dieser Rechtssache vlg. den Akt in HHStA, RHR Decisa 2020, fol. 334 ff.

nische Kreis hatte, der Rechtsmeinung des Reichshoffiskals zufolge, gemeinsam mit der Stadtgemeinde die Friedberger Juden widerrechtlich exekutiert. Dies, obwohl die Juden unter kaiserlichem Schutz und Schirm standen, die in Vertretung vom Friedberger Burggrafen gewährt wurden. Die Stadt sei es gewesen, die „der unschuldigen Judenschafft" die Exekution „würcklich auf den Hals gehetzt" habe, sehr zu deren Nachteil und Schaden. Dadurch hatte die Stadtgemeinde sich einen Verstoß gegen die Friedberger Regimentsverfassung und gegen die Reichsstandschaft zuschulden kommen lassen.[67] Der Reichshoffiskal beantragte eine Strafe von 40 Mark, da die Autorität, das oberstrichterliche Amt, die durch die Burg Friedberg repräsentierten Regalien der Burg Friedberg sowie die Rechte der Judenschaft verletzt worden waren. Diese nach seiner Meinung „anmaßliche fiscalische klag" versuchte der Anwalt der Friedberger als falsch zu entkräften und machte Zeugen dafür namhaft, dass es zu gar keinem Volksaufruhr gegen den kaiserlichen Notar gekommen sei. Die Sache war beim Reichshofrat noch 1727 anhängig[68] – nebst drei weiteren Verfahren gegen die Friedberger, die sie sich wegen Freveln gegen den Burggrafen, einen Verstoß gegen das für die Burg auszuübende Geleit sowie Exzessen bei der Mitteilung burggräflicher Dekrete eingehandelt hatten. Damals waren es die Reichshoffiskale Johann Thomas Edler von Quentel und Dominicus Joseph Hayek von Waldstätten, die diesen fiskalischen Prozess vor dem Reichshofrat betrieben.

Schon im Landfrieden von 1179 hatte Kaiser Friedrich I. Barbarossa dekretiert, dass die Juden „ad fiscum imperatoris pertinent", und drei Jahre später ließ er im Regensburger Judenprivileg die Juden neuerlich *„ad* imperialem cameram [...] pertinere."[69] Mit der Einstufung der Juden als Kammerknechte durch Kaiser Friedrich II. im Jahre 1236 war sodann jener Status erreicht, den die Juden bis in die letzten Jahrzehnte des Heiligen Römischen Reiches behalten sollten – unmittelbar der kaiserlichen Gewalt unterworfen zu sein. Kaiser Karl V. bestätigte noch 1530 bestimmte von seinen Vorgängern im Reich verliehene juristische Privilegien, mit der Begründung, dass die Juden „in unsere und des reichs cammer gehören und unß und dem reich zu dienst sitzen".[70] Mit den Reichspolizeiordnungen von 1548 und 1577 und mit dem Westfälischen Frieden von 1648 waren die

---

67 Der Reichshoffiskal legte dem Schreiben ein gedrucktes Exemplar der Regimentsverfassung bei.

68 *C. Kasper-Holtkotte,* Jüdisches Leben (Anm. 58), 123 f., schreibt, dass „den Quellen nicht zu entnehmen ist", ob der Kaiser die Rechte der Friedberger Judenschaft schützte. Diese Aussage bezieht sich wohl auf die Akten im Hessischen Staatsarchiv.

69 *G. Kisch,* Rechtstellung (Anm. 1), 45.

70 Zitiert nach *F. Battenberg,* Kammerknechte (Anm. 1), 568. – Jedoch sollen hier die zahlreichen Judenvertreibungen aus zahlreichen Territorien des Reiches. *F. Battenberg,* 575 f.

Reichsstände in den Besitz des Judenregals gelangt, das schließlich mehr und mehr als Bestandteil der Landeshoheit betrachtet wurde. In der Praxis beschränkten sich die direkten Zugriffsmöglichkeiten des Kaisers weitgehend auf die Juden in den Reichsstädten[71] sowie auf Fälle, in denen kaiserliche Reservatrechte verletzt worden waren – so wie in den drei hier geschilderten fiskalischen Judenprozessen vor dem Reichshofrat.

Als 1648 Diego Teixeira, der reiche sefardische Jude aus Hamburg, dessen und dessen gleichen sich zahlreiche europäische Fürsten der frühen Neuzeit – und auch der Kaiser selbst – für den Staatskredit und die Finanzierung von Hofhaltung und Kriegsführung bedienten, offen vom nur vorgetäuschten Christentum zur angestammten Religion der jüdischen Vorfahren übertrat, hatte er nach dem geltenden Recht ein Delikt gegen die Majestät Gottes begangen und sollte mit Leib und Vermögen Kaiser und Reich verfallen sein. Doch wie vollmundig und juristisch spitzfindig auch der Reichshoffiskal die Anklageschriften formulieren mochte: Der Beigeschmack bleibt, dass dies nur Theaterdonner war und sich der Fiskus lediglich des in Kriegszeiten willkommenen Vermögens Teixeiras bemächtigen wollte. Das politische und wirtschaftliche Gewicht des Sefarden war aber zu hoch, sein Schutz durch die Reichsstadt Hamburg so unüberwindlich, dass am Ende des jahrzehntelangen Prozesses nur ein Vergleich zwischen dem Kaiser und dem Sohn des Angeklagten stand, der dem Fiskus einen Bruchteil der zu Beginn erwarteten Strafgelder einbrachte.

Vor den Reichshofrat zitiert wurde 1682 auch der ungleich weniger vermögende Frankfurter Jude Salomon Gumprecht, der sich unterstand, seine Korrespondenzen und Verträge mit einem adelig anmutenden Petschaft zu fertigen und damit die kaiserliche Hoheit über die Wappen, Titel und höchsten Würden im Reich zu kränken. Die charakterliche Vorverurteilung durch die Reichshoffiskale fiel drastisch aus und war mit Vorurteilen gegen die Juden im Allgemeinen behaftet. Schließlich wurde die Fiskalstrafe unnachsichtig eingetrieben, obwohl der Angeklagte versucht hatte, die Schuld auf den ausführenden Siegelstecher abzuwälzen.

Und doch schritten der Reichshofrat und sein Fiskal auf der anderen Seite auch ein, wenn es galt, Juden vor finanziellen Bedrückungen durch andere, weil nicht-kaiserliche und somit unbefugte Instanzen in Schutz zu nehmen – so geschehen im Jahre 1702 in der hessischen Reichsstadt Friedberg, die sich schon zuvor Übergriffe gegen ihre traditionsreiche Judengemeinde zuschulden kommen hatte lassen.

„Zu allen Zeiten haben in besonders vordringlicher Weise Juden die rechtsprechende Tätigkeit des Reichshofrats in Anspruch genommen, sei es

---

71 *Heinz Mosche Graupe,* Die Entstehung des modernen Judentums. Geistesgeschichte der deutschen Juden 1650–1942, Hamburg 1969, 112. *F. Battenberg,* Kammerknechte (Anm. 1), 596.

in Prozessen untereinander oder in Prozessen gegen landesfürstliche und städtische Gewalten", stellte schon Gschliesser fest.[72] Die Akten zu diesen Verfahren liegen in großer Zahl im Haus-, Hof- und Staatsarchiv in Wien und werden erst seit kurzem quantifiziert und systematisch ausgewertet.[73] Wenn auch die Zahl derjenigen Prozesse gegen Juden, die vom Reichshoffiskalat von Amts wegen angestrengt wurden, vergleichsweise gering ist, so tragen diese Verfahren dennoch ihren Teil bei zu einer besseren Kenntnis des spezifischen Verhältnisses zwischen dem Kaiser und seinen jüdischen ‚Kammerknechten' in der Frühen Neuzeit.

72 *O. v. Gschliesser*, Reichshofrat (Anm. 9), 35. *Eva Ortlieb* weist in einer Unterlage zu ihrem Vortrag „Reichshofrat und Reichstage. Neue Aspekte zur Begegnung von Hof und Reich" im Dezember 2004 (im Rahmen der Tagung „Kaiser, Hof und Reich") für das Jahr 1544 rund vier Prozent, 1559 aber gar nur ein Prozent jüdische Antragsteller bei reichshofrätlichen Prozessen aus.

73 Dies besonders auch deshalb, weil die Findbehelfe zu den Reichshofratsakten neuerdings in eine Datenbank übertragen werden. Zur Quellenlage und den einschlägigen Projekten und Studien vgl. den Beitrag von *L. Auer* und *E. Ortlieb* in diesem Band sowie *S. Wendehorst,* Imperial Spaces (Anm. 1), (mit ausführlichen Literaturangaben). Hingewiesen sei hier auf *Barbara Staudinger*, Die Resolutionsprotokolle des Reichshofrats als Quelle zur jüdischen Geschichte, in: Prozeßakten als Quelle. Neue Ansätze zur Erforschung der Höchsten Gerichtsbarkeit im Alten Reich (Quellen und Forschungen zur Höchsten Gerichtsbarkeit im Alten Reich, 37), hrsg. v. Anette Baumann / Siegrid Westphal / Stefan Ehrenpreis / Stephan Wendehorst, Köln / Weimar / Wien 1991, 119 – 140.

Jüdische Reichskammergerichtsprozesse aus den Reichsstädten Frankfurt und Hamburg. Eine quantitative Annäherung

Von *Anette Baumann*, Wetzlar

I. Voraussetzungen

In Frankfurt am Main und Hamburg gab es in der Frühen Neuzeit jüdische Gemeinden. Dies war nicht selbstverständlich, war es den meisten Städten im 15. und 16. Jahrhundert doch gelungen, sich der Juden zu entledigen.[1] Frankfurt und Hamburg besaßen den Status einer Reichsstadt – auch wenn dieser im Falle Hamburgs nicht unumstritten war[2] – und großes wirtschaftliches Gewicht. Man betrachtete Fremde mit Argwohn und duldete sie nur, soweit sie eigenen wirtschaftlichen Interessen dienten.[3] Unterschiedlich war die geographische Lage: Frankfurt lag in der Mitte, Hamburg an der Peripherie des Reiches. Auch innenpolitisch waren die beiden Reichsstädte unterschiedlich strukturiert. Frankfurt stand in der Abhängigkeit vom Kaiser, so dass innerstädtische Krisen meist mit Hilfe des Kaisers beigelegt wurden.[4] In Hamburg dagegen war der kaiserliche Einfluss geringer, wenn auch keineswegs nichtexistent.[5] Auch das Zusammenspiel zwischen Bürgerschaft und Rat funktionierte in beiden Städten verschieden.

---

1 *Friedrich Battenberg,* Das Zeitalter der europäischen Juden, 2 Bde., Darmstadt 1990, Bd. I, 167.

2 Die endgültige Anerkennung durch Dänemark erfolgte erst 1768 im Gottorper Vergleich. Siehe hierzu Heimatchronik der Freien und Hansestadt Hamburg hrsg. v. *Erich Lehe* u. a. 2. Auflage Köln 1967, 115.

3 Siehe hierzu *Joachim Whaley,* Religious Toleration an Social Change in Hamburg 1529–1819, Cambridge 1985, 8. Whaley stellt fest, dass die Fremdenfreundlichkeit Hamburgs auf einem Mythos beruht.

4 *Helmut Böhme,* Frankfurt und Hamburg. Des deutschen Reiches Silber- und Goldloch und die allerenglischste Stadt des Kontinents, Frankfurt / Main 1968, 42.

5 Immerhin war die im Wesentlichen bis ins 19. Jahrhundert hinein gültige Hamburger Stadtverfassung das Ergebnis der Tätigkeit einer kaiserlichen Kommission unter Kardinal Damian von Schönborn zu Beginn des 18. Jahrhunderts. Siehe *Gerd Augner,* Die kaiserliche Kommission der Jahre 1708–1712. Hamburgs Beziehungen zu Kaiser und Reich zu Anfang des 18. Jahrhunderts. Beiträge zur Geschichte Hamburgs Bd. 23, Hamburg 1983.

Aus beiden Reichsstädten sind Reichskammergerichtsprozesse mit jüdischer Beteiligung sowohl auf der Kläger- als auch auf Beklagtenseite bekannt und erhalten. Die Frankfurter und Hamburger Reichskammergerichtsbestände sind bereits seit einigen Jahren vollständig neu verzeichnet. Das Hamburger Repertorium[6] enthält insgesamt 1.382 Prozesseinträge, das Frankfurter[7] 1.634; das Prozessaufkommen aus beiden Reichsstädten ist also in etwa gleich hoch. Da sich die Hamburgische jüdische Gemeinde seit dem späten 17. Jahrhundert aus den Teilgemeinden Altona, Wandsbek und Hamburg zusammensetzte[8], müssen bei der Erfassung der Prozesse der Hamburger jüdischen Gemeinde jedoch auch die Bestände aus Altona und Wandsbek, die sich im Staatsarchiv Schleswig[9] befinden, hinzugezogen werden. Der Bestand Altona / Hamburg / Wandsbek weist zudem eine weitere Schwierigkeit auf: Die Juden der sephardischen Gemeinde benutzten bei ihren Geschäften teilweise christliche Namen, so dass Kellenbenz schon 1954[10] feststellte, dass wohl nie die absolute Anzahl der Prozesse mit jüdischer Beteiligung aus Hamburg ermittelt werden könne. In der Tat können wir in Bezug auf Hamburg immer nur von Mindestzahlen sprechen. So gab es in Altona / Hamburg / Wandsbek seit der ersten Ansiedlung von Juden in den 70er Jahren des 16. Jahrhunderts bis zum Ende des Reichskammergerichts mindestens 67 Prozesse mit jüdischer Beteiligung, während es sich in Frankfurt um 357 Prozesse handelt, allerdings für den Zeitraum von 1503 bis 1806. Auch der Frankfurter Bestand weist einige Schwierigkeiten auf. So sind von 357 Prozessen mit jüdischer Beteiligung mindestens 34 Prozesse von Juden geführt worden, die offensichtlich nicht aus Frankfurt stammten, dort aber beruflich tätig waren oder dort einen Zweitwohnsitz unterhielten. Dies ist besonders bei den Hoffaktoren der Fall.[11] Da sich im Einzelnen eine exakte Unterscheidung zwischen den ansässigen und teilansässigen Juden

6 Findbuch der Reichskammergerichtsakten im Staatsarchiv Hamburg, Teil 1 – 4: Titelaufnahmen. A-H, I-R, S-Z, Indices, bearb. von *Hans-Konrad Stein-Stegemann* (Veröffentlichungen aus dem Staatsarchiv der Freien und Hansestadt Hamburg XIII, 1 bis XIII,4), Hamburg 1993 bis 1995.

7 Inventar der Akten des Reichskammergerichts 1495 – 1806. Frankfurter Bestand bearb. von *Inge Kaltwasser* (Veröffentlichungen der Frankfurter Historischen Kommission XXI), Frankfurt / Main 2000.

8 Altona, Hamburg, Wandsbek hatten von 1671 – 1811 eine Gemeindeverbindung mit autonomer Gerichtsbarkeit. *Friedrich Battenberg,* Das Europäische Zeitalter der Juden (Anm. 1), Bd. II, 44.

9 Findbuch zu den Reichskammergerichtsakten (Abteilung 390 u. a.) bearb. von *Hans-Konrad Stein-Stegemann,* Erster Band: Titelaufnahmen; zweiter Band: Indices (Veröffentlichungen des Schleswig-holsteinischen Landesarchivs Bd. 16 und 17), Schleswig 1986.

10 *Hermann Kellenbenz,* Sephardim an der Unterelbe, Wiesbaden 1958, 39.

11 *Alexander Dietz,* Stammbuch der Frankfurter Juden. Geschichtliche Mitteilungen über die Frankfurter jüdischen Familien von 1349 – 1849, Frankfurt / Main 1907, 211 ff.

nicht oder nur sehr schwer durchführen lässt, werden sie im Folgenden zur Gemeinde dazugezählt. Deshalb sind die angegebenen Zahlen auch nur als Trend zu verstehen und keinesfalls absolut zu setzen.[12]

Insgesamt machen jüdische Prozesse einen Anteil von 4,8 % vom gesamten Prozessaufkommen am gesamten Prozessaufkommen in Hamburg aus und 21,8 % in Frankfurt. Leider sind die jüdischen Einwohnerzahlen in den beiden Gemeinden bestenfalls annäherungsweise zu ermitteln, so dass eine Bezugnahme darauf nur unzulänglich sein kann. Man schätzt, dass 1612 150[13] Juden in Hamburg lebten, in Frankfurt dagegen 2.700[14], also 18-mal so viele. 1790 waren 4 % der hamburgischen Gesamtbevölkerung jüdischen Glaubens[15], in Frankfurt 7,5 %.[16] Das zeigt eindeutig, dass die Anzahl der Juden in Frankfurt um ein Mehrfaches höher war als in Hamburg und somit auch ein höheres Prozessaufkommen erklären könnte. Konkretere Angaben dazu sind jedoch nicht möglich. Man kann also nicht feststellen, welche Gemeinde ‚klagefreudiger' war.

Folgende Fragen sollen die nachstehende Untersuchung leiten:

Welchen Gesetzmäßigkeiten folgt das Prozessaufkommen aus den jüdischen Gemeinden vor dem Reichskammergericht? Entspricht der Geschäftsanfall dem Reichstrend oder zeigt er spezifische Charakteristika und Probleme der beiden jüdischen Gemeinden und ihrer Mitglieder? Spiegeln die Reichskammergerichtsprozesse vielleicht spezielle Strukturen oder Eigenheiten einzelner Juden oder der jüdischen Gemeinschaft und ihres Verhältnisses zur nichtjüdischen Umwelt wider? War das Reichskammergericht ein Forum für die jüdische Gemeinde oder wandten sich eher jüdische Einzelpersonen an das Gericht? Welche Streitigkeiten wurden vor dem Reichskammergericht ausgetragen?

---

12 Gleichzeitig gab es Frankfurter Juden, deren Prozesse sich nicht im Frankfurter Reichskammergerichtsbestand befinden, da sie auswärts ihre Prozesse führten. Diese Gruppe konnte leider nicht quantitativ erfasst werden.

13 *Jutta Braden,* Hamburger Judenpolitik im Zeitalter lutherischer Orthodoxie 1590–1710, Hamburg 2001, 135.

14 *Anton Schindling,* Wachstum und Wandel. Vom konfessionellen Zeitalter bis zum Zeitalter Ludwigs XIV. Frankfurt am Main 1555–1665, in: Frankfurt am Main. Die Geschichte der Stadt in neun Beiträgen, hrsg. v. der Frankfurter Historischen Kommission, Sigmaringen 1991, 205–260, 211.

15 *Jürgen Ellermeyer,* Schranken der Freien Reichsstadt, in: Die Hamburger Juden in der Emanzipationsphase (1780–1870), hrsg. v. Peter Freimark / Arno Herzig, Hamburg 1989, 175–213, 184.

16 *Rainer Koch,* Bürger, Beisassen, Fremde, Juden – Zur Herrschaftsordnung der freien Reichsstadt Frankfurt am Main im 18. Jahrhundert, in: Wahl und Krönung in Frankfurt am Main, Kaiser Karl VII. 1742–1745, hrsg. v. Rainer Koch / Patricia Stahl, Frankfurt 1986, 35–43, 41. Aufgrund der Judenstättigkeit betrug die Anzahl der Juden nicht mehr als 3.000 Personen (entspricht einem Anteil von 7,5 %).

II. Prozessaufkommen[17]

In Frankfurt bestand schon seit dem Mittelalter eine jüdische Gemeinde. Das Reichskammergericht, das anfangs in Frankfurt tagte, befasste sich schon in den ersten Jahren seiner Existenz mit Prozessen, an denen Juden beteiligt waren. Ein stetiges, mehr oder weniger kontinuierliches Prozessaufkommen der Frankfurter jüdischen Gemeinde setzte erst nach der Mitte des 16. Jahrhunderts ein. Es bewegte sich im Bereich von 2% des Gesamtaufkommens und folgte damit dem allgemeinen Reichstrend. Denn das Reichskammergericht hatte in der zweiten Hälfte des 16. Jahrhunderts das größte Prozessaufkommen seines mehr als dreihundertjährigen Bestehens.[18] Zu dieser Zeit verdoppelte sich auch die Anzahl der jüdischen Einwohner[19], und es gab die ersten jüdischen Kläger[20], während vorher Juden nur in der Rolle des Beklagten anzutreffen sind.

Die Hansestadt Hamburg besaß im Mittelalter dagegen keine jüdische Gemeinde. Das jüdische Gemeindeleben begann vielmehr erst mit der Einwanderung von so genannten Marranen, in Portugal und Spanien zwangsbekehrten Juden, die über die Niederlande nach Hamburg gelangten und sich dort etwa ab 1570 niederließen. Nach einem Eingewöhnungsprozess begannen diese ‚Sepharden', ‚Portugiesen' oder ‚portugiesische Juden' sich schließlich wieder zum Judentum zu bekennen.[21] Schon diese erste Zeit des Übergangs, als portugiesische Familien sich in Hamburg noch nicht endgültig niedergelassen hatten, aber dort bereits Geschäfte betrieben, spiegelt sich in einem Reichskammergerichtsprozess wider. Er war für die Prozesse der Hamburger Juden im nächsten Jahrhundert typisch, denn es ging um Fernhandelsgeschäfte. Der Faktor des Königs von Portugal in Antwerpen, Jackentin, verklagte den portugiesischen Juden Maciel wegen des Arrests von 254 Säcken Pfeffer, wobei das Reichskammergericht nicht wegen der Pfändung, sondern wegen der Versendung von Akten an eine Juristenfakultät angerufen wurde.[22] Um 1595 hatten sich schließlich sieben portugiesische Haushalte in Hamburg angesiedelt, 1610 gab es schon zwanzig.[23] Da-

---

17 Zum besseren Vergleich des Prozesseingangs beider jüdischen Gemeinden wurden die Geschäftseingangszahlen zuerst in Prozentzahlen umgerechnet.

18 *Filippo Ranieri,* Recht und Gesellschaft im Zeitalter der Rezeption (Quellen und Forschungen zur höchsten Gerichtsbarkeit im Alten Reich, Bd. 17 / I,II), Köln / Wien 1985, Bd. II, 295.

19 *Anton Schindling,* Wachstum und Wandel (Anm. 14), 211; 1556: 550 Juden, 1580: 1.200 Juden, 1610: 2.700 Juden.

20 Findbuch Frankfurt (Anm. 7), J 627.

21 *Arno Herzig,* Jüdische Geschichte in Deutschland. Von den Anfängen bis zur Gegenwart, München 1997, 100.

22 *H. Kellenbenz,* Sephardim (Anm. 10), 26.

23 *J. Braden,* Hamburger Judenpolitik (Anm. 13), 72.

mit verbunden war ein Ansteigen der Prozesse mit jüdischer Beteilung auf über 4% des gesamten Prozessaufkommens im ersten Jahrzehnt des 17. Jahrhunderts.

Die Bürger Hamburgs hatten bald erkannt, dass diese neuen Fremden keine katholischen Christen, sondern Juden waren und verlangten deshalb die Ausweisung aus der Stadt, was der Rat zu verhindern suchte, da er sich von dem Aufenthalt der Juden große wirtschaftliche Vorteile versprach.[24] Schließlich kam es nach langen Verhandlungen 1612 zu einem endgültigen Niederlassungsrecht, das 1617[25] und 1623[26] verlängert wurde. Von 1610 bis 1620 gab es keine Prozesse mit jüdischer Beteiligung. Vielleicht traute man dem Frieden nicht. Erst ab 1620 stieg der Anteil der Prozesse wieder auf 3% des gesamten hamburgischen Geschäftsaufkommens.

Zu Beginn des 17. Jahrhunderts eskalierten in Frankfurt die Spannungen zwischen Bürgerschaft und Juden. Im Fettmilchaufstand von 1614 wurden die Juden aus der Stadt vertrieben. Zwei Jahre später kehrten sie zurück.[27] Die vom Kurfürsten von Mainz und vom Landgrafen von Hessen als kaiserliche Kommissare erlassene erneuerte Judenstättigkeit bestimmte, dass die Frankfurter Judenschaft auf 3.000 Personen begrenzt sein sollte. Außerdem durften nicht mehr als sechs jüdische Fremde jährlich zur Stättigkeit zugelassen werden und jährlich durften nur zwölf jüdische Paare heiraten. Da die Judenstättigkeit von 1616 nicht mehr periodisch verlängert werden musste, war die jüdische Position in Frankfurt auf Dauer gesichert.[28] Die Folge dieser Entwicklung war ein starkes Anwachsen der Frankfurter Prozesse mit jüdischer Beteiligung in den 20er Jahren des 17. Jahrhunderts auf über 6% aller Frankfurter Prozesse. Überwiegend klagten jetzt jüdische Kaufleute wegen Wechselschulden, Handelsgeschäften und Jurisdiktionsstreitigkeiten. In Prozessen vor dem Reichskammergericht sahen die Juden die Chance, die Folgen ihrer Vertreibung und die

---

24 *J. Braden,* Hamburger Judenpolitik (Anm. 13), 84.

25 *Günter Böhm,* Die Sephardim in Hamburg, in: Die Juden in Hamburg 1590 bis 1990. Wissenschaftliche Beiträge der Universität Hamburg zur Ausstellung „Vierhundert Jahre Juden in Hamburg“, hrsg. v. Arno Herzig in Zusammenarbeit mit Saskia Rohde, 1. Auflage, 1991, 23.

26 *J. Braden,* Hamburger Judenpolitik (Anm. 13), 163.

27 *Isidor Kracauer,* Geschichte der Juden in Frankfurt am Main, Frankfurt 1925, Bd. I, 396 f. *Christopher Friedrichs,* Jews in the Imperial Cities: A Political Perspective, in *R. Po-Chia Hsia / Hartmut Lehmann* (Hrsg.), In and Out of the Ghetto. Jewish-Gentile Relations in Late Medieval and Early Modern Germany, Cambridge 1995, 275–288 und *Rivka Kern Ulmer* (Hrsg.), Turmoil, Trauma and Triumph: The Fettmilch Uprising in Frankfurt am Main (1612–1616) according to Megillas Vintz, Frankfurt am Main 2001.

28 *Rainer Koch,* Grundzüge der Frankfurter Verfassungsgeschichte bis zur Mitte des 18. Jahrhunderts, in: Wahl und Krönung in Frankfurt am Main. Kaiser Karl VII. 1742–1745, hrsg. v. Rainer Koch / Patricia Stahl, Frankfurt / Main 1986, 22–33, 26.

daraus entstandenen Schäden rückgängig zu machen. Der Dreißigjährige Krieg führte zu einem kurzfristigen Niedergang. Juden waren immer häufiger gezwungen aus Frankfurt wegzuziehen, da sie die Steuern nicht mehr aufbringen konnten und sie deshalb die Bedingungen der Stättigkeit nicht mehr erfüllten.[29]

In Hamburg siedelten indessen rund 500 Portugiesen. Sie verdienten ihr Geld vor allem durch den Import von Gewürzen und Juwelen. Da Hamburg neutral war, vom Kriegsgeschehen verschont blieb, und die Juden zumeist nur im Fernhandel tätig waren, belasteten sie die Kriegsereignisse im Reich und deren Folgen wenig. Die Anzahl der Prozesse erreichte deshalb mit 12% oder 13% des gesamten Prozessaufkommens ihren Höchststand. Damit ist das Anwachsen des Geschäftsaufkommens jedoch nur zum Teil erklärt. Vielmehr trat in den 1640er und 1650er Jahren der holsteinische Rat und Kaufmann Jacques Budier eine Prozessserie los, die sich gegen verschiedene portugiesische Juden richtete. Trotz des gerade überstandenen Dreißigjährigen Krieges reiste er mit seiner Familie durch zahlreiche, völlig zerstörte Landschaften persönlich von Hamburg nach Speyer, um seine vielfältigen wirtschaftlichen Interessen durchzusetzen. Nach Budiers Tod führte seine Witwe die Prozesse in Speyer weiter. Die Familie hatte sich dauerhaft in Speyer niedergelassen, da eine der Töchter einen Reichskammergerichtsprokurator geheiratet hatte.[30] Insgesamt gab es mindestens neun Prozesse, in denen Budier oder seine Familie in irgendeiner Form involviert waren.[31]

In den 1650er Jahren verminderte sich die Anzahl der portugiesischen Juden wieder, da viele Amsterdam als Wohn- und Handelsplatz vorzogen.[32] Dieser Schwund machte sich jedoch erst in den 1660er Jahren bemerkbar. In den 1670er Jahren herrschte allgemein eine Phase der Stagnation in der Stadt; jüdische Prozesse aus Hamburg wurden in diesem Jahrzehnt am Reichskammergericht nicht geführt. Erst nach 1680 stieg die Anzahl wieder auf über ein Prozent an. In Frankfurt entwickelte sich das Geschäftsaufkommen mit jüdischer Beteiligung in den 1670er und 1680er Jahren dagegen gegenläufig. Es betrug knapp 4%.

Im letzten Jahrzehnt des 17. Jahrhunderts stieg das Geschäftsaufkommen der jüdischen Gemeinden in beiden Städten um jeweils über vier Prozentpunkte an. Es folgte damit dem allgemeinen Reichstrend, der mit der Geschichte des Reichskammergerichts leicht erklärbar ist: 1689 hatten die Franzosen dessen Sitz in Speyer zerstört. Erst 1693 konnte das Gericht in

---

29 *I. Kracauer,* Geschichte der Frankfurter Juden (Anm. 27), Bd. II, 33 f.

30 Findbuch Schleswig (Anm. 9) Prozeß 82.

31 Findbuch Hamburg (Anm. 6) Prozesse B 93, B 95, B 96, H 127; Findbuch Schleswig (Anm. 9) Prozesse 79, 80, 81, 82, 282.

32 *J. Braden,* Hamburger Judenpolitik (Anm. 13), 203.

der Reichsstadt Wetzlar seine Tätigkeit wieder aufnehmen, ein Umstand, der die Prozessfrequenz aus dem ganzen Reich anschwellen ließ.[33] In beiden Städten, wie auch im Reich, war ein durch die Schließung verursachter Prozessstau abzubauen, der sich mit vielfältigen Hoffnungen auf eine Beschleunigung des Geschäftsgangs verband.

Aber schon gegen Ende der 1690er Jahre kämpfte die Hamburger jüdische Gemeinde mit großen Problemen. So verlangten Senat und Bürgerschaft eine Sonderabgabe von 20.000 Mark und eine jährliche Zahlung von 6.000 Mark,[34] wobei gleichzeitig die Rechte der Juden erheblich reduziert wurden. Auch herrschte innerhalb der jüdischen Gemeinde keine Einigkeit, so dass sich viele portugiesische Juden aus Hamburg zurückzogen.[35] Gut zwanzig Jahre gelangten nun keine jüdischen Prozesse aus Hamburg vor das Reichskammergericht. Freilich spielte auch die Schließung des Gerichts wegen interner Querelen von 1704 bis 1711 eine Rolle.[36] Dazu kam, dass in diesem Zeitraum eine kaiserliche Kommission in Hamburg weilte, die die Verfassungskonflikte zwischen Bürgerschaft und Rat regelte.[37] Die kaiserliche Kommission ordnete auch die Rechtsverhältnisse der Juden neu. Das von ihr erlassene Judenreglement war mit Ausnahme der französischen Zeit bis weit ins 19. Jahrhundert für die jüdische Gemeinde bestimmend. Zudem hatte sich der Charakter der jüdischen Einwohnerschaft nach dem Abzug der meisten portugiesischen Juden vollständig gewandelt. Viele aschkenasische Juden, die in den Jahren zuvor in Hamburg nur als Bedienstete der Sepharden geduldet worden waren[38], siedelten nun von Altona und Wandsbek nach Hamburg um. Die sephardische Ära war zu Ende; aschkenasische Juden bestimmten jetzt in Hamburg das Fortbestehen der Gemeinde. Ausdruck hierfür ist der Zusammenschluss der Juden aus Altona, Hamburg und Wandsbek zu einer Dreiergemeinde.[39] Die Anzahl der jüdischen Prozesse stieg auf 6%, um allerdings in den 40er Jahren des 18. Jahrhunderts auf rund 2% zurückzugehen.

---

33 *Anette Baumann,* Die Gesellschaft der Frühen Neuzeit im Spiegel der Reichskammergerichtsprozesse (Quellen und Forschungen zur Höchsten Gerichtsbarkeit im Alten Reich, Bd. 36), Köln / Weimar / Wien 2000, 23 ff.

34 *G. Böhm,* Die Sephardim in Hamburg (Anm. 25), 32 f.

35 *J. Braden,* Hamburger Judenpolitik (Anm. 13), 328.

36 Siehe dazu *Baumann,* Gesellschaft der Frühen Neuzeit (Anm. 33), 24 und *Heinz Duchhardt,* Reichskammerrichter Franz Adolf von Ingelheim (1659 / 1730 – 1742), Nass. Annalen Bd. 81, 1970, 173 ff.

37 *Gerd Augner,* Die kaiserliche Kommission der Jahre 1708 bis 1712. Hamburgs Beziehung zu Kaiser und Reich zu Anfang des 18. Jahrhunderts, Hamburg 1983, 172 f.

38 *Günter Marwedel,* Aschkenasische Juden im Hamburger Raum, in: Die Juden in Hamburg 1590 bis 1990. Wiss. Beiträge der Universität Hamburg zur Ausstellung „Vierhundert Jahre Juden in Hamburg", hrsg. v. Arno Herzig in Zusammenarbeit mit Saskia Rohde, 1. Aufl. Hamburg 1991, 41 – 60, 47.

39 *G. Marwedel,* Aschkenasische Juden (Anm. 38), 49.

Was Frankfurt betrifft, so wuchs die Zahl der Prozesse mit jüdischer Beteiligung nach der Wiedereröffnung des Reichskammergerichts 1711 in den folgenden zwei Jahrzehnten auf 13% des Gesamtaufkommens. Damit war ein Höhepunkt des Geschäftseingangs seitens der Frankfurter jüdischen Gemeinde erreicht. Ursache hierfür bildeten die im Zehn-Jahres-Abstand ausgebrochenen Brände in der Judengasse, die das ganze jüdische Ghetto bis auf die Grundmauern zerstört hatten.[40] Große Teile der geschäftlichen Unterlagen der Juden wurden vernichtet. Die Auseinandersetzungen, die im Gefolge dieser Verluste entstanden, wurden zum größten Teil vor dem Reichskammergericht ausgetragen. Gegen Ende der 1720er und zu Beginn der 1730er Jahre grassierte in Frankfurt eine starke Grippeepidemie[41], die mit großen wirtschaftlichen Schwierigkeiten einherging.[42] Die Folge davon war eine Reduzierung des Geschäftsaufkommens um über die Hälfte. Der Rückgang hielt auch in den 1740er Jahren an. Ursache hierfür waren jetzt politische Ereignisse, die auch in Hamburg ihre Spuren hinterließen und dem allgemeinen Reichstrend entsprachen. Denn nach dem Tod Kaiser Karls VI. bestieg der Wittelsbacher Karl VII. für zwei Jahre den Kaiserthron. Er residierte in Frankfurt, wo auch der Reichshofrat, das zweite oberste Reichsgericht tagte. Wie weit die Frankfurter Juden dieses kaiserliche Gericht in diesem Zeitraum verstärkt nutzten, muss beim derzeitigen Forschungsstand offen bleiben. Interessant ist jedoch, dass die Zahl der Frankfurter jüdischen Prozesse in diesem Jahrzehnt knapp unter der der Hamburger lag. Das legt den Schluss nahe, dass der Reichshofrat in dieser Zeit für Frankfurter Juden eine große Rolle spielte.[43]

Von der Mitte des Jahrhunderts bis 1779 pendelte sich das Hamburger jüdische Prozessaufkommen auf einem stabilen Niveau von 9% des Gesamtaufkommens ein. In Frankfurt wuchs in den 1750er Jahren die entsprechende Prozesszahl ebenfalls auf 9%, um in den nächsten Jahrzehnten wieder drastisch zu fallen. Ein Grund hierfür war die französische Besetzung der Stadt, die von 1759 bis 1764 dauerte.[44] Der Geschäftsrückgang hielt in Frankfurt während des ganzen 18. Jahrhunderts an. Nur in dem Jahrzehnt nach der Französischen Revolution stieg der Geschäftsanfall wieder auf 2% des Gesamtvolumens an, obwohl die Franzosen 1792 und ab 1796 die Stadt besetzten. Gleichzeitig zeichnete sich eine Änderung des Charakters der

---

40 *Heinz Duchhardt,* Frankfurt am Main im 18. Jahrhundert, in: Frankfurt am Main. Die Geschichte der Stadt in neun Beiträgen, hrsg. v. der Frankfurter Historischen Kommission, Sigmaringen 1994, 261–301, 288.

41 *H. Duchhardt,* Frankfurt im 18. Jahrhundert (Anm. 40), 281.

42 *I. Kracauer,* Geschichte der Frankfurter Juden (Anm. 27), Bd. II, 162.

43 Einen systematischen Überblick über die jüdischen Prozesse vor und Eingaben an den Reichshofrat verspricht das Projekt „Die Erschließung der jüdischen Betreffe des Reichshofrats“. http://www.dubnow.de und http://www.mpier.uni-frankfurt.de

44 *H. Duchhardt,* Frankfurt am Main im 18. Jahrhundert (Anm. 40), 282.

Auseinandersetzungen ab: So erklärten sich große Teile der Frankfurter Juden gegen eine vom Frankfurter Rat geplante Schulgründung für jüdische Kinder. Sie wehrten sich dagegen, dass ihre Kinder in der Schule säkulare Fächer, unter anderem Deutsch, lernen sollten. Das Reichskammergericht entschied jedoch im Sinne des Rates.[45] Fragen, die die Autonomie der jüdischen Gemeinde und ihr Selbstverständnis beschnitten, waren bis zu diesem Zeitpunkt nicht Prozessgegenstand am Reichskammergericht gewesen. Die Gründe, die Teile der jüdischen Gemeinde dazu bewogen haben, das Reichskammergericht zu wählen, müssen im Dunkeln bleiben.

In Hamburg ereignete sich der Geschäftsrückgang später und in einem weit dramatischeren Ausmaß. Hier reduzierte sich in den 1780er und 1790er Jahren das jüdische Prozessaufkommen um zwei Drittel auf 3% des Gesamtaufkommens. Es machte sich vor allem die Hamburgische Wirtschaftskrise bemerkbar.[46] Gegen Ende des Alten Reiches stieg der Anteil der Hamburger Prozesse aber im Gegensatz zu Frankfurt wieder an. In dieser letzten Phase des Alten Reiches wird der unterschiedliche Charakter der beiden jüdischen Gemeinden im Spiegel von Reichskammergerichtsprozessen in Ansätzen greifbar. Während Teile der Frankfurter Judenschaft hofften, das Reichskammergericht zur Bewahrung jüdischer Traditionen instrumentalisieren zu können, sahen einzelne Hamburger Juden in diesem Gericht einen Hebel zur Durchsetzung jüdischer Emanzipationsbestrebungen. So versuchte Salomon Fürst 1793 vor dem Reichskammergericht unter Berufung auf die Menschen- und Bürgerrechte das Recht auf freie Wahl seines Domizils in Hamburg durchzusetzen.[47]

Betrachtet man das Geschäftsaufkommen mit jüdischer Beteiligung in Hamburg und Frankfurt in seiner Gesamtheit, so wird deutlich, dass dieses bis auf zwei Ausnahmen – 1693 sowie 1740 bis 1745 – nicht dem allgemeinen Reichstrend folgte. Entscheidend waren vielmehr lokale Faktoren. Nur so ist z. B. die Steigerung der Prozesszahlen nach den Bränden von 1711 und 1721 in Frankfurt zu erklären oder die hohe Geschäftstätigkeit der Hamburger Sepharden während und nach dem Ende des Dreißigjährigen Krieges.

Ein Vergleich mit dem gesamten Prozessaufkommen aus Hamburg und Frankfurt kann zudem ein anderes Phänomen verdeutlichen. Während in Hamburg die Anzahl der Prozesse mit jüdischer Beteiligung den allgemeinen Schwankungen folgte, war dies in Frankfurt nicht der Fall. Erklärbar

---

45 *I. Kracauer*, Geschichte der Juden in Frankfurt (Anm. 27), Bd. II, 327 f. Dieser Prozess wird von Kracauer ausführlich behandelt, ist aber im neuen Frankfurter Repertorium nicht nachzuweisen. Wahrscheinlich ist er verloren gegangen.

46 *Arno Herzig*, Die Emanzipationspolitik Hamburgs und Preußens im Vergleich, in: Die Hamburger Juden in der Emanzipationsphase (1780–1870), hrsg. v. Peter Freimark / Arno Herzig, Hamburg 1989, 261–178, 268.

47 Findbuch Hamburg (Anm. 6) Prozeß J 44. Siehe hierzu auch *J. Ellermeyer*, Schranken der Freien Reichsstadt, (Anm. 15), 194.

ist der Zusammenhang in Hamburg mit der starken sozio-ökonomischen Verflechtung gerade der portugiesischen Juden mit der Stadt Hamburg und dem nichtreichsstädtischen Umland, das ihnen auch Schutz vor Restriktionen bot. So erlangten die sephardischen Juden ‚Ausweichsprivilegien' für Stade, das zum Erzstift Bremen gehörte, Glückstadt, das der dänischen Krone unterstand, und Wandsbek, welches im Besitz der Grafen von Schauenburg war.[48] In diesem Zusammenhang muss auch das Hamburgische Rabbinatsgericht, das der dänischen Krone unterstand, gesehen werden. Leider ist darüber noch zu wenig bekannt, als dass hier seine Rolle näher bestimmt werden könnte.[49]

In Frankfurt decken sich die Verlaufskurven der Prozesse mit jüdischer Beteiligung und des Gesamtprozessaufkommens dagegen erst seit Mitte des 18. Jahrhunderts. Frankfurts Juden waren in sozio-ökonomischer Hinsicht weit weniger stark mit ihrer Reichsstadt verbunden als die Hamburger Juden.

III. Streitgegenstände und Prozessarten

Die divergierende Struktur der jüdischen Gemeinden in den beiden Städten und damit das Prozessverhalten ihrer Mitglieder lassen sich mit der Untersuchung der Streitgegenstände und der Prozessarten weiterverfolgen und genauer bestimmen. Dazu werden verschiedene Streitgegenstände wie Schuldforderungen, Wechselklagen etc. unter der Kategorie ‚Geldwirtschaft'[50] subsumiert und die Streitgegenstände Personalarrest, Zuständigkeit des Reichskammergerichts, allgemeine Rechts- und Verfahrensfragen etc. unter der Gruppe ‚Jurisdiktion' zusammengefasst.[51] Weitere Kategorien sind ‚Familienverband'[52] und ‚Handel und Gewerbe'.[53]

---

48 *Arno Herzig,* Jüdische Geschichte in Deutschland. Von den Anfängen bis zur Gegenwart, München 1997, 100.

49 Das Rabbinatsgericht umfasste Zeremonialrecht und Zivilrecht. Die Zuordnungen und Zuständigkeiten veränderten sich ständig. Siehe hierzu *Peter Freimark,* Das Oberrabbinat Altona – Hamburg – Wandsbek, in: Die Juden in Hamburg 1590 bis 1990. Wiss. Beiträge der Universität Hamburg zur Ausstellung „Vierhundert Jahre Juden in Hamburg", hrsg. v. Arno Herzig in Zusammenarbeit mit Saskia Rohde, 1. Aufl. Hamburg 1991, 177–193, 178.

50 In die Kategorie Geldwirtschaft wurden folgende Streitgegenstände eingeordnet: Arrest, Kaufpreis, Pachtvertrag, Pfändung, Schadensersatz, Schuldforderungen aus Bürgschaft, Darlehen Gülten, Hypotheken, Kaution, Obligation, Vergleich, Wechsel sowie gegenseitige Schuldforderung, Schuldverschreibungen und sonstiges. Die Einteilung nach Kategorien orientiert sich an den Vorgaben von *F. Ranieri,* Recht und Gesellschaft (Anm. 18), Bd. II, 282 ff.

51 Unter dem Stichwort Jurisdiktion wurden folgende Streitgegenstände zusammengefasst: Personalarrest, Verhaftung, Verstrickung, Ausübung der Kriminaljurisdiktion, Privilegium de non appellando, allgemeine Rechts- und Verfahrensfragen,

In Hamburg hatten Klagen mit jüdischer Beteiligung aus dem Bereich der Jurisdiktion den größten Anteil. Er lag bei knapp 52% des Gesamtaufkommens und übertraf den Bereich Geldwirtschaft, der einen Anteil von 31% des Prozessanfalls besaß. Die Streitigkeiten aus Handel und Gewerbe lagen bei 10%, daneben gab es noch in geringem Umfang Streitigkeiten in der Kategorie Familienverband.

In Frankfurt sah die Verteilung anders aus: Hier kamen 61% aller Klagen mit jüdischer Beteiligung aus dem Bereich Geldwirtschaft. Fragen der Jurisdiktion spielten dagegen keine wichtige Rolle, ihnen galten nur 20% aller Prozesse. Streitigkeiten im Bereich Familienverband sowie Handel und Gewerbe bewegten sich deutlich unter 10%. Klagen wegen Injurien[54] fanden sich nur im Frankfurter, nicht im Hamburger Aktenbestand. Auseinandersetzungen dieser Art betrafen sowohl Juden als auch Christen. So prozessierte der kaiserliche Kriegskommissar Johann Jacob Günther gleich zweimal gegen die Familie des bekannten Hoffaktors Aaron Beer wegen übler Nachrede.[55] Die Prozesse spielten sich im Rahmen einer vorinstanzlich bestätigten Schuldforderung des Beer an Günther ab, der versuchte, sich mit einer Injurienanklage dagegen zur Wehr setzen.[56] Andere Injurienklagen zeigen dagegen die vielfältigen Spannungen, die innerhalb der Frankfurter jüdischen Gemeinde herrschten. Sie war nicht immer in der Lage, die Streitigkeiten selbst zu regeln, und so zogen es einzelne Mitglieder der jüdischen Gemeinde[57] vor, bei persönlichen Auseinandersetzungen mit den Vorstehern der Gemeinde, den Baumeistern, nicht auf die örtlichen jüdischen und nichtjüdischen Gerichte zu vertrauen, sondern das Reichskammergericht

---

Verletzung der Reichskammergerichtsjurisdiktion, Aktenversendung, Ausübung der weltlichen und geistlichen Gerichtsbarkeit, Gerichtsbehinderung, Herausgabe von Akten und Urkunden, Vollstreckung eines Urteils, Zulassung der Appellation oder Revision und Zuständigkeit des Reichskammergerichts oder eines anderen Gerichts.

52 Darunter werden folgende Streitgegenstände subsumiert: Ehegüterrecht, Ehevertrag, Nachlass, Testament, Gültigkeit des Testaments und Vormundschaft.

53 Unter den Bereich Handel und Gewerbe fallen hier: Assekuranzwesen, Gewerbe- und Handelsfreiheit, Abwicklung von Handelsgesellschaften, Handelsprivilegien, Konkurs, Marktrechte und Sicherung privater Handelsforderungen.

54 Zu Injurien bei Juden siehe allg. *Robert Jütte,* Ehre und Ehrverlust im spätmittelalterlichen und frühneuzeitlichem Judentum, in: Verletzte Ehre. Ehrkonflikte in Gesellschaften des Mittelalters und der Frühen Neuzeit, hrsg. v. *Klaus Schreine / Gerd Schwerhoff* (Norm und Struktur. Studien zum sozialen Wandel im Mittelalter und Früher Neuzeit, 5), Köln / Weimar / Wien 1995, 144 – 165, besonders 149 und 157.

55 Findbuch Frankfurt (Anm. 7) Prozesse 498, 499.

56 Findbuch Frankfurt (Anm. 7) Prozesse 497.

57 „Die Juden bildeten, [...], eine der bürgerlichen Gesellschaft strukturähnliche, nahezu gleichzeitig mit ihr entstandene in Gruppen unterschiedlichen Rechts gegliederte und hierarchisierte Gesellschaftsordnung, die ihr Gemeinschaftsleben nach eigenen normativen Vorgaben regelte." *Koch,* Bürger Beisassen (Anm. 16), 41, siehe auch *H. Duchhard,* Frankfurt am Main im 18. Jahrhundert (Anm. 40), 271.

anzurufen. Umgekehrt bemühten die Baumeister in Injurienklagen das Gericht in Speyer oder Wetzlar als letztes Durchsetzungsmittel. Typisch hierfür ist die Appellation des Baumeisters Lazarus Salomon Oppenheimer zum Schwarzen Bären gegen Benedikt Nathan Liebmann.[58] Vorausgegangen war eine Festsetzung des Liebmanns auf Anordnung des Baumeisters Oppenheim. Da Liebmann alle Anschuldigungen bestritt, wurde er mangels Beweises vom Frankfurter Rat aus der Haft in der Hauptwache entlassen. Liebmann beschuldigte daraufhin den Baumeister der falschen Anklage und drohte die Judengasse in Brand zu setzen. Daraufhin verklagte ihn Beer wegen Injurien. Schließlich appellierte die ganze Judenschaft, die verheerenden Brände von 1711 und 1721 vor Augen, an das Reichskammergericht gegen Liebmann wegen dessen Haftentlassung und bat um seine Ausweisung aus Frankfurt.[59]

Um die verschiedenen Anteile der jüdischen Prozesse im Bereich Geldwirtschaft verstehen zu können, ist es notwendig, stärker ins Detail zu gehen. In Frankfurt lag der Anteil der Schuldforderungen bei knapp 43%, bezüglich Wechselforderungen bei 27%. In Hamburg stammten dagegen 27% des Bestandes Geldwirtschaft aus Schuldforderungen und 19% aus Wechselforderungen. Im Bereich der Pfändungen übertraf Hamburg die Stadt am Main mit elf Prozentpunkten. Diese Zahlen lassen sich aus der spezifischen Wirtschaftssituation der beiden Reichsstädte erklären: Frankfurt hatte als Messestadt einen hohen Geldverkehr, der zum großen Teil von der jüdischen Bevölkerung abgewickelt wurde. Die Reichsstadt galt gerade zur Messezeit als Umschlagplatz nicht nur für Waren, sondern auch für Wechsel.[60] Ein weiterer Punkt war die Kreditvergabe der Juden. Gerade reichsunmittelbare Adelige aus dem nahen Franken besuchten zur Messezeit gerne die Reichsstadt, um nicht nur den Luxuswaren-, sondern auch den Kreditbedarf zu decken. Auch viele Hoffaktoren nutzten die Frankfurter Messezeiten, um dort ihre umfangreichen und komplizierten Geldgeschäfte zu tätigen.[61] Sie besaßen oft einen „Zweitwohnsitz“ in Frankfurt.[62] Der Handel mit Waren dagegen gestaltete sich für Frankfurter Juden wesentlich schwieriger. Denn auf diesem Gebiet stand die Frankfurter Bürgerschaft in direkter Konkurrenz mit den Juden, so dass diese in harten Wirtschaftssanktio-

---

58 Findbuch Frankfurt (Anm. 7), Prozeß 737.

59 Findbuch Frankfurt (Anm. 7) Prozeß 817.

60 *Gabriela Schlick,* Eine jüdische Elite in Frankfurt am Main im Spannungsfeld von ständischer und bürgerlicher Gesellschaft. Das Beispiel des Wechselmaklers Süskind Isaak Hirschhorn, in: Eliten um 1800. Erfahrungshorizonte, Verhaltensweisen, Handlungsmöglichkeiten, hrsg. v. *Anja Victorine Hartmann u. a.,* Mainz 2000, 19–34, 23.

61 Beispiele für Prozesse mit Hoffaktoren: Findbuch Frankfurt (Anm. 7) 675, 743, 744, 761, 762, 772, 794, 795, 97, 802, 809, 822, 848, 854.

62 *A. Dietz,* Stammbuch der Frankfurter Juden (Anm. 11), 211 ff.

nen ihren Vorteil suchte. Ein Beispiel hierfür ist das Verbot, außerhalb der Judengasse Waren stapeln zu dürfen[63], ein Umstand, der einem Berufsverbot gleichkam, da eine Lagerung in der engen, überbevölkerten Judengasse unmöglich war. Die Menschen lebten dort in geradezu katastrophalen Wohnverhältnissen und eine Erweiterung der Judengasse wurde vom Rat der Stadt nicht gestattet.[64] Hamburger Juden waren in Bezug auf den Warenhandel keinen Restriktionen ausgesetzt. Sie handelten überwiegend mit Gewürzen und Zucker, auch mit Juwelen.[65] Folglich befasste sich ein großer Teil der jüdischen Prozesse mit dem Arrest oder der Pfändung von Waren, was direkt auf die Handelstätigkeit der Hamburger Portugiesen hinweist. Zwar traten auch sie als Darlehens- und Wechselgeber auf, aber in weit geringerem Umfang als in Frankfurt.[66] Allerdings waren die Hamburger Unternehmungen in Bezug auf ihr Geldvolumen meist sehr viel größer. Erwähnt seien hier nur die Geschäfte von Manuel Texeira, der als Kreditgeber für die schwedische Königin Christina fungierte und sie sogar zeitweise in seinem Haus beherbergte.[67]

Stärker ins Gewicht fiel der hohe jüdische Anteil der Hamburger Streitigkeiten in Fragen der Jurisdiktion, der wiederum auf die enge wirtschaftliche und rechtliche Verflechtung mit der städtischen Wirtschaft hinweist. Denn über die Hälfte der Kläger stritten sich um prozessrechtliche Fragen. Davon betrafen allein 33% die Zuständigkeit des Reichskammergerichts. Hamburg bemühte sich mitten im Dreißigjährigen Krieg, den Zugang zum Reichskammergericht einzuschränken[68], und zwar in Form eines Appellationsprivilegs, das den Untertanen einer Herrschaft verbot, Urteile landesherrlicher und reichsstädtischer Obergerichte in Zivilsachen am Reichskammergericht anzufechten. Grundsätzlich wurden diese Appellationsprivilegien vom Kaiser verliehen. Hamburg beabsichtigte nun, das schon immer umstrittene Appellationsprivileg, das sie auf Kaufmannssachen besaß, von 600 Gulden rheinisch auf 700 Goldgulden zu erhöhen.[69] Das Appellationsprivileg wurde jedoch am Reichskammergericht nicht anerkannt, so dass sich das Gericht auf diese Beschränkungen niemals einließ.[70] Aufgrund

63 *H. Duchhardt,* Frankfurt am Main im 18. Jahrhundert (Anm. 40), 264.

64 *I. Kracauer,* Geschichte der Frankfurter Juden (Anm. 27), Bd. I, 313.

65 *H. Kellenbenz,* Sephardim (Anm. 10), 164, 168.

66 *H. Kellenbenz,* Sephardim (Anm. 10), 261.

67 *H. Kellenbenz,* Sephardim, (Anm. 10), 163 ff. und 282 f.

68 *A. Baumann,* Die Gesellschaft der Frühen Neuzeit (Anm. 33), 43.

69 *Ulrich Eisenhardt,* Die kaiserlichen Privilegia de non Appellando, (Quellen und Forschungen zur Höchsten Gerichtsbarkeit im Alten Reich, Bd. 7), Köln / Wien 1980, 85. Siehe auch *Jürgen Weitzel,* Der Kampf um die Appellation ans Reichskammergericht, (Quellen und Forschungen zur Höchsten Gerichtsbarkeit im Alten Reich, Bd. 4), Köln / Wien 1980, 225 ff.

70 *A. Baumann,* Die Gesellschaft der Frühen Neuzeit (Anm. 33), 43, siehe auch *Joseph Anton Vahlkampf,* Reichskammergerichtliche Miscellen, Bd. 2, Wetzlar 1806, 9 f.

dieser unklaren Situation waren Streitigkeiten um die Zuständigkeit des Reichskammergerichts vorprogrammiert. Dieser Umstand bildete auch die Ursache für die Häufigkeit von Streitigkeiten von Juden über Rechts- und Verfahrensfragen sowie über die Aktenversendung.

Was die Verfahrensart betrifft, so handelte es sich beim weitaus größten Teil der jüdischen Prozesse um Appellationen. Diese machten 82% der Hamburger und 71% der Frankfurter jüdischen Prozesse aus. Mit weitem Abstand folgte dann der außerordentliche, summarische Mandatsprozess, der nur eine ‚vorläufige Regelung'[71] traf. In Frankfurt betrug der Anteil der Mandatsprozesse 16,5% und in Hamburg 11,9% der Prozesse. Meist handelte es sich dabei um jüdische Privatparteien, die gegen den Rat der Stadt klagten, etwa wegen Personalarrests, mit der Bitte um Vollzug eines Urteils oder wegen sonstiger Rechts- und Verfahrensfragen. Klagen wegen Personalarrests richteten sich vor allem gegen den Rat der Stadt Frankfurt.[72] Die Haft in der Hauptwache war meist aufgrund von Schulden angeordnet worden. Hier zeigt sich das große persönliche Risiko, das die Juden beim Geldverleih eingehen mussten. In die gleiche Kategorie sind auch die Bitten um Vollzug eines Urteils einzuordnen. Meist handelte es sich um Verfügungen an die Stadt zur Rechtshilfe bei Eintreibungen von Geldforderungen.

Auffällig bei der Untersuchung der Streitgegenstände ist das Fehlen eines bestimmten Segments: Auseinandersetzungen über die rechtlichen Rahmenbedingungen, insbesondere das Bleiberecht, und ihre Abgabepflichten, die entscheidende Bereiche ihrer Beziehungen zu den Reichsstädten ausmachten, wurden sowohl in Frankfurt als auch im Hamburger Fall nicht vor dem Reichskammergericht ausgetragen.[73] Die Gründe für diese Zurückhaltung sind vielfältig und in beiden Städten unterschiedlich: In Frankfurt sind sie in dem besonderen Verhältnis der Frankfurter Juden zum Kaiser zu suchen. Grundsätzlich besaß der Kaiser Anspruch auf das Schutzrecht für die Juden in den Reichsstädten, so dass es in der Natur der Sache lag, dass die Juden bei Schwierigkeiten in Bezug auf ihren Rechtsstatus als Gemeinde direkt auf den Kaiser und sein ihm nahe stehendes Gericht, den Reichshofrat, zurückgriffen.[74] In Frankfurt als Wahl- und Krönungsstadt lag dieser Schritt ganz besonders nahe.

---

71 *Manfred Uhlhorn,* Der Mandatsprozeß sine clausula des Reichshofrats (Quellen und Forschungen zur Höchsten Gerichtsbarkeit im Alten Reich, Bd. 22), Köln / Wien 1990, 10.

72 Es handelte sich oft um Juden, die nur zur Messezeit in der Reichsstadt lebten. Findbuch Frankfurt (Anm. 7) 819, 822, 837, 856, 871, 861, 862.

73 Findbuch Frankfurt (Anm. 7), 816. In diesem einen Prozess wandte sich die Frankfurter Judenschaft 1801 gegen einen Ratsbeschluss, der besagte, dass die Juden 1.000 fl. wöchentlich an Einquartierungsgeld während der Besetzung durch französische Truppen zu bezahlen hätten.

Für Hamburg können diese Gründe jedoch nicht gelten: Die Hamburger Juden waren auch – soweit ich dies überblicke – viel zurückhaltender bei der Anrufung des Kaisers. Rückhalt fanden die Hamburger Juden in erster Linie beim Rat und der dänischen Krone. Lediglich zu Beginn des 18. Jahrhunderts, als eine kaiserliche Kommission, die mit der Beilegung der Streitigkeiten zwischen Rat und Bürgerschaft betraut war, auch die Rechtsverhältnisse der Juden neu ordnete, lässt sich ein kurzfristiges Ansteigen kaiserlichen Einflusses beobachten.[75]

Die Untersuchung der Streitgegenstände und Prozessarten gibt uns nicht nur Gelegenheit festzustellen, dass beide jüdischen Gemeinden unterschiedliche Strukturen besaßen. Wir können die Strukturen jetzt auch genauer definieren: Sowohl in Hamburg als auch in Frankfurt galt das Reichskammergericht nicht als Forum für Streitigkeiten der Juden als Korporation mit der jeweiligen örtlichen Obrigkeit. Vielmehr zeigen die Streitgegenstände, dass die Hamburger Juden in wirtschaftlicher und rechtlicher Hinsicht auf das Engste mit ihrer Stadt verbunden waren. Besonders deutlich wird dies in der Frage des umstrittenen Appellationsprivilegs in Kaufmannssachen. Außerdem waren die Juden keinerlei Handelsbeschränkungen unterworfen. Die Frankfurter Juden waren in ihren wirtschaftlichen Tätigkeiten vor allem auf die Messegeschäfte und den Handel mit dem Reich konzentriert. Das hatte eine höhere Fluktuation zur Folge. Juden kamen von außerhalb und betrieben auf der Messe ihre Geschäfte. Bei Streitigkeiten wandten sie sich an örtliche Gerichte. Der Handel mit Waren blieb Frankfurter Juden jedoch weitgehend verschlossen.

IV. Prozessparteien

Da die beiden jüdischen Gemeinden bis auf eine einzige Ausnahme nicht als Korporation vor dem Reichskammergericht klagten, ist es umso wichtiger, die Gruppe der klagenden oder beklagten Juden genauer zu betrachten.[76] So kann der Versuch unternommen werden, das Rechtsbewusstsein der jüdischen Privatparteien und ihre Strategien bei der Nutzung des Reichskammergerichts zu erschließen. Einen Ansatzpunkt bieten Geschlecht und berufliche Tätigkeit. Da bei Reichskammergerichtsprozessen

---

74 Einen systematischen Überblick über die jüdischen Prozesse vor und Eingaben an den Reichshofrat verspricht das Projekt „Die Erschließung der jüdischen Betreffe des Reichshofrats". http://www.dubnow.de und http://www.mpier.uni-frankfurt.de.

75 *Arno Herzig*, Die Judischheit teutscher Nation, Aschkenas 4 (1994), Heft 1, 127–132, 131. siehe auch *Augner*, Kaiserliche Kommission (Anm. 5), 172.

76 Miteinbezogen werden dabei auch die Juden, die nur für einen kürzeren Zeitraum in Frankfurt lebten, denn auch sie bestimmten den Charakter und die Aufgaben der Frankfurter sesshaften jüdischen Gemeinde.

jedoch häufig die Berufsangeben fehlen, kann kein abschließendes Bild vermittelt werden. Es muss vielmehr bei einigen Beobachtungen bleiben.

Betrachtet man die Hamburgischen Berufsangaben, so überrascht es kaum, dass bei 37 von insgesamt 67 hamburgischen Prozessen, an denen Juden als Kläger beziehungsweise Beklagte beteiligt waren, Kaufmann als Beruf des jüdischen Prozessbeteiligten genannt wurde. Das entspricht einem Anteil von 55%. Alle anderen Berufsangaben wie Hofrat, Faktor und Schiffer finden sich höchstens zweimal. Dieser Befund bestätigt nur die Erkenntnisse, die wir schon an Hand des Prozessverlaufs und der Streitgegenstände gewonnen haben. Die hamburgischen Juden, die am Reichskammergericht klagten, waren im Fernhandel involviert und seinen Unwägbarkeiten ausgesetzt. Die jüdischen Kaufleute aus Hamburg / Altona / Wandsbek nutzten das Reichskammergericht, um dort ihre Streitigkeiten klären zu können.

Das berufliche Profil der Frankfurter jüdischen Prozessparteien ist dagegen wesentlich uneinheitlicher, wobei hinzugefügt werden muss, dass hier bei rund zwei Dritteln der Personen die Berufsbezeichnungen fehlen. Die Berufsangaben reichen über Buchhalter, Rabbiner, Arzt, Kaufmann bis zum Lotteriekollekteur. Alle diese Berufe werden jedoch höchstens zweimal genannt. Während in Hamburg die Berufsbezeichnung ‚Kaufmann' bei mehr als der Hälfte aller Prozesse vorkommt, gibt es eine solche eindeutige Zuordnung in Frankfurt nicht. Auffällig ist lediglich die Tatsache, dass bei den Frankfurter jüdischen Klägern 14-mal die Bezeichnungen Hoffaktor oder Hofjude genannt wird.[77] Schnee nennt im Einzelnen 35 Frankfurter Familien, die als Hoffaktoren im Dienste der Fürsten standen.[78] Hoffaktoren waren häufig Heereslieferanten, die sich um die Proviantbeschaffung kümmerten. Daneben befriedigten sie Luxusbedürfnisse des Hochadels[79], so z. B. Aaron Beer, der Finanzier der rheinischen Wittelsbacher[80] und der Kurfürsten von der Pfalz[81] war. Die Tätigkeit dieser Hoffaktoren lässt sich auch in den Prozessen am Reichskammergericht nachvollziehen. Damit zeigt sich wiederum der besondere Charakter Frankfurts als Messe- und Krönungs-

---

77 Hier ist allerdings die Zuordnung, ob sie vollständig in Frankfurt ansässig waren oder nicht, besonders problematisch. Beispiele für Prozesse mit Hoffaktoren: Findbuch Frankfurt (Anm. 7) 675, 743, 744, 761, 762, 772, 794, 795, 797, 802, 809, 822, 848, 854.

78 *Heinrich Schnee,* Die Hoffinanz und der moderne Staat, Geschichte und System der Hoffaktoren an deutschen Fürstenhöfen im Zeitalter des Absolutismus, Bd. 1–6, Bd. III, Teil 7, Berlin 1955, 212. Zur Beurteilung der Forschungen von Schnee siehe *Rotraud Ries,* Hofjuden – Funktionsträger des absolutistischen Territorialstaates und Teil der jüdischen Gesellschaft. Eine einführende Positionsbestimmung, in: Hofjuden – Ökonomie und Interkulturalität. Die jüdische Wirtschaftselite im 18. Jahrhundert, hrsg. v. Rotraud Ries / Friedrich Battenberg, Hamburg 2002, 11–39, 12 f.

79 *H. Schnee,* Hoffinanz (Anm. 78), Bd. III, Teil 7, 210 f.

80 *H. Schnee,* Hoffinanz (Anm. 78), Bd. VI, 244 ff.

81 *H. Schnee,* Hoffinanz (Anm. 78), Bd. III, Teil 7, 181.

stadt des Reiches. Frankfurt war für Hoffaktoren ein zentraler und günstiger Ort, um Geschäfte abzuwickeln. Folglich waren sie – wenigstens zeitweise – hier in großer Zahl angesiedelt und nahmen bei Auseinandersetzungen gerne das Reichskammergericht in Anspruch, zumal Speyer und später Wetzlar nur rund zwei Tagesreisen entfernt lagen.

Betrachtet man im Vergleich dazu die christlichen Parteien der Prozesse mit jüdischer Beteiligung, so bestätigen sich für beide Städte die schon gemachten Beobachtungen. In Hamburg waren auch die christlichen Beklagten meist Kaufleute, während sich das Bild in Frankfurt weit differenzierter darstellt. Auch hier bildeten christliche Kaufleute die größte Gruppe (39), gefolgt von Adeligen (12). Dies bestätigt die Rolle, die Frankfurter Juden als Darlehens- und Wechselgeber hatten. Ebenso waren in Frankfurt zahlreiche christliche Handwerker, vor allem Schneider (4), Buchhändler und -drucker (8) in Händel mit Juden verstrickt. Hier zeigt sich auffällig, wie stark in Frankfurt die Zünfte – wenigstens zeitweise – mit den Juden konkurrierten[82], ein Problem, das sich in Hamburg kaum stellte, da die Juden auf Nachbarterritorien ausweichen konnten.[83]

Prozesse zwischen Juden untereinander kommen in beiden Gemeinden vor, sind aber eher die Ausnahme. In Hamburg handelt es sich um knapp 3% des Gesamtbestandes mit jüdischer Beteiligung. In allen Prozessen stritten sich die Parteien um Geldangelegenheiten. In Frankfurt beträgt der Anteil innerjüdischer Prozesse insgesamt 15,4%. Auch hier betraf das Gros der Fälle Streitigkeiten in der Kategorie Geldwirtschaft. Vereinzelt wurden auch innerjüdische Familienstreitigkeiten um Erbschaft und Ehegüterrecht vor dem Reichskammergericht ausgetragen.[84]

Einen deutlichen Unterschied zwischen Frankfurt und Hamburg gab es auch in anderer Hinsicht. So sind aus Hamburg keine Jüdinnen als Kläger am Reichskammergericht bekannt, während ich in Frankfurt immerhin mindestens 24 Klägerinnen oder Appellantinnen nachweisen konnte. Der Grund für den fehlenden weiblichen Anteil in Hamburg ist im regionalen Familienrecht zu sehen. Hamburg war ein Gebiet, in dem eine unbeschränkte Geschlechtsvormundschaft galt.[85] Dies wirkte sich nicht nur auf christliche Klägerinnen aus, sondern betraf auch jüdische. In Frankfurt gab es dagegen keine Geschlechtsvormundschaft. Hier traten auch christliche Klä-

---

82 *Rainer Koch,* Frankfurt am Main im 18. Jahrhundert. Topographie, Demographie, Verfassung, Lebens- und Rechtsgemeinschaften, in: Frauen in der Stadt Frankfurt im 18. Jahrhundert, hrsg. v. Gisela Engel / Ursula Kern / Heide Wunder, Königstein 2002, 67–86, 73.

83 *A. Herzig,* Jüdische Geschichte (Anm. 21), 101.

84 Beispiele: Findbuch Frankfurt (Anm. 7), 651, 705, 748.

85 *Ernst Holthöfer,* Die Geschlechtsvormundschaft. Ein Überblick von der Antike bis ins 19. Jahrhundert, in: Frauen in der Geschichte des Rechts. Von der Frühzeit bis zur Gegenwart, hrsg. v. Ute Gerhard, München 1997, 390–451, 421 ff.

gerinnen auf. Meist sorgten sich die jüdischen Klägerinnen um ihre weitere existenzielle Absicherung, etwa darum, ob das Vermögen der Frau in die Konkursmasse des Mannes einzurechnen sei, Probleme, die auch christliche Frauen an das Reichskammergericht führten.[86]

Bei der Untersuchung der Prozessparteien findet sich wieder das gleiche Bild: die Hamburger jüdische Gemeinde war von Kaufleuten bestimmt, während für Frankfurt das Bild weniger einheitlich ist. In Bezug auf die in Hamburg für Frauen geltende Geschlechtsvormundschaft fand eine Angleichung an die christlichen Rechtsnormen der jeweiligen Stadt statt. Dagegen überrascht der Mangel an innerjüdischen Auseinandersetzungen, vor allem in Bezug auf Erbschaften. Hier muss wohl davon ausgegangen werden, dass Juden dafür andere Gerichte anriefen. Ein Indiz hierfür ist ein Frankfurter Prozess, der dem Reichskammergericht große Mühe bereitete, da er sich mit jüdischem Erbrecht beschäftigte und den klägerischen Anwalt Ruland dazu veranlasste, eine genaue Darstellung des jüdischen Eherechts für das Gericht zu verfassen.[87]

V. Schluss

Die Reichskammergerichtsprozesse mit jüdischer Beteiligung aus Frankfurt und Hamburg bestätigen augenfällig die Tatsache, dass sich ab dem 16. Jahrhundert nicht nur in der Theorie, sondern auch in der Praxis die Rechtsauffassung durchgesetzt hatte, dass die Juden dem Römischen Recht unterständen und somit grundsätzlich gleiche Rechte und Pflichten wie die Christen besäßen.[88] Wie wir gesehen haben, teilte das Reichskammergericht diese Auffassung und ließ die Juden in vollem Umfang am Gericht zu.[89] Gleichzeitig setzte sich mit der Trennung zwischen Prozesspartei und Streitgegenstand eine Verfahrensweise durch, die eine von der Person des Klägers oder Angeklagten unabhängige Anwendung von Rechtsregeln ermöglichte. So konnten auch Juden einen fairen Prozess erhalten.[90] Unterschiede zwischen Juden und Christen bestanden am Reichskammergericht

---

86 *A. Baumann,* Die Sozialgeschichte der Frühen Neuzeit (Anm. 33), 82.

87 Findbuch Frankfurt (Anm. 7), Prozeß 808.

88 *Friedrich Battenberg,* Das Reichskammergericht und die Juden des Heiligen Römischen Reiches. Geistliche Herrschaft und korporative Verfassung der Judenschaft Fürth im Widerspruch, (Schriftenreihe der Gesellschaft für Reichskammergerichtsforschung, Heft 13), Wetzlar 1992, 5.

89 Siehe hierzu auch *Christopher R. Friedrichs,* Jews in the Imperial Cities: A political Perspective, in: In and Out of the Ghetto, hrsg. v. Pso-Chia Hsia / Hartmut Lehmann, Cambridge 1995, 280. Siehe auch *Sabine Frey,* Rechtsschutz der Juden gegen Ausweisungen im 16. Jahrhundert, Frankfurt / Main / Bern / New York 1983, 129.

90 Allgemeine Bemerkungen zu Juden auch bei *Johann Ulrich von Cramer,* Wetzlarische Nebenstunden, Ulm 1755, Bd. 3, 94 ff.

lediglich bei der Eidesleistung[91], die in der Reichskammergerichtsordnung von 1555 detailliert festgelegt wurde. Im Zusammenhang mit der Eidesleistung gab es eine weitere Schwierigkeit: es war christlichen Parteienvertretern verboten, für ihre jüdischen Parteien Kalumnien-, Restitutionseide oder sonstige Prozesseide zu schwören. Deshalb mussten die Juden zur Ableistung der Prozesseide an den Gerichtsort kommen[92], was die Kosten für den Prozess und die Unannehmlichkeiten, die damit verbunden waren, noch vergrößerte. Diese Umstände waren jedoch nicht prozessverhindernd.[93]

So lässt sich feststellen, dass es seit den Anfängen des Reichskammergerichts Prozesse mit jüdischer Beteiligung aus Frankfurt und seit der Existenz der Hamburger Gemeinde im letzten Drittel des 16. Jahrhunderts ebenso aus Hamburg gab. Dabei ist allerdings festzuhalten, dass, bis auf eine Ausnahme im Jahre 1801, sich nur jüdische Privatparteien an das Reichskammergericht wandten. Sie nutzten vor allem die Möglichkeit, Urteile der örtlichen Gerichte überprüfen zu lassen. Die Gemeinde als Korporation bevorzugte andere Möglichkeiten, Konflikte auszutragen, wobei hier die Forschung in weiten Teilen in den Anfängen steckt. Es kann hier nur vermutet werden, dass die Frankfurter Judenschaft sich an den Reichshofrat wandte. Für die Hamburger Juden konnte die dänische Krone eine vergleichbare Rolle spielen.

Als Ergebnis für die Prozesse mit jüdischer Beteiligung am Reichskammergericht kann jedenfalls festgehalten werden, dass Streitgegenstände, Geschäftsaufkommen und die Berufe der Juden aus den beiden Städten die spezielle sozio-ökonomische Struktur der jeweiligen jüdischen Gemeinde und ihrer Mitglieder aufzeigen. Die Hamburger Juden kann man als Gruppe definieren, die in Bezug auf ihre Handelsgeschäfte auf das Engste mit der hamburgischen Konjunktur verbunden war. Auch die häufigen Streitigkeiten um die Zuständigkeit des Reichskammergerichts bestätigen diesen

---

91 *Bettina Dick,* Die Entwicklung des Kameralprozesses nach den Ordnungen von 1495 bis 1555 (Quellen und Forschungen zur Höchsten Gerichtsbarkeit im Alten Reich, Bd. 10), Köln / Weimar 1981, 119 und Die Reichskammergerichtsordnung von 1555, hrsg. v. *Adolf Laufs* (Quellen und Forschungen zur höchsten Gerichtsbarkeit im Alten Reich, Bd. 3), Köln / Wien 1976, 39.

92 *Bengt Christian Fuchs,* Die Sollicitatur am Reichskammergericht (Quellen und Forschungen zur Höchsten Gerichtsbarkeit im Alten Reich, Bd. 40), Köln / Weimar / Wien 2002, 126.

93 Normalerweise beauftragte die appellierende Partei mit der Erteilung der Vollmacht den Prokurator mit der Eidesleistung. Bei Juden ging dies nicht. Als Alternative bot sich an, dass der Jude den Eid vor dem Rat seiner Heimatstadt leistete oder die Juden am Gerichtsort in Speyer oder Wetzlar bat, den Eid für ihn zu leisten. Es kam aber auch vor, dass ein Jude beauftragt werden musste, stellvertretend für die Parteien zwecks Eidesleistung nach Wetzlar oder Speyer zu reisen. Siehe hierzu *Andreas Ebert-Weidenfelder,* Hamburgisches Kaufmannsrecht im 17. und 18. Jahrhundert. Die Rechtsprechung des Rates und des Reichskammergerichts, (Rechtshist. Reihe, Bd. 212), Frankfurt / Main / Berlin / Bern / New York 1992, 31.

Zusammenhang. Gleichzeitig erfolgte in bestimmten Bereichen eine Anpassung an christliche Rechtsgepflogenheiten: So klagten in Hamburg weder christliche noch jüdische Frauen am Reichskammergericht; sie waren auf einen Kurator angewiesen.

In Frankfurt waren Klagen von christlichen und jüdischen Frauen dagegen nichts Ungewöhnliches. Die Frankfurter Juden stellen sich in jeder Hinsicht wesentlich uneinheitlicher dar. Das hängt nicht zuletzt mit der Struktur der Stadt als Messestadt zusammen. Der wirtschaftliche Schwerpunkt der Frankfurter Juden konzentrierte sich auf die Messe und Geschäfte mit dem Reich. Frankfurter Reichskammergerichtsprozesse spiegeln zudem teilweise innerjüdische Differenzen wider. Das ist in Hamburg nicht der Fall.

Auch die politischen Rahmenbedingungen, die von der geographischen Lage der beiden Reichsstädte abhängig waren, sind anhand der Prozesse erkennbar. So standen die Frankfurter Juden im Spannungsfeld zwischen dem Rat der Stadt und dem Kaiser, während der Kaiser in Hamburg eine weit weniger bedeutende Rolle spielte. Hier kam als weiterer Faktor der dänische König ins Spiel. Trotz dieser Ergebnisse kann die quantitative Untersuchung zu Prozessen mit jüdischer Beteiligung in Frankfurt und Hamburg nur der erste Anstoß zu weiteren Forschungen in diesem Bereich sein. So wäre eine Ausweitung der Untersuchung auf weitere Territorien des Römischen Reiches wünschenswert sowie die Klärung der Frage, warum nur jüdische Privatparteien und nicht die Gemeinde als Kollektiv das Reichskammergericht nutzten.

Innerjüdische Konflikte und das Reichskammergericht. Die Judengemeinden und ihre Landesherren (1627 – 1629)

Von *Ronnie Po-chia Hsia*, University Park

Am 30. Juli 1629 strengte Dr. Georg Gollen im Namen des Juden Kunstell von Wertheim einen Appellationsprozess gegen dessen Schutzherren, die Gebrüder Ludwig und Wolfgang, Grafen von Löwenstein und Wertheim, sowie deren Schutzjuden Leo von Wertheim vor dem Reichskammergericht in Speyer an.[1] Kunstell legte Berufung gegen eine Entscheidung der beiden Grafen vom 26. Juni 1629 ein, mit der diese ihn zur Zahlung von 1000 fl. verurteilt hatten. Begründet wurde die exorbitant hohe Strafe damit, dass er seine Dienstmagd zunächst verführt, sie dann dazu verleitet, Gift zu nehmen und schließlich sie und ihren Vater bestochen habe, falsch auszusagen.[2] Bevor wir uns dem Ausgangsprozess zuwenden, wollen wir noch kurz bei dem Berufungsfall in Speyer verweilen. Einer der Mitangeklagten, der Jude Leo aus Wertheim, beauftragte Dr. Johannes Vergemius am 1. September 1629 auch für diesen Fall mit seiner Vertretung. Am 16. September reichte Kunstells Anwalt zwei *instrumenta appellationis* gegen die Grafen Löwenstein ein, Schriftsätze, die Paul Raubenberger, ein kaiserlicher Notar in Miltenberg, vorbereitet hatte.[3] Am 19. September betrauten in Wertheim drei weitere Juden, Kunstell zu Faulenbach, Salomon zu Reistenhausen und Seligman zu Reistenhausen, Dr. Johannes Vergemius mit ihrer Verteidigung gegen den Vorwurf der Falschaussage, den Kunstell von Wertheim in Speyer gegen sie vorgebracht hatte.

---

1 Die Übersetzung besorgte *Stephan Wendehorst* (Dubnow Institut Leipzig). Die für diesen Fall einschlägige archivalische Überlieferung befindet sich im badischen Generallandesarchiv Karlsruhe (im Folgenden GLA KA), im Bestand Abt. 71 (Reichskammergericht) J55. All archival documents subsequently mentioned, unless otherwise stated, are contained within this dossier. They are arranged separately by date and not foliated continuously.

2 Extract aus dem gemeinen Canzley Protocoll, 26 Juni 1629, Wertheim.

3 Instrumentum prius appellationis zu Sachen Kunstell Jud contra die Gräfen Ludwig und Wolfgang zu Löwenstein, 16. September 1629 enthält Kunstell's statement against Salomon Jud von Reistenhausen and his wife, the parents of Freudlein, Kunstell's maid, as well as his appeal against the counts' judgement. The Instrumentum secunda appellationis etc. contains an extract from the Wertheimer Chancery protocols of 1627 and the judgement of the rabbinic court in Frankfurt a. M.

Bis die Grafen Löwenstein reagierten, verging mehr als ein Jahr. Erst am 27. September 1630 baten sie einen Anwalt, ebenfalls Dr. Johannes Vergemius, um ihre Verteidigung in Speyer. Am 23. März 1631 unterbreitete Dr. Vergemius als Anwalt der Grafen und der mitangeklagten Juden dem Reichskammergericht einen umfangreichen Schriftsatz sowie Kopien sämtlicher relevanter Dokumente. Dieser Überlieferung ist es zu verdanken, dass die Geschichte dieses Prozesses im Detail rekonstruiert werden kann, woraus sich wiederum ein aussagekräftiges Bild von der jüdischen Gemeinde in Wertheim und der politischen und rechtlichen Stellung der Juden im Heiligen Römischen Reich während des Dreißigjährigen Krieges gewinnen läßt. Zwei Ebenen sind dabei zu unterscheiden. Während das Dossier des Reichskammergerichts einerseits eine sehr genaue Rekonstruktion des Prozessverlaufs erlaubt, gewähren andererseits die sich häufig widersprechenden Zeugenaussagen von zwanzig Christen und Juden nur sehr partielle Einblicke in die Lebenswelten der Beteiligten. Zunächst folgen wir dem formalen Gang des Prozessverlaufs bis zu dem Moment, in dem an das Reichskammergericht appelliert wird. Dann wird der Inhalt der Zeugenaussagen analysiert, um zu einer plausiblen Einschätzung der Ereignisse zu gelangen. In einem letzten Schritt soll in diesem Beitrag der Fall aus der Perspektive des Jüdischen Rechts, des Strafrechts und hier insbesondere des Inquisitions- und des Appellationsprozesses vor dem Reichskammergericht untersucht werden.

Bevor der Fall des Kunstell von Wertheim als Appellationsprozess vor dem Reichskammergericht endete, hatte er bereits drei Stationen vor dem Hofgericht der Grafen von Wertheim durchlaufen. Gegenstand der ersten beiden Prozeßabschnitte waren die Verleumdungsvorwürfe, die Kunstell von Wertheim gegen seine jüdischen Gegner vorgebracht hatte. Am ersten Prozeßabschnitt waren Kunstell von Wertheim und sein Cousin Kunstell von Faulenbach beteiligt. Die Verhandlungen fanden zwischen dem 9. August und dem 5. September 1627 statt. Der zweite Prozessabschnitt betraf ebenfalls Verleumdungsvorwürfe Kunstells von Wertheim, die dieser diesmal gegen einen anderen Juden, Lew von Steinbach, am 7. Juli 1628 vorgebracht hatte, zehn Monate nach dem ersten Prozessabschnitt, sowie Gegenklagen wegen nicht erfolgter Geldzahlungen, die der Vater der Magd, Salomon von Reistenhausen, und der bereits erwähnte Kunstell von Faulenbach angestrengt hatten. Die Verhandlungen vor dem Hofgericht in Wertheim, an denen mehr als ein Dutzend zusätzlicher Zeugen beteiligt waren, dauerten bis zum 9. August. Ihre Aussagen schildern die komplizierte und widerspruchsvolle Geschichte von Kunstells angeblicher Verführung seiner Dienstmagd Freidl, ihrer Schwangerschaft und versuchten Abtreibung, der Vertuschungsbemühungen, Falschaussagen und Drohungen. Diese Vorkommnisse ereigneten sich in der Zeitspanne zwischen dem Sommer 1627 und der zweiten Verhandlungssession. Am 16. August erklärten die Grafen von Wertheim und Löwenstein den Streit zwischen den jüdischen Parteien für geschlichtet, eröffneten jedoch unmittelbar eine Untersuchung der Straftaten, von denen die Zeugen in ihren Aussagen gesprochen hatten. Beim dritten Abschnitt der Gerichtsverhandlungen handelte es sich um einen Inquisitionsprozess. Damit trat ein von der Obrigkeit eingeleitetes Strafverfahren an die Stelle der zivilrechtlichen Verhandlungen. Die umfangreichen Verhöre alter und neuer Zeugen, die zum Teil aus Frankfurt und Prag stammten, endete am 10. März; 31 Zeugen, darunter 25 Juden und sechs Christen, wurden vor dem Wertheimer Hofgericht oder von Räten benachbarter Territorien – insbesondere von Kurmainz – verhört, bevor am 26. Juni 1629 das für Kunstell von Wertheim ungünstige Urteil fiel, das – wie wir gesehen haben – der Anlass zur Appellation vor dem Reichskammergericht war.

Die Angeklagten in dem Appellationsprozess, Graf Ludwig IV. (geboren 1635) und sein Bruder Graf Wolfgang Ernst (geboren 1636) die zur evangelischen Linie Löwenstein-Virneburg gehörten, regierten die Grafschaft Wertheim seit 1621 gemeinsam mit der katholischen Linie Löwenstein-Rochefort.[4] Sie herrschten über ein kleines Territorium, dessen gleichnamige Hauptstadt 1618 eine Bevölkerung von 3670 Einwohnern besaß. Die jüdische Gemeinde war nach der Judenordnung, die zwischen Graf Ludwig und dem Wertheimer Rat am 22. Februar 1565 vereinbart worden war, auf drei bis vier Haushalte beschränkt worden. Sie stand unter dem unmittelbaren Schutz der Grafen und fiel damit unter die Jurisdiktion, die das Hofgericht „bei Zivil- und Strafsachen, die die gräflichen Beamten- und Dienerschaft betrafen" ausübte. Da die Juden damit wie auch die gräflichen Bediensteten im herrschaftlichen Schirm- und Schutzbereich standen, besaßen sie wie die meisten Angehörigen dieser rechtlich exempten Personengruppen kein Bürgerrecht.[5]

Die Ursprünge dieses Falles reichten bis ins Jahr 1627 zurück. Freidl, eine junge jüdische Dienstmagd, die für Kunstell von Wertheim arbeitete, beschuldigte ihren Dienstherren, sie verführt zu haben. Sie vertraute sich zunächst Kunstell zu Faulenbach an, der am 9. August 1627 eine Supplikation an die Grafen Ludwig und Wolfgang verfasste:

> „(vor etwa 8 oder 9 Tagen) eine unsers Glaubensgenossen Magdt zu mir naher Faulenbach kommen, mit bitt sie auff und abzunehmen, weil aber sie mit allen meinen, sondern auch andern Weibern, bekennet, dass sie schwengern leibs welches ihrem

---

4 *Hermann Ehmer,* Geschichte der Graftschaft Wertheim. Wertheim, 1989. *Kurt Zimmermann,* Obrigkeit, Bürgertum und Wirtschaftsformen im alten Wertheim. Untersuchungen zur verfassungs-, sozial- und wirtschaftsgeschichtlichen Struktur einer landesherrlichen Stadt Mainfrankens im 16. Jahrhunderts (Mainfränkische Studien, 11), Würzburg 1975, 25.

5 *K. Zimmermann,* Obrigkeit (Anm. 4), 36.

zu Reistenhausen wohnenden Vatter also baldten zu wissendt gemacht, mit bitt solche abzuholen."

In der Zwischenzeit war Kunstell von Wertheim jedoch in das Haus des Supplikaten eingedrungen und hatte die Dienstmagd von dort weggebracht. Kunstell von Faulenbach fuhr in seiner supplication fort:

„Ist dahero mein underthenigs bitten und rechtlichens begehren, beclagten Juden Kuseln alhier anzustrengen, damit er untrügliche anzaige thüe, wo er besafte dirne, hingeführtt und auss wassenleFF ursachen solches beschehen, wie auch ihne zur compelliren, mir mein mit sich genommenen Schelchleinen zu restitueren, und auss wessen befelch, er den gesampten Juden in offner Versamblung verboten, mich zu hausen und zu herbergen."

Vier Tage später, am 13. August, erschien Kunstell von Wertheim in der gräflichen Kanzlei und teilte den Amtsleuten mit, dass er von seiner Ehefrau erfahren habe, dass Freidl schwanger sei und sie sie nicht mehr in ihrem Haus dulden wollte. Daraufhin war Kunstell von Faulenbach gekommen und hatte die Dienstmagd mit sich genommen. Am 29. August reichte Kunstell von Wertheim eine formelle Beschwerde bei der Kanzlei ein. Darin beschuldigte er seinen gleichnamigen Cousin, sich in fremde Angelegenheiten einzumischen, ihn zu verleumden, indem er das Gerücht verbreitete, seine Magd geschwängert zu haben und ihm Geld abpressen zu wollen:

„Solte meiner gewesener Magd halber einige actionen wider mich zu intendiren, dan die Magd geht ihn nichts an, sich derselben anzunehmen, sie zu defendiren und rechtlich zuvertretten, kan er vor ihr einigen befelch oder Gewalt, wie sich dass zu recht gebürth, nicht vorlegen." „Dass diser faulenbacher Judt, sich hochstraffboren weiss und standen, meiner gewesener Magd, die er alhier abgeholt und zu sich gehn Faulenbach in seine Wohnung genommen, mit schmeichlenden listigen Wortten, aus boshafftigem Gemueth zu suborniren [...] falschlicher weiss uff mich auss zu geben, als wer ich bei Ihr gelegen und unehr mit ihr gepflogen, dan durch falsches mittel wurde sie uffs wenigste 300 Rtlr. von mir erschwingen können."[6]

Kunstell schloss seine Beschwerde mit einem Appell an die Grafen, der Verleumdung entgegenzutreten. Am 30. August lud die Wertheimer Kanzlei Kunstell zu Faulenbach vor das Hofgericht, wo er am 26. September erscheinen sollte um seine Vorwürfe zu beweisen. Kunstell zu Faulenbach erschien am 5. September in der Kanzlei in Wertheim. Dort erkundigte er sich nach dem Aufenthaltsort von Freidl, bestritt, seinen Cousin verleumdet zu haben, und bat um Verschonung von weiteren juristischen Schritten: „sie die Magd hab gesagt, es het sie ein frembden jud von Prag geschwengert, demselber wölle sie nachziehen, wisse weiter nichts zuberichten, bitt also dewegen, ihn von solchem prozess zu absolviren."[7]

6 Supplicatio (Anzeig und Bitt) pro praestanda cautione Kuzel Schutzverwandten Juden alhir zu Wertheim contra Kunsell Churf. Meinzischen Schutzverwandten Juden zu Faulenbach. 29 Augustus 1627.

Kunstell von Wertheim sann auf andere Mittel, um seinen Namen rein zu waschen. Am 19. September ging er nach Frankfurt zu Johannes Wall, einem am Reichskammergericht immatrikulierten Notar und Frankfurter Bürger, um zum einen eine notarielle Bestätigung, dass Freidl zwei Jahre in seinem Dienst gestanden habe, abfassen zu lassen. Zum anderen sollte der Notar Freidls Vater, Salomon von Reistenhausen, dazu bewegen, sich hinsichtlich der von Freidl gegen ihn erhobenen Vorwürfe zu erklären und die Wahrheit ans Licht zu bringen.

Während sich die Auseinandersetzungen im Jahr 1627 zunächst zu beruhigen schienen, flammten sie im Sommer 1628 wieder auf. Der Konflikt eskalierte, als der Jude Leo die Anklage wieder aufleben ließ, dass Kunstell seine Dienstmagd erst geschwängert habe und dann vergiften wollte. Neue Details der vorgeblichen Verführung kamen zu Tage: Offensichtlich hatte Kunstell von Wertheim erfolglos versucht, sich mit Freidl und ihrem Vater gütlich zu einigen. Rabbiner aus Würzburg und Frankfurt wurden in die Sache hineingezogen, sowie Verwandte und Freunde auf beiden Seiten. Das Wertheimer Hofgericht tagte in der Sache zwölf Mal zwischen dem 7. Juli und dem 9. August und vernahm dabei folgende Zeugen: Kunstell von Wertheim, Lew, einem Juden aus Steinbach, Veit Röster, den dortigen Schultheissen, Bernhardt Bischof aus Steinbach, Hans Hemet, Christoph Bundtschach beide aus Steinbach, Lorenz Keller, einen Boten, Seligman zu Reistenhausen und dessen Vater, Kunstell aus Faulenbach, Salomon aus Reistenhausen, Joseph, ein Jude aus Böhmen, und Schimmel, ebenso ein Jude.

Dieser zweite Abschnitt der Gerichtsverhandlungen war durch das Erscheinen Kunstells von Wertheim vor der gräflichen Kanzlei am 7. Juli 1628 ausgelöst worden. Kunstell beschuldigte Lew der Verleumdung. Dieser hatte Kunstell einen Dieb genannt und ihn beschuldigt, seine Magd in Verzweiflung gestürzt zu haben. Von der gräflichen Kanzlei vorgeladen, erschien Lew in Wertheim. Sein Anblick provozierte Kunstell dazu, ihn einen „Schelm" zu nennen. Lew machte folgende Aussage: Kunstell habe eine Magd gehabt, die etwas Rattengift zu sich genommen und beinahe gestorben wäre. Er habe Kunstell jedoch niemals beschuldigt, sie vergiftet zu haben. Kunstell habe seine Dienstmagd fortgeschickt, und zwar nach Böhmen. Kunstell von Wertheim habe Kunstell von Faulenbach bestochen, damit letzterer seine gegen ersteren erhobene Klage fallen lasse; er habe auch den Frankfurter Rabbinern 100 Rtlr. bezahlt, um zu verhindern, dass ihm der Prozess gemacht werde. Kunstell leugnete im Gegenzug, die Frankfurter Rabbiner bezahlt zu haben, und forderte Lew auf, seine Behauptung zu beweisen oder andernfalls 100 Rtlr. zu bezahlen.

Am selben Tag vernahmen die Kanzleibeamten vier Christen aus Steinbach, darunter Veit Röster, den Schultheissen. Diese bezeugten, dass

[7] Extract aus dem Kanzlei Protokollen (Anm. 2).

Kunstell Lew einen Schelm genannt habe und dass Lew Kunstell beschuldigte, ihm sechs Reichstaler gestohlen zu haben. Sie waren sich jedoch nicht einig, ob Lew gesagt habe, dass die Magd Rattengift genommen hat oder ob er Kunstell beschuldigt habe, ihr selbst Rattengift verabreicht zu haben.

Das Hofgericht führte seine Vernehmungen in der oberhalb der Stadt Wertheim gelegenen gräflichen Burg durch. Ihm kam die Jurisdiktion über alle direkt den Grafen untergeordneten Personen zu, darunter über alle Mitglieder des Hofes; den Vorsitz führte der Amtmann und andere Kanzleibeamte oder die Grafen persönlich. Da sie unter dem unmittelbaren Schutz der Grafen standen, fielen die Juden unter die Jurisdiktion des Hof- und nicht des Stadtgerichts, auch wenn sie in der Stadt Wertheim lebten. Aus den Zeugenaussagen, die während der zwölf im Juli und im August abgehaltenen Verhandlungstage gemacht wurden, geht hervor, dass das Hofgericht vor allem die Klärung von zwei Sachverhalten verfolgte. Zum einen befragten die Amtsleute die Zeugen eingehend wegen Freidls Einnahme von Rattengift Anfang August 1627. Sie zeigten sich dabei weniger an den Absichten interessiert, die Freidl damit verfolgte – sie wollte auf diese Weise offenbar einen Abort herbeiführen –, als vielmehr daran, ob Kunstell von Wertheim, der angebliche Verführer, davon gewusst oder sie sogar dazu bewegt hatte. Zum anderen wollte das Hofgericht mehr über die Versuche erfahren, eine gütliche Einigung zwischen Kunstell von Wertheim einerseits und Salomon von Reistenhausen, Freidls Vater und Kunstell von Faulenbach – entweder ein Freund der Familie oder ein Verwandter – andererseits herbeizuführen. Offensichtlich hatte es zwei Anläufe in dieser Richtung gegeben, beide vermittelt durch Rabbiner. Der erste Schlichtungsversuch hatte im September 1627 stattgefunden, der andere im Juli beziehungsweise im August 1628, zeitgleich mit den Verhandlungen des Hofgerichts. Die Abmachungen der ersten Vereinbarung waren nicht eingehalten worden. Der zweite Gütespruch, der nach bitteren Auseinandersetzungen erzielt worden war, zerbrach offensichtlich unter dem Einfluss der Verhandlungen vor dem Hofgericht.

Die entscheidende Wende trat mit der Entscheidung der Grafen von Wertheim vom 16. August 1628 ein, die zivilrechtlichen Auseinandersetzungen für beendet zu erklären und stattdessen einen Inquisitionsprozess zu beginnen. Das Hofgericht wollte offensichtlich das Verhalten Kunstells von Wertheim im Rahmen einer Kriminaluntersuchung prüfen, wobei es nicht länger an den um Verleumdung und finanzielle Verpflichtungen kreisenden Klagen und Gegenklagen der jüdischen Streitparteien interessiert war. Schließlich schien sich abzuzeichnen, dass der gräfliche Schutzjude Kunstell von Wertheim in kriminelle Handlungen verstrickt war, in die auch Juden aus anderen Herrschafts- und Rechtsräumen wie den Fürstbistümern Würzburg und Bamberg verwickelt waren.

Kunstell von Wertheim wurde klar, dass sich die Angelegenheit nun gegen ihn wandte, als sein „Unterkäufer" ihn am 8. November wissen ließ, dass die Grafen Ludwig und Wolfgang ihm keine Erlaubnis für den Verkauf von zwei Maß Wein zugestanden. Am 15. November legte die Kanzlei Kunstell die *articuli probatorii Inquisitoriales* vor und verlangte eine Antwort innerhalb von 14 Tagen. Bis zum 10. März 1629 tagte das Hofgericht acht Mal um Zeugen zu befragen. Bereits am 31. Januar desselben Jahres hatte der gräfliche Amtsdiener in Sundheim einen Bericht eingereicht. Darüber hinaus hatte sich die Wertheimsche Kanzlei intensiv um die Unterstützung durch benachbarte Obrigkeiten bemüht, da mehrere jüdische Zeugen in deren Herrschaftsbereich lebten. Auf dem Wege der Amtshilfe trafen in Wertheim das Protokoll des Verhörs des in Mainstockheim ansässigen Juden Schmul ein, das Würzburger Amtsleute am 4. Januar 1629 vorgenommen hatten; von Bamberger Seite ging das Protokoll der Vernehmung Liebmanns, des Neffen von Kunstell von Wertheim, vom 22. Januar 1629 ein. Die Reichsritter Veit Ludwig und Hans Philipp von Hutten schickten die Niederschrift ihrer Vernehmung des Juden Jacob aus Reusch am 19. Februar 1629. Der Adelige Woff Conrad Rütt befragte seine Untertanen Salomon und Seligman von Reistenhausen und übersandte das entsprechende Dokument am 20. Februar 1629. Am 16. März vernahmen die Kurmainzer Amtsleute vernahmen Kunstell von Faulenbach.

Diese Zeugenaussagen enthielten eine große Menge bis in Einzelheiten gehende, sich mitunter widersprechende Informationen zu Kunstell von Wertheims Fall. Über ihn und Freidl gab es zahlreiche Gerüchte in den jüdischen Gemeinden an Main und Tauber, von Frankfurt bis Würzburg. Bei der Auswertung dieser komplexen wie verwirrenden Berichte werde ich mich zunächst auf den Verlauf des Inquisitionsverfahrens in Wertheim konzentrieren:

Das zentrale Dokument war die Liste von 78 Fragen, die das Hofgericht am 15. November 1628 in den *articuli probationis inquisitoriales* aufgestellt hatte. Es handelte sich dabei um die Fragen, die an Kunstell von Wertheim und die meisten anderen Zeugen gerichtet wurden. Entscheidende Bedeutung kam den folgenden fünf Fragen zu: Ob er mit Freidl, seiner Dienstmagd geschlafen habe (Art. 3), ob sie Gift genommen habe, um ihr Kind abzutreiben (Art. 9), ob sie am 9. August 1627 Gift genommen habe (Art. 12), ob Liebman – Kunstells Neffe – ihr gedroht habe, sie umzubringen (Art. 38), und ob „fast alle loco probationis producirte schein und documenten fälschlich expracticirt sey" (Art. 71).

Es überrascht nicht, dass Kunstell den Inhalt dieser Aussagen bestritt. Ende November leugnete er, seine Dienstmagd verführt zu haben, bestritt jegliche Kenntnis, dass sie Rattengift eingenommen habe und gab an, dass er sich nicht vorstellen könne, dass sein Neffe Liebman Freidl bedroht habe.

Er leugnete rundheraus, das Stillhalten von Freidls Vater durch Geldzahlungen erkauft zu haben.[8] Inzwischen verschlechterte sich Kunstells Lage zusehends: Bei den Kaufleuten hatte er sämtlichen Kredit verloren.[9] Darüber hinaus war am 10. Dezember Lew zu seinem Laden gekommen, um ihn als „Diebeskopf“ und „Hurendieb“ zu beleidigen.[10]

Es gab auch anderer Versionen dieser Geschichte: Salomon von Reistenhausen, Freidls Vater, behauptete bei der Beantwortung der 78 Artikel, dass Kunstell seine Tochter zum Apotheker geschickt hätte, um Rattengift zu besorgen, und dass Liebman sie ‚an ihrem Leben bedroht habe‘.[11] Kunstell von Faulenbach bejahte die in den Artikeln 3, 9, 12 und 38 formulierten Fragen. Auch gab er zu verstehen, dass die beschworenen Zeugenaussagen der Rabbiner unter falschen Vorgaben zustande gekommen waren, indem er angab, dass der Rabbiner Nathan fortging als er erkannte, dass es sich bei der Entlastung Kunstells durch Freidl um eine Falschaussage gehandelt hatte.[12] Unter den Juden galt es als allgemein bekannt, dass Kunstell Freidl verführt hatte, als sie in seinem Dienst stand.

Zwei der Zeugenaussagen erschütterten Kunstells Glaubwürdigkeit besonders schwer. Bei seiner Vernehmung durch den Schultheissen und drei Richter in Bamberg hatte seine Neffe Liebmann am 22. Januar 1629 zugegeben, für Kunstell mit den Eltern der Dienstmagd verhandelt zu haben; Liebman hatte 100 Rtlr. geboten, sie aber 300 Rtlr. gefordert. Nachdem sich beide Parteien schließlich auf die geringere Summe verständigt hätten, habe sich Kunstell nach dem etwa 10 km südlich von Würzburg gelegenen Eibelstatt begeben. Dort, auf Würzburger Territorium, habe er in der Gegenwart zweier Rabbiner einen Vertrag mit Freidls Vater, Salomon von Reistenhausen besiegelt, der ihn förmlich von dem Verdacht der Vaterschaft freisprach. Als er mit dieser Zeugenaussage konfrontiert wurde, gab Kunstell von Wertheim schließlich am 27. Januar zu, Freidl, ihren Vater und Kunstell von Faulenbach in Würzburg getroffen und ihnen eine große Summe bezahlt zu haben. Von dem Rattengift etwas gewusst zu haben, bestritt er allerdings weiterhin[13]: Letztlich kam dies einem Geständnis gleich, mit seiner Dienstmagd geschlafen zu haben.

Der Vorwurf der Verführung wurde durch die Aussage des Juden David von Deidesheim am 10. März 1629 bestätigt. David, der Kunstell zehn Jahre

8 Zeugenaussage vom 29. November 1628.

9 Kanzleiprotokoll vom 9. Dezember 1628.

10 Kanzleiprotokoll vom 11. Dezember 1628.

11 Zeugenaussage vom 20. Februar 1629.

12 Zeugenaussage vom 16. März 1629.

13 Zeugenaussage des Kunstell von Wertheim vom 27. January 1629, abgesandt an die Räte und Regierung zu Wertheim von Georg Geseller, Amtsdiener in Sundtheim, datiert den 31. Januar 1629.

lang gedient hatte, war von diesem aufgefordert worden, die Vaterschaft von Freidls Kind für eine Summe von 100 Rtlr. und einen Gürtel anzuerkennen. David sagte in der Wertheimer Kanzlei aus, dass ihm die sexuellen Beziehungen seines Meisters zu Freidl weder bekannt waren, noch er solche vermutet habe. Drei Monate nach der letzten Zeugenvernehmung gaben die Grafen Ludwig und Wolfgang ihr Urteil in dem Inquisitionsprozess bekannt. Sie befanden Kunstell von Wertheim schuldig, Freidl verführt, sie zur Einnahme von Gift gedrängt, selbst falsch ausgesagt und sie zur Falschaussage bewogen zu haben. Sie verhängten eine Strafe in Höhe von 1000 fl.[14]

An diesem Punkt angelangt, bietet es sich an, den Gang der Ereignisse zusammenzufassen, soweit sie sich aus den zahlreichen Zeugenaussagen rekonstruieren lassen. Im Jahr 1624 hatte Salomon von Reistenhausen seine Tochter Freidl, ein Mädchen, das kaum älter als 13 oder 14 Jahre gewesen sein dürfte, zu Kunstell von Wertheim, einem wohlhabenden jüdischen Händler geschickt, um in dessen Haushalt zu arbeiten. Zu Beginn des Sommers des Jahres 1627 verführte Kunstell Freidl. Als die offenbar in Folge dieser Verführung eingetretene Schwangerschaft bekannt wurde, musste sie fortgehen und wohnte bei Kunstell von Faulenbach, einem Cousin Kunstells von Wertheim. In den ersten Tagen des August 1627 besorgte sich Freidl Rattengift aus der Apotheke und nahm es ein, entweder „damit sie nit zurschanden werde“,[15] oder „desshalber weile sie mitt dem kindt gehe, unnd vermeint hab dadurch zusterben.“[16] Es bleibt unklar, ob Freidls Dienstherr sie dazu gedrängt hatte, Gift zu nehmen, aber es ist wahrscheinlich, dass sie das Kind abtreiben und nicht sich selbst umbringen wollte. Obwohl Freidls Vater sie am 9. August sehr krank vorgefunden hatte, erholte sie sich, und konnte auf einer Hochzeit, die am darauf folgenden Sonntag stattfand, wieder tanzen. Ungefähr zu dieser Zeit beauftragte Kunstell einen seiner Bedienten damit, Freidl aus der Gegend zu schmuggeln um einen Skandal zu verhindern. Sie wurde zunächst nach Mainstockheim im Hochstift Würzburg und dann nach Prag gebracht. In der Zwischenzeit hatte Kunstell dem Vater Freidls 14 Rtlr. versprochen, wovon er 8 Rtlr. auch tatsächlich bezahlte.

Im darauf folgenden Jahr glätteten sich die Wogen. Im Sommer 1628 kehrte Freidl aus Böhmen zurück und wohnte bei Schmul und Salomon aus Mainstockheim, erneut Verwandte Kunstells von Wertheim. Am 14. Juli gebar sie in Mainstockheim ein Kind. Den Angaben Simon Rettstatts, eines Bürgers von Wertheim zufolge, war der Vater des Neugeborenen Abraham, ein Jude aus Böhmen. Andere beharrten jedoch auf der Vaterschaft Kuns-

---

14 26. Juni 1629.

15 Zeugenaussage des Kunstell von Faulenbach, 11. Juli 1628.

16 Zeugenaussage des Seligman zu Reistenhausen, 11. Juli 1628.

tells von Wertheim. Freidl nahm unter Zuhilfenahme von Vermittlern mit Kunstell von Wertheim Kontakt auf, informierte ihn über ihre Rückkehr und drohte damit, ihm das Kind zu schicken, falls er ihr nicht mehr Geld gäbe. Als Freidls Vater von ihrer Rückkehr erfuhr, wollten er und Kunstell von Faulenbach sie nach Hause zurückholen. Liebman von Bamberg, der Neffe Kunstells von Wertheim, drohte Freidl jedoch, dass sie Wertheim nicht mehr lebend verlassen werde, sollte sie dorthin kommen. Kunstell gelang es jedenfalls, Freidl dazu zu überreden, in Würzburg zu bleiben und bat Liebman an seiner Stelle zu verhandeln. Er gab Freidl 50 Rtlr. und versprach ihrem Vater weitere 60 Rtlr. sowie Kunstell von Faulenbach 20 Rtlr. Es bedurfte harter Verhandlungen, bevor sich die Parteien auf eine Summe von 100 Rtlr. für den Vater des Mädchens und 20 Rtlr. für Kunstell von Faulenbach verständigten. Kunstell von Wertheim reiste nach Würzburg und die Verhandlungen wurden vor den Rabbinern Salomon und David von Eibelstatt am 4. August vertraglich besiegelt. Im Gegenzug für die Geldzahlungen bestätigten Salomon von Reistenhausen und seine Tochter, dass sie nicht von Kunstell von Wertheim geschwängert worden sei und Salomon Kunstell fälschlich beschuldigt hatte. In der Zwischenzeit sah sich Kunstell jedoch beinahe von den Untersuchungen des Wertheimer Hofgerichts eingeholt. Ob die vereinbarten Summen tatsächlich ausbezahlt wurden, läßt sich nicht nachweisen.

Verschiedenes läßt sich dagegen mit Sicherheit feststellen: Freidl hatte zudem etwas Geld erhalten und Kunstell hatte ihre Reise nach Böhmen arrangiert. Als das Geld jedoch aufgebraucht war, kehrte diese zurück und versuchte Kunstell weitere Entschädigungszahlungen abzupressen. Das Baby war jedoch am 14. Juli 1628 geboren worden, mehr als 11 Monate, nachdem zum ersten Mal von der Schwangerschaft in Wertheim die Rede gewesen war. Falls das überlieferte Datum korrekt ist, dürfte folgendes Szenario plausibel sein: Freidl gelang die Abtreibung, entweder mit Hilfe von Rattengift oder durch andere Mittel. Während ihres Aufenthaltes in Böhmen wurde sie wieder schwanger, diesmal von Abraham aus Prag. Sie kehrte unmittelbar vor der Geburt nach Franken zurück, wahrscheinlich mit der Absicht, von Kunstell erneut Geld zu erpressen. Diese Strategie bewährte sich offensichtlich. Aller Wahrscheinlichkeit nach kehrte sie mit ihrem Kind in den Haushalt des Vaters zurück, während Kunstell von Wertheim – sicherlich kein unschuldiges Opfer, aber wahrscheinlich nicht der Vater des Kindes – seinem finanziellen Ruin entgegensah.

Für die Schwäche seines Fleisches hatte Kunstell von Wertheim einen hohen Preis zu bezahlen. Er war mit einem langwierigen Prozess belastet, verlor jeden Kredit bei seinen Geschäftspartnern, musste Freidl und ihrer Familie Entschädigungen zahlen und sah sich schließlich in exorbitanter Höhe durch seinen Herrn bestraft. Unmittelbar nachdem das Urteil der Grafen Ludwig und Wolfgang von Wertheim am 30. Juli 1629 ergangen war, legte er

Berufung beim Reichskammmergericht ein. Ende März 1631 unterbreiteten die beklagten Grafen von Löwenstein-Wertheim Schriftsätze, mit denen sie das Urteil, das sie im Inquisitionsprozess gefällt hatten, verteidigten. Am 26. April 1631 wies das Reichskammergericht die Appellationsklage, die Kunstell von Wertheim angestrengt hatte, jedoch ab.

Im zweiten Teil dieses Beitrags sollen Rechtsnormen und Rechtspraxis aus der Perspektive des Jüdischen Rechts, des Inquisitionsprozesses und der Berufungsverfahren am Reichskammergericht untersucht werden. Weder die Halachah noch besondere Gemeindenormen scheinen direkt die Vorgehensweise zu belegen, die eine Entschädigung einer Dienstmagd vorsahen, welche aufgrund eines sexuellen Verhältnisses mit ihrem Dienstherrn schwanger geworden war. Weder die biblischen noch die talmudischen Verbote von Vergewaltigung decken diesen Fall ab. Nach Deuteronomium 22:28 ist ein Mann, der eine Jungfrau verführt, verpflichtet, ihrem Vater den Brautpreis zu bezahlen und sie zu heiraten. Im Unterschied zum Ehebruch mit einer verheiraten Frau, für den der Ehebrecher mit dem Tod bestraft werden konnte, galt dies als ein geringfügiges Vergehen.[17] Obwohl nach Maimonides voreheliche sexuelle Beziehungen verboten sind und der Mann, der ein Mädchen vergewaltigt, verpflichtet ist, dieses zu heiraten (Jad, Ischut 1.4),[18] tolerierte das rabbinische Judentum ein erhebliches Maß an männlicher sexueller Freiheit. Weder waren sexuelle Beziehungen mit unverheirateten Frauen gesetzlich untersagt, noch waren die aus solchen Verbindungen entstammenden Kinder illegitim.[19] In der Halachah liegt das juristische Interesse auf dem Aspekt der Falschaussage. In Tosefta 2:16a wird der Fall einer Zeugenaussage diskutiert, die die Vergewaltigung oder Verführung von Töchtern betrifft, was eine Geldstrafe nach sich zieht.[20] In Mischnah 5:4 geht es gleichermaßen um Haftung bei Falschaussagen in einer Anklage wegen Vergewaltigung.[21]

Sexuelle Grenzüberschreitungen in den Judenheiten Zentraleuropas waren durch das Verhalten der nicht-jüdischen Gesellschaft beeinflusst. In seiner Studie zu den Responsa des Rabbiners Israel Isserlein argumentiert Shlomo Eidelberg, dass die strikte Normdurchsetzung innerhalb der jüdischen Gemeinden zu einem vergleichsweise hohen moralischen Standard der Juden innerhalb einer sonst durch sexuelle Immoralität sowie durch

---

17 The Encyclopaedia of Judaism, (EJ-Neusner) Bd 3, hrsg. v. Jacob Neusner u. a., Leiden 2000, 1479.

18 The Encyclopaedia of Judaism, hrsg. v. Geoffrey Wigoder, New York 1989.

19 EJ-Neusner, S. 1482 – 83

20 *Jacob Neusner,* The Halakhah. An Encyclopaedia of the Law of Judaism, 5 Bde., Leiden 2000, Bd 3, 245.

21 Mishnah 5:4 „You raped and seduced my daugher“ and he says, „did not rape and I did not seduce,“ Im pose an oath on you“ and he said, „Amen“–he is liable. *J. Neusner,* Halakhah, vol. III (Anm. 20), S. 249.

Ehebruch und Prostitution charakterisierten Gesellschaft geführt habe. Dessen ungeachtet führt die rabbinische Literatur verschiedene Vorfälle sexueller Fehltritte unter Juden an, hauptsächlich in größeren Gemeinden wie Nürnberg, Regensburg und Augsburg. Wie den Warnungen R. Isserleins in seinen Predigten zu entnehmen ist, kam es auch vor, dass Juden – sowohl Männer als auch Frauen – sexuelle Beziehungen mit Nicht-Juden unterhielten.[22] Dies weist auf ein generelles Nachlassen der Kontrolle sexueller Grenzziehungen zwischen Juden und Christen hin und läßt vermuten, dass auch im Fall der sexuellen Delinquenz ein weiter Spalt zwischen Rechtsnorm- und Rechtspraxis klaffte. Während der Schwabenspiegel (ca. 1275) bei sexuellen Beziehungen zwischen Juden und Christen für beide Seiten noch die Todesstrafe vorsah (§ CCLXXII), erwähnt Johannes Purgoldts Rechtsbuch (1503 – 4) die Todesstrafe in seiner Diskussion der aus chistlich-jüdischen Beziehungen hervorgegangen illegitimen Kinder nicht mehr (§ CIV). Es stipuliert lediglich, dass solche Kinder nicht den Juden überlassen werden dürften, getauft und von der christlichen Mutter oder im Fall ihres Todes von einer anderen christlichen Familie erzogen werden müssten.[23]

Der Brauch, dass sich arme jüdische Mädchen für mehrere Jahre in Haushalten verdingten, wo sie als Dienstmägde für Kost und Logis und eventuell für eine mögliche Aussteuer für die Zeit nach ihrer Dienstzeit arbeiteten, war in den jüdischen Gemeinden Italiens und Deutschlands in der Frühen Neuzeit weit verbreitet.[24] Obwohl anscheinend weder in der Halachah noch in den Gemeindeordnungen explizite Verfügungen für die Entschädigung von Dienstmägden existierten, die von ihren Herren geschwängert wurden, konnten jüdische Gerichte Anklagen wegen Vergewaltigung, die weibliche Bedienstete gegen ihre Herren erhoben, mit großer Strenge untersuchen und drastische Strafen verhängen.[25] Von den jungen Bediensteten, die als Teil des Haushalts ihrer Herren betrachtet wurden, wurde harte Arbeit als Gegenleistung für väterliches Wohlwollen erwartet. Junge Mädchen verpflichteten sich bevorzugt in wohlhabendere Haushalte, deren Hausväter

---

22 *Shlomo Eidelberg,* Jewish Life in Austria in the XVth Century as reflected in the Legal Writings of Rabbi Israel Isserlein and his Contemporaries, Philadelphia 1962, 84 – 86.

23 *Guido Kisch,* Jewry-Law in medieval Germany. Laws and Court Decisions concerning Jews, New York 1949, 62 und 117.

24 Siehe *Howard Adelman,* Servants and Sexuality: Seduction, Surrogacy, and Rape: Some Observations concerning Class, Gender, and Race in Early Modern Italian Families, in Gender and Judaism: The Transformation of Tradition, hrsg. v. T. M. Rudavsky, New York / London 1995, 81 – 97 und *Elliot Horowitz,* Between Masters and Maidservants in the Jewish Society of Europe in Late Medieval and Early Modern Times, in: Sexuality and the Family in History: Collected Essays, hrsg. v. I. Bartal / I. Gafni, [Hebrew], Jerusalem 1998, 193 – 211. Ich danke meiner Kollegin Miriam Bodiam für Ihre Hilfe bei der Lektüre dieses Beitrages.

25 *H. Adelman,* Servants and Sexuality (Anm. 24), 89 – 92, mit Bezug auf einen Fall aus dem Jahr 1716.

mit ihren Vätern durch Freundschaft oder Verwandtschaft verbunden waren, wie dies auch im Fall Freidls und Kunstells von Wertheim gewesen zu sein scheint, da Kunstell von Faulenbach, der sich auf die Seite Freidls und ihres Vaters schlug, ein Cousin des Angeklagten war. Die von Elliot Horowitz aufgestellte These, dass die „Autoritäten [sowohl die rabbinischen als auch die der Gemeinde / d. A.] weniger um die sexuelle Ausbeutung der Mägde durch ihre Dienstherren und wegen der Nöte der Mädchen, die Gefahr liefen, als Ergebnis ihres Dienstes schwanger und mit einem Kind anstatt mit einer Aussteuer und einem Ehemann dazustehen“ besorgt waren als vielmehr wegen der Verletzung halachischer Sexualnormen durch die Dienstherren und wegen des Durchbrechens der Klassenschranken dürfte sich in diesem Fall nicht erhärten lassen. Die Vermittlungsanstrengungen der Rabbiner Salomon und David von Eibelstatt, die im Auftrag des Frankfurter Rabbinatsgerichts handelten, läßt ihre Hauptsorge klar erkennen: Die Festlegung einer Entschädigung für die Mutter zur Unterstützung des Kindes oder anstelle der erwarteten Aussteuer, wobei die Gegenleistung das Einstellen weiterer Nachforschungen hinsichtlich der Vaterschaft des Kindes war.[26]

Eine Lösung des Konflikts innerhalb des Jüdischen Rechts war offenbar möglich, schließlich hatten sich beide Parteien bereits auf eine finanzielle Entschädigung verständigt. Diese Vereinbarung wurde jedoch durch die anhaltenden persönlichen Zerwürfnisse in der kleinen jüdischen Gemeinde von Wertheim, die zum Beschreiten eines Rechtswegs außerhalb des Jüdischen Rechts und der rabbinischen Gerichte geführt hatten, zunichte gemacht. Es war interessanterweise der Beklagte, Kunstell von Wertheim, der den Konflikt vor ein nicht-jüdisches Gericht brachte. Sein Versuch damit den Gerüchten, die seine Glaubensgenossen über ihn verbreiteten, entgegenzuwirken, scheiterte jedoch, da sich die Verhandlungen vor dem Hofgericht in dem Moment zu einer Kriminaluntersuchung entwickelten: Die Zeugenverhöre lieferten Anhaltspunkte für zwei Gewaltverbrechen, zum einen für die Einnahme von Rattengift als Abtreibungsmittel womöglich unter dem Einfluss Kunstells, zum anderen die aufgrund der von Kunstells Neffen Liebmann gemachten Drohungen gegen Freidl.

In aller Kürze zusammengefasst, bedeutete der Inquisitionsprozess, der sich im Heiligen Römischen Reich mit der Verabschiedung der *Carolina* im Jahr 1532 durchsetzte, dass Vertreter der Obrigkeit in Strafsachen anstelle der geschädigten Parteien eine Untersuchung einleiten, Beweismittel sammeln und die Täter verfolgen konnten.[27] Obwohl die Anwendung der Folter

---

26 *E. Horowitz,* Between Masters and Maidservants (Anm. 24), 211.

27 Zum Inquisitionsprozess siehe *Eberhard Schmidt,* Inquisitionsprozess und Rezeption, Leipzig 1940; *John H. Langbein,* Prosecuting Crime in the Renaissance: England, Germany, and France, Cambridge 1974.

in Inquisitionsprozessen üblich war, wurde Kunstell von Wertheim ihr nicht unterworfen. Die detaillierte Befragung, die in den 78 *articuli probationis inquisitoriales* zum Ausdruck kommt, sowie die große Zahl der vom Hofgericht befragten Zeugen dokumentieren die juristische Umsicht und Unparteilichkeit der Grafen von Wertheim-Löwenstein. Als sie ihren Schutzjuden der Verführung und der Anstiftung zur Falschaussage für schuldig befanden, verhängten sie eine hohe Strafe.

In einem verzweifelten Versuch, zunächst seine Ehre und dann seinen Kredit und sein Vermögen zu verteidigen, legte Kunstell von Wertheim gegen das Urteil des gräflichen Hofgerichts Berufung beim Reichskammergericht ein. Nach Jürgen Weitzel hatten Berufungsverfahren vor dem Reichskammergericht ausgesprochen geringe Erfolgsaussichten. Die Landesherren übten verschiedentlich Druck aus und schreckten dabei auch vor der Verhängung unrechtmäßiger Strafen nicht zurück, um Berufungen am Reichskammergericht zu verhindern. Auch zahlreiche Reichsstädte waren darum bemüht, ihren Bürgern den Gang zum Reichskammergericht zu erschweren.[28] Selbst wenn der Weg nach Speyer für die meisten Untertanen in den Territorien und Reichstädten des Heiligen Römischen Reichs insgesamt steinig und im Ergebnis wenig ergiebig war, so erfreute sich das Reichskammergericht, zusammen mit dem Reichshofrat, bei den jüdischen Gemeinden des Reichs im Unterschied dazu großer Beliebtheit als Appellationsinstanz. Allein für das sechzehnte Jahrhundert lassen sich vor dem Reichskammergericht und dem Reichshofrat 18 Prozesse nachweisen, mit denen jüdische Gemeinden ihre Vertreibung durch lokale und territoriale Obrigkeiten zu revidieren suchten.[29] Die Beliebtheit, die das Reichskammergericht als Berufungsgericht bei Juden besaß, bestätigt dessen Ruf professioneller Unparteilichkeit, die nach Friedrich Battenberg auf der Umsetzung des Prinzips der Trennung von *persona* und *causa*, von Prozessparteien und Prozessgegenstand beruhte.[30] Ob antijüdische Vorbehalte bei der Entscheidung des Reichskammergerichts eine Rolle spielten, Kunstells Berufung 1631 abzulehnen, läßt sich aus der Überlieferung nicht rekonstruieren, genauso wenig wie bei einem Fall aus dem Jahr 1725, den die jüdische Gemeinde in Fürth gegen die Dompropstei in Bamberg angestrengt hatte. Battenbergs Einschätzung, dass „die Juden im Vergleich zur christlichen Bevölkerung des Reiches um einiges prozessfreudiger gewesen zu sein

---

28 *Jürgen Weitzel,* Der Kampf um die Appellation aus Reichskammergericht: Zur politischen Geschichte der Rechtsmittel in Deutschland, Köln 1976, 329 ff.

29 *Sabine Frey,* Rechtsschutz der Juden gegen Ausweisungen im 16. Jahrhundert, Frankfurt a. M. / Bern / New York 1983.

30 *Friedrich Battenberg,* Das Reichskammergericht und die Juden des Heiligen Römischen Reiches. Geistliche Herrschaft und korporative Verfassung der Judenschaft in Fürth im Widerspruch (Gesellschaft für Reichskammergerichtsforschung, 13), Wetzlar 1992, 5.

scheinen," und dass sie über ein hohes Maß an Selbstbewusstsein bei der Nutzung ihrer rechtlichen Möglichkeiten verfügten, dürfte der Fall Kunstell versus die Grafen Wertheim-Löwenstein bestätigen,[31] und das um so nachdrücklicher, als er während des Dreißigjährigen Krieges stattfand, der um die Grafschaft Wertheim und seine jüdische Gemeinde keinen Bogen machte.

---

31 *F. Battenberg,* Reichskammergericht (Anm. 30.), 6, 8.

Kooperation und Konflikt.
Elsässische Juden, Herrschaft und Recht im Spiegel der Reichskammergerichtsprozesse des 16. Jahrhunderts

Von *Debra Kaplan*, New York

Im Jahr 1565 strengte Gerson, ein Jude aus Ammerschweyer im Elsass, einen Prozess vor dem kaiserlichen Reichskammergericht in Speyer an. Er klagte gegen den Rat von Ammerschweyer, der ihn wegen übermäßigen Wuchers aus der Stadt verbannt hatte. Gerson hatte sich mit der Begründung an das Reichskammergericht gewandt, dass die Stadt kein Recht habe, ihn zu vertreiben, da ihn sein Rechtsstatus als Jude zum Eigentum des Kaisers mache und ihn damit auch dessen Verantwortung überstelle.[1] Der Prozess Gersons, einer von zahlreichen Reichskammergerichtsfällen, an denen Juden beteiligt waren, berührt unmittelbar die Frage nach Herrschaft und Rechtsprechungskompetenz über die im Heiligen Römischen Reich ansässige jüdische Bevölkerung.[2] Die Prozesse vor dem Reichskammergericht in Speyer, die elsässische Juden betrafen, lassen sich unterschiedlichen Kategorien zuordnen. Die Fälle lassen sich etwa danach differenzieren, ob Juden als Individuen oder ob jüdische Gemeinden als Korporationen beteiligt waren. Die Prozesse können auch nach anderen Konstellationen eingeteilt werden. Standen jüdische Einzelpersonen einzelnen Christen, seien es einfache Bürger oder Reichsstände, als Kläger oder Beklagte gegenüber?[3] In diesen Fällen rührte der Streitgegenstand meistens von Schulden oder Handels-

---

1 Die Übersetzung besorgte *Stephan Wendehorst* (Dubnow Institut, Leipzig). Archives Departementales du Bas Rhin (ADBK), 3 B 14, C 78.

2 Friedrich Battenberg zeigt, dass von allen Prozessen vor dem *Reichskammergericht* Wetzlar, 1000 Fälle Juden betreffen, was einem Anteil von 1,5% des Prozessaufkommens entspricht. Im 17. Jahrhundert, der Zeitspanne dieser Klagen, stellten Juden BD% der Gesamtbevölkerung des Heiligen Römischen Reiches, was darauf schließen lässt, dass dieselbe Anzahl Juden bzw, Christen vor dem kaiserlichen Gericht erschienen. Dazu *F. Battenberg,* Juden am Reichskammergericht in Wetzlar: Der Streit um die Privilegien der Judenschaft in Fürth, in: Die Politische Funktion des Reichskammergerichts, hrsg. v. Bernhard Diestelkamp, Köln 1993, 181–213, insbesondere 187–188.

3 In dieser Hinsicht ähnelte das Reichskammergericht dem Reichshofrat, zumindest wie er bei *Ronnie Po-Chia Hsia beschrieben* wird: The Emperor and the Jews, in: State and Society in Early Modern Austria, hrsg. v. Charles Ingrao, West Lafayette 1994, 71–80.

geschäften her. Bei Gerson von Ammerschweyer lag der Fall dagegen so, dass hier ein einzelner Jude nicht einen Bürger oder einen Territorialherren als Individuum verklagte, sondern den Rat einer Stadt. Schließlich gab es eine Reihe weiterer Prozesse, in denen die Landesherren vor dem Reichskammergericht ihren Herrschaftsanspruch über die in ihrem Territorium ansässigen Juden zur Geltung zu bringen suchten. Diese Fälle, in denen sich die Bemühungen der sich konsolidierenden Territorialstaaten um die Durchsetzung der Landeshoheit widerspiegeln, weisen eine strukturelle Verwandtschaft mit denjenigen Prozessen auf, die jüdische Gemeinden gegen ihre Herrschaft anstrengten, um eine Intervention des Kaisers zu ihren Gunsten zu erzwingen. Zusammenhänge zwischen Rechtsprechung und Herrschaft lassen sich in unterschiedlicher Konstellation und Intensität sowohl bei denjenigen Rechtsfällen, die einzelne Juden als auch bei solchen, die ganze Gemeinden betrafen, beobachten.

Die jüngere Forschung hat demonstriert, in welchem Umfang die Auswertung der Akten von Reichskammergerichtsprozessen zur kritischen Durchleuchtung der politischen und sozialen Verwerfungen im frühneuzeitlichen Deutschland beitragen kann.[4] Die Nutzung von Gerichtsprozessen als Sonde, um den Ort jüdischer Lebenswelten in den strukturellen Konflikten des Heiligen Römischen Reichs, den Auseinandersetzungen zwischen Kaiser und Reichsständen und zwischen den Konfessionsparteien, zu bestimmen, hat sich als ausgesprochen fruchtbarer Ansatz erwiesen. Mit ihrer Hilfe lässt sich zum einen zeigen, dass Herrschaftsträger um Jurisdiktionsansprüche über Juden konkurrierten und zum anderen, dass Juden auf eine Weise in das Rechtssystem des Alten Reichs eingebunden waren, die deutlich macht, dass im Judenrecht, das heißt in den exklusiv an Juden adressierten Normen, keine ausreichende Bestimmungsgröße für die rechtliche Stellung der Juden gesehen werden kann.[5]

---

4 *Bernhard Diestelkamp* (Hrsg.), Die Politische Funktion des Reichskammergerichts, Diestelkamp, Hg. Die Reichskammergericht in der deutschen Geschichte, Stand der Forschung, Forschungsperspektiven, (Köln: Böhlau, 1990).

5 *Stephan Ehrenpreis / Andreas Gotzmann / Stephan Wendehorst,* Von den Rechtsnormen zur Rechtspraxis: Ein neuer Zugang zur Rechtsgeschichte der Juden im Heiligen Römischen Reich? Eine Projektbeschreibung, 7 October 2001, *Ronnie Po-Chia Hsia,* Die Juden in Alten Reich: Forschungsaufgaben zur Geschichte der Juden im Späten Mittelalter und in der Frühen Neuzeit, in: Stände und Gesellschaft im Alten Reich, hrsg. v. Georg Schmidt, Stuttgart 1989, 211–221, *Ronnie Po-Chia Hsia,* Between State and Community: Religious and Ethic Minorities in Early Modern Germany, in: Germania Illustrata: Essays on Early Modern Germany Presented to Gerald Strauss, hrsg. v. Andrew C. Fix / Susan C. Karant-Nunn, Kirksville 1992, 169–180, *Christopher R. Friedrichs,* Politics or Pogrom? The Fettmilch Uprising in German and Jewish History, in: Central European History 19 (1986), 186–228. *Ronnie Po-Chia Hsia,* Jewish Minorities in German Towns, 1450–1650, in: Minderheden in Westeuropese steden, hrsg. v. Hugo Soly / Alfons K.L. Thijs, (Bruxelles: Institut historique belge de Rome, 1995,) 151–171. *Ronnie Po-Chia Hsia,* Bürgeraufstand in Worms, 1614:

Grundlage dieses Beitrags sind Reichskammergerichtsprozesse aus dem 16. Jahrhundert, an denen Juden beteiligt waren. Ziel ist die Verortung dieser Prozesse im Kontext von Recht und Politik im Alten Reich, wobei Juden nicht nur bloße Spielfiguren in den Händen anderer, sondern selbst aktiv gestaltende Mitspieler waren. Dabei konzentriert sich der Beitrag auf die von jüdischen Einzelpersonen gegen die Stadt Straßburg und von der jüdischen Gemeinde gegen die Stadt Colmar erhobenen Klagen sowie auf einen gegen Josel von Rosheim angestrengten Prozess, anhand dessen auf die Frage der internen politischen Autonomie der Juden eingegangen wird. Es wird erstens gezeigt, wie die imperialen, territorialen und städtischen Herrschaftsträger um die Herrschaftsgewalt über Juden konkurrierten, zweitens, wie diese zusammenarbeiteten, um eine gemeinsame Politik in jüdischen Angelegenheiten durchzusetzen oder um sich gegen politische Bedrohungen zu verteidigen, und drittens, wie die Juden ihre eigene politische Autonomie zu behaupten suchten, indem sie ihren Handlungsspielraum durch die aktive Nutzung des Reichskammergerichts erweiterten.

Angesichts der Funktion des 1495 in Speyer errichteten Reichskammergerichts als einem Austragungsort für Konflikte zwischen Herrschaftsträgern und als oberstem Apellationsgericht ist die Vorstellung kaum überraschend, dass die vor diesem Gericht geführten Prozesse Fragen, die das Verhältnis von Herrschaft und Juden betreffen, aufhellen können.[6] Wenn zahlreiche Fälle Landesherren betreffen, die Rechte über die in ihren Territorien ansässige Juden durchzusetzen suchten, passt dies in das konventionelle Bild der Tätigkeit eines obersten Gerichtshofs des Reichs und seiner Rechtsprechung in jüdischen Angelegenheiten. Aber die Initiative zu Prozessen, die Juden betrafen, ging keineswegs immer von Seiten der Obrigkeit aus. In mehreren Fällen, an denen elsässische Juden beteiligt waren, ging es um Beschwerden, die verschiedene Juden gegen christliche Bürger vorbrachten. Näher untersucht werden Prozesse, an denen einzelne Juden und Bürger der Stadt Straßburg beteiligt waren, und die von besonderem Erkenntnisinteresse hinsichtlich der rechtstheoretischen Probleme in Bezug auf den Gegensatz von imperialer und städtischer Herrschaft sind. Aufgrund ihres Status als *servi camerae,* als kaiserliche Kammerknechte, besaßen Juden das Privileg, ihre Rechtsstreitigkeiten vor dem kaiserlichen Hofgericht in Rottweil auszutragen.[7] Als eine mit einem *privilegium de*

Juden – Privilegien und Bürgerrechte in der Frühen Neuzeit: Ein Widerspruch?, in: Außenseiter zwischen Mittelalter und Neuzeit: Festschrift für Hans-Jürgen Goertz zum 60. Geburtstag, hrsg. v. Norbert Fischer/Marion Kobelt-Grosch, Leiden 1997, 101–110.

6 Inventaire, Tribunal de Wetzlar, ADBR.

7 Allgemein zum Judenrecht dieser Epoche siehe *Guido Kisch,* The Jews in Medieval Germany: A Study of Their Legal and Social Status, Chicago 1949. *Guido Kisch,* Jewry Law in Medieval Germany: Laws and Court Decisions Concerning Jews, New

non appelando ausgestattete freie Reichsstadt hatte Straßburg jedoch das Recht, Streitigkeiten seiner Bürger mit Juden zu entscheiden. Im Jahr 1534 unterband der Straßburger Magistrat sämtliche jüdische Handelsaktivitäten in der Stadt, nachdem der Jude Jakob von Niedershofen eine Klage vor dem kaiserlichen Hofgericht in Rottweil angestrengt hatte.[8] Zwischen 1534 und 1536 gelang es Josel von Rosheim, dem Befehlshaber der *Gemainen Juedischhait im Reich,* ein Abkommen mit dem Straßburger Rat zu schließen. Darin verzichteten die im Ober- wie im Unterelsass ansässigen Juden auf ihren Gerichtsstand vor dem Kaiser und erklärten sich stattdessen bereit, ihre Rechtsstreitigkeiten vor dem Straßburger Stadtgericht auszutragen.[9]

Für den Straßburger Magistrat gab es verschiedene Motive, das *privilegium de non appelando* in der Praxis auch tatsächlich zur Anwendung zu bringen. Eine seiner vornehmlichen Sorgen waren die hohen Kosten, die bei Reichskammergerichtsprozessen anfielen. In einem Prozess, den Goderus, ein Jude aus Bossendorf gegen den Bischof von Straßburg und einen gewissen Jerome, einen Bader aus Saverne, wegen eines Pferdes, das er ihnen verkauft hatte, anstrengte, beliefen sich die Prozesskosten, einschließlich verschiedenster Aufwendungen bis hin zu den Notaren, für nur eine der Parteien auf vierundvierzig Gulden, sechs Batzen und zwei Kreutzer.[10] Bei anderen Reichskammergerichtsprozessen, an denen Juden beteiligt waren, sind Kostenaufstellungen aus dem laufenden Verfahren überliefert. In vier Fällen, die Juden geschuldete Darlehen betrafen, beliefen sich die Prozesskosten einmal auf fünfundzwanzig Gulden, zehn Batzen und zwei Kronen, einmal auf elf Gulden und drei Batzen und ein anderes Mal auf sechzehneinhalb Gulden, zehn Batzen beziehungsweise auf vierundzwanzig Gulden, vier Batzen.[11] Im Prozess der Juden von Rosheim gegen die Stadt Colmar, der im Folgenden im Einzelnen untersucht wird, beliefen sich die Aufwendungen auf vierundzwanzig Gulden.[12]

Ein zweiter Beweggrund war die Sorge um die wirtschaftliche Prosperität der Bürger. Der Magistrat war bemüht, den städtischen Markt zu stabilisieren und zu kontrollieren.[13] Der Handel mit jüdischen und auswärtigen

York 1949. Zu den Juden in Hessen-Darmstadt, siehe *Friedrich Battenberg,* Quellen zur Geschichte der Juden im Hessischen Staatsarchiv Darmstadt 1080–1650, Wiesbaden 1995.

8 Archives Municipales de Strasbourg (AMS), III/174/20, III/174/38/10.

9 AMS III/174/20, III/174/21, III/174/26.

10 ADBR, 3 B 1126, Document 12.

11 ADBR, 3 B 545, 3 B 1114, 3 B 603, 3 B 597. Bei einer Klage über eine Schuld von 60 fl. betrugen die Prozesskosten 25 fl., 10 batz., und 2 kronen, demnach die Hälfte des strittigen Betrags. Ebenso der Fall, in dem 24 fl. 6 Batzen gezahlt wurden, betraf eine Schuld von 60 fl., zuzüglich 9 fl. an Zinsen.

12 ADBR 3 B 599.

Kaufleuten wurde durch den Erlass verschiedener Bestimmungen beschränkt, um den Straßburger Bürgern ungeliebte Konkurrenz vom Leib zu halten und sie vor wucherischen Krediten zu bewahren. Schließlich sind auch die politischen Beweggründe des Straßburger Rats nicht zu übersehen. Im Jahr 1579 hatte der Magistrat die *Aufzeichnung der städtischen Freiheitsrecht* veranlasst, worin die Rechtsprechung über die Juden als eines von neun Fundamentalrechten genannt wird, zu deren Ausübung Straßburg als freie Reichsstadt befugt sei.[14] Das nachhaltige Insistieren des Magistrats auf der Rechtsprechungskompetenz in Streitsachen zwischen Juden und Straßburger Bürgern entsprang damit dem Bemühen, die Prozesskosten der Straßburger Bürger zu senken, die städtische Wirtschaft zu fördern und politische Macht gegenüber kaiserlichen Herrschaftsansprüchen zu demonstrieren.

Bezeichnenderweise gelangten trotz des Abkommens, nach dem sämtliche zwischen Juden und Einwohnern der Reichsstadt Straßburg strittigen Handelsgeschäfte vor das Straßburger Stadtgericht hätten gebracht werden müssen, derartige Fälle weiterhin nach Rottweil und nach Speyer. Vier Darlehensprozesse lassen sich in den Akten des Reichskammergerichts nachweisen, bei denen sowohl Juden als auch Christen in den Rollen von Klägern und Beklagten auftreten.[15] Den Prozessparteien waren die Bestimmungen zweifellos bekannt, die Juden und Einwohnern Straßburgs die Anrufung kaiserlicher Gerichte verboten. Dennoch hatten sie sich dafür entschieden, ihre Streitigkeiten vor einem kaiserlichen Gericht auszutragen. An zwei Fällen war Abraham von Oberbergheim beteiligt, einer der jüdischen Signatare des von Josel von Rosheim entworfenen Abkommens von 1536. Die beiden anderen Fälle, die Georg Kobenhaupt aus Straßburg und Fahel aus Kuentzheim betrafen, zeigen ebenfalls, dass sich die Prozessparteien des Verbotes, die kaiserlichen Gerichte anzurufen, bewusst waren. So wandte sich Fahel 1553 mit der Bitte an den Magistrat, in einem Prozess zu intervenieren, den er mit Martin Krossweiler führte, der ihn in Rottweil verklagt hatte.[16] Nichtsdestotrotz erschienen Fahel und Kobenhaupt 1564 und 1580 wieder vor einem kaiserlichen Gericht.[17] Krossweiler war zweifellos mit der Politik des Magistrats vertraut, war er doch in den Jahren 1547 und 1548

13 Einer älteren, bislang unveröffentlichten Studie von mir zu den Regelungen bezüglich des jüdischen und christlichen entsprechend; als Beispiele für die Versuche des Magistrats, Armut einzudämmen, siehe AMS III / 174 / 20 / 81 – 82.

14 Aufzeichnung der städtischen Freiheitsrechte, in Verfassungs-, Verwaltungs- und Wirtschaftsgeschichte der Stadt Strassburg bis 1681, Band I: Urkunden und Akten, hrsg. v. *K. Th. Eheberg,* Strassburg 1899, 616 – 620.

15 ADBR 3 B 598, 3 B 600, 3 B 601, 3 B 1361.

16 III / 174 / 38 / 54. Die Akten zu Krossweiler, siehe Liste du Membres de Grand Senate, und Chrisman, Reform in Strasbourg, Appendix D, 317.

17 ADBR 3B 600, 3 B 601.

selbst Ratsherr gewesen.[18] Außerdem finden sich bei 13 von insgesamt 28 Fällen, die vor dem Stadtgericht verhandelt wurden und Geschäftsbeziehungen zwischen Juden und Straßburger Bürgern betrafen, Nachweise, dass sie ursprünglich bei einem kaiserlichen Gericht anhängig waren.[19] Trotz des Abkommens von 1536, das in der Absicht geschlossen worden war, genau dies zu verhindern, begann beinahe die Hälfte der Prozesse, die vor dem Straßburger Stadtgericht ihren Abschluss fanden, vor einem kaiserlichen Gericht. In vier Fällen wurde die städtische Jurisdiktion vollständig umgangen und die Urteile vom Reichskammergericht gefällt.

Die vier Prozesse, die vom Reichskammergericht entschieden wurden, scheinen in keiner Weise außergewöhnlich gewesen zu sein. Wie in den Parallelfällen vor dem Stadtgericht handelte es sich um Darlehenskonflikte, insbesondere um Auseinandersetzungen in Bezug auf Zinssätze. Aus den Akten der 13 Prozesse, die in Rottweil begannen und schließlich in Straßburg entschieden wurden, lässt sich ersehen, dass sie aufgrund der Forderung eines Straßburger Bürgers oder des Magistrats verlegt wurden. Es ist davon auszugehen, dass in den vier Fällen, die in Speyer verhandelt wurden, keine der Prozessparteien Einwände gegen das kaiserliche Reichskammergericht erhob und daher die Frage der Zuständigkeit der städtischen Gerichtsbarkeit gar nicht erst entstand.

Wenn in der Mehrzahl der Fälle, an denen Juden und Bürger der Reichsstadt Straßburg beteiligt waren, das Stadtgericht seine Jurisdiktionsbefugnisse durchzusetzen vermochte, so lassen sich daran wichtige Aspekte der Beziehungen der Herrschaftssträger im Reich sowohl untereinander als auch zu den Juden ablesen. Die Eifersucht, mit der der Magistrat über seine Jurisdiktionsbefugnisse gegenüber den Juden wachte, war den Einwohnern Straßburgs wohl bewusst. Wenn in Rottweil Klagen gegen sie angestrengt wurden, konnten sie dagegen Einspruch erheben, und taten dies auch. Die *undertanen* der Stadt, wie etwa Florence Hundt aus Dorlisheim, protestierten gegen die extrem hohen Prozesskosten in Rottweil.[20] Als Unterzeichner des Abkommens waren auch die Juden über die Bestimmungen des Straßburger Magistrats, nach denen sie ihre Prozesse vor dem Stadtgericht zu führen hatten, unterrichtet. So teilte Jaeckel aus Oberbergheim dem Rat mit, dass er aus Ehrerbietung vor dessen Wünschen zum Stadtgericht wechseln werde, obwohl ihn sein in Rottweil gegen Walther Barthel und Barbara Wunfen aus Straßburg begonnener Prozess bereits viel Geld gekostet und dieser sich durchaus zu seinen Gunsten entwickelt hätte.[21] Das Insistieren des Straßburger Magistrats, in eigener Regie über die die Stadt berühren-

---

18 Liste des Membres du Grand Senat

19 Die meisten Fälle finden sich in AMS III / 174.

20 AMS VI / 224 / 4.

21 AMS III / 174 / 38 / 30 – 31

den jüdischen Angelegenheiten zu entscheiden, war Teil des öffentlichen Wissensbestandes. Und obwohl Stadtbewohner wie auch Juden der Umgebung das Streben Straßburgs nach Autonomie verschiedentlich nicht beachteten, so bezogen sie es insgesamt doch häufiger in ihr Kalkül ein als dass sie es ignorierten. Die Vorstellung, Straßburg habe bei dem Versuch, die jüdische Bevölkerung der Region zu kontrollieren, eine völlig selbständige Politik betrieben, spiegelt jedoch kaum die komplexe Realität des Verhältnisses der Herrschaftsträger zu den Juden wider. Während der Straßburger Magistrat seine Gerechtsame gegen kaiserliche Eingriffe zu verteidigen suchte, zeigte er sich durchaus an der Unterstützung seiner Politik gegenüber den Juden durch benachbarte Reichsstände interessiert. Im Jahr 1530 verbot Bürgermeister Bernhard Wurmbser den Juden die Vergabe wie auch die Aufnahme von Krediten innerhalb Straßburgs und dies mit der Begründung, auf diese Weise die Einwohner der Stadt, ihre Frauen und Kinder vor Wucher und Armut zu bewahren. Wurmbser leitete diesen Erlass an Fürstbischof Wilhelm von Straßburg weiter. In einem Begleitschreiben informierte er den Bischof über die neue Maßnahme und brachte seine Hoffnung zum Ausdruck, bei seinem Bemühen, die regionale Wirtschaft gegen jüdischen Wucher zu schützen, auf die Unterstützung des Bischofs rechnen zu können.[22] Diese Zusammenarbeit überrascht, da eine außerhalb der Stadtverfassung stehende Figur zur Durchsetzung städtischer Politik herangezogen wurde; und dies insbesondere angesichts der konfessionellen Auseinandersetzungen zwischen dem protestantischen Rat und dem katholischen Fürstbischof, in deren Verlauf letzterer einen Prozess gegen ersteren wegen seines Abgehens vom katholischen Ritus anstrengte.[23] Wenn diejenigen Quellen, die die eher insulare, von Abwehr geprägte städtische Politik hinsichtlich der Rechtspraxis betreffen und diejenigen, die die Bereitschaft der Stadt zur Kooperation, selbst über konfessionelle Grenzen hinweg, belegen, zugunsten einer ‚judenfreundlichen', beziehungsweise die Ökonomie befördernden Politik parallel gelesen werden, wird ersichtlich, wie komplex die Zusammenhänge zwischen Juden und Herrschaft im Heiligen Römischen Reich waren. Während die Herrschaftsträger einerseits geradezu um die Kontrolle über die Juden als Symbol ihrer politischen Macht wetteiferten, waren sie andererseits durchaus zur Kooperation bereit. Um ihre wirtschaftlichen Interessen zu schützen, wirkten sie zusammen, wobei überlappende Herrschaftsrechte einen Ausgangspunkt nicht für Dissens, sondern für gemeinsames Handeln darstellten.

Diese Analyse zeigt, dass der städtische Rat jeweils dann eine Gratwanderung vollführte, wenn er einerseits seine Autonomie angesichts zuneh-

---

22 ADBR G 370 / 1.

23 *Gero Rudolph Dolezalek,* Die Juristische Argumentation der Assessoren an Reichskammergerichte zu Reformationsprozessen 1532 – 1538, in: Das Reichskammergericht in der deutschen Geschichte, 25 – 58.

mender kaiserlicher Machtansprüche zu bewahren suchte und andererseits am Funktionieren eines stabilen städtischen Marktes interessiert war, wozu der Fürstbischof von Straßburg als einer der bedeutenderen Herrschaftsträger im Elsass beitragen konnte: Juden waren dabei Figuren im Spiel der Mächtigen. Die Herrschaft über sie und ihre wirtschaftlichen Aktivitäten war ein Teilaspekt der größeren Auseinandersetzungen um die politische und wirtschaftliche Kontrolle der verschiedenen Gebiete des Elsass. In gewisser Hinsicht ist diese Sicht der Dinge durchaus zutreffend: Juden wurden häufig zwischen Stadt, Territorium und Kaiser zerrieben, und zwar nicht nur in deren Konflikten untereinander, sondern auch dann, wenn diese zusammenwirkten. Und doch waren Juden – und hier zeigt sich bereits die Beschränktheit dieser Sichtweise – wie das Zeugnis Jaeckels von Obergheim zeigt, keineswegs nur naive und passive Objekte obrigkeitlichen Handelns, wobei die Grenzen dieser Interpretation deutlich werden. Wenn Juden – sei es als Individuen, sei es als Gemeinden – ihre Beschwerden vor die verschiedenen Herrschaftsträger brachten, taten sie dies in Kenntnis der Herrschaftskonflikte im Reich. Dabei gelang es ihnen häufig, ihre komplexe rechtliche Stellung sowie die prekäre Rolle, die sie zwischen den verschiedenen Mächten einnahmen, zum eigenen Vorteil zu nutzen.

Eine der markantesten Dokumente der Kenntnis und Nutzung des rechtlichen Instrumentariums, die das Heilige Römische Reich Juden zur Verfügung stellte, sind die Beschwerden, die jüdische Gemeinden vor dem Reichskammergericht wegen der Verletzung ihrer Privilegien in einem bestimmten Territorium vorbrachten. So klagte etwa die jüdische Gemeinschaft gegen die Stadt Colmar, weil diese Juden das Betreten der Stadt und jeglichen Handel verboten hatte.[24] Colmar hatte 1510 seine jüdische Bevölkerung vertrieben, jedoch nicht deren Handel unterbunden. Im Jahr 1541 und abermals im Jahr 1544 dekretierte die Stadt, dass Juden die Stadt wegen Wuchers nicht zu betreten hätten.[25] In ihrem Appell an das Reichskammergericht machten die Juden unter Führung von Josel von Rosheim geltend, dass die Stadt Colmar nicht das Recht habe, ihnen den Zutritt zu verweigern. Mit Verweis auf die Gesetzgebung des Augsburger Reichstags führten die Juden aus, dass es ihr reichsrechtlich gesichertes Privileg sei, auf den Reichsstraßen Handel zu treiben und die Stadt nach eigenem Willen zu betreten. Abgesehen von der Berufung auf die städtische *freiheit* wurde

---

24 ADBR 3 B 599.

25 Zu diesem Fall siehe auch die ausführliche Darstellung bei *Selma Stern,* Josel of Rosheim: Commander of Jewry in The Holy Roman Empire of the German Nation, trans. Gertrude Hirschler, Philadelphia 1965, 246–252. Stern betont den Zusammenhang dieses Falles mit den zunehmenden ökonomischen Aktivitäten der Juden und Josels Versuchen, als *Schtadlan* für seine Brüder Einfluss zu nehmen. Für mich belegt dieser Fall eindrücklich die Vertrautheit der Juden mit ihrem Rechtsstatus, der allgemeinen Rechtsentwicklung und der Tatsache, dass sie diese Kenntnisse zur Verbesserung ihrer wirtschaftlichen Situation nutzten.

von Colmarer Seite ins Feld geführt, dass der Magistrat als christliche Obrigkeit die Verpflichtung habe, seine Bürger vor Wucher zu schützen und dass darüber hinaus auch der Kaiser, als christlicher Kaiser, ebenfalls diese Pflicht habe. Der Magistrat wies darauf hin, dass dasselbe kaiserliche Privileg, das es den Juden erlaubte, Handel zu treiben, auch den Wucher verbot, weshalb das Recht der Juden, in den Reichsstädten Handel zu treiben, den Verzicht auf wucherische Praktiken voraussetze. Josel von Rosheim behauptete dagegen, dass die Juden überhaupt keinen Wucher trieben und forderte die Wiederherstellung ihrer Handelsprivilegien.

Obwohl in dieser Sache keine Entscheidung des Reichskammergerichts überliefert ist, enthüllt die juristische ‚Argumentation' beider Seiten, in welchem Maß sie sich der Kenntnisse des komplexen Rechtssystems und der besonderen rechtlichen Stellung der Juden bedienten. Die Juden instrumentalisierten ihren Status als kaiserliche Kammerknechte, um ihr vom Kaiser verbrieftes Recht, im gesamten Reich Handel treiben zu dürfen, durch zu setzen. Indem die Juden ihre Zurücksetzung als eine Folge der Beeinträchtigung kaiserlicher Jurisdiktionsrechte durch die Stadt darstellten, zogen sie bewusst die Interessenlage des Kaisers angesichts der fortschreitenden Territorialisierung ins Kalkül. Um sich eine gute Ausgangsposition im Prozess zu verschaffen, wandten sie sich mit einem Argument an das Reichskammergericht, das dort naturgemäß auf offene Ohren stieß, – nämlich, dass dem Kaiser die höchste Gerichtsbarkeit zukomme.

Ähnlich geschickt argumentierten die Vertreter Colmars, die zwar auf die besonderen Rechte hinwiesen, die Colmar als freie Reichsstadt genösse; in erster Linie schoben sie jedoch vor, dass es eine kaiserliche Pflicht sei, die christlichen Armen zu schützen. Beide Seiten vertraten ihre jeweiligen Argumente auf eine Art und Weise, die eingehende Kenntnisse des Rechtssystems und der politischen Untertöne, die Reichskammergerichtsprozesse begleiteten, voraussetzten. In ähnlicher Weise wie die Prozesse zwischen einzelnen Juden und Straßburger Bürgern enthüllt auch der Streit zwischen der Judenschaft und der Stadt Colmar die Existenz eines komplexen Beziehungsnetzes zwischen den Herrschaftsträgern, in dessen Mitte die Juden zwar gefangen waren. Diese waren freilich weit davon entfernt, sich in die Rolle passiver Objekte zu fügen, sondern agierten durchaus selbstbewusst und kämpferisch. Bei dem Versuch der Juden, den Kaiser davon zu überzeugen, ihre Rechte wiederherzustellen, nutzten sie geschickt dessen Furcht vor dem Machtzuwachs der Territorien.

Die Herrschaftskonflikte des Heiligen Römischen Reiches konnten einerseits zu einer Beschränkung jüdischer Rechte führen, wie im Fall Straßburgs, wo – wie oben gezeigt wurde – der wirtschaftliche Spielraum der Juden nur um den Preis einer Begrenzung ihrer rechtlichen Handlungsoptionen erhalten werden konnte. Andererseits waren es gerade Herrschaftskonflikte, welche die Juden – wie in dem Konflikt mit Colmar – auch zu ihren

Gunsten ausnutzen konnten, indem sie die Stadt gegen den Kaiser ausspielten. Diese scheinbar gegenläufigen Entwicklungen unterstreichen den Befund, dass die Juden des Elsass, auch wenn sie in einem komplexen Gewebe von Herrschaftsverhältnissen gefangen waren, innerhalb dessen durchaus um einen Platz in Wirtschaft, Rechtssystem und Gesellschaft des Heiligen Römischen Reiches fochten.

Unter den Reichskammergerichtsprozessen elsässischer Juden sticht ein weiterer Fall hervor. Am 5. Juli 1536 erhielt der Fiskal des Reichskammergerichts in einer Prozesssache einen Brief von Josel von Rosheim, in dem dieser seiner Unterschrift den Titel *„Regierer des Gemainer Jüdischheit“* beigefügt hatte. Zwei Tage später lud der Fiskal Josel vor das Reichskammergericht. Er warf ihm vor, dass er sich mit dem Führen dieses Titels einen Teil der kaiserlichen Autorität angemaßt habe, der Juden als kaiserliche Kammerknechte unterstanden.[26] Josels Anwalt, Christoff Hoss bestritt jedoch, dass dies gegen die kaiserliche Herrschaft gerichtet sei. Hoss argumentierte, dass Josel als der Vertreter der Juden im ganzen Reich seit mehr als 30 Jahren tatsächlich *„oberster Rabbi“* der Gemeinschaft sei. Er erklärte, dass dieser zu jedem *Reichstag* als einziger jüdischer Repräsentant entsandt worden sei und dass die jüdischen Gemeinden in Frankfurt, Worms, Esslingen und Friedberg ihn zum *„Parnass U'Manhig“* erklärt hätten. Hoss erklärte, dass dieser hebräische Begriff als ‚oberster Rabbiner oder Führer‘ übersetzt werden könne und dass es sich bei dem Terminus *„Regierer des Gemainer Jüdischheit“* lediglich um die deutsche Wiedergabe des offiziellen hebräischen Titels handelte, den Josel in der jüdischen Gemeinschaft führte.

Abgesehen von diesen Argumenten in unveröffentlichten Abschnitten des Prozesses präsentierte Hoss zur Unterstützung Josels Briefe verschiedener städtischer und territorialer Obrigkeiten. Jörg Wolff von Bappenheim, Sebastian Stibern, ein Bürger und *grave* von Rotenberg, *Landvogt* und Rat des Oberelsaß, Conradt Althoffer, ein Bürger aus Straßburg, der im eigenen Namen und dem der beiden vorangegangenen *ammeisters* dieser Stadt schrieb, sowie Bürgermeister und Rat von Schlettstadt verfaßten alle Eingaben an das Reichskammergericht, in denen sie das Führen des Titels *„Regierer“* durch Josel verteidigten.

Auch wenn alle genannten Personen persönliche Beziehungen zu Josel unterhalten hatten, so gab es zweifellos weitere Motive für sie, ihn zu unterstützen. Als führende Politiker von Territorien und Städten, die dem Kaiser Herrschaftsrechte zu entziehen suchten, lag es in ihrem eigenen Interesse, Versuchen des Kaisers zu begegnen, die Juden seiner ausschließlichen Kon-

---

26 ADBR 3 B 289. Auszüge desselben Falls finden sich bei *Ludwig Feilchenfeld,* Rabbi Josel von Rosheim: ein Beitrag zur Geschichte der Juden in Deutschland in der Reformationszeit, Strassburg 1898, 167–176.

trolle zu unterwerfen. Indem sie sich hinter Josel stellten und dem Fiskal vorwarfen, mit dem Vorwurf der Titelanmaßung überzureagieren, suchten reichsstädtische wie territoriale Obrigkeiten einer Entwicklung entgegenzuwirken, die den Kaiser zu ihren Lasten zu stärken drohte.

Josels Fähigkeit, diese verschiedenen Zeugen beizubringen, unterstreicht erneut die Kenntnisse der jüdischen Gemeinden sowie ihre Bereitschaft, einflussreiche Personen in unterschiedlichen Konstellationen zum Schutz ihrer Interessen zu instrumentalisieren. Ebenso wie Josel an den Kaiser appelliert hatte zugunsten der jüdischen Gemeinde zu intervenieren, als Colmar den Juden Beschränkungen auferlegte, bemühte er sich um die Unterstützung der Fürsten und Städte, als die jüdische Autonomie von kaiserlicher Seite bedroht wurde. Zur selben Zeit als der Straßburger Rat auf unterschiedliche Weise seine Stellung zu befestigen suchte und dabei einmal die kaiserliche Rechtsprechung in der Stadt beschränkte und ein andermal mit dem Fürstbischof zusammenarbeitete, waren auch die Juden ständig bemüht, ihre Allianzen mit imperialen, territorialen und städtischen Obrigkeiten ihrer jeweiligen Interessenlage anzupassen.

Die Analyse der Reichskammergerichtsprozesse an denen elsässische Juden beteiligt waren, lässt die komplexen Beziehungen zwischen den verschiedenen Herrschaftsebenen im Heiligen Römischen Reich in einem zum Teil ganz neuen Licht erscheinen. Zunächst bestätigt der Beitrag die Ergebnisse früherer Forschungen, dass Gerichtsprozesse an denen Juden beteiligt waren, nur im Kontext der größeren politischen und konfessionellen Auseinandersetzungen im frühneuzeitlichen Reich zu verstehen sind. Die Fälle, die einzelne Juden wie auch ganze Gemeinden betrafen, müssen vor dem Hintergrund des im 16. und 17. Jahrhundert zwischen Kaiser und Landesfürsten schwelenden Konflikts gesehen werden. Hervorzuheben ist ferner, dass die Stellung der Juden als einzelne wie auch als Gemeinden nicht nur durch Konflikte zwischen den verschiedenen Herrschaftsebenen, sondern auch durch deren Kooperation untereinander bestimmt wurde. Schließlich bleibt festzuhalten, dass die Juden, obwohl sie vielfach nur Spielball in den großen Auseinandersetzungen des Reichs waren, durchaus ihre prekäre Situation strategisch auszunutzen verstanden, indem sie an die verschiedenen Obrigkeiten appellierten und diese gegebenenfalls gegeneinander ausspielten.

Wie Friedrich Battenberg nachgewiesen hat, traten Juden keineswegs seltener als Christen vor dem Reichskammergericht auf.[27] Jüdische Kläger kamen nicht nur aus dem Elsass, sondern auch aus anderen Teilen des Reichs. Die Repertorien der Reichskammergerichtsprozesse zeigen, in welchem Umfang Juden die Rechtsprechung Speyers und Wetzlars in Anspruch nahmen. In diesem Band hat Anette Baumann die von Hamburger und Frank-

---

[27] Siehe Anm. 2.

furter Juden angestrengten Prozesse unterschiedlichen Kategorien zugeordnet und den spezifischen Hintergrund dieser Fälle herausgearbeitet, wobei Unterschiede zu den elsässischen Prozessen sichtbar werden.[28] Die Kenntnis regionaler Unterschiede ist entscheidend dafür, ob die Ergebnisse, die aus der Erforschung von Prozessen aus einer Region gewonnen wurden, auf andere Gegenden des Reichs übertragen werden können. Daher stellt sich die Frage, ob die Situation im Elsaß einzigartig war. Lässt sich für andere Juden eine ähnlich aktive Rolle bei der Wahrnehmung ihrer Interessen nachweisen?

Die von den elsässischen Juden angestrengten Prozesse scheinen sich in mancher Hinsicht von den Frankfurter und Hamburger Beispielen zu unterscheiden. So existieren beispielsweise keine von Seiten der Frankfurter oder Hamburger jüdischen Gemeinden als Korporationen initiierten Prozesse vor dem Reichskammergericht. Die jüdischen Gemeinden von Rosenwiller und Rosheim im Elsass klagten als Kollektive gegen ihre Obrigkeiten. Solche Gemeindeklagen legen – jenseits individueller Klagen wegen Schulden oder Zuständigkeiten – die Vermutung nahe, dass sich die Situation im Elsass von der in Hamburg und Frankfurt unterschied.

Eine Erklärung könnte darin zu suchen sein, dass mit Josel von Rosheim die einflussreichste jüdische Persönlichkeit seiner Zeit im Elsass lebte. Wie beschrieben war Josel von Rosheim die treibende Kraft hinter dem Reichskammergerichtsprozess gegen Colmar gewesen. Als erster *Schtadlan,* Fürsprecher, war es Josels Aufgabe, die Rechte der Juden im gesamten Reich zu schützen. Im Elsaß besaß seine Mission, jüdische Bewegungsspielräume auszuhandeln, eine besondere Bedeutung. Wie bereits gezeigt wurde, hatten es die Juden seinem taktischen Vorgehen zu verdanken, dass sie Straßburg betreten und dort Handel treiben durften, wiewohl dies letztlich illegal war. Die Anwesenheit einer derart bedeutenden Persönlichkeit, um die sich ganze Gemeinden scharten, hatte sicherlich erhebliche Auswirkungen auf die Situation der Juden im Elsaß.[29]

Die Präsenz Josels war jedoch nicht der einzige Faktor, der dafür verantwortlich war, dass sich Elsässer Juden gemeinsam an das Reichskammergericht wandten. Auch in demographischer Hinsicht unterschieden sich die Juden des Elsaß von denen in Hamburg oder Frankfurt. Während es sich dort um größere Gemeinden handelte, lebten die Juden des Elsass zerstreut in zahlreichen kleineren Städten und Dörfern. Zu Beginn des 17. Jahrhun-

---

28 *Manfred Hörner,* Fränkische und schwäbische Juden vor dem Reichskammergericht, und *Anette Baumann,* Jüdische RKG-Prozesse aus den Reichsstädten Frankfurt und Hamburg. Eine quantitative Annäherung, in: Von den Rechtsnormen zur Rechtspraxis. Ein neuer Zugang zur Rechtsgeschichte der Juden im Alten Reich?, Simon Dubnow Institut für Jüdische Geschichte und Kultur, Leipzig, 16 March 2003.

29 Ich danke Michael Toch für den Hinweis auf die Rolle Josels in diesem Zusammenhang.

derts war die jüdische Bevölkerung des Elsass zudem sehr klein. Im Hochstift Straßburg verteilten sich 48 jüdische Haushaltsvorstände auf 18 Dörfer.[30] Die Zahl der jüdischen Familien in diesen Dörfern schwankte zwischen einer – was allein auf fünf Dörfer zutraf – und maximal sieben Familien in Bischeim. In der Landvogtei Hagenau gab es acht Städte mit einer jüdischen Bevölkerung.[31] Die 34 jüdischen Haushalte der Landvogtei umfassten 137 Personen. In Vorscheim und Batzendorf lebte jeweils eine Familie, während die Stadt mit der größten jüdischen Bevölkerung, Wingersheim, elf jüdische Haushalte zählte.[32] Angesichts derart zersplitterter Siedlungsverhältnisse und entsprechend rudimentärer jüdischer Strukturen waren die Juden im Elsass in besonderer Weise dem nicht-jüdischen Rahmen ihrer Lebenswelt verbunden. Es ist nicht verwunderlich, dass diese Juden ihre Rechte aktiv zu schützen suchten und sich dafür des Rechtssystems bedienten. Die jüdischen Gemeinden in Hamburg und Frankfurt besaßen eine zentralisiertere und effektivere interne Verfassung sowie alternative Mechanismen zur Kommunikation mit den Obrigkeiten. Es bleibt weiteren Forschungen vorbehalten, herauszufinden, ob die jüdischen Bewohner ländlicher Gebiete, die für die Bewältigung ihres Alltags in hohem Maße auf externe Strukturen angewiesen waren, Beschwerden von Einzelpersonen und Gemeinden ähnlich häufig vor die kaiserlichen Gerichte brachten, wie die Juden des Elsass.

Wie der Fall des Gerson von Ammerschweyer nahe legt, konnte die Sorge um wirtschaftliche Sicherheit und Stabilität sogar einen Einzelnen dazu bringen, sein Recht vor einem kaiserlichen Gerichtshof zu suchen. Obwohl es sich bei Gersons Fall zunächst um den Prozess einer Einzelperson gegen eine Stadt handelte, ging es letztlich generell um das Niederlassungsrecht der Juden in Ammerschweyer, denn allen Juden war verboten worden, sich in der Stadt niederzulassen. Falls Gerson mit seinem Prozess vor dem Reichskammergericht Erfolg hatte – und hier, wie auch in allen anderen Fällen ist das Urteil nicht in den Gerichtsakten überliefert – dürfte es ihm zusammen mit den anderen Juden, denen aufgrund seiner Handelsaktivitäten die Niederlassung in Ammerschweyer untersagt worden war, möglicherweise wieder erlaubt worden sein, dort zu wohnen. Gersons Lebenswelt in einer Stadt mit nur wenigen anderen jüdischen Familien führte wohl dazu, dass er sein Recht vor einem kaiserlichen Gericht suchte. In wirtschaftlicher Hinsicht von den Beziehungen zu seinen Nachbarn abhängig, stand seine wie auch die Sicherheit seiner jüdischen Nachbarn tagtäglich auf dem Prüf-

---

30 ADBR, 1G 151 / 11.

31 ADBR, C 78 (71).

32 ADBR C 78(71). Für eine über mehere Jahrhunderte durchgängige demographische Analyse der elsässischen Juden, siehe *Georges Weill,* Recherches sur la Demographie des Juifs d'Alsace du XVI au XVIII Siècle, in: Revue des Etudes Juives 130 (1971), 51 – 89.

stand. Da er ein Leben außerhalb formeller Gemeindestrukturen führte und sich somit auch nicht eingespielter Kommunikationskanäle mit den Obrigkeiten bedienen konnte, war er auf sich gestellt. Die Landjuden des Elsass waren für ihr tagtägliches Leben auf die größeren politischen und wirtschaftlichen Strukturen angewiesen und spielten daher auch eine aktive Rolle im Rechtssystem des Reichs. In ihrem Bemühen, ihre Stellung und ihre Sicherheit zu wahren, forderten diese Juden wie auch die christlichen Stadtbürger und Obrigkeiten sowohl in finanzieller wie in politischer Hinsicht ihre Rechte vor imperialen Foren wie dem Reichskammergericht ein.

Das Erscheinen einzelner Juden wie auch der Judenheit des Elsass insgesamt vor kaiserlichen Gerichten zum Schutz ihrer Rechte zeigt, dass Rechtsstreitigkeiten zwischen Juden und Christen vor dem Hintergrund der inneren Funktionszusammenhänge des Heiligen Römischen Reiches gesehen werden müssen. Das Leben in einer bestimmten Gegend mit spezifischen Bedürfnissen ermunterte Juden dazu, den Weg gerichtlicher Auseinandersetzungen zu beschreiten, denn die Alternative wäre der Verzicht auf Niederlassungsrechte, Handel und ausstehende Schulden gewesen. Den elsässischen Juden war das Rechtssystem des Heiligen Römischen Reichs vertraut. Je nach Konstellation optierten sie für ein städtisches beziehungsweise ein imperiales Forum. Gegen städtische Obrigkeiten gingen sie vor einem kaiserlichen Gericht vor, angesichts ausgreifender kaiserlicher Herrschaftsansprüche bemühte sich Josel von Rosheim dagegen um territoriale beziehungsweise städtische Schützenhilfe. Wie auch ihr christliches Gegenüber kooperierten und konkurrierten einzelne Juden und jüdische Gemeinden mit verschiedenen Herrschaftsträgern als aktive Teilnehmer des Rechtssystems des Heiligen Römischen Reiches deutscher Nation.

Zur Stellung der Juden im frühneuzeitlichen Strafrecht. Gesetzgebung, Rechtswissenschaft und Justizpraxis

Von *Karl Härter*, Frankfurt a. M.

Die Stellung der Juden im Strafrecht des frühneuzeitlichen Alten Reiches kann nur als ambivalent charakterisiert werden: Als kaiserliche Kammerknechte waren sie – wie die Christen – dem Gemeinen Recht unterworfen, und insofern existierte im engeren Bereich des peinlichen Rechts kein spezifisches ‚Judenstrafrecht'.[1] Bezüglich der ‚geringeren Vergehen', der Ordnungs- und Policeydelikte, verfügten die Judengemeinden als Korporationen sogar über eigene Gerichtsbarkeit und Strafkompetenzen, die auf deviante Handlungen zwischen Juden beschränkt, jedoch häufig nicht exakt zur höheren und niederen Strafgerichtsbarkeit der christlichen Obrigkeiten abgegrenzt waren.[2] Allerdings schrieben besondere ‚Judengesetze' und Judenordnungen, die dem weiten Bereich der frühneuzeitlichen Ordnungs- beziehungsweise Policeygesetzgebung zugerechnet werden können, spezifische, strafbare deviante Handlungen fest, die überwiegend das Verhältnis von jüdischer Minderheit und christlicher Mehrheit betrafen.[3] Diese Delikte

---

1 Zur Kammerknechtschaft und der daraus resultierenden Rechtsstellung umfassend: *Friedrich Battenberg,* Des Kaisers Kammerknechte. Gedanken zur rechtlich-sozialen Situation der Juden in Spätmittelalter und Früher Neuzeit, in: Historische Zeitschrift (HZ) 245 (1987), 545–599.

2 *Andreas Gotzmann,* Strukturen jüdischer Gerichtsautonomie in den deutschen Staaten des 18. Jahrhunderts, in HZ 267 (1998), 313–356, 349–355 zur Strafgerichtsbarkeit.

3 *Friedrich Battenberg,* Judenordnungen der frühen Neuzeit in Hessen, in: Neunhundert Jahre Geschichte der Juden in Hessen. Beiträge zum politischen, wirtschaftlichen und kulturellen Leben, Wiesbaden 1983, 83–122; *ders.,* Judenverordnungen in Hessen-Darmstadt. Das Judenrecht eines Reichsfürstentums bis zum Ende des Alten Reiches. Eine Dokumentation, Wiesbaden 1987; *Rochus Scholl,* Juden und Judenrecht im Herzogtum Pfalz-Zweibrücken. Ein Beitrag zur Rechtsgeschichte eines deutschen Kleinstaates am Ende des Alten Reiches, Frankfurt a. M. u. a. 1996; *Imke König,* Judenverordnungen im Hochstift Würzburg (15.–18. Jh.), Frankfurt a. M. 1999; *Werner Marzi,* Judentoleranz im Territorialstaat der Frühen Neuzeit. Judenschutz und Judenordnung in der Grafschaft Nassau-Wiesbaden-Idstein und im Fürstentum Nassau-Usingen, Wiesbaden 1999; *Ralf Schäfer,* Die Rechtsstellung der Haigerlocher Juden im Fürstentum Hohenzollern-Sigmaringen von 1634–1850. Eine rechtsgeschichtliche Untersuchung, Frankfurt a. M. u. a. 2002.

konnten wiederum von niederen und höheren obrigkeitlichen Gerichten gestraft werden. Über die normative Ebene hinaus wurden die Juden seit dem 15. Jahrhundert zunehmend im Strafverfahren als eine ethnisch-religiöse Randgruppe diskriminiert und in der Strafpraxis gegenüber den christlichen Untertanen ungleich behandelt.[4] Die folgenden Ausführungen behandeln dann auch weniger Gleichstellung, Verrechtlichung und Eigengerichtsbarkeit, sondern konzentrieren sich auf die Kriminalisierung und Diskriminierung der Juden in Policey- und Strafrecht und die entsprechende Praxis der Strafjustiz.

Weder das frühneuzeitliche peinliche Strafrecht noch die Strafjustiz im Alten Reich bildeten klar abgegrenzte, abgeschlossene Rechtsbereiche. Das einzige Strafgesetzbuch des Alten Reiches – die *Carolina* von 1532 – gab zwar einen normativen Rahmen vor, überließ jedoch für zahlreiche Delikte, Verfahrensfragen und Strafen die konkrete Ausgestaltung den einzelnen Obrigkeiten des Reiches. Dies galt in noch höherem Maß für den Bereich der ‚geringeren Verbrechen' und die Niedergerichtsbarkeit, in dem die Policeygesetzgebung des Reiches ebenfalls nur einige Grundsatznormen vorgab, aber gerade bezüglich der Juden den Reichsständen mit Judenregal eine weitgehende Normgebungskompetenz einräumte. Strafrecht und Strafjustiz in den Territorien und Städten des Alten Reiches waren daher auch durch Normen, Intentionen und Verfahrensweisen beeinflusst, die dem weiten Bereich der ‚guten Ordnung und Policey' zuzurechnen sind, in dem insbesondere soziale Randgruppen und Minderheiten wie Juden, ‚Zigeuner', Vaganten und Bettler als potentielle Gefährdung von Sicherheit und Ordnung etikettiert wurden. Insofern liegt den folgenden Ausführungen eine weite historische Begrifflichkeit zugrunde, die unter ‚Strafrecht' beziehungsweise ‚Strafjustiz' alle obrigkeitlichen Normen versteht, die deviantes, strafbares Verhalten festschrieben, das wiederum von unterschiedlichen, niederen und hohen (peinlichen) Gerichten mit einer Vielzahl von Sanktionen bestraft werden konnte. Peinliches Recht beziehungsweise Strafrechtsordnungen, Policey- und Judenordnungen sowie das gelehrte Recht, dem teilweise ‚gesetzesgleiche' Autorität zukam, konstituierten dabei einen praxisrelevanten Ordnungsdiskurs, der spezifische, nur den Juden zugeschriebene deviante Verhaltensweisen und ‚Etikettierungen' ausformte, die durchaus Relevanz für die Strafpraxis gewinnen konnten. Kriminalität wird folglich als deviantes Verhalten begriffen, das in ‚Rechtsnormen' festgeschrieben und mit Strafe bedroht, aber erst in einem spezifischen, teilweise diskursiven Prozess zugeschrieben und bestraft wird.[5] Die folgenden Ausführungen behaupten daher keine spezifische

[4] Zu dieser im späten 14. Jahrhundert einsetzenden Entwicklung: *Norbert Schnitzler,* Juden vor Gericht: Soziale Ausgrenzung durch Sanktionen, in: Herrschaftliches Strafen seit dem Hochmittelalter. Formen und Entwicklungsstufen, hrsg. von Hans Schlosser, Rolf Sprandel und Dietmar Willoweit, Köln u. a. 2002, 285–308.

‚jüdische Kriminalität', sondern begreifen das Juden von frühneuzeitlichen Gerichten beziehungsweise Obrigkeiten zugeschriebene und sanktionierte deviante Verhalten als Ergebnis eines komplexen, diskursiven Zuschreibungs- und Kriminalisierungsprozesses.

Insgesamt liegen zwar Forschungen zur Stellung der Juden im spätmittelalterlichen und frühneuzeitlichem Strafrecht vor, die meist einzelne Themen wie die Ritualmordbeschuldigung, Hehlerei, Betrug, vagierende ‚Betteljuden', ‚Judentaufen' und die entehrenden Hinrichtungsarten (wie das Aufhängen an den Füßen) behandeln.[6] Zusammenfassende, alle Normenbereiche, das Gemeine Recht und die Gerichtspraxis berücksichtigende Studien existieren allerdings noch kaum.[7] Auch dieser Beitrag kann nur einen systematischen Aufriss bieten, der die Justizpraxis zumindest exemplarisch anhand ausgewählter Fälle aus dem Kurfürstentum Mainz zu vertiefen versucht. In einem ersten Teil wird zunächst die normative Ebene – Straf- und Policeygesetzgebung sowie Rechtswissenschaft und sonstige einschlägige Publizistik – dargestellt und dann im zweiten Teil die konkrete Justizpraxis exemplarisch anhand der Kurmainzer Policey- und Kriminalakten beleuchtet.[8]

5 Zu den hier nur skizzierten Ansätzen: *Gerd Schwerhoff*, Aktenkundig und gerichtsnotorisch. Einführung in die Historische Kriminalitätsforschung, Tübingen 1999; *Karl Härter*, Soziale Disziplinierung durch Strafe? Intentionen frühneuzeitlicher Policeyordnungen und staatliche Sanktionspraxis, in: Zeitschrift für historische Forschung 26 (1999), 365 – 379; *Karl Härter*, Social Control and the Enforcement of Police-Ordinances in Early Modern Criminal Procedure, in: Institutionen, Instrumente und Akteure sozialer Kontrolle und Disziplinierung im frühneuzeitlichen Europa / Institutions, Instruments and Agents of Social Control and Discipline in Early Modern Europe, hrsg. von Heinz Schilling unter redaktioneller Mitarbeit von Lars Behrisch, Frankfurt a. M. 1999, 39 – 63.

6 Neuere Fallstudien: *Otto Ulbricht*, Criminality and Punishment of the Jews in the Early Modern Period, in: In and out of the Ghetto. Jewish-Gentile Relations in Late Medieval and Early Modern Germany, hrsg. v. Ronnie Po-chia Hsia / Hartmut Lehmann, Cambridge 1995, 49 – 70; *Ronnie Po-chia Hsia*, The Myth of Ritual Murder. Jews and Magic in Reformation Germany, New Haven 1988; *Ronnie Po-chia Hsia*, Trent 1475. Stories of a Ritual Murder Trial, New Haven u. a. 1992; *Gustav Partington*, Betteljuden in Lippe, in: Kontinuität und Umbruch in Lippe. Sozialpolitische Verhältnisse zwischen Aufklärung und Restauration 1750 – 1820, hrsg. v. Johannes Arndt / Peter Nitschke, Detmold 1994, 253 – 272; *Meike Bursch*, Judentaufe und frühneuzeitliches Strafrecht. Die Verfahren gegen Christian Treu aus Weener / Ostfriesland 1720 – 1728, Frankfurt a. M. u. a. 1996; *Joachim Eibach*, Stigma und Betrug. Delinquenz und Ökonomie im jüdischen Ghetto, in: Kriminalität und abweichendes Verhalten. Deutschland im 18. und 19. Jahrhundert, hrsg. von Helmut Berding / Diethelm Klippel / Günther Lottes, Göttingen 1999, 15 – 38.

7 Auf die normative Ebene begrenzt: *Guido Kisch*, Forschungen zur Rechts- und Sozialgeschichte der Juden in Deutschland während des Mittelalters, Sigmaringen 1978; *Wilhelm Güde*, Die rechtliche Stellung der Juden in den Schriften deutscher Juristen des 16. und 17. Jahrhunderts, Sigmaringen 1981; *Christine Magin*, „Wie es umb der iuden recht stet". Der Status der Juden in spätmittelalterlichen deutschen Rechtsbüchern, Göttingen 1999.

I.

Die 1532 vom Reichstag verabschiedete und bis zum Ende des Reiches geltende Peinliche Halsgerichtsordnung Karls V. (die sogenannte Carolina) enthielt weder spezifische ‚Judenstraftatbestände' noch erwähnte sie überhaupt Juden als besondere soziale Gruppe. Inwiefern dies auch für die territorialen und städtischen Strafrechtsordnungen zutrifft, ist noch nicht systematisch erforscht. Einzelne Fallstudien belegen allerdings für das städtische Recht und die territoriale Gesetzgebung eine im Spätmittelalter einsetzende, speziell Juden kriminalisierende strafrechtliche Normgebung.[9] Diese stand im Kontext eines sich in der Frühen Neuzeit ausdifferenzierenden spezifischen Judenrechts beziehungsweise einer städtischen und territorialen Judengesetzgebung, die sich wiederum der im 15. Jahrhundert im Alten Reich einsetzenden und stetig zunehmenden Ordnungs- und Policeygesetzgebung zuordnen läßt. Judenordnungen und zahllose Einzelgesetze (Mandate, Edikte, Verordnungen) konstituierten eine spezifische Ordnungsgesetzgebung, welche die Lebens- und Arbeitswelt der Juden im Reich einer weit reichenden Reglementierung und Disziplinierung unterwarf und zahlreiche Handlungen der Juden – vor allem im Verkehr mit der christlichen Mehrheit – untersagte, kriminalisierte und mit Strafen bedrohte.[10] Dabei griffen die normgebenden Obrigkeiten des Reiches auf kanonisches und spätmittelalterliches Recht zurück, weiteten jedoch den Bereich der strafbaren Handlungen deutlich aus. Die Abgrenzung der Juden von der christlichen Umwelt durch Gettoisierung, Kleiderordnungen, Verbot des Grundstückserwerbs, Beschränkung der Wirtschaftstätigkeit oder dem Verbot der Beschäftigung christlicher Dienstboten bedeutete ebenfalls eine Kriminalisierung, da Verstöße gegen die entsprechenden Normen mit Strafen bedroht waren. Diese Kompetenz zur policeylichen Judengesetzgebung hatten die Policeyordnungen des Reiches von 1530, 1548 und 1577 den Reichsständen im Rahmen des Judenregals ausdrücklich eingeräumt und dabei auch bezüglich der Stigmatisierung der Juden mittels Kennzeichnung und besonderer Kleidung, des Delikts des ‚Judenwuchers' und dem Widerruf des Hehlereiprivilegs Grundsatznormen vorgegeben.[11] Die Intensivierung der Ju-

---

[8] Ich stütze mich dabei auf meine Habilitationsschrift: *Karl Härter,* Policey und Strafjustiz in Kurmainz. Gesetzgebung, Normdurchsetzung und Sozialkontrolle im frühneuzeitlichen Territorialstaat, Habilitationsschrift, TU Darmstadt 2001 (MS) sowie die Kurmainzer Kriminal- und Policeyakten: Bayerisches Staatsarchiv Würzburg (künftig: BStAW), Mainzer Regierungsarchiv (künftig: MRA), Kriminalakten (künftig: KA) und Mainzer Polizeiakten (künftig: MPA).

[9] *G. Kisch,* Forschungen (Anm. 7); *C. Magin,* Status der Juden (Anm. 7).

[10] Hierzu die in Anm. 3 genannten Arbeiten.

[11] *Matthias Weber,* Die Reichspolizeiordnungen von 1530, 1548 und 1577. Historische Einführung und Edition. Frankfurt a. M. 2002, hier die Artikel 22 und 27, 151 und 156 f. bzw. 20, 195 f. und 246; vgl. hierzu: *Karl Härter,* Entwicklung und Funk-

dengesetzgebung in der Frühen Neuzeit, die die folgende Graphik veranschaulicht[12], bedeutete daher insgesamt eine verstärkte Kriminalisierung der Juden und die beginnende diskursive Konstruktion der Merkmale beziehungsweise des Stereotyps des ‚kriminellen Juden'.

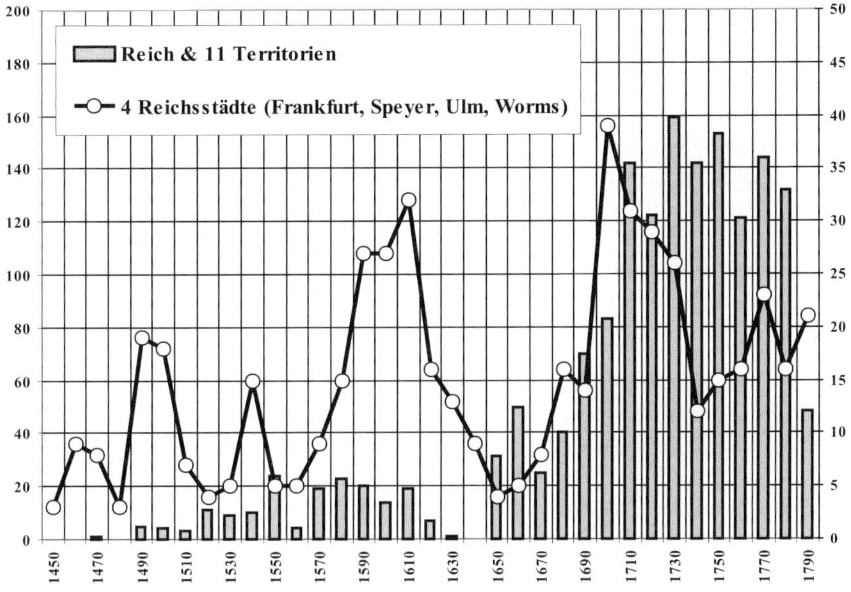

Abb. 1: Entwicklung Normierungsintensität Policeygesetzgebung „Juden" 1450–1799

Deutlich zeigt die Graphik, dass die vier Reichsstädte mit großen Judengemeinden bis zum Beginn des 18. Jahrhunderts intensiver als die Territo-

---

tion der Policeygesetzgebung des Heiligen Römischen Reiches Deutscher Nation im 16. Jahrhundert, in: Ius Commune 20 (1993), 61–141.

12 Grundlage der statistischen Auswertungen der Regelungsmaterien: Repertorium der Policeyordnungen der Frühen Neuzeit, hrsg. von Karl Härter / Michael Stolleis, Bd. 1–5, Frankfurt a. M. 1996–2003 (Altes Reich, Kurfürstentümer Mainz, Köln, Trier, Brandenburg-Preußen, Pfalz und Bayern mit Nebenterritorien, Baden, Württemberg und Reichsstadt Frankfurt) sowie die umfassende Datenbank des Max-Planck-Instituts für europäische Rechtsgeschichte, die die frühneuzeitliche Policeygesetzgebung zahlreicher Reichsterritorien und Reichsstädte nachweist. Policeygesetze werden danach nur noch in Kurzform mit Sigle und Nr. zitiert. Gezählt sind im Folgenden nicht Gesetze, sondern Regelungsmaterien nach dem dreistufigen Index der Policeymaterien (5 Bereiche, 25 Gruppen von 1.1 bis. 5.4 und ca. 200 einzelne Policeymaterien). Zu Datenstruktur und Erfassung siehe: http://www.mpier.uni-frankfurt.de/Forschung/Mitarbeiter_Forschung/haerter-repertorium.htm (Stand Dezember 2003).

rien normierten, wobei die Häufigkeitsspitze 1490 / 1500 durch die in dieser Zeit stattfindenden Vertreibungen bedingt ist, der Anstieg in den 1540er Jahren mit den Reichspoliceyordnungen von 1530 / 48 zusammenhängt und der 1570 einsetzende und bis etwa 1620 reichende starke Anstieg auch auf die konfessionelle und sozioökonomische Krise (Missernten, Preissteigerung, Hungersnöte, ‚Kipper- und Wipperinflation') zurückzuführen ist, die insgesamt die Ausgrenzung, Verfolgung und Kriminalisierung von Minderheiten und Randgruppen verstärkte. Auch der erneute Anstieg seit den 1690er Jahren hängt mit Krisenphänomenen (letzte Pestwellen), Ausgrenzungsmechanismen und der verstärkten Kriminalisierung umherziehender Juden – den so genannten ‚Betteljuden' – als Seuchenüberträger und Sicherheitsbedrohung zusammen. Die hohe Normierungsintensität insbesondere in den Territorien in der letzten Hälfte des 18. Jahrhunderts ist dagegen grundsätzlich durch die Emanzipations- und Reformmaßnahmen bedingt, wobei sich aber auch die letzte Subsistenzkrise *alten Typs* in den 1770er Jahren in einer ansteigenden Normierung der den Juden zugeschrieben Delikte ‚Korn- und Geldwucher' bemerkbar machte.

Eine systematische Zusammenfassung des ‚Judenrechts' erfolgte allerdings weder auf der Reichsebene noch in den einzelnen Territorien und Reichsstädten. Für das Reich als Ganzes blieb es bei den Bestimmungen, die in drei Reichspoliceyordnungen des 16. Jahrhunderts und einigen Reichsabschieden enthalten waren. Nach der Reichspoliceyordnung von 1577 tauchen Juden nur noch einmal in einem Reichsgutachten von 1667 im Zusammenhang mit der Münzordnung auf. In der Judengesetzgebung der Reichsstände lassen sich zwar grundlegende, übereinstimmende Strukturen und Entwicklungen feststellen, wie bei den Policeynormen insgesamt erfolgte jedoch keine umfassende, systematische Zusammenfassung der die Juden betreffenden Normen – sieht man von einzelnen Judenordnungen ab, die aber bezüglich des Straf- und Policeyrechts keineswegs alle Rechtsnormen enthielten und häufig durch weitere Einzelgesetzgebung modifiziert wurden.

Auch die Rechtswissenschaft beziehungsweise die Autoren des Gemeinen Rechts beschäftigten sich kaum umfassend oder zusammenhängend mit der Stellung der Juden im Strafrecht. Einflussreiche Juristen wie Carpzov oder Böhmer behandelten spezifische Themen wie den Judeneid, die jüdische Eigengerichtsbarkeit (meist mit dem Schwerpunkt auf der Zivilgerichtsbarkeit) oder die besonderen Hinrichtungsarten nur sporadisch im Rahmen ihrer allgemeinen Darstellung des peinlichen Rechts. Lediglich auf der Ebene der juristischen Dissertationsschriften tauchten seit Mitte des 17. Jahrhunderts Texte auf, die sich mit spezifisch jüdischen – darunter auch strafrechtlichen – Themen beschäftigten. Erörtert wurden z. B., ob Juden zum Reinigungseid zugelassen werden durften und wie dieser abzulegen sei sowie das Problem des Judeneids im Allgemeinen und die Eigengerichtsbarkeit der jüdischen Gemeinden. Bei den einschlägigen straf- und ordnungsrechtlichen Themen dominieren die Eigentumsdelikte, speziell Betrug und Wucher; so erschienen z. B. Dissertationen zum „Kornjuden" (De dardanariis) und dem „vermaledeyten Wucher und Jüden-Zinß".[13] Eine zusammenfassende Sicht auf das ‚Judenrecht' im Alten Reich lieferten Kaspar Ziegler und Christian Caspar Maschow in der 1684 entstandenen, mehrfach publizierten Wittenberger Dissertation „De iuribus Judaeorum". Darin wurden auch strafrechtliche Themen wie die Kredit- beziehungsweise Wucherproblematik, Hehlerei oder Mehrfachtaufe behandelt und dabei auf die Reichspoliceyordnungen und territoriale Judenordnungen Bezug genommen.[14]

Eine zusammenfassende und ausführliche Darstellung der Stellung der Juden im Strafrecht lieferte erst 1731 Johann Jodocus Beck in seinem „Tractatus de iuribus iudaeorum, von Recht der Juden. Worinnen von denen Gesetzen, denen sie unterworffen, deren Heyrathen, Contracten, Wucher, Testamenten, Successionen oder Erbfolgen, Verbrechen und deren Bestraffungen [...] gehandelt wird". Beck behandelte als ‚spezifische Judendelikte' Diebstahl, Beleidigung und Bekehrung von Christen, Mehrfachtaufe, Apostasie, Kornwucher (Getreidevorkauf), sexuelle Kontakte und Eheschließung zwischen Juden und Christen sowie Hostienschändung und ging auch auf die jeweiligen Strafen ein, unter denen Entzug des Schutzes / Ausweisung, Vermögenskonfiskation und die Todesstrafen dominierten. Ebenfalls systematisch erörtert wurden verfahrensrechtliche ‚Besonderheiten' beziehungsweise Diskriminierungen: so durften Juden nicht gegen Christen im Rahmen eines akkusatorischen Strafverfahrens klagen und Christen nur anzeigen, falls sie direkt Opfer eines Verbrechens geworden waren. Bei christlichen Beschuldigten konnten Juden grundsätzlich nicht als Belastungszeugen auftreten und durften keinen Zeugeneid schwören; allerdings waren Ausnahmen (schwere Verbrechen, Zulassung des Christen zum Reinigungseid) möglich. Ging es dagegen um die Entlastung eines jüdischen Angeklagten, war diesem ein Reinigungseid in Form eines Judeneids (vor dem Rabbiner) gestattet.[15]

---

13 *Johann Brunnemann / Samuel Stryk,* De dardanariis, Germ. Von Korn-Jüden, ad l. annonam VI. ff. de extraord. crimin., Frankfurt / Oder 1663 (Univ. Diss. Frankfurt / Oder 1663), Folgeauflagen Leipzig 1712, Wittenberg 1741; *Georg Caspar Kirchmaier / Amadeus Schmeltz,* De foenore unciario, generatimque de usurariae pravitatis peste, Diss. Wittenberg 1693 (Folgeauflage Jena 1737 unter dem Titel: Dissertatio de foenore unciario generatimque de usurariae pravitatis peste, Oder: Vom vermaledeyten Wucher und Jüden-Zinß).

14 *Kaspar Ziegler / Christian Caspar Maschow,* De iuribus Judaeorum. Vom Jüden-Recht, Wittenberg 1742 (Univ. Diss. Wittenberg 1684).

15 *Johann Jodocus Beck,* Tractatus de iuribus iudaeorum, von Recht der Juden. Worinnen von denen Gesetzen, denen sie unterworffen, deren Heyrathen, Contracten, Wucher, Testamenten, Successionen oder Erbfolgen, Verbrechen und deren Bestraffungen ... gehandelt wird, Nürnberg 1731.

Einen weiteren systematischen Überblick zu Stellung und ‚Behandlung' der Juden im Strafrecht bot schließlich 1785 Christian Gottlieb Gmelin mit einer „Abhandlungen von den besonderen Rechten der Juden in peinlichen Sachen". Gmelin behandelte die gleichen Themen wie Beck, argumentierte aber ganz im Zeichen von Aufklärung und Judenemanzipation gegen die Ungleichbehandlung der Juden im Strafrecht.[16] Für einzelne Territorien legte meines Wissens nur Reinhard Friedrich Terlinden in einer 1804 erschienenen Arbeit die „Grundsätze des Juden-Rechts nach den Gesetzen für die preussischen Staaten" dar, wobei die bereits von Beck und Gmelin behandelten Themen – ergänzt um die Veränderungen durch die jüngere preußische Gesetzgebung – erneut aufgegriffen wurden.[17] Deutlich wird anhand der eher spärlichen Beschäftigung des Gemeinen Rechts mit dem Thema Juden und Strafrecht, dass sich die Fixierung und Ausdifferenzierung spezifischer ‚Judendelikte' vor allem auf der Ebene der territorialen und städtischen Policey- beziehungsweise Judengesetzgebung (Judenordnungen) vollzogen hatte. Beck, Gmelin und einige Dissertationen stützen ihre Darstellung dann auch nicht nur auf das Mosaische, Römische, Kanonische und Gemeine Recht, sondern zogen zahlreiche Juden- und Policeyordnungen heran. Fasst man die in juristischen Texten aufgegriffenen und der Gesetzgebung enthaltenen spezifischen ‚Judendelikte' systematisch zusammen, so ergibt sich folgendes Bild:

Eine eher geringe Normierungsintensität erfuhren Delikte beziehungsweise deviantes Verhalten im engeren Bereich der Religion. Nahezu keine Rolle in der frühneuzeitlichen Judengesetzgebung spielten die imaginierten Delikte Hostienschändung und Ritualmord, die allerdings noch von Beck erwähnt und mit Hinweis auf die grundsätzlich zu verhängende Todesstrafe kurz behandelt wurden. Dies entsprach auch der Rechtspraxis: die letzten Ritualmordprozesse im Alten Reich fanden (von vereinzelten Ausnahmen abgesehen) im 16. Jahrhundert statt.[18] Ritualmordbeschuldigung und Hostienfrevel gingen allerdings langfristig als charakteristische Etikettierungen in die stereotype, kollektive Vorstellung ‚jüdischer Kriminalität' ein und konnten bei Bedarf aktualisiert und instrumentalisiert werden.[19] Apos-

---

16 *Christian Gottlieb Gmelin,* Abhandlung von den besonderen Rechten der Juden in peinlichen Sachen, Tübingen 1785.

17 *Reinhard Friedrich Terlinden,* Grundsätze des Juden-Rechts nach den Gesetzen für die preussischen Staaten, Halle 1804.

18 *R. Hsia,* Myth of Ritual Murder (Anm. 6); *R. Hsia,* Trent 1475 (Anm. 6). Überblick: *Friedrich Battenberg,* Die Ritualmordprozesse gegen Juden in Spätmittelalter und Frühneuzeit – Verfahren und Rechtsschutz in: Die Legende vom Ritualmord. Zur Geschichte der Blutbeschuldigung gegen Juden, hrsg. v. Rainer Erb, Berlin 1993, 95–132.

19 Vgl. beispielhaft zur Hostienschändung: *Dina van Faassen,* „Das Geleit ist kündbar". Quellen und Aufsätze zum jüdischen Leben im Hochstift Paderborn von der Mitte des 17. Jahrhunderts bis 1802, Essen 1999, 299–302.

tasie, Mehrfachtaufe (‚Judentaufe'), Bekehrung (‚Verführung') von Christen zum Judentum, Gotteslästerung, Verunglimpfung des christlichen Glaubens, Beschäftigung christlicher Dienstboten sowie Störung christlicher Sonn- und Feiertage blieben zwar in der Gesetzgebung und der juristischen Literatur präsent, ihre quantitative Bedeutung ist aber sowohl auf der Ebene der Normen als auch in der Justizpraxis wohl eher als gering anzusetzen. Lediglich die Beschränkung jüdischer Tätigkeiten an christlichen Sonn- und Feiertagen erlangte in der positiven Gesetzgebung und der Sanktionspraxis größere Relevanz, da hier häufiger Konflikte vorkamen und die Verbote das jüdische Arbeitsleben erheblich belasteten. Zahlreiche Policeygesetze untersagten den Juden Arbeit, Festaktivitäten oder öffentliches Erscheinen an diesen Tagen und stellten sie als Störung und Lästerung der christlichen Religion unter Strafe, wobei nicht nur Policeystrafen beziehungsweise Geldbußen, sondern je nach Umständen auch mit dem „peinlichen Gericht" gedroht wurde.[20] Letztlich blieb aber für die spezifischen ‚jüdischen Delikte' im Bereich der Religion das kanonische Recht maßgeblich, und die eher geringe quantitative Bedeutung in der Justizpraxis ließ keinen besonderen Normierungs- beziehungsweise Diskussionsbedarf entstehen. Dennoch darf nicht unterschätzt werden, dass in einzelnen Fällen – z. B. von Mehrfachtaufe – schwere Strafen bis hin zur Todesstrafe verhängt wurden.[21]

Ein wichtiger Bereich, in dem jüdische und christliche Ordnungsvorstellungen divergierten, bildeten Ehe und Sexualität. Grundsätzlich gingen gesetzgebende Obrigkeit und Strafrechtswissenschaft davon aus, dass die Juden bei Sexualdelikten wie Unzucht, Ehebruch, Inzest oder Bigamie den gleichen Normen beziehungsweise Strafen wie die Christen unterworfen seien. Dies galt allerdings nur für deviantes Sexualverhalten wie z. B. Unzucht (voreheliсher Geschlechtsverkehr) oder Ehebruch zwischen Juden, die je nach Reichsstand unterschiedlich mit Geldbußen, Landesverweisung oder auch schwereren Strafen geahndet werden konnten. In der Justizpraxis sind allerdings nur wenige Fälle überliefert, da die jüdischen Gemeinden deviantes Sexualverhalten ihrer Mitglieder wohl eher selten bei den Obrigkeiten anzeigten und dieses meist selbst sanktionierten. Bei Sexualdelikten zwischen Juden und Christen galten dagegen besondere Normen und sollten schwerere Strafen verhängt werden, um die Abgrenzung beziehungsweise Ausgrenzung aufrecht zu erhalten. Sexuelle Kontakte und Eheschließungen zwischen Juden und Christen wurden meist als ‚Sodomie' im Sinne einer sexuellen Beziehung ‚wider die Natur' bewertet und mit schweren Strafen bedroht, wobei das Verbrechen prinzipiell als Beziehung eines männlichen Juden zu einer weiblichen Christin konstruiert war. Nach Auffassung des

---

20 *W. Marzi,* Judentoleranz (Anm. 3); *I. König,* Judenverordnungen (Anm. 3), 195 f.

21 Vgl. als Fallbeispiel: *M. Bursch,* Judentaufe und frühneuzeitliches Strafrecht (Anm. 6).

Gemeinen Rechts sollten die Sanktionen, die zwar in der Carolina nicht für jedes Sexualdelikt ausdrücklich festgeschrieben worden waren, bei Ehebruch, Inzest, Bigamie oder Sodomie (Homosexualität) aber bis zu Leib- und Lebensstrafen reichen konnten, bei jüdischen Delinquenten noch verschärft werden.[22] Als Beispiele wurden häufig die Verstümmlung der männlichen Genitalien oder eine zusätzliche Verschärfung der Todesstrafe (z. B. durch Aufhängen an den Füßen) angeführt; die Eheschließung zwischen Juden und Christinnen sollte analog gestraft werden.[23] Zwar lassen sich die angedrohten schweren Strafen, insbesondere die von einigen Autoren geschilderten grausamen Verstümmelungs- und Todesstrafen kaum nachweisen und die Strafpraxis fiel wesentlich milder aus.[24] Dennoch blieben sexuelle Beziehungen zwischen Juden und Christen ein spezifisches Delikt, das jedenfalls schwerer als die entsprechenden Delikte unter Christen bestraft wurde. Kurmainz stellte erst 1787 die Juden hinsichtlich der Bestrafung „ihrer fleischlichen Vergehungen" den Christen gleich, und Hessen-Darmstadt bat noch 1793/94 um Auskunft, wie ‚Unzuchtsdelikte' zwischen Juden und Christen bestraft würden, worauf die Mainzer Regierung antwortete, dass dieses Delikt noch immer schärfer bestraft werde als die Unzucht zwischen Christen.[25]

Als spezifisch ‚jüdische Devianz' dominierte in der frühneuzeitlichen Judengesetzgebung und bei den juristischen Autoren die Bereicherungskriminalität: Unrechtmäßige Bereicherung durch betrügerische Handlungen wie Vor- und Fürkauf (‚Kornwucher'), übermäßige Zinsnahme (‚Judenwucher'), Hehlerei, Falschmünzerei und Wechselbetrug, Glücksspielbetrug, verbotener Betrieb von Lotterien beziehungsweise illegale Lottokollektur, ‚betrügerischer' Handel umherziehender Hausierer und Krämer oder jüdischer Viehhändler sowie die den umherziehenden Betteljuden pauschal zugeschriebene Eigentumskriminalität und Beteiligung an ‚Diebsbanden' wurden angeblich vor allem von Juden begangen. Beck behandelte bei „denen Verbrechen, welche von denen Juden begangen und wieder [sic!] selbige ausgeübt werden", „zu erst das Furtum oder Diebstahl, als das aller-

22 Zusammenfassend *J. Beck,* Tractatus (Anm. 15), 352–367, Zitat 365; *C. Gmelin,* Abhandlung (Anm. 16), 50–67; damit übereinstimmend auch Justizpraxis in Kurmainz, wo allerdings nur sehr wenige Fälle überliefert sind, die einzig jüdische Delinquenten betreffen.

23 *J. Beck,* Tractatus (Anm. 15), 361; *C. Gmelin,* Abhandlung (Anm. 16), 66 f. *N. Schnitzler,* Juden (Anm. 4), 294 nennt zwei Beispiele aus Mantua und Avignon und die bei *C. Gmelin,* Abhandlung (Anm. 16), 60 zitierte Verordnung des Mainzer Gewaltboten von 1422.

24 *C. Gmelin,* Abhandlung (Anm. 16), 46 ff., hier besonders 60–63.

25 Erläuterung vom 13. 11. 1787, Nachweis in einer undatierten Übersicht der einschlägigen Policeynormen in: BStAW, MRA Cent 160; die Korrespondenz zwischen Mainz und Darmstadt von 1793 in, BStAW, MRA Hessen-Darmstadt 172, 176 und 180.

gemeinste Laster", auf das die Todesstrafe stehe.[26] Die juristischen Texte und die Policeynormen griffen dabei bereits im Mittelalter vorhandene und von der katholischen Kirche beziehungsweise im kanonischen Recht beförderte Stereotypen und Ausgrenzungsstrategien auf, die sie zu spezifischen ‚Judendelikten' beziehungsweise Etikettierungen verdichteten: ‚Schacher- und Wucherjude', ‚Kornjude', ‚Münzjude', ‚Viehjude' oder ‚Betteljude' standen für Betrug und Diebstahl. Teilweise wurden sie sogar auf Christen angewandt und damit zu einem allgemeinen Synonym für die entsprechenden devianten Handlungen.[27]

Die den Juden zugeschriebene spezifische Bereicherungskriminalität stand im engen Zusammenhang mit der frühneuzeitlichen Reglementierung des Wirtschaftslebens durch die Policeygesetzgebung, wobei die Beschränkung jüdischer Wirtschaftstätigkeit mit einer Kriminalisierung als strafbares betrügerisches Verhalten einherging. Dies betraf z. B. Für- beziehungsweise Vorkauf, Kreditwesen, Viehhandel und Schlachtung, ‚Warenfälschung', Münzwesen, die Beschränkung jüdischer Handelstätigkeit auf offenen Messen und Jahrmärkten und das Verbot beziehungsweise die Reglementierung jüdischer Krämer und Hausierer. Grundsätzlich konnten hier Verstöße gegen ordnungspoliceyliche Normen auch als Betrugs- und Fälschungsdelikte bewertet werden.[28]

Als wichtigstes und ‚spezifisch jüdisches' Delikt fungierte der ‚Judenwucher', worunter die übermäßige Zinsnahme durch Juden, die Beleihung gestohlener Güter – also Hehlerei – und weitere Kreditgeschäfte wie z. B. der Rentenkauf verstanden wurden. Das im kanonischen Recht fest verankerte Zinsverbot für Christen war zwar durch die wirtschaftliche Entwicklung bereits im Spätmittelalter in der Praxis weitgehend ausgehebelt worden, wobei auch die wachsende jüdische Geldleihe eine Rolle spielte.[29] Das ambivalente Verhältnis der christlichen Obrigkeiten, die gerade auf jüdische Darlehen angewiesen blieben, zu dem Problem Kredit und Zinsen prägte jedoch noch die schwankende frühneuzeitliche Gesetzgebung. Kennzeichnend sind die Versuche, die Zinsnahme zu beschränken und darüber hinausgehende Praktiken beziehungsweise höhere Zinssätze als Wucher be-

26 *J. Beck,* Tractatus (Anm. 15), 318.

27 *Manfred Gailus,* Die Erfindung des „Korn-Juden". Zur Geschichte eines antijüdischen Feindbildes des 18. und frühen 19. Jahrhunderts, in: HZ 272 (2001), 597–622.

28 *C. Gmelin,* Abhandlung (Anm. 16), 82–84. Dazu auch *J. Eibach,* Stigma und Betrug (Anm. 6); *Gerd Mentgen,* Alltagsgeschichte und Geschichte der Juden. Die Juden und das Glücksspiel im Mittelalter, in: HZ 274 (2002), 25–60.

29 *J. Beck,* Tractatus (Anm. 15), 223–317; *C. Gmelin,* Abhandlung (Anm. 16), 84–90. Allgemeiner Überblick: Shylock? Zinsverbot und Geldverleih in jüdischer und christlicher Tradition, hrsg. von Johannes Heil/Bernd Wacker, München 1997; *Ronnie Po-chia Hsia,* The Usurious Jew. Economic Structure and Religious Representations in an Anti-Semitic Discourse, in: Hsia/Lehmann, Ghetto (Anm. 6), 161–176.

ziehungsweise ‚Judenwucher' zu kriminalisieren. Die Reichspoliceyordnung von 1530 hatte den Juden zunächst jeglichen „Wucher" beziehungsweise Zinsnahme verboten, dabei vor allem auf zu „hohe Verschreibungen", die Beleihung „raublich und dieblich" Güter und das „Beschweren" und „Verderben" der Untertanen abgestellt und als Strafe „Friedlosigkeit" und Ausweisung angedroht.[30] Die Ordnungen von 1548 und 1577 schwächten diese Bestimmungen jedoch ab, und letztlich wurde nur die übermäßige Zinsnahme – als Grenze galten fünf Prozent –, die Hehlerei und sonstige ‚unlautere' Formen von Kredit-, Pfand- und Umgehungsgeschäften untersagt und mit Strafe bedroht. Dabei überließ das Reich den Reichsständen mit Judenregal die weiteren gesetzlichen Regelungen, aber auch in der territorialen und städtischen Gesetzgebung blieben die Deliktformen relativ unbestimmt beziehungsweise änderten sich z. B. bezüglich des erlaubten Zinssatzes.[31]

Als besondere Form des Wuchers galt auch der Für- oder Vorkauf von Nahrungsmitteln, der ebenfalls häufig den Juden angelastet und teilweise mit dem Etikett des ‚Kornjuden' versehen wurde. Vor allem das Kaufen von Getreide auf dem Halm (also noch vor der Ernte) oder größeren Mengen kurz nach der Ernte, um bei den häufig auftretenden Versorgungsengpässen die Preise in die Höhe zu treiben, wurde in zahlreichen Policeygesetzen als kriminelle, betrügerische Handlung etikettiert. Verboten war den Juden ebenfalls die Bildung von Handelsgesellschaften, wobei eine deutliche Verbindung zu dem im 16. Jahrhundert intensiv behandelten Problem der Monopolbildung beziehungsweise des „Monopolierens" als neue Form der ‚Wirtschaftskriminalität' hergestellt wurde.[32] Einige juristische Dissertationen, staatsrechtliche Schriften – darunter auch von Gottfried Wilhelm Leibniz – oder das Zedlersche Universallexikon thematisierten ‚betrügerische' Handelstätigkeiten der Juden meist unter dem Etikett des Kornjuden, der als Inbegriff des betrügerischen Vor- und Fürkäufers fungierte.[33] Unter Bezugnahme auf die Reichspoliceyordnungen und das Gemeine Recht behandelte auch Beck den Aufkauf billigen Getreides und die Zurückhaltung beziehungsweise den überteuerten Verkauf als ein spezifisch jüdisches Delikt, das mit harten Strafen (Landesverweisung, Arbeitsstrafen, Vermögenskonfiskation) geahndet werden sollte, da die Zurückhaltung beziehungs-

---

30 Zitiert nach *M. Weber*, Reichspolizeiordnungen (Anm. 11), 156 f., 195 f. und 246 f.

31 Vgl. dazu *Ulrike Ludwig*, Der Entstehungsprozess der Reichspoliceyordnung auf dem Reichstag von Augsburg 1547/48, in: Policey und frühneuzeitliche Gesellschaft, hrsg. v. Karl Härter, Frankfurt a. M. 2000, 383–411, hier 400 ff.

32 Vgl. *W. Marzi*, Judentoleranz (Anm. 3), 262.

33 *M. Gailus*, Erfindung des „Korn-Juden" (Anm. 27), 597 f., der als frühsten Beleg eine um 1680 verfasste Schrift von Leibniz anführt; tatsächlich war das Etikett jedoch bereits wesentlich früher in Policeygesetzen und Dissertationen aufgetaucht; vgl. nur *J Brunnemann / S. Stryk*, De dardanariis, Univ. Diss. Frankfurt/Oder 1663 (Anm. 13).

weise Preistreiberei bei Getreide Hungersnöte hervorrufe und folglich einer indirekten Tötung gleichkomme.[34] Preissteigerungen und Versorgungskrisen wie die Kipper- und Wipperinflation oder die Subsistenzkrise in den 1770er Jahren wurden dann auch regelmäßig den Juden angelastet beziehungsweise auf ‚kriminelle' jüdische Wirtschaftstätigkeit zurückgeführt, und parallel hierzu stieg auch die Normierungsintensität in der Policey- beziehungsweise ‚Judengesetzgebung' an (vgl. die folgende Graphik).

Die Kriminalisierung jüdischer Wirtschafts- beziehungsweise Handelstätigkeit weitete sich im 18. Jahrhundert auch auf den Bereich des Kleinhandels aus, wobei sich auf der normativen Ebene eine zunehmende Verschärfung beobachten läßt, die ambulante Gewerbe mit ‚kriminellen Vaganten' in Verbindung brachte. Ein Teil der in zahlreichen Territorien umherziehenden Krämer und Kleinhändler stammte aus dem Judentum und übte für die Versorgung der Landbevölkerung eine wichtige Funktion aus. Da jüdische Handelstätigkeit als Bedrohung merkantilistischer Wirtschaftspolitik aufgefasst und zudem mobile Juden grundsätzlich als Betteljuden verdächtigt wurden, kam es in vielen Territorien des Reiches zu spezifischen Verboten des jüdischen Hausiererhandels mit entsprechenden Strafandrohungen. In der Praxis ließen sich diese Verbote jedoch kaum kontinuierlich aufrechterhalten und durchsetzen, da der ambulante Hausiererhandel wegen seiner Bedeutung für die Versorgung des ländlichen Raumes nicht völlig unterbunden werden konnte. Staatliche Konzessionen, die auch Juden erwerben konnten, sollten Kontrolle gewährleisten und brachten zudem neue Einnahmequellen, bedeuteten aber auch neue Deliktformen, da Verstöße als Betrugsdelikte geahndet werden konnten. Juden, die durch Kurmainzer Gebiet zogen, ohne die Gebühren für Geleitscheine oder Konzessionen entrichtet zu haben, wurden mit einer Geldstrafe von zehn bis 20 Reichstalern bedroht.[35]

Migrierende Juden, die das Umherziehen nicht mittels einer Hausiererkonzession oder eines Geleitscheines legitimieren konnten, wurden einer zunehmenden Diskriminierung und Kriminalisierung als Betteljuden ausgesetzt. Gegen Ende des 17. Jahrhunderts lässt sich in der territorialen und städtischen Policeygesetzgebung die Ausformung dieses neuen Stereotyps und Etiketts beobachten. Darunter subsumierte die obrigkeitliche Gesetz-

---

[34] *J. Beck,* Tractatus (Anm. 15), 343 ff.

[35] MNZ 438, Reskript (Hofkammer), 21. 04. 1705; MNZ 495, Reskript (Hofkammer), 11. 09. 1715; MNZ 669, Verordnung (Hofkammer), 09. 05. 1732; MNZ 1347, Verordnung, 28. 06. 1766; zahlreiche weitere Verordnungen zu dieser Thematik sind nachgewiesen in: *K. Härter / M. Stolleis,* Repertorium (Anm. 12), Bd. 1 – 4, Sachregister unter 1.3 Juden bzw. dem Schlagwort „Taschenbriefe", „Schutzgeld", „Leibzoll". Als Fallbeispiel für die problematische Umsetzung und die Zielkonflikte: *Sabine Ullmann,* Nachbarschaft und Konkurrenz. Juden und Christen in Dörfern der Markgrafschaft Burgau 1650 bis 1750, Göttingen 1999, 237 – 243.

gebung arme migrierende, ‚schutzlose' Juden, denen pauschal Eigentumskriminalität unterstellt und die verdächtigt wurden, sich dem ‚Raub- und Diebsgesindel' anzuschließen, Banden zu bilden und Einbruchdiebstahl oder Raubüberfälle zu begehen.[36] Zwischen 1710 und 1730 – parallel zur letzten europäischen Pestwelle – läßt sich im Reich ein deutlicher Anstieg der Policeynormen beobachten, die Betteljuden meist gemeinsam mit Bettlern, Vaganten und ‚Zigeunern' als Gefährdung der öffentlichen Sicherheit einstuften und ihnen noch zusätzlich die Verbreitung von Seuchen und gefährlichen Krankheiten, Brandstiftung und Kirchenraub unterstellten. Die zweite, in der folgenden Graphik ausgewiesene *Normierungsspitze* in den 1770er Jahren hängt wiederum mit der Angst vor der Pest – diesmal angeblich von Juden aus dem Osten eingeschleppt – sowie der Subsistenzkrise in diesen Jahren zusammen.

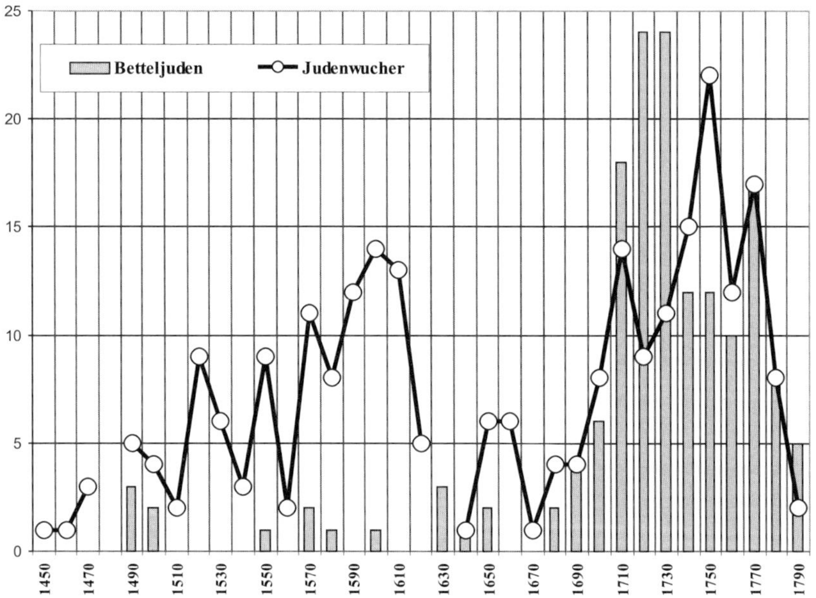

Abb. 2: Normierungsintensität Reich,
11 Territorien, 4 Reichsstädte "Judenwucher" & „Betteljuden"

36 Vgl. zu Etikettierung und Kriminalisierung neben der immer noch wertvollen älteren Studie von *Rudolf Glanz,* Geschichte des niederen jüdischen Volkes in Deutschland. Eine Studie über historisches Gaunertum, Bettelwesen und Vagantentum, ND New York 1968; jetzt vor allem *O. Ulbricht,* Criminality and punishment (Anm. 6); und die Fallstudie zu vier migrirenden Jüdinnen von: *Katrin Anders,* Sara, Ester, Thobe und Hanna. Vier jüdische Frauen am Rande der Gesellschaft im 18. Jahrhundert. Eine mikrohistorische Studie unter Verwendung Flensburger Gerichtsakten, Flensburg 1998.

Die sozioökonomischen und kulturellen Hintergründe dieses Etikettierungs- und Kriminalisierungsprozesses lassen sich zumindest teilweise aufhellen: Nach dem Dreißigjährigen Krieg vollzog sich ein Prozess der Neuansiedlung von Juden im ländlichen Raum der Territorien, der mit einer Zunahme jüdischer Mobilität und Bevölkerung, aber auch einer zunehmenden Verarmung von Juden einherging. Die Forschung schätzt, dass etwa zehn Prozent der im Reich lebenden Juden keine dauerhaften Lebensmöglichkeiten in den jüdischen Gemeinden fand und auf die Migration angewiesen war, um durch Unterstützung, Gelegenheitsarbeiten und Betteln überleben zu können.[37] Bei diesen Betteljuden handelte es sich überwiegend um nichtsesshafte, arme Juden, die aus unterschiedlichsten Gründen ihren Schutz verloren hatten oder keinen Schutzbrief erwerben konnten, und sich vom Betteln oder ambulanten Tätigkeiten als Kleinhändler oder Lehrer ernährten. Charakteristisch sind die Angaben einer fünfköpfigen Gruppe, die 1771 in Kurmainz festgenommen und als Diebsbande verdächtigt wurde: Nathan Isaac und seine Ehefrau gaben an, „sie seyen arme Leuth und müßten also von einem Orth zu dem anderen gehen“; sie vagierten seit etwa dreizehn Jahren und ernährten sich von Porzellanflicken, Holztragen, Schuheputzen, sonstigen Tagelöhnerarbeiten und Betteln. Israel Simon zog ebenfalls umher, „weilen die Nahrung alljährlich schlechter werde, und Er als Jüdischer Schulmeister keinen Verdienst mehr zu Fürth gehabt“.[38] Sicherlich waren diese umherziehenden Juden – wie die in dieser Zeit insgesamt stark wachsende Gruppe vagierender Armer – auch auf Subsistenzkriminalität angewiesen beziehungsweise begingen Eigentumsdelikte. Die vorliegenden Zahlen lassen jedoch keinesfalls den Schluss zu, die deutschen Obrigkeiten hätten mit der entsprechenden Policeygesetzgebung lediglich auf die wachsende jüdische Kriminalität reagiert, die jedenfalls für Kurmainz im Vergleich zur Gesamtentwicklung in der ersten Hälfte des 18. Jahrhunderts keine signifikante Abweichungen aufwies.[39] Vielmehr wurde die zweifellos wachsende Zahl umherziehender Juden pauschal als Sicherheitsbedrohung aufgefasst, wobei sich ältere Vorurteile mit Ängsten vor Seuchengefahren verbanden und einen Sicherheitsdiskurs entfachten, der auf der normativen Ebene zur Festschreibung des *neuen* Etiketts des stehlenden Betteljudens führte. Dieses erweiterte beziehungsweise konkretisierte das in der Policey-

---

37 Zusammenfassend: *Friedrich Battenberg,* Die Juden in Deutschland vom 16. bis zum Ende des 18. Jahrhunderts, München 2001, 45–47 und 112–116; *Yakov Guggenheim,* Von den Schalantjuden zu den Betteljuden. Jüdische Armut in Mitteleuropa in der Frühen Neuzeit, in: Juden und Armut in Mittel- und Osteuropa, hrsg. von Stefi Jersch-Wenzel u. a., Köln u. a. 2000, 55–69; einzelne Territorien / Gemeinden: *S. Ullmann,* Nachbarschaft und Konkurrenz (Anm. 35), 371–378; *G. Partington,* Betteljuden in Lippe (Anm. 6); *Bernhard Post,* Judentoleranz und Judenemanzipation in Kurmainz 1774–1813, Wiesbaden 1985, 405 ff.

38 BStAW, MRA KA 2836.

39 Dazu ausführlicher unten.

gesetzgebung enthaltene Bild des ‚kriminellen Vaganten', wobei die Juden bis zur Mitte des 18. Jahrhunderts die ‚Zigeuner' als Etikett abzulösen schienen und zunehmend verdächtigt wurden, Diebs- und Räuberbanden anzugehören beziehungsweise besondere jüdische Banden zu bilden. Ähnlich wie bei den ‚Zigeunern' erleichterten kulturelle Merkmale wie die jüdische Sprache, aus der die ‚Gaunersprache' Rotwelsch zahlreiche Worte übernommen hatte, das Umherziehen in relativ geschlossenen Gruppen und die Tätigkeit als ambulante Händler die Zuschreibung des Etiketts ‚Diebsbande'.[40]

Die Einschätzung der Betteljuden als Gefahr für die öffentliche Sicherheit hängt auch mit Verfahren gegen einzelne jüdische ‚Räuberbanden' (wie z. B. die große Niederländische Bande) zusammen, die große öffentliche Aufmerksamkeit erregten und sich deutlich im sicherheitspoliceylichen Diskurs niederschlugen.[41] Neben der wachsenden Zahl entsprechender Verordnungen manifestierte sich dieser sicherheitspoliceyliche, die umherziehenden Juden als ‚Sicherheitsbedrohung' etikettierende Diskurs auch in Fahndungslisten, ‚Aktenmäßigen Darstellungen' einzelner Kriminalfälle (z. B. von Einert und Bierbrauer) und in einigen juristischen Texten, so auch bei Beck und Gmelin.[42] Dieser sicherheitspoliceyliche Diskurs konstruierte insgesamt eine von umherziehenden Randgruppenangehörigen sowie ‚Räu-

---

40 Zu den Zigeuner, die in den Policeygesetzen ebenfalls ‚Diebs- und Räubergesindel' etikettiert wurden: *Leo Lucassen,* Zigeuner. Die Geschichte eines polizeilichen Ordnungsbegriffes in Deutschland 1700–1945, Köln u. a. 1996; *Thomas Fricke,* Zigeuner im Zeitalter des Absolutismus. Bilanz einer einseitigen Überlieferung. Eine sozialgeschichtliche Untersuchung anhand süddeutscher Quellen Pfaffenweiler 1996. Zur Verfolgung von Vaganten und Eigentumskriminalität: *Karl Härter,* Zum Verhältnis von „Rechtsquellen" und territorialen Rahmenbedingungen in der Strafgerichtsbarkeit des 18. Jahrhunderts: Vagabondage und Diebstahl in der Entscheidungspraxis der Kurmainzer Landesregierung, in: Justiz = Justice = Justicia? Rahmenbedingungen von Strafjustiz im frühneuzeitlichen Europa, hrsg. von Harriet Rudolph und Helga Schnabel-Schüle, Trier 2003, 433–465.

41 Vgl. *Uwe Danker,* Räuberbanden im Alten Reich um 1700. Ein Beitrag zur Geschichte von Herrschaft und Kriminalität in der Frühen Neuzeit, Frankfurt am Main 1988, 43 ff. und passim; *Katrin Lange,* Gesellschaft und Kriminalität. Räuberbanden im 18. und frühen 19. Jahrhundert, Frankfurt am Main 1994, 99 f. und passim; *Florike Egmond,* Underworlds. Organized Crime in the Netherlands, 1650–1800, Cambridge 1993.

42 *Paul Nicol Einert,* Entdeckter Jüdischer Baldober, Oder Sachsen-Coburgische Acta Criminalia Wider eine Jüdische Diebs- und Rauber-Bande, Worinnen Zu jedermänniglicher Wahrnehmung / vor die Jüdische Nachstellungen sich hüten zu lernen, Besonders aber Zum nützlichen Gebrauch Derer Criminal-Gerichte, Viele bisher noch nicht bekannt gewesene Bosheiten und Diebs-Streiche, des Jüdischen Volcks, deutlich geoffenbaret und zum Behuff künfftiger Inquisitionsprocesse, mit practischen Anmerckungen erläutert werden, Coburg 1737; [*Johann Jakob Bierbrauer*], Beschreibung derer berüchtigten Jüdischen Diebes, Mörder- und Rauber-Banden [...] vornemlich [in] hiesigen hochfürstl., sodann auch denen umliegenden Landen und Städten, Kassel 1758; *J. Beck,* Tractatus (Anm. 15), 318 ff.

ber- und Diebsbanden' ausgehende allgemeine Bedrohung der öffentlichen Sicherheit im Reich, wobei Größe, Professionalität, Gefährlichkeit und Kriminalität dieser Gruppen und ‚Banden' deutlich übersteigert wurden.[43]

Die Sanktionsdrohungen der Policey- und Strafgesetzgebung gegen Betteljuden variierten je nach Territorium und Kontext relativ stark und reichten von Landesverweisung, Prügel / Stäupung, Urfehdeschwur und Brandmarkung über Zuchthaus, Festungsbau bis hin zur Todesstrafe. Beispielsweise enthielten die einschlägigen Kurmainzer Verordnungen Landesverweisung, Prügel, Urfehdeschwur und Brandmarkung und drohten in den 1720er Jahre parallel zur Gesetzgebung der Kur- und Oberrheinischen Reichskreise auch harte peinliche Strafen an: Beim dritten Betreten sollten Betteljuden, „wann sie auch keine Ubelthat begangen", als unverbesserliche („weilen bey ihnen keine Besserung zu spühren") Verächter der obrigkeitlichen Verordnungen mit der Galeere oder „auch wohl gar mit der Todts-Straff" gestraft werden. Im Gegensatz zu den ‚Zigeunern' war die Androhung der Todesstrafe jedoch nicht absolut, sondern richtete sich nach „befundenen Dingen". Darunter wurde insbesondere der Nachweis eines begangenen Eigentumsdelikts verstanden; konnte ein solches nicht nachgewiesen werden, kam es meist nur zur Landesverweisung.[44]

Die pauschale Diskriminierung der Betteljuden als Diebe und Räuber zeitigte auch Auswirkungen auf die den umherziehenden Juden solidarische Unterstützung gewährenden Judengemeinden. Wurden doch die sesshaften Schutzjuden verdächtigt, die jüdischen ‚Diebe' und ‚Banden' zu unterstützen, zu beherbergen und als Hehler zu nützen. Das ältere Etikett des ‚Wucherjuden' verband sich so mit dem jüngeren des ‚Betteljuden', was die Wirksamkeit zweifellos verstärkte und zu repressiven Maßnahmen gegen die Judengemeinden führte: Beherbergungsverbote, Melde- und Anzeigepflicht, Kontrolle der ‚Judenherbergen', Beschränkung der Migration und Durchzugsverbote, Entzug des Schutzes und massive Strafdrohungen mit Leib- und Lebensstrafen sollten sicherstellen, dass ansässige Juden ver-

---

43 *Dirk Riesener,* Die Produktion der Räuberbanden im kriminalistischen Diskurs. Vagantische Lebensweise und Delinquenz im niedersächsischen Raum im 18. und 19. Jahrhundert, in: Hannover und sein Umland in der frühen Neuzeit. Beiträge zur Alltags-, Sozial- und Wirtschaftsgeschichte, hrsg. v. Carl-Hans Hauptmeyer, Bielefeld 1994, 183–213; *Andreas Blauert / Eva Wiebel,* Gauner- und Diebslisten: Registrieren, Identifizieren und Fahnden im 18. Jahrhundert. Mit einem Repertorium gedruckter südwestdeutscher, schweizerischer und österreichischer Listen sowie einem Faksimile der Schäffer'schen oder Sulzer Liste von 1784, Frankfurt a. M. 2001; *Karl Härter,* Von der Friedenswahrung zur „öffentlichen Sicherheit": Konzepte und Maßnahmen frühneuzeitlicher Sicherheitspolicey in rheinländischen Territorien, in: Rheinische Vierteljahresblätter 67 (2003), 162–190; *Karl Härter,* Sicherheit und Frieden im frühneuzeitlichen Alten Reich: Zur Funktion der Reichsverfassung als Sicherheits- und Friedensordnung 1648–1806, in: ZHF 30 (2003), 413–431.

44 MNZ 522, Verordnung, 07. 10. 1720.

dächtige Betteljuden nicht beherbergten und bei der Obrigkeit denunzierten.[45] In Kurmainz kam es auch in einigen Fällen zu Verfahren gegen Schutzjuden.[46] Zwar gewährten die Judengemeinden umherziehenden Juden auch weiterhin Unterkunft, denn vielfach waren die harmlosen, nützlichen mobilen Juden (z. B. Rabbiner / ‚Judenlehrer' oder Verwandte) kaum von den ‚kriminellen Betteljuden' zu unterscheiden; dennoch scheinen die Verbote und Strafandrohungen zumindest teilweise Wirkung gezeigt zu haben. Einige Judengemeinden forderten sogar selbst die Obrigkeit auf, Betteljuden die Durchreise zu verbieten und sie an ihren Heimatort zurückzuschicken. Aufgrund ihrer meist prekären wirtschaftlichen Situation hatten viele sesshafte Juden beziehungsweise Judengemeinden durchaus ein mit der Obrigkeit übereinstimmendes Interesse an der ‚Fernhaltung' beziehungsweise Ausweisung der Betteljuden.[47]

Die hier geschilderten normativen Vorgaben wurden zweifellos nicht linear – gleichsam eins zu eins – in die Praxis der Diskriminierung und Verfolgung von Juden umgesetzt. Dennoch darf ihre Funktion und Wirkung nicht unterschätzt werden. Eine Wirkung der Normen lag weniger darin, dass sie unmittelbar zu einer rigideren Strafpraxis führten. Vielmehr fand eine diskursive Ausformung des Etiketts des ‚kriminellen Juden' statt und Stereotypen wie ‚Betteljude', ‚Kornjude' oder ‚Wucherjude' verstärkten die allgemeinen Vorurteile gegenüber Juden und prägten die Verfolgungs-, Verfahrens- und Strafpraxis stärker als die eigentlichen ‚Straftatbestände': Umherziehen, Bandenbildung, Diebstahl, Betrug, Wucher und Hehlerei galten als ‚typisch jüdisches', gleichsam ‚eingewurzeltes' deviantes beziehungsweise kriminelles Verhalten, das nicht nur der persönlichen Bereicherung diente, sondern Untertanen und Staat schädigen wolle und die „Sicherheit des gemeinen Wesens" gefährde.[48]

II.

Die Ausgrenzung der Juden als soziale Randgruppe, speziell Gettoisierung, Eigenverwaltung und eine relativ autonome innerjüdische niedere Strafgerichtsbarkeit (Rabbinatsgericht) bedeuteten auch, dass der Zugriff

---

45 MNZ 437, Befehl, 05. 12. 1704; Reskript mit Punkte des Oberrhein. Kreises, 28. 04. 1705, Hessisches Hauptstaatsarchiv Wiesbaden (künftig: HHStAW), 106 / 316.

46 Z. B. Bericht 20. 02. 1703 und Reskript, Konzept, 23. 02. 1703, BStAW, MRA Cent 4.

47 Vgl. exemplarisch *B. Post,* Judentoleranz und Judenemanzipation (Anm. 37), 406. Zusammenfassend zu dieser Problematik *F. Battenberg,* Juden in Deutschland (Anm. 37), 115.

48 MNZ 1080, Verordnung, 27. 08. 1753; vgl. dazu auch *O. Ulbricht,* Criminality and punishment (Anm. 6), besonders 54 f.

der obrigkeitlichen Strafjustiz auf die Judengemeinden insgesamt begrenzt war. Nur gelegentlich befasste sich beispielsweise in Kurmainz die Landesregierung, die als höchstes und einziges Kriminalgericht fungierte, mit Sexual- oder Gewaltdelikten, bei denen ausschließlich Juden beteiligt waren. Auch die niederen Gerichte (Amts- und Stadtgerichte) und mit Strafkompetenzen versehene Verwaltungsorgane, die für Policeydelikte und ‚geringe Verbrechen' zuständig waren, straften keine Vergehen, an denen nur Juden beteiligt waren und die keine *Außenwirkung* entfalteten. Das Interesse der Obrigkeiten, via Policey- und Strafgerichtsbarkeit disziplinierend und kontrollierend in innerjüdische Konflikte einzugreifen und abweichendes Verhalten zu verfolgen, war eher gering, solange die Gemeinden einen meist erheblichen Anteil von um die 50 Prozent der vom Rabbinatsgericht verhängten Geldbußen entrichteten. Allerdings läßt sich eine im 18. Jahrhundert zunehmende Tendenz beobachten, die Strafkompetenzen der jüdischen Gemeindeorgane einzuschränken und die jüdische Gerichtsautonomie völlig zu beseitigen.[49] Emanzipation und Gleichstellung brachten z. B. in Kurmainz die Abschaffung der autonomen Strafkompetenzen der Rabbinatsgerichte, mit der Folge, dass nun auch Unzuchtsdelikte oder Schlägereien zwischen Juden vor den staatlichen Gerichten (Amtgerichtsbarkeit) landeten. Dies führte allerdings nicht zu einer umfassenden strafrechtlichen Regelung, sondern der frühneuzeitliche Territorialstaat bediente sich dabei wiederum des Instruments der Policeygesetzgebung, um Flexibilität zu gewährleisten und deviantes Verhalten innerhalb der jüdischen Gemeinden auch nach Utilitätsgesichtspunkten sanktionieren zu können.[50]

Grundsätzlich bestand ein erhebliches Interesse an der Verfolgung und Bestrafung des devianten Verhaltens, welches das Verhältnis zur christlichen Umwelt tangierte und in den entsprechenden Normen als strafbar festgeschrieben worden war. Die relative Autonomie und besondere Solidarität der Judengemeinden erschwerten allerdings Normdurchsetzung und Strafverfolgung. Den Schutzjuden oder Judengemeinden wurden daher besondere, strafbewehrte Melde- und Anzeigepflichten auferlegt.[51] So mussten z. B. in Kurmainz alle durchreisenden Juden sowie *verdächtige* Verkaufsversuche, Pfänder und auch Verkäufer gemeldet werden, um Betteljuden beziehungsweise Diebe zu entdecken. Die Unterlassung einer Anzeige

49 So jedenfalls die Regelung in Frankfurt am Main und Kurmainz: vgl. insgesamt *A. Gotzmann,* Strukturen jüdischer Gerichtsautonomie (Anm. 2) sowie als instruktives Fallbeispiel für die Praxis: *S. Ullmann,* Nachbarschaft und Konkurrenz (Anm. 35), 172–179 und 187–192.

50 Zu Kurmainz: *B. Post,* Judentoleranz und Judenemanzipation (Anm. 37), besonders 321 zu den daraus entstehenden Kompetenzkonflikten und Problemen.

51 Allgemein zum Problem Anzeige/Denunziation im frühneuzeitlichen Straf- und Policeyrecht: *Matthias Weber,* „Anzeige" und „Denunciation" in der frühneuzeitlichen Policeygesetzgebung, in: Policey und frühneuzeitliche Gesellschaft, hrsg. v. K. Härter (Anm. 31), 583–609; vgl. auch als Fallbeispiel: BStAW, MRA Cent 4.

konnte als Zusammenarbeit oder Komplizenschaft mit ‚Diebsgesindel' bewertet werden, die mit erheblichen Strafandrohungen verbunden war. Wurden Diebstähle gemeldet, bei denen Wertgegenstände oder andere, leicht identifizierbare Gegenstände gestohlen worden waren, schickte die Kurmainzer Regierung Beschreibungen des Gestohlenen an die Juden und schärfte diesen ihre Anzeigepflicht ein; im Falle der Kirchendiebin Anna Maria Killian führte dies beispielsweise zu deren Verhaftung.[52] Zwar lassen sich auch hier keine Aussagen über unterlassene Anzeigen machen, doch enthalten die Kurmainzer Policey- und Kriminalakten einige Fälle, in denen Juden Vaganten oder Diebe anzeigten; bei den gemeldeten Verdächtigen handelte es sich allerdings nahezu ausschließlich um Christen.[53] Die Unterlassung einer Anzeige war durchaus mit einem Entdeckungsrisiko verbunden, denn gefasste Diebe wurden grundsätzlich befragt (auch ‚peinlich', also mittels Folter), ob sie Kontakt zu Juden aufgenommen und bei diesen etwas veräußert hätten. Gab es solche Hinweise, ging die Kurmainzer Obrigkeit meist scharf gegen die verdächtigen ‚Judenhehler' vor, drohte der Familie oder auch der ganzen Gemeinde mit Entzug des Schutzes und verhängte gegen ‚überführte' Hehler schwere Strafen.[54] Wurden solche ‚Judenhehler' darüber hinaus noch der Mitgliedschaft in einer ‚Diebsbande' verdächtigt, führte dies zu einer deutlichen Verschärfung der Strafen. Im Fall einer 1738/39 gefassten ‚Diebsbande' verurteilte die Mainzer Regierung einen als Hehler beziehungsweise ‚Kontaktmann' beteiligten Juden, den die Delinquenten (darunter ein Betteljude) beim Verhör denunziert hatten, zu zehn Jahren Festungsbau, der nach der Todesstrafe schwersten Strafart.[55] Die Möglichkeiten zur Instrumentalisierung der Hehlerei zeigt die prekäre Stellung der Juden in der Strafjustiz: Hehlerei im Sinne der wissentlichen Annahme von Diebesgut war den Juden zwar bereits in den Policeyordnungen des Reiches bei Strafe verboten worden. Dennoch hatten weder das Reich noch die Reichsstände das ‚Hehlereiprivileg' der Juden – ursprünglich eher ein Handelsschutzprivileg – völlig außer Kraft gesetzt. Handel und Pfandgeschäfte mit Gütern auch aus eher ungewissen Quellen wurden den Juden von den meisten Obrigkeiten gestattet, meist allerdings verbunden mit einer Melde- und Anzeigepflicht. Diese *Grauzone* war durchaus im Sinne der Obrigkeit, die sich der Juden bediente, um Diebe aufzuspüren, andererseits aber auch bei unterlassener Anzeige oder Entdeckung verbotener

---

52 BStAW, MRA KA 2655; weitere Beispiele MRA KA 1828, KA 2047, KA 1166, KA 1729.

53 Beispiele: BStAW, MRA KA 2054, KA 2038, KA 1863, KA 1862, KA 1832. Beispiele für die Anzeige von Betteljuden: BStAW, MRA KA 1854 und KA 1915.

54 Vgl. für die Bestrafung von Judenhehlern: BStAW, MRA KA 1255 (Zuchthaus wegen Ankaufs von 5 Malter Gerste); KA 1888, KA 1793 (Prügelfolter), KA 2794 (Drohung mit Entzug des Schutzes und Turmstrafe), KA 2291 (Prügelfolter); KA 2263 (Verlust Schutz), KA 1928 (Schläge, Pranger und Zuchthaus).

55 BStAW, MRA KA 1325.

Hehlereigeschäfte mit rigorosen Strafen gegen die betreffenden Juden vorgehen konnte.

Neben Strafen beziehungsweise Strafandrohungen setzte der Mainzer Kurstaat auch die Instrumente Belohnung und ‚Informantendienste' ein, um im Bereich der Judengemeinden Delikte wie Diebstahl, ‚Judenwucher', Hehlerei, Beherbergung von Betteljuden oder Verstoß gegen die Sonntagsheiligung aufzuspüren, die den christlichen Amtsträgern meist verborgen blieben. Beispielsweise erhielt der Jude Löw Ungar ein ‚Gnadengehalt' für die ‚Ausfindigmachung' von jüdischen ‚Dieben' in Höhe von drei Maltern Korn jährlich. Seinen Lebensunterhalt konnte er sich allerdings innerhalb der Judengemeinde nicht mehr verdienen, da diese ihn wegen seiner Spitzel- und Denunziationstätigkeit ausgegrenzt hatte. Löw wurde schließlich als „Policeydiener" der Stadt Mainz beschäftigt, was die enge Verbindung zwischen ‚Spitzeldiensten' und frühen Policeykräften unterstreicht.[56] Der Mainzer Kurstaat gewährte ebenfalls ‚kriminellen' Juden Straferlass, falls sie Policey- und Spitzeldienste übernahmen: Der wegen Diebstahls einer goldenen Tabaksdose festgenommene Jude Mayer wurde 1770 begnadigt, weil er sich für eine ‚geheime Mission' – die Aufspürung und Festnahme des „Starcken Joseph" und seiner „Judenbande" – zur Verfügung stellte und wohl weitere Spitzeldienste übernahm. Dies trug ihm ebenfalls die Feindschaft der Heddernheimer Judengemeinde ein, die ihn so misshandelte, dass er den Kurfürsten um Aufenthalt und Schutz in einem anderen Teil des Kurstaates bat.[57] Auch in anderen Territorien agierten in der zweiten Hälfte des 18. Jahrhunderts Juden als professionelle Spitzel oder Polizeiorgane, so hatte z. B. Hessen-Darmstadt den Juden Moses Abraham als Landleutnant angestellt.[58]

Die Beispiele zeigen, dass der frühneuzeitliche Territorialstaat einerseits Schwierigkeiten hatte, Delikte innerhalb der Judengemeinden zu verfolgen und zu bestrafen, sich aber andererseits eine Zusammenarbeit zwischen Juden und staatlichen Organen entwickelte und Juden sogar als Amtsträger beziehungsweise Exekutivkräfte in die Strafverfolgung mehr oder weniger integriert wurden. Für die betreffenden Juden konnte dies allerdings wiederum zu Konflikten mit der jüdischen Gemeinde führen und letztlich Aus-

---

56 Vgl. BStAW, MRA Cent 56 und MRA KA 2108.

57 BStAW, MRA KA 166; die Akten und Supplikationen in: Stadtarchiv Mainz (künftig: StdAM), 4 / 29.

58 BStAW, MRA KA 2108. Zum Amt des Landleutnants, einem im ländlichen Bereich eingesetzten Policeyorgan: *Karl Härter*, Der Kreisleutnant des Oberrheinischen Reichskreises. Entwicklung, Praxis und Scheitern eines supraterritorialen paramilitärischen Polizeiorgans im 18. Jahrhundert, in: Policey in lokalen Räumen. Ordnungskräfte und Sicherheitspersonal in Gemeinden und Territorien vom Spätmittelalter bis zum frühen 19. Jahrhundert, hrsg. v. André Holenstein / Frank Konersmann / Josef Pauser / Gerhard Sälter, Frankfurt a. M. 2002, 267 – 288.

grenzung bedeuten. In der Tendenz bauten die Obrigkeiten des Reiches mittels Anzeigepflicht, Ausweisungsdrohung, Belohnung, ‚Spitzeldiensten' und Rekrutierung von Juden für den ‚Policeydienst' die Möglichkeiten zur Strafverfolgung im 18. Jahrhundert deutlich aus.

Kam es zu einem Strafverfahren gegen Juden, waren diese als Minderheit beziehungsweise soziale Randgruppe von vornherein benachteiligt. Bereits die Carolina enthielt Generalklauseln, die alle Personen mit „üblem Leumund" – zu denen auch die Juden gezählt wurden – im Inquisitionsprozess deutlich schlechter stellten, insbesondere bezüglich der Inhaftierung / Untersuchungshaft, des Unterstützungs- und Reinigungseides, der Folter und der Verteidigungsmöglichkeiten.[59] In der Kurmainzer Verfahrenspraxis wurden Juden – vor allem wenn sich ihnen das Etikett ‚Betteljude' zuschreiben ließ – eher in Untersuchungshaft genommen und gefoltert als einheimische christliche Verdächtige. In Judenherbergen oder auf der Straße gefasste Betteljuden wurden festgenommen, inhaftiert und verhört, wobei grundsätzlich nach Reiseweg, Kontakten zu sesshaften Juden, Aufenthalt in Judengemeinden, Herkunftsort und Verbindungen zu ‚Banden' gefragt beziehungsweise geforscht wurde; gelegentlich unter Rückfragen an andere Ämter, Städte oder Territorien, um die Aussagen zu verifizieren.[60] In Kurmainz nahm die Zahl der inhaftierten Juden in der zweiten Hälfte des 18. Jahrhunderts, nach der Intensivierung der Policeygesetzgebung gegen Betteljuden, deutlich zu: Im Zeitraum 1770 bis 1789 lag der Anteil der Juden an den verhafteten Vaganten mit etwas über 20% (37 von 178) deutlich höher als vor 1770 beziehungsweise nach 1790; von 21 zwischen 1770 und 1790 verhafteten Gruppen (‚Banden') bestanden fünf ausschließlich oder überwiegend aus Juden; dagegen wurde nur noch eine ‚Zigeunerbande' festgenommen.[61]

Bei den Kontrollen und Festnahmen gingen die Streifen, Amtsträger und vor allem die als ländliche Polizeitruppe fungierenden Husaren häufig mit Gewalt gegen Vaganten, Bettler, ‚Zigeuner' und Betteljuden vor: beispielsweise prügelten 1778 die Husaren drei polnische Juden derart, dass sich

59 *J. Beck,* Tractatus (Anm. 15), 422–519, besonders 429 f., 436, 493, 498 f., 506 f.; *C. Gmelin,* Abhandlung (Anm. 16), 95–109; vgl. als Fallbeispiel: *Rotraud Ries,* Bilder und Konstruktionen über einen Grenzgänger. Der Prozess gegen den Ansbacher Hofjuden Elkan Fränkel 1712, in: Minderheiten, Obrigkeit und Gesellschaft in der Frühen Neuzeit. Integrations- und Abgrenzungsprozesse im süddeutschen Raum, hrsg. v. Mark Häberlein / Martin Zürn, St. Katharinen 2001, 317–338.

60 Vgl. als charakteristisches Fallbeispiel Festnahme und Verhör einer elfköpfigen Gruppe umherziehender Juden in der Lorscher Judenherberge im Jahr 1771, die intensiv und unter Überprüfung aller nur denkbaren ‚Lebensumstände' verhört wurden; dabei kam es ebenfalls zu einer engen Zusammenarbeit zwischen Kurmainz und dem benachbarten Hessen-Darmstadt: BStAW, KA 2836.

61 Übereinstimmend auch die Entwicklung in Lippe: *G. Partington,* Betteljuden in Lippe (Anm. 6), 261, Anm. 41.

die Mainzer Judengemeinde beim Kurfürsten beschwerte; 1768 misshandelten Untertanen, Schultheiß und Husaren den eines geringfügigen Diebstahls beschuldigten Betteljuden Jakob Koppel mit Prügel und Daumenschrauben – den Folterinstrumenten des ersten Torturgrades –, dass er „ein lebenslänglicher Krüppel verbleibt“, wie die Landesregierung selbst feststellen musste.[62] Festgenommene Betteljuden, die der Mainzer Kurstaat eines Diebstahls oder der Mitgliedschaft in einer Bande verdächtigte, wurden häufig gefoltert. Ein charakteristisches Beispiel ist der Fall des achtzehnjährigen Hayum Spira: Er wurde 1727 im Mainzer Kurstaat mit einer Gruppe von Vaganten aufgegriffen und inhaftiert, da er sich nicht ausweisen konnte. Gemeinsam mit dem ebenfalls verdächtigen Deserteur Georg Kärgel wurde Spira beschuldigt, mit diesem in Schwalbach einen Diebstahl begangen zu haben. Die Zeugenaussage einer Schwalbacherin, dass sich der Jude in Schwalbach aufgehalten hatte, genügte, um ihn zu foltern. Beide Delinquenten wurden schließlich bis zum dritten Grad gefoltert, Kärgel gestand ohne Spira zu beschuldigen, der auch im dritten Grad standhaft blieb. Zwar konnte die als Strafgericht fungierende Mainzer Regierung Spira kein eigentliches Verbrechen nachweisen, verurteilte ihn aber dennoch zu Pranger, Uhrfehdeschwur und Landesverweisung, da er „im Landt ziemlich herumgestrichen undt vagirt [...] mithin für einen herum vagirenden undt verdächtigen Juden zu halten“ sei.[63] Kärgel, ebenfalls als „Vagant“ etikettiert, wurde zum Tod verurteilt und hingerichtet. Die Kurmainzer Kriminalakten enthalten zahlreiche weitere Fälle, in denen migrierende Juden als Betteljuden eingestuft, festgenommen, verhört und bei Verdacht auf einen Diebstahl auch gefoltert wurden. Eine Verteidigungsmöglichkeit zur Abwendung der Folter wurde nicht zugelassen, was allerdings auch für alle anderen Delinquenten galt. Während die Anwendung der Folter in Kurmainz im 18. Jahrhundert fast ausschließlich auf des Diebstahls verdächtige Vagierende und Tötungsdelikte beschränkt blieb, wurden jüdische Delinquenten im Gegensatz zu einheimischen Christen auch bei Sexualdelikten beziehungsweise sexuellen Kontakten zwischen Juden und Christinnen gefoltert. Meist ordnete die Mainzer Regierung dabei die nicht den Vorgaben des Gemeinen Rechts folgende neue Form der Prügelfolter an, die ansonsten bei Sexualdelikten längst abgeschafft worden war. Auch bei Betrugs- beziehungsweise Wucher- und Hehlereivorwürfen gegen Juden griffen die Untersuchungsbeamten zur Prügelfolter, wobei in einem Fall von 1782 auch die Ehefrau des der Verbreitung falscher Münzen verdächtigten Weisenauer Juden Feist Moses mit „Haselgertenstreichen“ gefoltert wurde.[64]

---

62 BStAW, MRA KA 1203; der Fall von 1778 BStAW, MRA Mil 324.

63 HHStAW, 101/321a.

64 Beispiele: BStAW, MRA KA 2021 (Feist Moses und Ehefrau), KA 2314 (Ehebruch), KA 2955 (Ehebruch), KA 1971 (Betrug), KA 2291 (Hehlerei); StdAM, 4/29

Benachteiligt waren Juden auch bezüglich der im Inquisitionsprozess wichtigen Eidesleistungen: Voraussetzung für die Zulassung eines Inquisiten zum Reinigungseid, mit dem die Unschuld *bewiesen* und in der Regel eine Verfahrenseinstellung erreicht wurde, war dessen *Lebenswandel* beziehungsweise soziale Stellung. Folglich waren Personen mit schlechtem Leumund und Angehörige von mobilen Randgruppen wie die Betteljuden davon ausgeschlossen. Auch die Schutzjuden durften keinen Reinigungseid vor dem *Richter* leisten, konnten aber bei geringfügigen Delikten den Judeneid beim Rabbiner ablegen. Juden, die sexueller Vergehen oder als Betteljuden, Hehler oder Wucherer verdächtigt beziehungsweise etikettiert wurden, verwehrte der Mainzer Kurstaat den Reinigungseid beziehungsweise die Eidesleistung beim Rabbiner. Handelte es sich dagegen um ein angesehenes Mitglied der jüdischen Gemeinde, das mit den Amtsträgern zusammengearbeitet hatte, wurde die Eidesleistung gestattet.[65] Ebenso durften Juden keinen Zeugen- und Unterstützungseid leisten, der aber notwendig war, um z. B. einen Diebstahl als *corpus delicti* dem Gericht zu beweisen. In einem Fall von 1756 leitete z. B. die Mainzer Regierung keine Strafverfolgung ein, weil die betroffenen Juden einen „Effektendiebstahl" nicht beeiden durften und folglich kein *corpus delicti* vorlag.[66] Diese Praxis relativierte den *Vorteil* der staatlichen Strafverfolgungspflicht, die das Inquisitionsverfahren jüdischen Opfern gegenüber dem in der Praxis kaum noch angewandten Akkusationsprozess bot, der Juden überhaupt keine Klagemöglichkeit eingeräumt hatte.[67] In Kurmainz traten die Juden jedenfalls selten als Anzeigende oder Opfer auf, was aber auch teilweise damit zusammenhängt, dass deviantes Verhalten in den Bereichen Gewalt und Sexualität und ohne Beteiligung von Christen innerhalb der jüdischen Gemeinschaft verhandelt und sanktioniert wurde und erst gar nicht vor die obrigkeitlichen Gerichte gelangte.

Zusammenfassend belegt die Kurmainzer Gerichtspraxis des 18. Jahrhunderts zwar eine deutliche Benachteiligung und Diskriminierung insbesondere derjenigen Juden, denen sich Etikettierungen wie ‚Betteljude' oder ‚Wucherjude' zuschreiben ließen. Dennoch unterscheiden sich die Juden als Minderheit nicht von der Behandlung anderer, meist auswärtiger und umherziehender Verdächtiger beziehungsweise Delinquenten, die sozialen Randgruppen angehörten und als ‚Bettler', ‚Vaganten' oder ‚Zigeuner' eingestuft wurden.[68] Eine Ausnahme bildet lediglich die – allerdings sehr seltene – sexuelle Devianz bezüglich Juden und Christen. Hier zeigt sich

---

(Betrug). Betteljuden: KA 1102, KA 1795, KA 2972, KA 1707, KA 193, KA 2108, KA 1854, KA 1216.

65 BStAW, MRA KA 2944, KA 1049, KA 2172 (Gestattung Eidesleistung beim Rabbiner trotz Hehlereiverdachts).

66 BStAW, MRA KA 2897.

67 Dazu auch *J. Beck*, Tractatus (Anm. 15), 425 f.

68 Dazu ausführlich *K. Härter*, Policey und Strafjustiz (Anm. 8), Kapitel 9.

auch bei einheimischen Schutzjuden eine deutliche Ungleichbehandlung und ein rigoroses beziehungsweise repressives Vorgehen der Strafjustiz.

Auch hinsichtlich des Anteils jüdischer Täter an der Kurmainzer Gesamtdelinquenz kann zunächst ein relativ niedriger Anteil jüdischer Delinquenten von um die fünf Prozent festgestellt werden. Allerdings zeigen sich in einigen Deliktbereichen signifikante Unterschiede, wie die folgende Graphik demonstriert.[69]

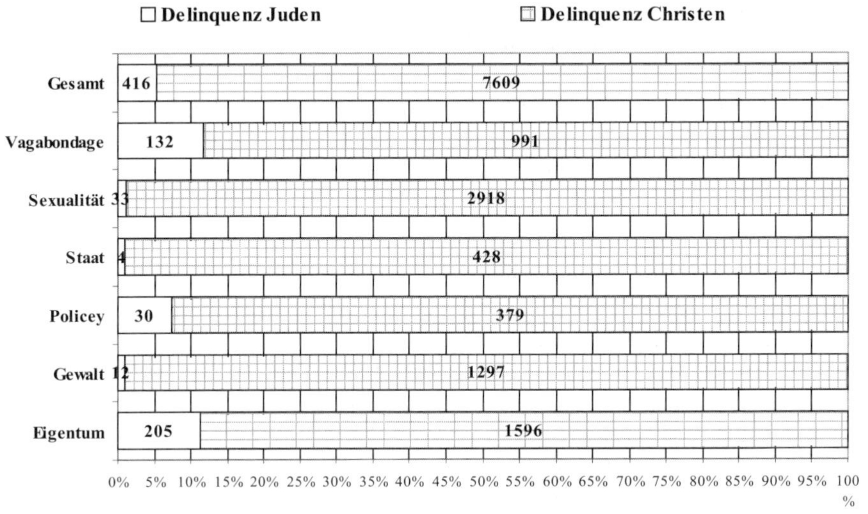

Abb. 3: Deliktbereiche: Delinquenz (Haupt- & Nebendelikte) Juden Kurmainz (18. Jh.)

In den Deliktfeldern Sexualität, Staat und Gewalt waren die Kurmainzer Juden deutlich unterrepräsentiert, was primär durch die Eigengerichtsbarkeit und eine von der Obrigkeit möglichst autonome Konfliktregelung bedingt war.[70] Ihr Minderheitenstatus ließ es den Juden geraten erscheinen, *innerjüdische* Devianz wie z. B. Ehebruch, ‚Unzucht' oder Schlägereien möglichst nicht zur Kenntnis der obrigkeitlichen Gerichtsbarkeit zu bringen, sondern selbst zu regeln. In diesen Bereichen waren – wie gezeigt – die Möglichkeiten der Kurmainzer Obrigkeit begrenzt, Devianz festzustellen, und meist handelt es sich bei überlieferten Fällen um schwerere Delikte wie

69 Datengrundlage bilden die im Rahmen meiner Habilitationsschrift, *K. Härter*, Policey und Strafjustiz (Anm. 8), ausgewerteten Kurmainzer 3705 Kriminalfälle (überwiegend 18. Jahrhundert) mit 6705 Delinquenten und einer Delinquenz von 8077.

70 Übereinstimmender Befund bei *O. Ulbricht,* Criminality and punishment (Anm. 6), 53.

Ehebruch, Kindsmord oder Totschlag, wobei die Bestrafung keine Unterschiede zur sonstigen Strafpraxis zeigt, falls ausschließlich Juden beteiligt waren.[71] In den wenigen Fällen sexueller Beziehungen von Juden zu Christinnen betrieb die Mainzer Obrigkeit allerdings eine deutlich intensivere Strafverfolgung, setzte Folter und *Kollektivstrafen* gegen die Familien ein, konnte allerdings die Täter, die meist geflohen waren, nur selten verurteilen.[72] Im Fall des geflohenen Bensheimer Schutzjuden Löw Hayum, der angeblich mit der „Bockenheimer Ließ" im Eichelswirtshaus zu Kastel Ehebruch begangen hatte, übte die Mainzer Regierung z. B. massiven Druck auf dessen Ehefrau und Familie aus, drohte mit dem Entzug des Schutzes und wies schließlich die Familie, deren gesamtes Vermögen konfisziert wurde, aus.[73] Erst im letzten Drittel des 18. Jahrhunderts beschäftigte sich die Regierung intensiver mit Sexualdelikten innerhalb der jüdischen Gemeinden und reklamierte ihre Zuständigkeit, da der Kurstaat die relativ autonome niedere Gerichtsbarkeit der Judengemeinden einschränken wollte beziehungsweise dann auch ganz beseitigte.[74]

Die geringe Anzahl der Delikte gegen den Staat beziehungsweise obrigkeitliche Amtsträger verweist ebenfalls auf den Minderheitenstatus der Juden, die es – anders als christliche Untertanen – kaum wagen konnten Amtsträger zu beleidigen oder gar körperliche Gewalt gegen diese anzuwenden, weil dies eventuell den Verlust des Schutzes oder zumindest schwerer Strafen bedeutet hätte. So wurde der Bensheimer Schutzjude Lazarus Sander 1767 von der Kurmainzer Regierung zu einer Festungsbaustrafe (Schanze) von vier Wochen verurteilt, weil er angeblich ungerechtfertigte Anschuldigungen gegen den Amtskeller Kirn erhoben hatte, um die Zahlung von Steuern (wohl Schutzgeldern) zu umgehen.[75] Den Vorsteher der Judengemeinde in Bretzenheim verurteilte die Landesregierung 1777 wegen Beleidigung eines Unterschultheißen zu acht Tagen Zuchthaus.[76]

---

71 Vgl. beispielhaft: Ehebruch zwischen einer jüdischen Witwe und dem Juden Löw Ullmann, 1735: BStAW, MRA KA 1819; Ehebruch des Schutzjuden Simon mit seiner jüdischen Magd, 1763: BStAW, MRA KA 1414; Verdacht auf Abtreibung/Kindsmord bei der jüdischen Magd des Schutzjuden Moyses Schmuhl, 1720: BStAW, MRA Cent 229; Kindsmord durch die Jüdin Güdle, Dienstmagd des Rabbiners zu Kronberg, 1790: BStAW, MRA KA 1531; Schlägerei/Totschlag zwischen zwei Juden bei einem Wirtshausstreit, 1713: StdAM, 4/34.

72 BStAW, MRA KA 2314.

73 BStAW, MRA Cent 227.

74 Fallbeispiele (ab 1767): BStAW, MRA KA 2587, KA 1539, KA 1927, KA 2289, KA 2474, KA 798.

75 BStAW, MRA KA 2817; die Festungsbau- oder Schanzenstrafe war in Kurmainz die schwerste Strafart nach der Todesstrafe; christliche Untertanen wurden bei falschen Anschuldigungen gegen Amtsträger meist mit Turmstrafen oder Geldbußen gestraft.

76 BStAW, MRA KA 1746.

Bei der *Bereicherungskriminalität* beziehungsweise Delikten wie Raub, Diebstahl, Hehlerei, Betrug / Fälschung und Wucher sowie in den Deliktfeldern Vagabondage und Policey sind jüdische Delinquenten deutlich überrepräsentiert. Hier zeigt sich die Wirksamkeit der entsprechenden Straf- und Policeygesetzgebung und der jeweiligen Etikettierungen. Bei den Policeydelikten mit jüdischer Beteiligung handelte es sich überwiegend um Wucher, Glücksspielbetrug und Störung der Sonn- und Feiertagsruhe durch Arbeit oder den Verkauf von krankem Vieh beziehungsweise Fleisch.[77]

Charakteristisch für die Behandlung von Juden bei Policeydelikten ist ein Fall von 1776: Mehrere Bretzenheimer Juden hatten krankes Vieh geschlachtet und das Fleisch verkaufen wollen, was gegen eine kurz zuvor ergangene Policeyverordnung verstieß, die den Kurmainzer Juden wegen einer grassierenden Viehseuche Schlachtung und Fleischverkauf untersagte hatte. Die betroffenen Juden wurden inquisitorisch verhört und obwohl kein Fleisch verkauft worden war, zu zwei- bis dreimonatigen Schanzen- und Zuchthausstrafen verurteilt, die der Kurfürst noch persönlich auf vier bis sechs Monate und eine öffentlich in Bretzenheim durchzuführende Prügelstrafe – „anderen zum nothwendigen abschröckenden Beyspiel" – verschärfte. Der beteiligte christliche Untertan, der den Juden das kranke Vieh verkauft hatte, erhielt dagegen eine milde Strafe von vier Tagen Turmhaft.[78] Auch im Fall der Schutzjuden Lazar Sander, Löw Hertz und Löw Nathan, die 1776 in der Gemeinde Kleinhausen (Oberamt Starkenburg) in der Nacht vom Ostersamstag auf Ostersonntag das Haus verlassen und auf der Straße einen „Tumult" veranstaltet hatten, entschied die Mainzer Regierung, dass der üblichen Geldbuße eine „öffentliche genugthuung und bezüchtigung beygefügt" werden müsse, da es sich um jüdische „Nachtschwärmer" handle: Die Juden sollten mit einer Rute in der Hand und Lazar Sander als der „Anführer" „zur distinction voraus zu Pferd mit einem Besen in der Handt, und zwahr, weilen sambtliche deren Christen Ostertag zu entheiligen sich erfrechet, auf einem Samstag nachmittags durch die Straßen in Kleinhausen 2 mahl auf- und abgeführet werden". Auch in diesem Fall verschärfte der Kurfürst die Strafen um eine achttägige Turmstrafe die an jeweils acht Tagen „von einem jüdischen Sabath zum anderen" vollzogen werden sollte, um die Juden ebenfalls im religiösen Bereich zu treffen.[79] ‚Judenwucher' strafte der Kurstaat mit Geld- und Zuchthausstrafen, die häufig um eine Ehrenstrafe verschärft wurden, und bewertete diese Delikte meist auch als

77 Beispiele: Betrug bei der Armenhauslotterie 1783 – 1784: BStAW, MRA KA 545 und 561; Glücksspiel 1752: BStAW, MPA 1944; Sonntagsheiligung 1701: HHStAW, 106 / 203. Beispiele für die Durchsetzung der entsprechenden Normen mittels Strafen auch bei *S. Ullmann*, Nachbarschaft und Konkurrenz (Anm. 35), 423 f.

78 BStAW, MRA KA 1818; vgl. aber zur Durchführung der Strafen die Ausführungen unten zum Supplizieren.

79 BStAW, MRA KA 2793.

‚Betrug', so zum Beispiel im Fall von 1779/80, in dem drei „jüdische Wucherer" zu sechs Wochen Zuchthaus und einer öffentlichen Tracht Prügel verurteilt wurden.[80]

Bei den Eigentumsdelikten lagen die Juden in Kurmainz sowohl insgesamt (10% Anteil) als auch im Besonderen bei den Delikten Betrug/Fälschung (ca. 16%), Münzdelikten (ca. 17%), Raub (ca. 18%) und Hehlerei (ca. 55%) deutlich über dem Durchschnitt (Anteil Gesamtdelinquenz 5%). Besonders eng war der Zusammenhang zwischen Eigentumsdelinquenz, Vagabondage und der Etikettierung als Betteljude: Über 50% der jüdischen Delinquenten wurden als umherziehende Juden beziehungsweise Betteljuden eingestuft und meist für ein Eigentumsdelikt bestraft. Charakteristisch für den Zuschreibungsprozess des Etikettes ‚krimineller Betteljude' ist ein Rechtsgutachten (Kriminalrelation) des Hofrates Stubenrauch aus dem Jahr 1757: Der 40jährige, verheiratete Jude Alexander David, aus Amsterdam, der bereits dreizehn Jahre umherzog, war aufgrund einer „Denunziation" verhaftet worden. Zwar konnte man ihm trotz intensiver Verhöre kein Delikt nachweisen, dennoch schlug Stubenrauch ein hartes Urteil und eine Verdachtstrafe vor, da der Jude „ein selbst eingestandener Vagabund" und es bekannt sei, „dass wo bey einem Christen [...] ein Diebstahl beschehet, jedesmahl darzu Juden gebrauchtet werden". David sollte zunächst mit einem Vierteljahr Festungsbau bestraft und gegen ihn noch „etwas nähere Judicia" (ein konkretes Delikt) ermittelt werden. Damit erhalte er keine weitere „Gelegenheit, mit stehlen und Gefährdung des gemeinen Wesens" seine „Nahrung zu suchen".[81] Der Fall belegt exemplarisch die Wirksamkeit der Policeygesetzgebung und der darin enthaltenen Etikettierungen, die auch der zeitliche Verlauf der Delinquenz beziehungsweise Strafintensität auf der quantitativen Ebene unterstreicht.

Der Anstieg in den 1750er Jahren und dann erneut – und nun deutlich überproportional – ist vor allem auf die gestiegene Festnahme von Betteljuden und Verfahren gegen ‚betrügerische' Juden zurückzuführen. Dabei spielten auch Konflikte der Herrschaftselite mit jüdischen Finanziers eine Rolle, wie das Verfahren gegen den Mainzer Juden Hallgarten zeigt, mit dem unter anderem auch der Mainzer Kurfürst Geldgeschäfte getätigt hatte. Hallgarten wurde nach einem lang dauernden Prozess 1781 wegen angeblichen Betrugs mit Wechseln und Sicherheitsleistungen zu einer unbestimmten Schanzenstrafe verurteilt, die er auch verbüßen musste. Kurfürst Friedrich Karl Josef von Erthal hatte ursprünglich sogar die Todesstrafe verhängen und dann in einem neuen Betrugsgesetz als Höchststrafe festschreiben lassen wollen, was die Mehrheit seiner Regierungsräte allerdings als der Carolina und dem Gemeinen Recht widersprechend ablehnte.[82] Ins-

80 BStAW, MRA KA 201.

81 BStAW, MRA KA 178.

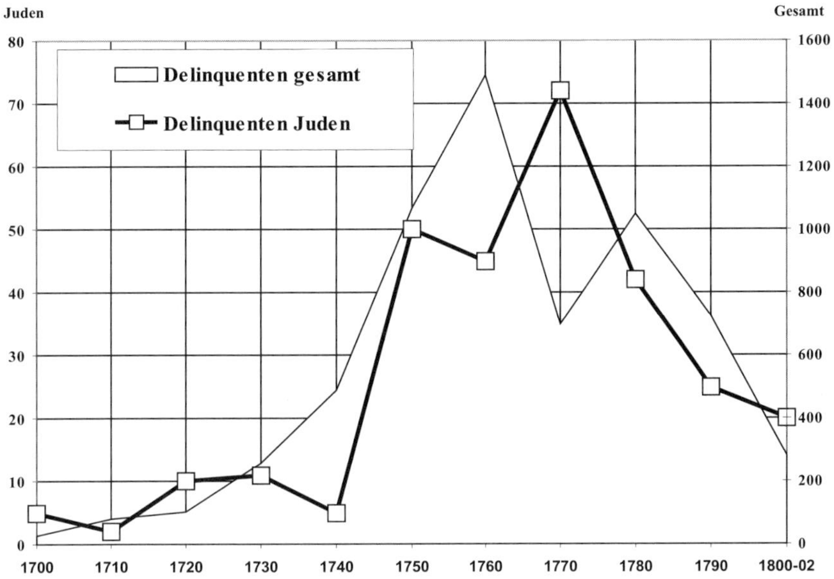

Abb. 4: Entwicklung Delinquenten Kurmainz 18. Jh.

gesamt unterstreicht die Mainzer Gerichtspraxis, dass auch noch im letzten Drittel des 18. Jahrhunderts Krisen wie die Subsistenzkrise der 1770er Jahre zu einer verschärften Diskriminierung führten, die sich in einer steigenden Verfolgungsintensität und Zuschreibung der Etiketten ‚Betteljude' und ‚Wucherjude' manifestierten.

Nicht nur bezüglich der Deliktbereiche und der Verfolgungsintensität, sondern auch hinsichtlich der verhängten Strafen lassen sich Diskriminierung und Etikettierung belegen. Dies betraf weniger die in den juristischen Texten breit dargestellten besonderen Strafen und Strafverschärfungen wie das Aufhängen an den Füßen, die sich in der Kurmainzer Strafpraxis nicht nachweisen lassen. Vielmehr fielen die Strafen bei jüdischen Delinquenten bei gleichartigen Delikten deutlich höher aus, und gegen umherziehende Juden wurden zudem sogenannte Verdachtstrafen verhängt, auch wenn sich außer dem Vagabundieren keine weiteren Delikte nachweisen ließen. ‚Vagabondage' als ein Delikt *sui generis* erlaubte prinzipiell eine Verurteilung zu einer *poena extraordinaria* auch ohne Feststellung des *corpus delicti* und ohne vollen Beweis. Zentral war die Einschätzung, dass es sich bei den Delinquenten um „notorische" und „incorrigible" Vaganten handle, die man aus sicherheitspoliceylichen Motiven gleichsam in ‚Sicherheitsverwahrung' nehmen müsse. Charakteristisch ist die Begründung einer Schanzenstrafe

82 BStAW, MRA KA 1971.

gegen drei 1781 festgenommene Betteljuden, die aufgrund mitgeführter „Diebswerkzeuge“ und eines Fluchtversuchs verdächtig erschienen: Obwohl „kein corpus delicti würklich vorhanden“ sei und durch die Prügelfolter keine Geständnisse erzwungen werden konnten, beschloss die Mainzer Regierung wegen der „Sicherheit des allgemeinen publicums“, dass die drei Delinquenten „ad tempus indeterminatum auf die Schanz gebracht werden sollen, und abzuwarten, ob wegen allenfallsiger Begangenschafft inmittels gegen selbige nicht weiteres ahngebracht oder sie durch die Diebslisten erkannt und wegen Verbrechen überwiesen werden können“.[83]

Auch bei sexuellen Beziehungen beziehungsweise Delikten zwischen Juden und Christen – meist Unzucht oder Ehebruch – wurden die männlichen Juden deutlich schwerer bestraft. Allerdings kamen in Kurmainz die im Gemeinen Recht diskutierten Todes- und Verstümmelungsstrafen nicht zur Anwendung, sondern die für christliche Delinquenten üblichen Strafen wurden erhöht oder der Schutz entzogen.[84] Jüdinnen kamen bei Sexualdelikten nur sehr selten als Täterinnen oder Opfer vor. Noch deutlicher als bei christlichen Frauen unterließ allerdings die Mainzer Regierung die Bestrafung männlicher Täter bei weiblichen jüdischen Opfern: So wurde z. B. die Vergewaltigung der 16jährigen Jüdin Gelle Wolff aus Weisenau, deren Familie den dortigen Schutzjuden Ascher Hayum bezichtigt hatte, erst gar nicht verfolgt, da die Familie Wolff beziehungsweise das Opfer die Vergewaltigung angeblich vorgetäuscht hätten und nur „Geld schröpfen“ wollten.[85] Auch in dieser Beziehung konnte folglich das Etikett des ‚Schacher- und Wucherjuden‘ aktualisiert werden und negative Auswirkungen für die Stellung der Juden im Strafverfahren zeitigen.

Die deutlichste Ungleichbehandlung zeigt sich bei den Eigentumsdelikten, für die jüdische Delinquenten schwerere Strafen – vor allem Todesstrafen, Festungsbau und Landesverweisung – erhielten, während einheimische, christliche Untertanen eher mit Zuchthaus und leichten Strafen wie Geldbußen, kurze Turmhaft, Verlust des Amtes, Arbeits- und Ehrenstrafen davonkamen, wie die folgende Graphik demonstriert. Allerdings zeigen bei den Eigentumsdelikten weder Delinquenz noch Bestrafung von Betteljuden signifikante Unterschiede zu den sonstigen als ‚Vaganten‘, ‚Bettler‘ oder ‚Zigeuner‘ eingestuften Delinquenten. Nur bei den schweren Delikten wie Raub und Einbruchdiebstahl liegen die Strafen etwas über dem Durchschnitt, was letztlich aus der Gleichsetzung von ‚Raubgesindel‘ mit ‚Zigeu-

83 BStAW, MRA KA 1216; weitere Beispiele BStAW, MRA KA 2970 und MRA KA 978. Auch im Verfahren gegen den Hofjuden Elkan Fränkel wurde das Instrument der poena extraordinaria eingesetzt: *R. Ries,* Bilder und Konstruktionen (Anm. 59).

84 Zumindest bis zu der oben erwähnten Verordnung von 1787, die eine Gleichstellung verfügte; die Fälle sexueller Kontakte zwischen Juden und Christen waren allerdings selten.

85 BStAW, MRA KA 2067.

nern' und ‚Betteljuden' resultiert. Berücksichtigt man diese Abweichung im Deliktspektrum, so zeigen sich keine Unterschiede, die ausschließlich ethnisch oder religiös begründet wären: ‚Zigeuner', ‚Betteljuden' oder ‚Diebsgesindel' wurden weitgehend gleich bestraft, da letztlich das sicherheitspoliceyliche Etikett des ‚kriminellen Vaganten' beziehungsweise ‚Betteljuden' und nicht die ethnische oder religiöse Zugehörigkeit den Ausschlag gab.

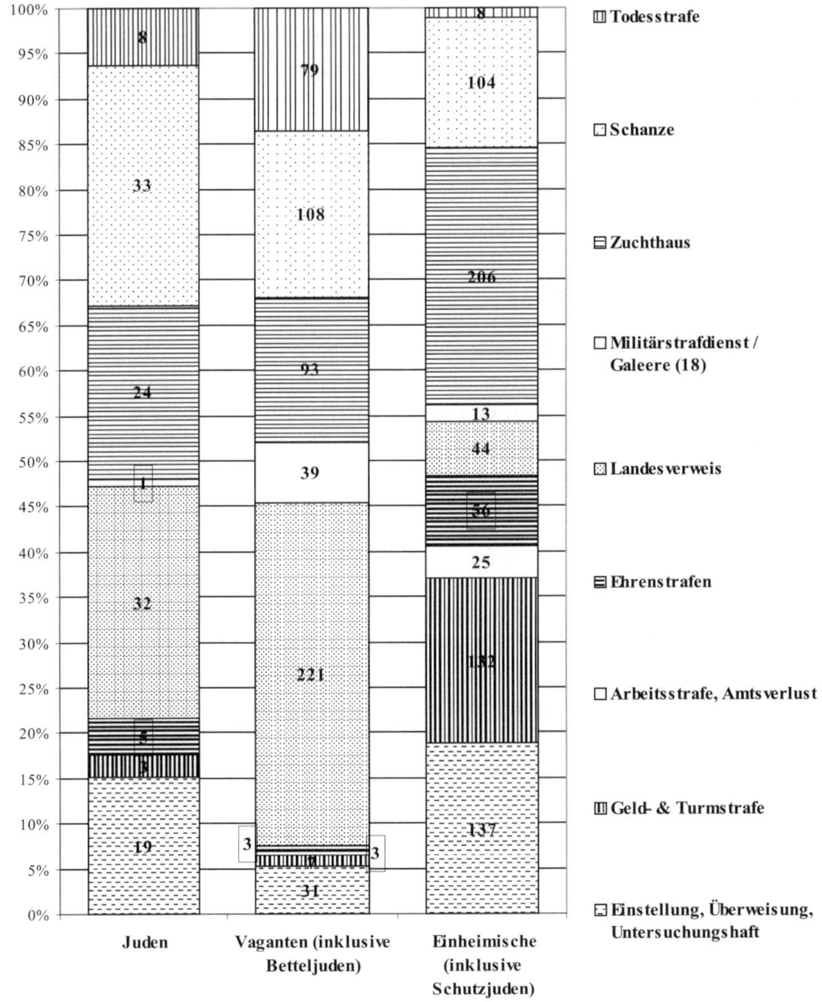

Abb. 5: Strafen Eigentumsdelikte Kurmainz

Diesem Befund scheint lediglich die vergleichsweise hohe Zahl der Verfahrenseinstellungen, Überweisungen und Anrechnung der Untersuchungshaft zu widersprechen, die nahezu dem Anteil der christlichen Delinquenten entspricht. Einerseits konnten sich Juden in Kurmainz einer Bestrafung relativ häufig durch die Flucht entziehen, und da sie wohl in anderen Judengemeinden Aufnahme fanden, gelang es dem Kurstaat praktisch nie, der geflohenen Delinquenten habhaft zu werden. Andererseits ist dieser Befund auch auf die den Juden eingeräumte Möglichkeit zurückzuführen, mittels Supplikationen mit der Obrigkeit beziehungsweise dem Mainzer Kurstaat über Verfahren und Strafen zu verhandeln. Gerade die korporative Organisation der Juden brachte diesbezüglich auch Chancen: Da der Mainzer Kurstaat gelegentlich ganze Judengemeinden für Verfahrenskosten oder Strafen haftbar machen wollte, war es diesen möglich, als Korporation zu supplizieren und weil dabei relativ hohe Summen geboten wurden, konnten die Mainzer Juden durchaus Erfolge hinsichtlich der Einstellung von Verfahren oder der Milderung von Strafen erzielen.[86] In dem oben geschilderten Fall des Verkaufs von krankem Vieh beziehungsweise Fleisch gelang es z. B. der Bretzenheimer Judengemeinde, die zusätzlich zu den Zuchthaus- und Schanzenstrafen gegen mehrere Delinquenten verhängten öffentlichen Prügelstrafen per Gemeindesupplikation abzuwenden. Landesregierung und Kurfürst wandelten die Ehrenstrafe in eine Geldbuße von immerhin 50 Reichstalern pro Delinquenten um, da die „öffentliche Prostitution" nicht nur den Delinquenten, sondern der ganzen Bretzenheimer Judenschaft „zum wahren Nachtheil gereichen" würde. Die fiskalischen Interessen des Kurstaates an den Geldbußen und einer im Sinne der Abgaben leistungsfähigen Judengemeinde dominierte eindeutig vor dem Strafzweck einer öffentlich Abschreckung und Stigmatisierung der Juden.[87]

Dieser letzte Befund bestätigt folglich die ambivalente Stellung der Juden im Strafrecht – auch hinsichtlich der hier exemplarisch skizzierten Gerichtspraxis: Ihr besonderer Status als kaiserliche Kammerknechte und das reichsständische Judenregal eröffnete den Schutzjuden durchaus Möglichkeiten im System der obrigkeitlichen Strafjustiz. Korporative Organisation und Eigengerichtsbarkeit erschwerten den strafrechtlichen Zugriff des Staates und verstärkten die Möglichkeiten, Strafverfolgung und Sanktionen

---

86 Dazu grundsätzlich: *André Holenstein,* Bitten um den Schutz. Staatliche Judenpolitik und Lebensführung von Juden im Lichte von Schutzsupplikationen aus der Markgrafschaft Baden(-Durlach) im 18. Jahrhundert, in: Landjudentum im deutschen Südwesten während der Frühen Neuzeit, hrsg. v. Rolf Kießling / Sabine Ullmann, Berlin 1999, 97 – 153; *Karl Härter,* Negoziare sanzioni e norme: la funzione e il significato delle suppliche nella guistizia penale della prima età moderna, in: Suppliche e „gravamina". Politica, amministrazione, guistizia in Europa (secoli XV-XVIII), a cura di Cecilia Nubola e Andreas Würgler (Annali dell'Istituto storico italo-germanico in Trento, Quaderni 59), Bologna 2002, 263 – 305.

87 BStAW, MRA KA 1818.

insbesondere auf dem Weg von Supplikationen auszuhandeln. Wirtschaftliche und fiskalische Interessen des frühneuzeitlichen Territorialstaates führten bezüglich der Schutzjuden zu einem begrenzten Wandel von den ausgrenzenden und abschreckenden öffentlichen peinlichen Ehren-, Leibes- und Todesstrafen zu Strafformen wie Geldbuße, Zuchthaus oder Festungsbau. Dabei konnten sich die Juden insbesondere zur Abwendung von Ehrenstrafen der gleichen Möglichkeiten wie die christlichen Untertanen bedienen, um Strafen z. B. mittels Supplikationen auszuhandeln. Schutzjuden, denen die diskursiv ausgeformten spezifisch jüdischen Etikettierungen nicht zugeschrieben werden konnten, wurden – mit Ausnahme der in Kurmainz häufiger verhängten zusätzlichen Ehrenstrafen, die meist aber in Geldzahlungen umgewandelt wurden – im System der frühneuzeitlichen Strafjustiz nicht wesentlich anders behandelt als andere Delinquenten.[88] Der frühneuzeitliche Staat blieb auf die Juden angewiesen und beschränkte Strafrecht und Strafjustiz als zentrale Form institutioneller Sozialkontrolle vorwiegend auf das Feld der Kontakte zwischen Juden und Christen. Konflikte und Devianz im Binnenraum der jüdischen Gemeinden blieben weitgehend ausgeklammert. Dies änderte sich erst in der zweiten Hälfte des 18. Jahrhunderts mit dem Beginn der Emanzipation und den Versuchen der Reichsstände, die autonome jüdische Niedergerichtsbarkeit gerade im Bereich der strafbaren devianten Handlungen zu beseitigen. Die Verfolgung und Bestrafung *innerjüdischer* Devianz erwies sich allerdings gerade aufgrund der Autonomie und Gettosituation der Judengemeinden als begrenzt.[89]

Der Status der Juden als ethnisch-religiöse Minderheit und die normative Etikettierung bedeuteten aber auch eine Diskriminierung und Schlechterstellung in der Entscheidungs- und Strafpraxis, wie sie auch für andere soziale Randgruppen festgestellt werden kann. Insofern haben Strafrecht und Strafjustiz spezifische antijüdische Stereotypen beziehungsweise gesellschaftliche Attitüden langfristig verstärkt, wenn nicht gar durch solche grundsätzlich mit Bereicherungskriminalität konotierten Etikettierungen wie ‚Betteljude', oder ‚Wucherjude' produziert. Diese im sicherheitspoliceylichen Diskurs, im Policey- und Strafrecht und von einigen Autoren des Gemeinen Rechts ausgeformten und transportierten Etikettierungen erwiesen sich letztlich als entscheidend für die Gerichts- und Strafpraxis. Allerdings gab es solche Etikettierungsprozesse nicht nur bei Juden, sondern hiervon waren im Grunde alle Randgruppen und Minderheiten betroffen, die sich durch eine mobile Lebensweise auszeichneten und sich nicht als einheimische Untertanen in die Strukturen der Ständegesellschaft einordnen ließen.[90]

---

88 So auch *O. Ulbricht,* Criminality and punishment (Anm. 6), 70.

89 Vgl. dazu auch *A. Gotzmann,* Strukturen jüdischer Gerichtsautonomie (Anm. 2), 353 f.

90 Zusammenfassend zur ‚Zweigleisigkeit' der vormodernen Strafjustiz: *G. Schwerhoff,* Einführung (Anm. 5), 92 – 95 und 130 – 148.

IV. Interne Struktur und äußerer Rahmen: Die rechtliche Lage der Juden im Alten Reich in vergleichender Perspektive

Tradition gegen Neuanfang. Die Statuten der jüdischen Gemeinden Friedberg (Hessen), Den Haag und Middelburg aus der ersten Hälfte des 18. Jahrhunderts im Vergleich

Von *Stefan Litt,* Jerusalem

Der inneren Ordnung jüdischer Gemeinden wurde in vielen Fällen durch ein Regelwerk ein Rahmen gegeben, das sich mit unserem Sprachgebrauch am ehesten durch die Begriffe Statuten oder Gemeinderegeln wiedergeben lässt. Der hebräische Begriff *Takkanot* oder in seiner jiddischen Aussprache *Takkones* meint aber insgesamt einen sehr viel weiter gefassten Bereich als nur die technischen Regeln der Mitgliedschaft in einer Gemeinschaft. Vielmehr umfassen die Takkanot sehr häufig den gesamten Umfang des religiösen und alltäglichen Lebens einer jüdischen Gemeinde. Dies rührt zweifellos aus der abgesonderten Lebenssituation und der in vielen Fällen gewährten Autonomie her, die auch ein erweitertes Regelwerk notwendig machte. Texte dieser Art wurden in der Frühen Neuzeit meist in Jiddisch verfasst, da dies die verbreitete Umgangssprache des aschkenasischen Judentums in dieser Zeit war, da so der Inhalt einer breiten Öffentlichkeit verständlich gemacht werden konnte.

Schon seit der Antike wurden immer wieder Takkanot erlassen, die sich allerdings noch stark von den seit der Frühen Neuzeit bekannten Texten unterscheiden. Diese älteren Takkanot, wie sie über das Mittelalter bis in die Frühe Neuzeit hinein entstanden, waren zumeist einige wenige Festlegungen zu bestimmten Bereichen, deren Regelung jeweils dringend erschien. Über die Jahrzehnte und Jahrhunderte entstanden so allmählich Regelwerke in den jüdischen Gemeinden, die sehr unübersichtlich geworden und daher nur wenigen in ihrer Gänze bekannt waren. Aus der Lektüre der bisher einsehbaren Takkanot alten und neuen Stils zeichnet sich ab, dass der Übergang von den Einzelregulierungen zu den geordneten Statutentexten in der Frühen Neuzeit zu liegen scheint. Diese These ist noch sehr anfänglich und muss durch weitere Untersuchungen zur Thematik hinterfragt werden. Der vorliegende Beitrag soll dazu erste Überlegungen liefern.[1]

---

1 Sollte sich die These bewahrheiten, würde sich hier ein weiterer, sehr wesentlicher Punkt zur Periodisierung jüdischer Geschichte finden, der darauf hindeutet,

Trotz des großen Quellenkorpus für diese Gattung innerjüdischer Texte sind die Forschungsergebnisse dafür bislang recht spärlich. Für das Territorium des Alten Reiches ist bis heute die herausragendste Arbeit die von Heinz Mosche Graupe über die Takkanot der aschkenasischen Dreiergemeinde Hamburg-Altona-Wandsbeck.[2] Für die im Mittelalter und in der Frühen Neuzeit sehr bedeutende Gemeinde Friedbergs existiert seit kurzem eine Textedition der Statuten aus dem 17. und 18. Jahrhundert mit einer Teilanalyse.[3] Einige Beachtung fanden auch die verhältnismäßig alten Statuten der jüdischen Gemeinde in Krakau von 1595.[4] Weiter erschien kürzlich ein Beitrag über derartige Gemeindeordnungen aus Südostfrankreich vom 13. bis zum 17. Jahrhundert.[5]

In den Niederlanden hingegen ist dieses Material sowohl für Amsterdam wie auch für Provinzgemeinden trotz einer nachgewiesenen und ergiebigen Quellengrundlage vollkommen vernachlässigt. Insgesamt mag diese Zurückhaltung der Forschung daran liegen, dass dem Arbeiten mit einem derartigen Regelwerk die Problematik anhaftet, dass es sich dabei meist um die von den Gemeindeführungen gewollten Normen handelt, die nicht so sehr die Realitäten einer Gemeinde widerspiegeln. Betrachtet man jedoch derartiges Material mit einer angebrachten Methode oder stellt mehrere dieser Takkanot gar in einem Vergleich gegenüber, lassen sich durchaus Rückschlüsse auf die jeweilige Situation vor Ort einerseits, wie auch auf regional übergreifende Traditionen und Alltagsnormen andererseits ziehen.

---

dass die Frühe Neuzeit mit einer jeweils regionalen Phasenverschiebung auch im (west)europäisch-aschkenasischen Judentum im späten 16. und 17. Jahrhundert einsetzte.

2 *Heinz Mosche Graupe,* Die Statuten der drei Gemeinden Altona, Hamburg und Wandsbeck. Quellen zur jüdischen Gemeindeorganisation im 17. und 18. Jahrhundert, 2 Bde., Hamburg 1973.

3 *Stefan Litt,* Protokollbuch und Statuten der Jüdischen Gemeinde Friedberg (16.-18. Jahrhundert), in: Kehilat Friedberg II, hrsg. v. Andreas Gotzmann, Friedberg 2003.

4 Siehe dazu die Edition des originalsprachlichen Textes von *Majer Balaban,* Die Krakauer Judengemeinde-Ordnung von 1595 und ihre Nachträge, in: Jahrbuch der jüdisch-literarischen Gesellschaft X (1912), 296–360; XI (1916), 88–114. Kürzlich auch *Heidemarie Petersen,* Selbstverständnis einer polnischen Judengemeinde des 16. Jahrhunderts: Die *Taqanot Qraqa* aus dem Jahr 1595, in: Jüdische Gemeinden und ihr christlicher Kontext in kulturräumlich-vergleichender Betrachtung, hrsg. v. Christoph Cluse / Alfred Haverkamp / Israel J. Yuval, (Forschungen zur Geschichte der Juden, 13), Hannover 2003, 505–512. Allerdings bietet Petersens Beitrag nur eine oberflächliche Analyse der für die Entstehungszeit sehr ausführlichen Takkanot, auf die in der Forschung viel mehr geachtet werden sollte.

5 *Simon Schwarzfuchs,* Über das Wesen der *Takkonaus,* der jüdischen Gemeindeordnungen. Von der Provence bis Metz (13.-17. Jahrhundert), in: Jüdische Gemeinden (Anm. 4), 465–503.

Der hier vorzustellende Vergleich bezieht sich auf den mitteleuropäischen Raum mit einer klaren Nordwestperspektive. Ausgehend von den Takkanot der Friedberger Juden von 1723, die eine leicht überarbeitete Version der Regulierungen von 1664 darstellen, soll auf die zeitgleich entstandenen Texte der niederländischen Gemeinden von Den Haag aus dem selben Jahr und aus Middelburg von 1725 eingegangen werden. Dabei sollen einige Besonderheiten, aber auch die gemeinsamen Bestandteile derartiger Texte aus der selben Entstehungszeit, jedoch mit unterschiedlichen Entstehungskontexten herausgestellt werden.

Die Gemeinde Friedberg ist eine der ganz wenigen im Heiligen Römischen Reich deutscher Nation mit einer geschichtlichen Kontinuität vom späten Mittelalter bis zur Ausrottung durch die Nazis.[6] In diesen vielen Jahrhunderten fanden keine Vertreibungen oder Pogrome in der kleinen wetterauischen Reichsstadt statt, deren jüdische Einwohner zeitweise fast die Hälfte der Bevölkerung ausmachten. Diese somit nicht wirklich eine Minderheit darstellende Gemeinde stand in engem Verhältnis zur Burg, dem dominierenden Machtfaktor der Stadt. Die Burg war wie die Judenschaft kaiserlich und wurde von einer kleinen Gruppe reichsritterschaftlicher Familien geführt. Die Lage der Judengasse in unmittelbarer Nähe der Burg weist deutlich auf dieses enge Verhältnis hin. Das bis heute erhaltene rituelle Tauchbad der Gemeinde aus dem 13. Jahrhundert zeigt in seiner einzigartigen Monumentalität, dass die Gemeinde schon damals einige Bedeutung besessen haben muss. Im 16. und in der ersten Hälfte des 17. Jahrhunderts zählte Friedberg zu den ersten und wichtigsten Gemeinden im Alten Reich mit einem angesehenen rabbinischen Gerichtshof und einer Jeschiwa, die nicht wenige Talmudschüler aus verschiedenen Regionen anzog. Im 18. Jahrhundert hatte die Friedberger Gemeinde schon viel von ihrer alten Bedeutung an andere, teilweise neue Zentren jüdischen Lebens verloren, wie etwa Frankfurt, Hamburg oder Berlin. Die Entwicklung der jüdischen Bevölkerung in Friedberg stagnierte schon seit Jahrzehnten und die Inhaber der Rabbinerposition zählten seit dem Prozess gegen die Teilnehmer der Frankfurter Rabbinerversammlung von 1603[7] nicht mehr zur ersten Riege der aschkenasischen Gelehrtenwelt. Nach den Erschütterungen des Dreißigjährigen Krieges, die die Gemeinde besonders in der Zeit der schwedischen Besatzung in den 1630er Jahren deutlich zu spüren bekamen[8], gab

6 Siehe die umfassende Arbeit zu Friedberg *Cilli Kasper-Holtkotte,* Jüdisches Leben in Friedberg (16.-18. Jahrhundert), Friedberg 2003.

7 Siehe dazu den Beitrag von *Cilli Kasper-Holtkotte* in diesem Band. Der Zwang der Stadt gegenüber der jüdischen Gemeinde, einen Teil ihrer Prozesse vor das Stadtgericht zu bringen, machte die Position des Friedberger Rabbinats für hoch angesehene Gelehrte unattraktiv.

8 Die schwedische Besetzung hob den Schutz des Kaisers auf und die Stadt konnte endlich den lange gehegten Wunsch realisieren, die jüdische Bevölkerung an der

es in der Mitte des 17. Jahrhunderts einige Versuche in der Gemeinde, sich zu reformieren und die alten Takkanot zu überarbeiten, was sich in den neuen Statuten von 1664 manifestiert. Diese Takkanot sind uns in der Form von 1664 nur noch in Fragmenten erhalten, es existiert lediglich eine Abschrift von 1723, die dem Original einige Änderungen hinzufügte. Der umfangreiche Text der Statuten verweist allein durch die 228 Artikel[9] und die darin enthaltene Differenzierung des Regelwerkes auf die lange Gemeindetradition in Friedberg, die diverse Probleme des innergemeindlichen Lebens in irgendeiner Form bereits hatte erscheinen lassen, welche sich dann in Bestimmungen niederschlugen.

Vielleicht ist es die lange Erfahrung im Erstellen und im Umgang mit derartigen Texten in Friedberg, die dazu führte, dass die Takkanot von 1664 respektive von 1723 in klarer Form aufgebaut und gegliedert sind. Im einleitenden Abschnitt wird darauf hingewiesen, dass man die bisherigen Takkanot in den alten Gemeindebüchern (hebräisch *Pinkassim*) geprüft und das Veraltete verworfen hätte. Demnach gab es also eine längere Tradition solcher Texte, die sich aber durch den fast kompletten Verlust des Friedberger Gemeindearchivs nicht mehr rekonstruieren lässt. Sicher ist diese Tradition ein Grund für die logische Gliederung in dem uns zur Verfügung stehenden Text. Nach einer einleitenden Passage, in der auf den Talmud Bezug genommen wird, um die rechtmäßige, an die Erfordernisse der Zeit angepasste Neufassung der Regeln traditionell zu rechtfertigen, wird Auskunft darüber gegeben, dass neun Männer gewählt wurden, um das Regelwerk zu überarbeiten beziehungsweise neu zu gestalten. Es scheint, dass sich hier genau der anfangs angedeutete Prozess vollzog, bei dem die im Laufe der Zeiten erlassenen Einzelbestimmungen gesichtet, bewertet und in die neuen Statuten integriert beziehungsweise verworfen wurden.[10]

Diese neue Version sollte nach Inkrafttreten mindestens für zehn Jahre unverändert Bestand haben. Die Verfasser der Statuten unterteilten diese in sechs Untergruppen: 1. Synagoge und Gottesdienst (52 Artikel); 2. Regeln für Verbotsübertritte (30 Artikel); 3. Gerichtsprozeduren und Belangbarkeit (35 Artikel); 4. Regeln bei Beendigung eines Talmudtraktats (9 Artikel); 5. Steuern, Abgaben und Stättigkeit (55 Artikel); 6. Ämterbesetzungen und Verschiedenes (45 Artikel). Aus der jeweiligen Gewichtung der einzelnen Abschnitte wird deutlich, welche Bereiche in Friedberg offensichtlich be-

---

Steuerlast teilhaben zu lassen, von der sie bisher durch kaiserliche Privilegien befreit war.

9 Das Friedberger Regelwerk ist mit diesem Umfang nach gegenwärtigem Kenntnisstand das längste Beispiel seiner Art. Nur die Statuten von Altona und Hamburg von 1685 haben mit 224 Artikeln beinahe dieselbe Länge, siehe *H. Graupe*, Statuten (Anm. 1), Bd. 1, 65 – 184 (Übersetzung); Bd. 2, 1 – 132 (Originaltext).

10 Da allerdings nichts von dem Vorgängermaterial erhalten blieb, bleibt diese Annahme vorläufig reine Spekulation.

sonders umstritten beziehungsweise problembeladen waren: jener der Steuern, Abgaben und Stättigkeit sowie der Bereich der Synagoge und des Gottesdienstes. Erst mit größerem quantitativen Abstand folgen die anderen inhaltlichen Gruppen, erwartungsgemäß angeführt von der Abteilung Gerichtsprozeduren und Belangbarkeit.

Im ersten Abschnitt Synagoge und Gottesdienst werden minutiös alle Varianten der Vergabe von Ehrenämtern im Gottesdienst abgehandelt, vor allem die Berechtigungen zu Torahaufrufen von Gemeindemitgliedern und von Fremden. Sehr hoch angesehen war in Friedberg offenbar die jeweils letzte und erste Lesung aus dem Jahreszyklus, also die Ehrenämter *Chatan Torah* und *Chatan Bereschit*. Diese spielen auch in anderen Takkanot immer wieder ein Rolle, jedoch keine so bedeutende wie in Friedberg. Diese Ehrenämter wurden hier nur an Gemeindemitglieder versteigert, bei Nichterreichen einer Mindestsumme aber an die Vorsteher vergeben. Da ausdrücklich darauf hingewiesen wird, dass das Beehren eines anderen mit einem der Ämter mit Rücksicht auf den sozialen Stand der anderen Person zu geschehen habe, damit dessen Ansehen nicht lächerlich gemacht werde[11], kann geschlossen werden, dass derartiges wohl vorgekommen sein muss. Ebenso wurde für nötig erachtet, darauf hinzuweisen, dass die *Hawdalakerzen* am Schabbatausgang nicht aus der Synagoge mitgenommen werden dürfen.[12] Auch war es offenbar notwendig, Strafen für in der Synagoge urinierende oder gar sich beschmutzende Kinder beziehungsweise ihre Erziehungsberechtigten zu verhängen.[13] Dies sind zugegebenermaßen pikante Sonderfälle, die aber dennoch darauf hindeuten, dass diese Texte einiges Material für die Rekonstruktion von Mentalitäten und Alltag in der frühneuzeitlich-jüdischen Gesellschaft bereithalten.

Der zweite Abschnitt zu Verbotsübertritten beinhaltet verschiedenste Bereiche, wie die pflichtgemäße Unterweisung von Kindern in Torah und Talmud und die Konditionen für das Lehrersalär.[14] Weitere Bereiche in diesem Abschnitt sind die des Verkaufs von koscherem Fleisch, die Marktaufsicht durch Gemeindebeamte[15], das Verhalten bei Geschäften mit Christen, aber auch sittliche Belange. So wird festgelegt, dass Juden nichtjüdische Wirtshäuser nur dann besuchen dürfen, wenn durch den Besuch ein Geschäftsabschluss möglich sein sollte. Diese Ausnahme musste aber zuvor von den sogenannten Beauftragten, den Aufsehern über Lebensmittel genehmigt werden.[16] Interessant ist weiter das geforderte Verhalten beim Besuch einer

---

11 Statuten, in *S. Litt*, Protokollbuch (Anm. 3) Art. 28.

12 Ebd., Art. 36.

13 Ebd., Art. 51.

14 Ebd., Art. 53–58.

15 Ebd., Art. 63.

16 Ebd., Art. 82.

Frau im rituellen Tauchbad. Danach wurde eine Frau auf ihrem Weg in die berühmte, ganzjährig nur mit 7 Grad Celsius warmem Wasser gefüllte Friedberger *Mikwe* von der *Chasente*[17] begleitet, die dabei eine kleine Glocke läutete, worauf sich alle, wohl vor allem Männer in ihre Häuser zu begeben hatten. Sicher sollte dadurch der jeweiligen Frau eine gewisse Intimsphäre gewahrt werden. Wer aber nicht in sein Haus ging und so, hier die Originalformulierung, „neben der Sünde ein Verbrechen beging" und mit der Frau Spott trieb, dessen Strafe wurde auf einen Reichstaler erhöht.[18] Auch hier scheint der Umstand gegeben, dass ohne derartige Vorkommnisse ein solches Verbot mit begleitenden Geldstrafen nicht nötig gewesen wäre. Die Enge der kurzen und dicht bewohnten Friedberger Judengasse machte aber sicher alle theoretischen Versuche der sittlichen Verbesserung auf diesem Gebiet zu Makulatur. Sicher wurde hier fast alles bemerkt und zweifellos besonders eine von der läutenden Chasente begleitete Frau.[19]

Im dritten Abschnitt über Gerichtsprozeduren werden alle möglichen Varianten zur Klärung von Streitfällen besprochen, sowohl im rabbinischen oder im Schiedsgericht, als auch durch das *Klamen,* also das Einklagen des Prozesses in der Synagoge durch die Unterbrechung des Gebets. Auch werden sehr ausführlich die Details der Verhängung des kleinen oder großen Banns besprochen und die sich daraus für den Gebannten ergebenden, sehr unangenehmen Konsequenzen für das alltägliche Leben.[20] Aber auch andere juristische Fragen werden hier behandelt, wie die Ausstellung von Urkunden, die damit verbundenen Gebühren und die Ausfüllung des Amtes eines *Ne'eman,* der Notariatsfunktionen übernahm.[21] Abschließend werden im dritten Abschnitt noch die hier etwas unpassend platzierten Regeln über die Abhaltung von Festmahlzeiten formuliert, die genau die erlaubte Anzahl von Gästen für die entsprechenden Vermögensgruppen[22] und Anlässe sowie das sittliche Verhalten vorschreiben.

Der vierte und recht kurze Themenkomplex hat die Prozeduren bei Beendigung des gemeinsamen Lernens eines Talmudtraktates zum Inhalt. Dieser Bereich findet sich kaum in anderen Takkanot und dürfte in Friedberg der Existenz der bedeutenden Jeschiwa geschuldet sein. Konkret werden hier die organisatorischen Seiten des gemeinsamen Festmahls geregelt, das bei Beendigung eines Talmudtraktates abgehalten wurde.

---

17 Die Aufseherin über das rituelle Tauchbad.

18 Statuten, in *S. Litt,* Protokollbuch (Anm. 2), Art. 69.

19 Die sittliche Problematik im Umgang mit dem rituellen Tauchbad wird in der innerjüdischen Überlieferung immer wieder thematisiert, wenn auch eher selten auf der Ebene der Statuten.

20 Statuten, in *S. Litt,* Protokollbuch (Anm. 2), Art. 85–90.

21 Ebd., Art. 109.

22 Ebd., nach Art. 112–115.

Besonders ausführlich ist schließlich die gesamte Frage der Steuern, Abgaben und der Stättigkeit behandelt. Insgesamt 55 Artikel befassen sich damit, also knapp ein Viertel des gesamten Textes. Hier kann den zahlreichen Bestimmungen nicht weiter nachgegangen werden, es sei nur angemerkt, dass dieser Bereich offenbar besonders von den vielen Erfahrungen bei der Besteuerung, der Neuaufnahme, aber auch des Wegzuges von Juden aus der Gemeinde geprägt ist. Viele der Artikel stellen oft ein kompliziertes Konstrukt von möglichen Umständen dar, die nur aus konkreten Fällen entstanden sein können, mit denen sich die Gemeindeführung irgendwann im Laufe der Geschichte einmal konfrontiert sah.

Der letzte Komplex ist im Text mit der Bezeichnung ‚Ämterbesetzungen' versehen, was aber nur zum Teil zutrifft. In der Tat befasst sich ein großer Teil dieses sechsten Abschnitts mit den Regeln zur Wahl eines neuen Vorstandes[23], Rabbiners oder anderer Gemeindeangestellten[24], die hoch kompliziert sind und gewissen Unregelmäßigkeiten vorbeugen sollten. Allerdings finden auch andere Themen Aufnahme in diesen Abschnitt, so etwa Bestimmungen zur Sammeltätigkeit des Armenpflegers, Einschränkungen von Glücks- und Gesellschaftsspielen, die nur zu Purim und Chanukka erlaubt waren und sonst mit dem großen Bann bestraft wurden[25], sich also offenbar großer Beliebtheit erfreuten, aber auch Bestattungsgebühren[26] und Regelungen zum Eintrag von Namen in das Memorbuch.[27] Abgesehen von wenigen Änderungen, die der Handschrift von 1723 durch Glossen oder Zusatzprotokolle hinzugefügt wurden, blieben diese umfangreichen Takkanot in Friedberg wenigstens bis in die napoleonische Zeit gültig.[28]

Im Gegensatz zu den Friedberger Statuten sind die Takkanot der beiden niederländischen Gemeinden Den Haag und Middelburg recht anders gestaltet. Ohne Zweifel liegt das unter anderem an der im Verhältnis sehr viel kürzeren Gemeindegeschichte, sicher aber auch an anderen, im Weiteren benannte Faktoren. In Den Haag siedelte sich erst in den 70er Jahren des 17. Jahrhunderts der erste aschkenasische Jude an, bald darauf kamen weitere Familien dazu, so dass zu Beginn des 18. Jahrhunderts eine eigene Gemeinde gegründet wurde.[29] Die Vorgeschichte dieser sogenannten ‚Hochdeut-

---

23 Ebd., Art. 184.

24 Ebd., Art. 200.

25 Ebd., Art. 222.

26 Ebd., Art. 224 und 226.

27 Ebd., Art. 225.

28 Ebd., Art. 166, dort Marginalie von 1809.

29 Zur Geschichte der ‚Hochdeutschen' (= aschkenasischen) Gemeinde siehe immer noch *D.S. van Zuiden,* De Hoogduitsche joden in ‚s Gravenhage, ‚s Gravenhage 1913; weiter den Ortsartikel in Pinkas. Geschiedenis van de joodse gemeenschap in Nederland, hrsg. v. *Jozeph Michman / Hartog Beem / Dan Michman,* Amsterdam / Antwerpen 1999, 364–390.

schen Gemeinde' ist wie auch in anderen Gemeinden in den Niederlanden mit den älteren und vermögenderen sefardisch-portugiesischen Gemeinden verbunden. Diese bestanden in den allermeisten Fällen bei Ansiedlung der ersten Aschkenasim in niederländischen Städten schon längere Zeit und nahmen die Zuwanderer vorerst auf. Als diese jedoch im Laufe der Zeit immer zahlreicher wurden, drängten die Sefarden oft auf die Gründung eigener aschkenasischer Gemeinden, die innerhalb kurzer Zeit die der Sefarden in Hinblick auf ihre Größe schnell überholten, nicht aber bezüglich des Vermögens und des Einflusses. Sehr prägnant ist das Beispiel von Den Haag, wo die ersten Statuten der Hochdeutschen Gemeinde 1701 im Auftrag der Stadt von zwei Sefarden, Manuel Levi und Moses Pinto, verfasst wurden. Die aschkenasische Seite, um die es letztlich ging, hatte dabei kein Mitspracherecht. Diese ersten Takkanot[30] sind noch sehr wenig elaboriert und fallen mit nur 18 Artikeln besonders durch ihre ausgesprochene Knappheit auf. Besonders bemerkenswert scheint hier das gleich im ersten Artikel geäußerte Verbot des Benutzens eines Messers oder einer anderen Waffe in der Synagoge.

Ein derartiger Artikel findet sich in den ersten selbständigen Takkanot[31] der Haager Aschkenasim von 1723 nicht mehr, wobei die Verhaltensweisen in der Synagoge weiterhin an erster Stelle geregelt wurden. Im Vergleich mit den ausführlichen Bestimmungen von Friedberg fällt mit nur 55 Artikeln die Knappheit auch der zweiten Haager Regulierungen ins Auge. Dies liegt sicher in der relativ kurzen Gemeindegeschichte in der niederländischen Hauptstadt begründet, aber auch durch den deutlich anderen Kontext, in dem sich diese Gemeinde gebildet hatte. Während die Friedberger Juden in großer Enge in einem abgeschlossenen Viertel unter sich lebten – und mit ihnen auch viele Juden in anderen Städten des Heiligen Römischen Reiches –, gab es in keiner niederländischen Ortschaft eine aufgezwungene Ghettoisierung der jüdischen Bewohner. Da sie wie die christlichen Einwohner auch mehr oder weniger normal in den Städten lebten und sich so in das allgemeine Geschehen einfügten, war eine Reihe von Bestimmungen schlicht obsolet. So wurde auf fast sämtliche Artikel bezüglich juristischer Fragen verzichtet, sicher auch weil 1723 in Den Haag noch kein aschkenasischer Rabbiner lebte. Neben Geldstrafen ist als Sanktionsmittel nur der kleine Bann erwähnt[32], vom großen Bann ist hier keine Rede. Auch finden hier die in Friedberg detailreich dargestellten Konsequenzen der Belegung mit dem kleinen oder gar großen Bann keine Erwähnung, was auf die offenbar seltene Verhängung dieser Strafe hindeutet. Insgesamt gibt es aber

---

30 Gemeentearchief Den Haag, N.I.G. Den Haag, Nr. 1, fol. 1–5.

31 Ebd., zusätzlich eingebundener Teil am Anfang des Bandes. Zu den Takkanot sie auch *Stefan Litt,* The Regulations of the Ashkenazi Community of The Hague from 1723, Zutot 3 (2003) (im Druck).

32 Gemeentearchief Den Haag, N.I.G. Den Haag, Nr. 1, eingebundener Teil, Art. 48.

deutliche Anzeichen dafür, dass sich die Juden in den Niederlanden mehr und mehr der allgemeinen Rechtsprechung unterwarfen, auch bei innerjüdischen Auseinandersetzungen. Daher konzentrierte sich die Aufmerksamkeit der Haager Takkanot von 1723 auf das Gebiet der Synagoge und des Gottesdienstes (beinahe 50% der Artikel), sowie auf die Regelung der Vorstandstätigkeit und der Wahlen. Auch Bestimmungen für die Niederlassung in der Gemeinde und die Mitgliedschaft werden natürlich besprochen, allerdings nicht so ausführlich wie in Friedberg.

Insgesamt ist auffallend, dass die Haager Gemeinderegeln viel weniger strukturiert sind als die zeitgleich entstandenen Friedberger Takkanot. Zwar gibt es immer wieder eine Reihe zusammenhängender Themen, jedoch werden diese oft durch inhaltlich völlig andere Bestimmungen unterbrochen, abgegrenzte Themenbereiche sind nicht vorhanden.

Auch wenn wir bislang noch zu wenig über die gesamt-aschkenasischen Normen und Traditionen auf dem Gebiet der Gemeinderegeln wissen, kann doch davon ausgegangen werden, dass es bei aller gemeinsamen Tradition zweifellos regionale oder gar lokale Unterschiede gab, wie der bisher vorgestellte Vergleich zwischen Den Haag und Friedberg schon deutlich macht. Da aber die Haager Aschkenasim aus verschiedenen Regionen Mittel- und Osteuropas stammten, wie dies in allen niederländischen Gemeinden der Fall war, dürften hier auch unterschiedliche Traditionen und Verständnisse aufeinander geprallt sein. Dieser Umstand muss in Rechnung gestellt werden, wenn man sich die Entstehungsgeschichte vor Augen führen möchte, da doch diese verschiedenen Vorstellungen sicher nicht zum schnellen Finden eines einheitlichen Nenners beigetragen haben dürften. Vielleicht ist dies auch der eigentliche Grund, warum man 1701 den Entwurf der ersten Gemeinderegeln an externe, aber dennoch jüdische Personen vergab, eben an die beiden genannten Sefarden.

Aus der aschkenasischen Gemeinde in Middelburg[33], der Hauptstadt der südwestlichen Provinz Zeeland, haben sich als älteste Takkanot diejenigen aus dem Jahr 1725[34] erhalten. Sie werden im Text als neue Takkanot bezeichnet, was impliziert, dass es ein Vorgängerdokument gegeben haben muss, das sich aber nach bisherigem Kenntnisstand nicht erhalten hat. Ähnlich den Haager Bestimmungen sind auch die aus Middelburg mit 52 Artikeln eher knapp gehalten. Eine weitere Analogie besteht zum Haager Text in der geringen Strukturiertheit der Regeln. Wieder nehmen die Bestimmungen zur Synagoge und zum Gottesdienst fast 50% des Gesamttextes ein, weiteres entfällt auf den Vorstand und seine Tätigkeiten und auf die jährlichen Wahlen. Dazu kommen noch verschiedene Artikel zu anderen

33 Zur Gemeindegeschichte siehe *W. Smit,* Joden in Middelburg, in: Zeeuws Tijdschrift 18 / 1 (1968), 8 – 18; Pinkas (Anm. 25) 476 – 480.

34 Zeeuws Archief Middelburg, N.I.G. Middelburg, Nr. 1, (pag. 1 – 8).

Angelegenheiten, so auch zur Ausstattung mit Gemeindebeamten. Nach Artikel 20 sollten durch die Parnassim ein Vorsitzender des jüdischen Gerichts, also ein Rabbiner, ein Lehrer, ein Vorsänger, ein Synagogendiener, sowie ein Schächter und ein Prüfer für das koschere Fleisch eingestellt werden. Darüber hinaus finden diese Angestellten allerdings nur wenig Berücksichtigung in den anderen Artikeln.

Auch der Text aus Middelburg verrät wieder einiges über die Zustände in der Gemeinde, dabei eine Klausel, die mir bislang in vergleichbaren Texten nicht begegnet ist. Der Artikel 31 erklärt, dass jemand, der in der Gemeinde anwesend, aber dennoch vier Wochen ununterbrochen nicht in der Synagoge erschienen ist, alle zwei Wochen zwei Reichstaler in die Armenkasse entrichten muss. Es gab also derartige Fälle, die eine Regelung erforderten, die sich in diesem Fall allein auf eine Geldstrafe beläuft. Hingegen werden weder der Bann, noch andere Sanktionen bei derartigem Verhalten angedroht, also ein eher liberaler Umgang mit der Vernachlässigung der religiösen Pflichten.

Strafen in Bannform werden nur kurz erwähnt, allerdings hier beide Möglichkeiten, also der kleine wie der große Bann. Jedoch sollte der große Bann nicht ohne Wissen der Obrigkeit, also des Magistrates von Middelburg, durch die Parnassim verhängt werden.[35] Über derartige Rechtsbefugnisse für den Rabbiner wird überhaupt nichts mehr gesagt, offenbar hatte er diese nicht. Aber er hatte sie auch in Friedberg schon wenigstens seit dem späten 16. Jahrhundert nicht mehr[36], so dass hier ein weiterer Hinweis auf die in der Forschung schon wiederholt gemachte Feststellung[37] vorliegt, dass im Verlauf der Frühen Neuzeit die Rabbiner in den Gemeinden mehr und mehr ihre Machstellung an die Vorsteher verloren. In dieses Bild passt dann auch der Befund, dass die Rabbiner aus Middelburg auch im ältesten Protokollbuch der Gemeinde nur sehr selten Erwähnung finden oder gar eigene Einträge vornehmen. Dafür wurden deren Kompetenzen etwa 1769 durch eigene Regeln festgelegt, die sich interessanterweise nur in einer niederländischen Version erhalten haben, zusammen mit neuen und einige Artikel kürzeren Takkanot für die Gemeinde.[38]

In den beiden niederländischen Beispielen, die hier vorgestellt wurden, ist eine Regelung zu finden, die in Friedberg noch keine Rolle spielte: die Ablehnung der Wahl zum Vorsteher (*Parnas* oder *Gabbai*). In Friedberg gibt

---

35 Ebd., Art. 43, 44.

36 Protokollbuch Friedberg, in *S. Litt,* Protokollbuch (Anm. 2), fol. 60 b, Artikel 2, festgelegt im Rabbinatsbrief für Man Todros Spira von 1575.

37 Zum Beispiel kürzlich *Andreas Gotzmann,* Gemeinde als Gemeinschaft? – Politische Konzepte der deutschen Juden im Absolutismus, in: Jahrbuch des Simon-Dubnow-Instituts 1 (2002), 375–427, hier 380.

38 Zeeuws Archief Middelburg, N.I.G. Middelburg, Nr. 6.

Der Blick nach Osten. Rechtlicher Status und Rechtssystem der polnischen Judenheit vom 16. bis zum 18. Jahrhundert

Von *Adam Teller*, Haifa

Es ist zu einem nicht geringen Teil das Ergebnis der grundlegenden konstitutionellen, rechtlichen und politischen Unterschiede zwischen der Polnisch-Litauischen Adelsrepublik und dem Heiligen Römischen Reich, dass die Geschichte der Juden in Mittel- und Osteuropa in der Zeit von 1500 bis 1800 und darüber hinaus einen unterschiedlichen Verlauf genommen hat.[1] Stellten die unterschiedlichen machtpolitischen Konstellationen und wirtschaftlichen Binnenstrukturen des Römisch-Deutschen Reichs und der Adelsrepublik bedeutsame Faktoren für die jeweilige Entwicklung der jüdischen Gesellschaft in diesen beiden Zentren der Judenheit dar, so war es doch in erster Linie der rechtliche Status der Juden, der die Rahmenbedingungen festlegte, innerhalb derer sich jüdisches Leben entfalten konnte.[2] Aus diesem Grund werden sich die folgenden Ausführungen auf die Entwicklung der rechtlichen Stellung der Juden in Polen, dem bedeutendsten jüdischen Zentrum in Europa seit der Mitte des 16. Jahrhunderts, konzentrieren.[3]

Die Privilegien, die die rechtliche Grundlage der jüdischen Lebenswelten in Polen bildeten, lassen sich drei Typen zuordnen: Es gab erstens allgemei-

---

1 Die Übersetzung besorgte *Stephan Wendehorst* (Dubnow Institut, Leipzig). Als Beispiele für jüngere Forschungen zur Geschichte des Juden im Polnisch-Litauischen Doppelreich und im Heiligen Römischen Reich, die auch auf rechtshistorische Aspekte eingehen siehe *Jacob Goldberg,* Jewish Society in the Polish-Lithuanian Commonwealth, Jerusalem 1999 [Hebräisch]; *Ronnie Po-chia Hsia / Hartmut Lehmann* (Hg.), In and Out of the Ghetto: Jewish-Gentile Relations in Late Medieval and Early Modern Germany, Washington, D.C. 1995; *Stefan Ehrenpreis / Andreas Gotzmann / Stephan Wendehorst,* Probing the Legal History of the Jews in the Holy Roman Empire – Norms and their Application, in: Jahrbuch des Simon-Dubnow-Instituts 2 (2003), 409–487.

2 *Jacob Goldberg,* Between Freedom and Subjecthood: Types of Jewish Feudal Dependence in Poland (Proceedings of the Fifth World Congress for Jewish Studies, Bd. 2), Jerusalem 1972, 107 [Hebräisch].

3 Einer noch zu schreibenden Studie vorbehalten ist die Lage der Juden im Großfürstentum Litauen, die trotz vieler Ähnlichkeiten mit der der Juden in Polen eine Reihe von Besonderheiten aufwies.

ne Privilegien, die Juden im ganzen Land oder in einer bestimmten Region Rechte gewährten, zweitens lokale Privilegien, die sich auf die Juden einer bestimmten Stadt und ihrer Umgebung erstreckten und drittens persönliche Privilegien, die einzelnen Juden verliehen wurden und sich auch auf deren Familien erstrecken konnten.[4] Der Status der Juden in Polen war beinahe ausschließlich durch ihren Status als Gruppe definiert und beruhte weitgehend auf lokalen „Gemeindeprivilegien“.[5] Vorrangiges Ziel ist es daher, die Bedeutung zu untersuchen, die diese Gemeindeprivilegien sowohl für die rechtliche Stellung als auch für das Rechtssystem der polnischen Judenheit besaßen. Damit werden die Voraussetzungen für ein besseres Verständnis sowohl der Art und Weise der Integration der polnischen Juden in das Rechtsgefüge Polens als auch für einige der zentralen kulturellen Entwicklungen innerhalb der polnischen Judenheit geschaffen. Auf die Lage im Römisch-Deutschen Reich wird dabei an einigen Stellen vergleichend eingegangen.

Die komparatistische Untersuchung unterstreicht die besondere Rolle, die das Römische Recht im Heiligen Römischen Reich spielte, während es sich in Polen kaum durchsetzen konnte.[6] Der Schwächung des Königtums und der Städte während des 16. Jahrhunderts entsprach der Aufstieg des Adels, der Szlachta. Die Bedeutungszunahme der Szlachta lässt sich an der ausgesprochen dominanten Position, die sie sowohl in der Verwaltung des Landes durch das Parlament, den Sejm, als auch in der Rechtsprechung auf allen Ebenen einnahm, ablesen.[7] Es erscheint in diesem Zusammenhang durchaus angebracht, sich nochmals zu vergegenwärtigen, dass in der Frühen Neuzeit das Konzept des ‚Bürgerrechts‘ für Juden, wie generell für alle

---

4 *Jacob Goldberg,* Introduction in: ders., Jewish Privileges in the Polish Commonwealth: Charters of Rights Granted to Jewish Communities in Poland-Lithuania in the Sixteenth to Eighteenth Centuries, Bd. 1, Jerusalem 2001, 1–2. In seinem Klassifizierungsschema unterscheidet Goldberg zwischen erstens Generalprivilegien, die sich auf sämtliche Juden des Königreichs beziehen, zweitens regionalen und lokalen Privilegien und drittens persönlichen Privilegien. Er fasst regionale und lokale Privilegien mit dem Argument zusammen, dass die Gemeindeprivilegien sich auch auf die Juden in der Umgebung eines Ortes bezogen und daher letztlich regionaler Art waren. Dagegen kann eingewandt werden, dass in rechtlicher Hinsicht auch die jüdischen Ansiedlungen im Umkreis eines Ortes Teil der jüdischen Gemeinde waren, womit die Gemeindeprivilegien dann doch eher unter lokalen als regionalen Vorzeichen zu klassifizieren sind. Auch hatten diejenigen Privilegien, die für die jüdische Bevölkerung ganzer Regionen Geltung besaßen sehr viel mehr mit Generalprivilegien gemeinsam und sollten daher mit diesen in einer Kategorie zusammengefasst werden.

5 *J. Goldberg,* Introduction (Anm. 4) 11–16.

6 Dazu Wacław Uruszczak, Przy kodyfikacji prawa polskiego w pierwszej polowie XVI wieku: korektura praw z 1532r., Warschau 1979, 11–53.

7 Für eine erschöpfende Darstellung der Verfassungs- und Rechtsstrukturen Polens in dieser Epoche siehe *Zdzisław Kaczmarczyk / Bogusław Lesnodorski,* Historia panstwa i prawa polskiego, Bd. 2, Warschau 1971.

Nichtadeligen, keinen Platz in der von der Ideologie des Sarmatismus bestimmten polnischen politischen Praxis hatte.[8] Bedenkenswert erscheint auch, dass – obwohl die rechtliche Stellung der Juden weitgehend auf ihrer Anerkennung als Gruppe beruhte – das aus dem Römischen Recht herrührende Rechtsinstitut der Korporation, wenn überhaupt, dann nur einen bescheidenen Platz im konstitutionellen Gefüge Polens besaß.[9]

Bevor jedoch mit der Untersuchung der Entwicklungen im 16. Jahrhundert begonnen werden kann, in dem die entscheidenden Weichenstellungen erfolgten, muss zunächst deren Hintergrund ausgeleuchtet werden. Im mittelalterlichen Polen besaßen die grundlegenden Privilegien, die Juden gewährt wurden, allgemeinen Charakter. Ihr Inhalt orientierte sich an mitteleuropäischen Modellen. Dies hatte seine Ursache darin, dass die Juden, die sich in Polen ansiedelten, aus Mitteleuropa kamen und mit Fürst Boleslaw dem Frommen von Kalisz ähnliche oder sogar leicht verbesserte Bedingungen für die Niederlassung in ihrer neuen Heimat ausgehandelt hatten.[10] Das erste Privileg für Juden in Polen wurde 1264 von Boleslaw den Juden in Kalisz verliehen. Es lehnte sich eng an die Privilegien an, die Kaiser Friedrich II. den Juden von Wien 1238, Bela IV. den Juden von Ungarn 1251 und Ottakar II. den Juden von Böhmen 1254 verliehen hatte. Das polnische Privileg, das sich auf eine Region erstreckte und alle Juden in Großpolen betraf, unterschied sich von seinen Vorgängern in einigen Punkten, indem es unter anderem Juden größere Freiheiten bei der Geldleihe einräumte.[11]

Von weit reichender Bedeutung war diejenige Bestimmung des Privilegs Boleslaws, nach dem die Juden betreffende Rechtsprechung nicht nur in die unmittelbare Kompetenz des Königs fiel, sondern auch von seinen Funktionsträgern – den Wojewoden und den Starosten – sowie einem eigens ernannten Judenrichter, dem *Judex Judaeorum* wahrgenommen werden konnte. Dessen Aufgabe bestand darin, in Prozessen zwischen Juden und Nicht-Juden sowie zwischen zwei jüdischen Parteien, wenn dies von beiden Seiten gewünscht wurde, zu urteilen.[12] Ebenfalls beachtenswert am Privileg Boles-

---

8 *Janusz Tazbir,* Polish National Consciousness in the Sixteenth to the Eighteenth Century, Harvard Ukrainian Studies 10 (1986), 316–335.

9 *Kenneth Stow,* The Medieval Jewish Community was not a Corporation, in: Priesthood and Kingship: Religion and State in Jewish and General History, hrsg. v. Isaiah Gafni / Gabriel Motzkin, Jerusalem 1987, 141–148 [Hebräisch].

10 *Majer Balaban,* Kiedy i skad przybyli Zydzi do Polski, Miesiecznik Zydowski 1 (1930), 1–12.

11 *Hanna Zaremska,* Przywilej zydowski Boleslawa Poboznego z 1264 r [unveröffentlichtes Manuskript]. Ich möchte Professor Zaremska dafür danken, dass er mir Einblick in diese wichtige Untersuchung gewährte. Siehe dazu auch *Józef Sieradzki,* Boleslawa Poboznego statut kaliski z r. 1264 dla Zydow, in: Osiemnascie wiekow Kalisza, Bd. 1, Posen 1960, 131–143.

12 In der Form, in der es 1334 bestätigt wurde, findet sich das Privileg in *Jan Bandtkie,* Ius Polonicum codicibus veteribus manuscriptis et editionibus quibusque

laws von 1264 war die Klausel, die Juden von der städtischen Gerichtsbarkeit befreite. Diese Klausel dürfte den Schlüssel für die erklärte Bereitschaft der Juden darstellen, die Aufnahme des den Judenrichter betreffenden Abschnittes in das Privileg zu akzeptieren, wenn nicht sogar ausdrücklich darum nachzusuchen. Die Bürger waren die größten Konkurrenten und Gegner der Juden. Die königlichen Amtsträger dagegen betrachten die wirtschaftlichen Aktivitäten der Juden mit Wohlwollen. Die Ernennung des *Judex Judaeorum* zielte darauf ab, von vornherein das Entstehen einer Situation zu verhindern, die es Bürgern erlaubt hätte, ihre Auseinandersetzungen mit Juden vor städtischen Gerichten, die Juden nicht unvoreingenommen gegenüberstanden, auszutragen, wie dies im Heiligen Römischen Reich häufig der Fall war.[13]

Boleslaws Privileg wurde 1334 von Kasimir dem Großen bestätigt und auf die gesamte Judenheit Polens ausgedehnt. König Kasimir der Große sollte dieses Privileg als wichtige Komponente der die jüdische Einwanderung fördernden Politik während seiner Regierungszeit mehrfach bestätigen.[14] Die bedeutsamste Ausdehnung jüdischer Rechte erfolgte jedoch mit dem 1453 von seinem Nachfolger, König Kasimir dem Jagiellonen, gewährten Privileg.[15] Auch wenn dieses Privileg in der Tradition früherer Privilegien stand, so war es doch sehr viel detaillierter und sicherte den Juden sehr viel größere Freiheit und Sicherheit in ihrem wirtschaftlichen Handeln zu als seine Vorläufer.[16] Aus verfassungsrechtlicher Perspektive

collatis, Warschau 1831, 1 – 21. Bei dem hier erwähnten Abschnitt handelt es sich um Nr. 22. Dazu *B. Cohen,* The Wojewoda as Judex Judaeorum in Old Poland, Gal-Ed 1 (1973), 1 – 12 [Hebräisch].

13 *Zaremska,* Przywilej zydowski (Anm. 11), 10. Zaremska zeigt, dass diese Klausel nicht immer konsequent angewandt wurde. Vgl. *Adam Kazmierczyk,* Zydzi w dobrach prywatnych w swietle sadowniczej i administracyjnej praktyki dobr magnackich w wiekach XVI-XVIII, Krakau 2002, 27 – 40, der darauf hinweist, dass in der Frühen Neuzeit in einigen adeligen Privatstädten die Juden auch der städtischen Gerichtsbarkeit unterworfen sein konnten.

14 Privilegienbestätigungen lassen sich für die Jahre 1334, 1364 und 1367 nachweisen. *J. Sieradzki,* Bolelslawa Poboznego statut (Anm. 11), 141; (Anm. 17).

15 Zu diesem Privileg und der Debatte darüber, ob es sich um eine Fälschung handelt oder nicht, siehe *Shmuel Arthur Cygielman,* The Basic Privileges of the Jews in Great Poland as Reflected in Polish Historiography, Polin 2 (1987), 117 – 149. Das erweiterte Privileg, welches, ganz unabhängig davon, ob es gefälscht war oder nicht, von den polnischen Königen seit dem 16. Jahrhundert bestätigt wurde, ist wiedergegeben in *J. Bandtkie,* Ius Polonum (Anm. 12). Eine leicht abgewandelte Version findet sich in *Moses Schorr,* Krakovskyi svod yevreyskich statutov i privilegyi, Yevreyskaya Starina 1 (1909), 247 – 264; 2 (1910), 76 – 100, 223 – 245.

16 Es ist zu beachten, dass der König das Privileg kurz nachdem er es erteilt hatte, unter dem Druck des niederen Adels und der Geistlichkeit widerief. Nach Cygiel scheint dies allerdings die Lage der Juden in Polen im späten 15. Jahrhundert kaum negativ beeinflusst zu haben. Man kann daher mit einer gewissen Plausibilität argumentieren, dass das Privileg lediglich einer bereits anerkannten und eingeübten Pra-

bedeutsam war die eindeutige Zuordnung der Ernennung des *Judex Judaeorum* zum Kompetenzbereich des Wojewoden. Eine detaillierte Analyse des Texts ergibt, dass die Existenz eines besonderen königlichen Gerichtes für Juden im 15. Jahrhundert bereits eine anerkannte Einrichtung gewesen sein dürfte.

Eine weitere bedeutsame Entwicklung, die sich im Privileg von 1453 feststellen lässt, waren neue Formulierungen, die die Zugehörigkeit der Juden zur königlichen Kammer unzweideutig zum Ausdruck brachten, wie zum Beispiel: „quia nos ipsos pro nostro thesauro reservamus".[17] In früheren Privilegien hatten die polnischen Könige von den Juden als „unseren Juden" gesprochen und festgelegt, dass Geldstrafen, mit denen Verletzung von Juden bestraft wurden, zum Teil an die königliche Kammer zu entrichten waren. Sie hatten sich dabei jedoch nicht der Terminologie der Kammerknechtschaft bedient, die im Heiligen Römischen Reich im 13. Jahrhundert entstanden war.[18]

Es scheint, dass die Abhängigkeit der polnischen Judenheit vom König erst in den Privilegien des 14. beziehungsweise des 15. Jahrhunderts, welche die Grundlage jüdischen Lebens in Polen bildeten, rechtlich fixiert worden ist. In dem Privileg von 1453 wurden erstmals die Strukturen jüdischer Autonomie anerkannt sowie erstmals Synagogenältetste, Gemeindeälteste und Gemeindebüttel explizit erwähnt.[19] Nach dem Privileg war der Synagogenälteste für die Verhängung des *Cherem,* des Bannes, verantwortlich, auch wenn er keine Exkommunikation ohne Zustimmung der Gemeindeältesten aussprechen konnte. Dies könnte daraufhindeuten, daß es sich bei der im Privileg als Synagogenältesten bezeichneten Person um einen Rabbiner handelte. Die Synagogenältesten waren für das Jüdische Gericht verantwortlich, dem der Gemeindebüttel zugeordnet war. Von besonderem Interesse ist der Abschnitt des Privilegs, der festschrieb, dass Juden, die ihre Ältesten nicht mit Respekt behandelten, eine Geldstrafe an den Wojewoden zu entrichten hatten.[20] Dies bedeutete, dass die Institutionen der Jüdischen

---

xis eine formale rechtliche Grundlage gab. *Sh. Cygielman,* The Basic Privileges (Anm. 15), 119–122.

17 *J. Bandtkie,* Ius Polonum (Anm. 12), 7. Vgl. auch „quia ipsi Judaei pro nostro thesauro in terris nostris sunt conservati" *Ibid.,* 16.

18 Zaremska behauptet, einen Hinweis auf das Konzept der Kammerknechtschaft, wenn auch nicht auf den Terminus selbst, in der Chronik des Bischofs Wincenty Kadlubek (1160–1223) gefunden zu haben. *H. Zaremska,* Uwagi o organizacji gmin zydowskich w sredniowiecznej Polsce, in: Aetas media, aetas moderna, hrsg. v. A. Bartoszewicz u. a., Warschau 2000, 147–164, hier insbesondere 150–151.

19 *Zaremska,* Uwagi o organizacji (Anm. 18), 154.

20 ‚si aliquis Judaeorum suis superioribus non esse obediens, extunc talis domino palatino luat poenam trium marcarum et superioribus etiam suis similiter poenam trium marcarum.' *J. Bandtkie, Ius Polonum* (Anm. 12), 7.

Gemeinde, und insbesondere die Jüdischen Gerichte Unterstützung von Seiten der königlichen Amtsträger erhielten.

Dagegen waren Gemeindeprivilegien, die den jüdischen Bewohnern verschiedener Städte des Heiligen Römischen Reichs seit dem 11. Jahrhundert verliehen wurden, in Polen erst vergleichsweise spät anzutreffen. In Osteuropa lässt sich ein Privileg für eine jüdische Gemeinde erstmals im Großfürstentum Litauen nachweisen. Im Jahr 1388 gewährte Großfürst Witold den Juden in Brest, „Judaeis in Breste, civitate nostra" ein Privileg.[21] Obwohl der Text beinahe Wort für Wort dem Privileg Boleslaws des Frommen folgt, so handelte es sich dabei nicht um ein allgemeines, sondern um ein Gemeindeprivileg, dessen Geltung sich ausschließlich auf die Juden Brests erstreckte. Da sich mit der Zeit zunehmend jedoch auch andere litauische Gemeinden auf dieses Privileg als Rechtsgrundlage ihrer Existenz beriefen, kam ihm de facto letztlich der Status eines Generalprivilegs zu.

Als die jüdischen Gemeinden Polens im Verlauf des 15. Jahrhunderts immer weiter expandierten, begannen sie auch auf lokaler Ebene Rechte zu erwerben. Diese Privilegien waren meist auf zwei Aspekte jüdischen Lebens beschränkt: Niederlassung und Handel. Umfassende Gemeindeprivilegien blieben dagegen eine Seltenheit.[22] Der entscheidende Umschwung ereignete sich unter der Regierung König Sigmund I. (1507–1547). In dessen Regierungszeit eskalierte der Zusammenstoß zwischen den gegenläufigen Tendenzen der sich konsolidierenden Monarchie einerseits und des zunehmenden Einflusses des polnischen Adels andererseits. Diese Auseinandersetzungen reichten bis zur Mitte des 15. Jahrhunderts zurück. Zunächst war es der Szlachta gelungen, dem König die Einberufung seines Vasallenheeres zu untersagen; darauf folgte das Verbot, neue Steuern zu erheben, ohne vorher die Zustimmung des Adels eingeholt zu haben.[23] Des Weiteren wurden verschiedene Gesetze verabschiedet, die die Adelsgüter der königlichen Rechtsprechung entzogen. 1519 wurde den Bauern auf den Adelsgütern das Recht entzogen, sich an die königlichen Gerichte zu wenden. 1539 wurde diese Bestimmung auf die Juden in den adeligen Besitzungen übertragen. Eine weitere Serie von Gesetzen suchte diese Regelung auf die Bürger auszudehnen.[24] Für die Juden kam die Verabschiedung des Gesetzes von 1539 einem

21 *Jerzy Ochmanski,* Vitoldiana: Codex Privilegiorum Vitoldi Magni Ducis Lithuaniae 1386–1430, Warschau / Posen 1986, 171–174.

22 Für einen Überblick über solche Privilegien für die Juden Lembergs siehe *Majer Balaban,* Zydzi lwowscy na przelomie XVIgo I XVIIgo wieku, Lemberg 1906, 391–402.

23 *W. Uruszczak,* Przy (Anm. 6).

24 „Qui nobiles in oppidiis aut in villis suis Judaeos habent, per nos licet, ut soli ex eis fructus omnes et emolumenta percipient; iusque illis arbitratu suo dicant." Volumina Legum, I, St. Petersburg, 1859, 550. Zu den Privatsstädten siehe *Tomasz Opas,* Miasta prywatne a Rzeczpospolita, Przeglad Historyczny 28 (1971).

Erdbeben gleich. Fortan war es ihnen nicht mehr gestattet, gegen Entscheidungen der vom Adel kontrollierten Gerichte bei den königlichen Gerichten Berufung einzulegen. Indem es einen Teil der polnischen Judenheit der königlichen Rechtsprechung entzog, zerstörte das Gesetz von 1539 den Status der Juden als *servi camerae,* wie er im Privileg von 1453 festgeschrieben war. Die polnische Judenheit war sich der Tragweite dieses Umschwungs bewusst, die nichts anderes bedeutete, als dass die königliche Zentralgewalt nicht länger in der Lage war, sie gegen lokale Gewalten zu schützen, seien es die Besitzer von Gütern, die Starosten der königlichen Städte oder städtischer Räte.

Daher bemühten sich die polnischen Juden bei der Thronbesteigung des neuen Königs, Sigmund Augusts, im Jahr 1548 – im Allgemeinen der geeignete Zeitpunkt, um alte Privilegien zu erneuern – um eine neue rechtliche Grundlage ihrer Existenz. Eine zunehmende Zahl von Gemeinden kam zu dem Entschluss, sich nicht länger ausschließlich auf die allgemeinen Privilegien der Könige zu verlassen. Stattdessen bemühten sie sich um Privilegien, die sich auf eine konkrete lokale Gemeinde bezogen, die von vor Ort einflussreichen Autoritäten (Starosten oder Gutsbesitzern) erlassen und, falls notwendig, durch den König bestätigt wurden.[25] Nach dem Regierungsantritt Sigmund Augusts vereinbarten die folgenden Gemeinden solche lokale Privilegien: Lublin, Kalisch, Komorno, Bochnia, Ratno Wislice, Miedzyrzecz, Busk, Kolo, Tyszowce, die Vorstadtgemeinde von Lemberg, Przemysl, Kowal, Posen und Opatow.[26] Zum Vergleich, lediglich vier Gemeinden hatten in den vergangenen drei Jahrzehnten umfassende Privilegien erhalten.[27] Nach 1548 schlossen weitere Gemeinden formale Abkommen, *pacta,* mit städtischen Magistraten, um die Bedingungen jüdischen Lebens in den Städten zu regeln. Vereinzelt bildeten diese *pacta* die Grundlage von Gemeindeprivilegien. Das Jahr 1548 stellt daher eine Wegscheide in der historischen Entwicklung der rechtlichen Stellung der Juden in Polen dar.

Was die Beziehung der Juden zu ihrer nichtjüdischen Umwelt anging, lag die Bedeutung der Gemeindeprivilegien darin, dass sie Juden ausschließlich

25 Dies bedeutete nicht, dass die polnische Judenheit sich nicht als Gesamtheit um die Bestätigung ihrer Generalprivilegien bemühte und diese nicht auch bei Regierungsantritt jedes neuen Monarchen erhielt. In einigen Fällen bildete das Generalprivileg auch die Grundlage für Gemeindeprivilegien. Dazu *M. Schorr,* Krakovskyi svod (Anm. 15).

26 Dabei muss beachtet werden, dass nicht alle der oben erwähnten Privilegien erhalten sind und sich unsere Kenntnis ihrer Existenz lediglich auf später erfolgte Erwähnungen stützt. Siehe *J. Goldberg,* Jewish Privileges, Bd. 1 (Anm. 4), 106–112, 128–134, 151–163, 252–262, 268–270, 284–289; Bd. 2, 163–166.

27 Dabei handelt es sich um Lemberg, den Podzamcze Bezirk von Lublin, Kowel und Miedzyboz. *J. Goldberg,* Jewish Privileges, Bd. 1 (Anm. 4), 136–140, 169–180; Bd 2, 134–136.

als Gruppe definierten. Dies war ein entscheidender Unterschied zur Situation im Heiligen Römischen Reich, wo Juden zwar auch die Adressaten von allgemeinen und gemeindespezifischen Privilegien waren, gleichzeitig aber auch einen Status als Individuen besaßen.[28] In Polen spielten die Privilegien für die jüdischen Gemeinden eine ähnliche Rolle wie die Gründungsprivilegien der Städte selbst („lokacja") indem sie eine rechtlich anerkannte ‚jüdische Stadt' innerhalb der Stadt etablierten.[29] Auf der Grundlage der Gemeindeprivilegien wuchsen Größe und Einfluss der jüdischen Gemeindevertretungen, die sich hinsichtlich ihrer Struktur und der Bandbreite der von ihnen wahrgenommenen Aufgaben immer mehr zu Parallelinstitutionen der städtischen Ratsgremien entwickelten. Innerhalb kurzer Zeit besaßen sie eine vollständig ausgebaute Verwaltungsorganisation. In Posen beispielsweise zählten die gewählten Funktionsträger der Gemeinde beinahe hundert Personen![30]

Von besonderer Bedeutung war die völlige Exemption der Juden von den Rechtsprechungs- und Herrschaftskompetenzen der städtischen Magistrate. Dies bedeutete zum Beispiel, dass die jüdischen Gemeinderäte über Gewährung und Entzug des Niederlassungsrechts, des so genannten *chezkat hajischuv,* selbst entscheiden konnten, ohne den städtischen Magistrat zu konsultieren.[31] Darüber hinaus legten beinahe alle Gemeindeprivilegien fest, dass die Juden von der städtischen, unter dem Einfluss des Magdeburger Rechts entstandenen Rechtsprechung befreit und ihre Fälle vor eigenen Gerichten verhandelt werden sollten.[32] Dies bedeutete, dass Streitfälle zwischen Juden vor den Jüdischen Gemeindegerichten und Streitfälle zwischen Juden und Christen vor unterschiedlichen adeligen Herrschaftsgerichten verhandelt wurden.

Die Gemeindegerichte waren mit rechtskundigen Laien besetzt; den Vorsitz führte der Gemeinderabbiner. In den größeren Gemeinden gab es zwei oder drei solcher Gerichte. Der Rabbiner stand dem Gericht vor, das die wichtigsten Fälle verhandelte. Die übrigen Gerichte waren ausschließ-

---

28 Nochmals ist zu betonen, dass einzelne Juden verschiedentlich persönliche Privilegien erhielten, die ihnen bestimmte Rechte verbrieften, dass diese Fälle aber im Vergleich zu den Gemeindeprivilegien selten waren. Vereinzelt gingen aus solchen persönlichen Privilegien auch Gemeindeprivilegien hervor. Dies war zum Beispiel in Sluck der Fall. *J. Goldberg,* Jewish Privileges, Bd. 1 (Anm. 4), 300 – 303.

29 *Adam Teller,* Living Together: The Jews in Poznan in the First Half of the Seventeenth Century, Jerusalem 2003, 85 – 86. [Hebräisch].

30 Für eine erschöpfende Analyse der Struktur der jüdischen Gemeinde in Posen siehe *Anna Michalowska,* Miedzy demokracja a oligarchia. Wladze gmin zydowskich w Poznaniu i Swarzedzu (od polowy XVII do konca XVIII wieku), Warschau 2000. Siehe auch *A. Teller,* Living Together (Anm. 29), 30 – 41.

31 *M. Siemiaticki,* Cheskat hajischuv be Polin, Jewish Law Annual 5 (1936 – 1937), 45 – 92.

32 *J. Goldberg,* Introduction (Anm. 4), 22 – 28.

lich mit Laien besetzt, die für ein Jahr in das Amt des Richters, *dajan,* gewählt wurden. Die von den Jüdischen Gerichten gefällten Urteile berücksichtigten sowohl die Bestimmungen des Jüdischen Rechts als auch die konkreten Rahmenbedingungen jüdischen Lebens in Polen.[33] Die Vollstreckung der Urteile stellte ein besonderes Problem für diese Gemeindegerichte dar. Obwohl einige Gemeinden über ein eigenes Gefängnis, *kuna,*[34] verfügten und den Bann, *cherem,* verhängen konnten, wenn Entscheidungen des Gerichts missachtet wurden, so erwiesen sich diese Sanktionsmöglichkeiten häufig als nicht ausreichend. Daher musste regelmäßig die Unterstützung durch nichtjüdische Amtsträger in Anspruch genommen werden, um die von Jüdischen Gemeindegerichten verhängten Urteile auch vollstrecken zu können.[35] Innerhalb des jüdischen Gerichtssystems konnten Berufungsverfahren vor Gerichten angestrengt werden, die an die verschiedenen supra-kommunalen Körperschaften, die regionalen Räte, angeschlossen waren. Die primäre Aufgabe dieser Körperschaften bestand darin, von den Juden Abgaben für die königliche Kammer einzuziehen. Sie waren aber auch für die übergemeindlichen Gerichte verantwortlich, die Streitfälle zwischen Gemeinden und zwischen Gemeinden und Individuen entschieden, aber auch die Funktion von Appellationsgerichten übernahmen, wenn Berufung gegen Entscheidungen der Gemeindegerichte eingelegt wurde.[36]

Die polnische Judenheit verfügte auch über ein Repräsentativorgan auf gesamtstaatlicher Ebene, den so genannten Vier-Länderrat (Waad Arbaa Arzot), dessen Entwicklung sich in vieler Hinsicht parallel zum Wandel der polnischen Verfassung im 16. Jahrhundert vollzog. Der Machtzuwachs des polnischen Adels kam besonders deutlich in der Entwicklung solcher Repräsentativorgane zum Ausdruck. Mitte des 16. Jahrhunderts bestand das Parlament, der Sejm, aus zwei Kammern, der Landbotenkammer und dem Senat. Der Großteil des Adels entsandte seine Abgeordneten in erstere. Gewählt wurden die Adelsvertreter von einem Netzwerk lokaler Adelsver-

---

33 *Jacob Katz,* Tradition and Crisis, Jerualem 1959, S. 117–129; zum Wechselspiel zwischen sozialer Praxis und halachischen Entscheidungen siehe *Edward Fram,* Ideals Face Reality: Jewish Law and Life in Poland, *1550–1655,* Cincinnati 1997, insbesondere 48–105.

34 Unter „kuna“ ist ein Platz außerhalb der Synagogentür zu verstehen, an dem jüdische Delinquenten angekettet und den Demütigungen der Synagogenbesucher ausgesetzt werden konnten. Vgl. *M. Balaban,* Zydzi lwowscy (Anm. 22), 292–296; *A. Kazmierczyk,* Zydzi w dobrach (Anm. 13), 200–201.

35 Zur Abnahme der Autorität jüdischer Gemeindeinstitutionen unter der jüdischen Bevölkerung im 18. Jahrhundert siehe *J. Goldberg,* Jewish Society in the Polish-Lithuanian Commonwealth, Jerusalem 1999 (Anm. 1), 144–158 [Hebräisch].

36 *Haim Hillel Ben Sasson,* The Councils of the Lands in Eastern Europe, in: The Broken Chain: Polish Jewry through the Ages, hrsg. v. Israel Bartal/Israel Gutman, Jerusalem 1997, 145–160 [Hebräisch].

sammlungen, den so genannten *sejmiki*, die auf lokaler Ebene auch legislative Kompetenzen ausübten.[37] Im Jahr 1578 wurde das *Trybunal Koronny*, Polens höchstes Gericht, gegründet, dessen Richterstellen mit Adeligen besetzt waren, die ebenfalls von den *sejmiki* gewählt wurden.[38] Der Vier-Länderrat dürfte 1580 entstanden sein, ein Resultat der Wiedereinführung der jüdischen Kopf-Steuer durch König Stefan Bathory, welche die jüdischen Ältesten einzogen. Innerhalb kurzer Zeit wuchs der Vier-Länderrat jedoch in die Rolle eines frühneuzeitlichen Landtags hinein, der eine lebhafte legislative Tätigkeit in Angelegenheiten entfaltete, die die polnische Judenheit in ihrer Gesamtheit betrafen.[39] Auf der gesamtstaatlichen Ebene existierte neben dem Vier-Länderrat ein Jüdisches Obergericht, das mit den führenden Rabbinern Polens besetzt war und das ein- oder zweimal im Jahr anlässlich der großen Messen in Lublin und Jaroslaw zusammentrat.[40] Verfassungsrechtlich bedeutsam ist das Fehlen einer formalen, rechtlichen Anerkennung sowohl des Vier-Länderrats als auch des Jüdischen Obergerichts. Keine der beiden Institutionen war durch Privilegierung begründet worden. Trotz des Ansehens, das sie genossen, waren ihre Kompetenzen beschränkt. Sie verfügten nicht nur über keine eigenen Exekutivorgane, letztlich lag es im Ermessen der einzelnen Gemeinden, ob sie deren Entscheidungen überhaupt akzeptierten.

Während die jüdischen Gerichte ausschließlich für Fälle zwischen Juden zuständig waren, kamen Prozesse zwischen Juden und Nichtjuden in Polen vor nichtjüdische Gerichte. Das polnische Rechtssystem folgte der Maxime „actor sequitur forum rei", nach dem der Angeklagte das Recht auf einen Prozess vor seinen Standesgenossen hatte. In Fällen, in denen ein Nichtjude einen Juden verklagte, kam der Fall an das so genannte *podwojewoda* Gericht. Der *podwojewoda*, ein vom Wojewoden ernannter Adeliger amtierte als *Judex Judaeorum*.[41] In den königlichen Städten sprach dieser Amtsträ-

---

37 *Jerzy Michalski* (Hg.), Historia sejmu polskiego, Bd. 1, Warschau 1984; *Wojciech Kriegseisen*, Sejmiki Rzeczypospolitej szlacheckiej w XVII i XVIII wieku, Warschau 1991.

38 *Oswald Balzer*, Geneza Trybunalu Koronnego: studyum z dziejow sadownictwa polskiego XVI wieku, Warschau 1886.

39 Zum Vier-Länderrat siehe *Moses Schorr*, Organizacja Zydow w dawnej Polsce od najdawniejszych casow az do r. 1772, Lemberg 1899, 59–80; *Jacob Goldberg*, The Jewish Sejm: Its Origins and Functions, in: The Jews in Old Poland, 1000–1795, hrsg. v. Antony Polonsky u. a., London/New York 1993, 147–165; *Shmuel Ettinger*, The Council of the Four Lands, in: ibid., 93–109; *Anatol Leszczynski*, Sejm Zydow Korony, 1623–1764, Warschau 1994, 101–184; *Israel Halperin*, Jews and Judaism in Eastern Europe, Jerusalem 1969, 39–107 [Hebräisch].

40 Zum Verhältnis der polnischen Rabbiner, des rabbinischen Obergerichts und dem Vier-Länderrat siehe *Adam Teller*, Rabbis Without a Function? The Polish Rabbinate and the Council of Four Lands in the 16th-18th Centuries, in: Jewish Spiritual Leadership over the Ages, The Jewish Theological Seminary, hrsg. v. Jack Wertheimer, (demnächst).

ger Recht, wenn Juden von Nichtjuden verklagt wurden.[42] Bei Juden auf Adelsgütern übernahmen nach 1539 häufig Herrschaftsgerichte diese Rolle.[43] Obwohl die Juden manchmal das Recht besaßen, ihre eigenen Assessoren an das Gericht des *podwojewoda* zu entsenden, vermutlich um ihn in Fragen des Jüdischen Rechts zu beraten, scheinen sie davon nur selten Gebrauch gemacht zu haben, so dass der nichtjüdische Richter alleine urteilte.[44] Dies hatte natürlich zur Folge, dass der *Judex Judaeorum* nicht nach Jüdischem Recht, der *Halacha,* sondern nach polnischem Recht urteilte. Berufung gegen Entscheidungen dieser Gerichte konnte beim Wojewoden eingelegt werden. Letzte Apellationsinstanz war der König.[45] Die Rechtsprechung der *podwojewoda* Gerichte scheint die Juden in einem solchen Maß zufrieden gestellt zu haben, dass diese bald die Rolle von Berufungsgerichten in Streitfällen zwischen Juden einnahmen, die ursprünglich von den Gerichten der jüdischen Gemeinden wahrgenommen wurde. Im 18. Jahrhundert erfreuten sich diese Gerichte einer derartig großen Beliebtheit unter der jüdischen Bevölkerung, dass sie an den Jüdischen Gerichten vorbei auch in innerjüdischen Streitsachen als erste Instanz angerufen wurden.[46]

Im Ergebnis führten all diese Veränderungen, die sich infolge des Wandels der rechtlichen Stellung der Juden ergaben, dazu, dass sie eine zweite städtische Korporation parallel zur nichtjüdischen Bürgerschaft zu bilden begannen. Keine andere so genannte Minderheit innerhalb der polnischen Gesellschaft besaß ein den Juden vergleichbares Maß an rechtlicher Anerken-

---

41 *Alicja Falniowska-Gradowska,* Sedziowie zydowscy w wojewodztwie krakowskim w XVI-XVIII wieku, in: Zydzi w Malopolsce: Studia z dziejow osadnictwa i zycia spolecznego, hrsg. v. Feliks Kiryk, Przemysl 1991, 37–47.

42 *Majer Balaban,* Ze studiow nad ustrojem prawnym Zydow w Polsce. Sedzia zydowski i jego kompetencje, in: Pamietnik ku czci Prof. Przemyslawa Dabkowskiego, Lemberg 1927.

43 Im 18. Jahrhundert bestätigen einige Ausnahmen diese Regel. In einigen Privatstädten kamen derartige Fälle vor das Stadtgericht, in einigen wenigen anderen auch vor das Jüdische Gericht. Siehe *A. Kazmierczyk,* Zydzi w dobrach (Anm. 13), 176–185; *J. Goldberg,* Jewish Privileges, Bd. 1 (Anm. 4), 164–168; Bd. 2, 194–197.

44 *B. Cohen,* The Wojewoda's Jurisdiction and the Jewish Community in the 16th-18th Centuries, Gal-Ed 3 (1976), 9–32, insbesondere 9–23.

45 *Stanisław Grodziski,* The Krakow „Voivode"s Jurisdiction over the Jews, in: The Jews in Old Poland, 1000–1795, hrsg. v. Antony Polonsky u. a., London und New York 1993, 147–165.

46 *Zbigniew Pazdro,* Organizacja i praktyka zydowskich sadow podwojewodzinskich, 1740–1772, Lemberg 1903, 107–108. Die Beliebtheit dieser Gerichte dürfte damit zusammenhängen dass sie mit Adeligen besetzt waren und daher ihre Urteile auch vollstrecken konnten. Im 18. Jahrhundert erlitten die Jüdischen Gemeindegerichte aufgrund der Schwierigkeiten, auf die sie bei der Durchsetzung ihrer Urteile, insbesondere soweit sie wirtschaftlich bedeutsam waren, stießen, einen erheblichen Vertrauensverlust. Vgl. *Chone Shmeruk,* Hasidism and the Arenda Business, Zion 35 (1970), 182–192 [Hebräisch].

nung oder verfügte über ein eigenes Rechtssystem. Aus diesem Grund betrachten zahlreiche Wissenschaftler die polnische Judenheit nicht als Minderheitengruppe, sondern als einen der Stände, die das Herrschafts- und Gesellschaftsgefüge Polens konstituierten.[47]

Die neue Situation, in der sich die polnischen Juden im 16. Jahrhundert wiederfanden, scheint die Entwicklung des Jüdischen Rechts, der Halacha, nach dessen Vorgaben sie ihr Leben ausrichteten, stark beeinflusst und das Bedürfnis nach einem Rechtskodex geweckt zu haben, der ihren spezifischen Bedürfnissen entgegenkam. Das 16. Jahrhundert war in Polen insgesamt eine intensive Phase der Rechtsentwicklung. Als ‚Bewegung für die Durchsetzung der Gesetze' stritt der Adel für die Umsetzung dessen, was er unter dem traditionellen polnischen Recht verstand. Diese Bewegung war die polnische Variante des zu dieser Zeit in ganz Europa zu greifenden Staatswerdungsprozesses, in dessen Rahmen zahlreiche Juristen – in Auseinandersetzung mit dem Römischen Recht – mit der Sammlung und Kodifikation des Gewohnheitsrechts befasst waren. Auf diese Weise sollte aus dem Gewohnheitsrecht heraus eine adäquate rechtliche Grundlage für die sich konsolidierenden Staatsgebilde geschaffen werden. Dies galt auch für Polen, wo die ‚Bewegung für die Durchsetzung der Gesetze' darauf abzielte, dem Gemeinwesen eine spezifische rechtliche Grundlage zu geben, und zwar in Form des Gewohnheitsrechts der Szlachta, die sich als die eigentliche polnische Nation verstand.[48]

Obwohl die Kodifikation des polnischen Rechts dieser Bewegung nicht gelang, was auf einige sehr erfolgreiche Schachzüge des Königs in seinem Kampf gegen den Adel zurückzuführen ist, hatte sie dennoch einen bedeutsamen Nebeneffekt. Dieser bestand in der Veröffentlichung einer polnischen Version des Sachsenspiegels durch den Krakauer Bürger Bartlomiej Groicki im Jahr 1559.[49] Dieses Werk, das nicht Teil der ‚Bewegung für die Durchsetzung der Gesetze', sondern ein Nebenprodukt war, bildete einen einheitlichen Rechtskodex für den Bürgerstand, der den Stadtgerichten bis zum Ende der polnischen Adelsrepublik als Entscheidungsgrundlage diente.[50]

In der Führungsschicht der polnischen Judenheit, insbesondere unter den Rabbinern, war das Recht in diesen Jahren ein zentrales Thema. Zwei der

---

[47] *Janusz Tazbir,* Das Judenbild der Polen im 16 – 18. Jahrhundert, Acta Poloniae Historica 50 (1984), 29 – 56. Dabei muss beachtet werden, dass obwohl Historiker zu dem Schluss gekommen sind, dass Juden *de facto* einen der konstituierenden Stände der polnischen Gesellschaft gebildet haben, die zeitgenössische juristische Diskussion, insbesondere während der Aufklärung, diese Ansicht nicht teilte. Dazu *Artur Eisenbach,* The Emancipation of the Jews in Poland, 1780 – 1870, Oxford 1991, 62 – 112.

[48] *W. Uruszczak,* Przy kodyfikacji (Anm. 6), 33 – 53.

[49] *Bartłomiej Groicki,* Porzadek sadow i spraw miejskich prawa maydeburskiego, hrsg. v. K. Koryani, Warschau 1953.

[50] *K. Koryani,* Przedmowa, in: Groicki, Porzadek sadow (Anm. 49), XII-XV.

führenden Rabbiner, Schlomo Luria in Ostrog und Mosche Isserles in Krakau, begannen Ende der vierziger Jahre des 16. Jahrhunderts mit der Abfassung neuer Kodifikationen des Jüdischen Rechts. Ihr Werk wird häufig fälschlich als Antwort auf die große sephardische Rechtskodifikation der Zeit, den Schulchan Aruch des Josef Karo von Safed, betrachtet, obwohl beide schon einige Jahre vor dessen Veröffentlichung mit ihrer Arbeit begonnen hatten. Tatsächlich waren beide über das Erscheinen von Karos erstem Kompendium, dem Beit Josef, auf dem der Schulchan Aruch aufbaute, enttäuscht und befürchteten, dass ihr eigenes Werk wertlos werden könnte.[51]

Da Schlomo Lurias Werk, ‚Jam schel Schlomo', in diesen Jahren keinen großen Einfluss errang, konzentrieren sich die folgenden Ausführungen auf Isserles Kodifikationsprojekt, das innovative wie auch konservative Aspekte aufweist. Was halachische Entscheidungen anging, steuerte er auf der einen Seite einen ausgesprochen innovativen Kurs. Oftmals zog er die erleichternden älteren Autoritäten den strengeren jüngeren vor. Daneben nutzte er die Kodifikation nicht nur zur Verbesserung des Gewohnheitsrechts der polnischen Juden, sondern auch zu innovativen Neuerungen. Auf der anderen Seite fasste er seinen Kommentar des Schulchan Aruch in die klassische mittelalterliche Form der Glosse.[52]

In der Einleitung zu seinem halachischen Werk ‚Darkei Mosche', stellte er explizit fest, dass er damit die Absicht verfolgte: „die Entscheidungen vorzubringen ohne ausufernde Diskussionen, die eine Belastung für Lernende wie mich darstellen, welche die Torah auf einem Bein stehend in nur wenigen Stunden studieren wollen."[53] Isserles Ziel dürfte es gewesen sein, der polnischen Judenheit ein einfach zugängliches und als Entscheidungsgrundlage brauchbares Werk zur Verfügung zu stellen.

Einer der frühesten Kritiker seines Werkes war Isserles Zeitgenosse Chaim ben Bezalel von Friedberg. Diesem missfiel, dass Isserles ein Buch für die Ungebildeten geschrieben hatte, was in Polen akzeptabel sein mochte „wo Juden in Gemeinden leben, von denen jede über einen Rabbiner verfügt, dessen Entscheidung bindend ist. Aber in diesen Ländern [d. h. dem Heiligen Römischen Reich / d.A.], wo die meisten Juden in kleinen Gruppen leben, könnte dies ungünstige Folgen haben und viele Juden zu Gesetzesübertretungen verleiten."[54] Isserles hatte freilich argumentiert, dass sein

---

51 Zum Prozess der Kodifikation der Halacha im Polen des 16. und 17. Jahrhunderts siehe *Moses Shulvass*, The Story of Torah Learning in Eastern Europe, in: Between the Rhine and the Bosphorus, hrsg. v. idem., Chicago 1964, 70 – 128.

52 Siehe *Elchanan Reiner*, The Ashkenazi Elite at the Beginning of the Modern Era: Manuscript versus Printed Book, Polin 10 (1997), 85 – 98 mit ausführlichen Literaturangaben.

53 *Joseph Karo*, Schulchan Aruch, Krakau 1578, 2a-b.

54 *Chaim von Friedberg* (Hessen), Vikuach Majim Chajim, Amsterdam 1712, 1a-5b.

Werk es gerade denjenigen, die keinen unmittelbaren Zugriff auf einen qualifizierten Rabbiner hatten, erlauben würde, das Gesetz einzuhalten; die weniger gut ausgebildeten Rabbiner der zahlreichen kleineren Gemeinden in Polen würde es in die Lage versetzen, vertretbare Entscheidungen zu treffen. Dies ist ein auffallendes Echo jener Absichtserklärung, die Bartlomiej Groicki in der Einleitung seiner polnischen Kodifikation des Magdeburger Rechts ausspricht:

> „Jeder der die Rechtsgeschäfte in den kleinen Städten und Dörfern betrachtet, wie sie von den im Recht ungeschulten Amtsträgern verhandelt werden, wird sehen, dass sich diese selten in einem befriedigenden Zustand befinden [...] Daher, um diese und zahlreiche andere Fehler zu vermeiden, die aufgrund der Unkenntnis des Rechts und der juristischen Verfahren geschehen, habe ich diese Regeln für die städtischen Gerichte aufgezeichnet."[55]

Beide, sowohl Isserles als auch Groicki, schufen daher bewusst eine neue Kodifikation des Rechts als Antwort auf die veränderten Bedingungen, unter denen im Polen des 16. Jahrhunderts Recht gesprochen wurde.[56]

Es gibt noch eine weitere Parallele zwischen den Rechtskodifikationen von Isserles und Groicki. Beide wandelten außerhalb Polens entstandene Rechtstexte in spezifisch polnische Rechtssammlungen um. Groicki übersetzte den Sachsenspiegel aus dem Deutschen in das Polnische und fügte Elemente des polnischen Gewohnheitsrechts hinzu. Isserles ergänzte Joseph Karos Werk, den Schulchan Aruch durch eine ganze Serie von Glossen, die anzeigten, wo der aschkenasische Usus von der sephardischen Tradition Karos abwich. Diese Parallele wirft eine wichtige Frage auf: Groickis Kodifikation des Magdeburger Rechts zielte eindeutig darauf ab, die Bewohner der Städte als voll ausgebildeten Stand mit eigener Rechtsverfassung und Selbstverwaltung in der polnischen Gesellschaft zu etablieren. In welchem Ausmaß versuchte Isserles der polnischen Judenheit im polnischen Herrschafts- und Gesellschaftsgefüge einen anerkannten Platz als Stand zu verschaffen? Dies war sicherlich kein explizit geäußertes Anliegen. Auch ging sein Werk nicht unmittelbar auf Fragen ein, die sich aus der Errichtung und der Verwaltung der jüdischen Gemeindevertretungen ergaben. Es gibt jedoch einen Aspekt der Kodifikation von Isserles, die in diesem Zusammenhang zu diskutieren wäre, und dies ist seine Behandlung des Gewohnheitsrechts der polnischen Judenheit, in hebräischer Sprache ‚Minhag' genannt. Isserles erklärte seinen Lesern, dass Karo, da er sich auf frühere, durchgängig sephardische Kodifikationen stütze, zu Entscheidungen gelange, „die

55 *B. Groicki,* Porzadek sadow (Anm. 49), 8.

56 Es ist jedoch zu betonen, dass Groickis Rechtskodifikation ganz unmittelbar auf die rechtlichen Bedürfnisse der Stadtbürger zugeschnitten war, während die umfassende Natur der Halacha zu Folge hatte, dass auch ihre Kodifikation einen sehr viel größeren Anwendungsradius haben musste und die meisten Aspekte des täglichen Lebens der Juden berührte.

dem gesamten Herkommen dieses Landes widersprechen".[57] Seine Absicht sei es, mit seinen Glossen das Gewohnheitsrecht zu berücksichtigen, um diesem Missstand damit abzuhelfen. Die meisten Kommentatoren haben diese Passage so interpretiert als habe Isserles das Herkommen aller jiddischsprechenden Juden, das heißt – weit gefasst – des aschkenasischen Judentums, berücksichtigen wollen. Dies war jedoch nicht der Fall. Chaim ben Bezalel klagte: „Der Rabbiner [Isserles / d.A.] selbst schrieb in seiner Einleitung, dass er nur das Herkommen seiner Landsleute [berücksichtige / d.A.] ohne Aschkenas überhaupt zu erwähnen."[58] Chaim ben Bezalel war sich darüber im Klaren, dass Isserles sich nur auf Polen bezog und Aschkenas, das heißt Deutschland, nicht mit einschloss, wenn er „von diesen Ländern" schrieb. Chaim selbst war in Polen geboren und ausgebildet worden, konnte daher definitiv einschätzen, dass Isserles allein den polnischen Brauch meinte.[59] Es kann daher plausibel argumentiert werden, dass Isserles – in ähnlicher Weise wie nichtjüdische Rechtskodifikatoren, etwa Groicki – partikulares Gewohnheitsrecht genutzt hat, um seinem Kodex eine spezifische Bedeutung in seinem polnischen Kontext zu verleihen.

Nach dieser Betrachtung des Einflusses, den die Entwicklung des Rechtsstatus der Juden auf die jüdische Gesellschaft und Kultur im Polen des 16. Jahrhunderts insgesamt ausübte, soll nun der Blick auf die spätere Entwicklung der Gemeindeprivilegien gerichtet werden, insbesondere der Zeit nach dem Aufstand von 1648 in der Ukraine und der Kriege, die in dessen Gefolge ausbrachen. In der Periode des Wiederaufbaus im letzten Drittel des 17. Jahrhunderts gestalteten sich die Beziehungen zwischen Juden und Magnaten zunehmend enger. Die Magnaten förderten die Ansiedlung von Juden in ihren Städten und auf ihren Besitzungen massiv. Dieser Trend sollte sich nach dem Großen Nordischen Krieg noch verstärken.[60] Dies spiegelte sich auch in den Gemeindeprivilegien wider. Zahlreiche neue Gemeinden wurden gegründet. Mehr als die Hälfte der 139 Gemeindeprivilegien, die Jacob Goldberg in der Sammlung *Jewish Privileges in the Polish Commonwealth* zusammengetragen hat, stammen aus dieser Zeit. Als Beispiel soll das der jüdischen Gemeinde von Jampol in Wolynien, das im Jahr 1711 verliehen wurde, herausgegriffen werden. Fürst Janusz Wisniowiecki erklärte seine Motive auf folgende Weise. Nach

---

57 *J. Karo,* Schulchan Aruch (Anm. 53), 2a-2b.

58 *Chaim von Friedberg,* Vikuach Maim Chaim, Amsterdam 1712, 1a-5b.

59 *Joseph Davis,* The Reception of the *Shulhan Arukh* and the Formation of Ashkenazic Jewish Identity, AJS Review 26 (2002).

60 Zu den Beziehungen zwischen Gutsbesitzern und Juden im späten 17. und 18. Jahrhundert siehe *Murray Rosman,* The Lords' Jews: Magnate-Jewish Relations in the Polish-Lithuanian Commonwealth during the 18th Century, Cambridge / Mass. 1990; *Gershon Hundert,* The Jews in a Polish Private Town: The Case of Opatow in the Eighteenth Century, Baltimore 1992; *Adam Teller,* Money, Power and Influence: The Jews on the Radziwill Estates in the 18th Century, Jerusalem [Hebräisch] (im Druck).

„den Bedrückungen der vergangenen dreissig Jahre – dem schrecklichen Türkenkrieg und den zahlreichen Überfällen durch die Tartaren und nun den täglichen Belastungen durch die schwedischen und muskowitischen Armeen und anderer, die durchzogen –, die dieses Land seines Stolzes beraubt und ihm die unglücklichsten und aufs Höchste zu bedauernden Verluste zugefügt haben, hat auch Jampol, meine Stadt, ein solches Unglück getroffen. Mit göttlicher Hilfe versuche ich der Stadt, die ich aus Ruinen wieder aufgerichtet habe, ihre Lebenskraft wiederzugeben. Es ist mein Wunsch beide Gruppen, sowohl die die in ihre Heimat zurückkehren als auch andere [Siedler / d.A.] zu ermutigen, indem die größten Bemühungen unternommen werden, den Bürgern dieser Städte Rechte zu verleihen, die ihre Freiheit und ihr Vermögen vermehren.“[61]

Dieser Auszug ist gerade im Hinblick auf die Vorteile, die mit der Ansiedlung von Juden für die Stadt in der Periode des Wiederaufbaus verbunden waren, repräsentativ. Im späten 17. und 18. Jahrhundert wurde die Verleihung beziehungsweise Bestätigung von Privilegien durch den Besitzer einer Stadt oder einen Starosten als Instrument zur Verbesserung der Lebensbedingungen von Juden eingesetzt, um deren Ansiedelung zu fördern. Besonders auffällig für die Privilegien dieser Periode sind Erleichterungen, die in zweierlei Hinsicht gewährt wurden. Juden wird zum einen gestattet, sich unmittelbar am Marktplatz niederzulassen und zum anderen, sich in bislang verschlossenen Zweigen des Handels und insbesondere im Handwerk zu engagieren. Auffällig ist auch, dass sich die Privilegien im Allgemeinen nicht der Terminologie des Judenschutzes bedienen, sondern von der Gewährung von Freiheiten, in polnischer Sprache „wolnosc“ oder „swoboda“ sprechen.[62] Die Situation unterschied sich daher von der Lage im Heiligen Römischen Reich, wo die Privilegien einzelne Juden als ‚Schutz‘- oder ‚Hofjuden‘ schützten. Es lässt sich daher argumentieren, dass der rechtliche Status der Juden im Alten Reich eine sehr viel stärker ausgeprägte individuelle Grundlage besaß.

Die Abhängigkeit der Juden von den Gemeindeprivilegien war das Ergebnis der dezentralisierten, fragmentierten Machtverhältnisse in der polnisch-litauischen Adelsrepublik.[63] Jede Gemeinde war um Protektion durch einen örtlichen Machthaber bemüht. In der überwältigenden Mehrzahl der Fälle handelte es sich dabei um einen Adeligen. Die Protektion diente der Abwehr von Forderungen seitens der Stadtbürger, aber auch seitens des Staates und selbst seitens anderer jüdischer Gemeinden.[64] Im Ergebnis führte

---

61 *J. Goldberg,* Jewish Privileges, II (Anm. 4), 66 – 68.

62 So heißt es etwa in der Fortsetzung des Privilegs für Jampol: „Ktore wolnosci i prawo im odemnie nadane przywilejem niniejszym moim.“ *Ibid.*

63 *J. Goldberg,* Introduction (Anm. 4), 11 – 12.

64 Dazu *Adam Teller,* Radziwill, Rabinowicz, and the Rabbi of Swierz: The Magnates‘ Attitude to Jewish Regional Autonomy in the 18th Century, in: Studies in the History of the Jews in Old Poland in Honor of Jacob Goldberg (Scripta Hierosolymitana, 38), hrsg. v. ibid., Jerusalem 1998, 246 – 276, insbesondere 251 – 256.

diese Situation dazu, dass es weder eine Institution gab, die einen letztgültigen Herrschaftsanspruch über die Juden in Polen-Litauen geltend machen konnte, noch einen höchsten Gerichtshof, der für die Klärung grundsätzlicher Fragen zuständig war, die sich aus den Beziehungen der Juden zu ihrer nichtjüdischen Umwelt ergaben. Auch eine Einheitlichkeit der Rechtsprechung war nicht gewährleistet. Die Rechtspraxis differierte von Ort zu Ort deutlich.[65] Dieser Zustand stand durchaus in Einklang mit dem generellen Herrschafts- und Gesellschaftsgefüge Polen-Litauens und ließ den Juden einen erheblichen Freiraum, um ihre Interessen an ihren unterschiedlichen Siedlungsorten zu verteidigen.[66]

Erst während der Aufklärung, mit der Bedeutungszunahme des Bürgerstandes, begannen sich Stimmen zu Wort zu melden, die eine Veränderung der rechtlichen Stellung der Juden, insbesondere in ihrem Verhältnis zu den Städten forderten. Die Städteordnung von 1768 bestimmte unter anderem, dass der Status der Juden in den Städten durch Vereinbarungen zwischen Juden und Bürgerschaft geregelt werden sollte. In allen Fällen, in denen die Privilegien der Juden als im Widerspruch zu den Gründungsprivilegien der Städte stehend interpretiert werden konnten, waren diese aufzuheben; und wo die Juden noch keine Vereinbarung mit den Bürgern getroffen hatten, waren sie aufgefordert, dies zu tun.[67] Wäre diese Bestimmung umgesetzt worden, hätte dies zu einer massiven Verschlechterung des Status der Juden und ihrer Autonomie – von ihren wirtschaftlichen Aktivitäten gar nicht zu sprechen – geführt, da sie damit vollständig den städtischen Magistraten unterstellt worden wären. Die Unruhen, die auf die Konföderation von Bar des Jahres 1768 folgten, hatten auch das für die Juden erfreuliche Nebenprodukt zur Folge, dass diese Regelung niemals umgesetzt wurde.[68]

In dem Maß, in dem die Stadtbürger an Macht und Selbstbewusstsein gewannen, trugen sie auch ihre Forderungen hinsichtlich der rechtlichen Stellung der Juden in den Städten in immer schrilleren Tönen vor. Während des vierjährigen Sejms (1788 – 1792) verlangten die Bürger, dass den Juden jede

65 Die Komplexität der Situation erschwert den Prozess der Generalisierung, der die Voraussetzung jeder historischen Synthese ist, ganz erheblich. Denn zu jeder allgemeinen Aussage, die aufgestellt wird, wird es immer auch eine Serie von Ausnahmen geben. Damit sollen jedoch keineswegs Versuche, historische Synthesen herzustellen, entwertet werden, vorausgesetzt Autor und Leser sind sich über die Begrenzungen solcher Versuche im Klaren.

66 Für Beispiele für dieses Phänomen siehe die Memoiren von *Dov Ber von Bolechow,* The Memoirs of Ber of Bolechow (1723 – 1805), hrsg. und übersetzt von Marcus Vishnitzer, London 1922, 103 – 104.

67 Volumina Legum (Anm. 24), VII, 755.

68 Dazu *J. Michalski,* The Jewish Question in Polish Public Opinion during the First Two Decades of Stanislaw August Poniatowski's Reign, in: Studies in the History of the Jews in Old Poland in Honor of Jacob Goldberg (Scripta Hierosolymitana, 38), hrsg. v. Adam Teller, Jerusalem 1998, 123 – 146.

Form des Bürgerrechts oder der Niederlassungsfreiheit in den polnischen Städten verweigert werde. Unter den aufgeklärten Reformern, die die Forderungen der Bürger unterstützten, verlangte Stanislaw Staszic die Beseitigung der jüdischen Autonomie und die Unterstellung der Juden unter die städtische Gerichtsbarkeit. Selbst so moderate Persönlichkeiten wie der aufgeklärte Geistliche Hugo Kollataj vertraten die Ansicht, dass der rechtliche Status der Juden und das jüdische Rechtssystem grundsätzlich zu reformieren seien: Die jüdische Autonomie und insbesondere die jüdische Rechtsprechung waren einzuschränken. Streitfälle seien ohne Rücksicht darauf, ob sie zwischen Juden oder zwischen Juden und Christen ausgetragen wurden, vor die städtischen Gerichte zu bringen. Das ganze Ausmaß der Schwierigkeiten, welche eine Umsetzung dieser Vorschläge für die Juden bedeutet hätte, lässt sich nur ermessen, wenn man in Rechnung stellt, dass weder Staszic noch Kollataj gleichzeitig bereit waren, den Juden die volle bürgerliche Gleichberechtigung, wie sie die Stadtbürger genossen, zuzugestehen.[69] Trotz aller Diskussionen über die Jüdische Frage während des vierjährigen Sejms, bedeutsame Veränderungen wurden letztendlich weder hinsichtlich der rechtlichen Stellung der Juden noch hinsichtlich der jüdischen Rechtsverfassung durchgesetzt. Dies lässt sich auf zwei Gründe zurückführen: Zum einen hatten die mächtigen Magnaten ein erhebliches Eigeninteresse an der Fortsetzung des *Status quo,* der ihnen beträchtliche Einnahmen sicherte, deren Verlust bei Veränderungen der rechtlichen Stellung der Juden zu befürchten war. Zum anderen folgten die zweite und dritte Teilung Polens (1793 und 1795) unmittelbar auf den vierjährigen Sejm, womit sämtliche Reformprogramme auf Eis gelegt wurden. Erst im 19. Jahrhundert sollte es den Teilungsmächten gelingen, die rechtlichen Grundlagen der jüdischen Gemeinden, wenn auch nicht die Gemeinden selbst, zu untergraben.[70]

Als Ergebnis lässt sich festhalten, dass die in den 40er Jahren des 16. Jahrhunderts vorgenommene Weichenstellung, die rechtlichen Rahmenbedingungen jüdischer Lebenswelten in Polen zunehmend auf der Grundlage von Gemeinde- und nicht auf der von allgemeinen oder persönlichen Privilegien herzustellen, ganz erheblichen Einfluss auf den Gang der Geschichte der Juden in Osteuropa hatte. Die unmittelbare Folge war die Integration der Juden als quasi-Stand in das Herrschafts- und Rechtsgefüge Polens vom 16. bis zum 18. Jahrhundert. Die damit verbundene enge Bindung an

---

69 *A. Eisenbach,* The Emancipation (Anm. 47), 73–77; *Daniel Stone,* Jews and the Urban Question in Late Eighteenth century Poland, in: Slavic Review 50 (1991), 531–541. Es ist zu beachten, dass sich andere Reformer, wie Mateusz Butrymowicz und Tadeusz Czacki, für die Aufnahme der Juden in die städtische Korporation aussprachen: *A. Eisenbach,* The Emancipation (Anm. 47), 77–82.

70 Siehe z. B. *Azriel Shochat,* The Leadership of the Russian-Jewish Communities Following the Abolition of the Kahal, Zion 42 (1977), 143–233 [Hebräisch].

den Adel gewährte den Juden ein hohes Maß an sozialer und wirtschaftlicher Sicherheit. In kultureller Hinsicht könnte sich die Herausbildung der Juden als eine rechtlich anerkannte Gruppe in der polnisch-litauischen Gesellschaft sogar in der spezifischen Art und Weise widergespiegelt haben, in der sich das Jüdische Recht in Polen entwickelt hat, besonders während der Kodifikation im 16. Jahrhundert. Darüber hinaus hatte diese Weichenstellung zur Folge, dass zu Beginn des Zeitalters der Emanzipation, deren Ziel die Beseitigung der Gruppenzugehörigkeit der Juden und ihre Akzeptanz als Individuen war, die osteuropäische Judenheit ein Kollektiv mit einem stark ausgeprägten Gruppenstatus war. Dies hinterließ zweifelsohne auch Spuren in den Beziehungen, die sich zwischen den osteuropäischen Juden und ihren Nachbarn im 19. und 20. Jahrhundert entwickelten.

Autorenverzeichnis

Auer, Leopold (Prof. Dr.)
(Studium der Geschichte und klassischen Philologie an der Universität Wien, Promotion 1968, Mitglied des Instituts für Österreichische Geschichtsforschung, Archivar am Haus-, Hof- und Staatsarchiv, 1999 Ernennung zum Direktor, seit 1988 Honorarprofessor für Historische Hilfswissenschaften an der Universität Wien. Forschungsschwerpunkte sind mittelalterliche Kriegsgeschichte, Geschichte des Alten Reichs und der internationalen Beziehungen, Geschichte der Habsburgermonarchie, Historische Hilfswissenschaften.)

Baumann, Anette (Dr.)
(Studium der Mittelalterlichen und Neueren / Neusten Geschichte sowie Kunstgeschichte an den Universitäten Heidelberg und München. Von 1990 – 1992 wiss. Mitarbeiterin am Bayerischen Hauptstaatsarchiv München. 1994 Promotion in Mittelalterlicher Geschichte. Seit Mai 1996 Leiterin der Forschungsstelle der Gesellschaft für Reichskammergerichtsforschung e.V., Wetzlar.)

Boes, Maria (Prof. Dr.)
(arbeitete zunächst als Marktforscherin in Paris, London und New York bevor sie in die universitäre Lehre wechselte; erwarb ihren M.A. in Geschichtswissenschaft am Hunter College, New York, ihren Ph.D. am Graduate Center of the City University of New York. Sie lehrt Geschichte als Professorin an der West Chester University, wo sie das Holocaust und Genocide graduate program der Universität mitbegründete. Besondere Forschungsschwerpunkte sind die Rechts- und Prozessgeschichte von Minderheiten im Deutschland der Frühen Neuzeit.)

Dubin, Lois C. (Prof. Dr.)
(1974 B.A. mit Auszeichnung an der McGill University Montreal, Canada in Philosophie und Politikwissenschaft, 1980 Abschluss des M.A. und des Ph.D. in ‚nachbiblischer Jüdischer Geschichte', 1980 – 1988 lehrte sie an der Harvard University, danach an der Yale University und am Boston Hebrew College; 1989 Associate Professor, derzeit Chair am Smith College in Jewish Studies und seit 2007 Full Professor of Religion, Department of Religion. Forschungsschwerpunkte sind Frühneuzeitliche und Moderne Jüdische Geschichte und Geistesgeschichte Zentral und West Europas, insbesondere Italiens und der Habsburger Monarchie, Aufklärung und Emanzipationszeit, ‚Port-Jews' sowie Handelskultur, Geschichte des Familienrechts sowie die Erforschung feministischer Spiritualität.)

Freist, Dagmar (Prof. Dr.)
(Studium an den Universitäten Freiburg, Heidelberg und Cambridge, 1992 Promotion an der Universität Cambridge, 1992 – 1994 Wissenschaftliche Mitarbeiterin am Evangelischen Oberkirchenrat Karlsruhe, ab 1998 Wissenschaftliche Assistentin und nach der Habilitation Oberassistentin für Neuere Geschichte an der Uni-

versität Osnabrück, 2003–2004 Lehrstuhlvertretung an der Universität Osnabrück; seit 2004 Professorin für Geschichte der Frühen Neuzeit an der Universität Oldenburg. Forschungsschwerpunkte sind die Politik- und Kulturgeschichte Englands und Deutschlands in der Frühen Neuzeit, Frauen- und Geschlechtergeschichte, Öffentlichkeit und politische Kultur, Interkonfessionelles Zusammenleben, Minderheiten in Nordwesteuropa.)

Gotzmann, Andreas (Prof. Dr.)
Studium der Jüdischen Studien (Jüdische Geschichte, Rabbinica & Codices und Jüdische Kunstgeschichte) an der Hochschule für Jüdische Studien in Heidelberg, 1995 Promotion an der Freien Universität Berlin, 1994–1999 Wiss. Mitarbeiter und Wiss. Assistent an der Universität Frankfurt a. M.; seit 1999 Professor für Judaistik und Religionswissenschaft an der Universität Erfurt; 2003–2006 Direktor des Seminars für Religionswissenschaft; 2002 v. dist. Harris Vis. Professor for Jewish History am Dartmouth College, Hanover NH. U. a. Vorstandsmitglied der Wiss. Arbeitsgemeinschaft des Leo Baeck Instituts und bis 2006 im Verband der Judaisten. Forschungsschwerpunkte sind die Jüdische Geschichte der Frühen Neuzeit und der Moderne, insbesondere die deutsch-jüdische Religions- und Kulturgeschichte, Wissenschaftsgeschichte sowie Theorie und Methode kulturwissenschaftlicher Geschichtsforschung.)

Härter, Karl (PD Dr.)
(Studium der Fächer Geschichte, Politik, Soziologie, Rechtswissenschaft in Frankfurt und Darmstadt; bis 1986 beide Staatsprüfungen für das Lehramt an Gymnasien; 1987–1990 Wissenschaftlicher Mitarbeiter am Institut für Europäische Geschichte Mainz; 1991 Promotion an der Technischen Hochschule Darmstadt; 2002 Habilitation und Privatdozent an der TU Darmstadt; seit 1992 Wiss. Mitarbeiter am Max-Planck-Institut für europäische Rechtsgeschichte, Frankfurt a. M. 2002–04 Vertretung des Lehrstuhls für Neuere Geschichte an der Universität zu Köln; 2005 Berufung zum Forschungsgruppenleiter am ‚MPI für europäische Rechtsgeschichte'. Mitgliedschaften: Vereinigung für Verfassungsgeschichte, Hessische Historische Kommission. Forschungsschwerpunkte sind Verfassungs- und Politikgeschichte des Alten Reiches; Ordnungsgesetzgebung und -politik, Verwaltungs-, Justiz-, Devianz-, Migrations- und Kriminalitätsgeschichte.)

Hsia, Ronnie Po-chia (Prof. Dr.)
(Ph.D. an der Yale University, aktuell Edwin Erle Sparks Professor of History an der Pennsylvania State University. Forschungsschwerpunkte sind Religionsgeschichte sowie die vergleichende Imperienforschung, dabei insbesondere die protestantische Reformation, die Gegenreformation und die katholische Erneuerungsbewegung, Jüdische Geschichte insbesondere mit dem Schwerpunkt Antisemitismus in der Frühen Neuzeit sowie die Geschichte der Begegnung zwischen Europa and Asien.)

Kaplan, Debra (Dr.)
(1997 mit Auszeichnung B.A. in Europäischer Geschichte am Barnard College, Columbia University, 2003 M.A. und Ph.D. in Geschichtswissenschaft an der University of Pennsylvania. Aktuell ist sie Assistant Professor of Jewish Studies an der Yeshiva University, New York. Forschungsschwerpunkte sind Frühneuzeitliche Europäische Geschichte und die Geschichte Christlich-Jüdischer Beziehungen.

Kasper-Holtkotte, Cilli (Dr.)
(Studium der Geschichtswissenschaft und der Germanistik in Köln und Trier, 1980–1981 Assistentin an der Universität Hasselt (Belgien), bis 1988 Lehrerin, 1992 Promotion, 1990–1995 Wiss. Projektmitarbeiterin an der Universität Trier, 1995/96 Wiss. Projektmitarbeiterin im Rahmen der Germania Judaica IV, 1997–2000 Wiss. Projektmitarbeiterin an der Universität Mannheim, 2000–2006 Wiss. Projektmitarbeiterin an der Universität Erfurt; zwischen 1999–2002 Lecturer für Europäische Geschichte und Literatur an der Nairobi University (Kenia). Forschungsschwerpunkte sind Jüdische Geschichte der Frühen Neuzeit und der Moderne, insbesondere zur Migrations-, Rechts-, Wirtschafts- und Sozialgeschichte des deutschen, französischen, niederländischen und belgischen Judentums.)

Klein, Birgit E. (Prof. Dr.)
(Studium der Judaistik, Evang. Theologie und Klassischen Philologie u. a. in Jerusalem und an der Hochschule für Jüdische Studien, Heidelberg; 1998 Promotion in Jüdischen Studien an der Universität Duisburg; 2006 Habilitation an der Freien Universität Berlin. Wiss. Mitarbeiterin von 1993–1996 ebendort, 1996–2005 an den Universitäten Duisburg und Düsseldorf, seit 2006 Professorin für die Geschichte des jüdischen Volkes an der Hochschule für Jüdische Studien. Mitbegründerin des ‚Forums Jüdische Geschichte und Kultur in der Frühen Neuzeit'. Forschungsschwerpunkte sind die Jüdische Geschichte der Antike, Mittelalter und Neuzeit, insbesondere unter sozial-, rechts- und geschlechtergeschichtlichen Fragestellungen.)

Litt, Stefan (Dr.)
(Studium Geschichte/Judaistik in Berlin und Jerusalem, 1995 M.A., 2001 Ph.D. an der Hebräischen Universität, Jerusalem, 2001–05 Postdoc an der Universität Düsseldorf, 2003–2005 Gastprofessor an der Universität Graz, seit 2005 Minerva fellow an der Hebr. Universität. Forschungsinteressen sind die Jüdische Geschichte in Europa in der Frühen Neuzeit, mit besonderem Schwerpunkt auf Deutschland und den Niederlanden, die gegenwärtige Forschung bezieht sich auf aschkenasische Gemeindeprotokollbücher der Frühen Neuzeit.)

Obersteiner, Gernot Peter (Dr.)
(Studium der Geschichte und Deutschen Philologie an der Universität Graz, 1987 Diplom, 1990 Promotion und Mitglied des Instituts für Österreichische Geschichtsforschung, Wien, 1992 Staatsprüfung. Seit 1991 Archivar am Steiermärkischen Landesarchiv in Graz, dort Referatsleiter für Archive der Landesverwaltung einschließlich des Landständischen Archivs, stellv. Landesarchivdirektor. Mitglied der Kommission für Neuere Geschichte Österreichs sowie der Historischen Landeskommission für Steiermark, Vorstandsmitglied des Verbandes Österreichischer Historiker, Ausschussmitglied des Historischen Vereins für die Steiermark. Forschungsschwerpunkte sind strukturelle und prosopographische Verfassungs- und Verwaltungsgeschichte der Habsburgermonarchie, des Heiligen Römischen Reiches und der Republik Österreich, Geschichte des mitteleuropäischen Ständewesens, Landes- und Regionalgeschichte, Heraldik, Archivwissenschaften.)

Ortlieb, Eva (Dr.)
(Studium der neueren Geschichte, Philosophie und Germanistik, Promotion 1999, seither Durchführung verschiedener Projekte im Umkreis der Erforschung des Reichshofrats und der Erschließung seines Archivs, zuletzt für die Kommission für

die Rechtsgeschichte Österreichs der Österreichischen Akademie der Wissenschaften. Forschungsschwerpunkte sind die Geschichte des Heiligen Römischen Reichs deutscher Nation und die frühneuzeitliche Rechtsgeschichte.)

Preuß, Monika (Dr.)
(Studium der Jüdischen Studien an der Hochschule für Jüdische Studien, Heidelberg, und der Mittleren und Neueren Geschichte an der Universität Heidelberg, 2003 Promotion an der Hochschule für Jüdische Studien, 2004–2006 Wiss. Mitarbeiterin im gemeinschaftlichen Forschungsprojekt zur Geschichte des Rabbinats in der frühen Neuzeit am Institut für die Geschichte der deutschen Juden, Hamburg, und dem Lehrstuhl für Judaistik der Universität Erfurt, seit 2006 Persönliche Referentin des Rektors der Hochschule für Jüdische Studien, Heidelberg. Forschungsschwerpunkt ist die jüdische Kulturgeschichte überwiegend in der Frühen Neuzeit.)

Stolleis, Michael (Prof. Dr. Dr. h.c. mult. (em)
(Studium der Rechtswissenschaft in Heidelberg und Würzburg, 1967 Promotion in München, 1973 Habilitation in München, 1974 Berufung nach Frankfurt a. M., 1991 Ernennung zum wiss. Mitglied der Max-Planck-Gesellschaft und zum Direktor am MPI für europäische Rechtsgeschichte in Frankfurt a. M.; 1991 Leibniz-Preis der Deutschen Forschungsgemeinschaft, 1994 Research Award der Schwedischen Reichsbank sowie Preis der Internationalen Balzan-Stiftung (Zürich / Mailand); Mitglied zahlreicher Forschungsinstitutionen. Forschungsschwerpunkte sind Neuere Rechtsgeschichte, Geschichte des öffentlichen Rechts.)

Teller, Adam (Dr.)
(studierte an der Oxford University, 1997 Ph.D. in Jüdischer Geschichte an der Hebräischen Universität, Jerusalem; seit 1995 Fakultätsmitglied am Department of Jewish History der Universität Haifa; 2000–2001 war er Academic Head of the University's Department of Overseas Studies, 2002–3 Fellow am Center for Advanced Judaic Studies der University of Pennsylvania, 2004 Visiting Scholar am Simon-Dubnow-Institut für jüdische Geschichte und Kultur an der Universität Leipzig. Forschungsschwerpunkte sind die Jüdische Geschichte Polen-Litauens, zudem die Geschichte des Europäischen Judentums der Frühen Neuzeit, die Erforschung jüdischer Familiegeschichte sowie des Chassidismus.)

Wendehorst, Stephan (Dr.)
(Studium der Neueren Geschichte an den Universitäten München und Oxford, 1997 D.Phil. (Oxon.) in Modern History; seit 1998 Koordination des Projekt-Clusters ‚Jüdisches Heiliges Römisches Reich' in Kooperation mit dem Max-Planck-Institut für europäische Rechtsgeschichte in Frankfurt am Main und dem Lehrstuhl für Judaistik / Religionswissenschaften der Universität Erfurt; seit 1999 Wiss. Mitarbeiter am Simon-Dubnow-Institut für jüdische Geschichte und Kultur an der Universität Leipzig, seit 2000 in leitender Funktion; ab März 2006 mit einem Feodor-Lynen Stipendium der Alexander von Humboldt-Stiftung an die Historische Kommission der Österreichischen Akademie der Wissenschaften beurlaubt; Forschungsschwerpunkte sind das Römisch-Deutsche Reich in der Frühen Neuzeit sowie die Geschichte der Universität Leipzig im Spannungsfeld zwischen Nation und Wissenschaftsgemeinschaft; er ist Mitglied des Intern. Editorial Board der Zeitschrift ‚Jewish Culture and History' und Gründungsmitherausgeber der Reihe ‚bibliothek altes Reich' (baR).)

Westphal, Siegrid (Prof. Dr.)
(Studium der Evangelischen Theologie, Mittelalterlichen und Neueren Geschichte sowie der Kunstgeschichte in Mainz und München, 1992 Promotion an der Universität München, 1994–2000 Wiss. Assistentin an der Friedrich-Schiller-Universität Jena, 2001–2004 Oberassistentin, Projektleiterin im SFB 482 ‚Ereignis', Weimar-Jena, und Leiterin einer Nachwuchsgruppe an der Universität Jena, 2003/2004 Lehrstuhlvertretung an der Universität Hamburg, seit 2004 Professorin für Geschichte der Frühen Neuzeit an der Universität Osnabrück, seit 2005 Direktorin des Interdisziplinären Instituts für Kulturgeschichte der Frühen Neuzeit an der Universität Osnabrück, Gründungsmitglied des Netzwerks Reichsgerichtsbarkeit, Mitglied der Arbeitsgemeinschaft Frühe Neuzeit im VHD. Forschungsschwerpunkte sind die Reichs- und Verfassungsgeschichte, insbesondere die kulturhistorische Friedensforschung, Reformationsgeschichte, Konfessionalisierung sowie die Frauen- und Geschlechtergeschichte.)